TSMaster
开发从入门到精通

杨金升 刘矗 刘功申 编著

清華大學出版社
北京

内 容 简 介

本书遵循由浅入深的原则，将内容分为三部分，共三篇。基础篇首先介绍车载网络的相关知识，接着介绍 TSMaster 开发环境和常见功能的使用，以便初学者掌握使用 TSMaster 进行一般的总线仿真、测试和分析；入门篇首先引导读者开发第一个 TSMaster 仿真工程，接着结合实例重点介绍总线数据库、面板设计，以及 C 小程序设计；进阶篇结合广大开发工程师可能面临的技术难题，由简单到复杂地介绍一些典型实例，以提高读者的实战技术。

本书既可作为普通高等院校车辆工程、电子信息、电气工程、自动控制等相关专业师生的参考资料，也可作为从事汽车电子软硬件开发及测试等工作的人员的工具书。

图书在版编目(CIP)数据

TSMaster 开发从入门到精通 / 杨金升，刘矗，刘功申编著. -- 北京 ：清华大学出版社，2024. 7. -- ISBN 978-7-302-66719-3

Ⅰ. U463.67

中国国家版本馆 CIP 数据核字第 20244X8M68 号

责任编辑：黄　芝　薛　阳
封面设计：刘　键
责任校对：刘惠林
责任印制：刘　菲

出版发行：清华大学出版社
网　　址：https://www.tup.com.cn，https://www.wqxuetang.com
地　　址：北京清华大学学研大厦 A 座　　**邮　　编**：100084
社 总 机：010-83470000　　**邮　　购**：010-62786544
投稿与读者服务：010-62776969，c-service@tup.tsinghua.edu.cn
质量反馈：010-62772015，zhiliang@tup.tsinghua.edu.cn
课件下载：https://www.tup.com.cn，010-83470236
印 装 者：艺通印刷(天津)有限公司
经　　销：全国新华书店
开　　本：185mm×260mm　　**印　　张**：26　　**字　　数**：636 千字
版　　次：2024 年 8 月第 1 版　　**印　　次**：2024 年 8 月第1 次印刷
印　　数：1～2000
定　　价：99.80 元

产品编号：097665-01

前 言

过去几年间中国大地上的自主汽车品牌风起云涌,快速崛起,新能源汽车的销量不断攀升,吸引着越来越多的新鲜血液加入汽车行业,特别是在智能驾驶等相关领域。

距离笔者出版《CANoe开发从入门到精通》已四年有余,其间得到了很多读者的肯定和鼓励,也听到来自各方面的呼声,促使笔者有再写一两本汽车技术类图书的冲动。中国汽车的迅猛发展,从业人员的不断增加,也带动着国内工程软件的发展。其间就涌现出一款非常优秀的汽车网络工程软件——TSMaster。TSMaster的横空出世,让广大汽车开发人员眼前一亮,瞬间产生了民族自豪感。

本书结构

本书作为《CANoe开发从入门到精通》的姊妹篇,在整体结构上有很多相似之处。本书遵循由浅入深的原则,将内容分为三部分:第一部分为基础篇,首先介绍车载网络的相关知识,接着介绍TSMaster的开发环境和常见功能的使用,初学者可以掌握如何使用TSMaster进行一般的总线仿真、测试和分析;第二部分为入门篇,首先引导读者开发第一个TSMaster仿真工程,接着重点介绍总线数据库、面板设计、C脚本编程基础,并结合实例来讲解;第三部分为进阶篇,结合广大开发工程师可能面临的技术难题,由简单到复杂地介绍一些典型实例,涉及测试、诊断、标定及自动化控制等应用,提高读者的实战技术。

关于本书中的代码

读者可以扫描封底刮刮卡内二维码,获得权限,再扫描下方二维码下载相关源代码。

下载源码

各章节的TSMaster的工程文件、所有代码主要基于TSMaster 32-bit,已经在以下版本中测试并验证通过。

- TSMaster v2024.03.05.1077或以上
- Python3.8.5 32-bit
- Visual Studio 2019(代码调试)
- Visual Studio Code Version 2.80.2(Python外部编辑器)

本书附带的资源压缩包中包含相关的源代码及附送的其他资料文件，各章的文件夹架构说明如下。

/Chapter_xx/Source——本章工程源代码

/Chapter_xx/_Doc——本章相关资源(如文档、图片、模板等)

/Chapter_xx/_SimEnv——本章工程的仿真测试环境(如待测 ECU 仿真器、待测环境)

本书目标读者

(1) 汽车行业的软硬件研发人员。

(2) 汽车行业的测试验证人员。

(3) 汽车电子相关专业的高校师生。

(4) 想从事汽车电子开发和测试的工程师。

如何使用本书

(1) 建议初学者由前往后阅读，尽量不要跳跃。

(2) 对于有一定 TSMaster 使用经验的读者，可以跳过第一部分，直接学习后面两部分的章节。

(3) 对于已经拥有相关硬件的读者，书中的实例可以上机动手实践，学习效果更好。

(4) 对于目前没有相关硬件的读者，在大部分章节中可以使用虚拟通道直接实践。

(5) 对于个别需要特定的硬件或授权的章节，读者可以联系上海同星智能科技有限公司申请试用。

本书的约定

本书所有的插图大多基于 TSMaster 软件的默认皮肤风格，由于 TSMaster 软件更新较频繁，可能少量插图与最新版本的页面有所差异。另外在汽车行业中，由于习惯，有些专业术语名称，此处特别说明如下。

(1) 车载网络、车载总线、汽车总线、汽车网络在本书中一般指同一个概念。

(2) 仿真工程、工程配置文件在本书中一般都是指 TSMaster 的工程文件。

(3) 开始测量、连接硬件、启动仿真、运行工程等在书中一般指的是启动运行 TSMaster 仿真工程。

(4) CANFD、CAN FD、CAN-FD 在本书中一般指同一个概念。

(5) 报文(Frame/Message)、帧(Frame)、消息(Message)在汽车网络标准中一般指同一个概念。

致谢

在本书创作过程中，得到了来自家人、朋友、同事及出版社的鼓励和支持，在此表示衷心的感谢。特别感谢上海同星智能科技有限公司总裁莫莽的鼓励和支持，谢乐寅、徐金鹏等在技术上不吝赐教，使本书得以顺利完成。同时，感谢龚龙峰在以往的技术交流中给予我们的支持和帮助。

本书虽经多次审稿修订，但限于作者的水平和条件，不足和疏漏之处在所难免，衷心希望读者批评和指正，使之得以不断提高和完善。

欢迎读者通过清华大学出版社网站 www.tup.tsinghua.edu.cn 与我们联系，提出宝贵建议，共同进步。另外欢迎读者通过邮箱与我们联系，也可以加入 QQ 技术交流群，与我们进一步交流，共同进步。请扫描下方二维码查看作者邮箱与 QQ 群号。

邮箱与 QQ 群

谨以此书献给正在崛起的中国汽车工业！

作　者

2024 年 3 月于苏州

目　录

第一部分　基　础　篇

第二部分 入 门 篇

第三部分 进 阶 篇

第一部分　基础篇

第1章 车载网络基础知识

本章内容：

- 车载网络的起源。
- CAN总线概述。
- LIN总线概述。
- FlexRay总线概述。
- 主要车载网络简介以及发展趋势。

本章通过学习车载网络的基础知识，了解常见车载网络的基本特点和主要应用，通过各种车载网络性能及特点的比较，展望未来车载网络的发展趋势。

1.1 车载网络的起源

纵观汽车的发展历史，在20世纪90年代之前的一百多年里，传统汽车的电气系统中各个模块之间采用点对点的通信方式，每个模块功能也比较单一，这样必然会形成庞大的布线系统。图1.1为典型的汽车传统布线方式示意图，各个控制模块之间连接相互交错。据统计，一辆采用传统布线方式的高档汽车中，其导线长度可达2000m，电气节点可达500个，而且该数字大约每10年就将增加1倍。这将进一步加剧粗大的线束与汽车上有限的可用空间之间的矛盾。

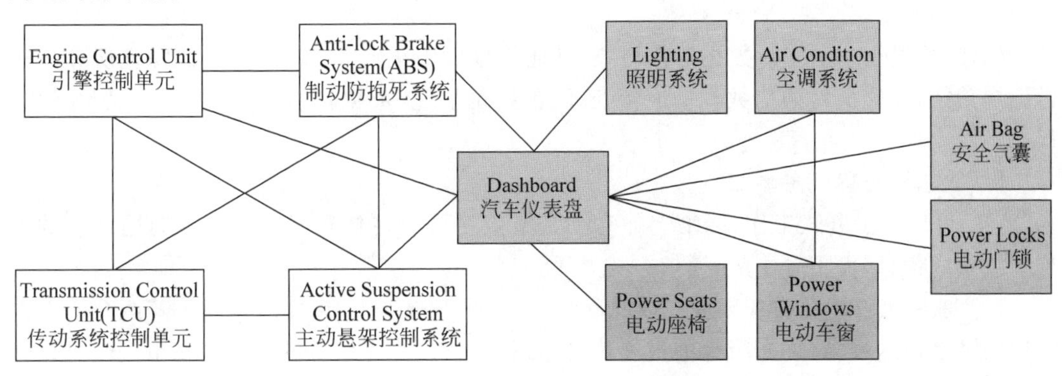

图1.1 汽车传统布线方式示意图

随着汽车各控制模块逐步向自动化和智能化的方向发展，汽车电气系统变得日益复杂。无论是从材料成本还是工作效率看，传统布线方法都无法满足现代汽车的发展和现代社会对汽车不断提高的要求。这些要求包括极高的主动安全性和被动安全性、乘坐的舒适性、驾驶与使用的便捷性和人性化，尤其是低排放和低油耗等。

在汽车设计中运用微处理器及车载网络技术是满足这些要求的最佳解决方法，而且已经得到了广泛的运用，这样的系统被称为 ECU(Electronic Control Unit，电子控制单元)。目前常见的 ECU 有 ABS(制动防抱死系统)、EBD(电子制动力分配系统)、EMS(引擎管理系统)、多功能数字化仪表、主动悬架、导航娱乐系统、电子防盗系统和自动空调等。

1.2 CAN 总线概述

控制器局域网络(Controller Area Network，CAN)属于工业现场总线的范畴。最初 CAN 总线是由德国的 Bosch(博世)公司为汽车监测、系统控制而设计的。由于其高性能、高可靠性及独特的设计，CAN 总线越来越受到人们的重视。它在汽车领域得到最广泛的应用，世界上几乎所有的汽车制造厂商都在使用。

1.2.1 CAN 总线简史

CAN 总线的发展历史在很大程度上代表着车载网络从产生到普及的过程，以下为 CAN 总线发展的 5 个关键阶段。

1983 年，德国的 Bosch 公司开发设计了 CAN 总线协议。

1987 年，第一块 CAN 控制器芯片由 Intel 公司设计成功。

1990 年，第一辆应用 CAN 总线的量产车 Mercedes S-Class 出现。

1991 年，CAN 2.0 发布(Part A 与 Part B)。

1993 年，CAN 成为国际标准 ISO 11898(高速应用)和 ISO 11519(低速应用)。

1.2.2 CAN 总线特点

CAN 的规范从 CAN 1.2 规范(标准格式)发展为兼容 CAN 1.2 规范的 CAN 2.0 规范(CAN 2.0A 为标准格式，CAN 2.0B 为扩展格式)，目前应用的 CAN 器件大多符合 CAN 2.0 规范。

CAN 总线是一种串行数据通信协议，其通信接口中集成了 CAN 协议的物理层和数据链路层功能，可完成对通信数据的成帧处理，包括位填充、数据块编码、循环冗余检验、优先级判别等工作。

CAN 总线的特点主要如下。

(1) 可以多主方式工作，网络上任意一个节点均可以在任意时刻主动地向网络上的其他节点发送信息，而不分主从，通信方式灵活。

(2) 采用无破坏性的基于优先级的逐位仲裁，标识符越小，优先级越高。若两个节点同时向网络上传送数据，优先级高的报文获得总线访问权，优先级低的报文会在下一个总线周期自动重发。

(3) 可以采用点对点、点对多及全局广播等几种传送方式收发数据。

(4) 直接通信距离最远可达 10km(速率 5kb/s 以下)。

(5) 通信速率最高可达 1Mb/s(此时距离最长 40m)。

(6) 节点数实际可达 110 个。

(7) 每帧信息都有 CRC 校验及其他检错措施,数据出错率极低。

(8) 通信介质可采用双绞线、同轴电缆和光导纤维,一般采用廉价的双绞线即可,无特殊要求。

(9) 节点在错误严重的情况下,具有自动关闭总线的功能,切断它与总线的联系,以使总线上的其他操作不受影响。

1.2.3 CAN 总线主要应用

由于 CAN 总线具有突出的可靠性、实时性、良好的通信性能以及相对合理的成本价格,使得其在汽车制造、大型仪器设备、工业控制、楼宇智能化以及智能机器人等方面的应用越来越广泛。

1. 汽车制造中的应用

由于采用 CAN 总线技术,模块之间的信号传递仅需要两条信号线,可以减少车身布线,进一步节省了成本。CAN 总线系统数据稳定可靠,具有线间干扰小、抗干扰能力强等特点。CAN 总线设计最初为汽车量身定做,充分考虑到了汽车上恶劣的工作环境。

在现代轿车的设计中,CAN 已经成为必须采用的装置,奔驰、宝马、大众、沃尔沃、雷诺等汽车都采用了 CAN 作为控制器联网的通信方式。目前,CAN 总线技术在我国汽车工业中已经被广泛应用。

2. 大型仪器设备中的应用

大型仪器设备是一种参照一定步骤对多种信息采集、处理、控制、输出等操作的复杂系统。过去这类仪器设备的电子系统往往是在结构和成本方面占据相当大的部分,而且可靠性不高。采用 CAN 总线技术后,在这方面有了明显改观。

有些测控领域,很多时候一次传输的报文量很小,但数据的传输需要考虑优先级别,这时 CAN 总线就非常适合应用于这类大型仪器系统模块化之间的互相通信。

3. 工业控制中的应用

目前 CAN 总线技术作为现场设备级的通信总线,具有很高的可靠性和性价比,在工程机械上的应用越来越广泛。国际上一些著名的工程机械大公司如 CAT、沃尔沃、利勃海尔(LIEBHERR)等都在自己的产品上广泛采用 CAN 总线技术,极大地提高了整机的可靠性、可检测性和可维修性,同时提高了智能化水平。而在国内,CAN 总线控制系统也开始在工程汽车的控制系统中广泛应用,在工程机械行业中也正在逐步推广应用。

4. 智能家庭和生活小区智能化中的应用

近些年,智能家庭和小区智能化的发展迅速,但系统设计需要考虑功能、性能、成本、扩充能力及现代相关技术的应用等多方面。基于这样的需求,采用 CAN 技术所设计的家庭智能管理系统比较适合用于远程抄表、防盗、防火、防可燃气体泄漏、紧急救援和家电控制等方面。

CAN 总线可以作为小区管理系统的一部分,负责收集家庭中的一些数据和信号,并上传到小区监控中心。每户的家庭控制器是 CAN 总线上的节点,控制系统可通过总线发送报警信号,定期向自动抄表系统发送三表数据,并接收小区管理系统的通告信息,如欠费通知、火警警报等。

5. 智能机器人技术中的应用

智能机器人技术是近年来一直备受关注的话题,也是我国开展新技术研究和新技术应用工程及产品开发的主要领域之一。把 CAN 总线技术充分应用于现有的控制器当中,将可开发出高性能的机器人生产线系统。通过对现有的机器人控制器进行硬件改进和软件开发,结合 CAN 技术和通信技术,并开发出上位机监控软件,从而实现多台机器人的网络互联,最终实现基于 CAN 网络的机器人生产线集成系统。这样做的好处很多,例如,实现单根电缆串接全部设备,节省安装维护开销;提高实时性,信息可共享;提高多控制器系统的检测、诊断和控制性能;通过离线的任务调度、作业的下载以及错误监控等技术,把一部分人从机器人工作的现场彻底脱离出来。

1.2.4 CAN-FD 协议简介

在汽车领域,随着人们对数据传输带宽要求的增加,传统的 CAN 总线由于带宽的限制难以满足这种需求。此外,为了缩小 CAN 网络(max. 1Mb/s)与 FlexRay(max. 10Mb/s)网络的带宽差距,2012 年,Bosch 公司正式推出了 CAN-FD 协议。

CAN-FD(CAN with Flexible Data rate)继承了 CAN 总线的主要特性。CAN 总线有很高的安全性,但总线带宽和数据场长度却受到制约。CAN-FD 总线弥补了 CAN 总线带宽和数据场长度的制约,CAN-FD 总线与 CAN 总线的区别主要在以下两方面。

1. 可变速率

CAN-FD 采用了两种位速率:从控制场中的 BRS 位到 ACK 场之前(含 CRC 分界符)为可变速率,其余部分为原 CAN 总线用的速率。两种速率各有一套位时间定义寄存器,它们除了采用不同的位时间单位 TQ 外,位时间各段的分配比例也可不同。

2. 新的数据场长度

CAN-FD 对数据场的长度做了很大的扩充,DLC 最大支持 64B,在 DLC 小于或等于 8B 时与原 CAN 总线是一样的,大于 8B 时有一个非线性的增长,大大提高了报文中的有效数据,使得 CAN-FD 具有更高的传输带宽。

1.2.5 CAN-XL 协议简介

CAN-XL 协议的全称为 Controller Area Network-eXtra Large,是 CAN 和 CAN-FD 的进一步发展,其工作原理基本相同。CAN-XL 的标识如图 1.2 所示。CAN 报文可分为仲裁和数据阶段,虽然 CAN-XL 在仲裁阶段使用 500kb/s~1Mb/s 的低传输速度,但数据阶段的速度在 2~10Mb/s 的范围内。这种比特率的切换,目前对于 CAN-XL 是强制性的。

图 1.2 CAN-XL 标识

此外,CAN-XL 总线访问仍旧采用载波侦听多路访问/冲突解决方案,通过位仲裁解决总线访问权限问题。CAN-XL 遵循严格的优先级概念,允许更重要的消息无延迟地传输。CAN-XL 仅支持 11 位标识符 ID,不再使用 29 位标识符 ID,凭借用于报头和帧以及格式检查的汉明距离 6 算法,确保数据传输的高可靠性,实际上胜过 FlexRay 和以太网的 CRC 功能。

然而,对于未来的应用而言,重要的不仅是提高数据传输速率。CAN-XL 主要功能之一是数据段支持1～2048B的可变长度。在必要时，可将以太网帧打包为CAN-XL消息，直接或间接通过CAN-XL使用IP通信技术。

CAN-XL通过保持CAN协议的优势(例如无损仲裁的冲突解决)，为高达10Mb/s的数据速率提供了出色的解决方案，如图1.3所示，填补了CAN-FD与车载以太网100Base-T1之间的空白。

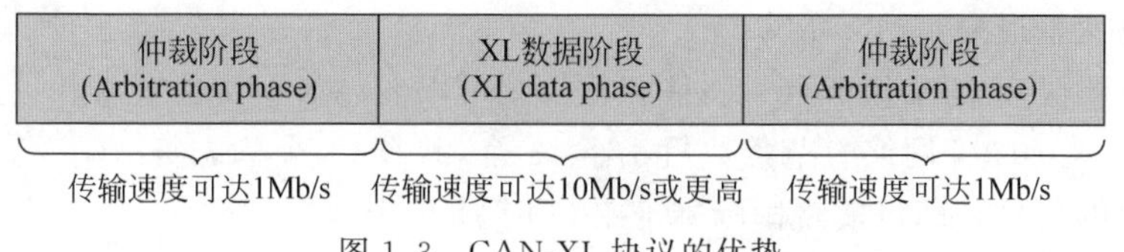

图1.3 CAN-XL协议的优势

1.3 LIN总线概述

局域互联网络(Local Interconnect Network，LIN)是专门为汽车开发的一种低成本串行通信网络，是对现有汽车多元化网络的一个补充。LIN是层级式机动车网络执行的一个可行性因素，能够提高质量、降低车辆成本。标准化意味着将会减少目前市场上杂乱的低端多元化解决方案，并降低汽车电子产品在开发、生产、服务及物流领域的费用。

1.3.1 LIN总线简史

LIN联盟最初由奥迪、宝马、克莱斯勒、摩托罗拉、博世、大众和沃尔沃等整车厂及芯片制造商创立，目的是推动LIN总线的发展，并且发布和管理LIN总线规范，制定一致性测试标准和认证一致性测试机构。目前，LIN总线标准规范已经移交由ISO组织负责更新和发布。LIN总线主要经历了以下几个阶段。

1998年10月，在德国Baden-Baden召开的汽车电子会议上LIN总线的设想首次被提出。

1999年，LIN联盟成立(最初的成员有奥迪、宝马、克莱斯勒、摩托罗拉、博世、大众和沃尔沃)。图1.4为LIN联盟标识。

图1.4 LIN联盟标识

2000年，LIN联盟开始接收第一批成员。

2001年，第一辆使用LIN总线的汽车下线。

2002年，LIN总线规范V1.3版本发布。

2003年，LIN总线规范V2.0版本发布。

2004年，LIN总线一致性测试规范发布。

2006年，LIN总线标准规范V2.1版发布。

2010年，LIN总线标准规范V2.2A发布。

2014年，LIN总线标准规范V2.2A正式成为国际标准ISO 17987。

1.3.2 LIN总线特点

LIN总线是一种串行通信协议，能够有效地支持分布式汽车应用领域内的机电一体化节点控制。LIN总线的主要特点如下。

(1) 单主控器/多从设备模式,无须仲裁机制。

(2) 基于通用 UART 接口几乎所有微控制器都具备 LIN 必需的硬件。

(3) 从机节点不需要石英或陶瓷振荡器就能实现自同步,节省了从设备的硬件成本。

(4) 信号传播时间可预先计算出来的确定性信号传播。

(5) 低成本单线实现方式。

(6) 传输速率最高可达 20kb/s。

(7) 不需要改变 LIN 从节点的硬件和软件就可以在网络上增加节点。

(8) 通常一个 LIN 网络上节点数目小于 12 个,共有 64 个标志符。

(9) 极少的信号线即可实现国际标准 ISO 9141 规定。

1.3.3 LIN 总线主要应用

典型的 LIN 总线应用是汽车中的联合装配单元,例如,门、方向盘、座椅、空调、照明、湿度传感器和交流发电机等。对于这些成本比较敏感的单元,LIN 可以使那些机械元件如智能传感器、制动器或光敏器件得到较广泛的使用。这些元件可以很容易连接到汽车网络中并得到十分方便的维护和服务。在 LIN 实现的系统中,通常将模拟信号量用数字信号量替换,这将使总线性能得到优化。

1.4 FlexRay 总线概述

FlexRay 总线是继 CAN 和 LIN 之后汽车总线的又一个里程碑,在相当一段时间内对汽车的发展产生了深远的影响。FlexRay 是 Daimler Chrysler(戴姆勒·克莱斯勒)公司的注册商标。FlexRay 联盟(FlexRay Consortium)推进了 FlexRay 的标准化,使之成为新一代汽车网络通信协议。

1.4.1 FlexRay 总线简史

20 世纪 90 年代,随着汽车电子技术的发展,开发人员把目光转向 X-by-Wire 操控方式,将传统的汽车机械系统变成通过高速容错通信总线与高性能 CPU 相连的电气系统,从而提高汽车的可靠性、安全性。同时,该技术的引入可通过电子系统替代机械系统,达到减轻重量的目的。但这些方案都将对电控单元和通信网络系统提出新的要求。基于这些事实,事件触发的控制器局域网 CAN,已经不能满足进一步的需求,于是产生了一批时间触发、容错、传输延迟小且固定、具有更高的通信速率的总线,其中就包括 FlexRay 总线系统。

1999 年 9 月,由宝马公司和 Daimler Chrysler 公司开始着手进行 FlexRay 协议的研究。2000 年,它们联合当时的 Philips 公司(现 NXP 公司)、摩托罗拉公司(现 Freescale 公司)、Bosch 公司、通用公司和大众公司等创建了 FlexRay 联盟,这 7 家公司集汽车、半导体和电子系统等研发制造商于一体,制定了满足未来车载控制应用通信需求的 FlexRay 通信协议。图 1.5 为 FlexRay 联盟标识。2001 年,提出了硬件解决方案,出现了第一个收发器原型。2002 年,汽车工业宣布支持

图 1.5 FlexRay 联盟标识

FlexRay 通信协议,并投入使用。2002 年,FlexRay 总线开始用于 X-by-Wire 系统可行性鉴定。到 2006 年,FlexRay 网络投入 BWM X5 量产车中,标志着 FlexRay 不再只处于开发阶段,已进入实际应用中。2010 年,FlexRay 总线协议被国际标准协会纳入标准体系中,形成了 ISO 10681—FlexRay 车载网络通信标准。

1.4.2 FlexRay 总线特点

FlexRay 提供了传统车载通信协议不具备的众多优质特性,主要包括以下几点。

(1) 高传输速率。FlexRay 的每个信道具有 10Mb/s 带宽。由于它不仅可以像 CAN 和 LIN 这样的单信道系统一般运行,而且可以作为一个双信道系统运行,因此可以达到 20Mb/s 的最大传输速率,是传统 CAN 最高运行速率的 20 倍。

(2) 同步时基。FlexRay 中使用的访问方法是基于同步时基的。该时基通过协议自动建立和同步,并提供给应用层。时基的精确度介于 0.5～10μs(通常为 1～2μs)。

(3) 确定性。通信是在不断循环的周期中进行的,特定报文在通信周期中拥有固定位置,因此接收器已经提前知道了报文到达的时间。到达时间的临时偏差幅度会非常小,并能得到保证。

(4) 高容错。强大的错误检测性能和容错功能是 FlexRay 设计时考虑的重要方面。FlexRay 总线使用循环冗余校验(CRC)来检验通信中的差错。FlexRay 总线通过双通道通信,能够提供冗余功能,并且使用星形拓扑可完全解决容错问题。

(5) 灵活性。在 FlexRay 协议的开发过程中,关注的主要问题是灵活性,反映在如下几方面:①支持多种方式的网络拓扑结构;②消息长度可配置,可根据实际控制应用的需求,为其设定相应的数据载荷长度;③使用双通道拓扑时,既可用于增加带宽,也可用于传输冗余的信息;④周期内静态帧、动态帧传输部分的时间都可随具体应用而定。

1.4.3 FlexRay 总线主要应用

FlexRay 最常见的应用场景是汽车的车内线控操作 X-by-Wire,这个概念源自飞机控制系统,飞机上所说的 Fly-by-Wire 指的是用电线代替机械的控制系统。X-by-Wire 被引入其他行业中后,特指去掉机械以及液力后备系统以后,与安全相关的、具有容错能力的线控系统。

其中,X 对应到车内可以包括制动、转向、离合器、悬架等系统,如在制动控制系统中,在取消掉原本的机械传动结构的基础上,集成为"制动—转向—悬架"的电控结构,但正是因为取消了传统的液压结构,就会要求电子控制线路有足够强的可靠性,能满足严格的容错以及确定性的要求。

若使用传统 CAN 总线代替 X-by-Wire,就会出现以下问题。

(1) 事件触发——报文不确定。

(2) 总线负载率——接近极限。

(3) 带宽没有储备——无法满足应对容错设计。

显然,FlexRay 总线系统能满足这样的条件。BMW 5 系 07 款 SUV 的电子控制减震系统首次搭载了 15 个 FlexRay 节点,当时采用的策略是单通道、10Mb/s、星形及总线型拓扑结构,由此成为首款 FlexRay 通信系统车型。

后来 BWM 新 7 系上，使用了跨网络系统方式，实现行驶动态管理系统和发动机管理系统的联网，其中通过一个网关来实现 CAN、FlexRay、MOST、LIN 等总线之间的通信。

另一个应用就是由于 FlexRay 的高速率性，可以利用其成为车载通信骨架，FlexRay 的两条信道最高都能达到 10Mb/s 的速率，可以用于连接动力总成、底盘、车身、安全以及车载娱乐等独立系统。

1.5 主要车载网络简介

尽管 CAN 总线在汽车行业内取得了巨大的成功，能够满足一般紧凑型车载网络的需求，但不久之后就发现其最大吞吐量只有 1Mb/s，且由于其报文时间的不确定性，使得该技术不适用某些应用。在 20 世纪 90 年代末，以 BMW 为首的几家公司创建了一个更适合多媒体应用的新网络——MOST。MOST 具有更高的带宽，为流数据和数据流同步等 CAN 未涉及的领域提供了内置方法。

2006 年，FlexRay 首次亮相并应用于 BMW X6，其网络的传输速度为 10Mb/s，具有双冗余拓扑结构和显著增强的同步能力。但 FlexRay 仍然存在明显的缺陷，相对于 CAN 更为复杂且难以实现，因此市场接受过程和预期更为缓慢。

虽然以太网在家庭和办公室环境已经应用了几十年，但由于标准的 100Mb/s 以太网无法满足汽车 EMC 要求，且出于成本等诸多方面的考虑，以太网长期以来未被普遍认可作为一项可行的车载网络。2011 年，Broadcom 公司开发了一个专门针对车载网络的以太网变体，被称为 BroadR-Reach 单线对(2 线)以太网物理层方案，让以太网在车载网络中普及成为可能。2013 年，BMW 推出了新 X5 系列，其配备的倒车摄像头是首个实时的车载以太网应用。2015 年，Marvell 推出了第一个 1000Base-T1 标准的物理层芯片。2020 年之后，整车厂纷纷开始推出搭载千兆以太网的新车型，特别是在智能驾驶的相关领域。

表 1.1 是目前市场上主要车载网络特性对比，读者可以有一个较为全面的认识。

表 1.1 主要车载网络重要特征对比

总　线	CAN	LIN	MOST	FlexRay	Ethernet
中文名称	控制器局域网络	本地互联网络	媒体导向的串行传输	(专利名称)	以太网
英文定义	Controller Area Network	Local Interconnect Network	Media Oriented System Transport	FlexRay	Ethernet
总线类型	常规总线	常规总线	光纤	光纤/常规总线	光纤/常规总线
主要应用	普通总线	开关、门和座位等	信息娱乐	安全攸关功能、线控技术	智能座舱、智能驾驶
最大带宽	1Mb/s	20kb/s	150Mb/s	20Mb/s	100Mb/s 和 1000Mb/s 为主流
最大节点数	110	16	64	22	仅受交换机端口限制
网络长度	40m	40m	1280m	24m	各链路 15m
报文	循环帧	帧	循环帧/流	循环帧	帧
媒体接入机制	非破坏性仲裁	定时触发	定时触发	定时触发	全双工，无竞争

续表

总　　线	CAN	LIN	MOST	FlexRay	Ethernet
常见拓扑类型	总线型	总线型	环形/星形	总线型/星形/混合型	星形/树状
电缆	UTP*	单线	光纤/UTP	UTP	UTP
成本	低	非常低	高	低	高
标准	ISO 11898	ISO 17987	MOST cooperation	FlexRay 联盟	IEEE 802.3
安全攸关功能	是	否	否	是	在汽车应用外的领域久经证明
可用解决方案	很多	很多	一个	少数	多，且供应商数量不断增加
错误检测功能	强	弱	强	强	强
纠错功能	重传机制	没有	没有（依赖高层协议）	没有	没有（依赖高层协议）

*：UTP（Unshielded Twisted Pair，非屏蔽双绞线）。

网络成本和总线带宽一直是制约总线发展的关键因素，图 1.6 展示了主要车载网络相对成本和总线数据速率之间的关系。

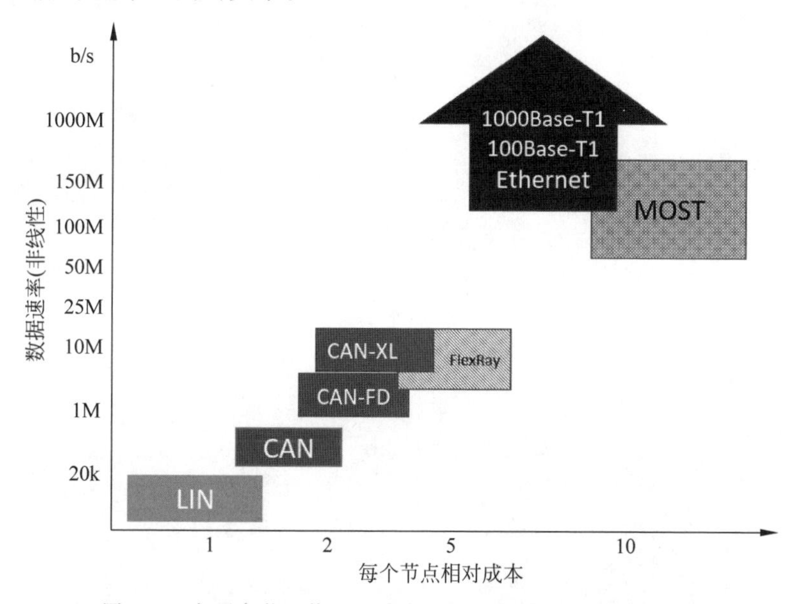

图 1.6　主要车载网络相对成本和总线数据速率之间的关系

1.6　车载网络发展趋势

由 1.5 节中对几种总线的比较可以看出，以太网在诸多方面具有较强的优势，意味着以太网必将成为汽车 ECU 之间通信的基础组件。而 CAN、LIN 等传统总线，不仅价格低廉、久经考验且性能稳健，还为许多不需要过高性能的应用提供了足够的带宽。汽车中电子元件的巨大增长，也允许在汽车中使用多种网络，从而提供不同的性能、成本和特征组合。综上所述,以太网将同 CAN 和 LIN 等一起在未来相当长的一段时间内共同主宰车载网络领域,如图 1.7 所示。

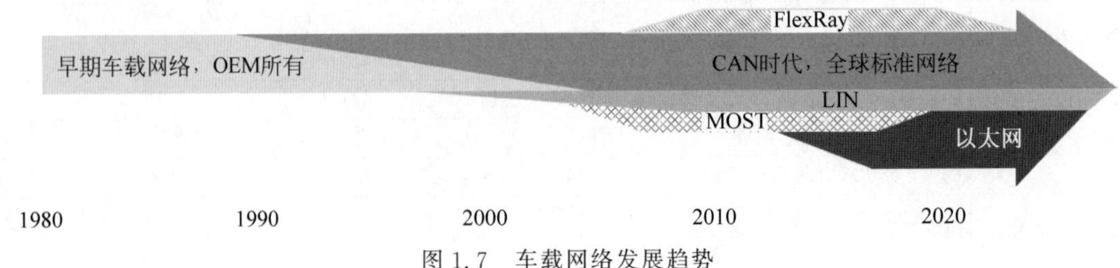

图 1.7 车载网络发展趋势

第 2 章　TSMaster 概述

本章内容：

- TSMaster 简介。
- TSMaster 安装。
- 关于 TSMaster 授权。

通过第 1 章的学习，读者应该对汽车总线技术有一定的了解，从本章开始，本书将切入正题，由浅入深地介绍 TSMaster 功能、应用及相关的开发技术。

TSMaster 是上海同星智能科技公司推出的一款集总线仿真、测试、分析、诊断和标定等功能于一体的图形化开发环境。本章将带领读者了解 TSMaster 的主要功能、如何下载安装以及相关的授权选项的管理。

2.1　TSMaster 简介

上海同星智能科技有限公司(以下简称同星)是一家专注于汽车电子的高科技研发型企业，目前主要致力于汽车总线的仿真、测试、标定、诊断等硬件和软件的开发。图 2.1 为同星智能公司标识，旗下最著名的产品为 TSMaster。

TOSUN同星

图 2.1　同星智能公司标识

TSMASTER

图 2.2　TSMaster 软件标识

TSMaster 是同星推出的虚拟仪器软件平台，可连接、配置并控制所有的同星硬件、设备，实现汽车总线监控、仿真、诊断、标定、BootLoader、I/O 控制、测量测试、EOL 等多种场合的功能需求。图 2.2 为 TSMaster 软件标识。

同时，TSMaster 还支持 Vector、Kvaser、PEAK、Intrepid、周立功(ZLG)总线系列产品硬件及市场上主流的仪器(示波器、波形发生器、数字万用表等)、板卡(AI、DI、DO 等)，可实现多硬件、多通道联合仿真及测试。

TSMaster 拥有图形化的面板设计界面、内嵌的小程序功能、图形编程等强大功能，使得用户可以轻松应对总线仿真，实现测试、诊断和标定的自动化，以及测试报告的自动化。用户基于 TSMaster 所写的代码具有硬件无关性，可分享，可移植，可跨硬件平台使用。

此外，TSMaster 可支持与 MATLAB、CANoe 等工具联合仿真，支持联合 CarSim 完成带车辆动力学模型的 ECU 算法仿真测试(软实时 HIL)。内置的 C 代码编程、Python 脚本编程，可直接在 TSMaster 中执行 ECU 代码。

TSMaster 目前主要功能如下。

(1) 总线种类：支持 CAN、LIN、CAN FD、FlexRay 等总线监控、仿真、测试。

(2) 报文信息：显示总线报文数据、帧率。

(3) 报文发送：可配置周期发送，且按生成器设定产生连续变化的信号。

(4) 图形窗口：显示总线信号的变化曲线。

(5) 数据库管理：加载并解析 dbc、arxml、xml 及 ldf 等文件格式。

(6) 仿真功能：支持剩余总线仿真，以及模拟任意逻辑节点的行为。

(7) 逻辑通道：支持多达 32 路的 CAN、LIN 和 FlexRay 通道。

(8) 仿真面板：支持用户自定义多功能面板，无须掌握编程语言，即可开发出绚丽多彩的上位机界面，运行过程可全程隐藏 TSMaster 主界面。

(9) 测试系统：用户可定义完整的测试系统，支持自动化测试和自动报告生成。

(10) 硬件支持：目前支持 Vector、PEAK、Kvaser、周立功的带 CAN 功能的全系列硬件。

(11) 通道映射：支持用户自定义应用程序的逻辑通道进行联合仿真。

(12) 报文记录和回放功能：支持 BLF 格式的 CAN/LIN/CAN FD 报文记录和离线/在线回放，记录文件大小没有限制。

(13) 诊断系统：支持基于 UDS 的 CAN BootLoader、LIN BootLoader 刷写。

(14) 标定系统：支持 CCP、XCP 协议，支持 A2L 文件格式，可对 ECU 进行在线、离线标定。

(15) SDK 开发：支持外部程序调用 API，支持进程内服务器和进程外服务器调用。

(16) 数据库格式：支持十多种汽车网络常用文件格式互转，如 DBC、ARXML、XLSX、XLS、DBF、YAML、SYM、CSV、JSON 和 FIBEX 等。

2.2 TSMaster 安装

TSMaster 软件更新频率较快，基本每隔一个阶段就会发布一个新的版本。本节将介绍 TSMaster 运行对系统配置的要求、安装包的下载路径以及安装过程。

2.2.1 系统配置要求

表 2.1 为安装 TSMaster 软件的推荐配置和最低配置的系统要求，另外需要预留一个 USB 接口给 TSMaster 的硬件接口。

表 2.1 TSMaster 安装环境要求

组件	推荐配置	最低配置
处理器	英特尔兼容处理器，双核以上，>2GHz	英特尔兼容处理器，双核，1GHz
内存(RAM)	16GB	4GB
硬盘容量	≥250GB SSD	≥100GB
屏幕分辨率	Full HD	1024×768
操作系统	Windows 7/8.1/10/11 64-bit	

2.2.2 下载路径

TSMaster 的发布版本可以分为三种：稳定版、Beta 公测版和 Alpha 体验版。它们的区别和下载路径如下。

(1) 稳定版：功能相对稳定，适合普通用户。下载地址：www.tosun.tech/TOSUNSoftware/TSMaster_Setup.exe。

(2) Beta 公测版：增加了一些新的功能但可能不太稳定，主要用于公测。下载地址：www.tosun.tech/TOSUNSoftware/TSMaster_Setup_beta.exe。

(3) Alpha 体验版：增加了一些比较新的功能但可能不太稳定，主要用于内部测试。下载地址：www.tosun.tech/TOSUNSoftware/TSMaster_Setup_alpha.exe。

2.2.3 自动更新

打开 TSMaster 以后，如果需要查看新版发布，可以通过“帮助”→“检查升级”选项，弹出“检查软件更新”对话框，如图 2.3 所示。该对话框中可以修改软件更新的设置，也可以查看当前版本和最新版本的信息。

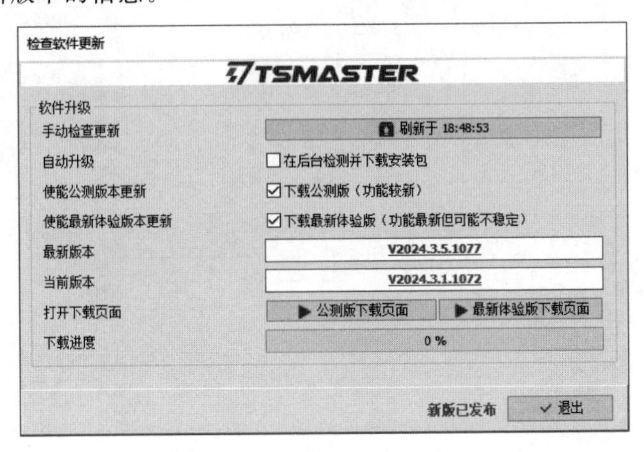

图 2.3 “检查软件更新”对话框

2.2.4 安装过程

TSMaster 安装过程极其简单，整个过程需要 3～5 分钟，其间不需要读者做任何操作，如图 2.4 所示。

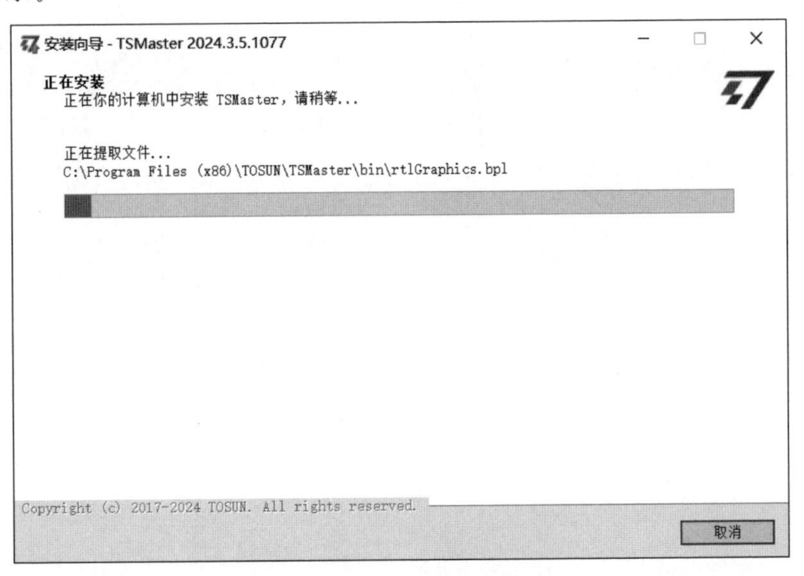

图 2.4 TSMaster 安装过程

2.3 关于 TSMaster 授权

同星承诺 TSMaster 软件平台永久免费，在 TSMaster 的“关于 TSMaster”对话框中，“功能列表”选项卡中标注为“免费”的功能将永久免费开放给用户，如图 2.5 所示。

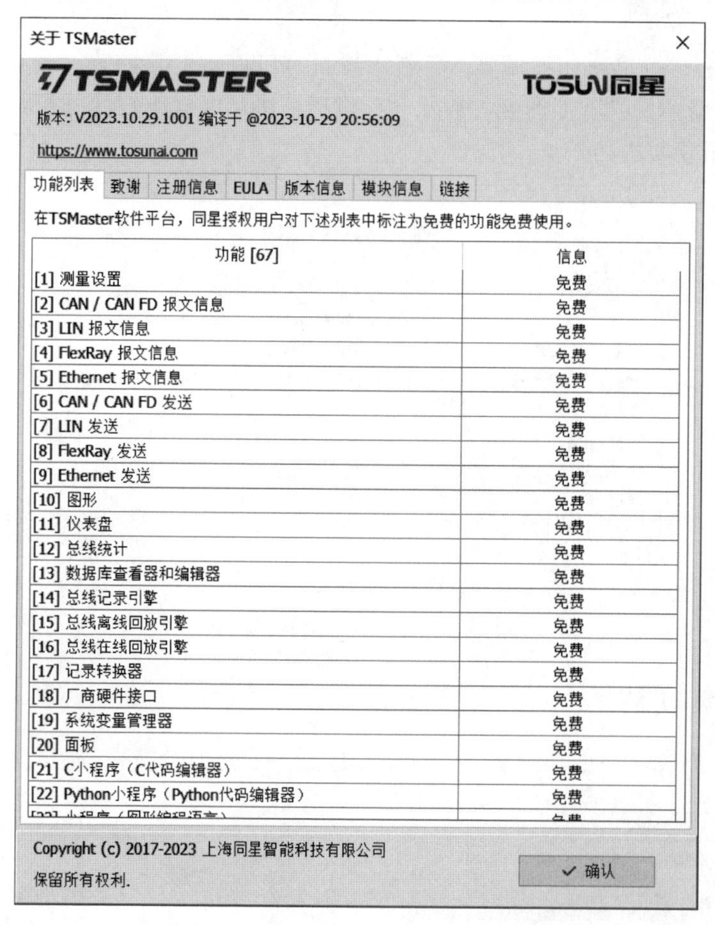

图 2.5 TSMaster 授权列表

截止到目前，诊断、标定、加密发布、应用发布以及 J1939 增强功能等需要注册以后方可使用。

第3章 TSMaster 开发环境简介

本章内容：

- 用户界面简介。
- TSMaster 主菜单。
- 功能区。
- 常用快捷键。
- 通用功能。
- 关于 TSMaster 工程。
- 关于经典范例 EasyDemo。

TSMaster 是一个高度集成的开发环境，提供多种图形化窗口，可以用于总线的实时仿真、测试和诊断，并对相关的数据实现抓取和分析。对于 TSMaster 初学者，需要花一段时间熟悉 TSMaster 的用户界面和开发环境。本章将正式带领读者熟悉 TSMaster 的开发环境，为以后做仿真工程的开发打下基础。

3.1 用户界面简介

TSMaster 是一款用于汽车网络通信的分析、仿真、测试、诊断和标定的工程软件。TSMaster 采用类似于 Office 的 Ribbon 风格用户界面，单击上部的选项卡标签(例如“分析”)，功能区将显示该选项卡的功能，读者可以由此操作相应的功能或者轻松进入下一层菜单。

读者可以打开本书提供的经典例程 EasyDemo(资源压缩包中的路径为\Chapter_03\Source\EasyDemo.T7z)，一边操作一边熟悉相关功能。TSMaster 加载了 EasyDemo 例程以后，此时的主界面如图 3.1 所示。

① 应用程序标题栏：应用程序名称、版本信息、发布时间和已加载的工程显示在此标题栏中。

② 应用程序快捷按钮：应用程序最常用的功能按钮，如启动、停止、新建、打开、保存等。

③ TSMaster 主菜单：主程序的常用功能入口，以及帮助、示例工程等信息。

④ 功能区：可以切换功能区，每个功能区会提供带有多个功能按钮的工具栏。

⑤ 应用窗口：每个窗口都执行特定任务的功能。

⑥ 页面布局：每个选项卡都包含一组用于测量和分析的窗口。用户可以在当前选项卡内添加或删除窗口。

⑦ 添加页面布局按钮：用户可以通过单击此按钮添加新页面。如果用户需要删除页面，只需右键单击当前页面并选择“删除页面”命令。

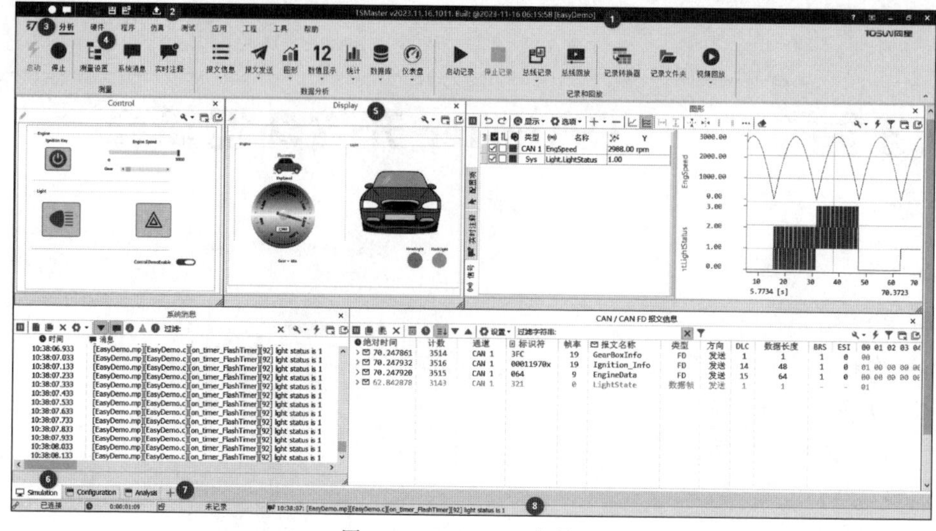

图 3.1　TSMaster 主界面

⑧ 状态栏：此处仅显示系统消息的最新消息，如应用程序的连接状态、日志信息、错误警告等。

3.2　TSMaster 主菜单

TSMaster 主菜单主要用于工程文件的相关操作及系统信息预览。单击主程序的左上角 TSMaster 图标，可以进入 TSMaster 主菜单，如图 3.2 所示。

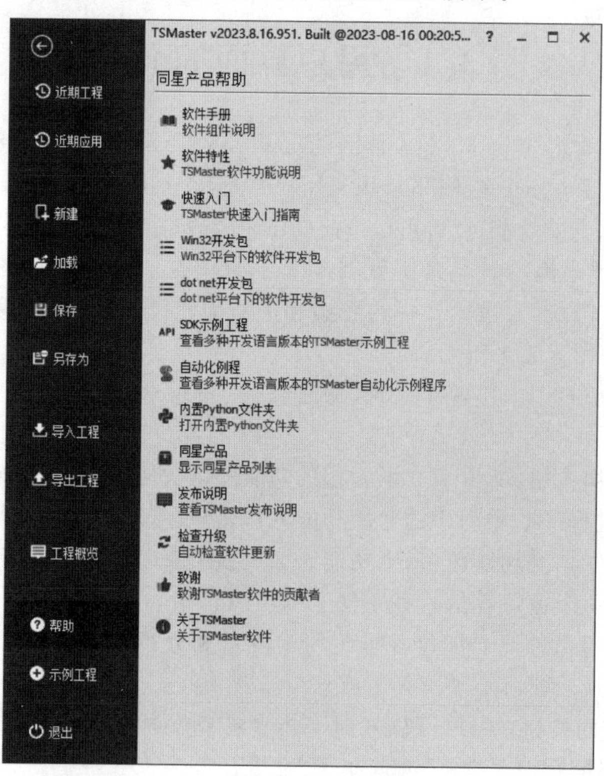

图 3.2　TSMaster 主菜单

3.2.1 菜单选项

菜单选项为 TSMaster 软件提供了一些操作仿真工程的常见入口，表 3.1 列出了菜单选项及功能描述。

表 3.1 TSMaster 菜单选项及功能描述

选　项	功能描述
	近期工程：主要显示最近使用过的仿真工程及路径，便于用户快速查找或调用。同时提供清除入口，清除所有历史项目以及清除不存在的历史项目
	近期应用：切换新近使用的应用工程
	新建：创建一个新的仿真工程，将在 3.2.2 节重点介绍
	加载：用于打开一个已存在的仿真工程
	保存：保存当前的仿真工程
	另存为：将当前的仿真工程另存为一个新的工程
	导入工程：将一个 T7z 或 PT7z 格式的 TSMaster 文件导入 TSMaster 应用中
	导出工程：将当前的仿真工程导出到一个 T7z 或 PT7z 格式的 TSMaster 文件中
	工程概览：将预览当前工程的详细信息，包括配置、自启动模块、数据库、映射通道、全局设置、测量窗口列表等信息
	帮助：提供 TSMaster 相关的帮助信息
	示例工程：显示目前版本内置的示例工程，对用户学习有较好的参考作用
	退出：退出当前的工程并关闭 TSMaster 应用程序

3.2.2 新建工程

单击菜单项中的“新建”按钮，将弹出一个“选择 TSMaster 的功能”窗口，涵盖了 TSMaster 的几大功能板块，用户可以选择所要创建的工程类型，如图 3.3 所示。

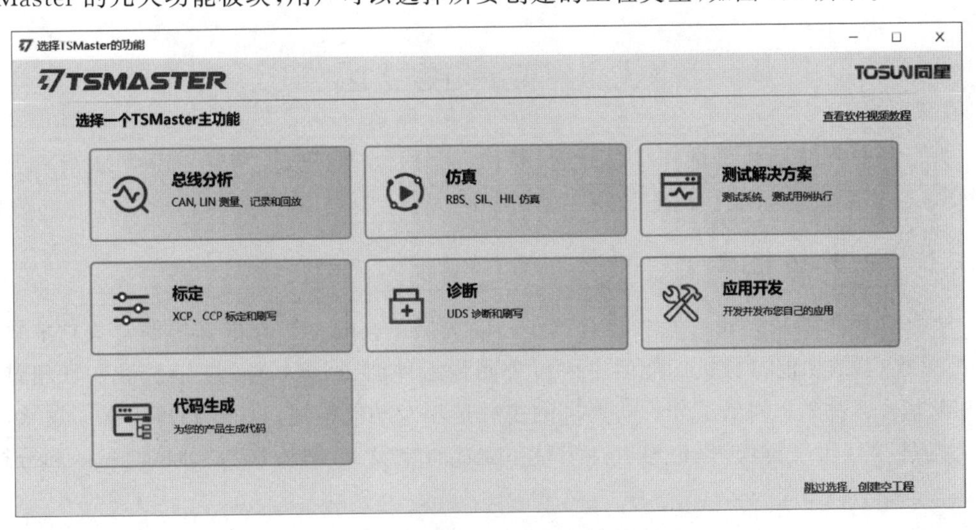

图 3.3 TSMaster 工程新建界面

表 3.2 列出了 TSMaster 工程新建的主要选项及功能描述。

表 3.2 TSMaster 工程新建的主要选项及功能描述

选　　项	功 能 描 述	典 型 应 用
总线分析	各类总线的在线测量、报文记录和数据回放，包括报文信息显示、报文发送、图形显示、仪表显示、总线统计、CAN 和 LIN 总线报文记录和转换、总线数据在线和离线回放、视频回放等	车载总线实时监控、实车数据记录、针对实车或特定 ECU 的数据回灌、功能或耐久实验过程中的故障分析、路测视频和总线数据分析等
仿真	剩余总线仿真、C 代码开发、控制面板、系统变量等	网络架构仿真、节点仿真、ECU 快速原型设计、ECU SIL 仿真、基于自定义面板对信号监控和修改等
测试解决方案	完整的测试系统框架，包含测试系统登录、用户管理、测试系统配置、被测件配置、测试参数配置、测试用例配置、测试报告配置、测试引擎、测试报告自动生成、测试记录模块等	ECU 级一致性测试、网络测试、集成测试、整车测试、功能测试、软件测试等
标定	TSMaster 自带的标定模块支持 CCP、XCP 协议，支持 A2L 文件格式加载，可对 ECU 进行在线、离线标定。标定过程稳定可靠，能最大程度占用总线负载，并对标定的数据进行实时存储	ECU 信号监控、标定参数修改、标定参数文件导入导出、基于 CCP 和 XCP 协议的 Flash 刷写等
诊断	TSMaster 自带的诊断模块支持 UDS 协议，可作为诊断仪，对 ECU 进行诊断，也可基于 TSMaster 的自动化测试系统，对 ECU 的诊断进行自动化测试	ECU 的诊断测试，以及自动化实现、故障码查询和清除等
应用开发	应用开发主要基于 TSMaster 的系统平台开发扩展的小程序库(mpc)，任何一个小程序库都可以调用 TSMaster 提供的完整 API	TSMaster 可以便捷地加载小程序库，小程序库可以独立运行，也可以被其他程序、测试流程、工具箱等调用
代码生成	为产品开发的代码生成提供支持，对 TSMaster 的功能做补充，目前主要支持 UDS 协议栈代码的生成	辅助开发人员生成嵌入式代码

这里特别说明一下，高级用户可以直接选择“总线分析”或“仿真”选项来创建新的工程，进入工程以后，再做一些设置的修改，同样可以达到相同的效果。

3.3 功　能　区

功能区中目前有 9 个选项卡：分析、硬件、程序、仿真、测试、应用、工程、工具和帮助。接下来，本书带领读者逐个了解它们的基本功能。

3.3.1 分析功能区

分析功能是 TSMaster 的主要功能之一，既提供了一般总线分析工具的常规功能，还提供了一些特有的功能。分析功能区主要包含测量组件、数据分析组件、记录和回放组件，如图 3.4 所示。表 3.3 列出了分析功能区的主要选项及功能描述。用户熟练掌握了这些功能以后，即使不编写一行代码，也可以在项目中完成报文发送、解析、记录、回放、显示和分析等工作。

图 3.4　分析功能区

表 3.3　分析功能区的主要选项及功能描述

选　　项	功 能 描 述
测量组件	
	启动按钮：启动应用程序。此操作将使配置的逻辑通道与硬件通道相连，来自硬件的数据将流入应用程序接口中。 启动应用程序后，以下功能不可用。 • 总线回放：仅当应用程序断开连接时才允许总线回放。 • 通道选择：通道选择仅在应用启动前可用。 • 通道映射：应用程序连接前，将通道映射信息设置完毕。 • 总线硬件：应用程序连接前，将配置硬件参数设置完毕
	停止按钮：停止应用程序。此操作将断开所有逻辑通道的连接。如果日志记录操作正在运行，则日志记录操作也将被停止。 应用程序停止后，以下功能现在可用。 • 总线回放：用户可以加载记录的文件并在应用程序中进行分析。 • 通道选择：用户可以自由映射硬件通道。 • 网络硬件：用户可以在应用程序运行之前，更改硬件配置。 • 通道映射：用户可以在通道映射中管理应用程序和通道映射列表
	测量设置：设置测量数据的流向、过滤、记录等，详见 5.1 节
	系统消息：显示消息窗口，详见 5.2 节
	实时注释：添加实时注释的信息，以便存储到总线记录中，以及用于图形窗口的信号分析，详见 5.3 节
数据分析组件	
	报文信息：下拉式菜单，添加、显示或删除总线报文信息窗口，详见 5.4 节
	报文发送：下拉式菜单，添加、显示或删除总线报文发送窗口，详见 5.5 节
	图形：下拉式菜单，添加、显示或删除信号、系统变量的图形窗口，详见 5.6 节
12	数值显示：下拉式菜单，添加、显示或删除信号、系统变量的数值显示窗口，详见 5.7 节
	统计：下拉式菜单，显示总线统计信息窗口，详见 5.9 节
	数据库：下拉式菜单，管理总线数据库的窗口，支持 CAN(*.dbc)、LIN(*.ldf)和 FlexRay(*.xml)等格式的文件，详见第 8 章
	仪表盘：下拉式菜单，添加、显示或删除仪表盘窗口，详见 5.8 节
记录和回放组件	
	启动记录：开始记录总线事件
	停止记录：停止记录总线事件
	总线记录：显示总线日志记录配置窗口，详见 5.10 节

续表

选　　项	功能描述
记录和回放组件	
	总线回放：显示总线回放窗口，详见 5.11 节
	记录转换器：显示总线日志文件转换器，支持 BLF 格式和 ASC 格式之间互转，详见 5.12 节
	记录文件夹：在 Windows 资源管理器中显示当前日志文件目录，详见 5.12 节
	视频回放：同步回放测试过程中记录的总线记录和视频文件，详见 5.13 节

3.3.2　硬件功能区

在运行仿真工程之前，用户需要正确选择硬件通道，并将其映射到期望的逻辑通道中。该功能区为用户提供了硬件配置的入口，如图 3.5 所示。表 3.4 列出了硬件功能区的主要选项及功能描述。

图 3.5　硬件功能区

表 3.4　硬件功能区的主要选项及功能描述

选　　项	功能描述
通道组件	
	通道选择：打开通道选择器窗口，用于 TSMaster 应用程序的通道设置，详见 4.5.1 节
	总线硬件：打开硬件配置窗口进行配置各个硬件通道的参数，详见 4.5.2 节
	通道映射：打开同星通道映射编辑器，可以查看和管理硬件映射和应用程序映射的关系，详见 4.5.3 节
厂商组件	
	选择厂商：选择在设备检测过程中需要扫描的设备品牌
	同星产品：单击可查看同星的硬件、软件产品列表，以及沟通联系方式

3.3.3　程序功能区

程序是 TSMaster 的核心功能之一，是现实复杂仿真的基础。该功能区为用户提供了多种编程的方式，如图 3.6 所示。表 3.5 列出了程序功能区的主要选项及功能描述。

图 3.6　程序功能区

表 3.5　程序功能区的主要选项及功能描述

选　　项	功 能 描 述
编程组件	
	图形程序：新建、编辑或配置图形编程模块，详见第 21 章
	图形程序生成器：导入 Excel 文件中的参数自动生成图形程序
小程序组件	
	C 小程序：新建、编辑、编译或配置 C 代码程序，详见第 10 章
	Python 小程序：新建、编辑、编译或配置 Python 代码程序，详见第 19 章
	小程序库：加载、卸载、查看或运行小程序库，详见 11.8 节

3.3.4　仿真功能区

仿真功能是 TSMaster 的核心功能之一，在仿真功能区包括仿真功能需要的系统变量管理、信号映射、仿真面板以及剩余总线仿真等，如图 3.7 所示。表 3.6 列出了仿真功能区的主要选项及功能描述。

图 3.7　仿真功能区

表 3.6　仿真功能区的主要选项及功能描述

选　　项	功 能 描 述
环境组件	
	系统变量：在系统变量管理器中，新建、编辑或查看系统变量的信息，详见 6.1 节
	系统常量：查看 TSMaster 软件的 API 常数
	信号映射：可以将报文中的信号映射到系统变量，也可以将系统信号反向映射到信号，映射方式分为直接映射和表达式映射，详见 6.2 节
	信号值：添加、编辑或删除信号值窗口，可以配置、更新系统变量或信号的值
	信号激励：添加、编辑或删除系统变量的激励设置，详见 6.3 节
	面板：新建、编辑或打开仿真面板，详见第 9 章
剩余总线仿真组件	
CAN	CAN 总线仿真：配置、运行 CAN 剩余总线仿真，详见 6.4.2 节
lin	LIN 总线仿真：配置、运行 LIN 剩余总线仿真，详见第 13 章
SAE J1939	J1939 仿真设置：J1939 节点属性设置
	FlexRay 总线仿真：配置、运行 FlexRay 剩余总线仿真，详见第 14 章

续表

选　　项	功 能 描 述
联合仿真组件	
	MATLAB 自动化：与 MATLAB 实现联合仿真
	CANoe 自动化：与 CANoe 实现联合仿真

3.3.5 测试功能区

测试功能是 TSMaster 的核心功能之一，在测试功能区提供了多种测试方案，有的需要通过代码实现，有的只需要配置列表或 Excel 模板也可以实现用户的大部分测试场景，如图 3.8 所示。表 3.7 列出了测试功能区的主要选项及功能描述。

图 3.8　测试功能区

表 3.7　测试功能区的主要选项及功能描述

选　　项	功 能 描 述
测试解决方案组件	
	信号测试：用于检测信号、系统变量等值在特定时间段内是否满足设定的条件
	流程图测试系统：与编程功能区的图形编程功能相同，单击将打开图形编程窗口，详见第 21 章
	经典测试系统：提供一个编写测试用例、执行测试、生成报告的开发环境，详见第 15 章
	Excel 测试模块：提供一个基于 Excel 测试用例的开发环境
测试工具组件	
	信号比较模块：提供一个判定信号值是否满足设定范围的比较器
	CAN/CANFD 序列发送模块：添加、管理序列发送流程，每个流程中可以配置多组报文发送

3.3.6 应用功能区

应用功能区为用户提供了 TSMaster 应用程序的管理、诊断模块、标定模块、扩展工具等，如图 3.9 所示。表 3.8 列出了应用功能区的主要选项及功能描述。

图 3.9　应用功能区

表 3.8　应用功能区的主要选项及功能描述

选　　项	功 能 描 述
应用管理组件	
	应用管理器：可以查看目前 TSMaster 应用程序中加载的模块状况，可以对其进行卸载、安装、配置等操作
	工具箱设计开发环境：提供一个基于 Python 脚本的工具箱开发环境，详见第 20 章
诊断组件	
	诊断模块：提供一个基于 UDS 的诊断开发环境，详见第 16 章
	DTC 查看器：此功能尚处于开发中
标定组件	
	标定管理器：提供一个标定 ECU 的环境，详见 17.2.2 节
	参数曲线：对曲线、Map 型参数进行标定，详见 17.6.2 节
	A2L 同步模块：对 A2L 文件进行更新和维护，详见 17.2.4 节
常用工具	
	UDS 协议栈生成器：提供 UDS 协议栈的代码生成服务
	小工具：目前仅提供一个 Hex 文件编辑器

3.3.7　工程功能区

工程功能区主要提供一些与工程管理相关的功能，与 TSMaster 菜单项有许多相同的按钮，同时提供了一些窗口布局的功能，如图 3.10 所示。表 3.9 列出了工程功能区的主要选项及功能描述。

图 3.10　工程功能区

表 3.9　工程功能区的主要选项及功能描述

选　　项	功 能 描 述
工程配置组件	
	工程设置：设置工程的名称、图标以及工程通用选项
	最近工程：将返回 TSMaster 主菜单的“最近工程”菜单下，可以查看、打开、清除最近打开工程列表中的工程
	加载：加载 TSMaster 配置文件，此操作将覆盖所有当前设置
	保存：将 TSMaster 配置文件保存到某个位置。若当前工程使用的是临时位置，则需要选择一个工作目录并保存。

续表

选　　项	功 能 描 述
工程配置组件	
	另存为：此命令将弹出“另存为”对话框，供用户将配置文件保存到另一个位置
	新建：此命令将删除所有当前配置并创建新配置分析环境。注意：在应用此命令之前请将所有工作保存到当前工程的配置文件中
	工程目录：单击该按钮，将直接打开该工程所在的文件夹
	保存模板：可以将当前工程保存为一个工程模板
	导入工程：将一个 T7z 或 PT7z 格式的 TSMaster 文件导入 TSMaster 应用中
	导出工程：将当前的仿真工程导出到一个 T7z 或 PT7z 格式的 TSMaster 文件中
	精简导出：将当前的仿真工程导出到一个 T7z 或 PT7z 格式的 TSMaster 文件中，去除一些备份的文件等
	工程发布： 加密发布：将需要发布的工程文件进行加密处理，需要购买相关的授权。 应用发布：发布应用程序，需要购买相关的授权。 此计算机硬件 ID：查看本计算机硬件 ID 信息。 工程授权状态：查看工程授权的状态。 工程授权管理：授权生成器及授权管理
	文档：为工程文件添加一个说明文档
窗口组件	
	布局控制：打开一个“窗口布局控制”窗口，用户可以在此窗口中添加、显示、隐藏、设置和删除应用窗口。每个窗口的标题也可以在此处修改
	窗口页面化：此按钮激活时，所有窗口在 TSMaster 父窗口中最大化、页面化，通过选项卡切换窗口
	层叠：对当前页面布局中的所有窗口，进行重叠布局，且大小一致
	水平排列：对当前页面布局中的所有窗口，水平平铺，宽度铺满父窗口，高度平分父窗口
	垂直排列：对当前页面布局中的所有窗口，垂直平铺，高度铺满父窗口，宽度平分父窗口
	磁吸窗口：两个窗口靠近时，边沿可以无缝自动吸合到一起

3.3.8　工具功能区

工具功能区主要提供一些扩展功能，以及界面显示相关的设定，如图 3.11 所示。表 3.10 列出了工具功能区的主要选项及功能描述。

图 3.11　工具功能区

表 3.10 工具功能区的主要选项及功能描述

选　　项	功能描述
TSMaster 工具组件	
	系统信息：可以查看当前工程包含的窗口、包含的插件模块，诊断本机的信息及性能分析，了解 CPU 核心算力的分配、应用程序事件，还可以查看 Python 编译环境等
	Python 代码编辑器：打开 TSMaster 自带的 Python 代码编辑器
	应用程序宿主：可以将外部程序运行在宿主窗口中
	汽车文件转换器：可以支持多种数据库文件相互转换
	配置恢复：可以将当前工程配置恢复到之前某一次配置
界面显示组件	
十六进制显示	十六进制显示：切换十六进制和十进制之间的显示形式
符号显示	符号显示：激活状态下，在报文信息窗口显示信号的值对应的符号，否则只显示数值
总在最前	总在前面：此命令激活后，TSMaster 界面将运行在上层
用户界面组件	
ABC	语言：提供了英文、简体中文、繁体中文、德语、法语和日语 6 种供用户选择
彩色窗口	彩色窗口：激活状态下，TSMaster 各子窗口标题栏使用不同的颜色渲染
固定窗体	固定窗体：激活状态下，各个子窗口将无法移动

3.3.9 帮助功能区

帮助功能区主要提供一些打开帮助文档的入口、SDK 开发帮助、软件更新以及同星的相关信息，如图 3.12 所示。表 3.11 列出了帮助功能区的主要选项及功能描述。

图 3.12　帮助功能区

表 3.11 帮助功能区的主要选项及功能描述

选　　项	功能描述
帮助内容组件	
	软件手册：将显示 TSMaster 用户手册
	特征：将显示介绍 TSMaster 主要功能的文档
	应用笔记：将显示目前官方整理出来的一些应用笔记，持续更新中
	快速入门：将显示此软件快速入门的手册
	视频教程(中文)：将显示目前官方整理制作的一些视频教程，持续更新中，单击教程将跳转到哔哩哔哩的网页
	示例工程：显示 TSMaster 内置的示例工程列表

续表

选　　项	功 能 描 述
TSMaster SDK 组件	
	软件开发包：提供了 TSMaster API、SDK 的开发文档手册
API	API 例程：单击将跳转到 TSMaster 的安装目录的 SDK 文件夹，用户可以参考官方例程
	自动化例程：单击将跳转到 TSMaster 的安装目录的 COM Automation 文件夹，用户可以参考官方例程
软件更新	
	检查升级：用于手动检查是否有新版本发布
	更新内容：将打开 TSMaster 当前发布版本的更新日志
	发布说明：打开 TSMaster 当前版本的发行说明
关于同星	
	致谢：显示对 TSMaster 的开发提供帮助的团队及个人
	意见反馈：通过邮箱反馈问题或建议
	关于…：将显示 TSMaster 应用软件的“关于”对话框

3.4　常用快捷键

TSMaster 提供了一些快捷键，便于用户操作方便，常见快捷键列表及功能描述如表 3.12 所示。

表 3.12　TSMaster 常见快捷键列表及功能描述

快　捷　键	功 能 描 述
F5	启动仿真工程
F6	停止仿真工程
Ctrl+O	打开工程，选择需要打开的仿真工程的文件夹
Ctrl+N	创建新的工程
Ctrl+S	保存当前的工程
Ctrl+Tab	窗口页面化模式下切换到下一个窗口
Ctrl+Shift+Tab	窗口页面化模式下切换到上一个窗口
Ctrl+W	关闭当前的窗口或页面

3.5　通 用 功 能

本节总结了一些 TSMaster 比较通用的功能，在日常使用过程中，用户使用频率比较高，此处做一些特别说明，供读者参考。

3.5.1 拖动功能

TSMaster 支持多种不同的汽车总线数据库、报文日志等文件类型，用户可以通过拖动文件进入 TSMaster 应用程序的区域，此时 TSMaster 相应的窗口会自动打开并加载此文件。表 3.13 列出了 TSMaster 目前支持的常见文件格式。

表 3.13　TSMaster 目前支持的常见文件格式

文件扩展名	关联的厂家	文 件 描 述
blf	Vector	不同总线类型的二进制日志格式
dbc	Vector	CAN 总线数据库格式
ldf	ISO	LIN 总线数据库格式
mpc	TOSUN	TSMaster 小程序源文件
t7z	TOSUN	TSMaster 仿真工程的压缩包格式
mp	TOSUN	TSMaster 小程序编译的二进制文件
arxml	AutoSar	AutoSAR 格式的数据库文件
dbf	ETAS	BusMaster 数据库格式
sym	PEAK	PEAK PCAN 总线数据库格式
mat	Mathwork	标定使用的 MATLAB 文件格式
mp4	MPEG-4 Part 14	基于 ISO/IEC 14496-12(MPEG-4 Part 12 ISO base media file format)，用于视频回放
avi	Microsoft	音频视频交织，一种广泛使用的视频文件格式，由微软于 1992 年创建，用于视频回放
wmv	Microsoft	基于 Microsoft 高级系统格式(ASF)容器格式的视频文件，用于视频回放
mpeg	ISO and IEC	Moving Picture Experts Group (MPEG)，用于视频回放
mpg	ISO and IEC	Moving Picture Experts Group (MPEG)，用于视频回放
m4v	Apple	Apple 开发的一种视频容器格式，与视频回放中使用的 MP4 格式非常相似
mov	Apple	以 QuickTime 文件格式(QTFF)保存的电影文件，它是一种多媒体容器文件格式，用于视频回放
asf	Microsoft	基于 Windows Media 音频和 Windows Media 视频的内容的容器格式，用于视频回放
flv	Adobe	Adobe Flash Player 和 Adobe AIR 使用的一种文件格式，用于在互联网上存储和传送同步的音频和视频流，用于视频回放
f4v	Apple	用于视频回放的 Flash MP4 视频文件，有时称为 MPEG-4 视频文件
rmvb	RealNetworks	RealMedia 可变比特率(RMVB)是 RealMedia 多媒体的可变比特率扩展
rm	RealNetworks	RealMedia 是 RealNetworks 创建的专有多媒体容器格式。它的扩展名是“.rm”，用于视频回放
3gp	3rd Generation Partnership Project	3GP 文件是保存在音频和视频容器格式的多媒体文件，用于视频回放
vob	DVD Forum	DVD 光盘中的一种电影数据文件，通常存储在 DVD 根目录下的 VIDEO_TS 文件夹中，用于视频回放

续表

文件扩展名	关联的厂家	文 件 描 述
xml	FlexRay	这里主要是 FlexRay 的数据库格式
pfibex	TOSUN	同星 FlexRay 数据库格式
pdbc	TOSUN	同星 CAN 数据库格式

3.5.2 常用窗口按钮

在 TSMaster 应用程序中，很多子窗口的右上角有一些相同或相似的按钮，如图 3.13 所示，为了让读者透彻了解这些按钮的功能，表 3.14 列出了几种常见按钮的功能介绍。

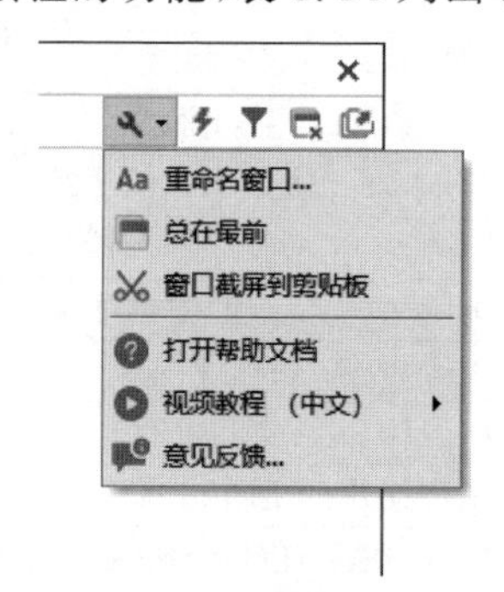

图 3.13 TSMaster 子窗口常见按钮

表 3.14 TSMaster 子窗口常见按钮及功能描述

按 钮	功 能 描 述
🔧	工具按钮：下拉式菜单中，提供一些配置和工具方面的菜单项。 • Aa 重命名窗口：修改窗口的标题信息。 • 总在最前：激活时，该窗口总是显示在最上层。 • 窗口截屏到剪贴板：单击此按钮将抓取本窗口的截屏。 • 打开帮助文档：打开 TSMaster 用户手册。 • 视频教程(中文)：如果存在，将提供入口。 • 意见反馈：用户可以通过邮件对 TSMaster 功能给出反馈和建议
⚡	自动运行按钮：此按钮激活以后，仿真工程运行时会自动运行此窗口
	关闭当前窗口：单击会弹出以下对话框，单击“隐藏”按钮将隐藏此窗口，单击“删除”按钮将彻底删除此窗口，务必小心！ 关闭窗口 × 如何关闭 "C 代码编辑器 [EasyDemo]"？ 删除 隐藏 取消
×	关闭窗口按钮：单击最右上角的这个按钮，只是隐藏窗口，但是不释放资源，便于用户快速找回窗口。如果要想彻底关闭本窗口，单击 按钮即可
	切换 MDI 窗口模式：TSMaster 采用的是 MDI 窗口模式，各个子窗口运行在整个父窗口提供的工作区里面。如果用户想重点监测某些窗口，或者开发小程序和面板时，需要跳出父窗口的限制，可以弹出该窗口

3.6　关于 TSMaster 工程

TSMaster 的仿真工程保存有两种形式：工程目录和 T7z 文件，两者的区别如下。

(1) 工程目录：所有工程相关的原始配置文件存放在单独的目录里面，方便基于 Git、SVN 等管理工具。

(2) T7z 文件：把工程相关的原始配置文件打包压缩到一个独立的 T7z 工程中。优点是：整个工程目录压缩为一个独立的文件，会带上所有的 DBC、A2L、面板等配置，方便工程的发布和交付。

3.6.1　TSMaster 工程目录

TSMaster 的工程目录包含该工程的所有配置信息、脚本代码等，以及测试生成的报告等，一个典型的 TSMaster 工程目录如图 3.14 所示。

名称	修改日期	类型	大小
_DevDoc	10/24/2023 9:38 AM	文件夹	
backup	11/8/2023 5:57 PM	文件夹	
bin	11/8/2023 6:02 PM	文件夹	
Calibration	11/8/2023 6:55 PM	文件夹	
conf	11/8/2023 5:53 PM	文件夹	
DB	10/24/2023 9:38 AM	文件夹	
Diagnostic	11/3/2023 2:17 PM	文件夹	
Language	10/24/2023 9:38 AM	文件夹	
libs	10/24/2023 9:38 AM	文件夹	
Logging	10/24/2023 9:38 AM	文件夹	
lyt	10/24/2023 9:38 AM	文件夹	
MiniProgram	10/24/2023 9:38 AM	文件夹	
MPLibrary	10/31/2023 7:19 PM	文件夹	
obj	11/8/2023 6:01 PM	文件夹	
Panels	10/24/2023 9:38 AM	文件夹	
Simulation	10/24/2023 9:38 AM	文件夹	
TestSystem	10/24/2023 9:38 AM	文件夹	
Toolbox	10/31/2023 7:10 PM	文件夹	
.gitignore	1/20/2022 4:13 PM	Git Ignore 源文件	1 KB
.TSProj	11/8/2023 5:57 PM	TSMaster project configuration file	1 KB
Readme.txt	1/29/2023 1:31 PM	Text Document	1 KB
TSMaster.ini	11/8/2023 5:58 PM	配置设置	23 KB
UI.ini	11/8/2023 6:01 PM	配置设置	3 KB

图 3.14　TSMaster 工程文件夹的结构

图 3.14 中各个目录存放的基本功能模块的配置如下。

- _DevDoc：作者建议用户可以创建这样的文件夹存放开发过程中的文档或素材。
- backup：存放工程配置文件 TSMaster.ini 的备份。
- bin：存放工程中编译生成的小程序。
- Calibration：存放标定相关的配置。
- conf：存放系统信息及配置。
- DB：存放工程加载的总线数据库文件。
- Diagnostic：存放诊断相关的配置。
- Language：存放多语言相关的配置，除非特殊情况，此文件夹不要改动。

- libs：默认的 C 脚本工程的存放文件夹。
- Logging：默认的 blf 等报文数据存放文件夹。
- lyt：存放 TSMaster 页面的布局(Layout)配置文件。
- MiniProgram：存放小程序的文件夹。
- MPLibrary：存放小程序库的文件夹。
- obj：存放编译小程序文件的过程中产生的临时文件。
- Panels：存放面板相关的配置。
- Simulation：存放 RBS 仿真相关的配置。
- TestSystem：存放测试系统相关的配置、代码及报告模板等。
- ToolBox：存放工具箱开发的相关文档、代码等。

这里需要特别说明的是，根目录下的工程配置 TSMaster.ini 存储了工程中很多关键信息，包括用户开发的小程序代码。一旦用户需要恢复之前的代码，可以到 backup 文件夹中寻找。

3.6.2 工程发布

对于一般用户，通常可以采用精简导出的方式，将开发好的仿真工程打包成一个 T7z 文件，这样可以便捷地发布给项目成员使用。但对于一些特殊场景，例如，用户可能需要把仿真工程发布给客户或第三方，也可能发布给生产线不熟悉 TSMaster 的操作员使用，这时候就需要对工程做一些保护和防错的措施。这时候建议用户使用 TSMaster 的加密发布和应用发布的功能。接下来，本书对加密发布和应用发布简单介绍如下。

(1) 加密发布。

① 将当前的工程打成一个包发布。

② 发布的包为 T7z 文件格式，使用时需要释放到一个目录中。

③ 为工程设置密码保护。

④ 加密所有的数据库和配置信息。

⑤ 防止工程的配置被复制和修改。

⑥ 用户一键自动运行已配置好的工程，无须关心工程的设计细节。

⑦ 将工程便捷地发布给第三方或生产环境。

(2) 应用发布。

① 将当前的工程生成一个独立的应用。

② 发布的包为 TSApp 文件格式。

③ 双击即可打开并运行所发布的应用。

④ 加密工程的所有数据库和配置信息。

⑤ 防止工程的配置被复制和修改。

⑥ 用户一键自动运行已配置好的应用，无须了解应用的设计细节。

⑦ 将工程便捷地发布给第三方或生产环境。

这里需要特别说明的是，以上两种发布均需要购买同星的相关软件授权。另外，加密发布和应用发布的包均无法恢复源仿真工程的配置、数据库、面板、代码等信息。用户在执行这两类发布之前，请将当前的工程妥善保存备份。

3.7 关于经典范例 EasyDemo

为了很便捷地讲解 TSMaster 的功能，本书精心设计了 EasyDemo 这个典型范例，读者可以发现源代码的工程文件（路径为\Chapter_03\Source\EasyDemo.T7z）。在本章的前面章节中已经多处使用这个范例的截图，在以后更多章节中还会使用该个范例，根据需要可能会增加或修改部分功能。

EasyDemo 范例中提供了两个面板：Control 面板用于演示相关操作，Display 面板用于显示 Control 面板操作引起的信号或系统变量的变化。在图形窗口中可以看到信号的变化，在系统消息窗口中可以看到相关的日志信息。默认情况下，运行 C 小程序会自动触发信号和系统变量的变化，实现动态演示，如图 3.15 所示。若读者关闭 Control 面板的开关 Control.DemoEnable，可以关闭动态演示的功能。

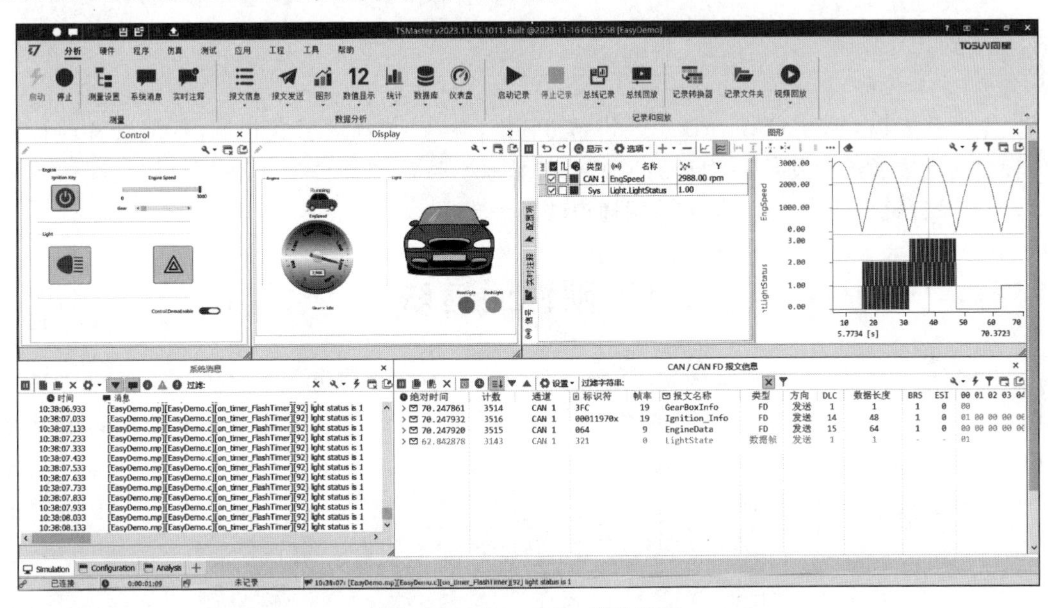

图 3.15　EasyDemo 演示界面

第4章 硬件配置

本章内容：

- 硬件通道映射。
- TSMaster 通道映射的意义。
- 关于虚拟通道。
- 加载硬件驱动。
- 通道设置。

本章首先以 CAN/CAN FD 总线讲解 TSMaster 对硬件的管理机制，帮助读者理解应用程序的逻辑通道和硬件的物理通道的映射关系。然后引导读者了解如何加载硬件的驱动，如何设置硬件通道，以及如何使用通道映射编辑器。

4.1 硬件通道映射

TSMaster 支持多种汽车总线，每种总线都允许有多个通道，为了高效地管理这些通道，TSMaster 中引入了通道映射的概念。应用程序直接调用 TSMaster 驱动中的逻辑通道，逻辑通道通过映射的方式关联到实际的 CAN 总线工具的物理通道上。TSMaster 的硬件通道映射机制如图 4.1 所示。

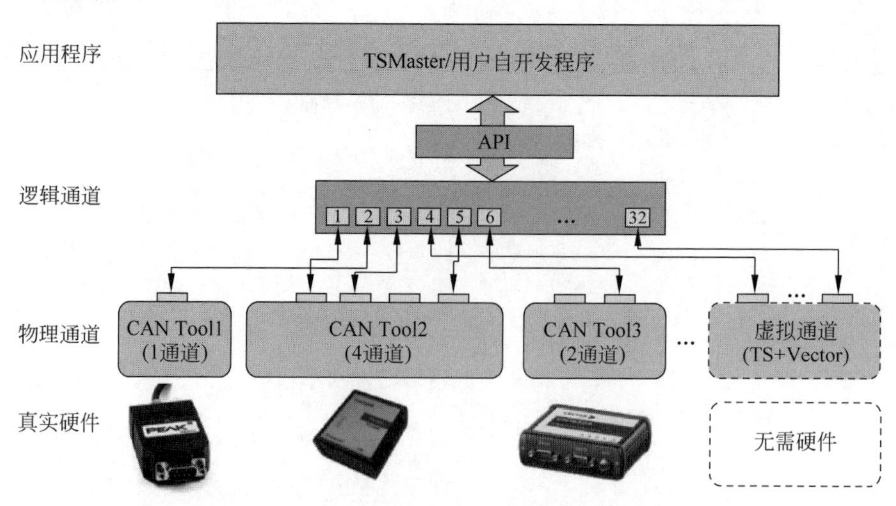

图 4.1　TSMaster 的硬件通道映射机制示意图

4.2 TSMaster 通道映射的意义

通道映射可以帮助 TSMaster 高效地管理逻辑通道和物理通道的关系，主要意义如下。

（1）尽可能兼容市面常见的硬件，用户手上无论是 Vector、PEAK、Kvaser 等硬件，还是同星自家的 TS 系列工具，都可以通过映射的方式直接在 TSMaster 中使用。

（2）逻辑通道对于上层应用层是统一的接口，用户在使用 TSMaster 小程序开发仿真工程的时候，不用担心因为硬件的切换，之前开发的工作被浪费。

（3）逻辑通道扩展了物理通道的通道数量限制。因为接口物理空间的限制，常见的 CAN 硬件通道有 1 路、2 路和 4 路通道。如果在某些应用场合，需要超过 4 路、6 路甚至更多的 CAN 通道协同工作，而直接通过硬件设备又无法满足要求，这时候就可以通过逻辑通道的方式，把多个硬件里面的通道映射到 TSMaster 中协同进行操作。

4.3 关于虚拟通道

这里需要特别说明的是，有一类特殊的物理通道是虚拟通道，这类虚拟通道有一些特殊的功能。

（1）在缺乏硬件的情况下，可以通过虚拟通道，演示或学习 TSMaster 大部分的功能。

（2）在不同的应用程序中使用同一个虚拟通道时，不同应用程序之间可以相互传递报文。

（3）TSMaster 支持了两个同星的 CAN/CAN FD 虚拟通道和两个 Vector 的 CAN/CAN FD 虚拟通道。如果用户安装了 CANoe 以及 Vector 的驱动程序，TSMaster 可以通过虚拟通道和 CANoe 应用软件互发报文，无缝连接。

4.4 加载硬件驱动

TSMaster 兼容的硬件接口种类众多，默认只加载 TOSUN 和 Vector 的硬件驱动。如果想使用其他厂商的 CAN 驱动，需要到硬件工具提供商页面使能对应的硬件驱动，如图 4.2 所示。

注：如果用户手上有其他 CAN 的硬件工具是 TSMaster 不兼容的，而且这个工具的性能和口碑是经过验证的，可以直接联系上海同星智能科技有限公司，可申请免费集成到 TSMaster 软件平台中。

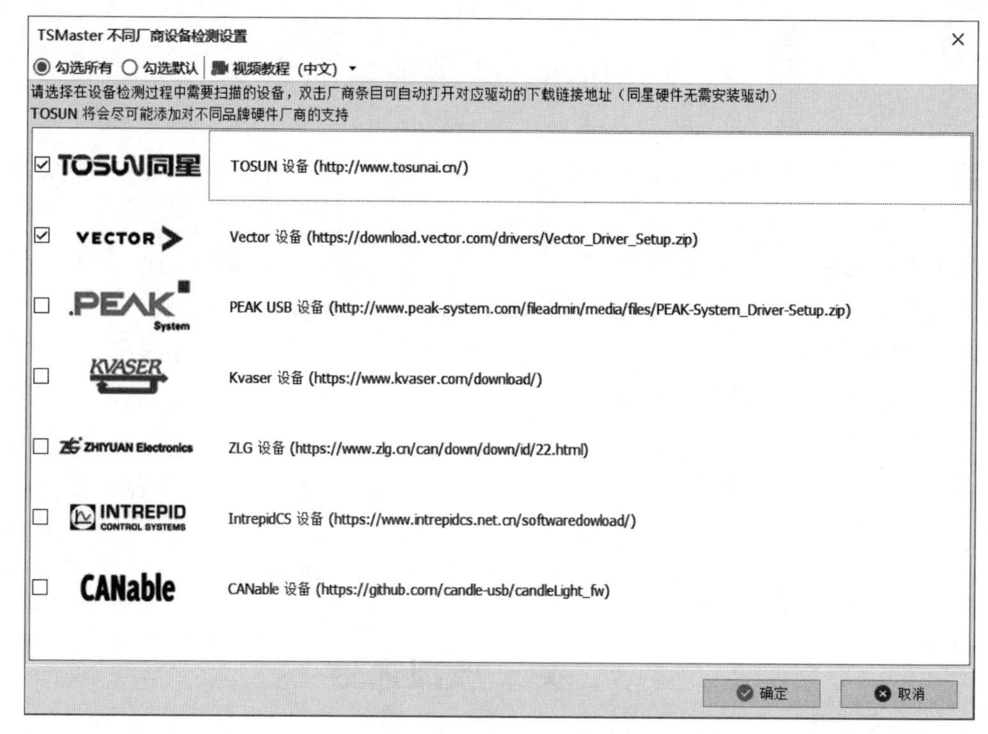

图 4.2　加载常见硬件的驱动程序

4.5　通道配置

在 TSMaster 硬件功能区，用户可以快捷地管理、配置相关硬件，提供的主要接口有通道选择、总线硬件、通道映射以及选择厂家。TSMaster 目前支持 CAN/CAN FD、LIN、FlexRay 等总线，本节依然使用 CAN/CAN FD 总线的配置作为案例。

4.5.1　选择硬件通道

在 TSMaster 主界面中，通过“硬件”→“通道选择”选项进入“TSMaster 应用程序通道选择器”窗口，如图 4.3 所示。

在通道选择器窗口中，用户可以按以下步骤完成设置。

(1) 选择应用程序的通道数量，图 4.3 中选择了两个 CAN 通道。

(2) 对每个应用程序通道(逻辑通道)，通过下拉菜单分配可用的 CAN 硬件通道，如图 4.4 所示。图中将同星 TC1011 硬件第 1 通道分配给了应用程序的第 1 逻辑通道，将同星虚拟通道 2 分配给了应用程序的第 2 逻辑通道。

(3) 激活应用程序的逻辑通道。

这里需要说明的是，图 4.4 中下拉菜单项的图标✔显示为绿色的表示目前该物理通道空闲，图标显示为灰色的表示该物理通道已被占用，如强行分配则有冲突，需要重新调整有冲突的部分。

图 4.3　配置硬件通道

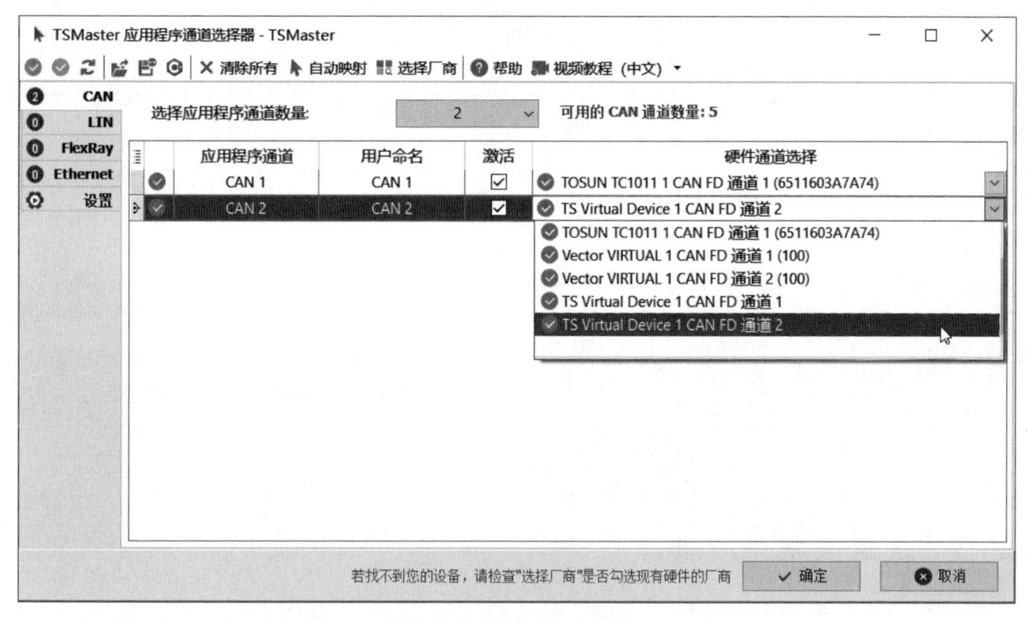

图 4.4　分配物理通道

4.5.2　总线硬件

在 TSMaster 主界面中，通过"硬件"→"总线硬件"选项进入硬件配置窗口，图 4.5 给出了 CAN 和 CAN FD 的配置窗口。

对图 4.5 中一些关键设置硬件通道的参数简单介绍如表 4.1 所示。

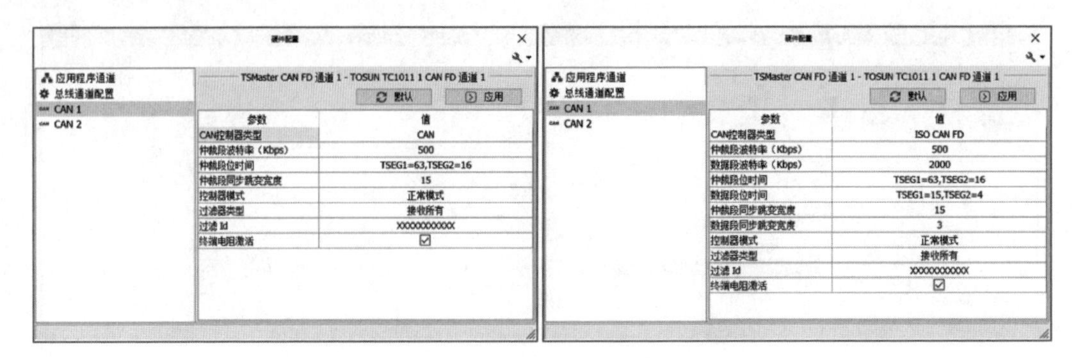

图 4.5　CAN/CAN FD 硬件配置

表 4.1　CAN/CAN FD 硬件通道参数简介

参　　数	功 能 描 述	值
CAN 控制器类型	选择 CAN 控制器的类型，有些硬件值仅支持 CAN	CAN、ISO CAN FD 和 Non-ISO CAN FD 三种设置
仲裁段波特率(Kbps)	选择仲裁段的波特率	125、250、500 和 1000 共 4 种设置
数据段波特率(Kbps)	选择数据段的波特率，仅针对 CAN FD 类型	125、250、500、1000、2000、4000、5000 和 8000 共 8 种设置
仲裁段位时间	需要确保各个节点的采样点一致	列表中选择
数据段位时间	需要确保各个节点的采样点一致，仅针对 CAN FD 类型	列表中选择
仲裁段同步跳变宽度	需要确保各个节点的同步跳变宽度一致	1～15
数据段同步跳变宽度	需要确保各个节点的同步跳变宽度一致，仅针对 CAN FD 类型	1～4
控制器模式	允许对控制器的模式做一些特殊设置	正常模式、关闭应答模式、限制模式、内部回环模式和外部回环模式 5 种模式
过滤器类型	设置过滤器类型	接收所有、阻止所有、标准帧过滤器和扩展帧过滤器 4 种模式
过滤 Id	根据 Id 来设置过滤	对每一位进行设置 0、1 或 X
终端电阻激活	选择是否并联上终端电阻	激活、取消两种状态

4.5.3　通道映射编辑器

在 TSMaster 主界面中，通过“硬件”→“通道映射”选项打开同星通道映射编辑器，可以查看和管理硬件映射及应用程序映射的关系，如图 4.6 所示。

1. 硬件

硬件资源下显示了当前连接到用户计算机上所有可用的硬件设备信息，包含 TSMaster 支持的品牌硬件以及同星和 Vector 的虚拟通道。单击其中一个硬件通道，可以查看它目前的状况，图 4.7 显示 TC1011 硬件通道 1 被分配给 TSMaster 通道 1。

如果要将硬件通道重新分配，可以右击该硬件通道，在快捷菜单中选择需要分配的应用程序及逻辑通道，如图 4.8 所示。

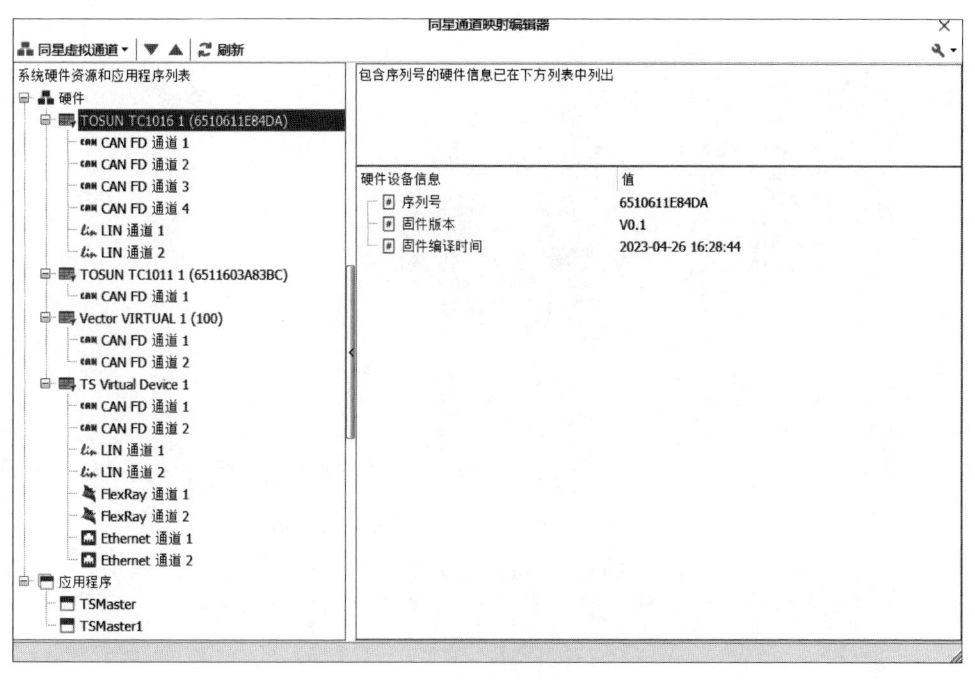

图 4.6　同星通道映射编辑器

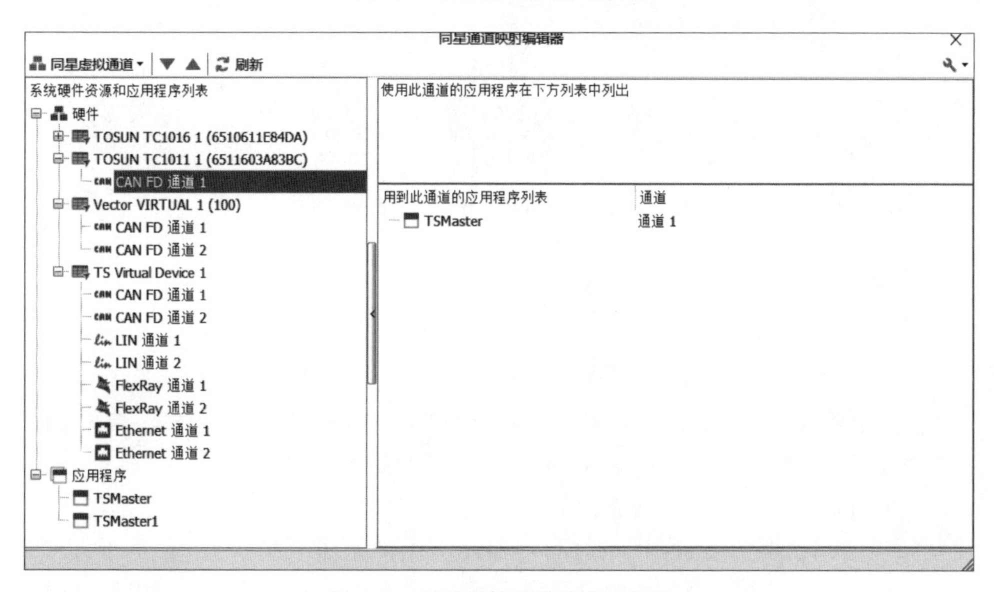

图 4.7　查看硬件通道的分配情况

2. 应用程序

应用程序资源下，显示了所有基于 TSMaster API 底层开发的应用程序（当然也包含 TSMaster 自身），用户在此处可以新建和删除应用程序的逻辑通道。以 TSMaster 程序自身为例，可以查看到 CAN 逻辑通道和 FlexRay 逻辑通道的映射情况，如图 4.9 所示。

应用程序资源下呈现的应用程序清单，根据来源大致可以分为以下三类。

（1）用户运行的 TSMaster，若同时打开多个 TSMaster 则会产生 TSMaster1，TSMaster2，…。

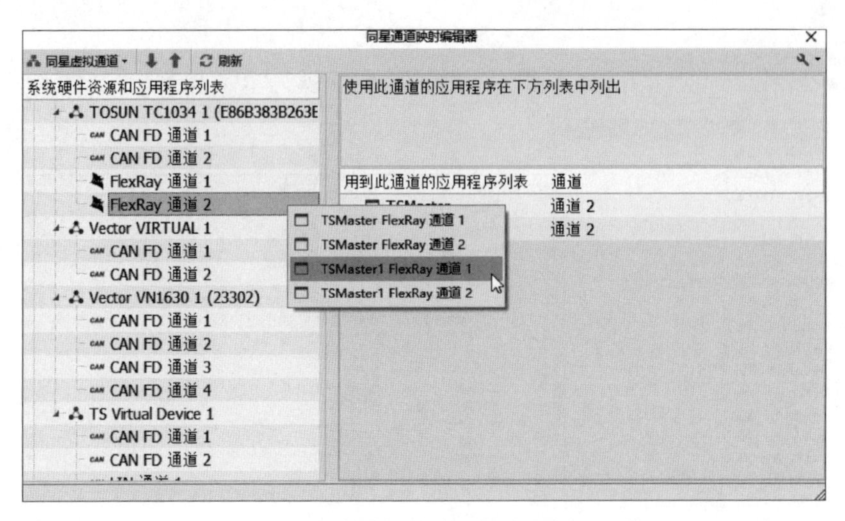

图 4.8　在映射编辑器中重新分配物理通道

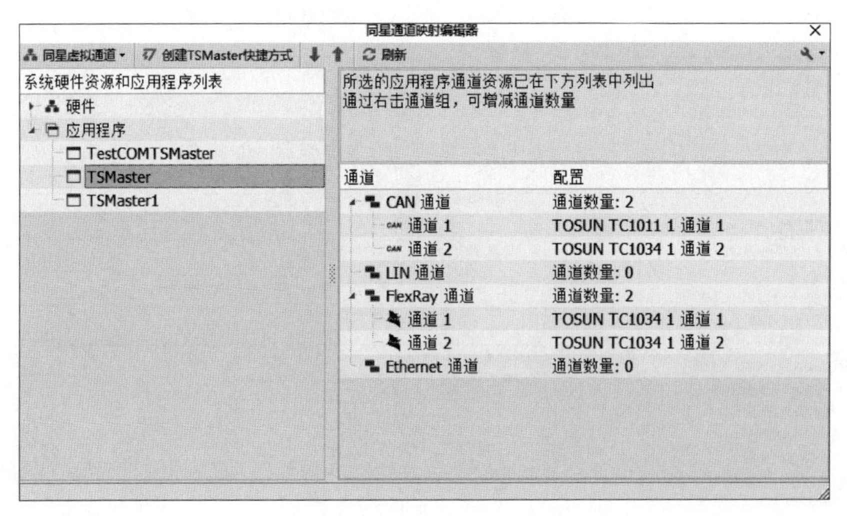

图 4.9　查看应用程序的逻辑通道的映射关系

(2) 用户运行基于 TSMaster SDK 开发的其他应用程序，如 C#、Python 等开发的应用程序或脚本，其中设置的 Application 名称，会对应到此处的名称。

(3) 用户在映射编辑器中自行新建的应用程序。

这里需要特别说明的是，同星映射管理器是一个非常重要的工具，在基于 TSMaster SDK 开发应用程序时，可以将此处的信息作为参考，来验证代码实现的通道设置、映射关系等。借助此功能，新手可以高效地调试程序，快速定位代码中的错误。若不想在程序中初始化通道配置，也可以在此处手动创建应用程序，并配置通道。另外，此处还可以直接清除过时的应用程序。

第5章 总线测量与分析简介

本章内容：

- 测量设置窗口。
- 系统消息窗口。
- 实时注释窗口。
- 报文信息窗口。
- 报文发送窗口。
- 图形窗口。
- 数值显示窗口。
- 仪表盘窗口。
- 统计窗口。
- 总线记录窗口。
- 总线回放窗口。
- 记录转换器。
- 视频回放窗口。

TSMaster为用户提供了强大的总线测量和分析功能，极大方便了ECU开发过程中的测量、分析和验证。本章首先介绍测量设置和分析的常见窗口，接着介绍测量数据的记录和处理，最后介绍离线数据分析、视频回放等功能。

5.1 测量设置窗口

测试设置窗口可以总览TSMaster仿真工程的架构，用户也可以在本窗口中管理所有的窗口或模块，轻松完成新建、插入、删除、拖动等操作。在TSMaster主界面中，通过“分析”→“测量设置”选项进入“测量设置”窗口，如图5.1所示。

5.1.1 功能介绍

“测量设置”窗口作为TSMaster仿真工程的窗口管理和数据管理的入口，主要包含以下三个功能。

(1) 管理各类窗口和模块：作为一个接口，用户能够快速创建需要的窗口或功能模块，也可以删除、移动窗口或模块。

(2) 快速打开所选窗口或模块：“测量设置”窗口汇总了整个工程中的所有窗口，用户

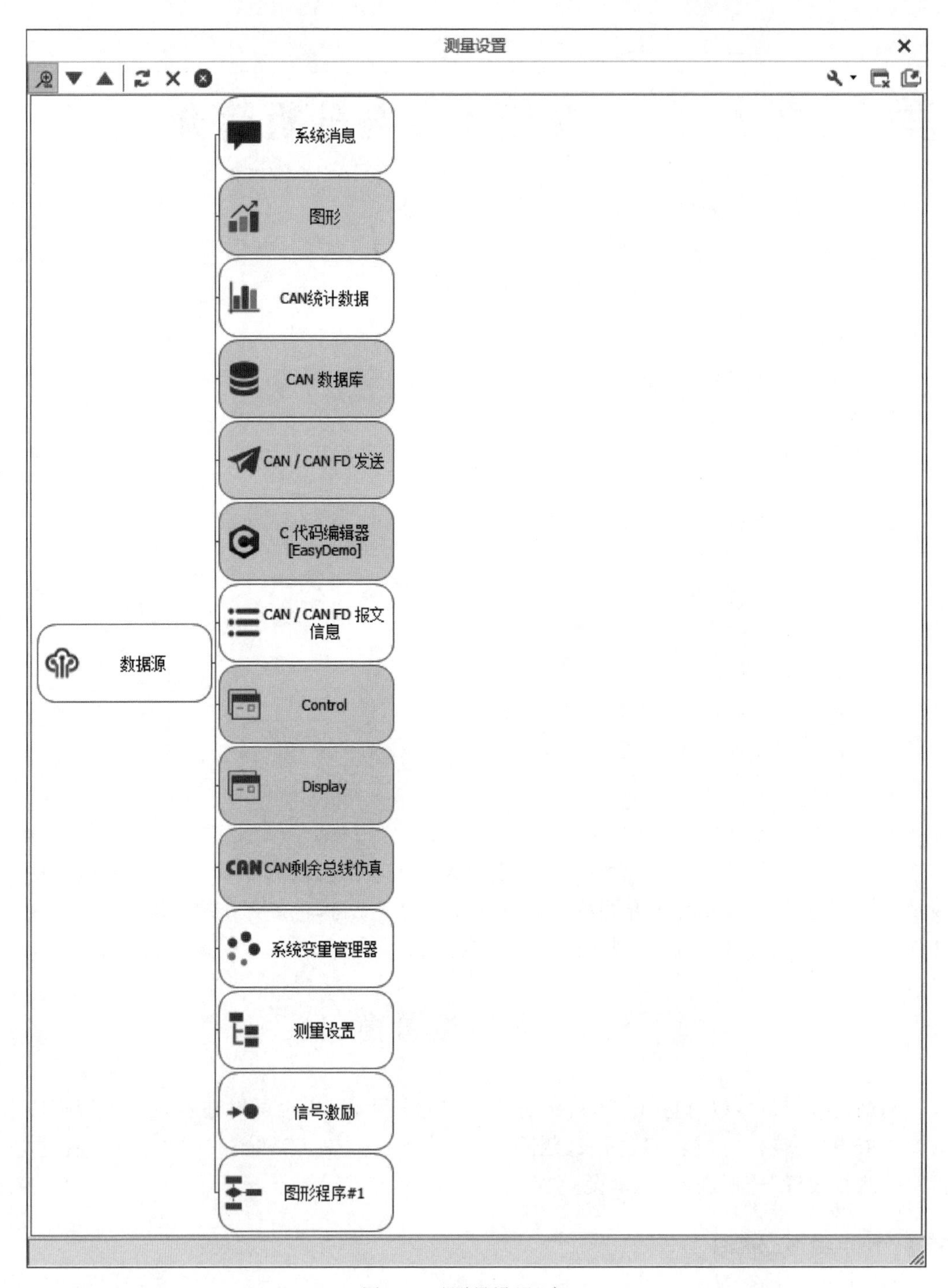

图 5.1 “测量设置”窗口

可以通过“测量设置”窗口快速访问目标窗口或模块。

(3) 数据流过滤：通过“测量设置”窗口创建数据流组合，实现数据流的过滤。

下面简单介绍一下“测量设置”窗口工具栏的选项及功能描述，如表 5.1 所示。

表 5.1 “测量设置”窗口工具栏的选项及功能描述

选　项	功能描述
	此按钮处于按下的状态时，窗口内视图自动缩放来适配窗口的大小。当用户调整窗口大小时，窗口内视图也会自动调整大小
▼	展开窗口内所有窗口和模块的显示
▲	收起窗口内所有窗口和模块的显示
	初始化所有窗口和模块的拓扑，初始化状态是所有窗口或模块都直接连接数据源，用户慎用
✕	删除所选的窗口或模块，用户慎用
	删除所有的窗口或模块，用户慎用

5.1.2 数据流过滤

在“测量设置”窗口里面可以通过窗口或模块的组合来规划数据流方向，实现过滤的效果。其基本思路如下：数据流通过一个窗口，这个窗口内包含的数据才允许通过，其他数据不允许通过，如图 5.2 所示。

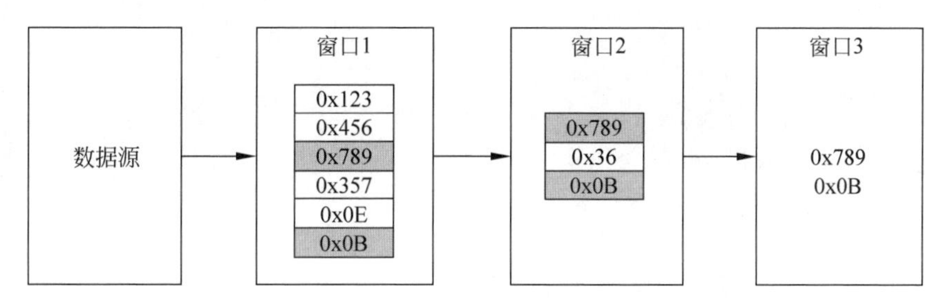

图 5.2　数据流过滤的演示

(1) 窗口 1 中包含的数据有 0x123、0x456、0x789 等 6 个报文，只有 ID 包含在其中的数据才允许通过进入到窗口 2 中。

(2) 窗口 2 中包含的数据有 0x789、0x36、0x0B 等，只有 ID 包含在其中的数据才允许通过进入下一个窗口 3 中。

(3) 经过前面两个窗口的过滤，最后到达窗口 3 的报文 ID 只能是 0x789 和 0x0B。

在“测量设置”窗口中，窗口过滤能力分为三类，通过颜色进行标识，如图 5.3 所示。下面简单介绍这三类窗口的区别。

(1) 白色窗口：允许所有数据通过，如 CAN/CAN FD 报文信息窗口等。

(2) 浅绿窗口：允许满足条件的数据通过，如 CAN/CAN FD 报文发送窗口、Control 面板窗口等。

(3) 蓝灰窗口：禁止所有的数据通过，如 C 代码编辑器[EasyDemo]窗口。

允许所有数据通过/禁止的窗口很好理解，表 5.2 详细讲解了浅绿窗口或模块数据流的过滤机制。

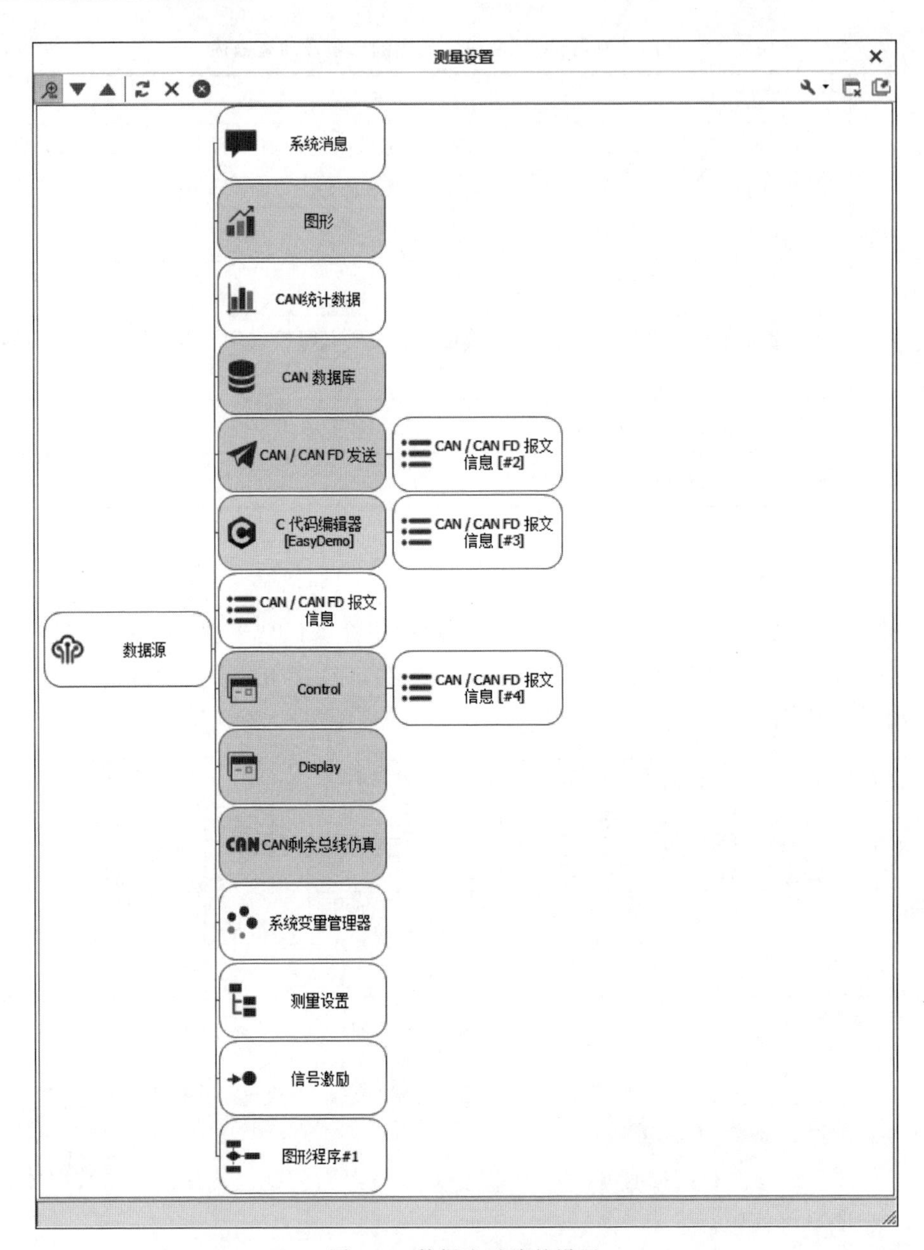

图 5.3　数据流过滤的设置

表 5.2　窗口或模块数据流过滤的机制

窗口或模块	数据流过滤的机制
报文发送窗口	根据发送报文的 ID 以及通道信息，允许对应的报文通过
数据库窗口	根据 CAN 数据库窗口中添加的数据库文件，以绑定的通道和包含的报文 ID 作为过滤条件
图形窗口	根据图形窗口中已添加的信号、系统变量作为过滤条件
面板窗口	根据面板中使用的信号、系统变量作为过滤条件
剩余总线仿真窗口	根据剩余总线仿真中激活的报文作为过滤条件
小程序窗口	根据小程序中报文接收事件作为过滤条件

5.1.3 测量过滤模块

测量过滤模块是一个专门用于设置过滤的模块，提供了更加灵活的窗口过滤功能，如图 5.4 所示。

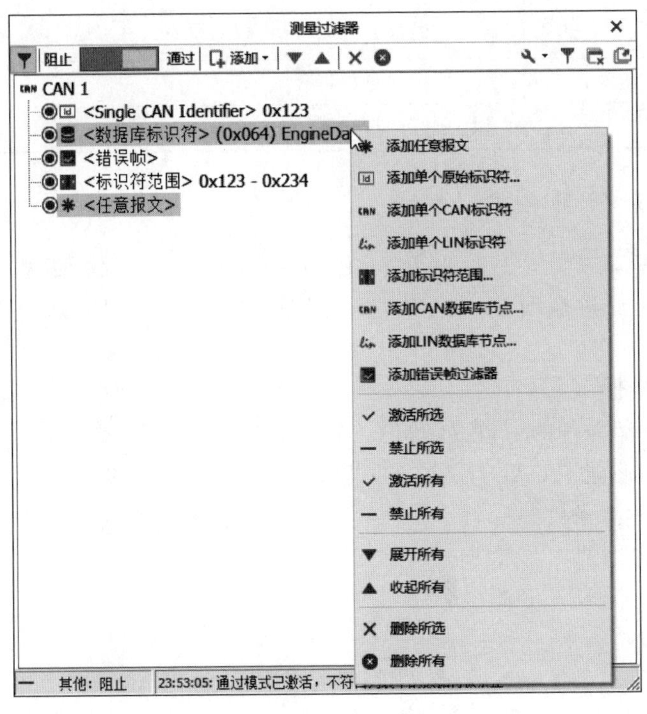

图 5.4 “测量过滤器”窗口

右击“测量过滤器”窗口中的某一个节点，将弹出快捷菜单，菜单项及功能描述如表 5.3 所示。

表 5.3 “测量过滤器”快捷菜单项及功能描述

菜 单 项	功 能 描 述
添加任意报文	通用性的过滤器，通过配置可以转换成下面几个过滤器
添加单个原始标识符…	设置单个原始 CAN 的 ID，作为过滤器
添加单个 CAN 标识符	选择 CAN 数据库中单个 CAN 的 ID，作为过滤器
添加单个 LIN 标识符	选择 LIN 数据库中单个 LIN 的 ID，作为过滤器
添加标识符范围…	设置两个 CAN 的 ID 作为起点和终点，以此范围作为过滤器
添加 CAN 数据库节点…	选择 CAN 数据库中某个节点，这个节点所有的接收报文作为过滤器
添加 LIN 数据库节点…	选择 LIN 数据库中某个节点，这个节点所有的接收报文作为过滤器
添加错误帧过滤器	设置错误帧作为过滤器
✓ 激活所选	激活所选的过滤器
— 禁止所选	禁止所选的过滤器
✓ 激活所有	激活所有的过滤器

续表

菜 单 项	功 能 描 述
— 禁止所有	禁止所有的过滤器
▼ 展开所有	展开所有的过滤器
▲ 收起所有	收起所有的过滤器
✕ 删除所选	删除所选的过滤器
⊗ 删除所有	删除所有的过滤器

5.1.4 过滤条件的使能/失效

在测量设置窗口中配置了过滤条件，TSMaster 也提供了灵活的机制使能/失效这些过滤条件。也就是通过拖动的方式，给窗口之间添加关联，就能够使能/失效这些过滤条件。

1. 使能过滤条件

将需要使能过滤条件的窗口，拖动到一个窗口或模块之后，或者在其前面添加测量过滤器，如图 5.5 所示，使能了 CAN/CAN FD 报文信息窗口、图形窗口和 CAN/CAN FD 报文信息[#2]窗口的过滤条件。

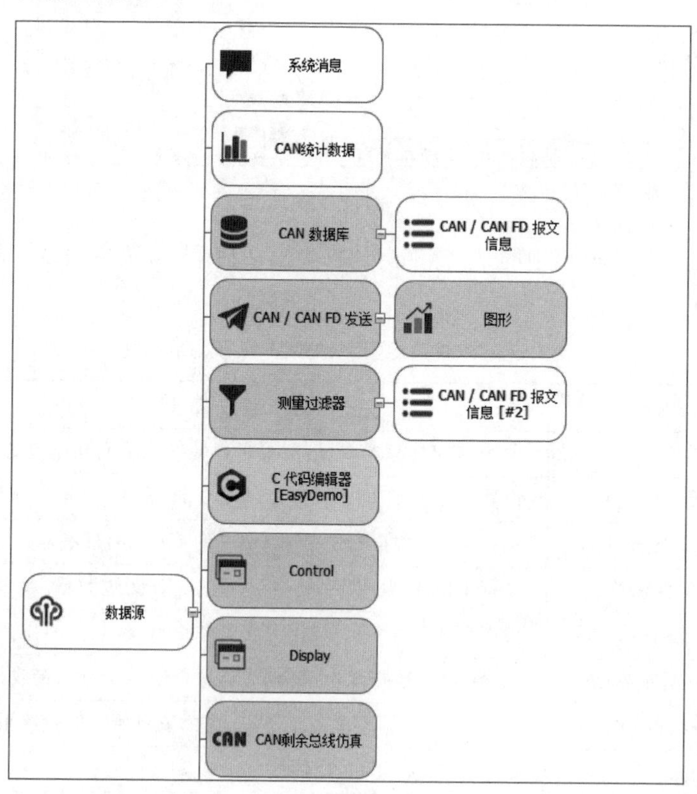

图 5.5 “使能”窗口的过滤条件

2. 失效过滤条件

可以修改过滤条件窗口，也可以把这些窗口从过滤窗口后面拖动出来，直接连接数据源，即可实现失效过滤条件，如图 5.6 所示，CAN/CAN FD 报文信息窗口、图形窗口和 CAN/CAN FD 报文信息[#2]窗口的过滤条件都失效了。

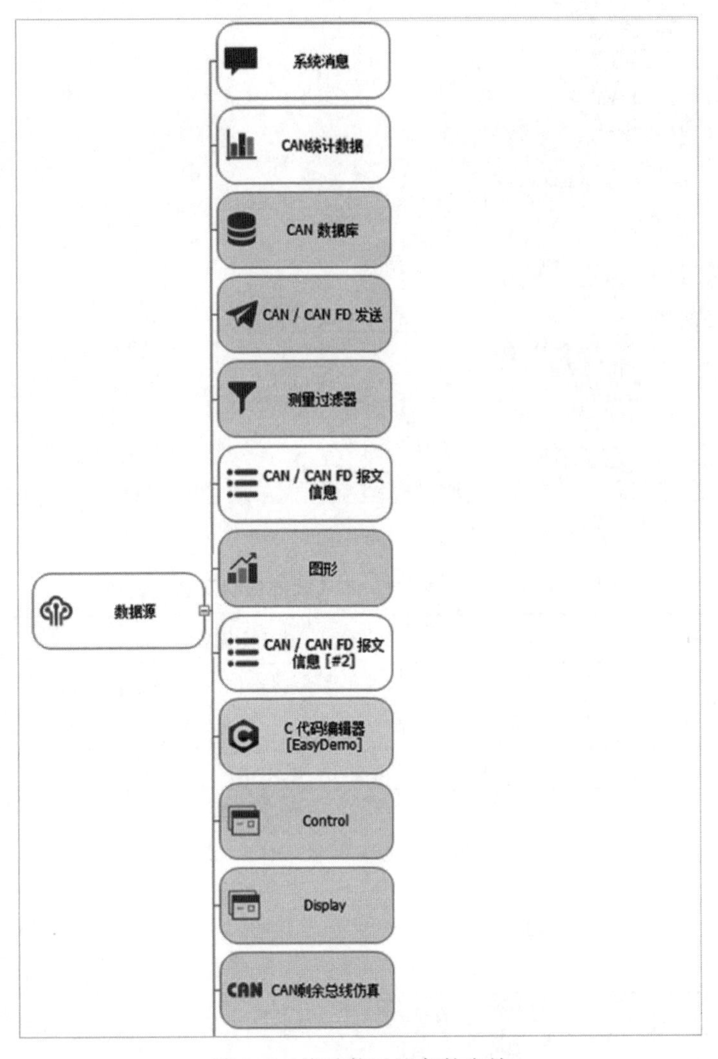

图 5.6 拖动使过滤条件失效

5.2 系统消息窗口

用户在使用 TSMaster 过程中，可以在系统消息窗口中查看一些系统信息、程序输出、调试信息、错误提示等相关的消息。在 TSMaster 主界面中，通过“分析”→“系统消息”选项进入“系统消息”窗口，如图 5.7 所示。

5.2.1 工具栏

“系统消息”窗口的主要功能可以通过工具栏来设置和操作，工具栏的选项及功能描述如表 5.4 所示。

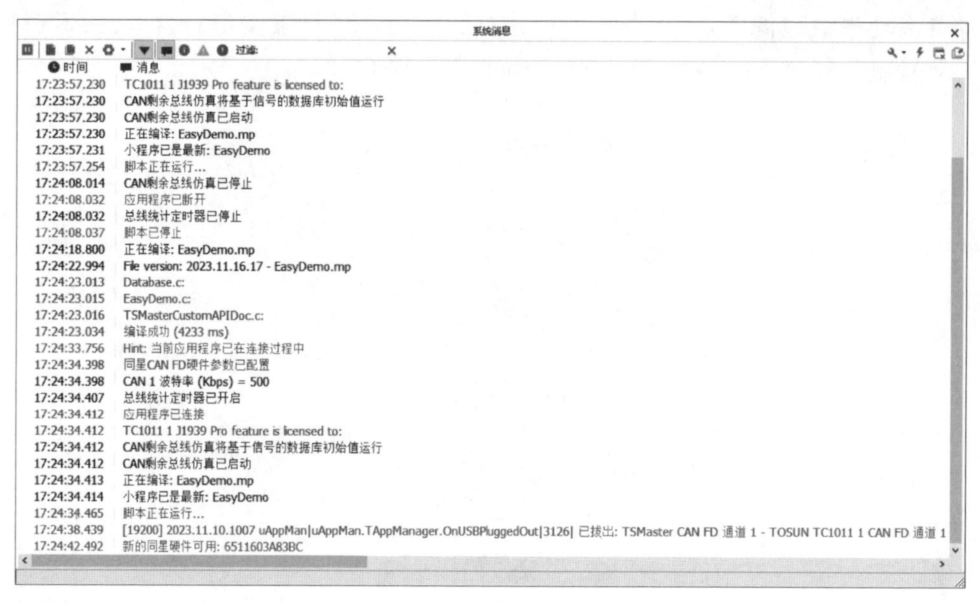

图 5.7 “系统消息”窗口

表 5.4 “系统消息”窗口工具栏的选项及功能描述

选 项	功 能 描 述
/	继续/暂停按钮,处于暂停状态时不再显示传入消息
	将所选日志复制到剪贴板
	将所有日志复制到剪贴板
	清除当前窗口的显示,这将删除所有日志
	日志保存、记录设置下拉菜单。 导出…:将日志保存到本地上的文件中。 自动记录 log:激活后会自动记录系统消息到日志文件中
	自动滚动到最新消息
	显示所有消息
	只显示提示消息
	只显示警示消息
	只显示错误消息

5.2.2 消息类型

根据消息功能不同,可以分为 6 类,各类消息的颜色、类型定义如表 5.5 所示。

表 5.5 消息颜色与消息类型的定义

消 息 颜 色	类 型 定 义	消 息 颜 色	类 型 定 义
(黑色)默认	正常的消息	(绿色)成功	指示当前操作成功的消息
(灰色)冗长	次要的信息	(蓝色)警告	警告的消息
(黄绿)提示	应该引起注意的消息	(红色)错误	当前操作遇到异常,错误的消息

5.3 实时注释窗口

在测量过程中,当用户需要将重要信息(包括时间戳等)添加到总线记录中,可以使用实时注释窗口。在 TSMaster 主界面中,通过“分析”→“实时注释”选项进入“添加实时注释”窗口,如图 5.8 所示。仿真工程运行过程中,用户可以通过实时注释窗口添加相关信息,消息会出现在“系统消息”窗口中(将显示为绿色)。实时注释的消息也会在图形窗口的实时注释页面同步记录。如果需要分析信号或复现问题,可以使用总线回放功能,来查看实时注释的信息位置。

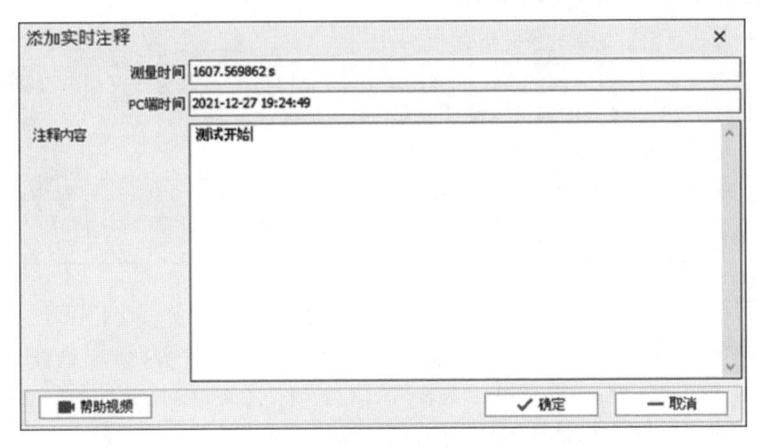

图 5.8 “添加实时注释”窗口

5.4 报文信息窗口

TSMaster 目前支持 CAN、LIN 以及 FlexRay 总线,允许用户添加三种报文信息窗口。CAN/CAN FD 信息窗口可以显示来自 CAN/CAN FD 网络的报文事件,下面以“CAN/CAN FD 报文信息”窗口为例。在 TSMaster 主界面中,通过“分析”→“报文信息”选项打开或创建报文信息窗口,“CAN/CAN FD 报文信息”窗口如图 5.9 所示。

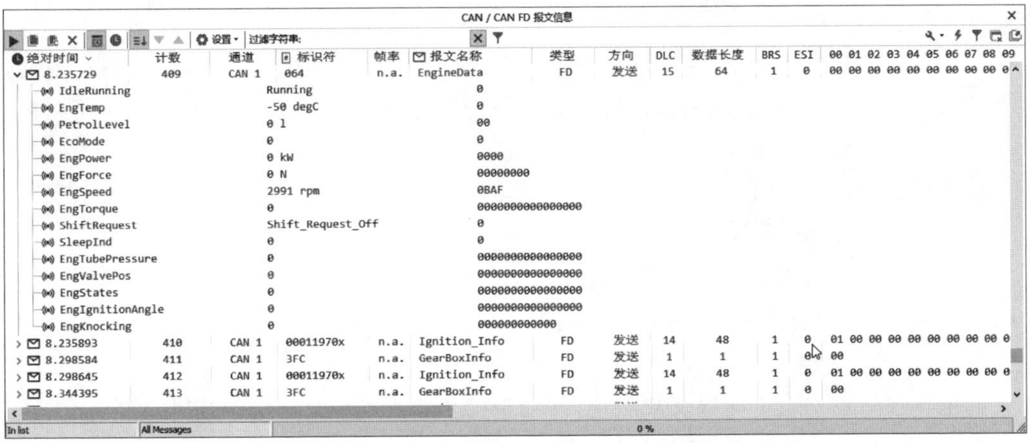

图 5.9 “CAN/CAN FD 报文信息”窗口

5.4.1 工具栏

报文信息窗口的主要功能可以通过工具栏来设置和操作，工具栏的选项及功能描述如表 5.6 所示。

表 5.6 报文信息窗口工具栏的选项及功能描述

选　项	功 能 描 述
▶/⏸	继续/暂停按钮，处于暂停状态时不再显示传入消息
	将所选报文复制到剪贴板
	复制所选报文成为 C 小程序发送的代码
✕	清除信息窗口显示的所有报文
	在固定显示和按时间顺序显示模式间切换，此按钮激活时为按时间顺序查看模式。在此模式下，每个传入的新报文将显示为一条跟踪线
	此按钮将报文信息窗口设置为相对时间模式
	此按钮确保报文列表始终滚动到最新报文
▼	展开所有报文节点以查看其信号的值
▲	收起所有报文节点以隐藏信号
	设置可以按协议来设置显示内容，也可以设置刷新率等。 导出报文列表…：窗口中的报文列表导出到 BLF 或者 ASC 格式的日志文件中。 导入报文列表…：将 BLF 或者 ASC 格式的日志文件导入报文信息窗口中。 协议：CAN、CAN FD、J1939 和 CANopen 4 个选项。 刷新率：慢速(1000 毫秒)、正常(333 毫秒)和快速(50 毫秒)三个选项。 设为默认设置：将当前的报文信息窗口的设置设为默认设置。添加新的报文信息窗口会采用这个默认的设置

报文字符串过滤的功能将在 5.4.2 节讲解。

5.4.2 报文过滤器设置

在 过滤字符串: 文本框中可以输入过滤用户感兴趣的内容，如报文 ID、报文名、信号名、信号值、解析的数值符号等。单击 按钮将清除所有过滤设置，恢复显示所有报文。

单击工具栏中的 按钮，将弹出报文过滤器设置的界面，如图 5.10 所示。通过报文过滤器，允许在信息窗口中显示特定的报文标识符，同时阻止其他报文标识符。用户可以使用此报文过滤器隐藏一些不相关的报文，或者只监视某些报文。

报文标识符过滤器可以工作在以下两种模式。

(1) 通过模式 通过 阻止 。

标识符在通过列表中的报文可以通过，其他报文将被阻止，在图 5.10 中的 CAN/CAN FD 报文信息列表中仅刷新 ID 为 0x064 的报文。

(2) 阻止模式 通过 阻止 。

标识符在通过列表中的报文被阻止，其他报文可以通过，在图 5.11 中只有 0x064 将被阻止，而其他报文将显示在报文信息窗口中。

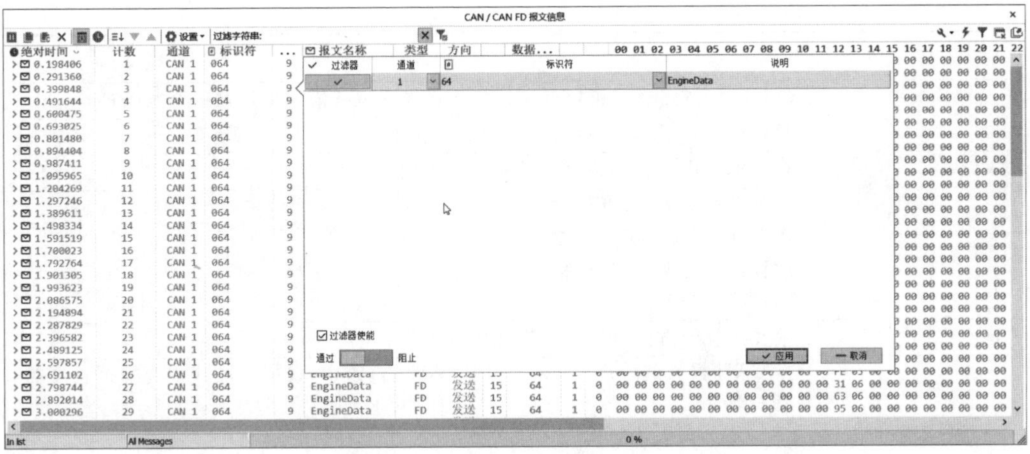

图 5.10　报文过滤器设置界面

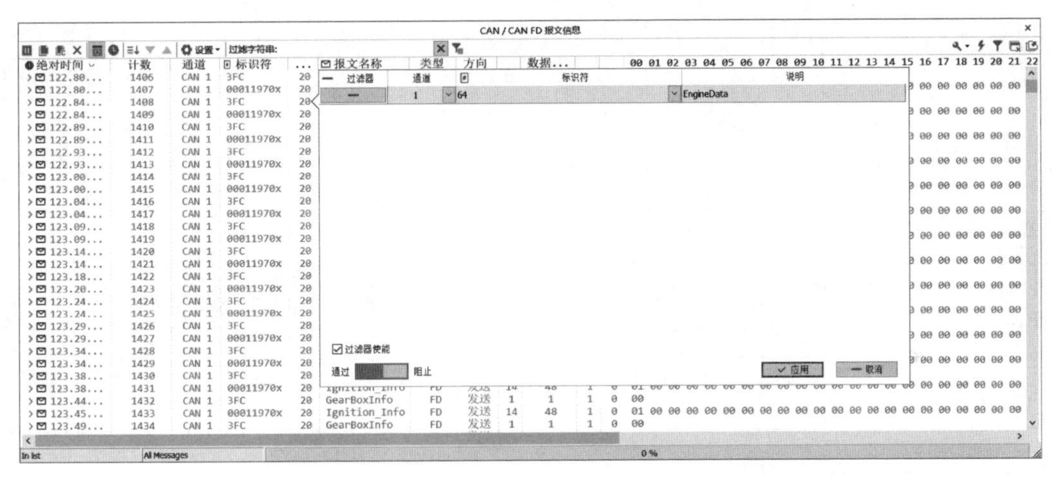

图 5.11　阻止模式，其他报文可以通过

以上两种模式下，使用快捷菜单，可以使用以下三种方式添加过滤选项。

(1) 从数据库中添加报文。

(2) 添加原始 CAN 报文。

(3) 添加通道过滤，阻止该通道的所有报文。

5.4.3　报文信息列表项

用户经常需要查看、分析报文信息，报文信息窗口的各个列表项及属性描述如表 5.7 所示。

表 5.7　报文信息列表项及属性描述

列 表 项	属 性 描 述
绝对时间/相对时间	绝对时间模式：显示绝对的测量时间(s)，这是默认的时间显示格式。相对时间模式：显示相对于前面报文的相关时间
计数	记录该条报文发送或接收的序数
通道	该报文在 TSMaster 逻辑通道的序号

续表

<table>
<tr><th>列　表　项</th><th>属 性 描 述</th></tr>
<tr><td>标识符</td><td>CAN 报文标识符,扩展标识符格式将在标识符值末尾添加一个“x”符号</td></tr>
<tr><td>帧频</td><td>每秒帧数,此列显示特定标识符的帧速率</td></tr>
<tr><td>报文名称</td><td>在数据库中定义的报文的名称</td></tr>
<tr><td>类型</td><td>此处将显示 CAN 报文类型。
数据帧：经典 CAN 数据帧。
远程帧：经典 CAN 远程帧。
FD：CAN-FD 帧</td></tr>
<tr><td>方向</td><td>报文接收的方向可以是发送或接收</td></tr>
<tr><td>DLC</td><td>指 CAN 报文的数据长度代码,在 CAN FD 帧中,数据长度代码与数据长度的关系如下。
<table>
<tr><th>DLC</th><th>数据长度</th></tr>
<tr><td>0～8</td><td>与 DLC 一致</td></tr>
<tr><td>9</td><td>12</td></tr>
<tr><td>10</td><td>16</td></tr>
<tr><td>11</td><td>20</td></tr>
<tr><td>12</td><td>24</td></tr>
<tr><td>13</td><td>32</td></tr>
<tr><td>14</td><td>48</td></tr>
<tr><td>15</td><td>64</td></tr>
</table></td></tr>
<tr><td>数据长度</td><td>数据字节长度</td></tr>
<tr><td>BRS</td><td>即 Bit Rate Switch(位速率开关),表征是否使用可变速率来传递数据</td></tr>
<tr><td>ESI</td><td>即 Error State Indicator(错误状态标识位),表征是主动错误状态(Error Active)还是被动错误状态(Error Passive)</td></tr>
<tr><td>报文数据</td><td>报文的每个数据字节。在 CAN FD 帧中,数据字节可以大于 8B,索引从 0 开始的每个数据字节显示</td></tr>
</table>

5.4.4 信号的显示

如果在加载的 CAN 数据库中定义了报文,则可以解析相关信号中的可读性信息,如图 5.12 所示,有的信号可以显示信号的物理值(如信号 EngSpeed),也可根据信号的数值表显示该数值的定义信息(如信号 IdleRunning)。

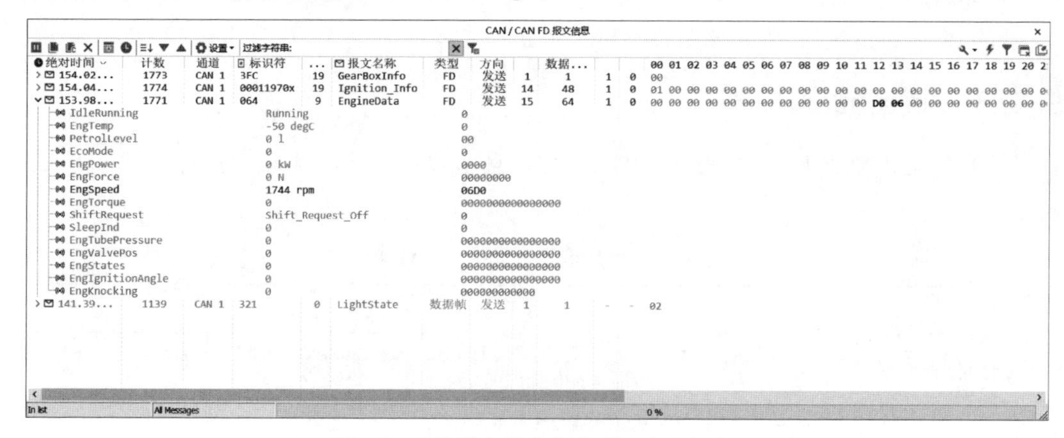

图 5.12　信号在报文信息窗口中的解析

这里需要特别说明的是，信号显示为数值表中的定义信息的提前是，用户在 TSMaster 的“工具”功能区激活了“符号显示”的功能。

5.4.5 快捷菜单

报文信息窗口的快捷菜单与工具栏的功能基本相同，如图 5.13 所示，下面仅介绍“复制”和“阻止所选消息”菜单项的功能。

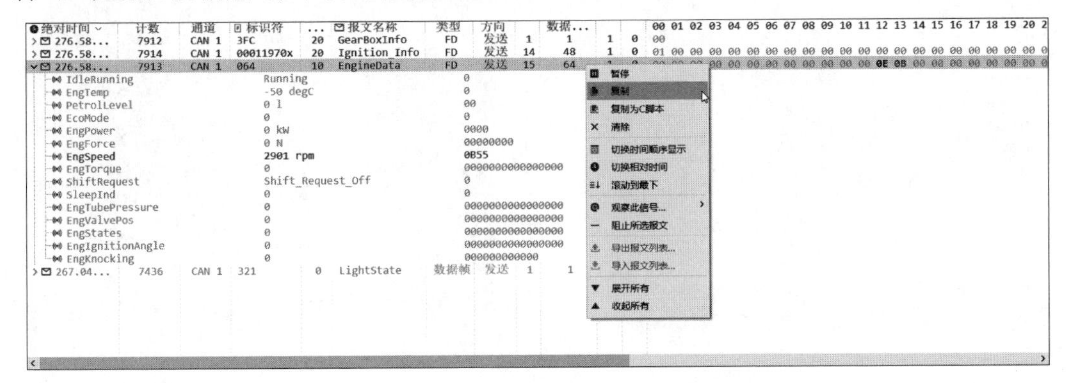

图 5.13 报文信息窗口的快捷菜单

当用户选择一段报文列表，用户可以右击将这段报文复制到剪贴板，接着可以将内容粘贴到文本编辑工具中查看或编辑，如图 5.14 所示。

```
    绝对时间        计数    通道  标识符   PGN  帧率   报文名称        发送节点  类型  方向  DLC  数据长度  源地址  目的地址  优先级  解释  BRS  ESI  00 01 02 03
[+] 346.025122  24279  1   064      10  EngineData           FD  发送  15   64                               1    0    00 00 00 00 00 50 00 00 00 00 00 00
      IdleRunning                     Running                  0
      EngTemp                         -50 degC                 0
      PetrolLevel                     0 1                      00
      EcoMode                         0                        0
      Gear                            Gear_5                   5
      EngPower                        0 kW                     0000
      EngForce                        0 N                      00000000
      EngSpeed                        -1220 rpm                FB3C
      EngTorque                       0                        0000000000000000
      ShiftRequest                    Shift_Request_On         1
      SleepInd                        0                        0
      EngTubePressure                 0                        0000000000000000
      EngValvePos                     0                        0000000000000000
      EngStates                       0                        0000000000000000
      EngIgnitionAngle                0                        0000000000000000
      EngKnocking                     97                       000000000061
[+] 346.016809  24278  1   065     100  EngineStatus         FD  发送  12   24                               1    0    00 00 00 00 00 00 00 00 00 00 00 00
```

图 5.14 查看或编辑粘贴过来的报文列表

对于“阻止所选消息”菜单项的功能，相当于将所选的报文 ID 直接添加入阻止的过滤器列表中，详见 5.4.2 节。

5.5 报文发送窗口

通过设置报文发送列表来手动或周期发送报文是 TSMaster 最常用的功能之一。在 TSMaster 主界面中，通过“分析”→“报文发送”选项打开或创建报文发送窗口，CAN/CAN FD 发送窗口如图 5.15 所示。

5.5.1 工具栏

报文发送窗口的主要功能可以通过工具栏来设置和操作，工具栏的选项及功能描述如表 5.8 所示。

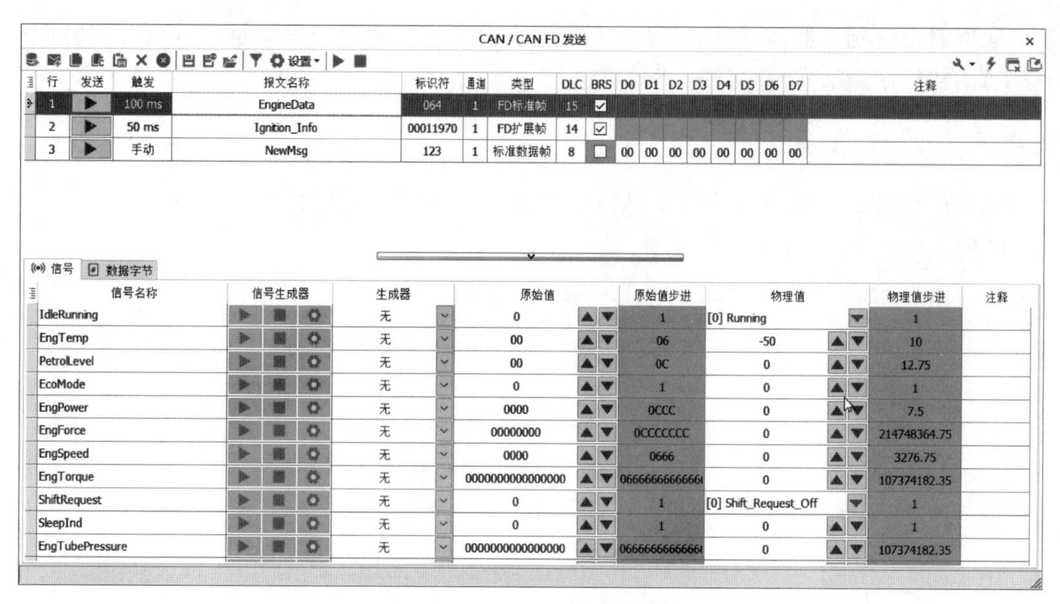

图 5.15 CAN/CAN FD 发送窗口

表 5.8 CAN 报文发送窗口工具栏的选项及功能描述

选项	功能描述
	从数据库中选择添加报文
	直接添加一个报文到发送列表中,可以自由编辑
	将选定的 CAN 报文复制到剪贴板中,剪贴板可粘贴到当前发送列表中
	复制所选报文成为 C 小程序发送的代码
	将从剪贴板复制的 CAN 报文粘贴到当前发送列表中
	将选中的报文从发送列表里删除
	将所有的报文从发送列表中删除
	将当前发送列表保存到外部文件中。第一次将出现保存对话框,供用户指定目标文件,若之后使用保存操作将覆盖此文件
	将当前的发送列表导出到一个外部文件中
	加载一个外部发送列表的外部文件,此操作将完全覆盖当前的发送列表
	激活过滤器:根据过滤器设置来筛选发送列表的报文
	设置协议选项显示,以及保存默认设置。 协议:CAN、CAN FD、J1939 三个选项。 设为默认设置:将当前的报文发送窗口的设置设为默认设置。添加新的报文发送窗口会采用这个默认的设置
	开始发送当前发送列表。注意:此操作将发送列表中的所有报文,对于手动传输报文,每条报文仅发送一次;对于循环发送报文,所有报文将按计划周期发送
	停止所有周期报文的发送。注意:每次应用程序断开连接时,都将执行此操作

5.5.2 报文发送列表项

与报文信息窗口类似,发送列表的选项包含要编辑的报文属性,表 5.9 列出了报文发送列表项及属性描述。

表 5.9　报文发送列表项及属性描述

列表项	属性描述
行	按升序排列的每条传输报文的编号,此字段为只读,不可编辑
发送	这一栏是一个控制当前报文发送的 ▶ 按钮。此按钮的图标取决于当前报文的触发器类型。 (1) 对于手动发送报文: 每次单击 ▶ 按钮都将触发一次 CAN 报文发送。 (2) 对于周期发送报文: 第一次单击 ▶ 按钮将开始此报文的循环发送。然后,发送按钮将切换到“停止”按钮 ■ 状态,下一次单击此“停止”按钮将停止当前报文的循环发送
触发	消息传输类型。 (1) 手动: 单击发送按钮将触发一次 CAN 报文传输。 (2) 周期性: 周期可以在 1～1 000 000 000ms 选择
报文名称	报文的名称,如果该报文是从 CAN 数据库添加的,则消息名称由 CAN 数据库定义,用户不能修改; 如果手动添加此报文,则用户可以自由更改报文的名称
标识符	CAN 报文的标识符(ID)
通道	CAN 报文的通道号
类型	CAN 报文类型,可以设置为以下 6 种类型。 (1) 标准数据帧: 带有标准标识符的经典 CAN 数据帧。 (2) 标准远程帧: 带有标准标识符的经典 CAN 远程帧。 (3) FD 标准帧: 带有标准标识符的 FD 帧。 (4) 扩展数据帧: 带有扩展标识符的经典 CAN 数据帧。 (5) 扩展远程帧: 带有扩展标识符的经典 CAN 远程帧。 (6) FD 扩展帧: 带有扩展标识符的 FD 帧
DLC	CAN 报文的数据长度代码,可在 0～15 范围内
D0～D7	经典 CAN 数据帧数据字节显示和编辑区。注: 在 FD 报文中,这个区域将不可用,用户需要使用位于底部面板上的“数据字节”编辑器替换

5.5.3　信号列表和数据字节

信号列表用于修改 CAN 数据库中已定义的 CAN 报文中的信号属性,如图 5.16 所示。信号的先后排序是按照信号在报文中的布局先后顺序来显示的。

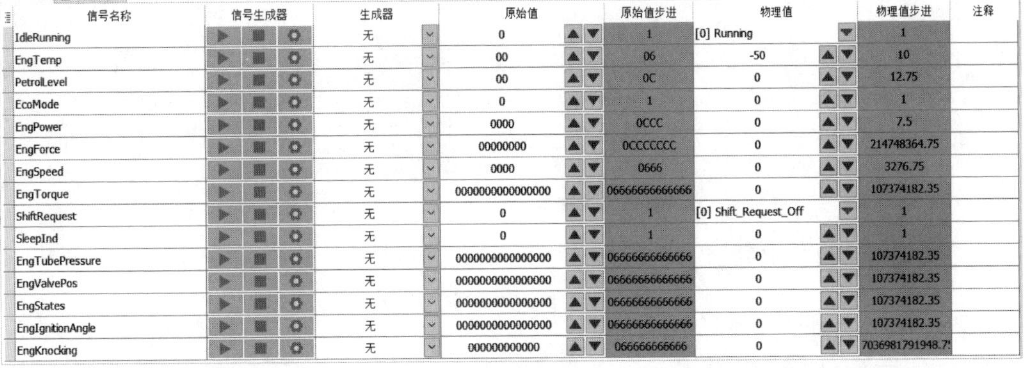

信号　数据字节

信号名称	信号生成器	生成器	原始值	原始值步进	物理值	物理值步进	注释
IdleRunning		无	0	1	[0] Running	1	
EngTemp		无	00	06	-50	10	
PetrolLevel		无	00	0C	0	12.75	
EcoMode		无	0	1	0	1	
EngPower		无	0000	0CCC	0	7.5	
EngForce		无	00000000	0CCCCCCC	0	214748364.75	
EngSpeed		无	0000	0666	0	3276.75	
EngTorque		无	0000000000000000	06666666666666	0	107374182.35	
ShiftRequest		无	0	1	[0] Shift_Request_Off	1	
SleepInd		无	0	1	0	1	
EngTubePressure		无	0000000000000000	06666666666666	0	107374182.35	
EngValvePos		无	0000000000000000	06666666666666	0	107374182.35	
EngStates		无	0000000000000000	06666666666666	0	107374182.35	
EngIgnitionAngle		无	0000000000000000	06666666666666	0	107374182.35	
EngKnocking		无	000000000000	066666666666	0	7036981791948.7!	

图 5.16　CAN 报文发送窗口的信号列表

表 5.10 列出了信号列表的字段及属性描述。

表 5.10　信号列表的字段及属性描述

字　　段	属 性 描 述
信号名称	该报文下的信号名称
信号生成器	信号生成器操作栏,具有三个按钮,用于发送和配置每个 CAN 信号的值变化行为。 ① ▶/⏸"启动"/"暂停"按钮,单击此按钮会在启动和暂停之间切换。启动状态时(显示为⏸),当前 CAN 信号会按生成器的设定来更新信号值。暂停状态时(显示为▶),生成器将处于暂停状态,不会触发信号的改变,信号值会保持在当前的值不变。 ② ■"停止"按钮,单击此按钮停止当前 CAN 信号生成器的操作。 ③ ⚙"配置"按钮,单击此按钮将弹出信号自定义窗口,具体功能将在生成器部分讲解
生成器	选择生成器的类型:正弦、斜坡脉冲、值范围、切换、随机、自定义、无、系统变量等。当类型设置为"无"时,信号生成器栏按钮全部将处于不可操作(灰色)状态
原始值	当前选定信号的原始值编辑器。要修改信号的原始值(物理值将自动更新),请使用此编辑器。 ▲▼原始值的递增和递减按钮。单击相应按钮,按"原始值步进"字段中定义的步进增加或减少原始值
原始值步进	原始值字段的递增或递减步进
物理值	当前选定信号的物理值编辑器。要修改信号的物理值(原始值将自动更新),请使用此编辑器。 ▲▼物理值的递增和递减按钮。单击相应的按钮,根据"物理值步进"字段中定义的步进,增加或减少物理值
物理值步进	物理值字段的递增或递减步进
注释	用户对指定信号的注释

对于信号数值的配置,可以不选择生成器直接设置成固定的数值,或者使用信号生成器来动态触发信号的改变。信号生成器设置为省略时,信号的数值在发送过程中保持不变。

原始 CAN 报文没有信号列表编辑器,对于字节长度超过 8B 的报文,修改数据只能通过数据字节区来修改,如图 5.17 所示。当然,对于数据库中定义的报文,也可以使用数据字节定义报文的数据。

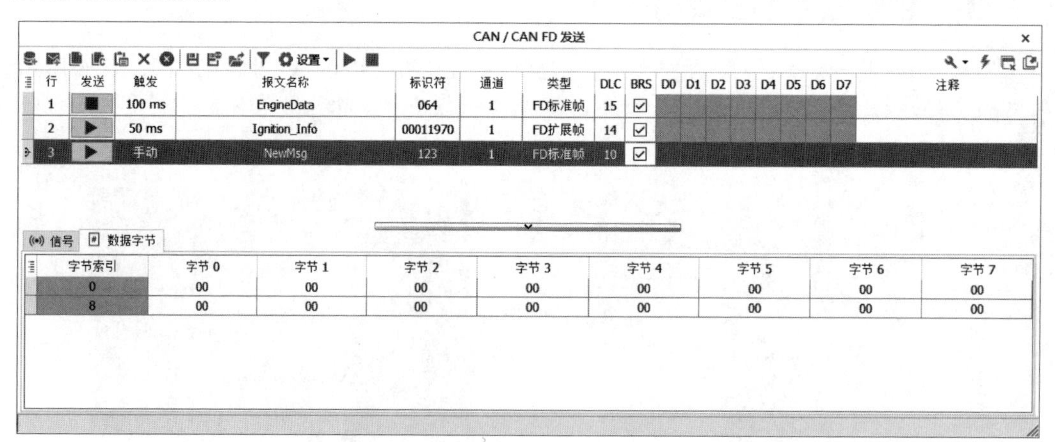

图 5.17　原始报文数据字节的设定

5.5.4　信号生成器简介

为了满足不同应用场景下对信号变化的模拟要求,CAN/CAN FD 窗口提供了多种信号生成器的类型。表5.11列出了信号生成器的类型及功能描述。

表5.11 信号生成器的类型及功能描述

类　型	功能描述
正弦	可以设置按正弦函数来触发信号的变化
斜坡脉冲	可以设置按脉冲信号来触发信号的变化
值范围	可以设置按上升沿、下降沿、上升或下降沿来触发信号的变化
切换	可以设置按两个数值之间切换来触发信号的变化
随机	可以设置按两个数值之间随机值来触发信号的变化
自定义	可以设置一组数据对应的曲线来触发信号的变化
无	没有可用的CAN信号生成器,发送的CAN中报文的信号值取决于右侧“物理值”上设置的物理值
系统变量	通过系统变量的变化来触发信号的变化

下面分别介绍前6种类型的设置方式。

1. 正弦信号生成器设置

正弦信号生成器的设置界面如图5.18所示,其中的参数描述可以参考表5.12。

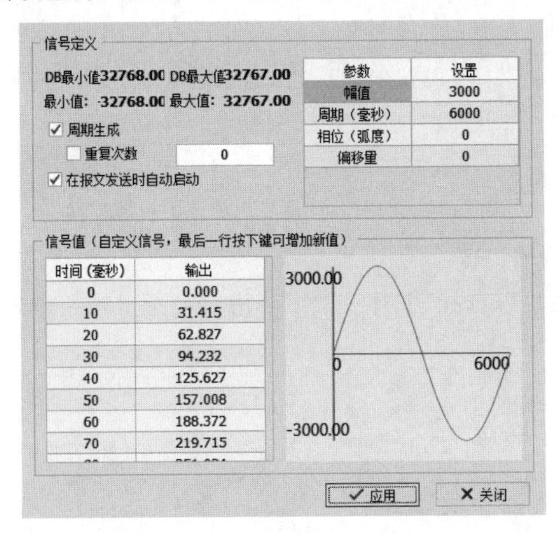

图5.18 正弦信号生成器的设置界面

表5.12 正弦信号生成器的参数简介

参　数	描　述
DB最小值	数据库中定义的最小值
DB最大值	数据库中定义的最大值
最小值	信号可以达到的物理最小值
最大值	信号可以达到的物理最大值
周期生成	信号生成器可在生成一个值周期后自动重新开始
重复次数	周期性生成的重复次数,如果没有指定,周期性生成的重复次数是无限的。该限值取决于“周期生成”项的激活状态
在报文发送时自动启动	当计划周期发送对应的报文时,信号生成器将自动启动
信号值	信号值表定义了每个信号的物理值与时间的关系,单位为ms。除自定义信号生成器外,该表为只读
参数列表	信号波形取决于本表中定义的参数。此处定义了正弦函数:幅值3000,周期6000ms,相位0,偏移量0
信号波形预览	此生成器生成的信号值可以在此处的时间值视图中预览

其他信号生成器类型的参数基本与表 5.12 相同或相似。

2. 斜坡脉冲信号生成器设置

所选 CAN 信号将在上升前延迟、上升时间、保持时间、下降时间、下降后延迟、低值和高值几个参数生成脉冲,如图 5.19 所示。

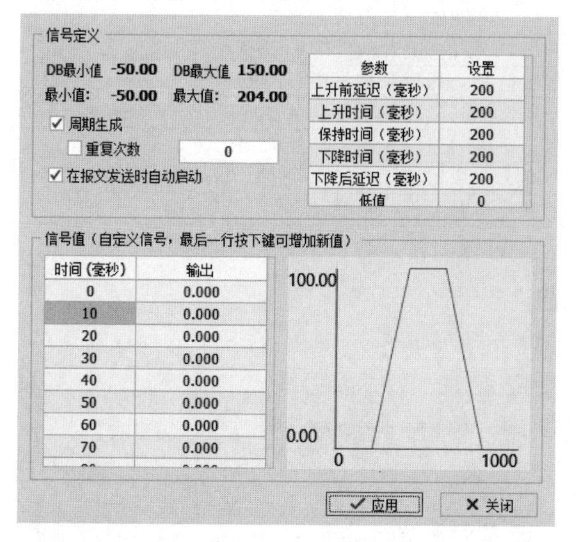

图 5.19　斜坡脉冲信号生成器的设置界面

3. 值范围信号生成器设置

值范围信号生成器可以选择"上升沿""下降沿"或"上升或下降沿"方式遍历信号值,如图 5.20 所示。

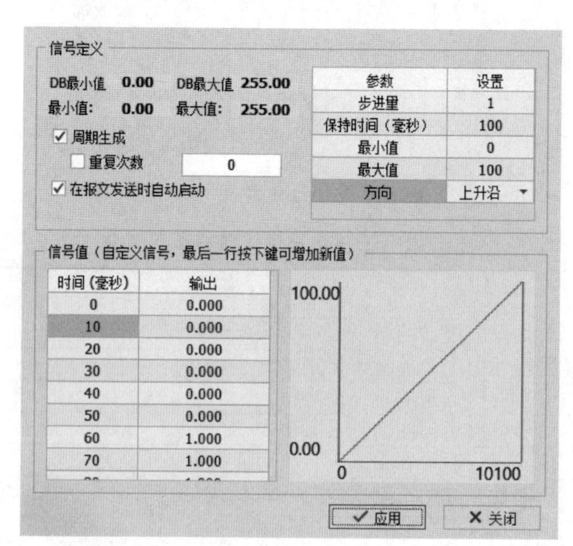

图 5.20　值范围信号生成器的设置界面

4. 切换信号生成器设置

切换信号生成器在低值和高值之间改变信号值,低值和高值可由用户指定,如图 5.21 所示。

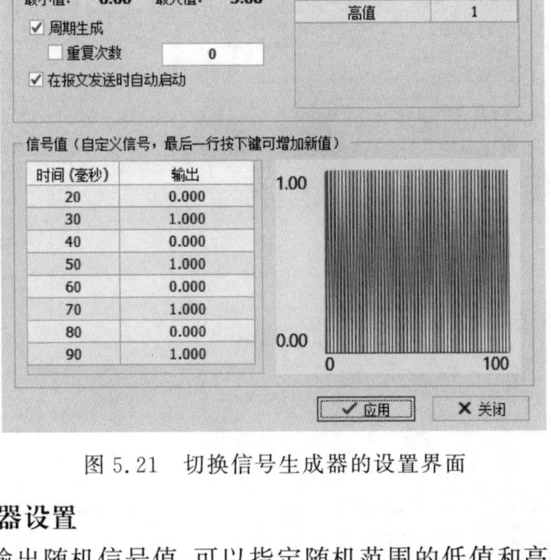

图 5.21　切换信号生成器的设置界面

5. 随机信号生成器设置

随机信号生成器输出随机信号值，可以指定随机范围的低值和高值，如图 5.22 所示。

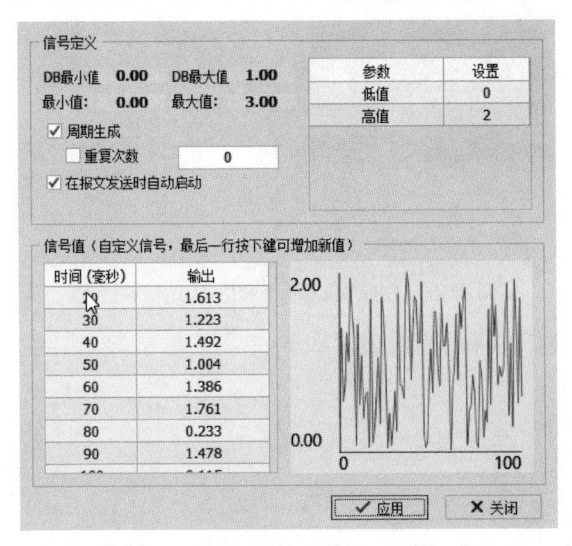

图 5.22　随机信号生成器的设置界面

6. 自定义信号生成器设置

自定义的信号生成器为用户提供与信号值交互的接口，用户可以从 Excel 等外部软件生成波形，然后将波形数据导入信号值表，如图 5.23 所示。

信号值：在表中添加新值，需要按↓键。若需要在表中选定值的前面插入新的值，可以按 Insert 键。这里需要特别说明的是，表中的时间序列必须按升序排列，否则生成器将在错误的时间位置停止。

“导入”按钮：用户可以导入外部定义的信号波形，波形数据文件的扩展名应为“＊.sig”，格式如图 5.24 所示。

“导出”按钮：信号生成器的导出功能，将当前表值导出为“＊.sig”文件。

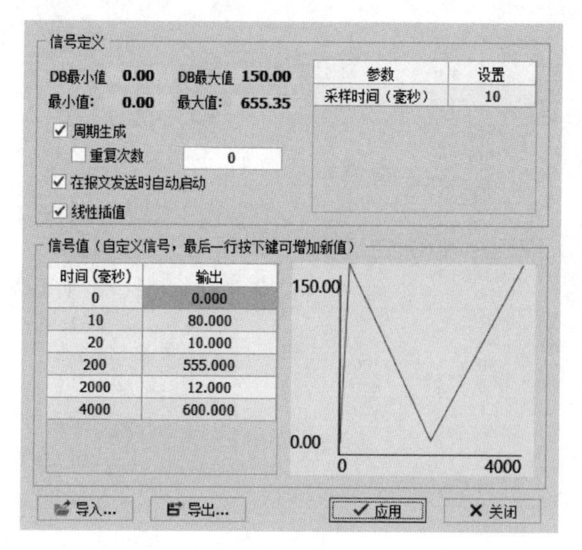

图 5.23　自定义信号生成器的设置界面

```
1  Interpolation;Linear
2  Sample rate [ms];10
3  Delay [ms];0
4  Time [ms];EngPower
5  0;0
6  10;80
7  20;10
8  200;555
9  2000;12
10 4000;600
```

图 5.24　SIG 文件的信号值列表文本格式

SIG 文件的信号波形文件的格式说明如下。

第 1 行：插值方法，目前只支持线性。

第 2 行：采样率(ms)。

第 3 行：延迟时间(ms)。

第 4 行：以下“键-值”对的表说明。

第 5 行和以下内容：在“键-值”对中定义的表数据，“键”和“值”之间用“;”符号隔开。

5.6　图形窗口

图形窗口可以用于显示 CAN/CAN FD、LIN 和 FlexRay 报文中的信号以及系统变量的值。在 TSMaster 主界面中，通过“分析”→“图形”选项打开或创建图形窗口，如图 5.25 所示。

这里简单提及一下，实时注释页面主要用于显示和定位实时注释的位置，读者可以参看 5.3 节。

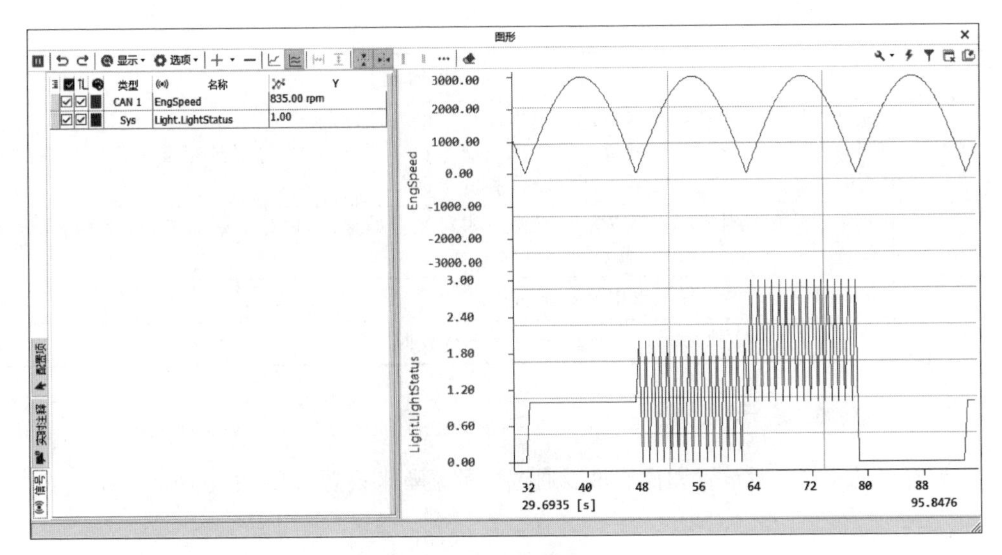

图 5.25 图形窗口

5.6.1 工具栏

图形窗口的主要功能可以通过工具栏来设置和操作,工具栏的选项及功能描述如表 5.13 所示。

表 5.13 图形窗口工具栏的选项及功能描述

选 项	功 能 描 述
▶/⏸	启动/暂停图形显示,单击此按钮将在两个状态间切换
↶	撤销(Ctrl+Z):撤销图形窗口的操作
↷	重做(Shift+Ctrl+Z):重做图形窗口的操作
◉	显示:单击此按钮将弹出显示设置菜单,详见 5.6.2 节
⚙	选项:单击此按钮将弹出设置选项菜单,详见 5.6.3 节
+	添加信号或系统变量。 CAN 从数据库添加 CAN 信号。 LIN 从数据库添加 LIN 信号。 从数据库添加 FlexRay 信号。 将系统变量添加到列表
—	删除列表中所选的信号
	仅显示鼠标选中的信号,忽略信号勾选状态,用于在大量信号中快速查找
	显示所有勾选的信号
↔	水平适配:适配 X 轴
↕	垂直适配:适配 Y 轴
	显示横向浮动光标
	显示纵向浮动光标

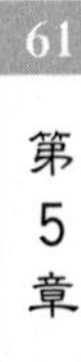

续表

选　　项	功 能 描 述
Ⅰ	此复选框显示或隐藏测量光标。选中此复选框后，图形窗口上将显示一个测量光标，根据测量时间显示选定的信号值。在图形区域中移动光标，用户将看到测量光标中显示的值不断更新。取消选中此复选框将隐藏测量光标
Ⅱ	显示或隐藏相对光标：可以打开或关闭相对光标的显示，鼠标的左右键可以设置光标的位置
•••	采样点显示模式：在图形中显示出采样点
	清除所有信号数据：清除当前图形中的所有数据

5.6.2 工具栏显示设置

图形窗口的相关显示设置和操作可以通过显示菜单来设置，相关菜单功能介绍如表 5.14 所示。

表 5.14　工具栏显示设置的菜单选项及功能描述

选　　项	功 能 描 述
Aa	文本模式：此按钮激活时，信号数据仅显示数据，不显示图形
	跳到时间…(G 键)：图形显示时间可以直接跳转到指定时间戳位置
▲	上移(上键)：选中图形显示区域里某个区域，按此键可以上移
▼	下移(下键)：选中图形显示区域里某个区域，按此键可以下移
◀	左移(左键)：选中图形显示区域里某个区域，按此键可以左移
▶	右移(右键)：选中图形显示区域里某个区域，按此键可以右移
I←	滚动到最初(Home 键)：图形显示时间将跳转到起始位置
→I	滚动到最新(End 键)：图形显示时间将跳转到最新位置
	放大(E 键)：单击可放大图形显示
	缩小(D 键)：单击可缩小图形显示
	默认缩放尺度(I 键)：单击可将图形显示设置为原始缩放因子
	适配所有(F 键)：同时适配 X 轴和 Y 轴
|↔|	水平适配：适配 X 轴
	垂直适配：适配 Y 轴
	切换图释：此按钮激活时，信号的数值列表将在窗口的左边显示出来
	切换绝对时间：此按钮激活时，图形左下角和右下角将显示为系统的绝对时间
	显示实时注释：此按钮激活时，实时注释栏将显示出来
	显示 dY 列：在信号列表栏显示 dY 列(相对光标之间的差值)
	显示 Raw 列：在信号列表栏中增加一列显示信号的 Raw 值
	显示最小值列：在信号列表栏中增加一列显示信号或系统变量的最小值
	显示最大值列：在信号列表栏中增加一列显示信号或系统变量的最大值

5.6.3 工具栏设置选项

图形窗口的相关设置选项可以通过设置选项菜单来设置，相关菜单功能介绍如表 5.15 所示。

表 5.15 工具栏设置选项的菜单选项及功能描述

选 项	功 能 描 述
	将所有的信号范围保存为预设：将当前的所有信号值的设置范围保存下来，作为系统的预设，供以后调用
	将所有的信号范围恢复为预设：将系统中信号值的预设范围调用出来，作为当前的所有信号值的范围
	导出所有信号与数据…：将所有的信号与数据导出到 *.gph 文件中
	导出光标间信号与数据…：将光标间信号与数据导出到 *.gph 文件中
	导入信号与数据：将 *.gph 文件中的信号或数据导入到图形中
	添加分栏：在图形窗口中增加一个分栏
	删除分栏：在图形窗口中删除一个分栏
	X 轴显示模式。 自然时间：X 轴刻度按照整数取整显示。 显示范围时间：使用设定的 X 轴的 min 值和 max 值来限制显示范围
	Y 轴显示模式。 显示所有坐标轴：在同一区域显示所有 Y 轴。 分离视图：Y 轴纵向平铺。 自然数值显示：Y 轴刻度按照整数取整显示。 最大最小范围显示：使用设定的 Y 轴的 min 值和 max 值来限制显示范围
	Y 轴值范围。 自动缩放：数据点的 Y 值超过 min 或 max 时自动调整 min 或 max。 固定值范围：不会自动调整
	鼠标选项。 左键拖动，右键缩放。 左键缩放，右键拖动
	图形设置。 • 使能图形显示：使能或禁止图形显示。 • 背景颜色：设置图形的背景颜色。 • 网格颜色：设置网格的颜色。 • X 轴颜色：设置 X 轴的颜色。 • Y 轴最大分割数：分割数量越多，刻度越多。 • 物理值显示格式：用于设置小数位数。 • 图形化同步标识：设置字符串，用于同步系统消息和其他图形窗口。 • 重置设置：将重置本窗口中的所有设置。 • 设为默认设置：此设置将作为新建图形窗口的默认设置

5.6.4 信号列表栏

信号列表栏可以用于添加、删除、调整当前的信号或系统变量，也可以观察相关的变量值，如图 5.26 所示。表 5.16 列出了信号列表栏的主要属性及功能描述。

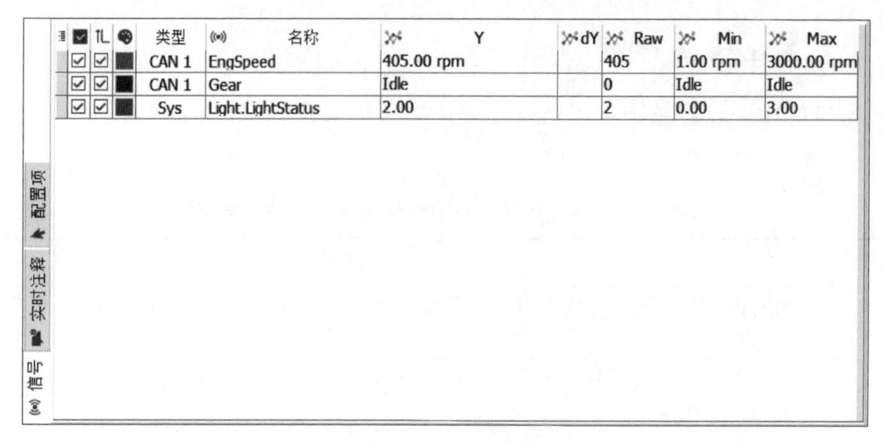

图 5.26　信号列表栏

表 5.16　信号列表栏的主要属性及功能描述

属　性	功 能 描 述
	信号可见性复选框，取消选中此复选框时，信号将设置为隐藏
	始终显示值轴复选框，如果选中该复选框，指定信号的值轴将显示在图形窗口中
	颜色选择器：设置该信号的坐标和曲线的颜色
	名称：根据数据库中的定义，显示信号的名称
	Y：显示实时的信号物理值。 dY：显示两个光标之间的差值。 Raw：显示实时的信号 Raw 值。 Min：显示信号的最小值。 Max：显示信号的最大值

5.7　数值显示窗口

数值显示窗口用于观察总线上信号的数值或者系统变量的数值变化，主要包括信号名、时间戳以及柱状图。在 TSMaster 主界面中，通过"分析"→"数值"选项打开或创建数值显示窗口，如图 5.27 所示。

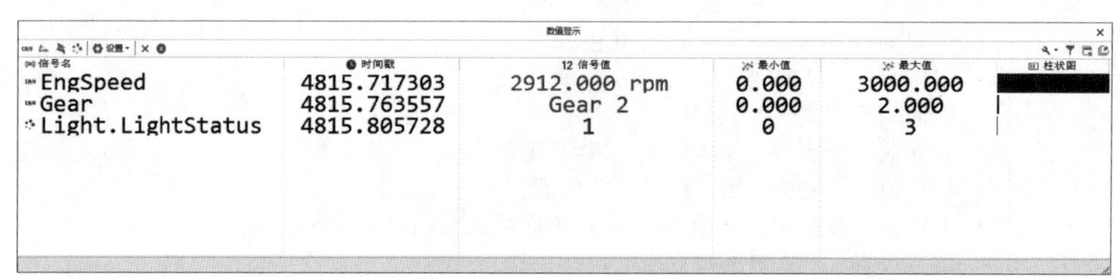

图 5.27　数值显示窗口

5.7.1　工具栏

数值显示窗口的主要功能可以通过工具栏来设置和操作，工具栏的选项及功能描述如表 5.17 所示。

表 5.17　数值显示窗口工具栏的选项及功能描述

选　　项	功 能 描 述
CAN	从数据库添加 CAN 信号
Lin	从数据库添加 LIN 信号
	从数据库添加 FlexRay 信号
	将系统变量添加到列表
	选项：单击此按钮将弹出选项设置菜单，具体见选项设置。 • 对齐方式：可以选择左对齐、小数点对齐和右对齐。 • 数值行高缩放：选中以后，数值行高会根据窗口大小自动调整。 • 名称行高缩放：选中以后，名称行高会根据窗口大小自动调整。 • 最大行高：设置行最大的高度
	删除所选信号：将选中的信号或系统变量从列表中删除
	删除所有信号：将所有的信号或系统变量从列表中删除

5.7.2　修改信号的显示设置

双击列表中的信号或单击"编辑所选信号"菜单项时，将弹出信号属性设置窗口，如图 5.28 所示，用户可以修改信号文本的颜色、精度、显示格式、最大值和最小值。

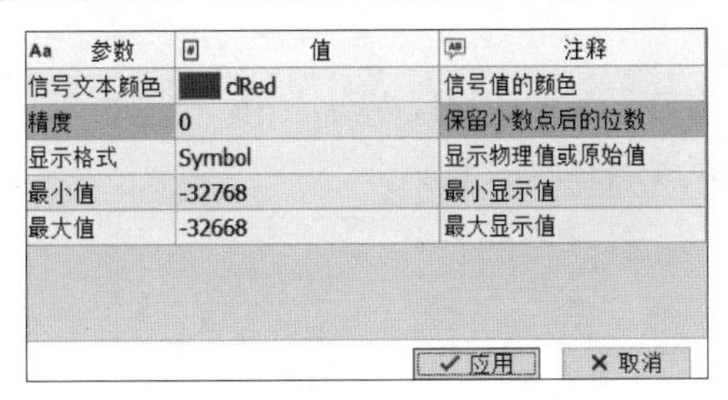

图 5.28　编辑所选信号界面

5.8　仪表盘窗口

仪表盘窗口用于观察总线上信号的数值变化，可以快速添加一个或多个仪表控件。在 TSMaster 主界面中，通过"分析"→"仪表盘"选项打开或创建仪表盘窗口，如图 5.29 所示。

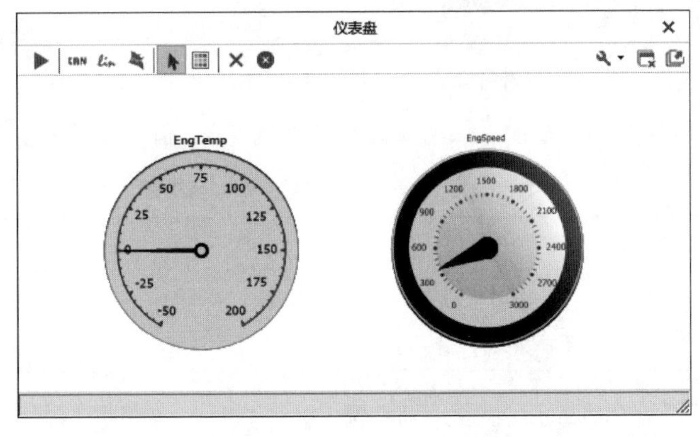

图 5.29　"仪表盘"窗口

5.8.1 工具栏

仪表盘窗口的主要功能可以通过工具栏来设置和操作，工具栏的选项及功能描述如表 5.18 所示。

表 5.18 仪表盘窗口工具栏的选项及功能描述

选　　项	功 能 描 述
 /	启动/暂停：启动或暂停仪表盘的数据更新
CAN	从数据库添加 CAN 信号
lin	从数据库添加 LIN 信号
	从数据库添加 FlexRay 信号
	设置布局：按下状态时，可以调整仪表控件的大小和位置
	更改仪表样式：单击将进入仪表样式选择清单
	删除所选信号：将选中的信号从仪表盘中删除
	删除所有信号：将所有的信号从仪表盘中删除

这里需要特别说明的是，仪表盘目前不可以关联系统变量。

5.8.2 信号属性设置

双击仪表盘，可以弹出信号属性的设置界面，如图 5.30 所示。用户可以修改相关属性。表 5.19 列出了仪表盘的主要属性及功能描述。

CAN信号属性	值
名称	EngTemp
长度	7
字节序	英特尔
数据类型	无符号
最小值	-50
最大值	200
单位	degC
放大因子	2
偏移量	-50
初始值	-50
注释	
起始位	16
报文Id	64
界面尺寸:	100 100
切换类型:	圆形
一 删除	✓ 应用　✕ 取消

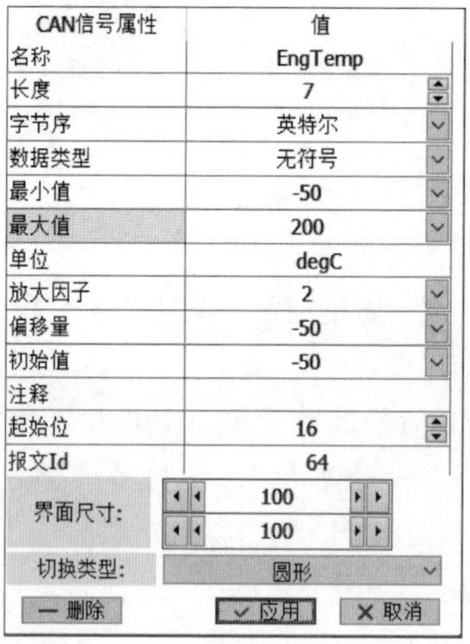

图 5.30 仪表盘信号属性的设置界面

表 5.19 仪表盘的主要属性及功能描述

属　　性	功 能 描 述
名称	需要显示的信号的名称
长度	信号 bit 数
字节序	可以是英特尔或摩托罗拉
数据类型	可以是无符号、有符号、32 位浮点或 64 位浮点
最小值	信号的最小物理值，此设置还将影响仪表最小范围

续表

属　　性	功 能 描 述
最大值	信号的最大物理值,此设置还将影响仪表最大范围
单位	信号物理值的单位
放大因子	信号物理值的放大因子
偏移量	信号物理值的偏移值
起始位	信号在报文中的起始位置
报文 Id	报文的 Id
界面尺寸	用户可以通过修改这些参数来调整仪表的大小
切换类型	支持以下类型。 • 圆形 • 圆形½ • 圆形¼左 • 圆形¼右 • 圆形¾ • 宽圆形 • 数字 • 线性

5.9 统计窗口

统计窗口用于统计运行过程中的 CAN 总线活动,主要显示总线负载率、标准帧、扩展帧、远程帧、错误帧和控制器状态等。在 TSMaster 主界面中,通过"分析"→"统计"→"显示 CAN 统计数据"选项打开 CAN 统计数据窗口,如图 5.31 所示。

5.9.1 CAN 统计数据窗口

"CAN 统计数据"窗口如图 5.31 所示,其中各个参数的描述可以参考表 5.20。这些参数也会出现在系统变量的内部变量列表中,读者可以参考 6.1.2 节,用户可以使用 C 语言脚本来处理这些参数或触发相关的事件。

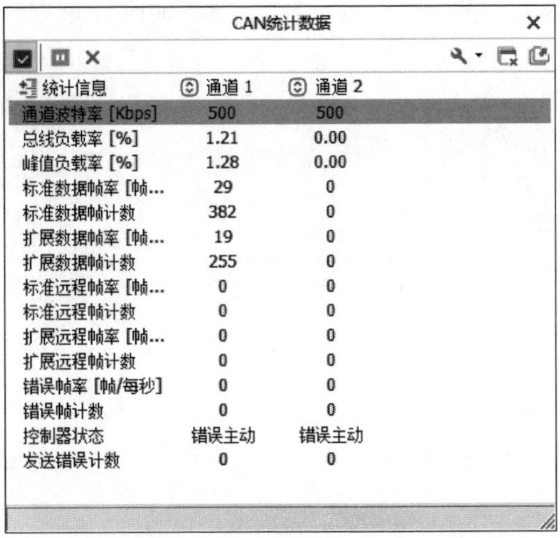

CAN统计数据

统计信息	通道 1	通道 2
通道波特率 [Kbps]	500	500
总线负载率 [%]	1.21	0.00
峰值负载率 [%]	1.28	0.00
标准数据帧率 [帧...	29	0
标准数据帧计数	382	0
扩展数据帧率 [帧...	19	0
扩展数据帧计数	255	0
标准远程帧率 [帧...	0	0
标准远程帧计数	0	0
扩展远程帧率 [帧...	0	0
扩展远程帧计数	0	0
错误帧率 [帧/每秒]	0	0
错误帧计数	0	0
控制器状态	错误主动	错误主动
发送错误计数	0	0

图 5.31 "CAN 统计数据"窗口

表 5.20 CAN 统计数据窗口参数及功能描述

参　数	功能描述
通道波特率[Kbps]	通道的波特率设置
总线负载率[%]	以百分比表示的 CAN 总线负载
峰值负载率[%]	CAN 总线从测量开始的峰值负载百分比
标准数据帧率[帧/秒]	标准 CAN 数据帧速率
标准数据帧计数	标准 CAN 数据帧的总数
扩展数据帧率[帧/秒]	标准 CAN 扩展数据帧速率
扩展数据帧计数	标准 CAN 扩展数据帧的总数
标准远程帧率[帧/秒]	标准 CAN 远程帧速率
标准远程帧计数	标准 CAN 远程帧的总数
扩展远程帧率[帧/秒]	标准 CAN 扩展远程帧速率
扩展远程帧计数	标准 CAN 扩展远程帧的总数
错误帧率[帧/秒]	可以显示每秒的错误帧数
错误帧计数	CAN 错误帧的总数
控制器状态	错误主动或错误被动
发送错误计数	发送错误的总数

5.9.2 工具栏

工具栏只有三个选项：① ☑使能，使能或停止 CAN 统计数据；② ⏸ 暂停，暂停统计数据的计算；③ ✖清除统计信息，立即清除所有统计信息。

5.10 总线记录窗口

总线记录是总线测试、故障分析的重要部分，也是回放报文、复现问题的重要前提条件。“总线记录”窗口可以设置保存路径、记录文件命名规则、开始/暂停/停止总线记录等。在 TSMaster 主界面中，通过“分析”→“总线记录”选项添加或打开“总线记录”窗口，如图 5.32 所示。

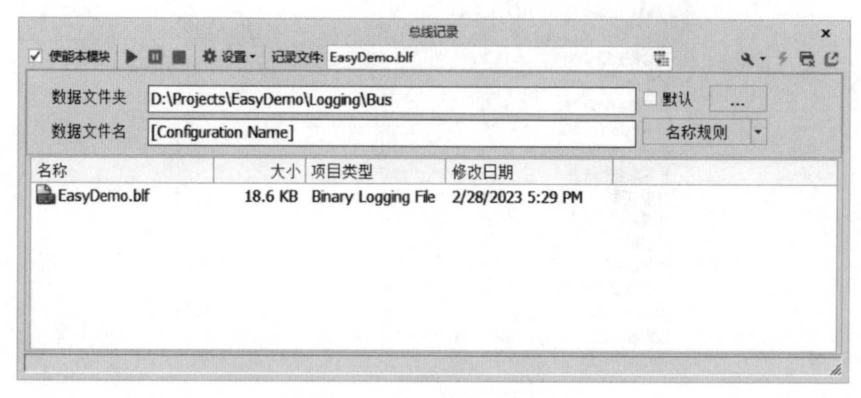

图 5.32 “总线记录”窗口

5.10.1 工具栏

"总线记录"窗口的主要功能可以通过工具栏来设置和操作，工具栏的选项及功能描述如表 5.21 所示。

表 5.21 "总线记录"窗口工具栏的选项及功能描述

选　　项	功 能 描 述
☑	使能本模块：使能总线记录模块
▶	启动记录，当记录引擎工作时，此按钮被禁用。功能等同于分析功能区的"启动记录"按钮 ▶
⏸	暂停记录，此按钮在日志记录引擎工作时可用
■	停止记录，此按钮在日志记录引擎工作时可用。功能等同于分析功能区的"停止记录"按钮 ■
(图标)	启动日志文件转换器可以将日志文件转换为其他格式
⚙	☑ 选项：使用工程默认路径；自动添加时间戳；在停止记录后自动弹出重命名提醒。 记录文件大小：无限；创建新的记录文件，当记录的帧数大于 5 000 000 帧

5.10.2 快捷菜单

右击日志文件列表中的某一个文件，可以查看快捷菜单，快捷菜单的选项及功能描述可以参考表 5.22。

表 5.22 快捷菜单的选项及功能描述

选　　项	功 能 描 述
▶	启动记录，当记录引擎工作时，此按钮被禁用
⏸	暂停记录，此按钮在日志记录引擎工作时可用
■	停止记录，此按钮在日志记录引擎工作时可用
(文件夹图标)	打开日志文件目标的文件夹
◉	选择或设置一个记录文件
✕	删除所选的文件：从列表中删除所选的日志文件
(图标)	启动日志文件转换器以将日志文件转换为其他格式

5.11 总线回放窗口

TSMaster 支持离线回放和在线回放，可以用于总线报文的分析，或者总线仿真时注入总线记录的报文发送信息。在 TSMaster 主界面中，通过"分析"→"总线回放"选项进入"总线回放"窗口，如图 5.33 所示。

5.11.1 工具栏

"总线回放"窗口的主要功能可以通过工具栏来设置和操作，工具栏的选项及功能描述如表 5.23 所示。

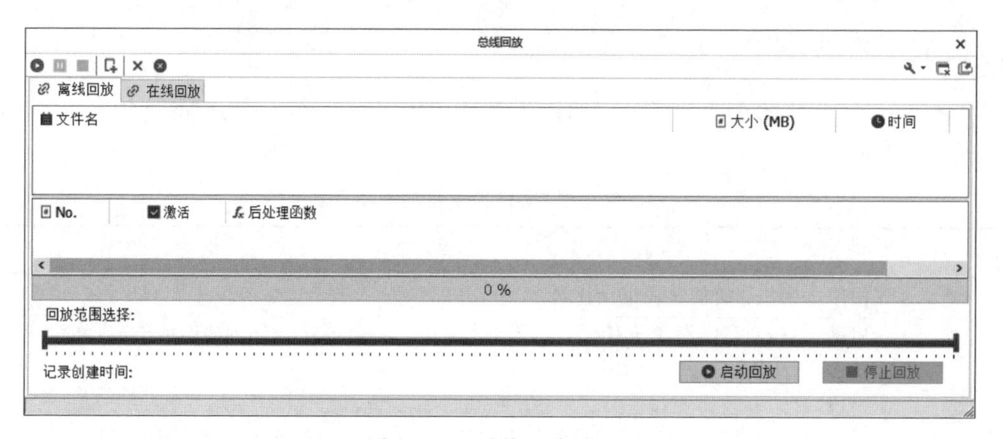

图 5.33 “总线回放”窗口

表 5.23 “总线回放”窗口工具栏的选项及功能描述

选　　项	功 能 描 述
	开始回放：对于离线回放，断开应用程序时，此按钮可用；对于在线回放，需要连接应用程序时可用
	暂停回放，此按钮在回放的过程中可用
	停止回放，此按钮在回放的过程中可用
	添加回放文件到回放列表中
	移除所选的条目：从列表中删除所选的日志文件
	清除列表中所有的条目：从列表中删除所有的日志文件

5.11.2 离线回放

在断开应用程序的状态下，离线回放可以将日志文件中的报文按顺序回放出来，如图 5.34 所示。离线回放是快速将日志文件的数据导入报文信息窗口的一种方式，可用于日志的分析。

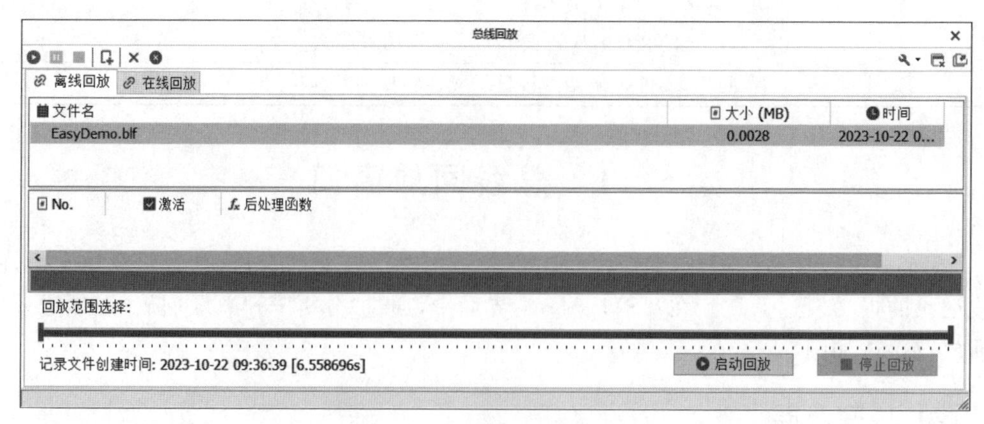

图 5.34 总线离线回放界面

5.11.3 在线回放

在连接应用程序的状态下，在线回放可以将日志文件中的报文按顺序回放出来，如图 5.35 所示。按日志文件中的报文时间间隔来逐个回放，常用于场景模拟和分析。

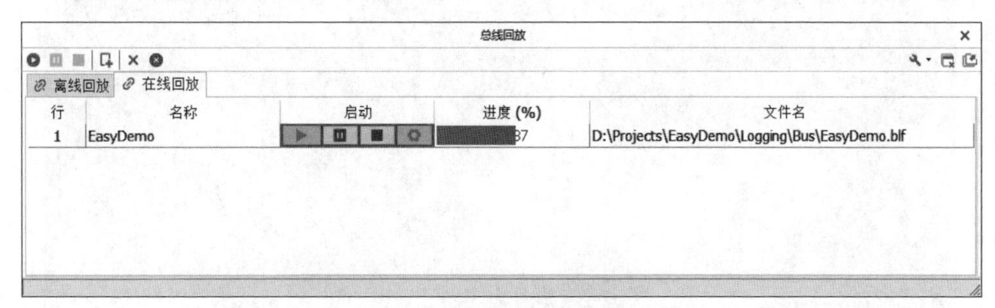

图 5.35　总线在线回放界面

5.12　记录转换器

在 TSMaster 主界面中，通过“分析”→“记录转换器”选项打开同星日志文件转换器，如图 5.36 所示。该转换器将日志文件从一种格式转换为另一种格式，目前支持的日志文件格式如表 5.24 所示。

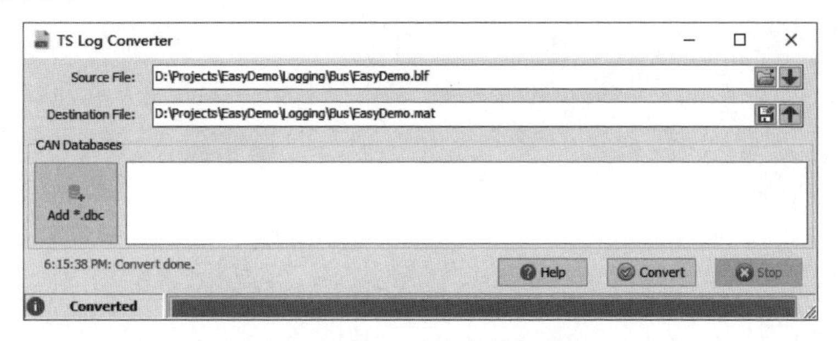

图 5.36　同星日志文件转换器窗口

表 5.24　同星日志文件转换器支持的格式

源 格 式	目 标 格 式	是 否 支 持	备　　注
asc	blf	Y	
asc	mat	Y	需要 dbc 文件
blf	asc	Y	
blf	mat	Y	需要 dbc 文件
mat	asc	N	
mat	blf	N	

5.13　视频回放窗口

在 TSMaster 主界面中，通过“分析”→“视频回放”选项添加或打开视频回放窗口，如图 5.37 所示。对于特殊测试的应用场景，如在车辆路测或台架测试的过程中，需要同步记录测试过程中的视频，以便问题的复现和分析。在分析过程中，可以同步回放测试过程中记录的总线记录和视频文件，本功能主要是为了满足此类的应用场景。

图 5.37　视频回放与总线回放效果图

第6章 总线仿真基本功能简介

本章内容：

- 系统变量。
- 符号映射。
- 信号激励。
- 剩余总线仿真。
- 关于 TSMaster 上帝之眼机制。

本章将引导读者熟悉总线仿真相关的一些基本功能：系统变量、信号映射、信号激励、剩余总线仿真等，最后介绍 TSMaster 上帝之眼的机制。在仿真工程中灵活使用这些功能，将起到事半功倍的效果。本章范例将基于经典例程 EasyDemo 的基础上，操作、设置或修改来逐步展开。

6.1 系统变量

系统变量在仿真工程中起到至关重要的作用，例如，TSMaster 基础软件的参数传递、面板控件关联变量、分析窗口的显示、信号映射以及 C 脚本语言的变量传递等，还在持续扩展。系统变量的分类如图 6.1 所示，接下来，本章将介绍系统变量管理器、内部变量和用户变量。

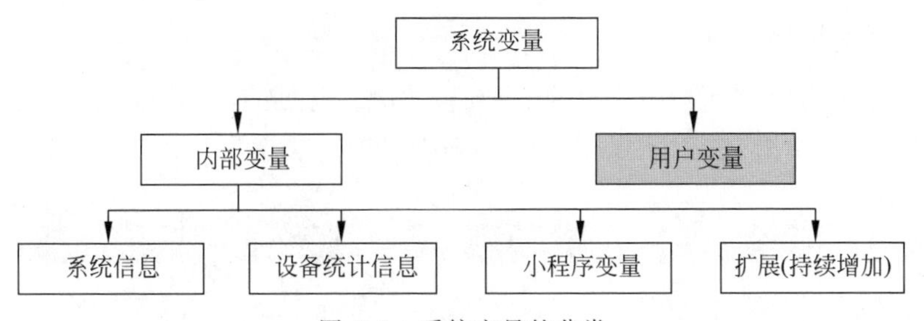

图 6.1 系统变量的分类

6.1.1 系统变量管理器

在 TSMaster 主界面中，通过“仿真”→“系统变量”选项进入系统变量管理器窗口，在 EasyDemo 工程未运行时，系统变量管理器显示如图 6.2 所示。

表 6.1 列出了系统变量管理器工具栏的选项及功能描述。

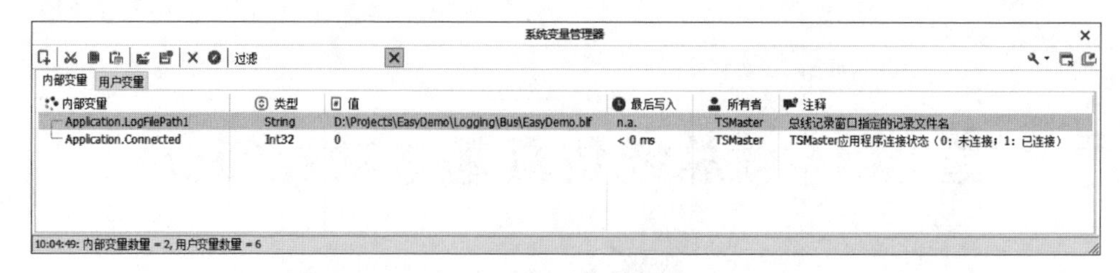

图 6.2　系统变量管理器

表 6.1　系统变量管理器工具栏的选项及功能描述

选　　项	功 能 描 述
	新建：单击此按钮将创建一个新的系统变量，并弹出一个系统变量编辑器供用户编辑其属性
	剪切：用户可以选择一个或多个系统变量，并使用这些按钮自由剪切变量
	复制：单击此按钮将复制选中的一个或多个变量
	粘贴：单击此按钮可以粘贴一个或多个变量。注意：如果粘贴变量的完整名称与现有变量相同，则会自动重命名该变量以保持名称的唯一性
	导入：用户可以从外部文件中导入系统变量列表
	导出：用户可以将系统变量导出到外部文件，该文件可以用于另一个 TSMaster 仿真工程的加载
	清除所选的用户变量：从列表中删除所选的用户变量，用户需要谨慎操作
	清除所有的用户变量：从列表中删除所有的用户变量，用户需要谨慎操作

这里需要特别说明的是，所有这些工具栏按钮仅对用户变量进行操作，内部变量不受影响。

过滤 ：按任意字段筛选所有系统变量，如变量名称、类型、值、所有者和注释等。输入字符时，将过滤用户变量列表和内部变量列表，以显示在任意字段中仅包含输入字符串的变量。

6.1.2　内部变量

内部系统变量是跟随系统自动生成、自动释放的。常见的内部系统变量如图 6.3 所示。

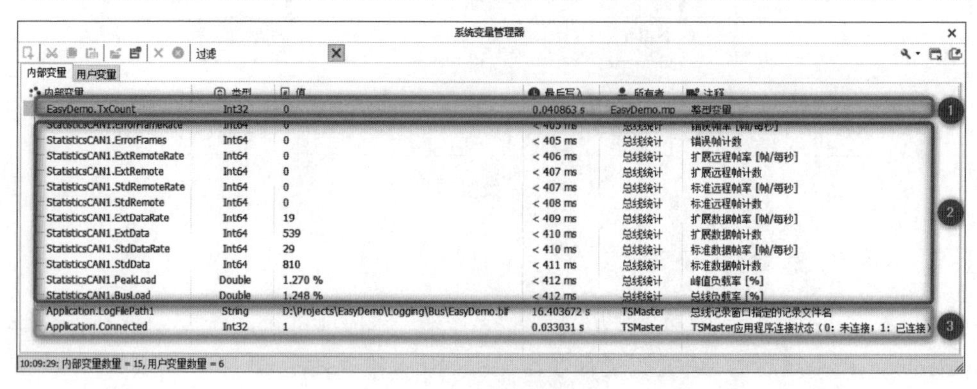

图 6.3　内部系统变量

(1) 小程序变量：是在C小程序代码中创建，仅当小程序运行时可见，详细介绍请参考10.5节。

(2) 设备统计信息：如果添加了CAN1设备，才会动态生成StatisticsCAN1相关的统计信息；如果删除CAN1设备，这些统计信息会消失。随着TSMaster软件系统的升级，后续会增加更多的这类动态生成和加载的数据类型。

(3) 系统信息：应用程序相关的变量信息，如应用程序的连接状态和日志的保存路径。

6.1.3 用户变量

这种类型的变量是用户自定义的，用户可以在系统变量管理器中进行增加、编辑或删除等操作。在EasyDemo项目中，已存在的用户变量如图6.4所示。

系统变量管理器

过滤

内部变量 用户变量

用户变量	类型	值	最后写入	所有者	注释
Control.Ignition	Int32	1	< 3 ms	用户	
Control.EngSpeed	Int32	2288	< 4 ms	用户	
Light.LightStatus	Int32	1	< 455 ms	用户	
Control.HeadLight	Int32	1	235.621294 s	用户	
Control.HazardLight	Int32	0	235.62143 s	用户	
Control.DemoEnable	Int32	1	n.a.	用户	

10:09:29: 内部变量数量 = 15, 用户变量数量 = 6

图6.4 用户系统变量

下面介绍如何新建一个用户变量，步骤如下。

(1) 在“系统变量管理器”窗口，切换到“用户变量”选项卡，单击右键，在快捷菜单中选择“创建用户变量”，如图6.5所示。

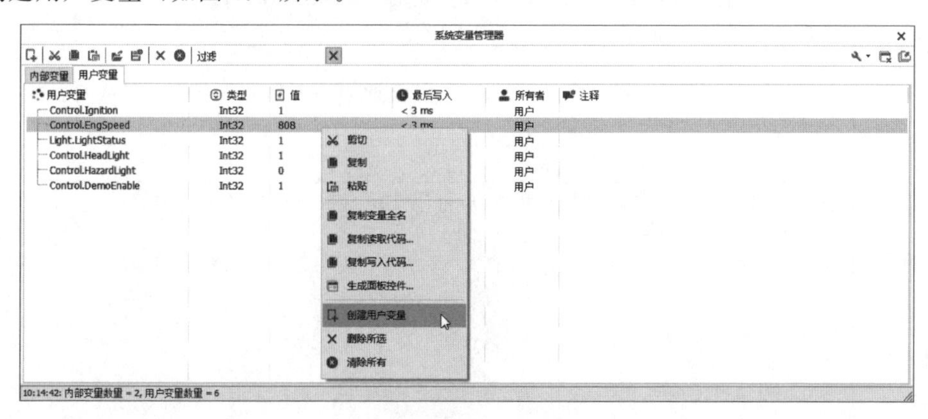

图6.5 创建用户变量

(2) 系统会自动命名用户变量，并弹出用于设置用户变量属性的对话框，如图6.6所示。

表6.2列出了变量属性设置对话框的主要选项及功能描述。

双击列表中的一个用户变量，也可以进入变量属性设置对话框，对该变量重新定义。

关于系统变量的当前值，这里需要说明以下几点。

(1) 系统变量的数值可以在创建或编辑时修改，如果用户不想通过面板或代码修改系统变量的值，可以将此处作为入口。

(2) 此处系统变量的值为当前值，并不是默认值，所以不会固定。很多时候需要使用代码对系统变量做初始化，否则可能出现预料之外的结果。

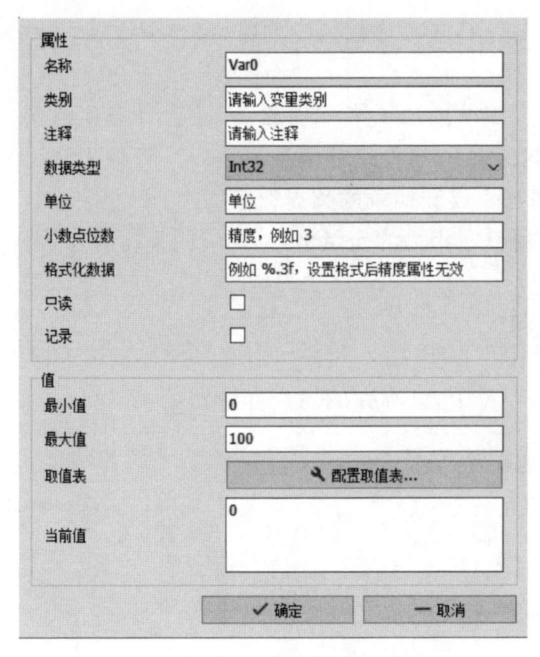

图 6.6　属性设置

表 6.2　变量属性设置对话框的主要选项及功能描述

选　　项	功 能 描 述
名称	描述用户自定义系统变量的名称
类别	系统变量的类别，与名称一起构成系统变量的完整名称。例如： 名称＝name1 类别＝cat1 此系统变量的完整名称为“cat1. name1”，并且此完整名称在所有系统变量列表中必须是唯一的
注释	可以为当前系统变量添加注释
数据类型	下面列出了所有支持的数据类型，用户可以在组合框中选择其中一种。 • Int32 • UInt32 • Int64 • UInt64 • UInt8 Array • Int32 Array • Int64 Array • Double • Double Array • String
只读	是否设置为只读
记录	是否记录系统变量到 MAT 或者 MF4 格式的日志中
取值表	配置取值表，增加系统变量的可读性
最小值	如果此变量不是数组类型，则为此变量的最小值
最大值	如果此变量不是数组类型，则为此变量的最大值
当前值	此变量的当前值，可以在此处修改系统变量值

6.2 信号映射

在6.1节已经介绍了系统变量的作用以及在仿真工程的重要作用。如果用户可以灵活地使用系统变量，可以使自己的工作轻松自如，事半功倍。在TSMaster中关于系统变量，还提供一个重要的拓展功能就是信号映射。接下来，本书将介绍信号映射，以及如何实现信号与系统变量之间的相互映射。

6.2.1 功能介绍

信号映射的功能主要是为了将信号和系统变量关联起来，可以通过信号的变化触发对应的系统变量的改变，也可以通过修改系统变量的方式来触发对应信号的改变。而且实现这样的便捷功能，完全不需要编写一行代码。在TSMaster主界面中，通过“仿真”→“信号映射”选项进入“信号映射”窗口，如图6.7所示。

图6.7 “信号映射”窗口

信号映射分为直接映射和表达式映射，下面分别介绍如何实现这两种映射。

6.2.2 直接映射

直接映射是指信号与系统变量值之间的直接关联，形成线性关系，例如，信号是x，系统变量为Var，则它们的关系为Var=a * x+b，其中，a为放大因子，b为偏移量。创建直接映射，右击某一个信号，选择快捷菜单中的“自动创建映射”选项，如图6.8所示。

生成了目标系统变量以后，可以在右边列表中出现一个与信号同名的系统变量，如图6.9所示。

6.2.3 表达式映射

与直接映射有所不同，表达式映射在逻辑上稍微复杂一些，系统变量可以表示为y=

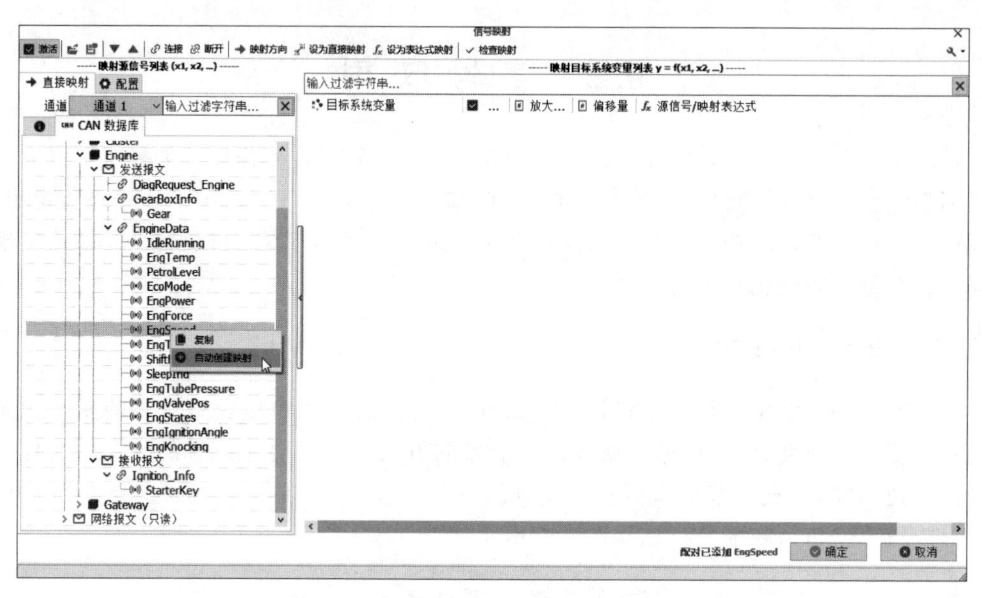

图 6.8　自动创建映射

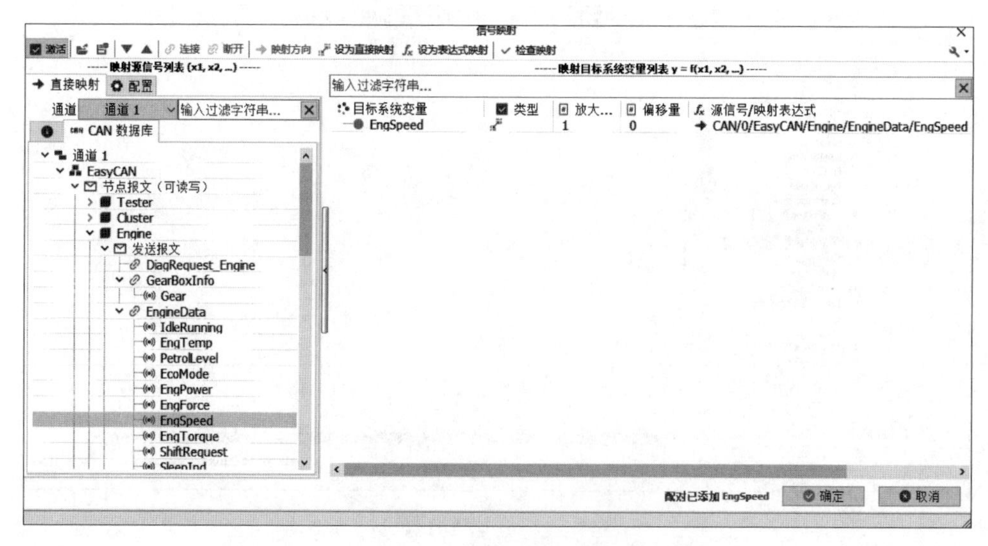

图 6.9　直接映射的系统变量

f(x1,x2,…),信号可以作为系统变量函数中的某个参数。

下面讲解如何创建表达式映射,可以先在系统变量管理器中创建一个系统变量为 Var01,然后将它添加到映射列表中,并设置为表达式映射,如图 6.10 所示。

在没有配置好系统变量的映射关系之前,系统变量 Var01 显示为红色。这时可以在表达式的输入框中输入 2 * x1 + x2,单击“增加自变量”按钮来添加另一个自变量 x2。在 x1 和 x2 自变量的列表中可以配置映射的信号、系统变量、常量等。此处,读者可以将两个信号映射给 x1 和 x2,然后单击检查映射,Var01 的颜色就恢复为黑色(合法的状态),如图 6.11 所示。

读者可以在系统变量管理器中,观察到新产生的用户变量 EngSpeed 和 Var01,并且它们的数值会随总线上信号的变化而改变。

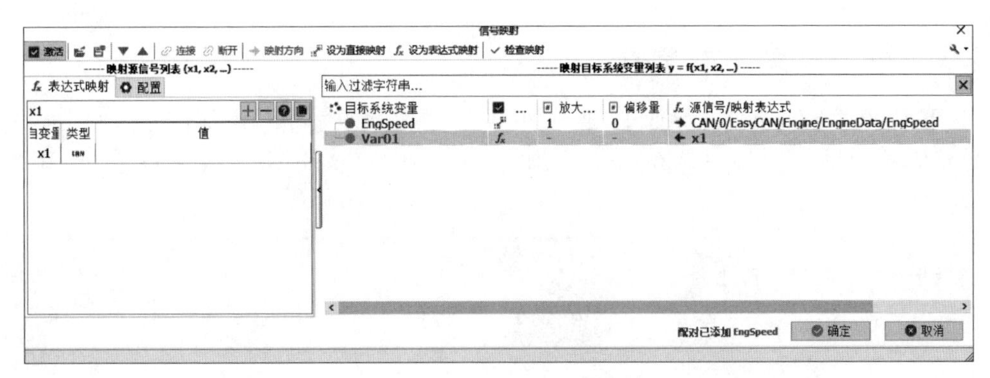

图 6.10　创建表达式映射

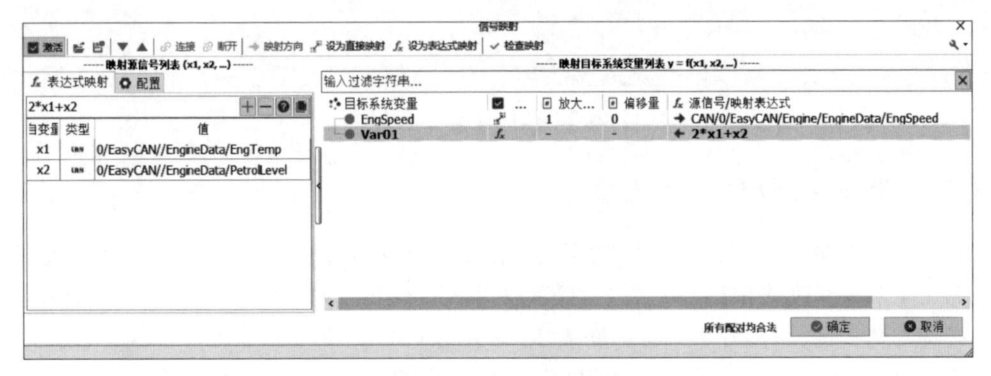

图 6.11　表达式映射创建成功

6.2.4　映射方向

对于直接映射，系统变量与信号存在直接的线性关系，在 TSMaster 中创建直接映射时默认是从信号映射至系统变量，但 TSMaster 也允许用户配置直接映射的映射方向。

(1) 双向传递。

(2) 仅从信号映射至系统变量。

(3) 仅从系统变量映射至信号。

当映射方向设置为双向传递或者仅从系统变量映射至信号时，修改系统变量可以触发报文中信号值的改变。

对于表达式映射，系统变量的数值由多个自变量的值决定，由于系统变量的值一般很难确定自变量的值，因此表达式映射不支持映射方向的配置，只能选择从信号映射至系统变量。

6.3　信号激励

本节继续在 EasyDemo 例程基础上做修改，原始工程运行以后，可以观察到 Display 面板中 EngSpeed 的值一直在变化。其实原工程主要靠小程序代码运行来触发。读者可以通过关闭仿真面板 Control 的 Control. DemoEnable 开关，这样上面的那个系统变量 Control. EngSpeed 就不会自动改变了，仿真面板 Display 的关联信号 EngSpeed 的仪表也不会改变了。接下来，本书将介绍如何使用信号激励的方式来实现类似的效果。

6.3.1 添加信号激励窗口

接下来，在 TSMaster 主界面中，通过“仿真”→“信号激励”→“添加信号激励”选项，添加一个“信号激励”窗口，在该窗口中添加 Control. EngSpeed 这个系统变量，如图 6.12 所示。

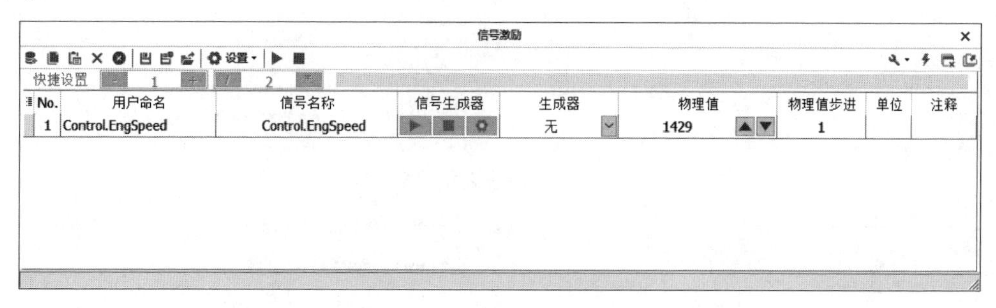

图 6.12 “信号激励”窗口

6.3.2 设置激励信号

为了实现上文中 C 代码类似的效果，这里需要设置信号生成器。关于信号生成器，本书在 5.5.4 节信号列表中已经介绍，读者可以返回去查阅。本实例中 Control. EngSpeed 的生成器需要选择正弦，配置可以按如图 6.13 所示来设定。设置完毕以后，需要激活信号激励窗口的“自动运行”按钮。运行工程以后，可以观察到 Display 面板的 EngSpeed 的值按照一个幅度 3000、周期 16 000ms 的正弦曲线变化（由于代码中对负值进行取绝对值处理，读者只能看到正弦波上部分）。如果读者运行 EasyDemo 仿真工程，则会发现激励信号实现的效果与之前的小程序实现的效果非常相近。

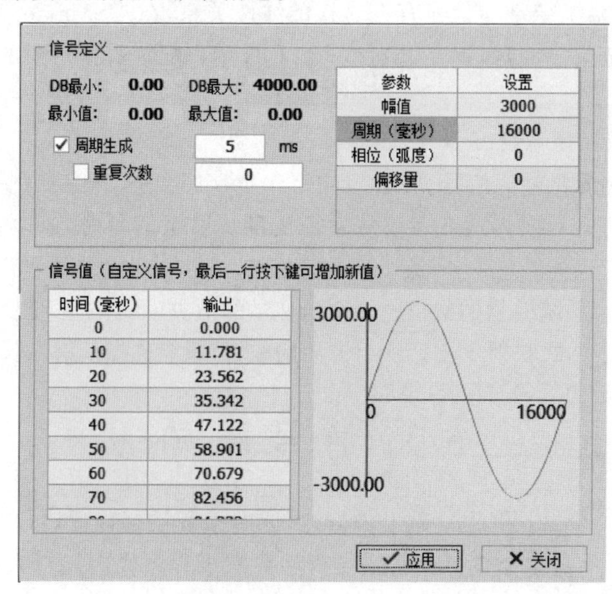

图 6.13 系统变量 Control. EngSpeed 的激励设置

6.4 剩余总线仿真

剩余总线仿真功能是 TSMaster 仿真功能的重要组成部分之一，在很大程度上减少了用户开发仿真工程的工作量。很多情况下，用户只要做一些简单的设置，就可以根据加载的数据库模拟一些相关 ECU 节点的报文发送。

6.4.1 剩余总线仿真概述

在 ECU 项目的开发过程中，由于测试环境不同，总线仿真一般经历以下三个阶段。

第一阶段：全仿真网络系统

在开发的初期阶段，TSMaster 可以用于建立仿真模型，在此基础上进行 ECU 的功能评估，这样就可以尽早地发现问题并解决问题。TSMaster 主要是针对有具体数据定义的报文进行事件处理，也就是借助小程序来实现网络节点的行为。另外，在这个阶段，可以利用所设计的完整网络仿真系统进行离线的仿真，来检验各个节点功能的完整性以及网络的合理性。图 6.14 为 TSMaster 全仿真网络系统示意图，所有节点均为仿真节点。

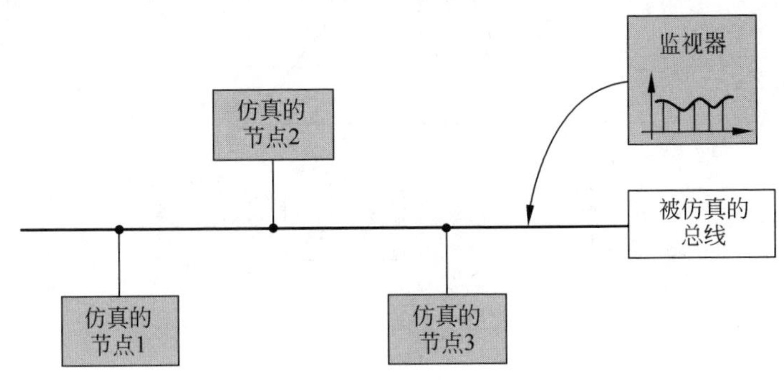

图 6.14 第一阶段全仿真网络系统

第二阶段：真实网络节点和部分仿真节点共存

在第一阶段结束后，用户能得到整个网络的系统功能模型。接下来，用户可以将自己开发的真实 ECU 节点去替换仿真系统中对应的仿真节点，利用总线接口和 TSMaster 剩余的节点相连接，来测试自己节点的功能，如通信、纠错等。出于这样的原因，在很多场合项目组成员习惯将仿真工程称为剩余总线仿真（Rest Bus Simulation，RBS），某些地方使用 Remaining Bus Simulation。这样，每个供应商的节点可以并行开发，不受其他节点开发进程的影响。图 6.15 为 TSMaster 真实网络节点和部分仿真节点共存的网络系统示意图，部分节点已经被真实节点替换。

第三阶段：全真实节点的网络系统

在开发的最后阶段，所有 ECU 的真实节点都被逐一地连接到总线系统中，此前的仿真节点会被逐一从总线上断开。开发者可以在真实节点的条件下，验证总线的负载情况和其他的设计要求是否满足。在这个阶段，TSMaster 主要充当网络系统分析、测试和诊断的工具。在这个过程中，整个系统，包括各个功能节点都能被详细地检查到。由于利用仿真节点代替真实的网络节点是最理想的状态，所以通过这两种状态的切换可以交叉检查相关功能，

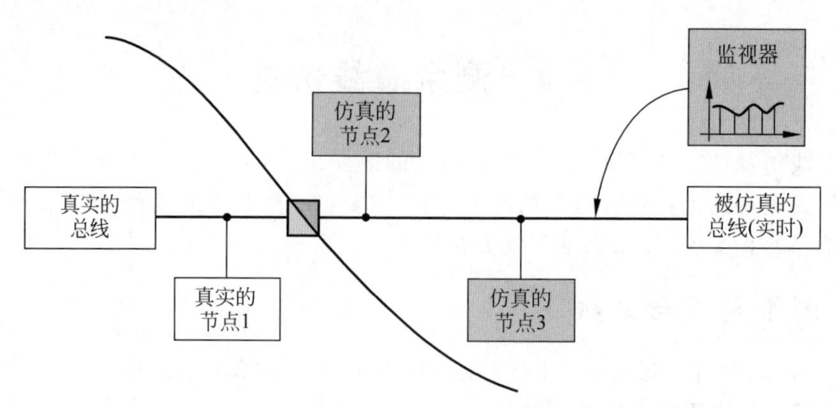

图 6.15　第二阶段真实网络节点和部分仿真节点共存的网络系统

快速定位问题的根源。图 6.16 为 TSMaster 全真实节点的网络系统示意图，所有节点已经被真实节点替换。

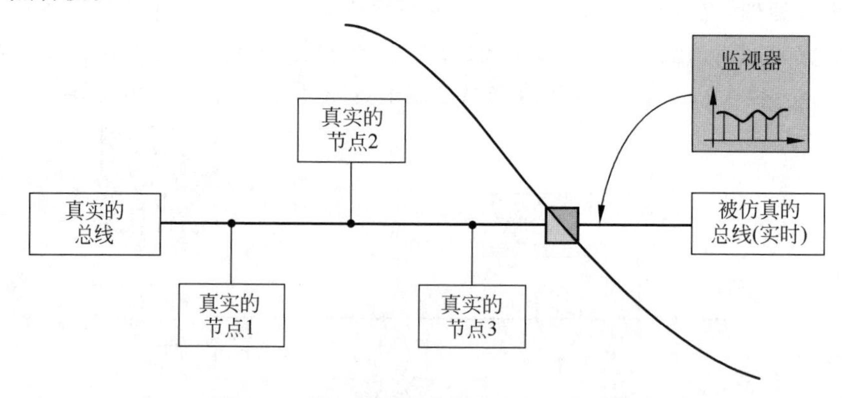

图 6.16　第三阶段全真实节点的网络系统

6.4.2　剩余总线仿真的配置

在没有启动剩余总线仿真之前，在总线发送报文的方式主要有两种：在报文发送窗口设置报文发送列表和使用小程序来发送报文。接下来，本书将以 EasyDemo 作为范例，带领读者学习如何正确配置剩余总线仿真窗口。

1. 导入总线数据库

TSMaster 剩余总线仿真是基于总线数据库的，所以使用剩余总线仿真的前提条件是必须先导入总线数据库文件。加载的方法是在 CAN 数据库窗口中，通过 按钮添加外部数据库文件。在 EasyDemo 范例中，已经加载了 EasyCAN. dbc 文件，如图 6.17 所示。更多关于 TSMaster 总线数据库的介绍，可以参看第 8 章。

2. 设置剩余总线仿真

在 TSMaster 主界面中，通过“仿真”→“CAN 总线仿真”选项打开 CAN 剩余总线仿真窗口，如图 6.18 所示。

剩余总线仿真窗口的左边为不同通道下网络拓扑图（依据加载的 DBC 文件），激活的节点使用不同的颜色展现出来，对于禁用的节点会显示为灰色。双击某个节点，可以将其状态在激活与禁用之间切换。

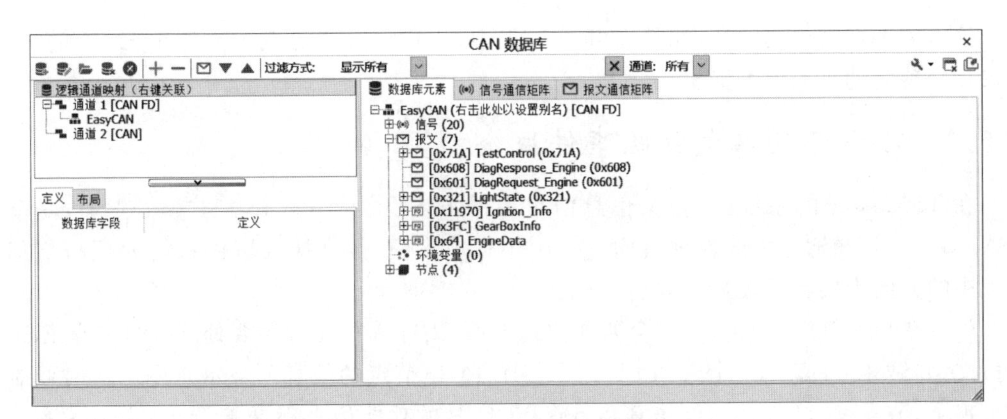

图 6.17　CAN 数据库窗口

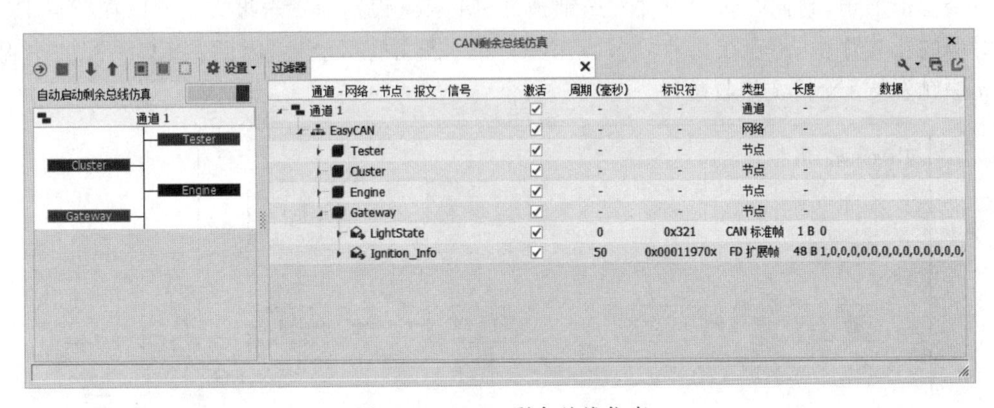

图 6.18　CAN 剩余总线仿真

剩余总线仿真窗口的右边为剩余总线仿真的详细浏览区，可以激活或禁用网络、节点、报文等，也可以配置发送报文的数据。

3. 运行剩余总线仿真

单击工具栏 ⊜ 按钮，可以运行剩余总线仿真，单击 ■ 按钮将停止剩余总线仿真。打开"自动启动剩余总线仿真"开关，剩余总线仿真会随着 TSMaster 的仿真工程一起运行。

6.5　关于 TSMaster 的"上帝之眼"机制

除了 6.4 节中，总线剩余仿真有明确地以 ECU 为单元来管理 ECU 的开启和关闭。在 TSMaster 的环境系统的其他部分，主要采用的是"上帝之眼"的机制，即将 TSMaster 的系统作为一个整体，很多地方打破了以 ECU 为单元的概念。

6.5.1　小程序脚本的自由度

TSMaster 的小程序仿真的方式，可以访问 TSMaster 的任何资源。用户可以设计不同的小程序，仿真不同 ECU 的功能，如 ECU-A 的功能使用独立的小程序 ecu_a 仿真其功能。但系统并没有对每个小程序做任何限制。用户可以将多个 ECU 的仿真代码放在同一个小程序中。

这里需要特别说明的是，如果在开发过程中，用户需要开启或关闭某个 ECU 的仿真，建议使用独立的小程序去实现。

6.5.2 小程序的报文接收事件概念

在 TSMaster 的系统中，报文信息窗口中的方向分为发送（Tx）和接收（Rx），是基于 TSMaster 的逻辑通道中的数据流向。对于小程序来说，报文接收事件只能处理报文信息窗口中的方向为接收的报文。

站在单个 ECU 的视角，经常会遇到仿真节点 ECU-A 的小程序要处理来自节点 ECU-B 的报文，并做相应的动作。图 6.19 描述了多个 ECU 节点的仿真环境示意图。这时候难题就出现了，节点 ECU-A 的功能仿真和节点 ECU-B 的功能仿真都是基于 TSMaster 系统的同一个逻辑通道，它们之间的报文发送都被 TSMaster 识别为发送报文。所以在节点 ECU-A 对应的小程序中，不存在接收到节点 ECU-B 的报文的可能性，因此在 ECU-A 的小程序中无法触发 CAN 报文接收事件。

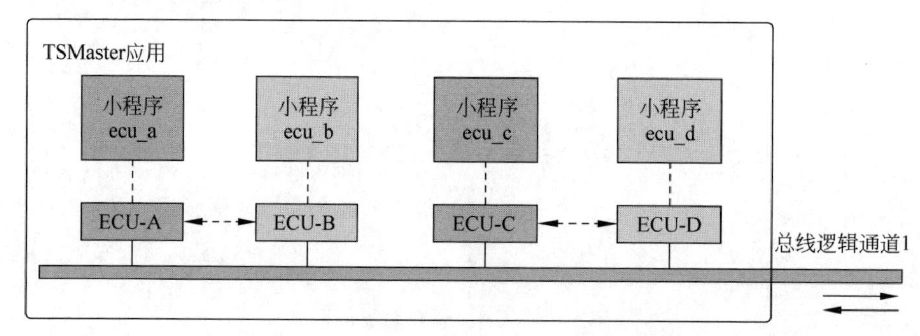

图 6.19　多个 ECU 节点的仿真环境示意图

要解决以上问题，本书推荐以下两种常见的解决方案（本书在后续章节也会多次使用）。

(1) 拆分成两组节点，使用两个逻辑通道。

例如，在图 6.19 中，节点 ECU-A 与节点 ECU-B 之间存在总线互动，节点 ECU-C 与节点 ECU-D 之间存在总线互动，所以可以将节点 ECU-A 和节点 ECU-C 分为一组，节点 ECU-B 和节点 ECU-D 分为一组。将两组使用不同的逻辑通道，并将这两个逻辑通道桥接起来，效果如图 6.20 所示。这里需要特别说明的是，这种桥接模式必须占用两个硬件通道使用硬线来连接。

(2) 拆分成两个 TSMaster 联合仿真。

方案(1)中需要占用两个硬件通道，对成本有一定的要求，下面讲解方案(2)。同样基于图 6.19，节点 ECU-A 与节点 ECU-B 之间存在总线互动，节点 ECU-C 与节点 ECU-D 之间存在总线互动，所以可以将节点 ECU-A 和节点 ECU-C 分在 TSMaster 应用中，节点 ECU-B 和节点 ECU-D 分在 TSMaster1 应用中，效果如图 6.21 所示。

如果 TSMaster 和 TSMaster1 使用同一个虚拟通道或者同一个硬件通道，它们本身在逻辑上就是相连的，是可以相互传递报文的。如果 TSMaster 和 TSMaster1 使用不同的硬件通道，需要将两个通道连接到一起。

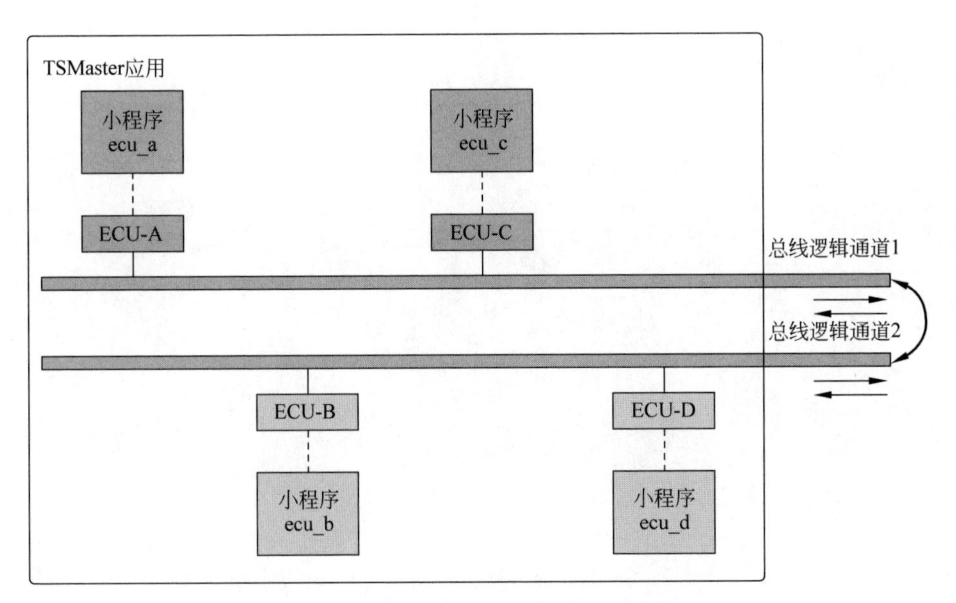

图 6.20　TSMaster 内部桥接连两个逻辑通道

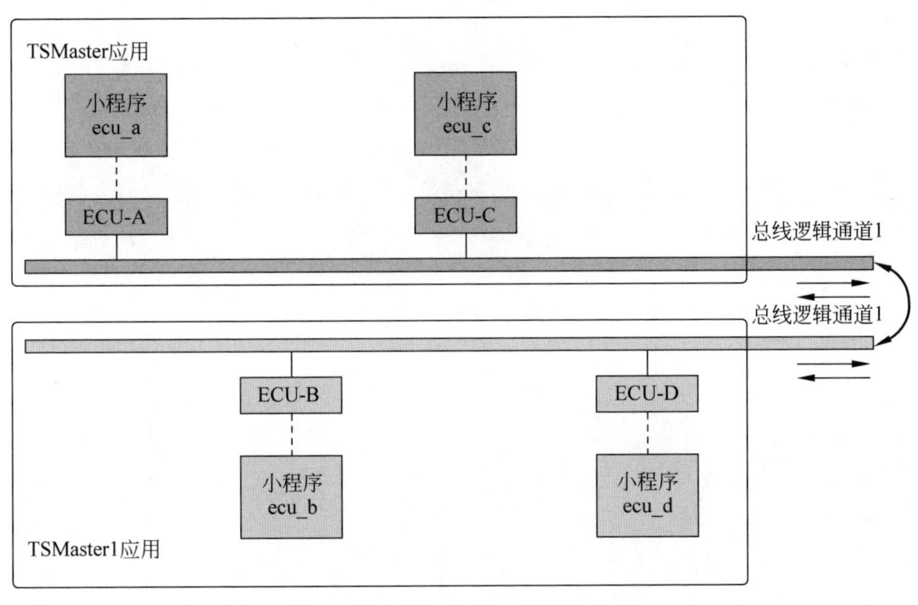

图 6.21　两个 TSMaster 联合仿真

第二部分　入门篇

第7章 开发第一个 TSMaster 仿真工程

本章内容：

- 第一个仿真工程简介。
- 新建仿真工程。
- 添加 CAN 数据库。
- 创建面板。
- 编写 C 小程序。
- 待测 ECU 的仿真方案。
- 运行测试。

相信很多读者在学习一门新的编程语言或使用一个新的开发环境的时候，都希望通过一些图形化的操作，输入两行代码，就实现一个界面和一些简单功能。这样一种开发的方式，跳过了烦琐的编程语法及开发环境介绍，多少能给读者的学习带来一丝欣喜和鼓励。

本章正是通过创建一个完整的、功能单一的仿真工程，带领读者来快速熟悉 TSMaster 仿真工程基本架构和开发环境。若读者需要详细了解数据库、面板设计和 C 代码编程相关内容，可以直接跳到后面对应的章节。

7.1 第一个仿真工程简介

本章仿真工程模拟两个功能单一的 ECU 之间的 CAN 通信。待测 ECU 为一个 Light，仿真工程将模拟另一个 ECU(Switch)之间的通信，主要任务如下。

(1) 创建一个 ECU(Switch 模块)。

(2) 创建一个控制面板(FirstDemo 面板)。

(3) 通过 C 脚本代码实现 Switch 模块的 CAN 报文收发的处理。

图 7.1 为需要实现功能的信号传递示意图。当用户操作开关以后，节点 Switch 将这个动作通过 CAN 网络发送报文 Control 通知给节点 Light；节点 Light 收到这个 CAN 报文后，根据信号 bsSwitch 的值将指示灯点亮或熄灭，同时更新报文 LightState 中的信号 bsLight。

这里需要特别说明的是，图中 Light 模块的功能已经在仿真应用程序 FirstDemoApp 中实现了，所以本工程只要实现 Switch 模块的部分。

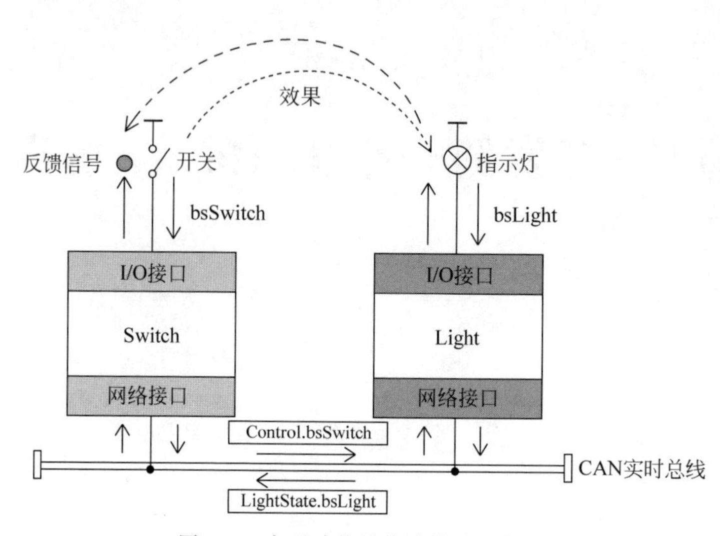

图 7.1 实现功能的信号传递示意图

7.2 新建仿真工程

在 TSMaster 主菜单中选择“新建”，在 TSMaster 主功能中选择“仿真”选项(如图 7.2 所示)，下一步在仿真功能细分窗口中选择“CAN 剩余总线仿真”选项(如图 7.3 所示)。

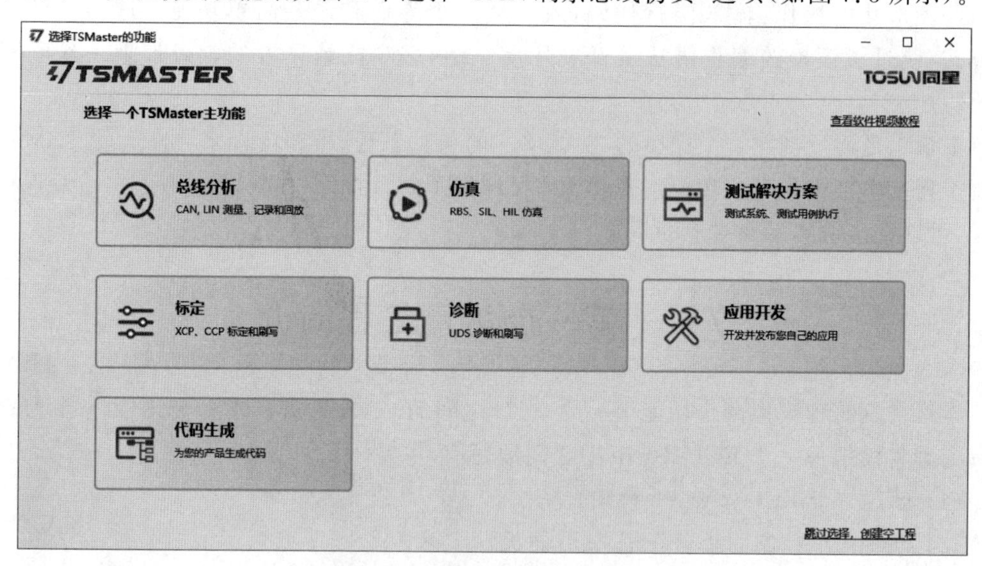

图 7.2 创建新工程的选择窗口

然后单击“选择一个新工作目录(推荐)”，这时候需要选择一个存储的位置，如图 7.4 所示。用户可以提前新建一个文件夹，命名为 FirstDemo，选中该文件夹，TSMaster 会将文件夹 FirstDemo 作为工作目录，后面需要添加的所有资源以及项目产生的文档都将存储在这个文件夹里。

这样，一个全新的仿真工程就自动生成了。读者可以运行该仿真工程，不会有任何仿真功能，也不会提示任何错误。

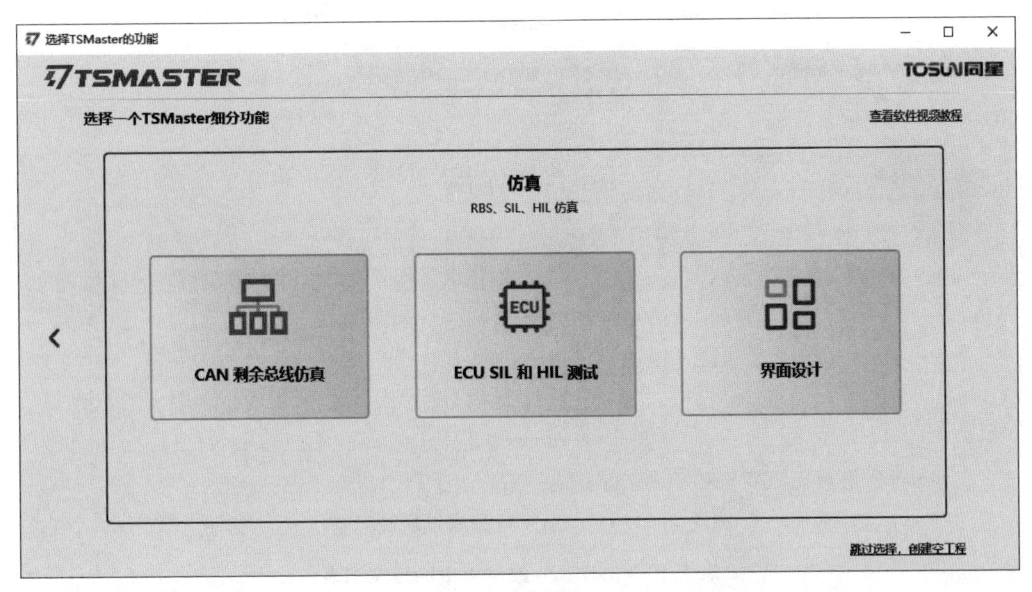

图 7.3　仿真功能细分窗口

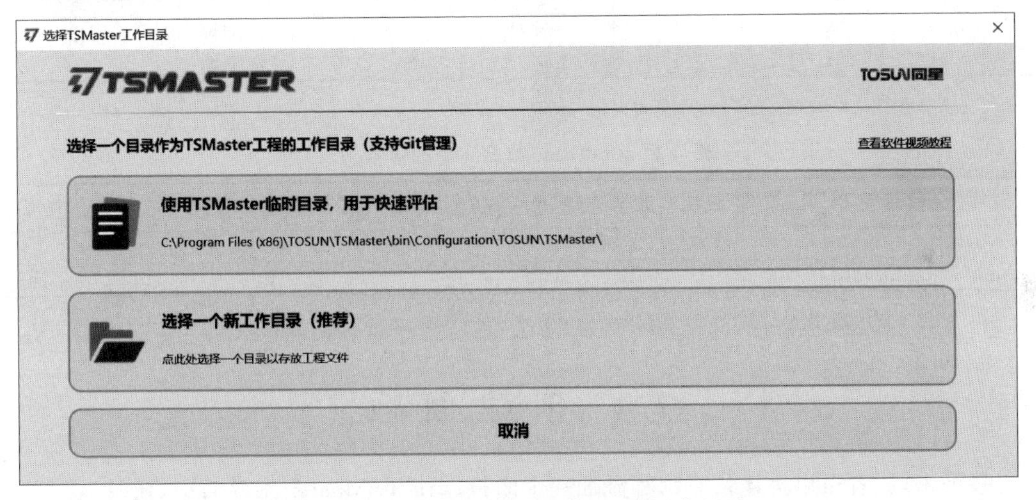

图 7.4　选择 TSMaster 新建工程的工作目录

7.3　添加 CAN 数据库

本书已经为读者提供了一个 CAN 数据库文件（路径：\Chapter_07_Doc\db\FirstDemo.dbc），读者可以直接使用。在 TSMaster 主界面中，通过“分析”→“数据库”→“显示 CAN 数据库”选项打开“CAN 数据库”窗口。单击工具栏中“加载 CAN 数据库”按钮，可以将 FirstDemo.dbc 文件加载到仿真项目中。图 7.5 为加载数据库以后的效果。

由图 7.5 可以看出，该数据有两个节点，两条报文，两条信号。表 7.1 和表 7.2 为数据库 FirstDemo 的报文和信号列表。

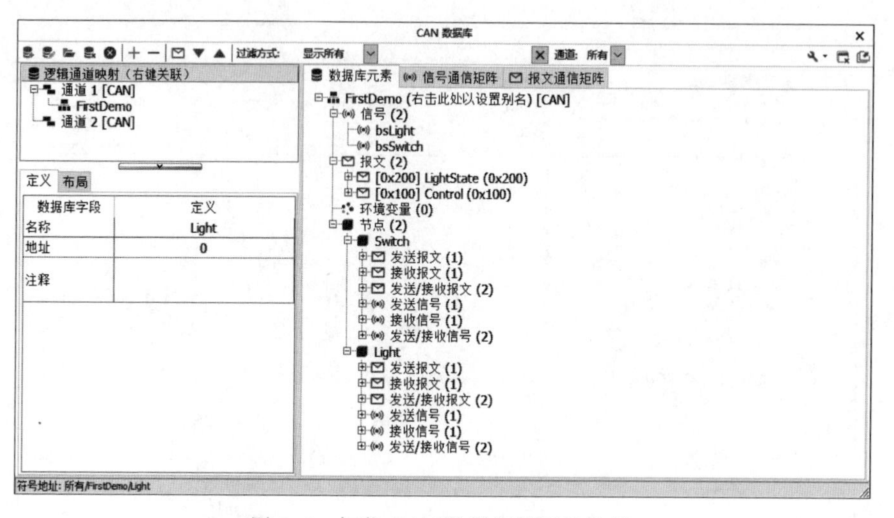

图 7.5 加载 CAN 数据库以后的效果

表 7.1 FirstDemo 数据库中的报文列表

报文	标识符	DLC	发送节点	接收节点	类型	发送周期/ms
Control	0x100	1	Switch	Light	标准帧	0
LightState	0x200	1	Light	Switch	标准帧	0

注：发送周期为 0ms 的报文，为非周期报文。

表 7.2 FirstDemo 数据库中的信号列表

信号	所属报文	开始位	长度	数据类型	单位	初始值	放大因子	偏移量	最小值	最大值	数值表
bsSwitch	Control	0	1	无符号	—	0	1	0	0	1	—
bsLight	LightState	0	1	无符号	—	0	1	0	0	1	—

注：需要说明的是，以上信号均采用摩托罗拉的字节序设置。

7.4 创建面板

接下来，读者可以为该仿真工程添加一个面板。在 TSMaster 主界面中，通过“仿真”→“面板”→“添加 面板”选项，在该工程中添加一个空白的面板。

接着，读者可以选择工具箱中的控件，按住鼠标左键，拖动到面板设计区来添加控件。本实例需要添加两个分组框，在一个分组框中添加一个开关控件，在另一个分组框中添加一个指示灯控件。表 7.3 列出了面板的控件列表及属性设置。

表 7.3 面板的控件列表及属性设置

控　件	属　性	属性设置	说　明
Panel	Title	FirstDemo	仿真控制面板
	Height	320	
	Width	350	
GroupBox0	控件名称	GroupBox0	存放开关的分组框
	LabelText	ECU Demo：Control	
	Height	140	
	Width	320	

续表

控　　件	属　　性	属 性 设 置	说　　明
GroupBox1	控件名称	GroupBox1	存放指示灯的分组框
	LabelText	LightState	
	Height	140	
	Width	320	
Switch0	控件名称	Switch0	开关控制
	LabelText	Switch	
	Height	30	
	Width	145	
	ReadOnly	False	
	ValueLeft	0	
	ValueRight	1	
	VarLink	CAN 信号：bsSwitch (0/FirstDemo/Switch/Control/bsSwitch)	
	VarType	pstCANSignal	
LED0	控件名称	LED0	显示总线上 bsLight 的状态
	LabelText	LightState	
	Height	75	
	Width	80	
	ReadOnly	True	
	ColorOFF	clGray	
	ColorON	clLime	
	OnValue	1	
	VarLink	CAN 信号：bsLight (0/FirstDemo/Switch/LightState/bsLight)	
	VarType	pstCANSignal	

注：需要说明的是，其他未列出的属性，均按默认设置。

所有控件的属性按表 7.3 的要求设置完毕，FirstDemo 面板的效果如图 7.6 所示。

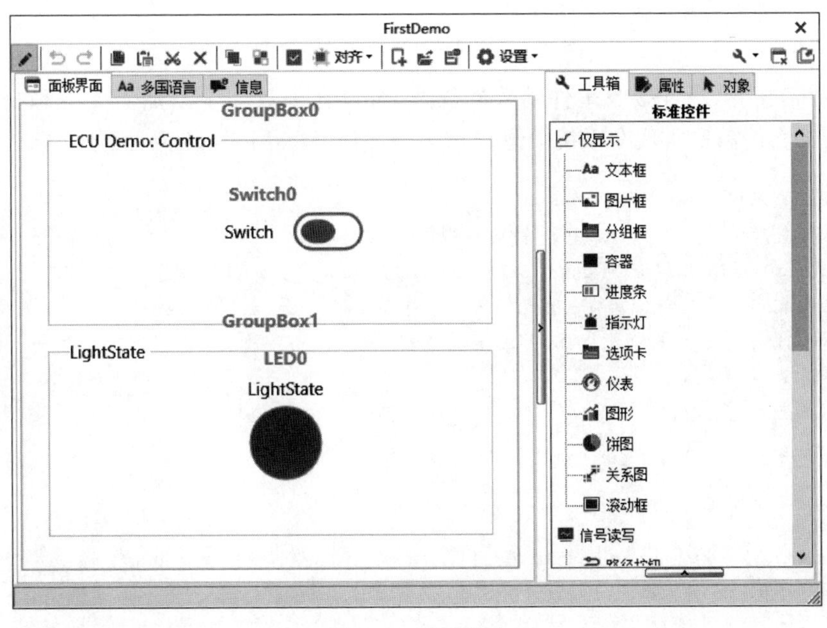

图 7.6　面板设计

7.5 编写 C 小程序

本章作为最简单的典型范例，有必要加两行 C 脚本程序，以增加范例的完整性。以下讲述如何添加一段 C 脚本程序，实现一个简单功能：当在总线上接收到报文 LightState 以后，在系统消息窗口中输出相关的信息。

在 TSMaster 主界面中，通过"程序"→"C 小程序"→"添加 C 小程序编辑器"选项添加一个空的 C 脚本模板。在 C 代码编辑器的属性页中将 C 代码的显示名称和程序名称均改为"FirstDemo"。在 C 代码编辑器左边区域，右击 CAN 接收事件节点，通过快捷菜单选择"添加接收事件-CAN 报文"选项，如图 7.7 所示，在名称栏中输入"LightState"，在 ID 栏选择"0x200"。

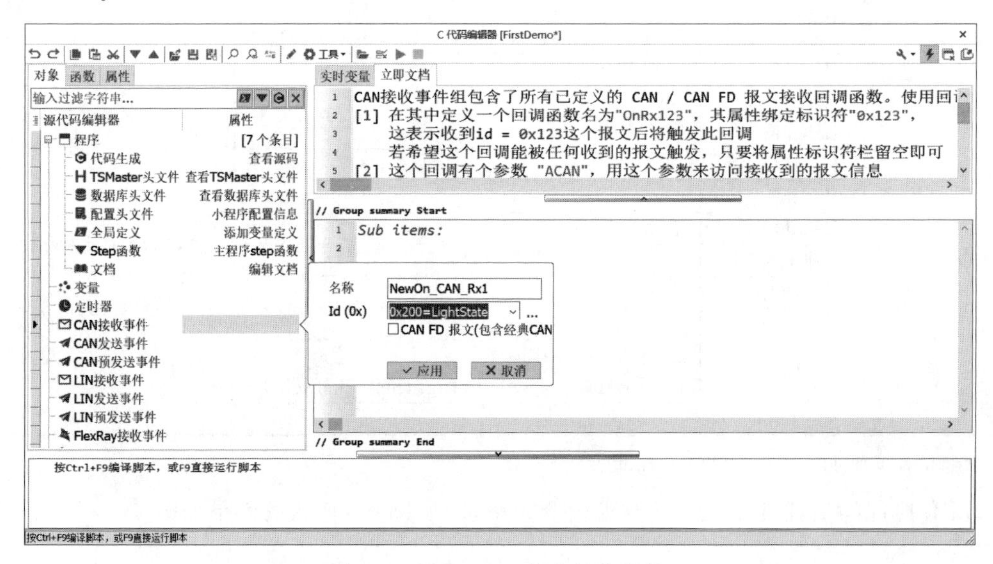

图 7.7　添加 CAN 报文接收事件

这样就完成了 CAN 接收事件函数的创建，可以在函数体中添加需要处理报文接收事件的代码，本实例需要实现在系统消息窗口中输出信号 bsLight 的值，函数完整代码如下。

```
// CODE BLOCK BEGIN On_CAN_Rx LightState
// CAN 报文接收事件 "LightState" 针对标识符 = 0x200
void on_can_rx_LightState(const TCAN * ACAN) { __try { // 针对标识符 = 0x200
  // if (ACAN->FIdxChn != CH1) return; // if you want to filter channel
  // 构造 LightState 报文结构体,并解析信号 bsLight
  TLightState_1 LightState_1;
  LightState_1.init();
  LightState_1.FCAN = *ACAN;
  log("LightState is received! bsLight = %f", LightState_1.bsLight);

} __except (1) { log_nok("CRASH detected"); app.terminate_application(); }}
// CODE BLOCK END On_CAN_Rx LightState
```

7.6 待测 ECU 的仿真方案

在 ECU 的开发过程中,开发人员或测试人员手中会有一个真实的 ECU,但对于本书的读者,有些人手里根本没有 ECU,即使有也很难直接用于学习 TSMaster。甚至有一些读者是在校的学生,既没有实物 ECU,也没有 TSMaster 的硬件接口。为了解决读者可能因为条件缺乏,无法实际操作的问题,本章提供一个待测 ECU 的仿真方案。

本章提供一个应用程序(FirstDemoApp. exe)来仿真待测 ECU。该应用程序会连接到 TSMaster 的虚拟通道上,当读者开发 TSMaster 的仿真工程时,只要选择对应的虚拟通道,运行时就可以模拟真实的测试过程。本仿真方案,本质上还是基于 6.5 节中关于 TSMaster 的上帝之眼机制。通过本章的仿真工程,读者可以真实感受到这种仿真方案的妙处。在第 16 章介绍诊断功能时,也是使用类似的 ECU 仿真应用程序。

7.7 运行测试

先运行 FirstDemoApp. exe,并单击 Start 按钮,然后单击 TSMaster 主界面中的"启动"按钮。接下来,用户可以操作仿真面板上的 Switch 控件,这时两边的指示灯显示与开关状态是同步的。若将 FirstDemoApp 窗体与面板 Control 放在一起,效果如图 7.8 所示。

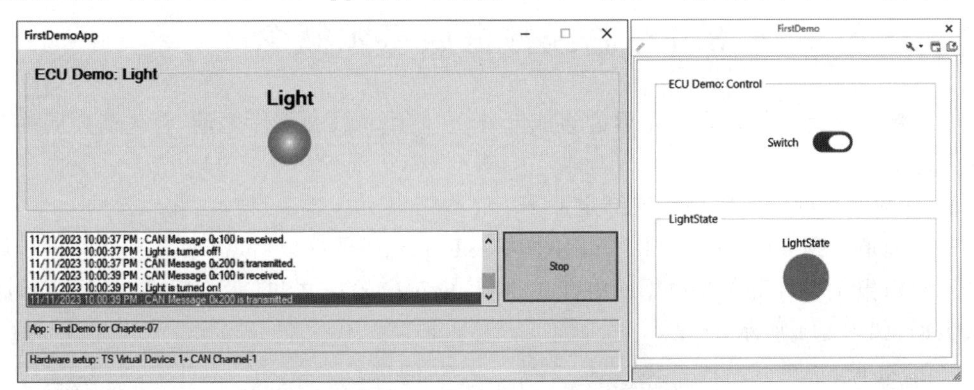

图 7.8 FirstDemoApp 和 FirstDemo 运行的效果

这时查看报文信息窗口以及系统消息窗口,也可以看到相关的报文发送和接收,以及 C 小程序输出的信息。

读者可以在本书提供的资源压缩包中找到本章使用的文件(工程文件路径\Chapter_07\Source\FirstDemo. T7z; ECU 仿真程序文件路径\Chapter_07_SimEnv\FirstDemoApp. zip)。

第8章 总线数据库简介

本章内容：

- 总线数据库基本概念。
- CAN 数据库窗口。
- LIN 数据库窗口。
- FlexRay 数据库窗口。

随着汽车 ECU 不断发展，汽车总线上传输的报文越来越多，为了便于通信，不同的总线会引入不同的数据库定义。对于 TSMaster，需要支持常见的数据库格式，在后续的仿真、测试和诊断等开发过程中，用户会一直跟数据库打交道。本章将介绍 TSMaster 对 CAN/CAN FD、LIN 和 FlexRay 数据库的支持功能。

8.1 总线数据库基本概念

总线数据库是总线仿真中重要的组成部分，在使用总线数据库之前，首先需要明确两个基本概念。

1. 加载的数据库需要与通道绑定

每个通道收到 CAN/CAN FD、LIN 和 FlexRay 总线数据以后，根据该通道绑定的数据库分别解析报文。若报文在数据库中存在，将解析对应的报文和信号，反之，只能显示原始报文数据，如图 8.1 所示。

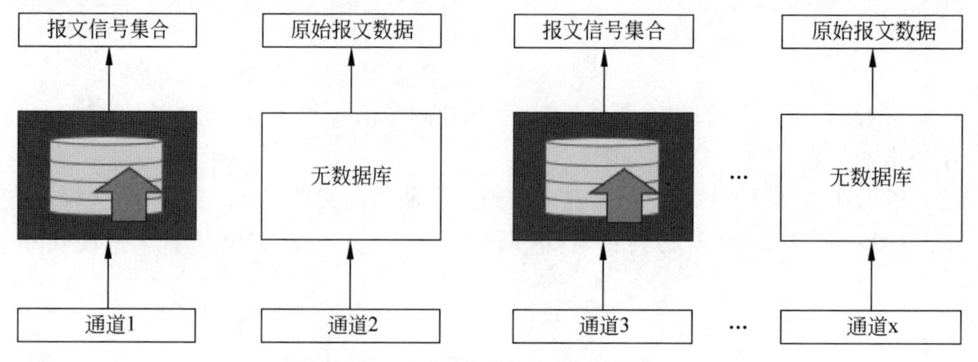

图 8.1 通道的数据库绑定概念

2. 一个通道可以绑定多个数据库

一个数据库也可以绑定到不同的通道上，同一个通道可以绑定多个数据库，这些数据库是并列关系。当此通道收到 CAN 报文数据后，TSMaster 数据库引擎会轮流查询每个数据库，直到在数据库中查询到该报文 ID，完成对报文数据的解析。

8.2 CAN 数据库窗口

“CAN 数据库”窗口可用于加载、卸载、分配 CAN 数据库，也可以查看报文、信号的定义和布局的信息，如图 8.2 所示。

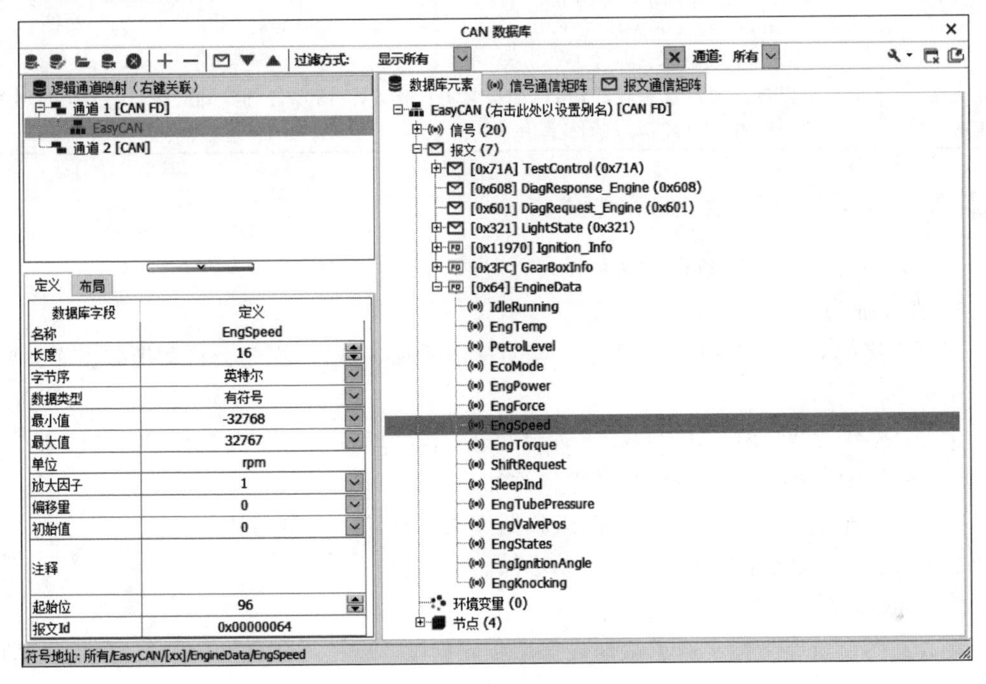

图 8.2 “CAN 数据库”窗口

8.2.1 工具栏

CAN 数据库的管理是比较常用的功能，主要通过工具栏来操作，表 8.1 列出了“CAN 数据库”窗口工具栏的选项及功能描述。

表 8.1 “CAN 数据库”窗口工具栏的选项及功能描述

选　　项	功 能 描 述
	添加外部的 *.dbc 数据库文件
	在本机上使用默认编辑器编辑当前选定的数据库（*.dbc 文件）
	打开数据库文件所在的文件夹
	从数据库列表中删除所选的数据库
	从数据库列表中删除所有的数据库
+	新建数据库文件映射的逻辑通道
—	减少数据库文件映射的逻辑通道
	数据库树视图展开到报文级别
▼	展开数据库树视图中的所有节点

续表

选　项	功能描述
▲	收起数据库树视图中的所有节点
过滤方式	数据库元素筛选器,以下5个选项供用户选择。 • 显示所有:所有数据库元素都将显示在树视图中。 • CAN信号:仅显示CAN信号。 • CAN报文:仅显示CAN报文。 • CAN节点:仅显示CAN节点。 • 环境变量:仅显示环境变量
过滤器	此处可以过滤用户感兴趣的内容,如报文ID、报文名、信号名、信号值、解析的数值符号等
通道	可以选择所有通道或指定的通道

8.2.2 添加CAN数据库文件

TSMaster添加CAN数据库文件的方式主要有以下两种。

1. 直接拖动

用户直接把CAN数据库拖动到TSMaster主界面区域内,程序会自动把数据库关联到第一个通道。

优点:操作方便,用户甚至无须打开数据库管理窗口,直接把DBC文件拖动到TSMaster区域内,即可完成对该数据库的添加。

缺点:这种添加方式,默认只能把该数据库关联到第一个通道上。如果需要关联到其他通道上,需要到数据库管理界面上手动添加。

2. 数据库窗口中载入

在数据库窗口中为指定通道添加数据库步骤如下:首先,选中通道,单击"添加数据库"按钮;然后,在路径中选中所要添加的DBC文件,即可添加到数据库列表中。

8.2.3 通道分配

CAN数据库通道的分配,可以使用户能够将所选数据库与指定CAN通道相关联。CAN数据库可以分配给一个CAN通道或多个通道,如图8.3所示。

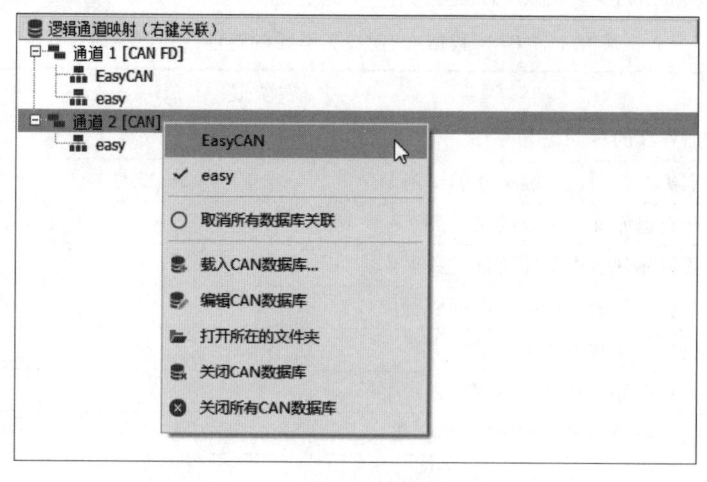

图8.3　逻辑通道分配数据库

当加载多个数据库文件时，用户可以右击指定的 CAN 通道，在快捷菜单中提供了可用的 CAN 数据库列表。用户可以选择快捷菜单中的数据库文件，将数据库与当前选定的 CAN 通道关联/解除关联。

8.2.4 CAN 数据库信息查看

在数据库窗口的右侧以树状结构展示目前加载的数据库的大部分信息，包括数据库名称、报文集合、信号集合、环境变量、节点信息等。

在浏览区单击不同的对象，可以查看各个对象之间的关联关系，如图 8.4 所示，可以清晰查看节点与报文的关系、报文与信号的关系，以及节点与信号的关系。

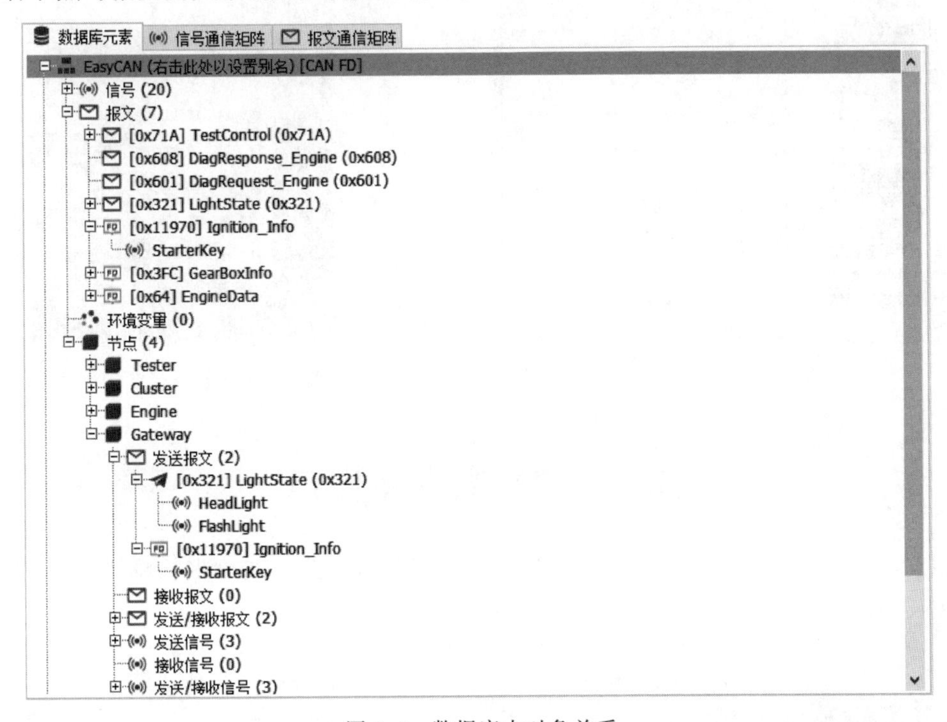

图 8.4　数据库中对象关系

8.2.5 数据库字段定义查看区/布局查看区

该区域可以查看字段定义及报文布局。单击图 8.4 中的对象时，可以同时浏览字段定义区域。

1. 字段定义查看区

CAN 数据库字段定义查看区用于显示所选对象的属性，这些对象可以是 CAN 信号、CAN 报文、CAN 节点或 CAN 网络等，图 8.5 为报文 EngineData 的字段定义信息。

这里需要特别说明的是，CAN 数据库字段定义查看区，当前不具备编辑 CAN 数据库元素的功能。

如果当前选中的对象为信号，字段定义查看区将显示信号的相关信息，如图 8.6 所示。

定义　布局

数据库字段	定义
名称	EngineData
类型	FD标准帧
数据长度码	15 (FD: 64 B)
标识符	0x064
波特率切换标志	☑
周期 (毫秒)	100
注释	

图 8.5　查看报文的字段定义信息

2. 报文布局查看区

报文布局查看区可以查看信号的起始位、bit 长度，如图 8.7 所示。

定义 布局

数据库字段	定义
名称	EngSpeed
长度	16
字节序	英特尔
数据类型	有符号
最小值	-32768
最大值	32767
单位	rpm
放大因子	1
偏移量	0
初始值	0
注释	
起始位	96
报文Id	0x00000064
逻辑通道	-
复用类型	信号
复用值	0
复用器起始位	0
复用器长度	8
复用器字节序	Intel

图 8.6 查看信号在报文中的定义信息

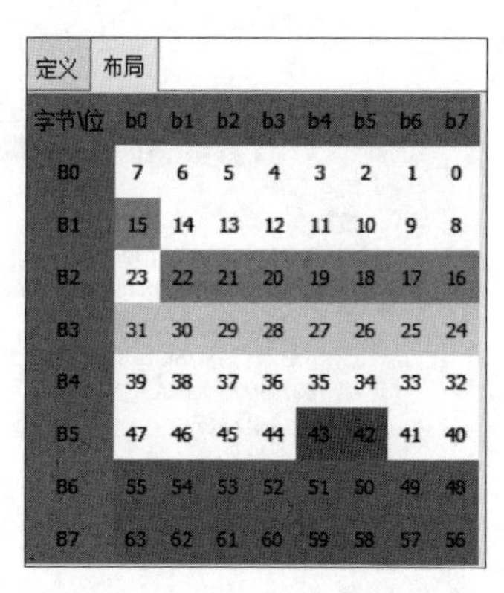

定义 布局

字节\位	b0	b1	b2	b3	b4	b5	b6	b7
B0	7	6	5	4	3	2	1	0
B1	15	14	13	12	11	10	9	8
B2	23	22	21	20	19	18	17	16
B3	31	30	29	28	27	26	25	24
B4	39	38	37	36	35	34	33	32
B5	47	46	45	44	43	42	41	40
B6	55	54	53	52	51	50	49	48
B7	63	62	61	60	59	58	57	56

图 8.7 信号在报文中的布局

8.3 LIN 数据库窗口

“LIN 数据库”窗口与“CAN 数据库”窗口极其相似，在此不花太多篇幅讲解了，图 8.8 为“LIN 数据库”窗口。更多关于 LIN 数据库的介绍可以参考 13.3.2 节。

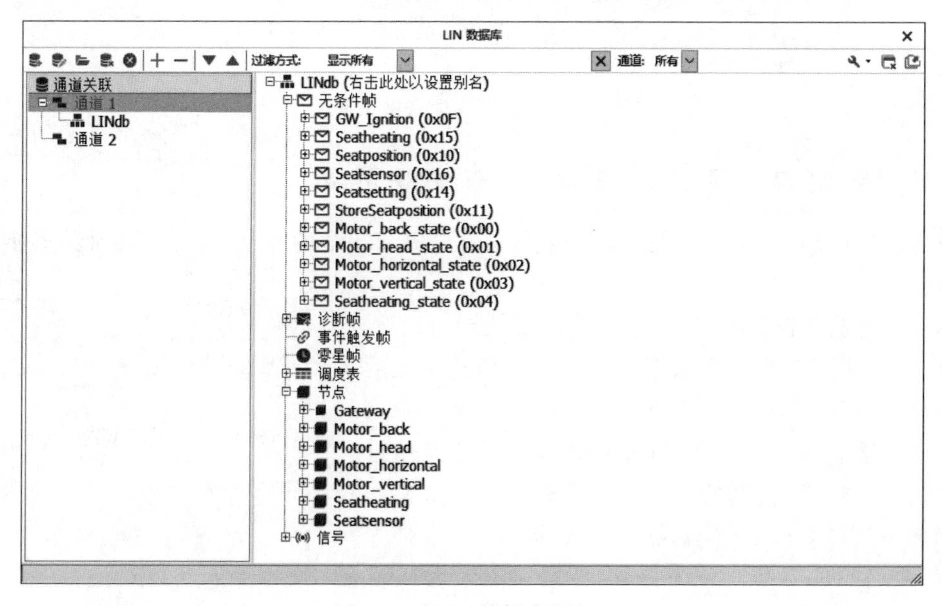

图 8.8 “LIN 数据库”窗口

8.4 FlexRay 数据库窗口

“FlexRay 数据库”窗口与“CAN 数据库”窗口极其相似，在此不花太多篇幅讲解了，图 8.9 为“FlexRay 数据库”窗口。更多关于 FlexRay 数据库的介绍可以参考 14.4.1 节。

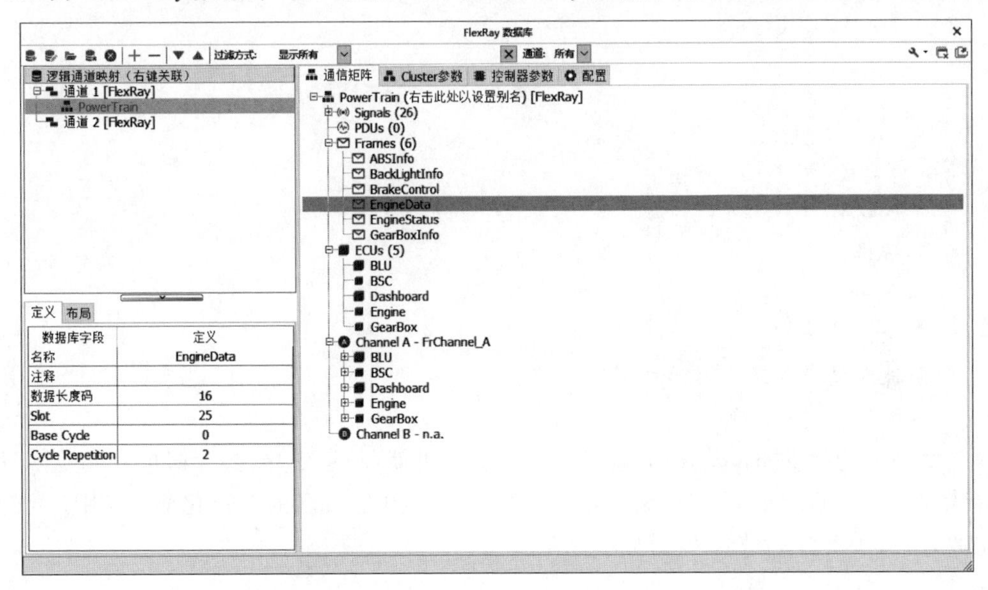

图 8.9 “FlexRay 数据库”窗口

读者可以在本书提供的资源压缩包中找到本章使用的所有的数据库文件(文件路径\Chapter_08_Doc\db\)。

第9章 面板设计

本章内容：

- 面板设计窗口简介。
- 工具栏。
- TSMaster 控件简介。
- 典型控件介绍。
- 面板触发事件及显示的机制。
- 多国语言支持面板。

仿真面板能提供非常友好的用户体验，使仿真更简单、更直接，最大限度地满足不同应用场景的需求。TSMaster 图形编辑面板让用户能够开发自己的图形化面板，用于处理报文的收发、信号解析、信号或变量显示等功能。

9.1 面板设计窗口简介

在 TSMaster 主界面中，通过"仿真"→"面板"选项可以选择已经存在的面板，也可以添加新的面板。图 9.1 为面板设计窗口。

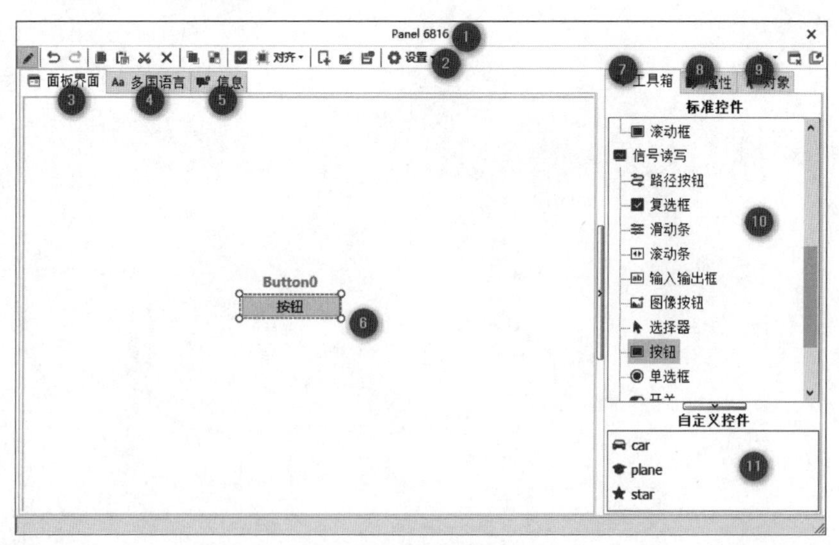

图 9.1　面板设计窗口

① 面板标题：用于区别不同面板，可以在面板属性中设置。

② 工具栏：面板设计的常用按钮。

③ 面板界面：切换到面板的设计界面。

④ 多国语言：设置多种语言支持及翻译文件。

⑤ 信息：查看面板设计常用快捷键信息。

⑥ 面板设计区域：添加、删减、设置和布局控件。

⑦ 工具箱：切换到工具箱的页面，可以添加控件。

⑧ 属性：切换到属性设置的页面。

⑨ 对象：切换到对象列表的页面，通过树形显示当前面板中的控件对象。

⑩ 控件/属性/对象的显示区域。

⑪ 自定义控件区域。

9.2 工　具　栏

面板窗口的主要功能可以通过工具栏来设置和操作，工具栏的选项及功能描述如表 9.1 所示。

表 9.1　面板工具栏的选项及功能描述

选　　项	功能描述
✎	模式选择按钮： ✎ 按下状态，当前面板处于编辑模式，用户可以增加、删除控件，编辑控件属性。 ✎ 弹起状态，当前面板处于测试运行模式，显示的是该面板实际运行时的效果，用户不可进行编辑。 ✎ 灰色状态，当前面板处于运行状态。意味着当前 TSMaster 处于设备连接运行状态。如果用户想重新编辑面板，必须断开 TSMaster 连接，才可以进入编辑状态
↶	撤销在面板中所做的修改
↷	重做在面板中所做的修改
	将所选控件复制到剪贴板
	粘贴已复制的控件
✂	将所选控件剪切到剪贴板
×	删除所选的控件
	将所选控件置前显示
	将所选控件置后显示
☑	选择所有控件
	对齐设置菜单： • 左对齐 • 右对齐 • 上对齐 • 下对齐 • 水平居中 • 垂直居中 • 水平等距排列 • 垂直等距排列

续表

选　项	功能描述
	创建全新的面板，此操作将删除当前面板中所有的控件
	从外包文件（*.TPnl）中导入面板配置
	导出面板配置到外部文件（*.TPnl）
	设置菜单。 激活功能。 • 使能：当 TSMaster 应用程序连接时，面板会自动启动。 • 禁止：面板不会自动启动。 布局。 • 常规。 • 拉升。 • 适配。 设计。 • 显示控件名称（复选框）：面板设计时，显示控件的名称。 • 显示变量地址（复选框）：面板设计时，显示控件关联的变量或信号的地址。 刷新速度。 • 慢速（1000ms）。 • 正常（333ms）。 • 快速（50ms）

9.3　TSMaster 控件简介

用户能否设计出专业的面板，通常取决于用户对控件的熟悉程度，接下来本书先介绍 TSMaster 提供的标准控件，然后选择其中的典型控件再展开介绍。

9.3.1　标准控件列表

目前，TSMaster 提供了 22 个标准控件，表 9.2 列出了这些控件的名称及功能描述。其中，仅显示的控件 12 个，信号读写的控件 11 个，还有 1 个系统的控制按钮。

表 9.2　标准控件列表及功能描述

控　件	名　称	英文名称	功能描述
仅显示			
Aa	文本框	Text	静态文本，显示标签文字
	图片框	Image	显示静态图片控件
	分组框	GroupBox	将面板分组显示
	容器	Container	装载一般控件
	进度条	ProgressBar	显示自定义范围内的值
	指示灯	LED	显示两种自定义状态
	选项卡	PageControl	提供多个标签分别放置控件
	仪表	Gauge	显示特定的变化范围

续表

控件	名称	英文名称	功能描述
	图形	Graphic	将一个或多个数值显示成图形
	饼图	Pie	将多个数值显示成饼图
	关系图	RelationChart	将两个或以上的变量相互关系显示成图形
	滚动框	ScrollBox	可以装载一般控件的容器,可以使用滑动条来移动显示区域
信号读写			
	路径按钮	PathButton	可以使用矢量图形为图片的按钮
	复选框	CheckBox	显示或选择当前选项
	滑动条	TrackBar	在自定义范围设定或显示一个值
	滚动条	ScrollBar	在自定义范围设定或显示一个值
ab	输入输出框	InputOutputBox	输入或显示文本或数值
	图片按钮	ImageButton	可以设置图片的按钮
	选择器	Selector	下拉菜单选择
	按钮	Button	触发事件
	单选框	RadioButton	选择或显示当前选项
	开关	Switch	切换或显示当前状态
	多行文本框	Memo	输入或显示多行文本
系统			
	启动停止按钮	StartStopButton	开始/结束测量

9.3.2 控件基本操作

为了便于读者在接下来的章节中可以通过实践来理解熟悉控件的属性,此处需要简单介绍一下控件的基本操作。

(1) 添加控件:在工具箱区域选择控件后按住鼠标左键,拖动到面板设计区,如图 9.2 所示。

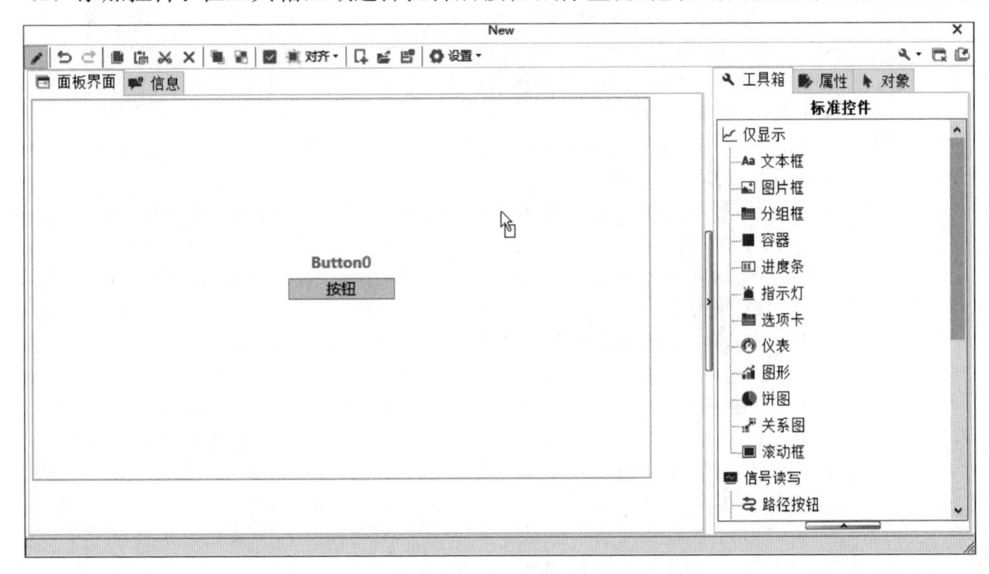

图 9.2 通过拖曳控件图标来添加新控件

（2）移动控件：选中面板上的某个控件，可以使用方向键上下左右来移动，也可以使用鼠标左键按住来拖动到指定的位置。TSMaster 不支持直接拖动到容器外部，如果要把控件移出容器，可以采用剪切(Ctrl+X)、粘贴(Ctrl+V)的方式可以把控件移动到容器外面。

（3）删除控件：选中面板上的某个控件，可以使用 Delete 键直接删除，也可以右击通过快捷菜单来删除。

（4）操作快捷键。

- 方向键：上下左右移动所选控件。
- Ctrl+方向键：小幅度移动所选控件。
- Alt+方向键：大幅度移动所选控件。
- Shift+方向键：增加或缩小控件横向或纵向尺寸。
- Ctrl+A：全选所有控件，或是全选当前容器中的所有控件。
- 鼠标正框选：框中的控件将被选中。
- 鼠标反框选：框中以及触碰到框的控件将被选中。

9.3.3 常见属性简介

为了方便介绍控件，表 9.3 列出了比较通用的属性及描述。用户在使用控件的过程中，可以将其作为参考。

表 9.3 控件的通用属性及描述

属性	描述
Align	排列设置。 • None：自由设置。 • Top：置顶，控件将调整大小以填充其父控件的宽度，高度不变。 • Left：置左，控件将调整大小以填充其父控件的高度，宽度不变。 • Right：置右，控件将调整大小以填充其父控件的高度，宽度不变。 • Bottom：置底，控件将调整大小以填充其父控件的宽度，高度不变。 • MostTop：置最顶端，控件将调整大小以填充其父控件的宽度，高度不变。 • MostBottom：置最底端，控件将调整大小以填充其父控件的宽度，高度不变。 • MostLeft：置最左端，控件将调整大小以填充其父控件的高度，宽度不变。 • MostRight：置最右端，控件将调整大小以填充其父控件的高度，宽度不变。 • Client：控件将充满其父控件。 • Contents：控件将充满其父控件，并覆盖父控件边框。 • Center：置中，控件尺寸不变。 • VertCenter：控件在父控件的工作区内垂直居中，并调整大小以填充其父控件的宽度，高度不变。 • HorzCenter：控件在父控件的工作区内水平居中，并调整大小以填充其父控件的高度，宽度不变。 • Horizontal：控件将调整大小以填充其父控件的宽度，高度不变。 • Vertical：控件将调整大小以填充其父控件的高度，宽度不变。 • Scale：控件将调整大小并移动，以在其容器调整大小时保持相对位置和大小。 • Fit：控件将调整大小以适应父区域，同时保留其纵横比。控件移动到父区域的中心。 • FitLeft：控件将调整大小以适应父区域，同时保留其纵横比。控件移动到父控件的左侧，并固定到父控件的左侧。 • FitRight：控件将调整大小以适应父区域，同时保留其纵横比。控件移动到父控件的右侧，并固定到父控件的右侧

续表

属　　性	描　　述
ColorActive	控件 Enabled 为 True(激活状态下)的颜色
ColorBkgd	设置背景颜色,前提条件是控件的 Transparent 属性设置为 False
ColorInActive	控件 Enabled 为 False(非激活状态下)的颜色
Enabled	使能属性。 • True：控件可以响应用户的鼠标、按键等操作。 • False：控件不响应用户的鼠标、按键等操作,部分控件将呈灰色
Height	设置控件的高度(单位：px)
LabelColor	设置控件标签的文字颜色
LabelText	设置控件标签的文本
LabelVisiable	设置控件标签的可见性
LabelWidth	设置控件标签的文本宽度
Margins	指定控件的边距。 控件的边距是从每个边(上、左、下、右)到同一父控件内的另一个控件或其父控件的边的距离(以 px 为单位)。边距为控件的外侧添加了空间。 如果边距不为 0,则除了指定的距离之外,没有其他控件更接近该控件。如果父边到相应控制边的距离小于该边的指定边距,则将重新定位该控制边并调整其大小(如有必要),以保持指定的距离。 下图显示了填充和边距属性如何影响控件的对齐、位置和大小 Parent Control (Align = Client) Child (Align = Client) Control Padding (Left: 6, Top: 24, Right: 8, Bottom: 16) Margins (Left: 4, Top: 22, Right: 12, Bottom: 6)
Opacity	指定控件的不透明度,Opacity 值介于 0～1,如果为 1,则控件完全不透明；如果为 0,则控件是完全透明的。大于 1 的值被视为 1,小于 0 的值被视为 0。不透明度应用于控件的子对象
Padding	指定控件的填充：控件的填充指定控件的子控件与每个边(上、左、下、右)的距离(以 px 为单位)。填充为控件的内侧增加了空间。 如有必要,将重新定位控件的子项并调整其大小,以保持填充
Position	指定当前控件相对于其父控件的左上角。 位置可能受其父控件的填充和控件的边距的影响
ReadOnly	是否允许用户通过面板操作控件,设置为 True 时只能作为显示控件
RotationAngle	指定控件从 x 轴旋转的量(以°为单位)。 正角度对应于顺时针旋转。对于逆时针旋转,请使用负值。 要设置旋转中心,请按如下所述使用旋转中心
RotationCenter	指定控件轴点的位置：旋转中心的坐标取值范围为 0～1。坐标为(0,0)的点对应于控件的左上角,坐标为(1,1)的点对应于控件的右下角。默认旋转中心为(0.5,0.5)
Scale	指定控件的比例：设置比例坐标以指定每个轴上的比例。 每个轴上的初始比例为 1
Text	显示的文字
TextColor	显示的文字颜色

续表

属　性	描　述
TextSettings	某些文本控件具有此属性，它提供所有样式化的文本表示属性和管理这些属性的方法
Value	控件绑定的变量
VarLink	关联的变量，变量的类型由 VarType 的设置决定，可以是数据库中的 CAN 信号、LIN 信号、FlexRay 信号或者系统变量等
VarType	关联变量的类型。 • pstNone：无变量关联。 • pstCANSignal：关联到数据库中的某个 CAN 报文中信号。 • pstLINSignal：关联到数据库中的某个 LIN 报文中信号。 • pstSystemVar：关联到系统变量。 • pstFlexRaySignal：关联到数据库中的某个 FlexRay 报文中信号。 • pstAPICall：关联一个自定义 API 函数
Width	设置控件的宽度（单位：px）

9.4　典型控件介绍

TSMaster 提供的面板控件中，有些控件（如单选框、复选框、滚动条、滑动条、选择器、分组框等）与 Visual Studio 等开发环境中的控件并无大的区别，限于篇幅，本书接下来只挑选一些重要的或者比较特殊的控件，作为重点来介绍。

9.4.1　文本框

不管在何种类型的界面开发环境中，文本框无疑是一种最常见的控件之一。文本框一般用于标识、信息、状态、数值等显示。图 9.3 来自 TSMaster 的官方示例（Panel Basics）。

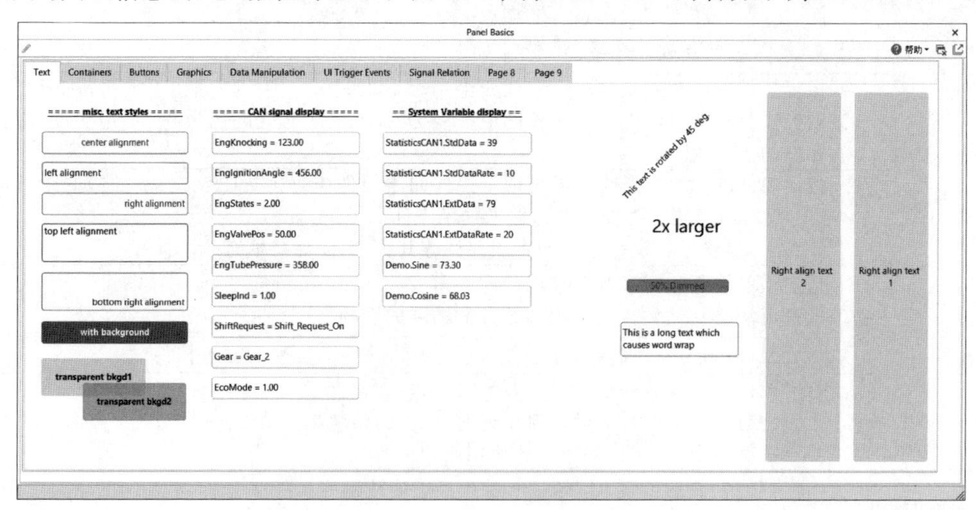

图 9.3　Panel Basics 演示面板

由图 9.3 可以看出，文本框的式样还是很丰富的。表 9.4 列出了文本框控件的特殊属性及描述。

表 9.4　文本框控件的特殊属性及描述

属　　性	描　　述
BkgdColor	文本框背景/边框的颜色(Transparent 为 True,背景不再显示)
BkgdOpacity	文本框背景/边框的透明度
BorderActive	用于设置是否显示文本框的边界
DisplayFormat	典型设置%Name=%Value
Precision	精度设置,数值代表小数部分的位数
Transparent	设置控件是否透明

对于文本框的使用这里介绍一些特殊的技巧。

(1) 边框的设置：是否显示边框取决于 BorderActive 是否设置为 True,边框的颜色来自 BkgdColor 属性。

(2) 背景色的设置：要显示背景色必须将 Transparent 设置为 False。对于背景色的透明度取决于 Opacity 属性值,Opacity 取值范围为 0～1,默认值为 1(不透明)。

(3) 文本显示的内容：若 VarType 设置为 pstNone 时,文本显示内容来自 Text 属性设置；若 VarType 设置为信号或系统变量时,文本显示内容将来自 DisplayFormat,Text 属性会跟随 DisplayFormat 的设置而变化。

9.4.2　输入输出框

输入输出框也是一种常见控件,顾名思义,就是用于信息的输入或输出的接口。用户可以输入仿真过程需要输入的数值、字符等信息。图 9.4 为输入输出框默认的式样,表 9.5 列出了输入输出框的特殊属性及描述。

InputOutputBox0

VarName　n.a.

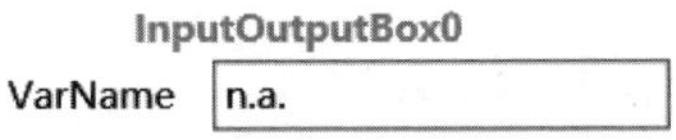

图 9.4　输入输出框默认的式样

表 9.5　输入输出框的特殊属性及描述

属　　性	描　　述
ColorBackground	设置输入框的背景颜色
ColorBorder	设置输入框的边框颜色
KillFocusByReturn	设置回车以后,该控件是否失去焦点
Value	输入或显示绑定变量的当前值

9.4.3　按钮

按钮在一般应用程序中是用于触发事件必不可少的一种控件。在 TSMaster 中,按钮一般跟一个布尔值或整数的变量绑定,通过变量的改变来触发一些事件(在后续章节中会有详细描述)。图 9.5 为按钮默认的式样,表 9.6 列出了按钮控件的特殊属性及描述。

Button0

按钮

图 9.5　按钮控件

表 9.6　按钮控件的特殊属性及描述

属　　性	描　　述
Color	设置按钮文字的颜色
ValuePushed	设置按钮按下时,对应变量赋的值

这里需要跟读者强调的,此控件不具有自锁功能,正常情况下按钮处于“Unpushed”(弹起)的状态,只有按下时才处于“Pushed”(按下的)状态,同时触发对应变量的赋值,一旦松

开鼠标左键，按钮立刻处于弹起的状态（这里需要特别说明的是，弹起时，按钮并不会对变量再次赋值，所以绑定的变量或信号的值并不会自动恢复）。

9.4.4 开关

开关在一些测量测试的日常生产生活中经常出现，一般可以有两种状态可供选择（On/Off）。图 9.6 为开关默认的式样，表 9.7 列出了开关控件的特殊属性及描述。

图 9.6 开关控件

表 9.7 开关控件的特殊属性及描述

属　　性	描　　述
LabelColor	设置开关标签的颜色
ValueLeft	设置开关左端对应的数值
ValueRight	设置开关右端对应的数值

此处特别说明一下，开关控件不同于传统的开关，传统开关对应的数值一般为 0 或者 1，而在 TSMaster 中开关的两种状态可以对应不同的数值（通过 ValueLeft 和 ValueRight 单独设置）。

9.4.5 指示灯

指示灯在日常的生产生活的设备中经常出现，在 TSMaster 面板中，用户可以使用指示灯来表征信号的状态。图 9.7 为指示灯默认的式样，表 9.8 列出了指示灯控件的特殊属性及描述。

图 9.7 指示灯控件

表 9.8 指示灯控件的特殊属性及描述

属　　性	描　　述
ColorOff	设置指示灯熄灭的颜色
ColorOn	设置指示灯点亮的颜色
ColorStroke	设置指示灯轮廓的颜色
LEDType	设置指示灯的形状类型。 • LineHorz：水平线形。 • LineVert：垂直线形。 • Rectangle：矩形。 • RoundRectangle：圆矩形（两端为半圆）。 • Ellipse：椭圆形。 • Circle：圆形。 • Pie：饼形
StrokeActive	设置指示灯轮廓是否可见
StrokeDash	设置指示灯轮廓的线样式。 • Solid：实线（默认值）。 • Dash：虚线。 • Dot：点线。 • DashDot：横点线。 • DashDotDot：横点点线。 • Custom：用户定义
StrokeThickness	指定要绘制直线或轮廓的笔画轮廓的宽度（以 px 为单位）

续表

属　　性	描　　述
ThresholdHigh	设定高阈值，在阈值模式开启下，绑定变量大于或等于该值时，指示灯点亮
ThresholdLow	设定低阈值，在阈值模式开启下，绑定变量小于或等于该值时，指示灯熄灭
ThresholdMode	是否开启阈值模式
ValueOn	在阈值模式关闭的前提下，绑定变量等于该值时，指示灯点亮

9.4.6　图像按钮

为了让设计的界面更加逼真，TSMaster 引入了图像按钮，顾名思义，按钮的状态可以通过不同的图像来显示，表 9.9 列出了图像按钮控件的特殊属性及描述。

表 9.9　图像按钮控件的特殊属性及描述

属　　性	描　　述
Image	设置按钮当前索引号对应的图片
ImageCount	设置按钮关联的图片数量
ImageIndex	用于选择当前被编辑的图片索引号
Value	设置按钮当前 Index(索引)属性对应的数值
WrapMode	设置图片显示的模式。 • Original：原始尺寸。 • Fit：为 TImage 矩形提供最佳匹配，保持图像比例，如果需要，图像会缩小或拉伸，以最适合矩形区域(默认选项)。 • Stretch：拉伸图像以填充 TImage 组件的整个矩形。 • Tile：平铺图像以覆盖 TImage 组件的整个矩形。 • Center：将图像居中到 TImage 组件的矩形，图片尺寸大小不变。 • Place：将图像适配到 TImage 矩形中，必要时会缩小图像，但不会增大

图像按钮根据其相关信号的实时值显示一系列图片，如表 9.10 所示，展示了索引号、变量值以及映射的图片。

表 9.10　图像按钮的图片设置演示

Value(变量值)	ImageIndex(索引号)	Image(图片)
0	0	1
1	1	2
2	2	3
3	3	0

如果相关变量值在[0,1,2,3]范围内，此按钮将显示表格右侧映射的图片。如果相关变量的值超出值表[0,1,2,3]的范围，此图像按钮的图片将保持不变。

在第 12 章中将使用图片按钮完成一个典型案例，读者可以体会该控件的重要之处。

9.4.7 路径按钮

路径按钮是一种可以使用矢量图形技术显示复杂图片，来表征变量的变化的按钮或显示控件。图 9.8 中左部分为 TSMaster 官方范例中路径按钮的效果图，表 9.11 列出了路径按钮控件的特殊属性及描述。

图 9.8 Panel Basics 范例中路径按钮演示

表 9.11 路径按钮控件的特殊属性及描述

属　性	描　述
ButtonShape	按钮形状属性是用来选择路径的数据，表格下方将详细介绍
ButtonType	设置按钮的行为类型。 • pbtCheckButton：复选框型，有选中和未选中两个状态，有自锁保持功能。 • pbtPushButton：按钮型，有按下和弹起两个状态，无自锁功能
ColorChecked	设置按钮处于按下状态或选中状态时的颜色，单击可以选择指定的颜色
ColorStroke	设置用于绘制图形基本体的线条和形状轮廓的绘图笔的颜色，StrokeActive 属性为 True 时有效，单击可以选择指定的颜色
ColorUnchecked	设置按钮处于弹起状态或未选中状态时的颜色，单击可以选择指定的颜色
StrokeActive	设置当前按钮是否允许设置 ColorStroke 属性
ValueChecked	设置按钮按下或选中状态对应的数值
ValueUnchecked	设置按钮弹起或未选中状态对应的数值

关于 ButtonShape（按钮形状）属性的补充说明如下。

按钮形状是其路径的数据，表示一系列连接的曲线和直线。通过单击属性右侧的“…”按钮，可以使用内部路径选择器构建按钮的形状。图 9.9 中总共有 867 条不同的路径供用户选择。如果这些形状还不够，用户可以通过 Generate From Font 按钮添加自己的路径，从外部字体文件中生成更多的形状。

通常，用户可以在 Wingdings 或 Webdings 字体中找到更多形状，因为它们包含的图形符号多于其他字体文件，如图 9.10 所示。

选择合适的字体文件后，用户可以从中选择更多的路径，如图 9.11 所示。

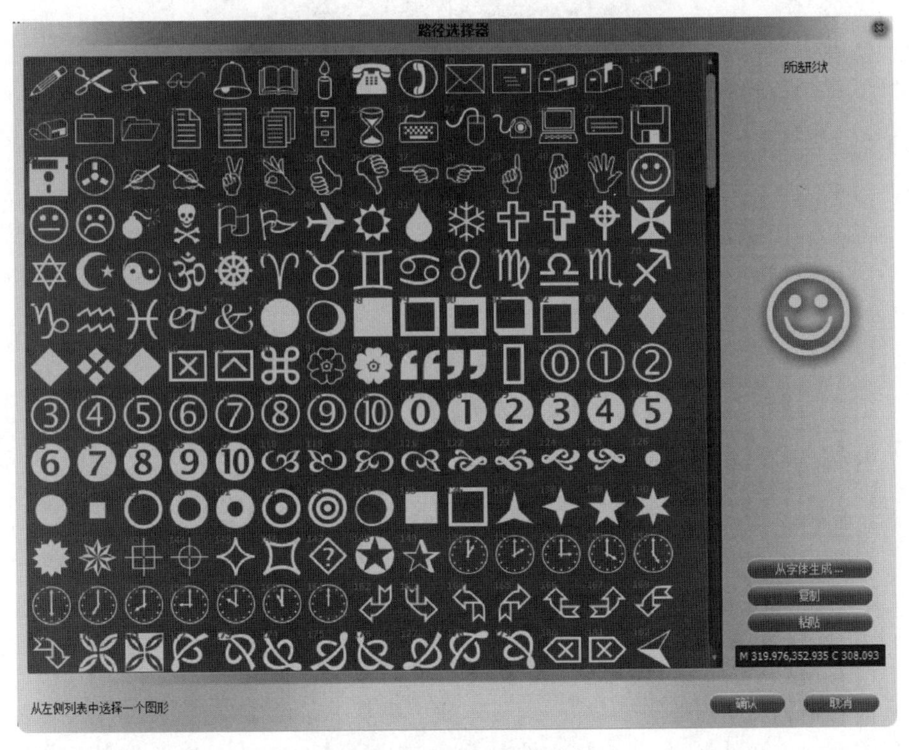

图 9.9　路径按钮图案选择

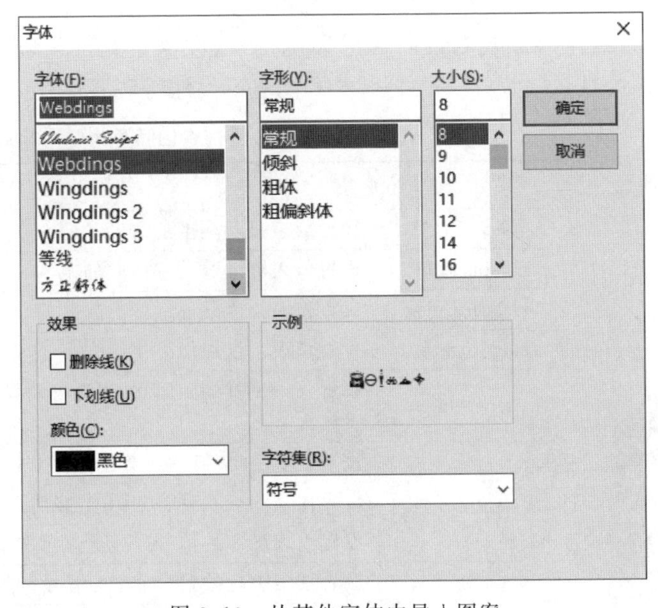

图 9.10　从其他字体中导入图案

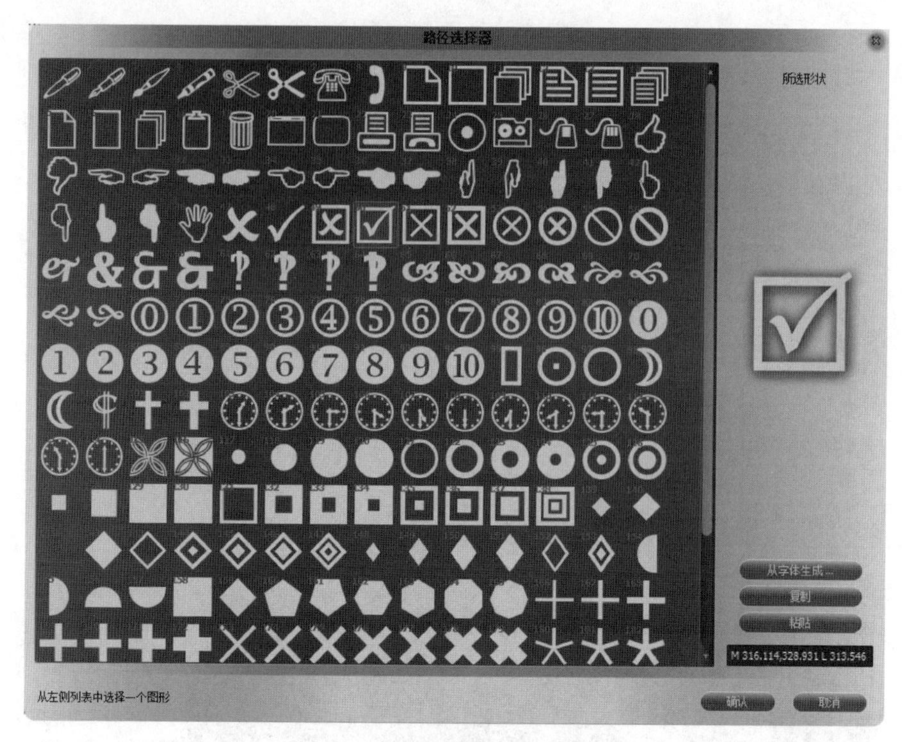

图 9.11　从其他字体中选择图案

这里需要特别说明的是，TSMaster 面板本质上是将矢量图的信息导入进来，读者可以在仿真工程的 Panels 文件夹的 *.Tpnl 文件中，修改其中 path 参数来自定义自己的矢量图标。

9.4.8　仪表

仪表是一种用于监控信号或变量的常用人机接口，在测量测试领域得到广泛的应用。图 9.12 为仪表控件的默认式样，表 9.12 列出了仪表控件的特殊属性及描述。

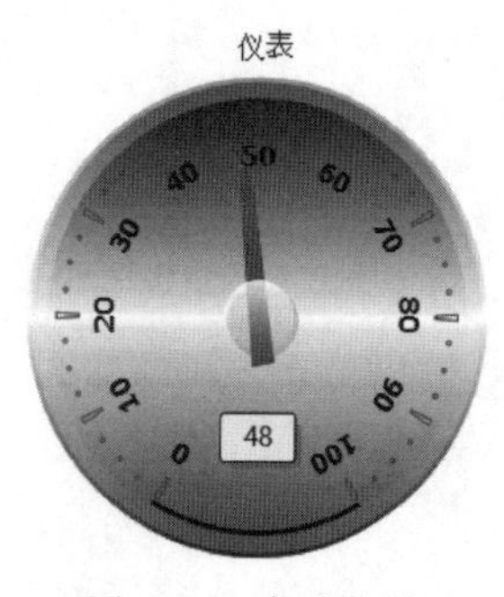

图 9.12　仪表控件

表 9.12　仪表控件的特殊属性及描述

属　性	描　述
AngleSpan	设置仪表显示刻度的跨度，0°～360°
AxisFontBold	设置仪表刻度数值字体的加粗
AxisFontColor	设置仪表刻度数值字体的颜色
AxisFontSize	设置仪表刻度数值字体的大小
AxisIncrement	设置仪表刻度的疏密度，0 为自动设置，非 0 值越小密度越大
Color	设置仪表字体的颜色(刻度数值及仪表标题)
IsCircle	设置仪表的形状是否为圆形，设置为 False 时为椭圆形
MaxValue	设置仪表绑定的信号或变量显示的最大值
MinValue	设置仪表绑定的信号或变量显示的最小值
ShowBackground	设置仪表的背景是否可见
ShowValueMark	设置仪表的当前数值是否可见

9.4.9 图形

图形是一种用于多信号物理值显示的曲线容器，仅作显示控件。一个图形控件最多可以添加 100 个信号。图 9.13 为来自 TSMaster 官方范例(Panel Basics)的效果图。表 9.13 列出了图形控件的特殊属性及描述。

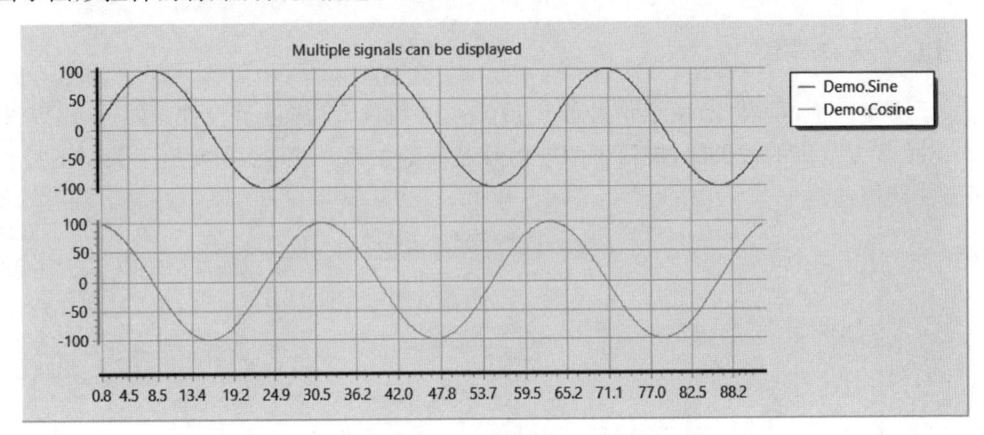

图 9.13　Panel Basics 范例中图形控件演示

表 9.13　图形控件的特殊属性及描述

属　性	描　述
BkgdColor	设置图形控件的背景颜色
BkgdTransparent	设置图形控件的背景颜色是否透明
EditSignalIndex	用于选择当前被编辑的信号索引号
EditSignalName	编辑当前被编辑信号索引号对应的信号显示名称
SignalCount	设置图形控件的绑定信号数量
Title	设置图形控件的顶端标题

这里需要特别说明的是，选择信号索引号(EditSignalIndex)以后，需要对对应的 VarType、VarLink 以及 EditSignalName 分别设置。

9.4.10 饼图

饼图是一种可以显示多个信号或变量关系的控件，仅作显示控件。图 9.14 为来自 TSMaster 官方范例的效果图，展示了两个信号之间的关系。表 9.14 为饼图控件的特殊属性及描述。

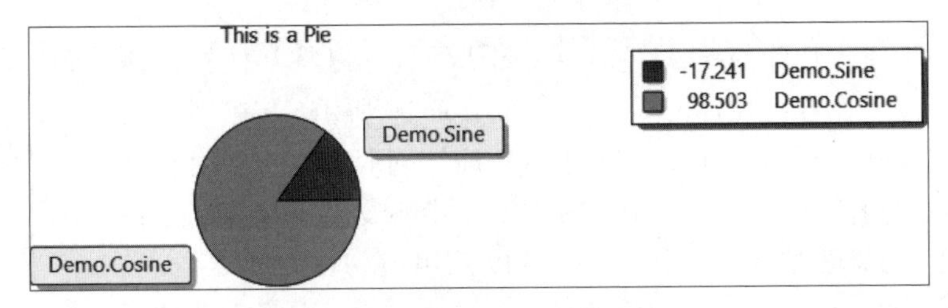

图 9.14　Panel Basics 范例中饼图控件演示

表 9.14 饼图控件的特殊属性及描述

属性	描述
EditSignalIndex	用于选择当前被编辑的信号索引号
SignalCount	设置饼图控件的绑定信号数量
Title	设置饼图控件的顶端标题

9.4.11 关系图

关系图是一种可以显示两个信号或变量关系的控件，仅作显示控件。图 9.15 为来自 TSMaster 官方范例的效果图，展示了两个信号之间的关系。表 9.15 列出了关系图控件的特殊属性及描述。

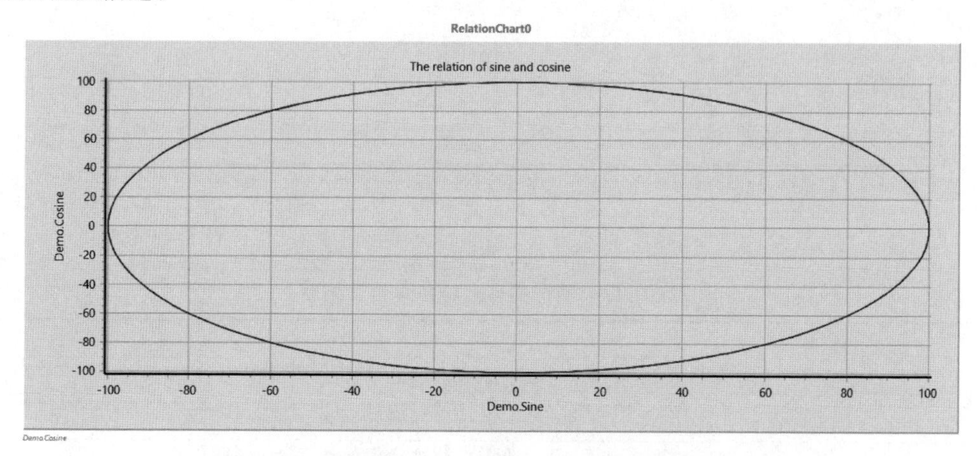

图 9.15 Panel Basics 范例中关系图控件演示

表 9.15 关系图控件的特殊属性及描述

属性	描述
BkgdColor	设置关系图控件的背景颜色
BkgdTransparent	设置关系图控件的背景颜色是否透明
EditSignalIndex	用于选择当前被编辑的信号索引号
EditSignalName	编辑当前被编辑信号索引号对应的信号显示名称
SignalCount	设置关系图控件的绑定信号数量
Title	设置关系图控件的顶端标题

9.4.12 容器

容器是一个比较特殊的控件，它作为一个区域，可以将其他控件拖动到它的区域，使其成为容器的一部分。容器控件的默认样式如图 9.16 所示。

图 9.16 容器控件

当控件拖入到容器区域时，会弹出一个确认对话框，一旦用户确认，该控件将作为容器的子控件。在 TSMaster 中不支持直接拖动子控件到容器外面，如果要把控件移出容易，可以采用剪切(Ctrl+X)+粘贴(Ctrl+V)的方式把控件移动到容器外面。表 9.16 列出了容器控件的特殊属性及描述。

表 9.16　容器控件的特殊属性及描述

属　性	描　述
ColorFill	设置填充的颜色，与 FillActive 属性联合使用
ColorStroke	设置边框的颜色
Corners	用于选择当前控件 4 个拐角是否需要修饰，与 CornerType 属性联合使用
CornerType	容器拐角形状设定，与 Corners 属性联合使用。 • Round(圆形)。 • Bevel(切线)。 • InnerRound(内圆)。 • InnerLine(内线)。 4 种设定方式的区别可以参考图 9.17
FillActive	设置是否填充颜色，与 ColorFill 属性联合使用
xRadius	设置容器拐角的 x 半径
yRadius	设置容器拐角的 y 半径

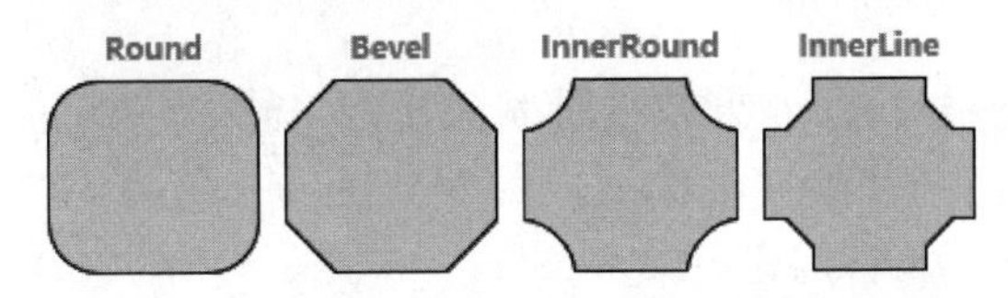

图 9.17　容器的拐角 4 种设定模式的区别

9.4.13　启动停止按钮

启动停止按钮可以控制当前仿真工程的启动或停止，完全是为了便于用户在面板上直接控制。此控件没有其他特别的属性，在编辑器模式下，可以选择此按钮并修改其公共属性，如图 9.18 所示。

该面板处于非编辑模式，用户可以单击该按钮启动仿真工程，等同于分析功能区的“启动”按钮。当仿真工程启动以后，该控件将转变为一个带有红色方块的“停止”按钮，如图 9.19 所示。

图 9.18　“启动”按钮控件

图 9.19　“停止”按钮控件

9.5　面板触发事件及显示的机制

TSMaster 提供了丰富的面板控件，但未关联任何变量之前，面板的控件是不起作用的。若要这些控件起到控制和显示的作用，可以通过关联变量或信号值。控件状态的变化实现变量值的修改，另外，变量值在修改之后在面板界面上呈现。如果用户要实现控件状态改变以后，触发 TSMaster 软件产生某些动作(如发送一串报文)或处理一些任务(如逻辑判断、数据处理等)，则需要配合 C 代码实现 UI 事件机制。

面板触发事件及显示机制的关联如图 9.20 所示，面板中的控件要发挥作用需要关联系统变量或者数据库中的报文信号值(此处以 CAN 报文为例)。

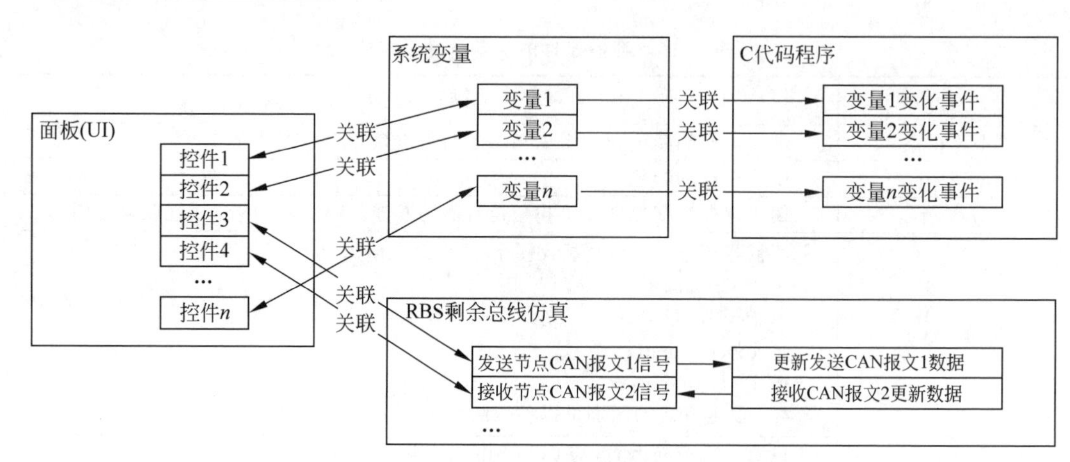

图 9.20　面板触发事件及显示机制的关联图

9.5.1　触发事件机制

关联系统变量的面板控件，触发事件机制的实现，简单概括如下：①面板中用户操作(按下按钮，输入数值等)→②改变关联的系统变量的值→③触发 C 代码变量变化事件→④在事件中执行用户想要执行的代码即可。

关联总线信号值的面板控件，触发事件机制的实现，简单概括如下：①面板中用户输入(按下按键，输入数值等)→②改变关联的发送节点报文信号的值→③触发 RBS 剩余总线仿真中发送报文的更新。这里需要特别说明的是，此处情况只适用于 RBS 处于激活的状态。另外需要特别谨慎的是，若将一个控件与发送节点的某个信号关联，默认是在 RBS 中自动激活该发送节点。

9.5.2　数值显示机制

对于关联系统变量的面板控件，触发显示更新的主要途径有：①系统变量被手动更改；②信号映射设置了运算关系，系统变量随相关信号的改变而更新；③C 代码中对系统变量写操作；④激励信号的改变触发系统变量的更新。

对于关联总线信号值的面板控件，触发显示更新取决于关联的信号值是否被改变，改变信号值的主要途径有：①接收节点收到对应的信号值被更新；②C 代码中对应的信号值修改；③信号映射设置了运算关系，信号值随系统变量改变而更新。

9.6　多语言支持面板

在一个国际化的项目开发团队中，发布的仿真工程可能面向来自世界各地的项目成员。面板作为仿真工程的主要人机界面，多语言支持的面板显得更加人性化。接下来，本节举一个简单的范例，来介绍如何实现多语言支持的面板。

9.6.1　创建一个面板

与第 7 章类似，创建一个仿真工程，命名为 MyPanel。在此仿真工程中，创建一个面板命名为 Test Panel。表 9.17 列出了 Test Panel 面板的控件列表及属性设置。

表 9.17 Test Panel 面板的控件列表及属性设置

控　件	属　性	属性设置	说　明
Panel	Title	Test Panel	测试面板的多语言支持功能
	Height	250	
	Width	400	
InputOutputBox0	控件名称	IOBName	用户名输入控件(仅作演示)
	LabelText	User Name:	
	Height	22	
	Width	240	
InputOutputBox1	控件名称	IOBName	密码输入控件(仅作演示)
	LabelText	Password:	
	Height	22	
	Width	240	
Button0	控件名称	BtnLogin	登录按钮(仅作演示)
	Text	Login	
	Height	28	
	Width	90	
	VarLink	未关联	
	VarType	pstNone	
Button1	控件名称	BtnExit	退出按钮(仅作演示)
	Text	Exit	
	Height	28	
	Width	90	
	VarLink	未关联	
	VarType	pstNone	

按表 9.17 来创建并设置控件,最终的效果如图 9.21 所示。此时,运行仿真工程,Test Panel 面板只显示英文界面。即使切换 TSMaster 主界面的语言,也不会影响 Test Panel 面板的显示。

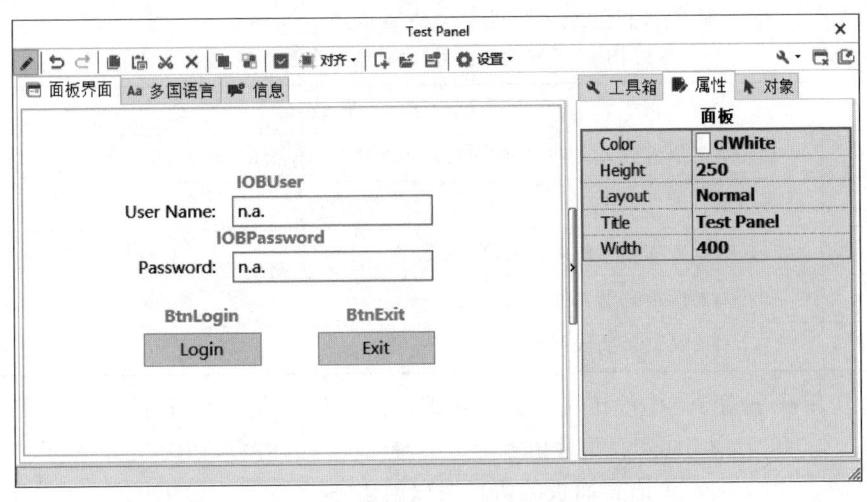

图 9.21　多语言演示面板效果图

9.6.2 激活多语言支持的功能

单击面板设计窗口中的“多国语言”标签，可以切换到“多国语言”选项卡，用户可以勾选“激活多语言自动切换”复选框，同时将“语言显示方式”改为“跟随 TSMaster 主界面的语言”，如图 9.22 所示。

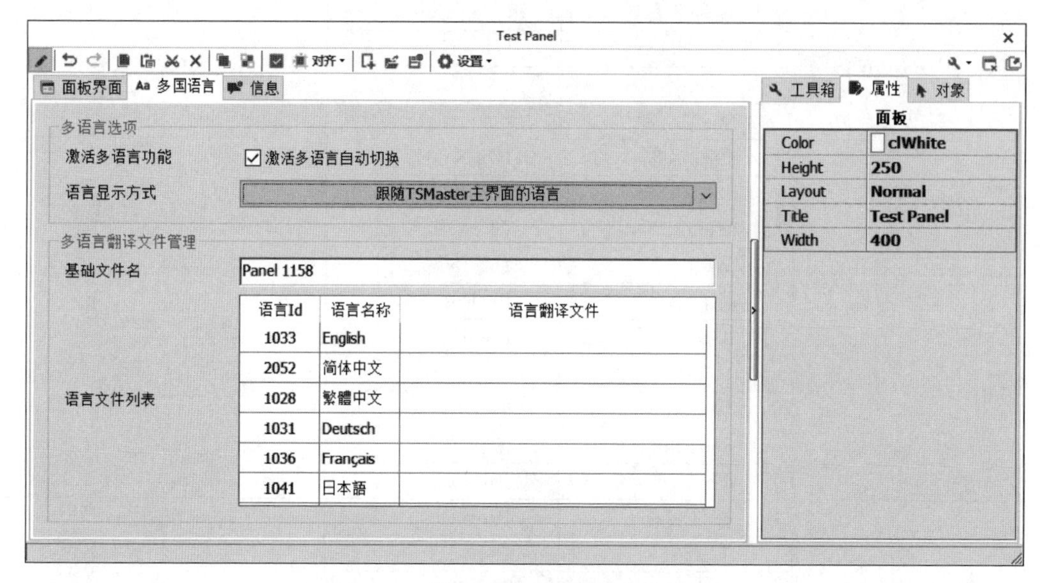

图 9.22　激活多语言自动切换的功能

9.6.3 创建多语言翻译文件

只激活多语言支持功能还不够，用户还需要创建多语言的翻译文件。这里可以将基础文件名改成容易理解的，如 TestPanel。接着，用户需要在“语言文件列表”中创建翻译文件。单击语言文件列表的“语言翻译文件”栏，将显示一组按钮供用户操作，如图 9.23 所示。表 9.18 列出了“语言翻译文件”栏按钮列表及功能描述。

表 9.18　“语言翻译文件”栏按钮列表及功能描述

选　项	功 能 描 述
＋	创建新的语言翻译文件，文件名由基础文件名、语言 ID 构成，如 TestPanel_1033.ini
✎	编辑语言翻译文件
✔	将面板设置成对应的语言翻译
📂	打开当前面板翻译文件的文件夹
✕	清除当前语言栏的翻译文件设置

读者使用＋按钮和✎按钮可以新建和编辑语言翻译文件，通过此方式给 Test Panel 添加“English”和“简体中文”。两种语言对应的翻译文件的内容，如图 9.24 所示。

至此，一个用于演示多语言面板的仿真工程创建完毕。

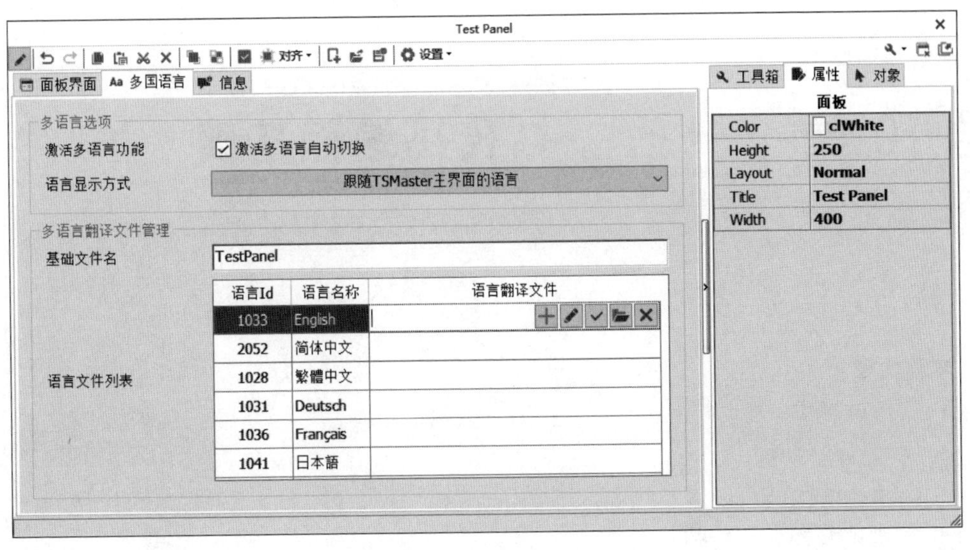

图 9.23　创建多语言翻译文件

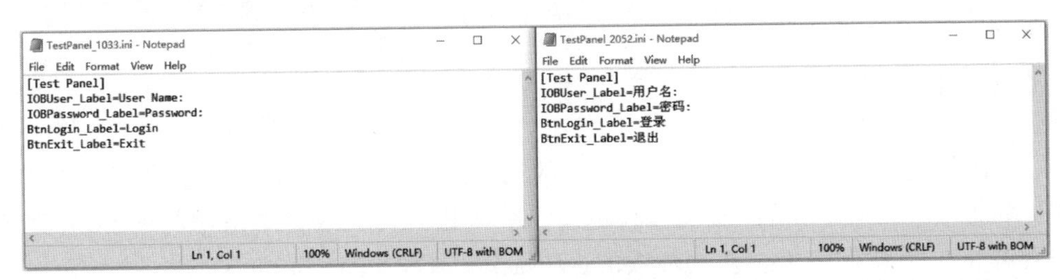

图 9.24　英文和简体中文的翻译文件内容

9.6.4　测试多语言面板

在 TSMaster 的主界面，通过“工具”→“语言”选项切换简体中文和 English，Test Panel 面板的控件文字将自动翻译，效果如图 9.25 所示。

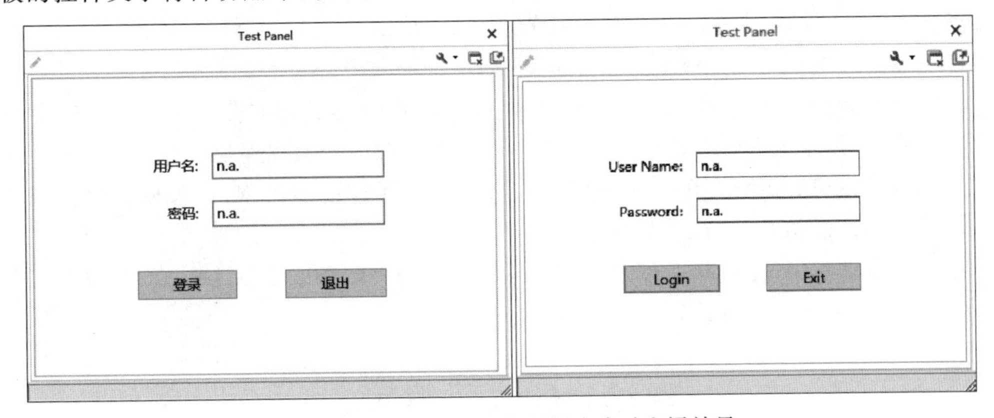

图 9.25　Test Panel 面板的语言自动翻译效果

读者可以在本书提供的资源压缩包中找到本章例程的工程文件(路径\Chapter_09\Source\MyPanel.T7z)。

第10章 C代码编程基础

本章内容：

- C代码概述。
- C代码编辑器。
- C代码运行机制。
- 常见变量类型及结构体。
- 小程序变量。
- 数据库信号操作。
- 系统变量访问。
- TSMaster API库函数简介。

C代码编程是TSMaster实现复杂功能的核心部分，也是TSMaster仿真开发者学习的重点。如果读者没有C语言编程基础，建议找一些相关资料或者书籍学习一下，有助于快速地理解和掌握本章的内容，也为后续的进阶部分打下基础。

10.1 C代码概述

TSMaster所用的C代码（也称C小程序）是标准的C语言，目前采用ANSI的C17标准。TSMaster小程序功能本质就是提供了一个C语言的编辑器，让用户能够基于API（系统提供或者用户自行封装的）便捷地开发自己的仿真工程。同时，C小程序又依附于TSMaster运行，使用TSMaster的所有资源，如硬件映射表等。

代码编辑器提供Step函数（循环调度执行），以及一整套事件驱动机制，包括定时器（Timer）、报文预发送（PreTx）、报文发送（Tx）、报文接收（Rx）、程序启动（Start）、程序停止（Stop）、按键（KeyInput）、变量变化等事件。用户可以通过这些机制，比较便捷地实现复杂的逻辑，满足ECU仿真、测试等的需求。

在代码编辑器中，完成相关配置和代码编辑以后，在生成代码栏中可以看到整个工程最终生成的完整代码（只读模式）。

10.2 C代码编辑器

C代码编辑器是一个用于C代码开发的TSMaster小程序编辑器。通过C代码，用户能够最大限度地发挥TSMaster主程序的能力，来帮助项目实现复杂的仿真功能。在TSMaster主界面中，通过"程序"→"C小程序"选项添加一个空的C代码模板，也可以打开现有的 C 代码。在 EasyDemo 范例中，打开 EasyDemo 小程序代码，显示如图 10.1 所示。

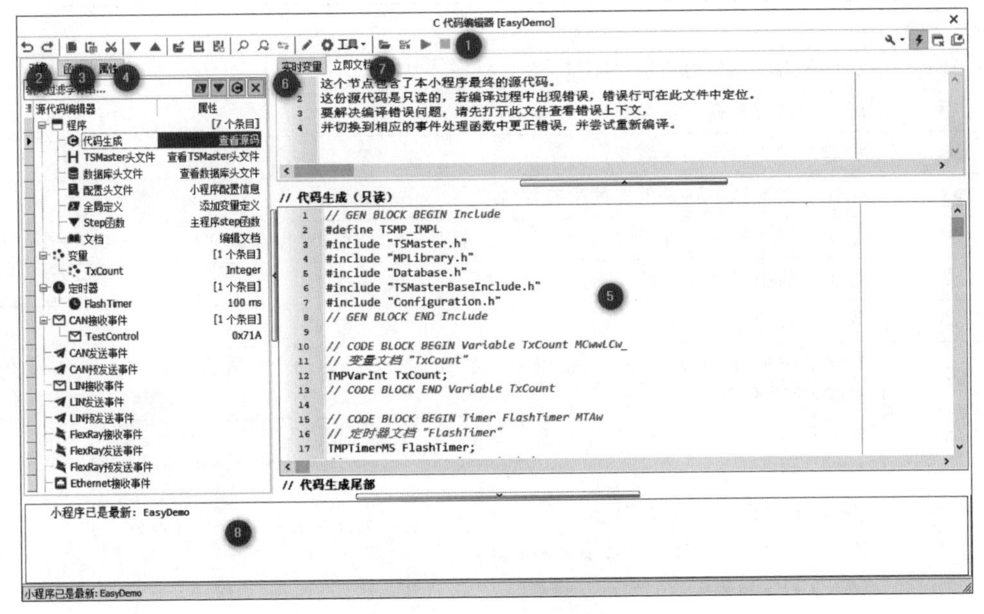

图 10.1　C 代码编辑器

C 代码编辑器主要包括以下 8 部分。

① 工具栏。

② 对象浏览区。

③ 函数浏览区。

④ 属性编辑区。

⑤ 代码编辑区。

⑥ 实时变量查看区。

⑦立即文档查看区。

⑧ 编译输出区。

这里需要特别说明的是，⑥～⑧区域可以被隐藏，单击 ∧ 和 ∨ 按钮可以隐藏或展开对应的区域，也可以拉动这个按钮去调节这个区域的高度。接下来，将逐一介绍这些功能。

10.2.1　工具栏

“C 代码编辑器”窗口的主要功能可以通过工具栏来设置和操作，工具栏的选项及功能描述如表 10.1 所示。

表 10.1　C 代码编辑器工具栏的选项及功能描述

选　　项	功 能 描 述
	撤销在代码中所做的修改
	重做在代码中所做的修改
	在代码编辑器中复制选定文本
	在代码编辑器中粘贴文本

续表

选　项	功 能 描 述
✂	在代码编辑器中剪切选定文本
▼	展开左侧符号树或函数树
▲	收起左侧符号树或函数树
	在代码编辑器中导入外部的小程序源文件(*.mpc 格式)
	保存当前小程序文件,系统将在保存应用程序配置时自动保存此文件
	将当前的小程序源文件导出到其他位置(*.mpc 格式)
	搜索所有的文本
	搜索下一个,此功能有一个快捷键 F3,当用户想要跳转到当前选定的相同文本序列的位置时,非常有用
	替换文本
	工具:下拉菜单。 搜索所有…:搜索所有文本。 替换所有…:替代所有搜索到的文本。 代码编辑器配置:编辑器颜色配置,可打开语法颜色编辑器供用户选择样式。 生成 VC++工程…:自动生成 VC++工程,调试时使用。 ▶ 运行最后的编译:直接运行上次编译的小程序文件(*.mp 或 *.mp64 格式)
	打开包含已编译小程序代码的目录,编译成功后,用户将在该目录中找到一个"*.mp"或"*.mp64"文件
	编译当前的小程序。如果语法不正确,将弹出错误信息
▶	运行当前的小程序,如果源文件发生更改,则首先编译小程序,然后由 TSMaster 执行
■	停止当前小程序的执行

10.2.2 对象浏览区

在对象浏览区,用户根据各个节点来添加、编辑和浏览程序、对象、事件等。图 10.2 为对象浏览区,自上而下包含程序、变量、定时器、CAN 接收/发送/预发送事件、LIN 接收/发送/预发送事件、FlexRay 接收/发送/预发送事件、变量变化事件、定时器触发事件、程序启动/停止事件、按键事件及自定义函数等。

下面介绍一下程序部分的内容,其他部分会在 10.3 节详细介绍。程序组包含 C 代码程序相关的头文件、源代码和文档。

① 代码生成:这个节点包含 C 代码程序最终的源代码。这份源代码是只读的,若编译过程中出现错误,错误行可在此文件中定位。要解决编译错误问题,可先打开此文件查看错误上下文,并切换到相应的事件处理函数中更正,并尝试重新编译。

② TSMaster 头文件:这个节点包含 TSMaster 小程序的所有宏定义、声明等内容。通过此头文件,可查找小程序中各类符号的定义内容,例如 TCAN、PCAN 等。这部分代码都是系统自动生成的,用户无须改动,所以为只读的。

③ 数据库头文件:本节点包含已加载的 DBC 或 LDF 文件中定义的所有报文和信号的结构体声明,可用于操作数据库的 CAN、LIN 信号。这部分代码都是系统自动生成的,用户无须改动,所以为只读的。若同一个通道中多个数据库中报文或信号名重复,则声明不唯

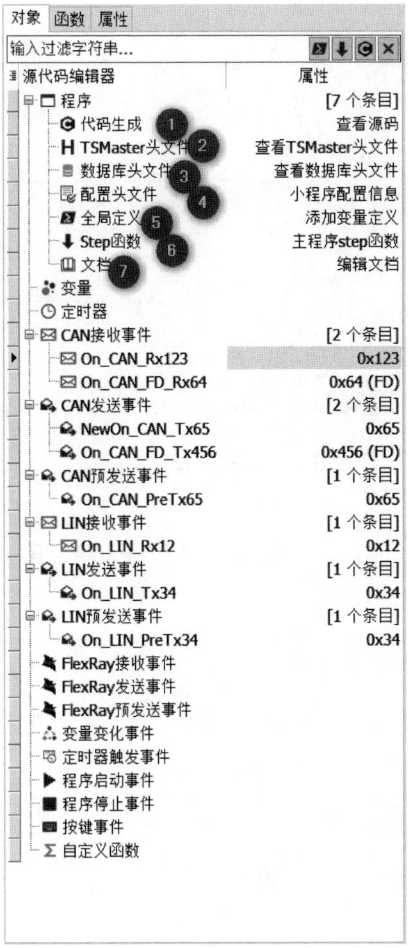

图 10.2　对象浏览区

一,将出现编译错误。

④ 配置头文件:这个节点包含小程序所有参数定义。

⑤ 全局定义:这个节点包含所有全局变量和声明,它将出现在整份代码的最前端,如“#include <xxx>”或“s32 vVar1;”等。当然,对于熟悉 C 语言编程的用户,也可以在此处添加一些普通的函数定义、结构体定义等。

⑥ Step 函数:模拟 ECU 节点的周期任务,可被系统周期性调用。双击本节点将打开属性编辑器,在其中可修改函数周期。在 10.3.1 节将做进一步的介绍。

⑦ 文档:此节点可编写本 C 代码程序的说明性文档。用户可以为当前的 C 代码程序进行说明和解释。

10.2.3　函数浏览区

函数浏览区可以查看 TSMaster 开放的 API 函数,已加载的数据库中的报文也会出现在函数浏览区中,如图 10.3 所示。

在过滤文本框中,可以输入函数的关键字,将筛选出相关的函数。若用户当前处于编辑代码的状态,可以使用右击某个函数或报文通过快捷菜单插入代码中。

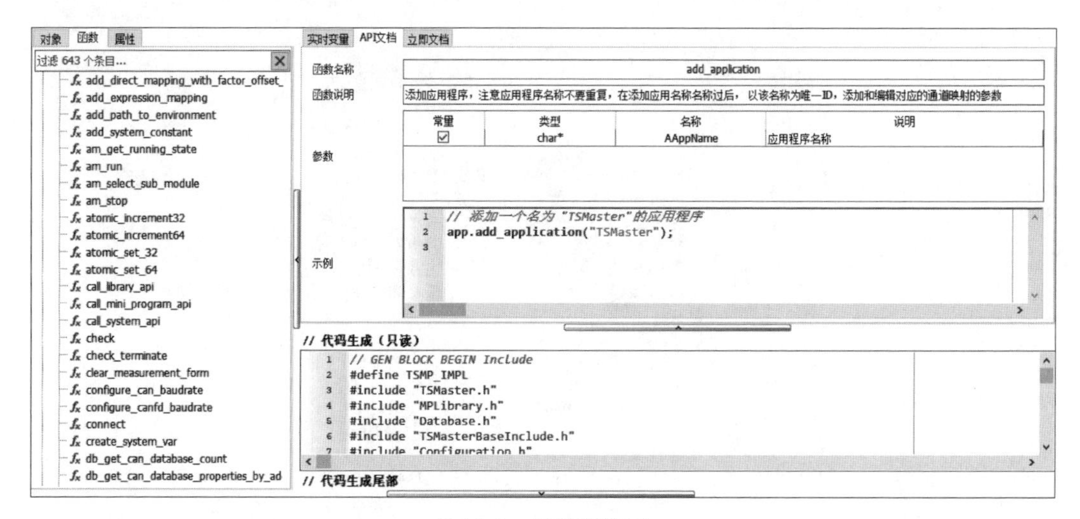

图 10.3　函数浏览区

当用户浏览函数时，在右上角区域会显示 API 文档区，用来为用户提供实时的帮助，具体将在 10.2.9 节讲解。

10.2.4　属性编辑区

编辑和运行代码之前，建议读者先设置程序属性，主要包括显示名称、程序名称、代码库路径、附加编译参数等，如图 10.4 所示。

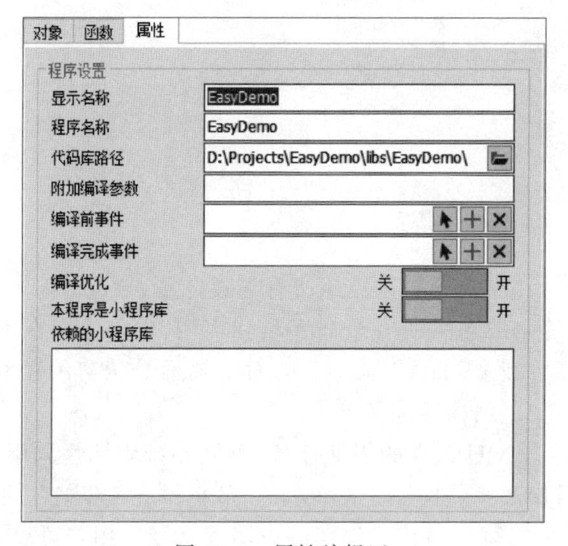

图 10.4　属性编辑区

10.2.5　代码编辑区

TSMaster 的代码编辑和查看，采用模块化的方式，可以在对象浏览区中单击不同的节点，查看或编辑不同的代码部分，如图 10.5 所示。

这里需要特别说明的几点如下。

(1) 有些对象无法编辑，只能查看，如代码生成、TSMaster 头文件、数据库头文件和配

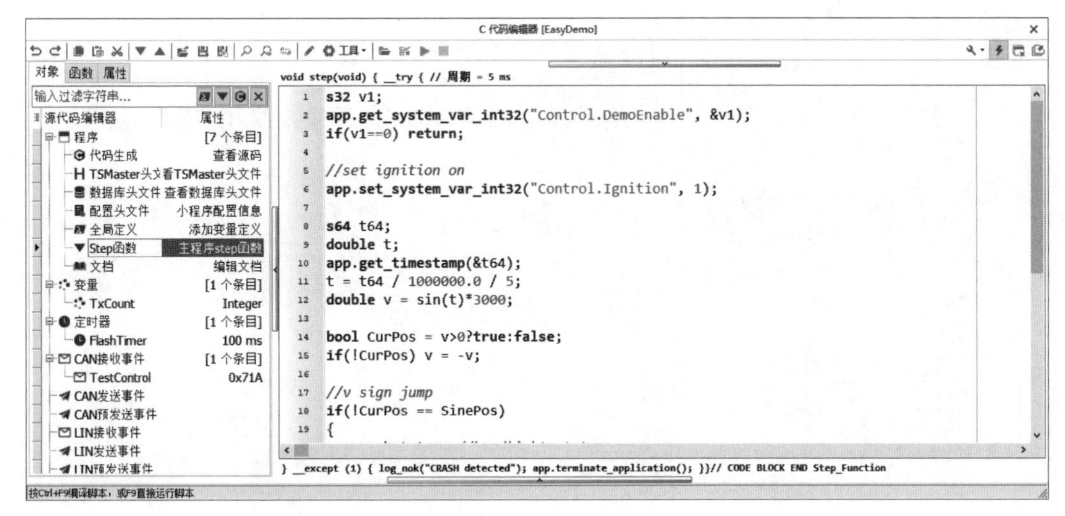

图 10.5　代码编辑区演示

置头文件等，一般代码编辑区头部会显示以“(只读)”字样结尾。

(2) 编辑小程序时，为了得到更大的编辑区域，可以将一些区域隐藏起来，也可以使用按钮弹出代码编辑器窗口。

(3) 当前小程序正在运行时，只能查看，不能编辑任何部分。

(4) 为了提高效率，需要使用 API 函数或数据库中的报文，可以将其插入当前编辑位置。

(5) 更多关于 C 代码编程的技巧，可以参看第 11 章。

(6) 用户若要查看全部代码，需要单击代码生成栏查看。

10.2.6　实时变量查看区

这个区域可以查看小程序变量的类型、名称和当前的值，关于小程序变量的详细介绍可以参看 10.5 节。如果该程序中存在小程序变量，当小程序运行以后，实时变量查看区可以观察到当前的数值信息，如图 10.6 所示。当不断按 T 键时，TxCount 当前值会不断增加。出于调试的目的，用户也可以在这个界面下修改小程序变量的当前值。

实时变量 API文档 立即文档

索引	类型	名称	值
1	Integer	TxCount	6

图 10.6　EasyDemo 例程运行时实时变量查看区

10.2.7　立即文档查看区

立即文档查看区是一个 C 代码编辑器的在线帮助的一部分，需要与对象浏览区一起配合使用。单击其中的某一个对象，立即文档查看区会立刻切换到这个对象的相关帮助信息。例如，在对象浏览区中单击变量，变量的描述及如何操作都在立即文档查看区中显示出来，如图 10.7 所示。

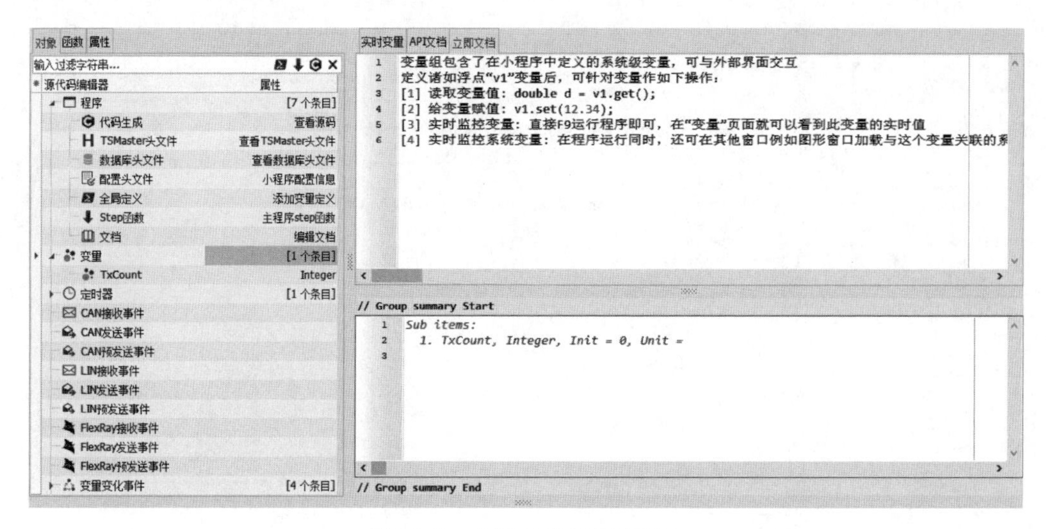

图 10.7　立即文档查看区演示

10.2.8　编译输出区

单击“编译”按钮 ，C 代码编辑器会开始编译当前的代码，当代码发生改变以后，单击“运行”按钮 ▶ 时，也会自动触发编译。编译成功的输出效果如图 10.8 所示。

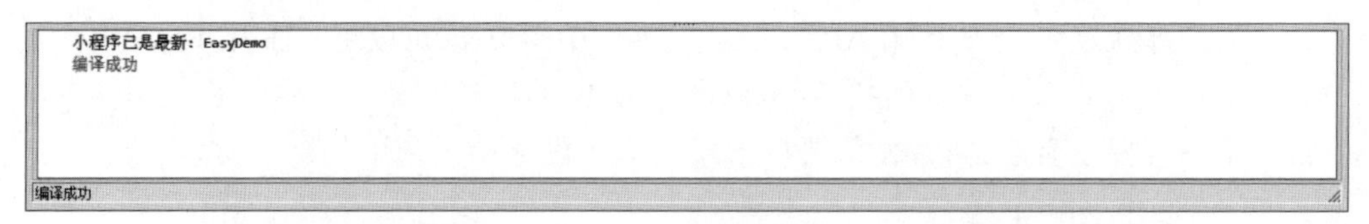

图 10.8　编译输出区

编译输出区产生的信息输出，也会在系统消息窗口中同步输出。

10.2.9　API 文档查看区

API 文档查看区是一个 API 函数的在线帮助的一部分，需要与函数浏览区一起配合使用，当函数浏览区一个 API 函数被选中以后，对应的函数名称、函数说明、参数列表及示例都在 API 文档查看区显示出来，如图 10.9 所示。

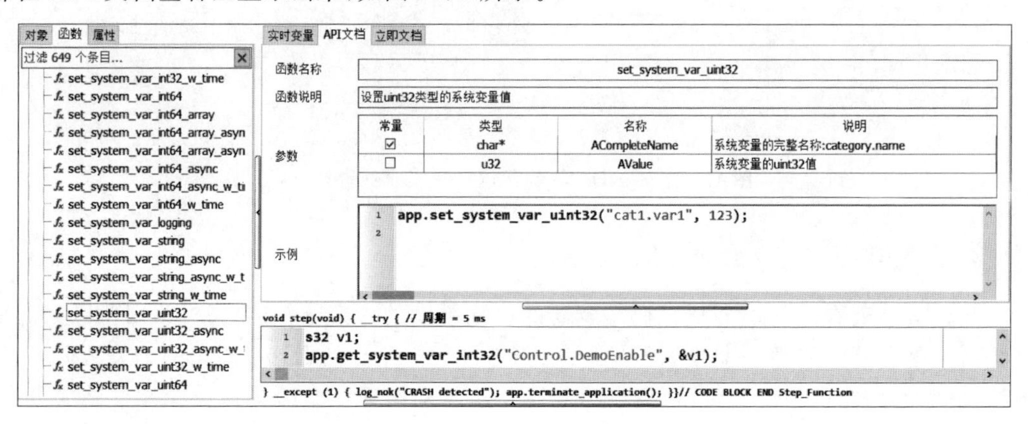

图 10.9　API 文档查看区

10.3 C 代码运行机制

对于 TSMaster 用户，理解 C 代码的运行机制，对高效开发小程序代码至关重要。不同的事件触发和处理，需要放在对应的对象中。

10.3.1 Step 函数

Step 函数为用户程序逻辑上提供一个主循环调度接口。用户可以基于此周期性调度接口运行自己的算法。以 EasyDemo 例程为例，如图 10.10 所示。

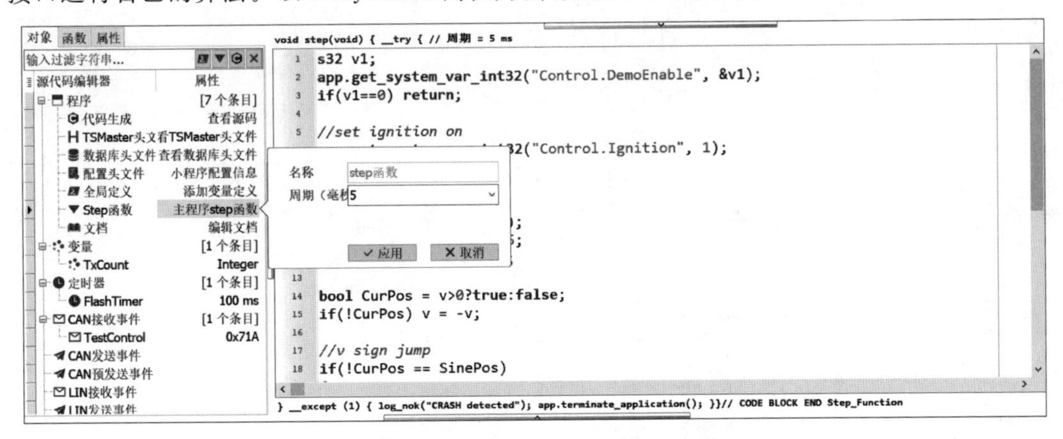

图 10.10 Step 函数

用户在 Step 函数中添加的代码，这部分逻辑每隔一个周期将被调度一次。可以双击“Step 函数”，或者右击通过快捷菜单选择“编辑所选”选项来编辑 Step 函数，修改周期间隔。

10.3.2 定时器定义与触发事件

为了在事件机制中引入定时器事件，需要先创建定时器变量，也就是创建定时器事件的触发源。步骤如下。

(1) 添加定时器：右击定时器节点，在快捷菜单上选中“添加定时器”选项，可以添加一个定时器变量，如图 10.11 所示。

(2) 编辑定时器：新建的定时器，或者双击已存在的定时器，都会跳出一个编辑的界面，如图 10.12 所示，用户可以编辑定时器名称和周期间隔。创建完成后，系统中会增加一个定时器对象，作为后面的定时器触发事件的触发源。

(3) 启动定时器：在代码中使用定时器之前，需要调用定时器启动函数。例如，定时器变量为 Tim1，启动函数的调用方法为 Tim1.start()。

(4) 停止定时器：在代码中需要停用定时器时，需要调用定时器停止函数。例如，定时器变量为 Tim1，停止函数的调用方法为 Tim1.stop()。

(5) 定时器触发事件：可以在定时器事件节点定义一个定时器回调函数。例如，在定时器节点下已经定义一个周期为 100ms 的定时器 Tim1，添加定时器触发事件时，定时器选择列表中就会出现 Tim1，如图 10.13 所示。On_Timer1 触发事件创建完毕以后，如果启动了定时器 Tim1，每过 100ms，On_Timer1 函数中定义的代码就会运行一次。

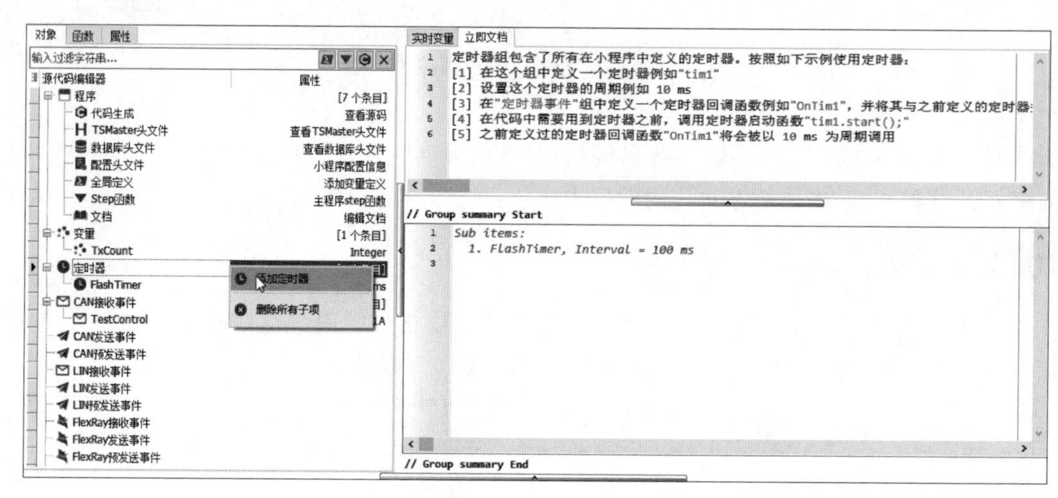

图 10.11 添加定时器

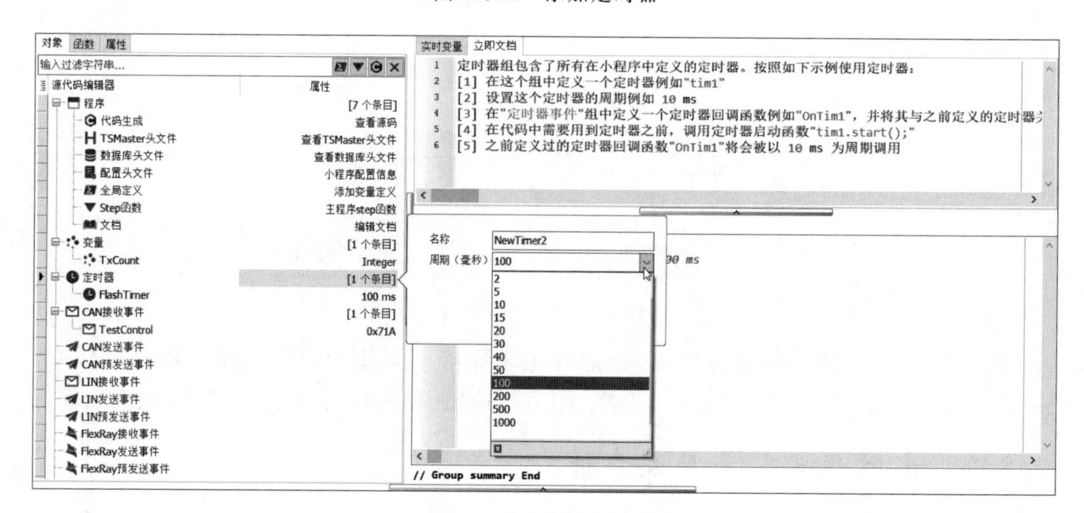

图 10.12 编辑定时器

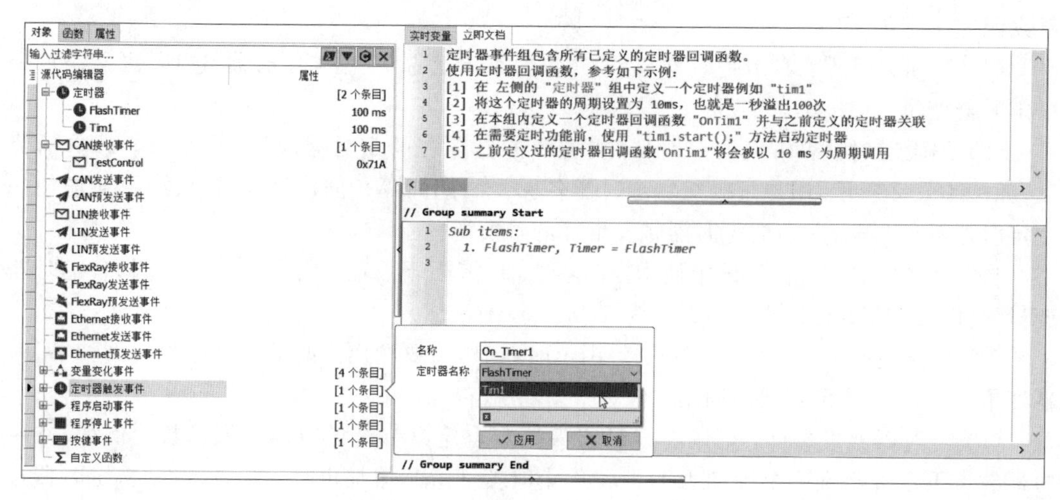

图 10.13 添加定时器触发事件

10.3.3 CAN 接收事件

CAN 接收事件是 ECU 仿真中的重要事件之一，可以针对总线上接收到的报文进行处理。CAN 接收事件节点包含所有已定义的 CAN/CAN FD 报文接收回调函数。接下来介绍如何添加 CAN/CAN FD 报文接收事件，以及如何处理相关参数。

(1) 添加 CAN 接收事件：右击 CAN 接收事件节点，在快捷菜单中选择“添加接收事件-CAN 报文”，将弹出一个设置界面，定义一个回调函数名为“On_CAN_Rx123”，标识符为“0x123”，这样一旦收到 Id＝0x123 的报文后将触发此回调函数。读者可以看到 Id 下拉菜单中包含“*(任意报文)”和数据库中包含的报文 Id，用户可以从下拉菜单中选择，也可以手动输入十六进制 Id，如图 10.14 所示。若希望此事件处理所有接收到的报文，可以选择“*(任意报文)”项。

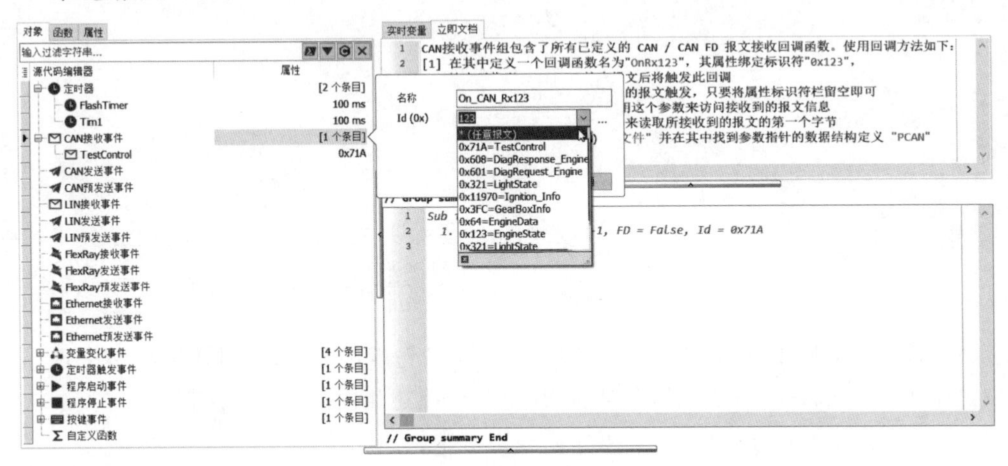

图 10.14 添加 CAN 接收事件

(2) 添加 CAN FD 接收事件：右击 CAN 接收事件节点，在快捷菜单中选择“添加接收事件-CAN FD 报文”，其他设置与(1)中描述相同。

(3) 参数的处理：在 CAN/CAN FD 接收事件函数中都有一个参数，经常需要用这个参数来访问接收到的报文信息。例如，CAN 接收报文中参数 ACAN 是结构体，用户可以通过它得到该报文的相关信息。例如，ACAN-> FData[0]用来读取所接收到的报文的第一字节，更多信息可参考“TSMaster 头文件”参数指针的数据结构定义的 PCAN。对于 CAN FD 接收事件参数 ACANFD，可以使用类似的方法。

(4) 接收事件触发的必要条件。

① 正确的 Id：如果 Id 不匹配，不会触发接收事件。

② 正确的协议：需要注意 CAN FD 协议可以兼容 CAN 协议，但 CAN 协议不兼容 CAN FD 协议。

③ 接收方向正确：在报文信息窗口中，用户可以观察到报文的接收方向，接收触发事件只针对接收的报文，不针对发送的报文。

10.3.4 CAN 发送事件

CAN 发送事件是 ECU 仿真中的重要事件之一，可以针对报文发送到总线后的处理事件。CAN 发送事件节点包含所有已定义的 CAN/CAN FD 报文发送成功回调函数。这里需要特别说明的是，只有发送成功的报文（成功被其他节点应答）才会进入此回调函数。接下来介绍如何添加 CAN/CAN FD 报文发送事件，以及如何处理相关参数。

（1）添加 CAN 发送完成事件：右击 CAN 发送事件节点，通过快捷菜单中选择“添加发送完成事件-CAN 报文”，将弹出一个设置界面，定义一个回调函数名为“On_CAN_Tx123”，标识符为“0x123”，这样一旦发送 Id=0x123 的报文后将触发此回调函数，如图 10.15 所示。

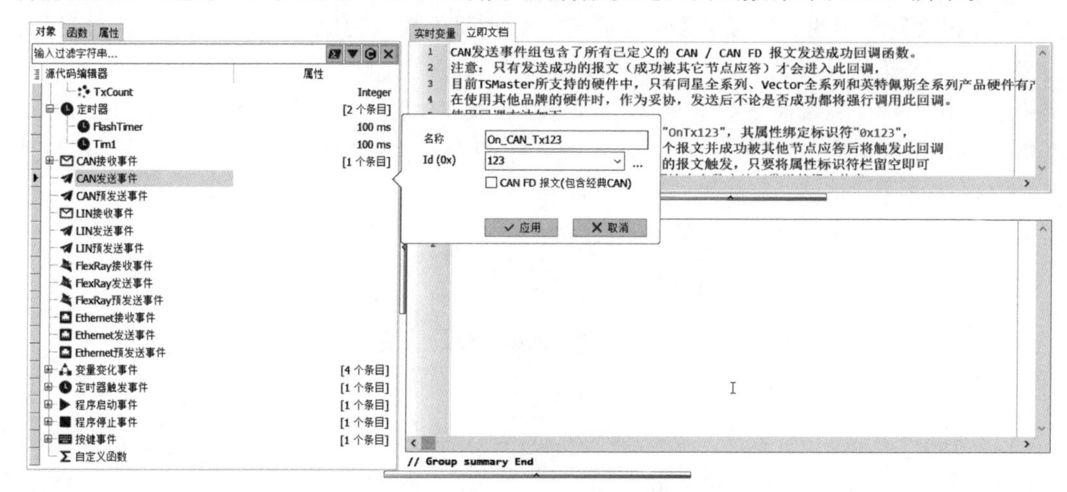

图 10.15　CAN 发送完成事件

（2）添加 CAN FD 发送完成事件：右击 CAN 发送事件节点，通过快捷菜单中选择“添加发送完成事件-CAN FD 报文”，其他设置与（1）中描述相同。

（3）参数的处理：与 CAN 接收事件的规则基本相同。

（4）发送完成事件触发的必要条件。

① 正确的 Id：如果 Id 不匹配，不会触发接收事件。

② 正确的协议：与 CAN 接收事件的规则基本相同。

③ 发送方向正确：发送完成触发事件只针对发送的报文，不针对接收的报文。

这里需要特别说明的是，目前 TSMaster 所支持的硬件中，只有同星、Vector 和 Intrepid 等品牌的硬件有产生正确的报文接收硬件时间戳的能力，在使用其他品牌的硬件时，作为妥协，发送后不论是否成功都将强行调用此回调。

10.3.5　CAN 预发送事件

CAN 预发送事件节点包含所有已定义的 CAN/CAN FD 报文发送前的回调函数。当用户想统一修改所发出的报文内容或是帧类型等参数时，使用这个函数会非常有帮助，典型的应用场景有 SecOC 的加密报文发送等。添加 CAN 预发送事件与 CAN 发送事件相似，这里不再赘述。

预发送事件，重点在回调函数中对报文等信息的处理。回调函数的参数为 ACAN，用这个参数来访问发送的报文信息。例如，使用 ACAN-> FData[0] 来读取或写入所发送出的报文的第一字节。若用户希望将发出的数据字节锁定为 0，只需要在回调函数中写下如下代码：ACAN-> FData[0]=0。

10.3.6 LIN 接收事件

LIN 接收事件节点包含所有已定义的 LIN 报文接收回调函数。添加 LIN 接收事件的操作基本上与 CAN 接收事件相似,此处不再赘述。

LIN 接收事件回调函数的参数为 ALIN,用这个参数来访问接收到的报文信息。例如,使用 ALIN-> FData[0] 来读取所接收到的报文的第一字节,请参考"TSMaster 头文件"参数指针的数据结构定义的 PLIN。

10.3.7 LIN 发送事件

LIN 发送事件节点包含所有已定义的 LIN 报文发送成功的回调函数。LIN 发送完成事件的相关操作与功能,与 CAN 发送完成事件基本相同,此处不再赘述。

10.3.8 LIN 预发送事件

LIN 预发送事件节点包含所有已定义的 LIN 报文发送前的回调函数。LIN 预发送事件的相关操作与功能,与 CAN 预发送事件基本相同,此处不再赘述。

10.3.9 变量变化事件

当系统变量发生变化以后,变量变化事件将被触发,变量变化事件在 ECU 仿真过程中使用非常广泛,可以模拟处理 ECU 内部的变量变化,也可以针对外部输入的变量变化。右击变量变化事件节点,通过快捷菜单选择"添加变量变化事件"选项,可以添加一个变量变化事件,如图 10.16 所示。用户可以在此界面编辑变量变化事件的名称、变量名,以及是否写入即触发。这里的变量可以是系统变量或者小程序变量(详见 10.5 节)。

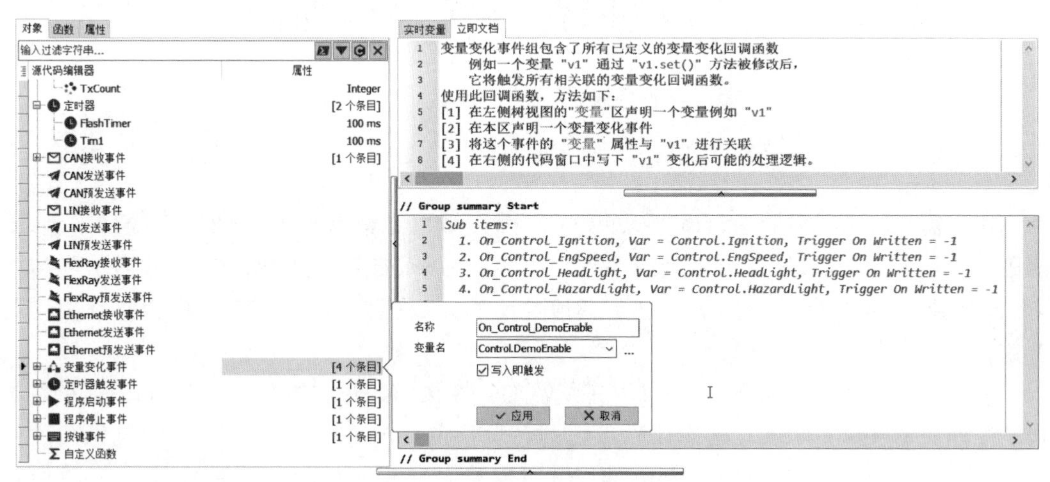

图 10.16 添加变量变化事件

这里需要特别说明的是,变量变化事件并不完全是变量的值发生了变化,只要存在对变量重新赋值,也会触发变量变化事件。

10.3.10 程序启动事件

启动事件节点包含所有已定义的小程序启动的回调函数。若定义了多个启动回调,则系统按照排序顺序执行这些回调函数。

这里需要特别说明的是，在启动回调函数中，将不会触发诸如定时事件或是报文回调事件等任何事件。

若希望执行一次性的自动化测试，可将测试代码搬到 step 函数中，并在 step 函数最后调用“app.terminate_application()”终止程序运行，第 15 章将具体讲解。

10.3.11 按键事件

按键事件节点包含所有已定义的按键事件回调函数。使用按键事件的方法如下。

(1) 定义一个按键事件如“OnKeyA”，希望设置为按 A 键触发。

(2) 在按键属性中，只要按 A 键，即可设置按 A 键触发此事件回调函数。

(3) 在事件回调函数中增加处理代码，则每次程序启动后，按 A 键就会触发回调函数中的代码。

10.3.12 程序停止事件

程序停止事件节点包含所有已定义的小程序停止的回调函数。若定义了多个停止回调函数，则系统按照排序顺序执行这些回调函数。

这里需要特别说明的是，在停止回调函数中，将不会触发诸如定时事件或是报文回调事件等任何事件。

10.3.13 自定义函数

自定义函数节点包含所有用户自定义的函数，使用自定义函数可参考如下示例。

(1) 在自定义函数节点中定义一个自定义函数并将其命名为 func1。

(2) 在函数属性中设置两个参数，例如“const s32 A, const s32 B”。

(3) 在函数体中编写算法，例如“return A+B;”。

(4) 在代码的其他地方，只需要调用“result=func1(3, 5);”即可将 3+5 的计算结果赋给变量 result。

这里需要特别说明的是，自定义函数的参数必须为 C 语言或 C++的标准变量类型，不使用其他类型的变量，如系统变量或小程序变量；另外，自定义函数的默认返回值类型为 s32 的整数，若用户需要返回的类型是其他类型，可以将需要返回的变量作为指针类型的参数。

关于自定义函数的复用，用户可以将编写的自定义函数开放给其他人调用，只需要将本程序编译后的 mp 文件拖入其他计算机上的 TSMaster 窗口中，随后在函数浏览区中就可以找到自定义函数。这种封装成 mp 的文件可以被称为小程序库，如读者需要进一步学习，可以参考 11.8 节。

10.4 常见变量类型及结构体

C 代码小程序的代码完全按照标准的 C99 的编程规范，在变量定义方面，也是延续 C 语言的标准。

10.4.1　C语言基本数据类型

在TSMaster的C代码开发的过程，用户可以使用C语言的基本数据类型，如表10.2所示。若读者需要深入了解这些数据类型，可以参考C语言编程类的书籍。

表10.2　常见C语言数据类型

类　　型	存储大小	范　　围
char	1B	−128～127
unsigned char	1B	0～255
signed char	1B	−128～127
int	4B	−2 147 483 648～2 147 483 647
unsigned int	4B	0～4 294 967 295
short	2B	−32 768～32 767
unsigned short	2B	0～65 535
long	4B	−2 147 483 648～2 147 483 647
unsigned long	4B	0～4 294 967 295
long long	8B	−9 223 372 036 854 775 808～9 223 372 036 854 775 807
unsigned long long	8B	0～18 446 744 073 709 551 615
float	4B	1.2E−38～3.4E+38（精度：6位有效值）
double	8B	2.3E−308～1.7E+308（精度：15位有效值）

10.4.2　TSMaster常见数据类型

在TSMaster.h的头文件中，对常见的数据类型使用一些关键字来定义，用户根据这些关键字对该类型的所占字节一目了然，如表10.3所示。

表10.3　TSMaster常用数据类型关键字及定义

关键字	类型定义	描　　述
u8	typedef unsigned __int8	无符号8位整数
s8	typedef signed __int8	有符号8位整数
u16	typedef unsigned __int16	无符号16位整数
s16	typedef signed __int16	有符号16位整数
u32	typedef unsigned __int32	无符号32位整数
s32	typedef signed __int32	有符号32位整数
u64	typedef unsigned __int64	无符号64位整数
s64	typedef signed __int64	有符号64位整数
pu8	typedef unsigned __int8 *	无符号8位整数指针
ps8	typedef signed __int8 *	有符号8位整数指针
pu16	typedef unsigned __int16 *	无符号16位整数指针
ps16	typedef signed __int16 *	有符号16位整数指针
pu32	typedef unsigned __int32 *	无符号32位整数指针
ps32	typedef signed __int32 *	有符号32位整数指针
pu64	typedef unsigned __int64 *	无符号64位整数指针
ps64	typedef signed __int64 *	有符号64位整数指针
pfloat	typedef float *	浮点数指针
pdouble	typedef double *	双精度指针
pchar	typedef char *	字符型指针

10.4.3 TSMaster 常用结构体

TSMaster 常用的结构体数据类型，在 TSMaster.h 头文件中都有定义。在编写 C 代码小程序时，经常需要使用报文的结构体，用户可以便捷地创建结构体变量、初始化、修改及获取成员变量的数值等。

1. TCAN 结构体

TCAN 是 TSMaster 中用来定义和操作 CAN 报文的结构体，在 C 代码编写过程中被大量使用，PCAN 是指针型的 CAN 报文的结构体，定义可以参考以下代码。

```
// CAN frame type ============================================
typedef struct _TCAN{
  u8 FIdxChn;
  u8 FProperties;
  u8 FDLC;
  u8 FReserved;
  s32 FIdentifier;
  s64 FTimeUs;
  u8 FData[8];
  // is_tx ---------------------------------------------------
  PROPERTY(bool, is_tx);
  GET(is_tx)
  {
    return (FProperties & MASK_CANProp_DIR_TX) != 0;
  }
  SET(is_tx)
  {
    if (value) {
      FProperties = FProperties | MASK_CANProp_DIR_TX;
    } else {
      FProperties = FProperties & (~MASK_CANProp_DIR_TX);
    }
  }
  // is_data -------------------------------------------------
  PROPERTY(bool, is_data);
  GET(is_data)
  {
    return (FProperties & MASK_CANProp_REMOTE) == 0;
  }
  SET(is_data)
  {
    if (value) {
      FProperties = FProperties & (~MASK_CANProp_REMOTE);
    } else {
      FProperties = FProperties | MASK_CANProp_REMOTE;
    }
  }
  // is_std --------------------------------------------------
  PROPERTY(bool, is_std);
  GET(is_std)
  {
```

```
    return (FProperties & MASK_CANProp_EXTEND) == 0;
  }
  SET(is_std)
  {
    if (value) {
      FProperties = FProperties & (~MASK_CANProp_EXTEND);
    } else {
      FProperties = FProperties | MASK_CANProp_EXTEND;
    }
  }
  // is_err ----------------------------------------------------------
  PROPERTY(bool, is_err);
  GET(is_err)
  {
    return (FProperties & MASK_CANProp_ERROR) != 0;
  }
  SET(is_err)
  {
    if (value) {
      FProperties = FProperties & (~MASK_CANProp_ERROR);
    } else {
      FProperties = FProperties | MASK_CANProp_ERROR;
    }
  }
  // load data bytes ----------------------------------------------
  void load_data(u8 * a) {
    for (u32 i = 0; i < 8; i++) {
      FData[i] = * a++;
    }
  }
  void set_data(const u8 d0, const u8 d1, const u8 d2, const u8 d3, const u8 d4, const u8 d5,
const u8 d6, const u8 d7){
    FData[0] = d0;
    FData[1] = d1;
    FData[2] = d2;
    FData[3] = d3;
    FData[4] = d4;
    FData[5] = d5;
    FData[6] = d6;
    FData[7] = d7;
  }
  // initialize with standard identifier ------------------------
  void init_w_std_id(s32 AId, s32 ADLC) {
    FIdxChn = 0;
    FIdentifier = AId;
    FDLC = ADLC;
    FReserved = 0;
    FProperties = 0;
    is_tx = false;
    is_std = true;
    is_data = true;
    * (u64 * )(&FData[0]) = 0;
    FTimeUs = 0;
```

```
    }
    // initialize with extended identifier ------------------------
    void init_w_ext_id(s32 AId, s32 ADLC) {
      FIdxChn = 0;
      FIdentifier = AId;
      FDLC = ADLC;
      FReserved = 0;
      FProperties = 0;
      is_tx = false;
      is_std = false;
      is_data = true;
      *(u64*)(&FData[0]) = 0;
      FTimeUs = 0;
    }
} TCAN, *PCAN
```

2. TCANFD 结构体

TCANFD 是 TSMaster 中用来定义和操作 CAN FD 报文的结构体，PCANFD 是指针型的 CANFD 报文的结构体，定义可以参考以下代码。

```
// CAN FD frame type ==============================================
typedef struct _TCANFD{
  u8 FIdxChn;
  u8 FProperties;
  u8 FDLC;
  u8 FFDProperties;
  s32 FIdentifier;
  s64 FTimeUs;
  u8 FData[64];
  // is_tx ---------------------------------------------------------
  PROPERTY(bool, is_tx);
  GET(is_tx)
  {
    return (FProperties & MASK_CANProp_DIR_TX) != 0;
  }
  SET(is_tx)
  {
    if (value) {
      FProperties = FProperties | MASK_CANProp_DIR_TX;
    } else {
      FProperties = FProperties & (~MASK_CANProp_DIR_TX);
    }
  }
  // is_data -------------------------------------------------------
  PROPERTY(bool, is_data);
  GET(is_data)
  {
    return (FProperties & MASK_CANProp_REMOTE) == 0;
  }
  SET(is_data)
  {
    if (value) {
```

```
    FProperties = FProperties & (~MASK_CANProp_REMOTE);
  } else {
    FProperties = FProperties | MASK_CANProp_REMOTE;
  }
}
// is_std ------------------------------------------------------------
PROPERTY(bool, is_std);
GET(is_std)
{
  return (FProperties & MASK_CANProp_EXTEND) == 0;
}
SET(is_std)
{
  if (value) {
    FProperties = FProperties & (~MASK_CANProp_EXTEND);
  } else {
    FProperties = FProperties | MASK_CANProp_EXTEND;
  }
}
// is_err ------------------------------------------------------------
PROPERTY(bool, is_err);
GET(is_err)
{
  return (FProperties & MASK_CANProp_ERROR) != 0;
}
SET(is_err)
{
  if (value) {
    FProperties = FProperties & (~MASK_CANProp_ERROR);
  } else {
    FProperties = FProperties | MASK_CANProp_ERROR;
  }
}
// is_edl ------------------------------------------------------------
PROPERTY(bool, is_edl);
GET(is_edl)
{
  return (FFDProperties & MASK_CANFDProp_IS_FD) != 0;
}
SET(is_edl)
{
  if (value) {
    FFDProperties = FFDProperties | MASK_CANFDProp_IS_FD;
  } else {
    FFDProperties = FFDProperties & (~MASK_CANFDProp_IS_FD);
  }
}
// is_brs ------------------------------------------------------------
PROPERTY(bool, is_brs);
GET(is_brs)
{
  return (FFDProperties & MASK_CANFDProp_IS_BRS) != 0;
}
```

```
SET(is_brs)
{
  if (value) {
    FFDProperties = FFDProperties | MASK_CANFDProp_IS_BRS;
  } else {
    FFDProperties = FFDProperties & (~MASK_CANFDProp_IS_BRS);
  }
}
// is_esi -----------------------------------------------------
PROPERTY(bool, is_esi);
GET(is_esi)
{
  return (FFDProperties & MASK_CANFDProp_IS_ESI) != 0;
}
SET(is_esi)
{
  if (value) {
    FFDProperties = FFDProperties | MASK_CANFDProp_IS_ESI;
  } else {
    FFDProperties = FFDProperties & (~MASK_CANFDProp_IS_ESI);
  }
}
// load data bytes -----------------------------------------
void load_data(u8 * a) {
  for (u32 i = 0; i < 64; i++) {
    FData[i] = *a++;
  }
}
// initialize with standard identifier -----------------------
void init_w_std_id(s32 AId, s32 ADLC) {
  s32 i;
  FIdxChn = 0;
  FIdentifier = AId;
  FDLC = ADLC;
  FProperties = 0;
  FFDProperties = MASK_CANFDProp_IS_FD;
  is_tx = false;
  is_std = true;
  is_data = true;
  for (i = 0; i < 64; i++) FData[i] = 0;
  FTimeUs = 0;
}
// initialize with extended identifier -----------------------
void init_w_ext_id(s32 AId, s32 ADLC) {
  s32 i;
  FIdxChn = 0;
  FIdentifier = AId;
  FDLC = ADLC;
  FFDProperties = MASK_CANFDProp_IS_FD;
  FProperties = 0;
  is_tx = false;
  is_std = false;
  is_data = true;
```

```
    for (i = 0; i < 64; i++) FData[i] = 0;
    FTimeUs = 0;
  }
  // get fd data length ----------------------------------------
  s32 get_data_length() {
    s32 l = MIN(FDLC, 15);
    l = MAX(l, 0);
    return DLC_DATA_BYTE_CNT[l];
  }
  // to CAN struct ---------------------------------------------
  TCAN to_tcan(void){
    return * (TCAN * )(&FIdxChn);
  }
} TCANFD, * PCANFD;
```

3. TLIN 结构体

TLIN 是 TSMaster 中用来定义和操作 LIN 报文的结构体，PLIN 是指针型的 LIN 报文的结构体，定义可以参考以下代码。

```
// LIN frame type ==============================================
typedef struct _LIN {
  u8 FIdxChn;
  u8 FErrStatus;
  u8 FProperties;
  u8 FDLC;
  u8 FIdentifier;
  u8 FChecksum;
  u8 FStatus;
  s64 FTimeUs;
  u8 FData[8];
  // is_tx -----------------------------------------------------
  PROPERTY(bool, is_tx);
  GET(is_tx)
  {
    return (FProperties & MASK_LINProp_DIR_TX) != 0;
  }
  SET(is_tx)
  {
    if (value) {
      FProperties = FProperties | MASK_LINProp_DIR_TX;
    }
    else {
      FProperties = FProperties & (~MASK_LINProp_DIR_TX);
    }
  }
  // load data bytes -------------------------------------------
  void load_data(u8 * a) {
    for (u32 i = 0; i < 8; i++) {
      FData[i] = * a++;
    }
  }
  // initialize with identifier --------------------------------
```

```
    void init_w_id(const s32 AId, const s32 ADLC) {
      FIdxChn = 0;
      FErrStatus = 0;
      FProperties = 0;
      FDLC = ADLC;
      FIdentifier = AId;
      *(__int64 *)(&FData[0]) = 0;
      FChecksum = 0;
      FStatus = 0;
      FTimeUs = 0;
    }
}TLIN, *PLIN;
```

10.5 小程序变量

C 语言中，变量通常包括全局变量和局部变量。在 TSMaster 的 C 代码中还提供了一种称为小程序变量的特殊数据类型（本质上是结构体），其具有如下特点。

(1) 小程序变量本质上是对全局变量的一种封装，因此，其访问范围同全局变量。

(2) 在代码程序运行过程中，用户能够在实时变量查看区直接查看或修改小程序变量值。

(3) 在代码程序运行过程中，用户能够在系统变量管理器窗口中直接查看或修改小程序变量值。

(4) 当小程序变量发生改变的时候，可以触发变量改变事件。

以上 4 个特性也是创建小程序变量的目的所在。

10.5.1 创建小程序变量

右击变量节点，通过快捷菜单中选择“添加变量”选项，可以添加小程序变量，如图 10.17 所示。用户可以在这个界面中设置变量名称、类型、初始值及单位等。数据类型将在 10.5.2 节介绍。

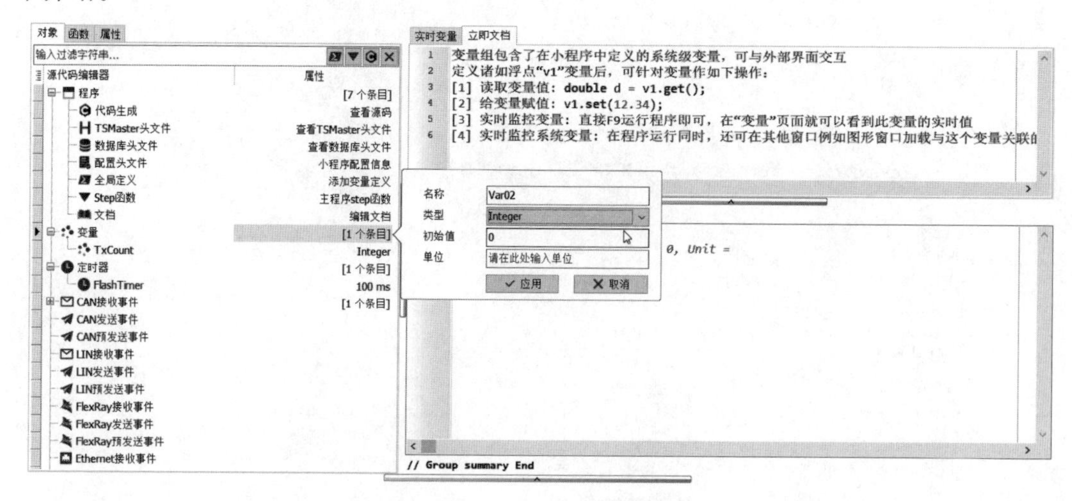

图 10.17 添加小程序变量

10.5.2 小程序变量类型

目前小程序变量类型主要有 6 种,可以满足一般仿真工程的需要,小程序变量的关键字及描述,如表 10.4 所示。

表 10.4 小程序变量类型的关键字及描述

类　型	关键字	描　述
Integer	TMPVarInt	整数对应的一种小程序封装结构体
Double	TMPVarDouble	双精度对应的一种小程序封装结构体
String	TMPVarString	字符串对应的一种小程序封装结构体
CANMsg	TMPVarCAN	CAN 报文对应的一种小程序封装结构体
CANFDMsg	TMPVarCANFD	CANFD 报文对应的一种小程序封装结构体
LINMsg	TMPVarLIN	LIN 报文对应的一种小程序封装结构体

10.5.3 小程序变量的监控

小程序变量的监控,除了使用面板中的控件来显示数值,还可以在以下区域中监控。

(1) 实时变量查看区:小程序运行以后,在实时变量查看区就可以看到此变量的实时值。

(2) 系统变量管理器:小程序运行以后,在系统变量管理器窗口就可以看到此变量的实时值。

(3) 图形/数值显示窗口:小程序运行以后时,还可在图形窗口或者数值显示窗口,添加此小程序变量以查看其变化曲线或数值显示。

用户可以使用方法(1)和(2)查看和修改变量的值,对调试小程序代码非常有帮助。

10.5.4 面板访问小程序变量类型

当小程序运行以后,小程序变量就自动生成内部系统变量,此时面板的控件可以轻松关联小程序变量。具体操作与系统变量关联面板控件的操作相同,读者可以参考 10.8 节。

10.5.5 C 小程序访问小程序变量类型

在本地小程序访问小程序变量不同于普通的变量,对其的读写如下。

(1) 数值读取:var.get()。

(2) 数值写入:var.set(value)。

其中,get()返回的数据类型和 set()写入的数据类型跟小程序变量的数据类型是对应的。例如,对于 TMPVarInt 变量,其对应的是 Integer 类型,因此 set()写入的和 get()返回的必须是 Integer 类型。以下代码是 EasyDemo 例程中的按键事件,当按 T 键后,会读取小程序变量 TxCount 的当前值,赋给整数变量 v。发送 Id=0x64 的报文后,整数变量 v 被增加 1,并将 v 赋值给小程序变量 TxCount。

```
void on_shortcut_KeyT(const s32 AShortcut)
{
    __try { //按键事件 = T
          //read: get the value of TxCount
        s32 v;
```

```
        v = TxCount.get();

        // [1] CAN 0x64 EngineData
        TCAN f0 = { 0, 0x1, 8, 0, 0x64, 0, { (u8)v, 0x11, 0x22, 0x33, 0x44, 0x55, 0x66, 0x77 } };
        com.transmit_can_async(&f0);
        app.wait(0, "");

        //increase v
        v++;
        if (v > 255) v = 0;

        //write: set the value of TxCount to v
        TxCount.set(v);

    } __except(1) { log_nok("CRASH detected"); app.terminate_application(); }}
```

10.5.6 变量变化事件

小程序的变量变化事件添加和编辑，与普通系统变量变化事件完全相同，可以参考 10.3.9 节，这里不再赘述。

10.6 数据库信号操作（基于数据库）

这种方式本质上是提供了一套 DBC 信息的解析和注入的机制，并没有跟数据库完全绑定，因此可以用于需要灵活解析信号的场合。即使数据库中与收到的报文 Id 对不上，也可以用此方法进行信号解析。本节还是以 EasyDemo 作为范例，在该范例中已经导入数据库 EasyCAN.dbc，因此在函数查看区可以看到数据库中所有报文的结构体定义及其中的信号，如图 10.18 所示。

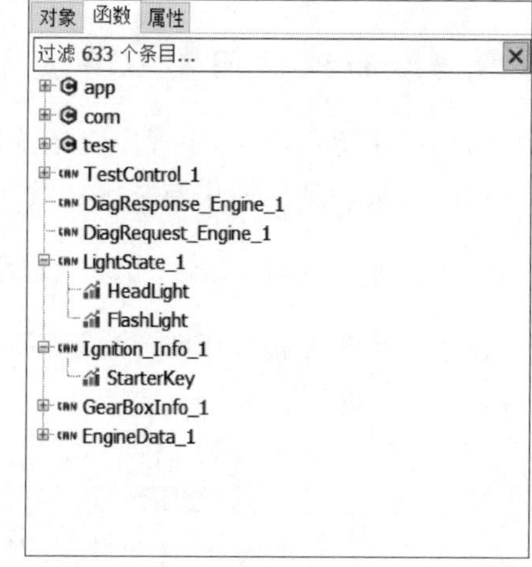

图 10.18　数据库中所有报文的结构体

10.6.1 读取信号值

在 EasyDemo 的范例基础上，如果读者需要实现报文 LightState 发送完成事件中打印信号 HeadLight 的状态，基于数据库的信号值读取，主要分为以下 4 步。

（1）定义一个报文变量，如“LightState_1 LightState_1;”。

（2）初始化报文变量，如“LightState_1.init();”。

（3）将报文数据复制给 FCAN，如“LightState_1.FCAN = *ACAN;”。

（4）获取信号的数值，如“log("HeadLight value is %d", LightState_1.HeadLight);”。

完整代码如下，供读者参看。

```
//CAN 报文发送成功事件 "OnTx_LightState" 针对标识符 = 0x321
void on_can_tx_OnTx_LightState(const PCAN ACAN)
{
    __try {                                   //针对标识符 = 0x321
        if (ACAN->FIdxChn != CH1) return;     // if you want to filter channel
        TLightState_1 LightState_1;
        LightState_1.init();
        LightState_1.FCAN = *ACAN;            //若是在回调函数中,请用 ACAN 数据赋值 FCAN
                                              //deal with signals using LightState_1.XXX
        log("HeadLight value is %d", LightState_1.HeadLight);

    }
    __except(1) { log_nok("CRASH detected"); app.terminate_application(); }
}
```

10.6.2 修改信号值

在 EasyDemo 的范例基础上,如果读者需要实现报文 LightState 预发送事件中打印信号 HeadLight 的状态,基于数据库的信号值读取,主要分为以下 4 步。

(1) 定义一个报文变量,如"LightState_1 LightState_1;"。

(2) 初始化报文变量,如"LightState_1.init();"。

(3) 将报文数据复制给 FCAN,如"LightState_1.FCAN = *ACAN;"。

(4) 设定信号的数值,如"LightState_1.HeadLight = 1;"。

完整代码如下,供读者参看。

```
//CAN 报文预发送事件 "OnPreTx_LightState" 针对标识符 = 0x321
void on_can_pretx_OnPreTx_LightState(const PCAN ACAN)
{
    __try {                                   //针对标识符 = 0x321
        if (ACAN->FIdxChn != CH1) return;     // if you want to filter channel
        TLightState_1 LightState_1;
        LightState_1.init();
        LightState_1.FCAN = *ACAN;            //若是在回调函数中,请用 ACAN 数据赋值 FCAN
                                              //deal with signals using LightState_1.XXX
        LightState_1.HeadLight = 1;           //始终保持 HeadLight 是 1 的状态
        *ACAN = LightState_1.FCAN;

    }
    __except(1) { log_nok("CRASH detected"); app.terminate_application(); }
}
```

10.7 数据库信号操作(基于剩余总线仿真)

直接根据信号在数据库中的路径读取和设置信号值,操作简单方便。默认推荐使用此方法来读取和写入数据库信号。此操作方式的缺点是:需要跟数据库是强绑定的,在一些需要制造异常的测试场景,此操作方式就无法完全满足了。采用这种方式的另一个前提是:要启动剩余总线仿真(RBS),如果用户单纯想测试几个单独报文帧的收发,这种方式也无法满足要求。

10.7.1 CAN 剩余总线仿真设置

使用基于剩余总线仿真的信号操作方式，其前提是必须设置 CAN 剩余总线仿真是运行的，同时激活相关的节点和报文。关于剩余总线仿真的设置和运行，可以参考 6.4 节。

10.7.2 读取信号值

本节继续采用 EasyDemo 例程作为基础，激活并开启自动启动剩余总线仿真的功能以后，读者右击一个需要读取的信号对象，可以弹出一个快捷菜单，如图 10.19 所示。

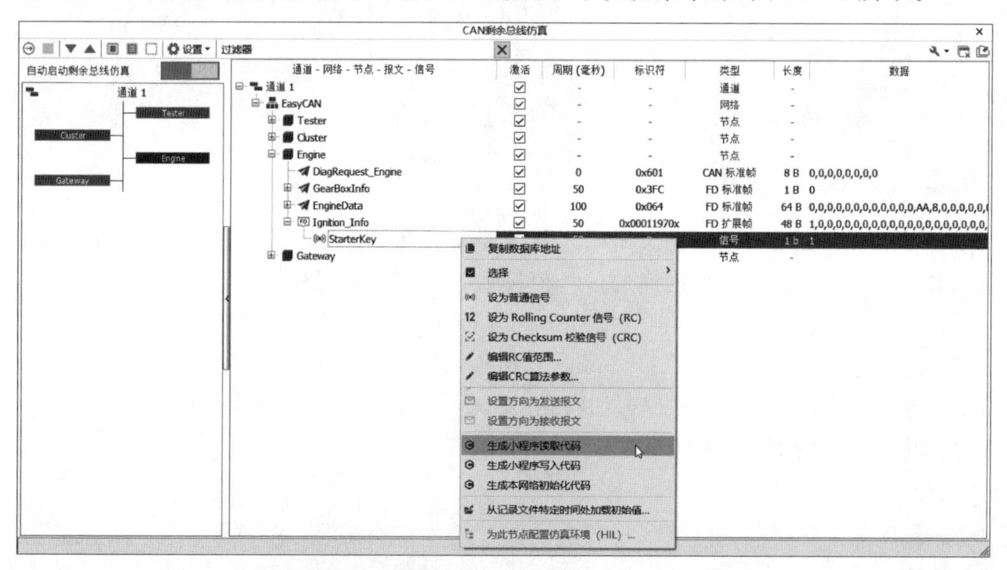

图 10.19 CAN 剩余总线仿真的信号读写操作

用户选中快捷菜单中的“生成小程序读取代码”选项，可以自动生成一段 C 代码程序，以信号 StarterKey 读取为例，其代码如下。

```
double d;
com.can_rbs_get_signal_value_by_address("0/EasyCAN/Engine/Ignition_Info/StarterKey", &d);
log("Starterkey is %d", d);
```

10.7.3 修改信号值

与读取信号值的操作类似，用户选中快捷菜单中的“生成小程序写入代码”选项，可以自动生成一段 C 代码程序，以信号 Gear 修改为例，其代码如下。

```
double d = 1;
com.can_rbs_set_signal_value_by_address("0/EasyCAN/Engine/GearBoxInfo/Gear", d);
```

10.8 系统变量访问

无论是内生变量还是用户定义变量，其访问方式是完全一样的。主要介绍两种应用场景：①面板关联系统变量；②通过小程序读写系统变量。

10.8.1 面板关联系统变量

面板控件关联了系统变量以后，操作面板控件会更新系统变量的值；反过来，系统变量发生变化（如小程序修改了系统变量），也会触发面板控件显示的更新。面板关联系统变量的步骤如下。

（1）控件属性 VarType（关联变量类型）选择为 pstSystemVar（系统变量）。

（2）控件属性 VarLink（变量关联）双击将弹出系统变量选择窗口。

（3）在系统变量选择窗口中，可以选择内置的系统变量或用户定义的系统变量。

在 EasyDemo 范例中，TrackBar0 的关联系统变量为 Control. EngSpeed，效果如图 10.20 所示。

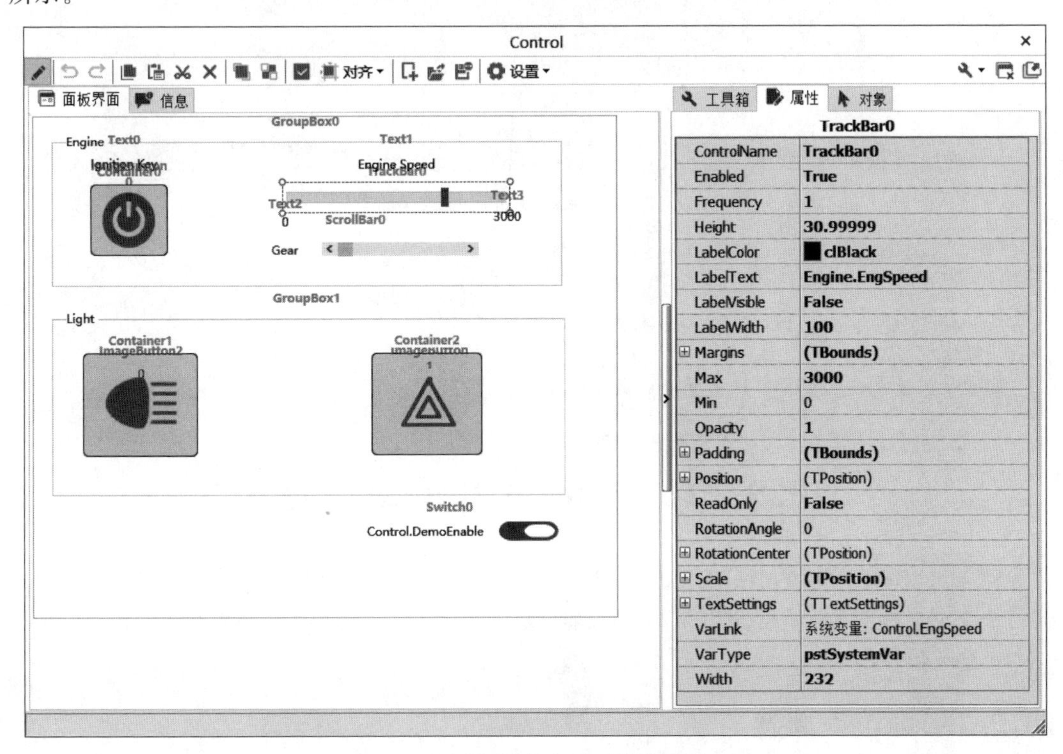

图 10.20 面板控件关联系统变量设置

10.8.2 小程序读写系统变量

小程序需要读写系统变量时，可以有以下两个常用的方式。

（1）在函数浏览区找到相关的 API 函数，查看该函数的 API 文档，具体操作可以参考 10.2.7 节，选中该 API 函数可以通过快捷菜单将其插入小程序代码中。

（2）最便捷的方式是在系统变量管理器中，右击一个系统变量，通过快捷菜单选择“复制读取代码”或者“复制写入代码”，如图 10.21 所示。

以下代码为以系统变量 Control. EngSpeed 为例，对其进行读写操作的小程序代码。其他 API 函数介绍，可以参看 10.9.1 节。

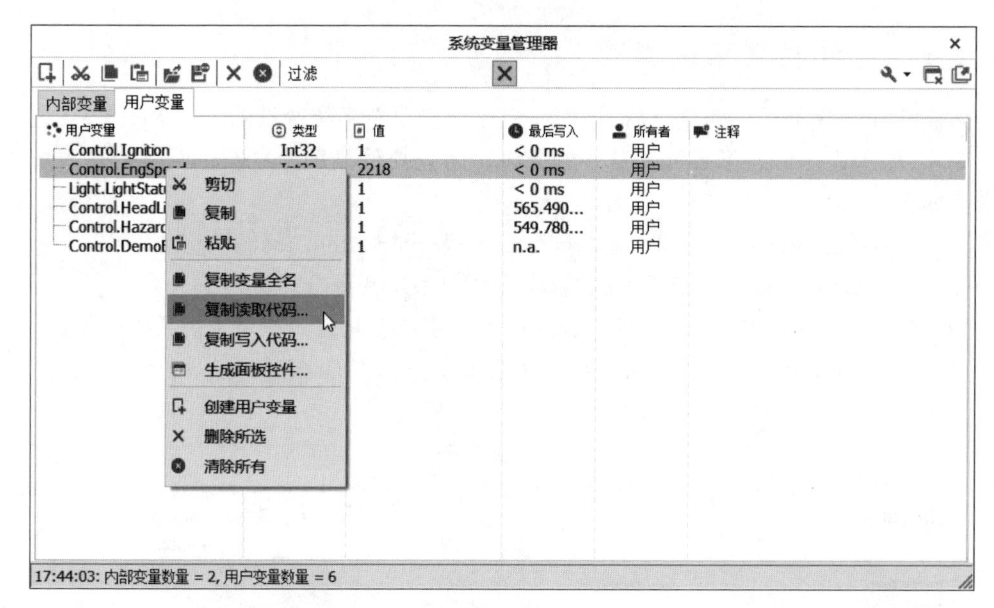

图 10.21　复制系统变量读写操作的代码

```
//系统变量读取
s32 v;
app.get_system_var_int32("Control.EngSpeed", &v);
//系统变量写入
app.set_system_var_int32("Control.EngSpeed", 1950);
```

10.9　TSMaster API 库函数简介

TSMaster 的 API 函数除了极少的通用函数，如 log()函数可以直接使用（输出一些信息到系统消息窗口，具体使用方法可以查看 11.6.1 节），大部分函数都设计在 app、com 和 test 三类函数库中。

10.9.1　app 函数库

app 函数库主要针对 TSMaster 应用程序的常用接口函数，常见函数列表及功能描述如表 10.5 所示。

表 10.5　app 函数库的常见函数列表及功能描述

函　数　名	功 能 描 述
add_application	按名称添加应用程序，此操作后可以添加或编辑通道映射
call_mini_program_api	使用字符串参数调用任意小程序库函数
check	检查函数返回值是否正常，否则将打印错误信息。如果返回值不为 0，则结果为 OK
check_terminate	检查用户是当前小程序是否被终止，返回 0 表示当前小程序已终止
configure_can_baudrate	设定指定 CAN 通道的波特率，以及监听模式开关、终端电阻使能

函　数　名	功 能 描 述
configure_canfd_baudrate	设定指定CANFD通道的波特率、数据速率，以及监听模式开关、终端电阻使能
connect	连接到指定的应用程序，使用默认的映射通道
create_system_var	创建一个系统变量
del_application	按名称删除应用程序，此程序的通道映射设置将被丢弃
del_mapping	删除指定映射通道的设置
delete_system_var	删除一个指定的系统变量
directory_exists	检查指定的路径是否存在，若存在返回0
disconnect	断开指定的应用程序，释放相关的映射通道
enable_all_graphics	使能或关闭所有图形窗口，也可以针对指定的图形窗口
end_log	终止日志记录
excel_get_cell_count	获取Excel文件指定表格的行和列的数量
excel_get_cell_value	获取Excel文件指定单元格的数值
excel_get_sheet_count	获取Excel文件表格的数量
excel_get_sheet_name	获取Excel文件指定表格的名称
excel_load	加载指定Excel文件
excel_set_cell_count	设置Excel文件的行和列的数量
excel_set_cell_value	设置Excel文件指定单元格的数值
excel_set_sheet_count	设置Excel文件表格的数量
excel_set_sheet_name	设置Excel文件指定表格的名称
excel_unload	卸载指定的Excel文件
excel_unload_all	卸载所有的Excel文件
execute_app	运行外部一个应用程序
execute_python_script	运行一个Python脚本文件
execute_python_string	运行一个Python脚本字符串
force_directory	强制创建一个文件夹，如果它不存在
get_application_list	获取本计算机存在的应用程序名称清单
get_can_channel_count	获取当前应用程序的CAN通道数
get_configuration_file_name	获取当前仿真工程的名称
get_configuration_file_path	获取当前仿真工程文件的路径
get_doc_path	获取当前项目中Documents子文件夹的路径
get_error_description	根据错误代号，获取错误描述
get_hardware_id_array	获取本计算机的唯一机器码(8B)，用于加密或授权绑定等
get_hardware_id_string	获取本计算机的唯一机器码字符串，用于加密或授权绑定等
get_lin_channel_count	获取应用程序LIN通道的数量
get_mapping	获取一个应用程序的映射信息
get_system_var_count	获取系统变量的数量
get_system_var_def_by_index	根据索引号获取系统变量的定义
get_system_var_def_by_name	根据名称获取系统变量的定义
get_system_var_double	获取双精度系统变量的数值
get_system_var_double_array	获取双精度系统变量数组的数值
get_system_var_generic	获取系统变量数组的数值，以字符串形式返回

续表

函 数 名	功 能 描 述
get_system_var_int32	获取 int32 型整数系统变量的数值
get_system_var_int32_array	获取 int32 型整数系统变量数组的数值
get_system_var_int64	获取 int64 型整数系统变量的数值
get_system_var_int64_array	获取 int64 型整数系统变量数组的数值
get_system_var_string	获取字符串系统变量的数值
get_system_var_uint32	获取 uint32 型整数系统变量的数值
get_system_var_uint64	获取 uint64 型整数系统变量的数值
get_system_var_uint8_array	获取 uint8 型整数系统变量数组的数值
get_timestamp	获取当前测量的计算机时间戳
get_tsmaster_version	获取 TSMaster 的版本
get_turbo_mode	获取极速模式的使能状态
ini_close	关闭之前创建的 ini 对象,最后将缓存数据写入硬盘
ini_create	创建一个 ini 文件对象,在任何 ini 操作之前都应该调用这个函数
ini_delete_key	删除 ini 文件中指定部分的密钥
ini_delete_section	删除 ini 文件中指定的部分
ini_key_exists	检查 ini 文件中是否存在指定部分的密钥
ini_read_bool	从 ini 文件中读取一个布尔值
ini_read_float	从 ini 文件中读取一个浮点数值
ini_read_int32	从 ini 文件中读取一个 int32 型整数值
ini_read_int64	从 ini 文件中读取一个 int64 型整数值
ini_read_string	从 ini 文件中读取一个字符串值
ini_section_exists	检查 ini 文件中指定部分是否存在
ini_write_bool	在 ini 文件中写入一个布尔值
ini_write_float	在 ini 文件中写入一个浮点数值
ini_write_int32	在 ini 文件中写入一个 int32 型整数值
ini_write_int64	在 ini 文件中写入一个 int64 型整数值
ini_write_string	在 ini 文件中写入一个字符串
log_text	将消息写入系统消息的窗口
log_system_var	将系统变量写入系统消息的窗口
make_toast	在屏幕上显示悬浮提示信息
make_toast_until	显示悬浮对话框消息,直到满足特定条件
make_toast_with_callback	显示悬浮对话框消息,直到满足回调函数返回的特定条件
mini_delay_cpu	延迟最短时间,同时保持较低的 CPU 使用率
open_directory_and_select_file	在文件浏览器中打开选择一个指定的文件
pause	通过弹出一个对话框供用户控制来暂停当前测试,这通常有助于脚本调试
prompt_user_input_string	弹出用户输入字符串界面
prompt_user_input_value	弹出用户输入双精度值界面
read_mat_file_end	停止 mat 文件的读操作
read_mat_file_start	开始 mat 文件的读操作
read_mat_file_variable_count	获取 mat 文件中变量的数量
read_mat_file_variable_double	读取 mat 文件中双精度变量的值

函 数 名	功 能 描 述
read_mat_file_variable_string	读取 mat 文件中字符串变量的值
read_text_file_end	停止 text 文件的读操作
read_text_file_line	从已创建的 text 文件流中读取一行字符串
read_text_file_start	开始 text 文件的读操作
run_form	运行指定窗口
start_log	开始总线事件的日志记录
stop_form	终止指定窗口的运行
terminate_app_by_name	根据应用程序名称，终止指定外部应用程序的运行
terminate_application	终止小程序的运行
ui_show_page_by_index	根据名称显示指定的用户界面的页面
wait	等待一个阶段(ms)，再执行下一步操作
wait_system_var	等待一个系统变量达到期望的数值，超时则返回非 0
wait_system_var_disappear	等待一个系统变量不出现，超时则返回非 0
wait_system_var_existence	等待一个系统变量出现，超时则返回非 0
write_mat_file_end	终止 mat 文件的写操作，并关闭文件
write_mat_file_start	开始 mat 文件的写操作
write_mat_file_variable_double	在 mat 文件中写入一个双精度变量值
write_mat_file_variable_double_array	在 mat 文件中写入一个双精度值数组变量值
write_mat_file_variable_string	在 mat 文件中写入一个字符串变量值
write_realtime_comment	在测量环境中写入实时注释
write_text_file_end	关闭已打开的文本文件
write_text_file_line	在文本文件中写入一行字符串
write_text_file_line_double_array	在文本文件中写入一行双精度数组
write_text_file_line_string_array	在文本文件中写入一行字符串数组
write_text_file_start	创建一个文本文件，用于写操作

10.9.2 com 函数库

com 函数库主要针对 TSMaster 应用程序中车载总线的常用接口函数，其中涵盖了 CAN/CANFD、LIN、FlexRay、TCP/UDP 网络通行及日志处理，常见函数列表及功能描述如表 10.6 所示。

表 10.6 com 函数库的常见函数列表及功能描述

函 数 名	功 能 描 述
add_cyclic_message_can	创建一个周期 CAN 报文传输，也可以用于更新一个周期 CAN 报文
add_cyclic_message_canfd	创建一个周期 CANFD 报文传输，也可以用于更新一个周期 CANFD 报文
can_rbs_activate_all_networks	激活或禁止 RBS 仿真中的所有网络、节点及其报文
can_rbs_activate_message_by_name	激活或禁止 RBS 仿真中的指定报文(根据名称)
can_rbs_activate_network_by_name	激活或禁止 RBS 仿真中的指定网络(根据名称)中的网络、节点及其报文

续表

函 数 名	功 能 描 述
can_rbs_activate_node_by_name	激活或禁止 RBS 仿真中的指定网络(根据名称)、节点(根据名称)
can_rbs_configure	配置 CAN RBS 仿真工程的引擎
can_rbs_get_signal_value_by_address	在 CAN RBS 仿真中,根据数据库地址获取信号实时值
can_rbs_get_signal_value_by_element	在 CAN RBS 仿真中,根据数据库元素获取信号实时值
can_rbs_is_running	检查 CAN RBS 仿真是否在运行
can_rbs_set_message_cycle_by_name	在 CAN RBS 仿真中,通过报文名字设置周期报文
can_rbs_set_signal_value_by_address	在 CAN RBS 仿真中,根据数据库地址设定信号值
can_rbs_set_signal_value_by_element	在 CAN RBS 仿真中,根据数据库元素设定信号值
can_rbs_start	启动 CAN RBS 引擎
can_rbs_stop	终止 CAN RBS 引擎
clear_bus_statistics	清除总线的统计数据
del_cyclic_message_can	删除指定周期 CAN 报文传输
del_cyclic_message_canfd	删除指定周期 CANFD 报文传输
del_cyclic_messages	删除所有周期 CAN、CANFD 报文传输
enable_bus_statistics	使能总线的统计计算
get_bus_statistics	获取总线的统计数据
get_can_signal_value	从 CAN 的原始数据中,获取 CAN 信号的数值
get_fps_can	从总线统计数据,获取指定 ID 的 CAN 报文的帧率
get_fps_canfd	从总线统计数据,获取指定 ID 的 CANFD 报文的帧率
get_fps_lin	从总线统计数据,获取指定 ID 的 LIN 报文的帧率
ioip_connect_tcp_server	通过 TCP client 连接外部 TCP server
ioip_connect_udp_server	为内部 UDP client 设定 UDP server 地址和端口号
ioip_create	创建一个 IP 通信对象,包含一个 TCP 服务器、一个 TCP 客户端、一个 UDP 服务器和一个 UDP 客户端,可以使用此对象使用 TCP/IP 进行 IP 数据传输
ioip_delete	删除之前创建的 IP 通信对象
ioip_disconnect_tcp_server	将内部 TCP 客户端设置为断开与外部 TCP 服务器的连接
ioip_enable_tcp_server	在 IP 通信对象中启用 TCP 服务器
ioip_enable_udp_server	在 IP 通信对象中启用 UDP 服务器
ioip_receive_tcp_client_response	接收发送到 TCP 客户端的 TCP 服务器响应
ioip_receive_udp_client_response	接收发送到 UDP 客户端的 UDP 服务器响应
ioip_send_buffer_tcp	通过内部 TCP 客户端向外部 TCP 服务器发送缓冲区,首先通过调用 ioip_connect_TCP_server 建立连接
ioip_send_buffer_udp	通过内部 UDP 客户端向外部 UDP 服务器发送缓冲区
ioip_send_tcp_server_response	在客户端数据事件中通过 TCP 服务器发送响应数据,注意:此功能应在数据事件中使用
ioip_send_udp_broadcast	发送 UDP 广播消息

续表

函　数　名	功 能 描 述
ioip_send_udp_server_response	在客户端数据事件中通过 UDP 服务器发送响应数据，注意：此功能应在数据事件中使用
ioip_set_udp_server_buffer_size	设置 UDP 服务器的最大数据包大小
set_can_signal_value	设置 CAN 报文中信号值
sgnsrv_get_can_signal_phy_value_in_msg	从信号服务器中，获取特定 CAN 报文中的信号值，如果此报文中存在信号，则返回 0
sgnsrv_get_can_signal_phy_value_latest	从信号服务器中，获取特定 CAN 报文中的信号最新值
sgnsrv_get_lin_signal_phy_value_in_msg	从信号服务器中，获取特定 LIN 报文中的信号值，如果此报文中存在信号，则返回 0
sgnsrv_get_lin_signal_phy_value_latest	从信号服务器中，获取特定 LIN 报文中的信号最新值
sgnsrv_register_can_signal_by_msg_identifier	通过指定报文 ID 在 signal server 中注册 CAN 信号，之后用户可以通过返回的客户端 ID 获得信号值
sgnsrv_register_can_signal_by_msg_name	通过指定报文名称在 signal server 中注册 CAN 信号，之后用户可以通过返回的客户端报文名称获得信号值
sgnsrv_register_lin_signal_by_msg_identifier	通过指定报文 ID 在 signal server 中注册 LIN 信号，之后用户可以通过返回的客户端 ID 获得信号值
sgnsrv_register_lin_signal_by_msg_name	通过指定报文名称在 signal server 中注册 LIN 信号，之后用户可以通过返回的客户端报文名称获得信号值
transmit_can_async	异步传输 CAN 报文，不关心其传输结果
transmit_can_sync	同步传输 CAN 报文，当前执行将等待直到帧被发送或超时
transmit_canfd_async	异步传输 CANFD 报文，不关心其传输结果
transmit_canfd_sync	同步传输 CANFD 报文，当前执行将等待直到帧被发送或超时
transmit_lin_async	异步传输 LIN 报文，不关心其传输结果
transmit_lin_sync	同步传输 LIN 报文，当前执行将等待直到帧被发送或超时
tslog_add_online_replay_config	从日志文件创建在线重播引擎
tslog_asc_to_blf	将 ASC 日志文件转成 BLF 格式
tslog_blf_read_end	关闭已打开的 BLF 日志文件
tslog_blf_read_object	从 blf 文件中读取一个支持的对象
tslog_blf_read_object_w_comment	从 blf 文件中读取一个支持的带注释的对象
tslog_blf_read_start	打开 blf 文件，开始读取其内容
tslog_blf_read_status	读取打开的 blf 文件的信息
tslog_blf_seek_object_time	获取接近指定文件对象比率的时间戳
tslog_blf_to_asc	将 blf 日志文件转成 ASC 格式
tslog_blf_write_can	在 blf 文件中写入 CAN 报文对象
tslog_blf_write_can_fd	在 blf 文件中写入 CANFD 报文对象
tslog_blf_write_end	保存并关闭当前打开的 blf 文件
tslog_blf_write_lin	在 blf 文件中写入 LIN 报文对象
tslog_blf_write_realtime_comment	在 blf 文件中写入实时注释
tslog_blf_write_set_max_count	在切换到新文件之前设置最大计数，如果写入计数超过此限制，将创建一个新的 blf 文件

续表

函数名	功能描述
tslog_blf_write_start	创建一个 blf 文件,开始写操作
tslog_blf_write_start_w_timestamp	创建一个带时间戳的 blf 文件,开始写操作
tslog_del_online_replay_config	按引擎索引删除在线重播引擎
tslog_del_online_replay_configs	删除所有在线重播引擎
tslog_get_online_replay_config	按引擎索引获取在线重播引擎属性
tslog_get_online_replay_count	按引擎索引获取在线重播引擎数量
tslog_get_online_replay_status	按引擎索引获取在线重播引擎状态
tslog_pause_online_replay	通过引擎索引暂停在线重播引擎
tslog_pause_online_replays	暂停所有的在线重播引擎
tslog_set_online_replay_config	按引擎索引设置联机重播引擎的属性
tslog_start_online_replay	按引擎索引启动在线重播。注意:应在发动机启动前连接应用程序
tslog_start_online_replays	开始所有的在线重播引擎
tslog_stop_online_replay	通过引擎索引停止在线重播引擎
tslog_stop_online_replays	停止所有的在线重播引擎
wait_can_message	等待总线上指定的 CAN 报文
wait_canfd_message	等待总线上指定的 CANFD 报文

以上列表省略了 J1939 等相关接口函数,对于 LIN、FlexRay 总线函数的介绍将留在后续的第 13 章和第 14 章中介绍。

10.9.3 test 函数库

test 函数库主要针对 TSMaster 应用程序中测试模块的接口函数。关于 test 函数库的函数列表及功能介绍,可详见第 15 章。

10.9.4 函数返回值定义

API 库函数的返回值类型均为 s32,表 10.7 列出了 API 函数返回值、错误编码及定义。

表 10.7 API 函数返回值、错误编码及定义

返回值	错误编码	定义
0	IDX_ERR_OK	正确
1	IDX_ERR_IDX_OUT_OF_RANGE	索引超出范围错误
2	IDX_ERR_CONNECT_FAILED	连接失败
3	IDX_ERR_DEV_NOT_FOUND	找不到设备
4	IDX_ERR_CODE_NOT_VALID	代码错误无效
5	IDX_ERR_ALREADY_CONNECTED	HID 设备已连接错误
6	IDX_ERR_HID_WRITE_FAILED	HID 写入数据失败
7	IDX_ERR_HID_READ_FAILED	HID 读取数据失败
8	IDX_ERR_HID_TX_BUFF_OVERRUN	HID TX 缓冲区溢出错误
9	IDX_ERR_HID_TX_TOO_LARGE	HID TX 缓冲区过大错误
10	IDX_ERR_PACKET_ID_INVALID	HID RX 数据包报告 ID 无效
11	IDX_ERR_PACKET_LEN_INVALID	HID RX 数据包长度无效
12	IDX_ERR_INTERNAL_TEST_FAILED	内部测试失败
13	IDX_ERR_RX_PACKET_LOST	RX 数据包丢失错误

续表

返　回　值	错误编码	定　　义
14	IDX_ERR_HID_SETUP_DI	HID 设置 DI 获取设备界面详细信息错误
15	IDX_ERR_HID_CREATE_FILE	HID 创建文件失败
16	IDX_ERR_HID_READ_HANDLE	HID 读取句柄创建文件失败
17	IDX_ERR_HID_WRITE_HANDLE	HID 写入句柄创建文件失败
18	IDX_ERR_HID_SET_INPUT_BUFF	HID 设置输入缓冲区数量错误
19	IDX_ERR_HID_GET_PREPAESED	HID 获取数据错误
20	IDX_ERR_HID_GET_CAPS	HID 获取设备列表错误
21	IDX_ERR_HID_WRITE_FILE	HID 写入文件错误
22	IDX_ERR_HID_GET_OVERLAPPED	HID 获得重复结果错误
23	IDX_ERR_HID_SET_FEATURE	HID 设置功能错误
24	IDX_ERR_HID_GET_FEATURE	HID 获取功能错误
25	IDX_ERR_HID_DEVICE_IO_CTRL	HID 发送设备 I/O 控制器功能报告错误
26	IDX_ERR_HID_SEND_FEATURE_RPT	HID 发送功能报告获取重复结果错误
27	IDX_ERR_HID_GET_MANU_STR	HID 获取制造商字符串错误
28	IDX_ERR_HID_GET_PROD_STR	HID 获取产品字符串错误
29	IDX_ERR_HID_GET_SERIAL_STR	HID 获取序列号字符串错误
30	IDX_ERR_HID_GET_INDEXED_STR	HID 获取索引字符串错误
31	IDX_ERR_TX_TIMEDOUT	发送超时错误
32	IDX_ERR_HW_DFU_WRITE_FLASH_FAILED	硬件 DFU 闪存写入失败
33	IDX_ERR_HW_DFU_WRITE_WO_ERASE	硬件 DFU 写入未清除错误
34	IDX_ERR_HW_DFU_CRC_CHECK_ERROR	硬件 DFU CRC 检查错误
35	IDX_ERR_HW_DFU_COMMAND_TIMED_OUT	CRC 检查成功前硬件 DFU 重置错误
36	IDX_ERR_HW_PACKET_ID_INVALID	硬件数据包标识符无效
37	IDX_ERR_HW_PACKET_LEN_INVALID	硬件数据包长度无效
38	IDX_ERR_HW_INTERNAL_TEST_FAILED	硬件内部测试失败
39	IDX_ERR_HW_RX_FROM_PC_PACKET_LOST	PC 端的硬件 Rx 数据包丢失错误
40	IDX_ERR_HW_TX_TO_PC_BUFF_OVERRUN	硬件 Tx 到 PC 缓冲区溢出错误
41	IDX_ERR_HW_API_PARAMETER_INVALID	硬件 API 参数无效
42	IDX_ERR_DFU_FILE_LOAD_FAILED	DFU 文件加载失败
43	IDX_ERR_DFU_HEADER_WRITE_FAILED	DFU 标头写入失败
44	IDX_ERR_READ_STATUS_TIMEDOUT	读取状态超时错误
45	IDX_ERR_CALLBACK_ALREADY_EXISTS	回调已存在错误
46	IDX_ERR_CALLBACK_NOT_EXISTS	回调不存在错误
47	IDX_ERR_FILE_INVALID	文件已损坏或无法识别
48	IDX_ERR_DB_ID_NOT_FOUND	找不到数据库唯一 ID 错误
49	IDX_ERR_SW_API_PARAMETER_INVALID	软件 API 参数无效
50	IDX_ERR_SW_API_GENERIC_TIMEOUT	软件 API 通用超时错误
51	IDX_ERR_SW_API_SET_CONF_FAILED	软件 API 设置硬件配置失败
52	IDX_ERR_SW_API_INDEX_OUT_OF_BOUNDS	索引超出范围错误
53	IDX_ERR_SW_API_WAIT_TIMEOUT	RX 等待超时错误
54	IDX_ERR_SW_API_GET_IO_FAILED	获取 I/O 失败
55	IDX_ERR_SW_API_SET_IO_FAILED	设置 I/O 失败

续表

返　回　值	错误编码	定　　义
56	IDX_ERR_SW_API_REPLAY_ON_GOING	回放已在运行错误
57	IDX_ERR_SW_API_INSTANCE_NOT_EXISTS	实例不存在错误
58	IDX_ERR_HW_CAN_TRANSMIT_FAILED	CAN 报文传输失败
59	IDX_ERR_HW_NO_RESPONSE	硬件未响应错误
60	IDX_ERR_SW_CAN_MSG_NOT_FOUND	找不到 CAN 报文错误
61	IDX_ERR_SW_CAN_RECV_BUFFER_EMPTY	用户 CAN 接收缓冲区为空错误
62	IDX_ERR_SW_CAN_RECV_PARTIAL_READ	CAN 总接收计数不等于所需计数错误
63	IDX_ERR_SW_API_LINCONFIG_FAILED	LIN 配置失败
64	IDX_ERR_SW_API_FRAMENUM_OUTOFRANGE	LIN 报文数超出范围错误
65	IDX_ERR_SW_API_LDFCONFIG_FAILED	LDF 配置失败
66	IDX_ERR_SW_API_LDFCONFIG_CMDERR	LDF 配置命令错误
67	IDX_ERR_SW_ENV_NOT_READY	TSMaster 环境未就绪错误
68	IDX_ERR_SECURITY_FAILED	安全失败
69	IDX_ERR_XL_ERROR	XL 驱动程序错误
70	IDX_ERR_SEC_INDEX_OUTOFRANGE	索引超出范围错误
71	IDX_ERR_STRINGLENGTH_OUTFOF_RANGE	字符串长度超出范围错误
72	IDX_ERR_KEY_IS_NOT_INITIALIZATION	键未初始化错误
73	IDX_ERR_KEY_IS_WRONG	键错误
74	IDX_ERR_NOT_PERMIT_WRITE	不允许写入错误
75	IDX_ERR_16BYTES_MULTIPLE	16 字节倍数错误
76	IDX_ERR_LIN_CHN_OUTOF_RANGE	LIN 通道超出范围错误
77	IDX_ERR_DLL_NOT_READY	DLL 未就绪错误
78	IDX_ERR_FEATURE_NOT_SUPPORTED	不支持此功能错误
79	IDX_ERR_COMMON_SERV_ERROR	公共服务错误
80	IDX_ERR_READ_PARA_OVERFLOW	读取参数溢出错误
81	IDX_ERR_INVALID_CHANNEL_MAPPING	无效的应用程序通道映射错误
82	IDX_ERR_TSLIB_GENERIC_OPERATION_FAILED	libTSMaster 常规操作失败
83	IDX_ERR_TSLIB_ITEM_ALREADY_EXISTS	项目已存在错误
84	IDX_ERR_TSLIB_ITEM_NOT_FOUND	找不到项目错误
85	IDX_ERR_TSLIB_LOGICAL_CHANNEL_INVALID	逻辑通道无效错误
86	IDX_ERR_FILE_NOT_EXISTS	文件不存在错误
87	IDX_ERR_NO_INIT_ACCESS	无初始化访问无法设置波特率错误
88	IDX_ERR_CHN_NOT_ACTIVE	该通道处于非活动状态错误
89	IDX_ERR_CHN_NOT_CREATED	通道未创建错误
90	IDX_ERR_APPNAME_LENGTH_OUT_OF_RANGE	应用程序名称的长度超出范围错误
91	IDX_ERR_PROJECT_IS_MODIFIED	项目已修改错误
92	IDX_ERR_SIGNAL_NOT_FOUND_IN_DB	在数据库中找不到信号错误
93	IDX_ERR_MESSAGE_NOT_FOUND_IN_DB	在数据库中找不到报文错误

续表

返回值	错误编码	定义
94	IDX_ERR_TSMASTER_IS_NOT_INSTALLED	TSMaster 未安装错误
95	IDX_ERR_LIB_LOAD_FAILED	库加载失败错误
96	IDX_ERR_LIB_FUNCTION_NOT_FOUND	找不到库函数错误
97	IDX_ERR_LIB_NOT_INITIALIZED	找不到 libTSMaster.dll 错误，请在调用 initialize_lib_tsmaster 之前使用 set_libTSMaster_location 设置其位置
98	IDX_ERR_PCAN_GENRIC_ERROR	PCAN 通用操作错误
99	IDX_ERR_KVASER_GENERIC_ERROR	Kvaser 通用操作错误
100	IDX_ERR_ZLG_GENERIC_ERROR	ZLG 通用操作错误
101	IDX_ERR_ICS_GENERIC_ERROR	ICS 通用操作错误
102	IDX_ERR_TC1005_GENERIC_ERROR	TC005 通用操作错误
103	IDX_ERR_SYSTEM_VAR_NOT_FOUND	找不到系统变量错误
104	IDX_ERR_INCORRECT_SYSTEM_VAR_TYPE	系统变量类型不正确
105	IDX_ERR_CYCLIC_MSG_NOT_EXIST	消息不存在更新失败
106	IDX_ERR_BAUD_NOT_AVAIL	指定波特率不可用错误
107	IDX_ERR_DEV_NOT_SUPPORT_SYNC_SEND	设备不支持同步传输错误
108	IDX_ERR_MP_WAIT_TIME_NOT_SATISFIED	等待时间不满足错误
109	IDX_ERR_CANNOT_OPERATE_WHILE_CONNECTED	连接应用程序时无法操作错误
110	IDX_ERR_CREATE_FILE_FAILED	创建文件失败
111	IDX_ERR_PYTHON_EXECUTE_FAILED	执行 Python 失败
112	IDX_ERR_SIGNAL_MULTIPLEXED_NOT_ACTIVE	当前多路复用信号未激活错误
113	IDX_ERR_GET_HANDLE_BY_CHANNEL_FAILED	逻辑通道获取句柄失败
114	IDX_ERR_CANNOT_OPERATE_WHILE_APP_CONN	应用程序连接时无法操作请先停止应用程序错误
115	IDX_ERR_FILE_LOAD_FAILED	文件加载失败
116	IDX_ERR_READ_LINDATA_FAILED	读取 LIN 数据失败
117	IDX_ERR_FIFO_NOT_ENABLED	FIFO 未启用错误
118	IDX_ERR_INVALID_HANDLE	无效句柄错误
119	IDX_ERR_READ_FILE_ERROR	读取文件错误
120	IDX_ERR_READ_TO_EOF	读取 EOF 错误
121	IDX_ERR_CONF_NOT_SAVED	配置未保存错误
122	IDX_ERR_IP_PORT_OPEN_FAILED	IP 端口打开失败
123	IDX_ERR_IP_TCP_CONNECT_FAILED	TCP 连接失败
124	IDX_ERR_DIR_NOT_EXISTS	目录不存在错误
125	IDX_ERR_CURRENT_LIB_NOT_SUPPORTED	不支持当前库错误
126	IDX_ERR_TEST_NOT_RUNNING	测试未运行错误
127	IDX_ERR_SERV_RESPONSE_NOT_RECV	未收到服务器响应错误
128	IDX_ERR_CREATE_DIR_FAILED	创建目录失败

续表

返回值	错误编码	定义
129	IDX_ERR_INCORRECT_ARGUMENT_TYPE	无效的参数类型错误
130	IDX_ERR_READ_DATA_PACKAGE_OVERFLOW	从设备读取数据包失败
131	IDX_ERR_REPLAY_IS_ALREADY_RUNNING	回放正在运行错误
132	IDX_ERR_REPALY_MAP_ALREADY_EXIST	重放映射已存在错误
133	IDX_ERR_USER_CANCEL_INPUT	用户取消输入错误
134	IDX_ERR_API_CHECK_FAILED	API 检查结果为否定
135	IDX_ERR_CANABLE_GENERIC_ERROR	CANable 通用错误
136	IDX_ERR_WAIT_CRITERIA_NOT_SATISFIED	不满足等待条件错误
137	IDX_ERR_REQUIRE_APP_CONNECTED	操作需要连接应用程序错误
138	IDX_ERR_PROJECT_PATH_ALREADY_USED	项目路径被另一个应用程序使用错误
139	IDX_ERR_TP_TIMEOUT_AS	发送器向接收器传输数据的超时错误
140	IDX_ERR_TP_TIMEOUT_AR	接收器向发送器发送流量控制超时错误
141	IDX_ERR_TP_TIMEOUT_BS	发送方接收 FC 帧后发送第一个数据帧超时错误
142	IDX_ERR_TP_TIMEOUT_CR	接收器发送 FC 帧后接收第一个 CF 帧超时错误
143	IDX_ERR_TP_WRONG_SN	序列号错误
144	IDX_ERR_TP_INVALID_FS	流控帧的流控状态无效错误
145	IDX_ERR_TP_UNEXP_PDU	意外的协议数据单元错误
146	IDX_ERR_TP_WFT_OVRN	FC 帧的等待计数器超出最大 WFT 错误
147	IDX_ERR_TP_BUFFER_OVFLW	接收器缓冲区溢出错误
148	IDX_ERR_TP_NOT_IDLE	TP 模块正忙错误
149	IDX_ERR_TP_ERROR_FROM_CAN_DRIVER	CAN 驱动器出错
150	IDX_ERR_TP_HANDLE_NOT_EXIST	TP 模块的句柄不存在错误
151	IDX_ERR_UDS_EVENT_BUFFER_IS_FULL	UDS 事件缓冲区已满错误
152	IDX_ERR_UDS_HANDLE_POOL_IS_FULL	句柄池已满无法添加新的 UDS 模块错误
153	IDX_ERR_UDS_NULL_POINTER	UDS 模块的指针为空错误
154	IDX_ERR_UDS_MESSAGE_INVALID	UDS 报文无效错误
155	IDX_ERR_UDS_NO_DATA	未接收到任何诊断数据错误
156	IDX_ERR_UDS_MODULE_NOT_EXISTING	UDS 句柄不存在错误
157	IDX_ERR_UDS_MODULE_NOT_READY	诊断模块未启用错误
158	IDX_ERR_UDS_SEND_DATA_FAILED	发送诊断报文失败
159	IDX_ERR_UDS_NOT_SUPPORTED	不支持此诊断服务错误
160	IDX_ERR_UDS_TIMEOUT_SENDING_REQUEST	发送诊断请求超时错误

续表

返 回 值	错 误 编 码	定 义
161	IDX_ERR_UDS_TIMEOUT_GET_RESPONSE	获取诊断请求超时，请检查 p2 时间错误
162	IDX_ERR_UDS_NEGATIVE_RESPONSE	获取诊断负响应失败
163	IDX_ERR_UDS_NEGATIVE_WITH_EXPECTED_NRC	获取诊断负响应和预期 NRC 码失败
164	IDX_ERR_UDS_NEGATIVE_UNEXPECTED_NRC	获取诊断负响应和未预期的 NRC 码失败
165	IDX_ERR_UDS_CANTOOL_NOT_READY	诊断 can 工具未启用错误
166	IDX_ERR_UDS_DATA_OUTOF_RANGE	诊断数据超出范围错误
167	IDX_ERR_UDS_UNEXPECTED_FRAME	获取未预期的诊断报文失败
168	IDX_ERR_UDS_UNEXPECTED_POSTIVE_RESPONSE	收到意外的肯定响应帧错误
169	IDX_ERR_UDS_POSITIVE_REPONSE_WITH_WRONG_DATA	收到错误数据的正响应错误
170	IDX_ERR_UDS_GET_POSITIVE_RESPONSE_FAILED	未能获得正响应错误
171	IDX_ERR_UDS_MaxNumOfBlockLen_OVERFLOW	最大块长度超出范围错误
172	IDX_ERR_UDS_NEGATIVE_RESPONSE_WITH_UNEXPECTED_NRC	收到意外 NRC 的负响应错误
173	IDX_ERR_UDS_SERVICE_IS_RUNNING	诊断服务正忙错误
174	IDX_ERR_UDS_NEED_APPLY_DOWNLOAD_FIRST	传输数据前必须执行请求下载服务错误
175	IDX_ERR_UDS_RESPONSE_DATA_LENGTH_ERR	UDS 响应的长度错误
176	IDX_ERR_TEST_CHECK_LOWER	判定值小于规范错误
177	IDX_ERR_TEST_CHECK_UPPER	判定值大于规范错误
178	IDX_ERR_TEST_VERDICT_CHECK_FAILED	判定检查失败错误
179	IDX_ERR_AM_NOT_LOADED	图形程序未加载错误，请先加载
180	IDX_ERR_PANEL_NOT_FOUND	未找到面板错误
181	IDX_ERR_CONTROL_NOT_FOUND_IN_PANEL	在面板中找不到控件错误
182	IDX_ERR_PANEL_NOT_LOADED	面板未加载错误，请先加载
183	IDX_ERR_STIM_SIGNAL_NOT_FOUND	未找到 STIM 信号
184	IDX_ERR_AM_SUB_MODULE_NOT_AVAIL	自动化子模块不可用错误
185	IDX_ERR_AM_VARIANT_GROUP_NOT_FOUND	找不到自动化变体组错误
186	IDX_ERR_PANEL_CONTROL_NOT_FOUND	在面板中找不到控件错误
187	IDX_ERR_PANEL_CONTROL_NOT_SUPPORT_THIS	面板控件不支持此属性错误
188	IDX_ERR_RBS_NOT_RUNNING	RBS 发动机未运行错误

续表

返 回 值	错误编码	定 义
189	IDX_ERR_MSG_NOT_SUPPORT_PDU_CONTAINER	此报文不支持 PDU 容器错误
190	IDX_ERR_DATA_NOT_AVAILABLE	数据不可用错误
191	IDX_ERR_J1939_NOT_SUPPORTED	J1939 不受支持错误
192	IDX_ERR_J1939_ANOTHER_PDU_IS_SENDING	另一个 J1939 PDU 已经在传输错误
193	IDX_ERR_J1939_TX_FAILED_PROTOCOL_ERROR	由于协议错误，传输 J1939 PDU 失败
194	IDX_ERR_J1939_TX_FAILED_NODE_INACTIVE	由于节点处于非活动状态，发送 j939 PDU 失败
195	IDX_ERR_NO_LICENSE	API 在没有许可证支持的情况下调用错误
196	IDX_ERR_SIGNAL_CHECK_RANGE_VIOLATION	信号范围检查违法错误
197	IDX_ERR_LOG_READ_CATEGORY_FAILED	数据记录器读取类别失败
198	IDX_ERR_CHECK_BOOT_VERSION_FAILED	检查 Flash 引导加载程序版本失败
199	IDX_ERR_LOG_FILE_NOT_CREATED	未创建日志文件错误
200	IDX_ERR_MODULE_IS_BEING_EDITED_BY_USER	用户正在编辑模块错误
201	IDX_ERR_LOG_DEVICE_IS_BUSY	记录设备正忙，无法同时运行错误
202	IDX_ERR_LIN_MASTER_TRANSMIT_N_AS_TIMEOUT	主节点传输诊断包超时错误
203	IDX_ERR_LIN_MASTER_TRANSMIT_TRANSMIT_ERROR	主节点传输帧失败
204	IDX_ERR_LIN_MASTER_REV_N_CR_TIMEOUT	主节点接收诊断包超时错误
205	IDX_ERR_LIN_MASTER_REV_ERROR	主节点接收帧失败
206	IDX_ERR_LIN_MASTER_REV_INTERLLEAVE_TIMEOUT	接收完成前内部时间已用完错误
207	IDX_ERR_LIN_MASTER_REV_NO_RESPONSE	主节点未收到响应错误
208	IDX_ERR_LIN_MASTER_REV_SN_ERROR	接收多帧时出现序列号错误
209	IDX_ERR_LIN_SLAVE_TRANSMIT_N_CR_TIMEOUT	从节点传输诊断包超时错误
210	IDX_ERR_LIN_SLAVE_REV_N_CR_TIMEOUT	从节点接收诊断包超时错误
211	IDX_ERR_LIN_SLAVE_TRANSMIT_ERROR	从节点传输帧错误
212	IDX_ERR_LIN_SLAVE_REV_ERROR	从节点接收帧错误
213	IDX_ERR_CLOSE_FILE_FAILED	关闭文件失败
214	IDX_ERR_CONF_LOG_FILE_FAILED	配置文件失败
215	IDX_ERR_CONVERT_LOG_FAILED	转换日志文件失败
216	IDX_ERR_HALTED_DUE_TO_USER_BREAK	操作因用户中断而暂停错误

续表

返回值	错误编码	定义
217	IDX_ERR_WRITE_FILE_FAILED	写入文件失败
218	IDX_ERR_UNKNOWN_OBJECT_DETECTED	检测到未知对象错误
219	IDX_ERR_THIS_FUNC_SHOULD_BE_CALLED_IN_MP	该函数应该在 mp 线程中调用
220	IDX_ERR_USER_CANCEL_WAIT	用户取消等待错误
221	IDX_ERR_DECOMPRESS_DATA_FAILED	解压缩数据失败
222	IDX_ERR_AUTOMATION_OBJ_NOT_CREATED	未创建自动化对象错误
223	IDX_ERR_ITEM_DUPLICATED	项目重复错误
224	IDX_ERR_DIVIDE_BY_ZERO	除以零错误
225	IDX_ERR_REQUIRE_MINI_PROGRAM_RUNNING	此操作需要运行小程序错误
226	IDX_ERR_FORM_NOT_EXIST	表单不存在错误
227	IDX_ERR_CANNOT_CONFIG_WHEN_DEVICE_RUNNING	无法在设备运行时进行配置错误
228	IDX_ERR_DATA_NOT_READY	设备的数据尚未准备好错误
229	IDX_ERR_STOP_DEVICE_FAILED	停止设备失败
230	IDX_ERR_PYTHON_CODE_CRASH	Python 代码崩溃
231	IDX_ERR_CONDITION_NOT_MET	不满足条件错误
232	IDX_ERR_PYTHON_MODULE_NOT_DEPLOYED	未部署 Python 模块错误

第11章 C代码编程技巧

本章内容：

- 零代码的粘贴法。
- 快速复制信号路径。
- TSMaster 库函数的在线帮助。
- 调用 C++标准库。
- 调用 Windows 库函数。
- 小程序常见的调用方法。
- 在 Visual Studio 环境中调试代码。
- 小程序库的应用。

TSMaster 使用过程中会发现有很多隐藏在各个角落中的小技巧，对于一个使用 TSMaster 的新手，如果能够整理并灵活使用这些技巧，在自己的日常工作中可以起到事半功倍的效果。本章首先介绍一些常用的 C 代码编程小技巧，然后介绍如何在 Visual Studio 中调试自己的代码，最后介绍小程序库的应用。

11.1 零代码的粘贴法

很多用户在使用 TSMaster 初期遇到的常见问题就是如何发送一个报文。下面就以发送报文作为一个典型例子。

首先将经典例程 EasyDemo 另存为新的仿真工程，命名为 SkillDemo。为了读者学习和实践的需要，本章大部分章节将基于 SkillDemo 例程做更新和验证。

11.1.1 通过发送报文窗口生成代码

SkillDemo 工程默认已经加载了数据库文件 EasyCAN. dbc。如果读者期望按一下 A 键就发送一次数据库中的报文 LightState，可以按以下步骤实现。

(1) 在 TSMaster 主界面，通过“程序”→“ C 小程序”选择“添加 C 小程序编辑器”，也可以直接在现有的 C 小程序 EasyDemo 的代码中增加这部分功能。本章选择了后者的方式。

(2) 在按键事件中，添加一个按键事件，名称为 On_KeyA，快捷键为 A，这样就自动产生了一个 on_shortcut_On_KeyA 函数。这个函数目前是空白的，需要读者来填写代码，如图 11.1 所示。

(3) 添加一个 CAN/CAN FD 报文发送窗口，通过数据库将报文 LightState 添加进去，

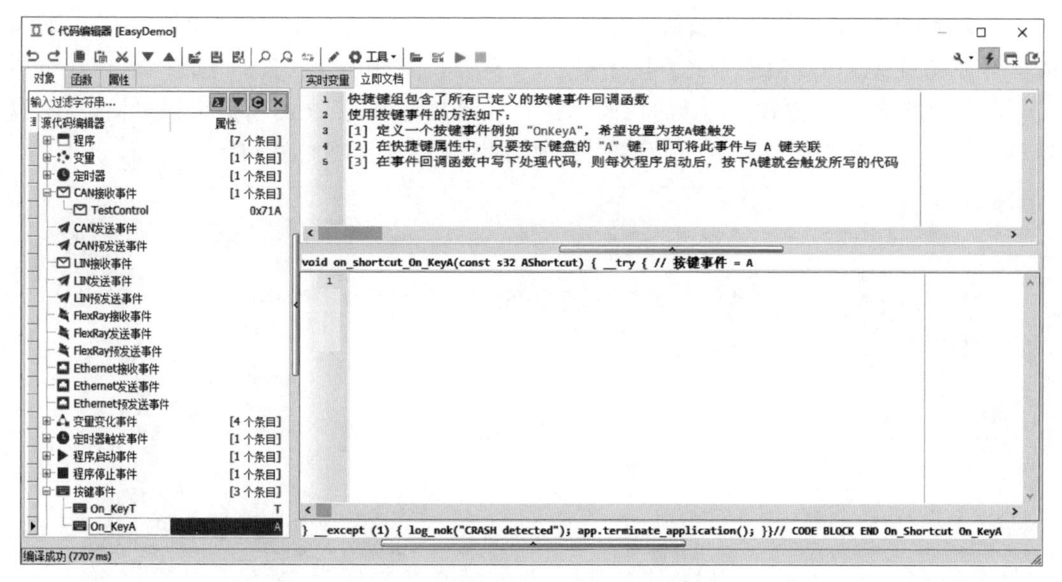

图 11.1　添加 On_KeyA 按键事件

根据 DBC 文件的信息，系统会自动设置报文的 Data 等信息。读者可以修改这些信息，本节此处只修改 Data 的部分值为 01，如图 11.2 所示。

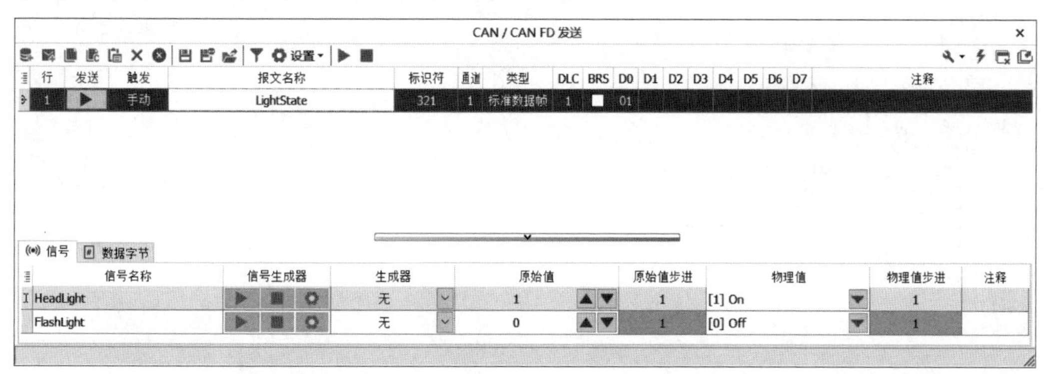

图 11.2　添加报文 LightState 到 CAN/CAN FD 发送窗口

（4）生成代码：右击报文 LightState，在快捷菜单中找到“复制为 C 脚本”选项，如图 11.3 所示。

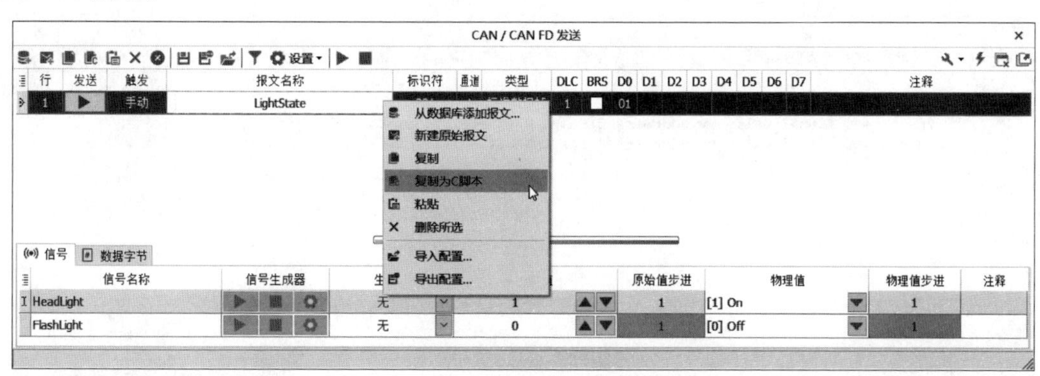

图 11.3　复制为 C 脚本代码

(5) 这时候会自动弹出 C 脚本片段的窗口,可以看到有三个选项:自由编辑报文、数据库信号方式和总线仿真引擎方式。接下来,对三种方式简单介绍一下。

① 自由编辑报文方式:此处的代码不依赖任何数据库,报文的信息可以灵活改变,读者可以复制到 C 代码编辑器中,根据需要修改,本实例中的代码如图 11.4 所示。

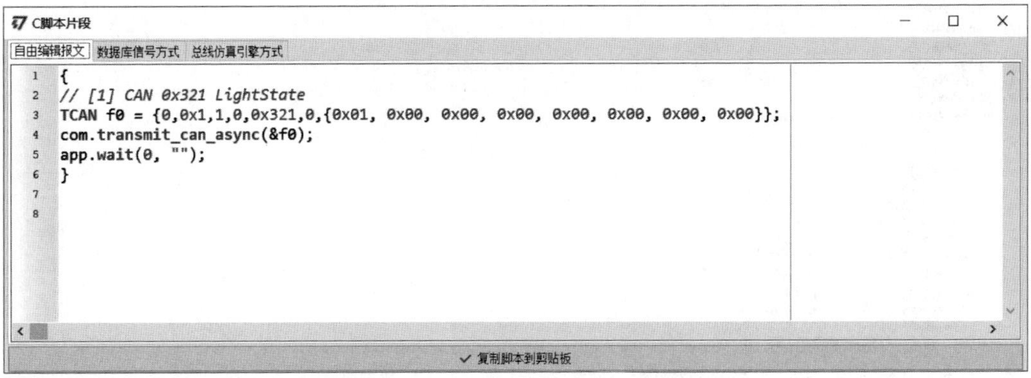

C脚本片段

自由编辑报文 数据库信号方式 总线仿真引擎方式

```
{
// [1] CAN 0x321 LightState
TCAN f0 = {0,0x1,1,0,0x321,0,{0x01, 0x00, 0x00, 0x00, 0x00, 0x00, 0x00, 0x00}};
com.transmit_can_async(&f0);
app.wait(0, "");
}
```

复制脚本到剪贴板

图 11.4　C 脚本片段自由编辑报文方式

② 数据库信号方式:此处的代码依赖数据库,基于数据库中报文构造对象,然后通过信号赋值来更新报文,本实例中的代码如图 11.5 所示。

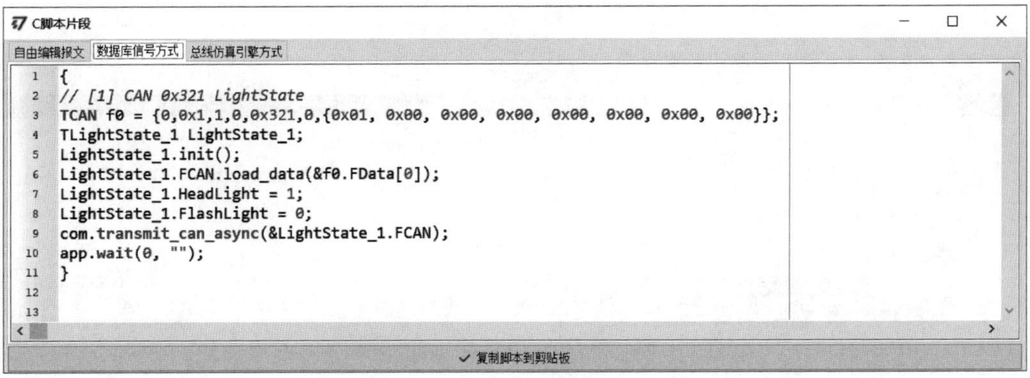

C脚本片段

自由编辑报文 数据库信号方式 总线仿真引擎方式

```
{
// [1] CAN 0x321 LightState
TCAN f0 = {0,0x1,1,0,0x321,0,{0x01, 0x00, 0x00, 0x00, 0x00, 0x00, 0x00, 0x00}};
TLightState_1 LightState_1;
LightState_1.init();
LightState_1.FCAN.load_data(&f0.FData[0]);
LightState_1.HeadLight = 1;
LightState_1.FlashLight = 0;
com.transmit_can_async(&LightState_1.FCAN);
app.wait(0, "");
}
```

复制脚本到剪贴板

图 11.5　C 脚本片段数据库信号方式

③ 总线仿真引擎方式:此处的代码依赖 RBS 运行的情况之下,主要是对信号值的更新,需要提供详细的信号地址,本实例中的代码如图 11.6 所示。

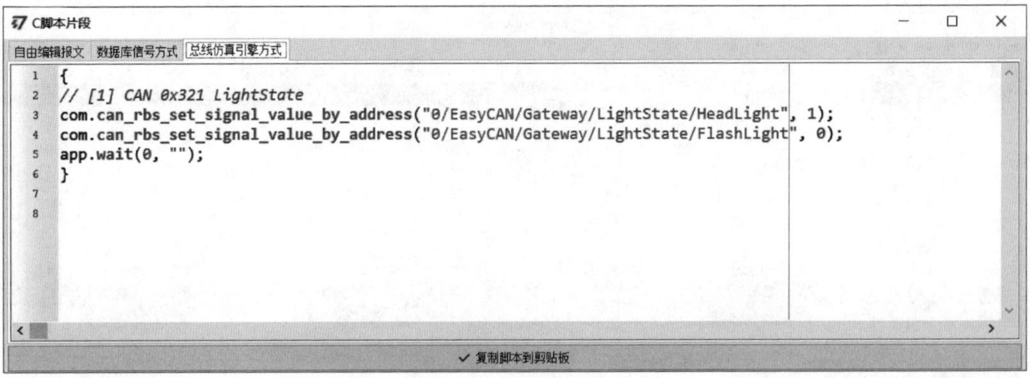

C脚本片段

自由编辑报文 数据库信号方式 总线仿真引擎方式

```
{
// [1] CAN 0x321 LightState
com.can_rbs_set_signal_value_by_address("0/EasyCAN/Gateway/LightState/HeadLight", 1);
com.can_rbs_set_signal_value_by_address("0/EasyCAN/Gateway/LightState/FlashLight", 0);
app.wait(0, "");
}
```

复制脚本到剪贴板

图 11.6　C 脚本片段总线仿真引擎方式

(6) 本节在此处选用自由编辑报文方式，将此部分代码复制到剪贴板。

(7) 回到第(2)步，可以将这部分的代码粘贴到函数 on_shortcut_On_KeyA 中，建议读者去除前后两个多余的花括号“{”和“}”，再增加一条 app.log_text()输出系统消息的代码，如图 11.7 所示。

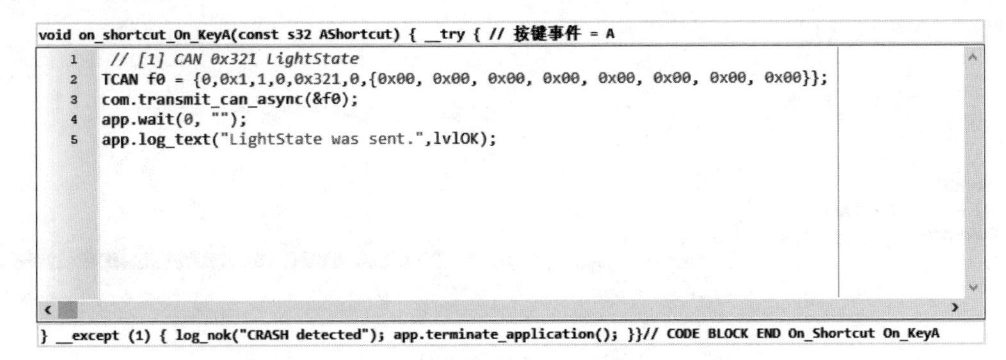

图 11.7　粘贴完成 on_shortcut_On_KeyA 函数编辑

(8) 编译 C 代码并运行，接着运行仿真工程。为了便于观察，建议关闭面板 Control 的 Control. DemeEnable 开关，然后按 A 键，可以在报文信息窗口中观察发送报文的信息，如图 11.8 所示。同时，也将在系统消息窗口中输出一行提示信息。

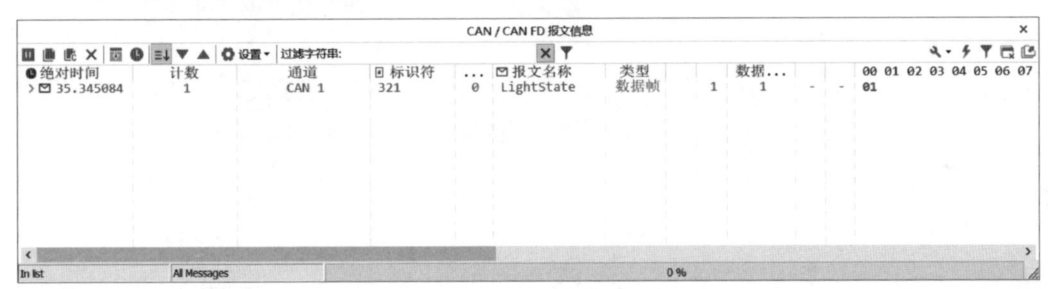

图 11.8　在 CAN/CAN FD 报文信息窗口中观察报文 LightState

11.1.2　通过报文信息窗口生成代码

与 11.1.1 节极其相似，读者也可以通过接收到的报文生成一段代码，在 SkillDemo 范例中，如图 11.9 所示，右击报文 LightState，在快捷菜单中同样可以发现“复制为 C 脚本”。

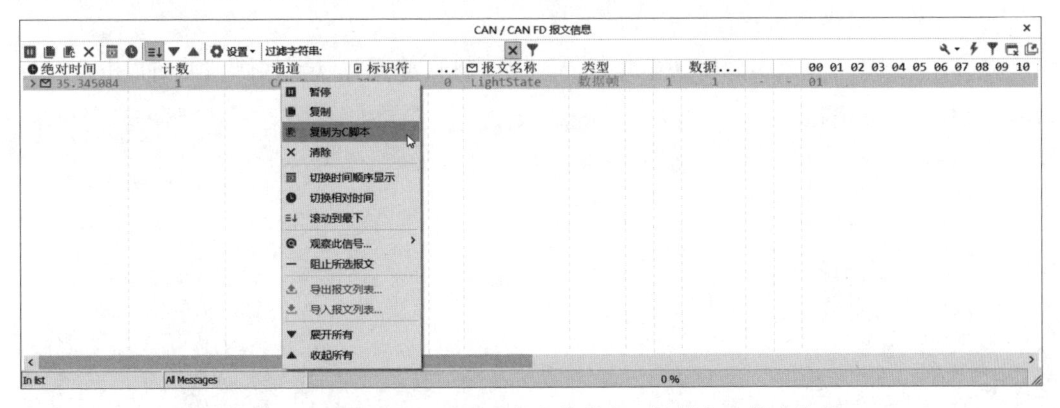

图 11.9　在 CAN/CAN FD 报文信息窗口复制为 C 脚本代码

用户可以看到弹出的 C 脚本片段窗口与 11.1.1 节中的图 11.4～图 11.6 完全一样。

11.1.3 通过剩余总线仿真窗口生成代码

在 CAN 剩余总线仿真中右击一个信号，在快捷菜单中可以看到三个生成小程序代码的选项，如图 11.10 所示。

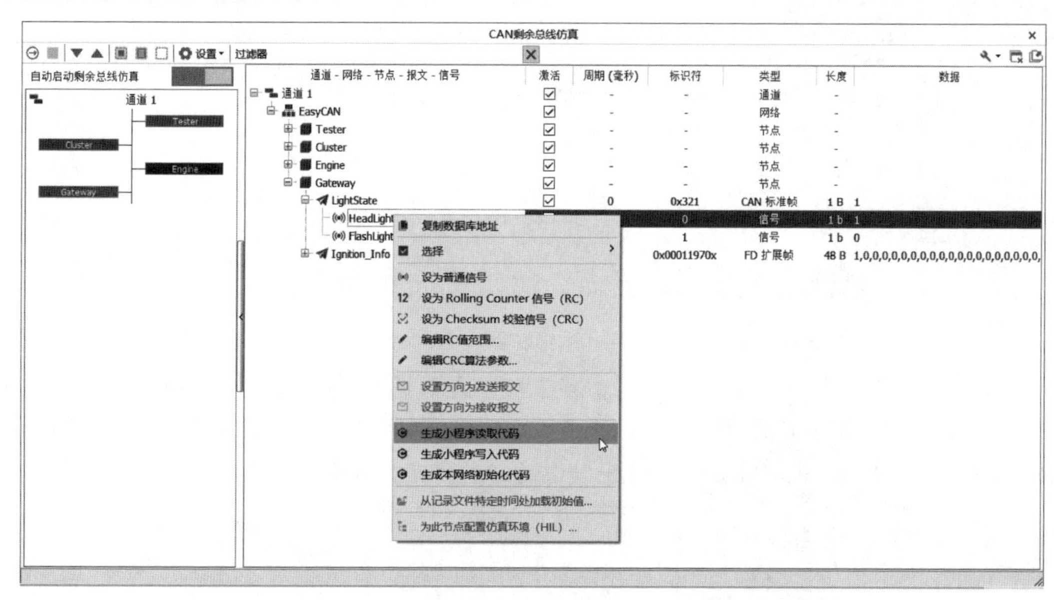

图 11.10 剩余总线仿真窗口生成小程序代码

（1）生成小程序读取代码。

选择菜单中的“生成小程序读取代码”选项，将自动复制以下代码到剪贴板中。

```
com.can_rbs_get_signal_value_by_address("0/EasyCAN/Gateway/LightState/HeadLight", &d);
```

（2）生成小程序写入代码。

选择菜单中的“生成小程序写入代码”选项，将自动复制以下代码到剪贴板中。

```
com.can_rbs_set_signal_value_by_address("0/EasyCAN/Gateway/LightState/HeadLight", 0);
```

（3）生成本网络初始化代码。

选择菜单中的“生成本网络初始化代码”选项，将自动复制以下代码到剪贴板中。

```
// Network: EasyCAN
com.can_rbs_activate_network_by_name(CH1, true, "EasyCAN", false);
// Node: Tester
com.can_rbs_activate_node_by_name(CH1, true, "EasyCAN", "Tester", false);
// Message: DiagResponse_Engine
com.can_rbs_activate_message_by_name(CH1, true, "EasyCAN", "Tester", "DiagResponse_
Engine");
// Node: Cluster
com.can_rbs_activate_node_by_name(CH1, true, "EasyCAN", "Cluster", false);
// Message: Ignition_Info
```

```
com.can_rbs_set_message_cycle_by_name(CH1, 50, "EasyCAN", "Cluster", "Ignition_Info");
com.can_rbs_activate_message_by_name(CH1, true, "EasyCAN", "Cluster", "Ignition_Info");
com.can_rbs_set_signal_value_by_address("0/EasyCAN/Cluster/Ignition_Info/StarterKey", 0);
// Node: Engine
com.can_rbs_activate_node_by_name(CH1, true, "EasyCAN", "Engine", false);
// Message: DiagRequest_Engine
com.can_rbs_activate_message_by_name(CH1, true, "EasyCAN", "Engine", "DiagRequest_Engine");
// Message: GearBoxInfo
com.can_rbs_set_message_cycle_by_name(CH1, 50, "EasyCAN", "Engine", "GearBoxInfo");
com.can_rbs_activate_message_by_name(CH1, true, "EasyCAN", "Engine", "GearBoxInfo");
com.can_rbs_set_signal_value_by_address("0/EasyCAN/Engine/GearBoxInfo/Gear", 0);
// Message: EngineData
com.can_rbs_set_message_cycle_by_name(CH1, 100, "EasyCAN", "Engine", "EngineData");
com.can_rbs_activate_message_by_name(CH1, true, "EasyCAN", "Engine", "EngineData");
com.can_rbs_set_signal_value_by_address("0/EasyCAN/Engine/EngineData/IdleRunning", 0);
com.can_rbs_set_signal_value_by_address("0/EasyCAN/Engine/EngineData/EngTemp", -50);
com.can_rbs_set_signal_value_by_address("0/EasyCAN/Engine/EngineData/PetrolLevel", 0);
com.can_rbs_set_signal_value_by_address("0/EasyCAN/Engine/EngineData/EcoMode", 0);
com.can_rbs_set_signal_value_by_address("0/EasyCAN/Engine/EngineData/EngPower", 0);
com.can_rbs_set_signal_value_by_address("0/EasyCAN/Engine/EngineData/EngForce", 0);
com.can_rbs_set_signal_value_by_address("0/EasyCAN/Engine/EngineData/EngSpeed", 0);
com.can_rbs_set_signal_value_by_address("0/EasyCAN/Engine/EngineData/EngTorque", 0);
com.can_rbs_set_signal_value_by_address("0/EasyCAN/Engine/EngineData/ShiftRequest", 0);
com.can_rbs_set_signal_value_by_address("0/EasyCAN/Engine/EngineData/SleepInd", 0);
com.can_rbs_set_signal_value_by_address("0/EasyCAN/Engine/EngineData/EngTubePressure", 0);
com.can_rbs_set_signal_value_by_address("0/EasyCAN/Engine/EngineData/EngValvePos", 0);
com.can_rbs_set_signal_value_by_address("0/EasyCAN/Engine/EngineData/EngStates", 0);
com.can_rbs_set_signal_value_by_address("0/EasyCAN/Engine/EngineData/EngIgnitionAngle", 0);
com.can_rbs_set_signal_value_by_address("0/EasyCAN/Engine/EngineData/EngKnocking", 0);
// Message: Ignition_Info
com.can_rbs_set_message_cycle_by_name(CH1, 50, "EasyCAN", "Engine", "Ignition_Info");
com.can_rbs_activate_message_by_name(CH1, true, "EasyCAN", "Engine", "Ignition_Info");
com.can_rbs_set_signal_value_by_address("0/EasyCAN/Engine/Ignition_Info/StarterKey", 0);
// Node: Gateway
com.can_rbs_activate_node_by_name(CH1, true, "EasyCAN", "Gateway", false);
// Message: LightState
com.can_rbs_activate_message_by_name(CH1, true, "EasyCAN", "Gateway", "LightState");
com.can_rbs_set_signal_value_by_address("0/EasyCAN/Gateway/LightState/HeadLight", 0);
com.can_rbs_set_signal_value_by_address("0/EasyCAN/Gateway/LightState/FlashLight", 0);
// Message: Ignition_Info
com.can_rbs_set_message_cycle_by_name(CH1, 50, "EasyCAN", "Gateway", "Ignition_Info");
com.can_rbs_activate_message_by_name(CH1, true, "EasyCAN", "Gateway", "Ignition_Info");
com.can_rbs_set_signal_value_by_address("0/EasyCAN/Gateway/Ignition_Info/StarterKey", 0);
```

11.1.4 通过系统变量管理器生成代码

本节内容可以参考10.8.2节的小程序读写系统变量的内容，这里不再赘述。

11.2 快捷复制信号路径

在编写C小程序代码时，经常需要输入信号的路径，为了避免人工输入的出错可能，TSMaster在相关窗口中提供了复制这些路径的入口。在SkillDemo范例中，右击CAN数据库窗口中的信号 EngSpeed,在快捷菜单中选择“复制数据库路径”选项,可以将信号的数据库路径复制到剪贴板中,如图 11.11 所示,剪贴板中的内容为“0/EasyCAN/Engine/EngineData/EngSpeed”。

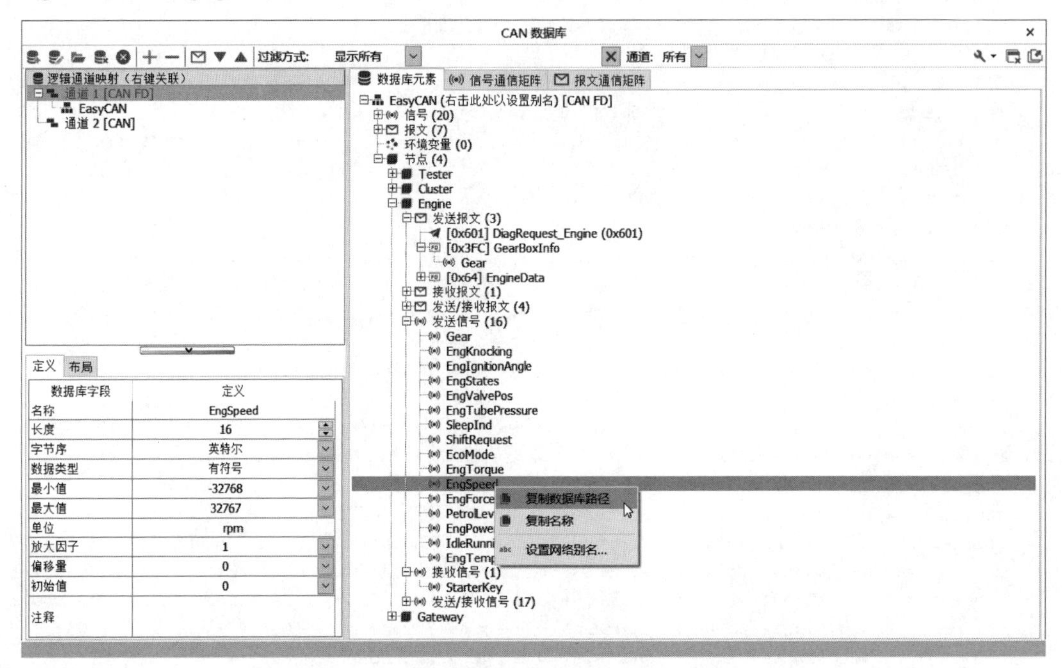

图 11.11　在数据库窗口中复制信号路径

这里需要特别强调的是,信号读操作时,建议使用接收节点下的接收报文的信号,信号写操作时,建议使用发送节点下的发送报文的信号。

11.3　TSMaster 库函数的在线帮助

用户在开发 C 代码过程中会碰到库函数不知道怎么调用的情况,TSMaster 的 C 代码编辑器提供了在线帮助,具体参考 10.2.7 节中立即文档查看区的简介和 10.2.9 节中 API 文档查看区的简介。

11.4　调用 C++标准库

TSMaster 的 C 脚本采用的是标准的 C/C++编译器,除了支持 C 语言,其实还可以使用 C++的代码。例如,读者使用 C 处理字符串非常不方便,C++增强了对字符串的支持,除了可以使用 C 风格的字符串,还可以使用内置的 string 类。string 类处理字符串会方便很多,完全可以代替 C 语言中的字符数组或字符串指针。

下面举例介绍如何使用 string 类实现一些字符串的操作。例如,一个 string 字符串包含若干 CAN 报文的 ID,每个 ID 之间使用分号来分隔,然后将字符串的 ID 提取出来,转换为整数。本节同样以经典范例 EasyDemo 为基础,在按键事件函数中实现相关功能。

11.4.1 全局定义中添加头文件

要使用 C++的 string 类，首先需要在全局定义对象下添加头文件 string，并添加 using namespace std，如图 11.12 所示。using namespace std 是告诉编译器使用 std 命名空间，命名空间是 C++中的概念。

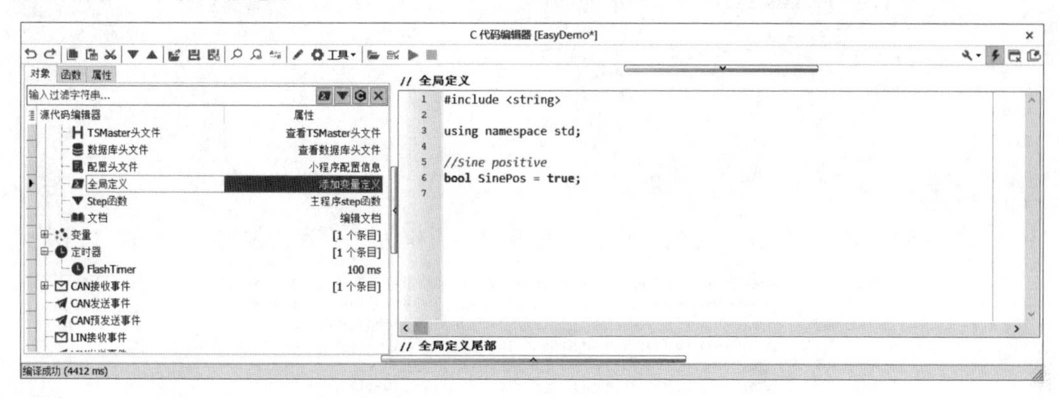

图 11.12　在全局定义中添加头文件

11.4.2 添加字符串处理代码

与 11.1.1 节类似，在按键事件节点下，添加一个按键事件，名称为 On_KeyB，快捷键为 B，这样就自动产生了一个 on_shortcut_On_KeyB 的函数。

```
//按键事件 "On_KeyB" 快捷键 = B
void on_shortcut_On_KeyB(const s32 AShortcut) { __try {  // 按键事件 = B
  string str1 = "0x64E";
  string str2 = "0x123";
  string str3 = "0x321";

  log("C++string demo start");
  // create id list and print it
  string idlist = str1 + ";" + str2 + ";" + str3;
  log(idlist.data());

  string flag = ";";                                    //splitter string
  s8 pos = 0;                                           //position
  string idstr;                                         //CAN Id string found from id list
  u32 id;                                               //CAN Id
  while(idlist.size()> 0)
  {
    // find the first position of flag
    pos = (s8)idlist.find_first_of(flag);
    log("current pos is %d", pos);
    if(pos > 0)
    {
      //get the CAN id string
      idstr = idlist.substr(0,pos);
      //update id list with removing the found id
      idlist = idlist.substr(pos + 1,idlist.size() - pos - 1);
```

```
        //convert the id string to integer
        id = stoi(idstr,0,16);
        log("CAN id is found: id =  %x", id);
      }
      else
      {
          //the last CAN id
          id = stoi(idlist,0,16);
          log("Last CAN id is found: id =  %x", id);
          break;
      }
    }
  } __except (1) { log_nok("CRASH detected"); app.terminate_application(); }}
```

运行小程序,按 B 键,在系统消息窗口中将输出字符串处理过程的输出,如图 11.13 所示。

```
11:36:05.987    [EasyDemo.mp][EasyDemo.c][on_shortcut_On_KeyB][172] C++ string demo start
11:36:05.987    [EasyDemo.mp][EasyDemo.c][on_shortcut_On_KeyB][175] 0x64E;0x123;0x321
11:36:05.987    [EasyDemo.mp][EasyDemo.c][on_shortcut_On_KeyB][185] current pos is 5
11:36:05.987    [EasyDemo.mp][EasyDemo.c][on_shortcut_On_KeyB][194] CAN id is found: id = 64e
11:36:05.987    [EasyDemo.mp][EasyDemo.c][on_shortcut_On_KeyB][185] current pos is 5
11:36:05.987    [EasyDemo.mp][EasyDemo.c][on_shortcut_On_KeyB][194] CAN id is found: id = 123
11:36:05.987    [EasyDemo.mp][EasyDemo.c][on_shortcut_On_KeyB][185] current pos is -1
11:36:05.987    [EasyDemo.mp][EasyDemo.c][on_shortcut_On_KeyB][200] Last CAN id is found: id = 321
```

图 11.13 按 B 键以后输出的信息

11.5 调用 Windows 库函数

用户在使用 TSMaster 过程中不可避免地需要读取 Windows 的一些关键信息,如 Windows 的版本、计算机名称、用户名称等。接下来,本书将带领读者学习如何读取计算机名称和用户名称。

首先在全局定义对象中,添加一行"#include <windows.h>"来包含 Windows 库文件。然后与 11.4 节类似,添加一个按键事件,名称为 On_KeyC,快捷键为 C,这样就自动产生一个 on_shortcut_On_KeyC 函数。在该函数中调用 Windows 库文件中函数接口 GetComputerName 和 GetUserName 来获得计算机名称和用户名称,完整代码如下。

```
//按键事件 "On_KeyC" 快捷键 = C
void on_shortcut_On_KeyC(const s32 AShortcut) { __try {     //按键事件 = C
 char ComputerName[MAX_COMPUTERNAME_LENGTH + 1];
 char UserName[200];
 unsigned long len = sizeof(ComputerName);
 u32 ret = GetComputerName((TCHAR *)ComputerName, &len);
 log("The computer name is %s, len =  %d",ComputerName,len);

 len = 200;
 ret = GetUserName((TCHAR *)UserName,&len);
 log("The user name is %s, len =  %d",UserName,len);

} __except (1) { log_nok("CRASH detected"); app.terminate_application(); }}
```

运行小程序,按 C 键,在系统消息窗口中将输出字符串处理过程的输出,输出的效果如图 11.14 所示。

```
20:43:57  [EasyDemo.mp][EasyDemo.c][on_shortcut_On_KeyC][214] The computer name is PC-202306, len = 9
20:43:57  [EasyDemo.mp][EasyDemo.c][on_shortcut_On_KeyC][217] The computer name is Administrator, len = 14
```

图 11.14 按 C 键以后输出的信息

这里需要特别提醒的是，除了以上几种方法之外，用户使用 AI(例如 ChatGPT 或者文心一言等)来生成自己的 C 小程序代码也是非常方便的，特别是生成标准 C 语言代码，可以高效地提升自己的工作效率。

11.6 小程序常用的调试方法

小程序的调试方法有多种，本章主要介绍三种常用的方法：系统消息窗口、悬浮窗口及小程序变量法。

11.6.1 利用系统消息窗口调试代码

为了调试的需要，用户可以在系统消息窗口中打印自己关心的信息。例如，某个变量值的变化，某个函数被调用以及输入参数和返回值。系统消息窗口中查看调试信息，主要调用以下两个函数。

(1) log(const char * format,…)：功能与 C 语言中的 printf()函数相似，输出格式也基本相同，具体定义如表 11.1 所示。

表 11.1 log 函数输出格式定义

格　式	对应的数据输出格式
"%ld","%d"	整数十进制格式显示
"%lx","%x"	整数十六进制格式显示
"%lX","%X"	整数十六进制格式显示(使用大写字母表示)
"%lu","%u"	无符号整数格式显示
"%lo","%o"	八进制整数格式显示
"%s"	显示字符串
"%g","%f"	浮点数显示：例如，%5.3f 指 5 位数字(包含小数点后面)和小数点后 3 个数字，至少显示 5 个字符
"%c"	显示一个字符
"%%"	显示%符号
"%I64d","%lld"	64 位整数的十进制格式显示
"%I64x","%llx	64 位整数的十六进制格式显示
"%I64X","%llX"	64 位整数的十六进制格式显示(使用大写字母表示)
"%I64u","%llu"	64 位无符号整数的十进制格式显示
"%I64o","%llo"	64 位整数的八进制格式显示

(2) app.log_text(char *,TLogLevel)：其中，TLogLevel 定义消息分类，可以参考表 11.2。该函数只能发送消息，不能观察变量的数值。

表 11.2 TLogLevel 定义消息分类

消息分类定义	TLogLevel 数值	消 息 颜 色	种 类 定 义
lvlError	1	■(红色)错误	当前操作遇到错误
lvlWarning	2	■(蓝色)警告	警告消息

续表

消息分类定义	TLogLevel 数值	消息颜色	种类定义
lvlOK	3	■(绿色)成功	指示当前操作成功的消息
lvlHint	4	■(黄绿)提示	应该引起注意的消息
lvlInfo	5	■(黑色)默认	正常消息
lvlVerbose	6	■(灰色)冗长	次要的信息

以上两个函数各有利弊，第一个 log 函数可以观察变量变化，但不会显示不同颜色，而函数 app.log_text 可以发送不同种类的消息，但不能观察变量的数值。为了便于读者理解，添加一个按键事件，名称为 On_KeyD，快捷键为 D，这样就自动产生一个 on_shortcut_On_KeyD 函数。在该函数中调用 log 来输出一个浮点数、打印 6 种不同消息，完整代码如下。

```
// 按键事件 "On_KeyD" 快捷键 = D
void on_shortcut_On_KeyD(const s32 AShortcut) { __ try {  //按键事件 = D
  float f = 123.4567f;                                    //测试用的浮点数
  log("float = %5.3f",f);

  app.log_text("This is Error log",lvlError);
  app.log_text("This is Warning log",lvlWarning);
  app.log_text("This is Ok log",lvlOK);
  app.log_text("This is Hint log",lvlHint);
  app.log_text("This is Info log",lvlInfo);
  app.log_text("This is Verbose log",lvlVerbose);
} __ except (1) { log_nok("CRASH detected"); app.terminate_application(); }}
```

运行小程序，按 D 键，在系统消息窗口中将输出字符串处理过程的输出，如图 11.15 所示。

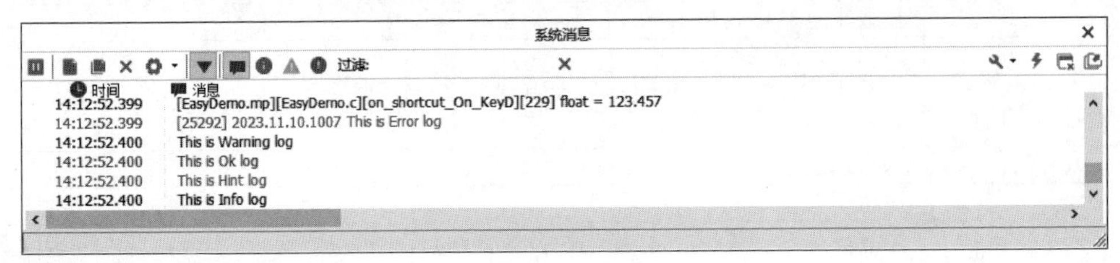

图 11.15 按 D 键以后输出的信息

(3) 其他消息函数：除了以上两个函数之外，TSMaster 还支持一些不太常见的函数，可以直接调用在消息窗口中打印出不同类型的消息，如表 11.3 所示。

表 11.3 其他消息函数

函数原型	功能描述
printf(const char * format,…)	与函数 log 无差异，正常消息，消息颜色黑色
log_ok(const char * format,…)	与函数 log 参数使用相同，成功消息，消息颜色绿色
log_nok(const char * format,…)	与函数 log 参数使用相同，错误消息，消息颜色红色
log_hint(const char * format,…)	与函数 log 参数使用相同，提示消息，消息颜色黄绿
log_warning(const char * format,…)	与函数 log 参数使用相同，警告消息，消息颜色蓝色
test_log(const char * format,…)	与函数 log 无差异，正常消息，消息颜色黑色
test_log_ok(const char * format,…)	与函数 log_ok 无差异，成功消息，消息颜色绿色
test_log_nok(const char * format,…)	与函数 log_nok 无差异，错误消息，消息颜色红色

11.6.2 悬浮窗口

悬浮窗口可以在屏幕上显示一个提示窗口，例如，显示一段提示“This is a toast!”，可以调用函数 make_toast()。这里可以添加一个按键事件，名称为 On_KeyE，快捷键为 E，这样就自动产生一个 on_shortcut_On_KeyE 函数。

```
//按键事件 "On_KeyE" 快捷键 = E
void on_shortcut_On_KeyE(const s32 AShortcut) { __try {        //按键事件 = E
  //show a toast info
  app.make_toast("this is a toast!", lvlOK);

} __except (1) { log_nok("CRASH detected"); app.terminate_application(); }}
//CODE BLOCK END On_Shortcut On_KeyE
```

11.6.3 利用小程序变量调试代码

小程序中的小程序变量在小程序运行过程中，可以实时查看，也可以手动修改当前的值，具体参看 10.5 节，这里不再赘述。

11.7 在 Visual Studio 环境中调试代码

对于一些复杂的仿真功能或函数等可以在 Visual Studio 环境中开发或调试，借助 Visual Studio 强大的功能来调试或生成小程序。

11.7.1 准备待调试的代码

接下来的内容，本书还是新建一个新的仿真工程，将其命名为 MpDemo。同时在仿真工程中新建一个 C 小程序为 MpDemo。在这个小程序中，需要创建一个自定义函数 GetIdArray，实现一个相对复杂的功能。

(1) 输入参数为一个 char * 类型的字符串 IdList，这个字符串由多个十六进制字符串组成(这些十六进制字符串为 CAN Id)，每个十六进制字符串之间用分号分隔，例如，IdList=“0x123;0x32E;0x64;0x11970”。

(2) 返回参数为一个 S32 的数组 IdArray[]，是由输入字符串中的各个十六进制字符串转换成的整数数值，例如，IdArray={0x123,0x32E,0x64,0x11970}。

在 C 代码编辑器中添加一个自定义函数 s32 GetIdArray(char * IdList, s32 IdArray[], ps8 len)和一个按键事件 On_KeyF，完整代码如下。

```
//GEN BLOCK BEGIN Include
#define TSMP_IMPL
#include "TSMaster.h"
#include "MPLibrary.h"
#include "Database.h"
#include "TSMasterBaseInclude.h"
#include "Configuration.h"
```

```
//GEN BLOCK END Include

//CODE BLOCK BEGIN Global_Definitions
#include <string>

using namespace std;
//CODE BLOCK END Global_Definitions

//GEN BLOCK BEGIN Custom_Function
s32 GetIdArray(char* IdList,s32 IdArray[],ps8 len);
//GEN BLOCK END Custom_Function

//CODE BLOCK BEGIN Custom_Function GetIdArray Y2hhciogSWRMaXN0LHMzMiBJZEFycmF5W10scHM4IGxlbg__
//自定义函数 "GetIdArray"
s32 GetIdArray(char* IdList,s32 IdArray[],ps8 len) { __try {
                                              //自定义函数 convert char* IdList to s32 IdArray[]
string IdListStr;
IdListStr = IdList;
log(IdListStr.data());

string flag = ";";                            //splitter string
 s8 pos = 0;                                  //position
 string idstr;                                //CAN Id string found from id list
 //u32 id;                                    //CAN Id
 int i = 0;
 while(IdListStr.size()> 0)
 {
      //find the first position of flag
      pos = (s8)IdListStr.find_first_of(flag);
      //log("current pos is %d", pos);
      if(pos > 0)
      {
          //get the CAN id string
          idstr = IdListStr.substr(0,pos);
          //update id lsit with removing the found id
          IdListStr = IdListStr.substr(pos + 1,IdListStr.size() - pos - 1);
          //convert the id string to integer
          IdArray[i] = stoi(idstr,0,16);
          //log("CAN id is found: id = %x", IdArray[i]);
          i++;
      }
      else
      {
           //the last CAN id
           IdArray[i] = stoi(IdListStr,0,16);
           //log("Last CAN id is found: id = %x", IdArray[i]);
           break;
      }
      *len = i + 1;
}
return 0;
} __except (1) { log_nok("CRASH detected"); app.terminate_application(); return(IDX_ERR_MP_
CODE_CRASH); }}
//CODE BLOCK END Custom_Function GetIdArray

//CODE BLOCK BEGIN On_Shortcut On_KeyF OTA_
//按键事件 "On_KeyF" 快捷键 = F
```

```
void on_shortcut_On_KeyF(const s32 AShortcut) { __try {     // 按键事件 = F
char * mystr;
mystr = (char * )"0x123;0x321;0x64E;0x11970";
s32 id[20];
s8 len;
GetIdArray(mystr, id, &len);
log(" %d CAN id was found",len);
for(int i = 0; i< len;i++)
  log(" %d. CAN id = 0x%X",i+1, id[i]);
} __except (1) { log_nok("CRASH detected"); app.terminate_application(); }}
//CODE BLOCK END On_Shortcut On_KeyF

//CODE BLOCK BEGIN Step_Function NQ__
//主 step 函数,执行周期 5 ms
void step(void) { __try {      // 周期 = 5 ms

} __except (1) { log_nok("CRASH detected"); app.terminate_application(); }}
//CODE BLOCK END Step_Function
```

11.7.2 生成代码调试工程

当待调试的代码准备差不多以后,接下来讲解如何使用 Visual Studio 调试 MpDemo 小程序中的代码。可以分为以下 4 个步骤。

1. 生成 VC++工程

在 C 代码编辑器中选择“工具”→“生成 VC++工程”,如图 11.16 所示,然后单击“手动生成 VC++工程代码到文件夹”,选择文件夹(在仿真工程 MpDemo 文件夹下新建一个文件夹为 VC_Proj)存储生成的工程即可。生成的工程其实是一个基于 TSMaster 库的小程序工程,已经完成了相关的配置和关联。

图 11.16 手动生成 VC++工程

2. 打开 VC++工程

在 VC_Proj 文件夹下会生成一个新的文件夹为 MpDemo,接下来双击 MpDemo.vcxproj 文件,将在 Visual Studio 中打开该 VC++工程,如图 11.17 所示。

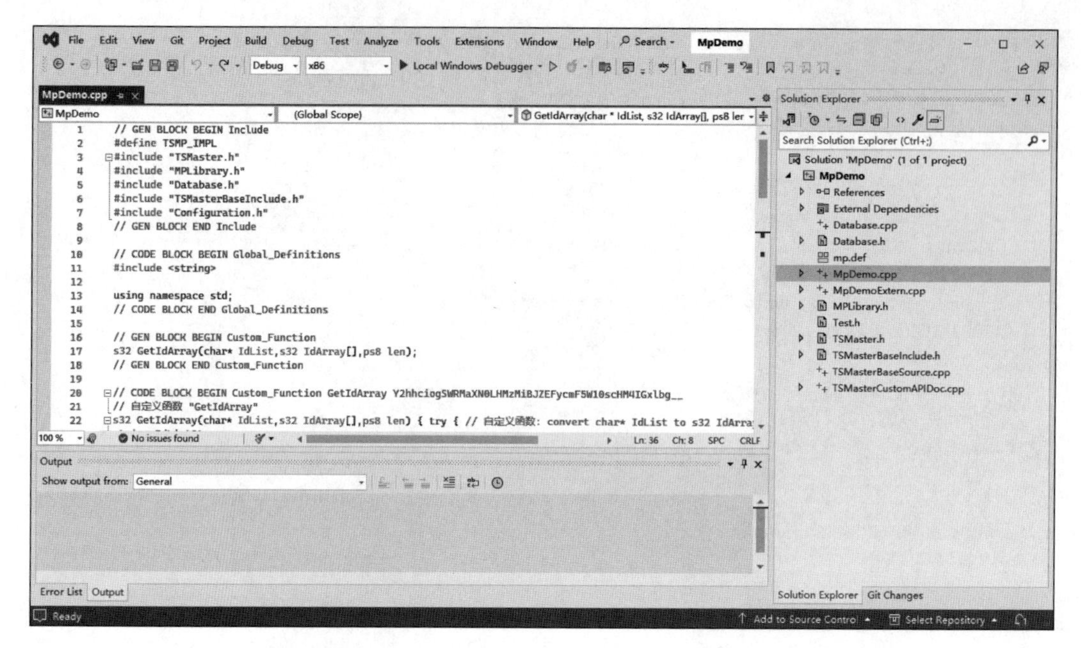

图 11.17　在 Visual Studio 中打开生成的 VC++工程

3. 运行 VC++工程并添加断点

单击图 11.17 中工具栏的▶按钮运行 Local Windows Debugger，这时可以在自定义函数中加两个断点，如图 11.18 所示。

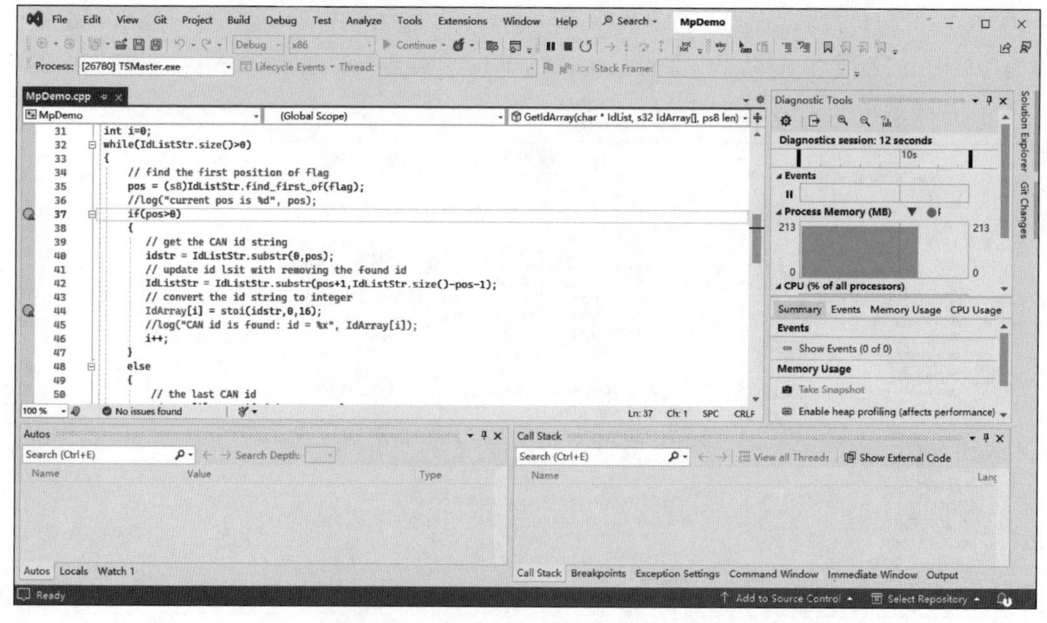

图 11.18　运行 MpDemo 并添加断点

4. 与 TSMaster 联调

这时需要回到 TSMaster 的 C 代码编辑器，单击“工具”→“运行最后编译”选项，如图 11.19 所示。务必记住，一定要选择“运行最后编译”，这样 TSMaster 使用的才是 Visual

Studio 端 Debug 生成的 mp 小程序文件。

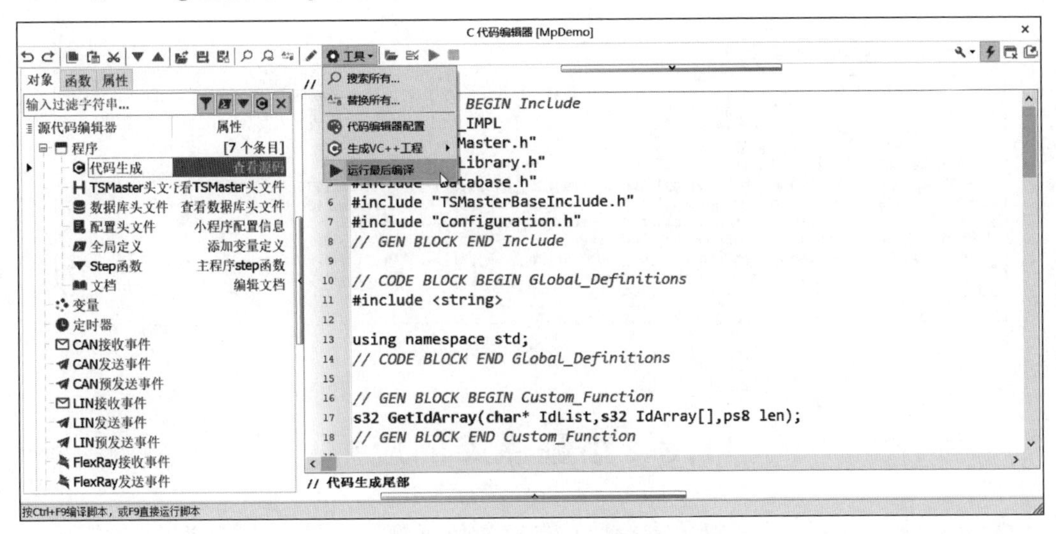

图 11.19　选择“运行最后编译”的小程序

接下来，在 TSMaster 端，按 F 键，这时可以看到 Visual Studio 端的断点圆圈由空心变成实心了，单击“继续”按钮▶，可以看到在不同断点间切换。将鼠标停留在某个变量上，可以看到当前的值，如图 11.20 所示。

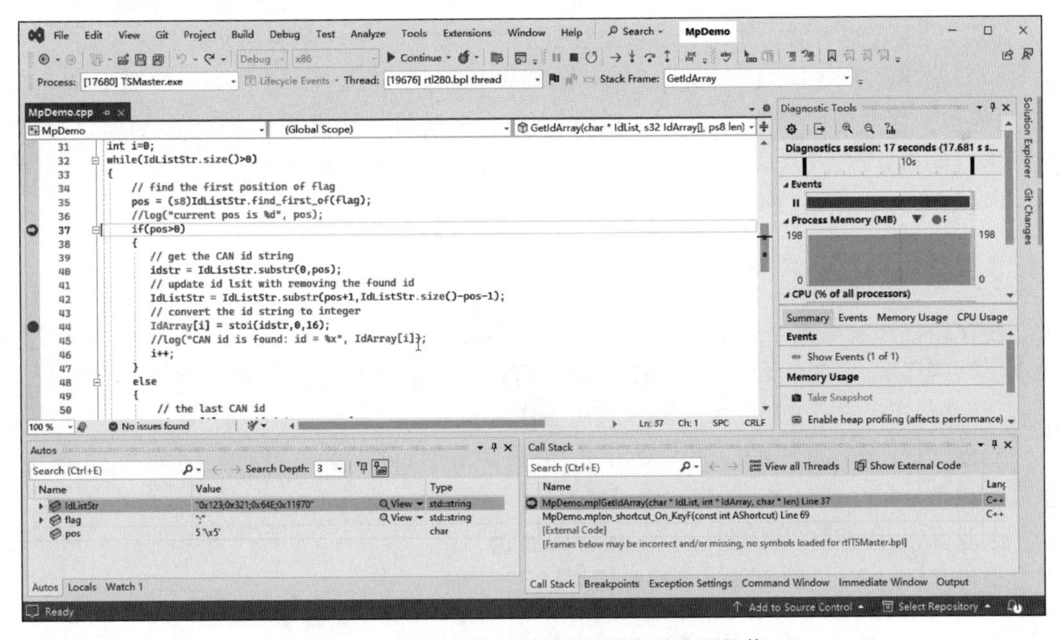

图 11.20　利用断点调试代码并查看变量的值

这里需要强调的是，调试过程遇到的问题，需要在 TSMaster 端更新代码，重新生成，再进行调试。在 TSMaster 端编译通过的代码，可能在 Visual Studio 端编译会报警告或错误，这往往可能是由于两端使用的编译器不同造成的，读者需要优化代码，或修改编译器设置。Visual Studio 编译产生的文件自动放置在原 TSMaster 仿真工程的 bin 文件夹中。

回到 TSMaster 的仿真工程中，运行 MpDemo 小程序，按 F 键时，“系统消息”窗口输出如图 11.21 所示。

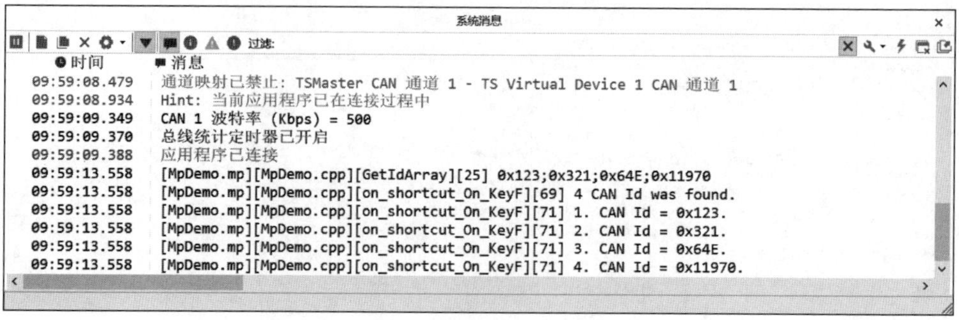

```
系统消息
过滤:
时间          消息
09:59:08.479  通道映射已禁止: TSMaster CAN 通道 1 - TS Virtual Device 1 CAN 通道 1
09:59:08.934  Hint: 当前应用程序已在连接过程中
09:59:09.349  CAN 1 波特率 (Kbps) = 500
09:59:09.370  总线统计定时器已开启
09:59:09.388  应用程序已连接
09:59:13.558  [MpDemo.mp][MpDemo.cpp][GetIdArray][25] 0x123;0x321;0x64E;0x11970
09:59:13.558  [MpDemo.mp][MpDemo.cpp][on_shortcut_On_KeyF][69] 4 CAN Id was found.
09:59:13.558  [MpDemo.mp][MpDemo.cpp][on_shortcut_On_KeyF][71] 1. CAN Id = 0x123.
09:59:13.558  [MpDemo.mp][MpDemo.cpp][on_shortcut_On_KeyF][71] 2. CAN Id = 0x321.
09:59:13.558  [MpDemo.mp][MpDemo.cpp][on_shortcut_On_KeyF][71] 3. CAN Id = 0x64E.
09:59:13.558  [MpDemo.mp][MpDemo.cpp][on_shortcut_On_KeyF][71] 4. CAN Id = 0x11970.
```

图 11.21　按 F 键以后输出的信息

11.8　小程序库的应用

TSMaster 自带的小程序功能支持用户自定义仿真测试面板、测试流程、测试逻辑，甚至测试系统和报告自动化生成。用户基于 TSMaster 所写的每行代码具有硬件无关性，可分享、可引用、可跨硬件平台。

11.8.1　小程序库简介

为了扩展 C 脚本的功能，TSMaster 提供了一种被称为小程序的库文件封装机制，用户在其他开发环境下(Visual Studio 或者其他开发环境)采用 C/C++、Pascal 等封装的库文件，也能够便捷地应用到 C 脚本中。这种机制极大地增强了 C 脚本的灵活性，例如，用户想把数据存储到数据库中，或者从 Excel 中解析数据，这些函数接口都可以封装到小程序库中，并被 C 脚本锁调用。

11.8.2　小程序库的开发

小程序的开发本质上就是将自己的代码封装成一个 mp 格式的库文件(读者可以理解为动态链接库 DLL 文件)。在前面的章节中，读者可以发现普通 C 代码小程序编译运行的过程，都会在工程文件夹的 bin 子文件夹中生成 mp 文件。

同样，通过 Visual Studio 调试使用的 VC++ 工程，也可以生成 mp 文件，如 11.7 节中，生成 MpDemo.mp、MpDemo.exp、MpDemo.lib 和 MpDemo.pdb 文件。

由此可见，用户可以选择使用 TSMaster 直接开发小程序库，也可使用 Visual Studio 来开发小程序，根据自己的喜好或者实际需要。

11.8.3　小程序库的使用

小程序库的使用在仿真工程开发过程中非常普遍，主要用途有以下两个。

1. 封装 C 代码中的常规功能

有时候为了保护源代码，不希望将源代码公开给客户、供应商，仿真开发人员可以在发布仿真工程前、编译源代码后删除源代码，只需要将编译生成的 mp 文件加载到仿真工程中即可。下面举例讲解如何加载 mp 文件实现这个效果。

将 11.7 节生成的 MpDemo.mp 文件复制到 SkillDemo 仿真工程的 MPLibrary 文件夹中。重新回到 SkillDemo 的仿真工程，通过“仿真”→“小程序库”选项，可以打开“小程序库”窗口，在工具栏中单击“加载”按钮，将 MpDemo.mp 加载进来，加载完成后，选中该小程序，效果如图 11.22 所示。

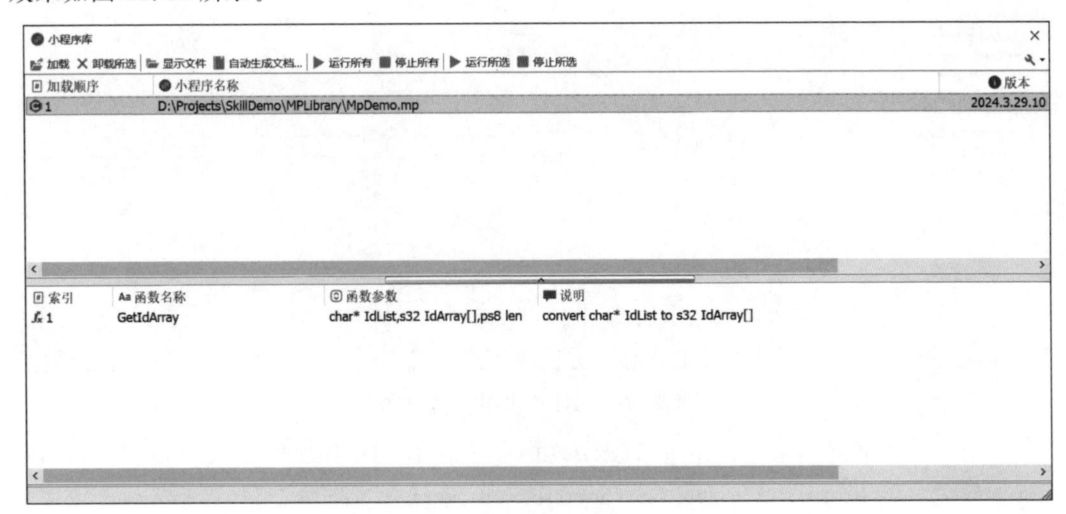

图 11.22　加载 MpDemo 小程序库

在“小程序库”窗口中可以看到目前小程序的自定义函数及其接口，也可以看到小程序的状态。单击“运行所选”按钮以后，MpDemo 小程序立即处于运行的状态。这时候，回到 TSMaster 的“系统消息”窗口，可以看到相关加载和运行的信息。若按 F 键，可以看到小程序中的按键事件，效果与 11.7 节中的相同，如图 11.23 所示。

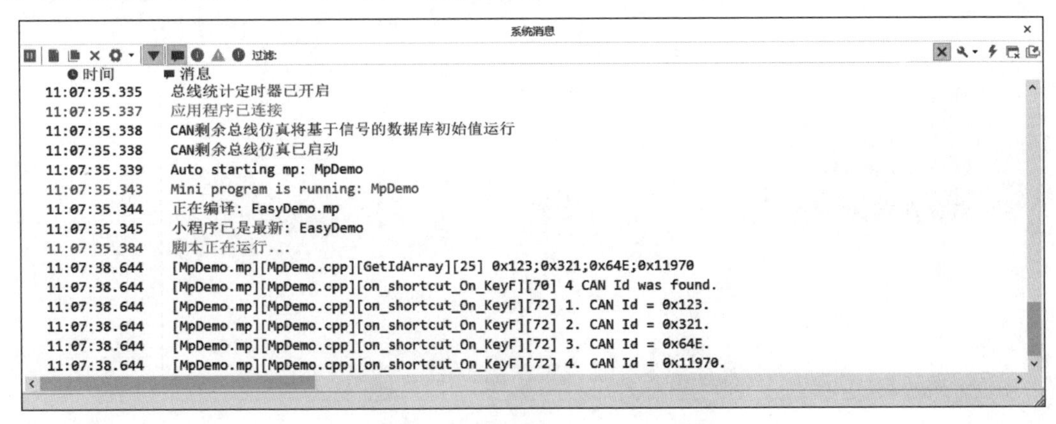

图 11.23　小程序加载运行及按键事件

2. 调用小程序库中的库函数

在图 11.22 中，读者可以看到 MpDemo 小程序库中的自定义函数，其实就是该小程序的库函数。紧接着上面的范例，在 SkillDemo 工程的 EasyDemo 小程序中，添加一个按键事件，名称为 On_KeyG，快捷键为 G，这样就自动产生一个 on_shortcut_On_KeyG 函数。在函数浏览区，读者可以发现多一个库函数库为 MpDemo，下面包含一个库函数 GetIdArray，如图 11.24 所示。

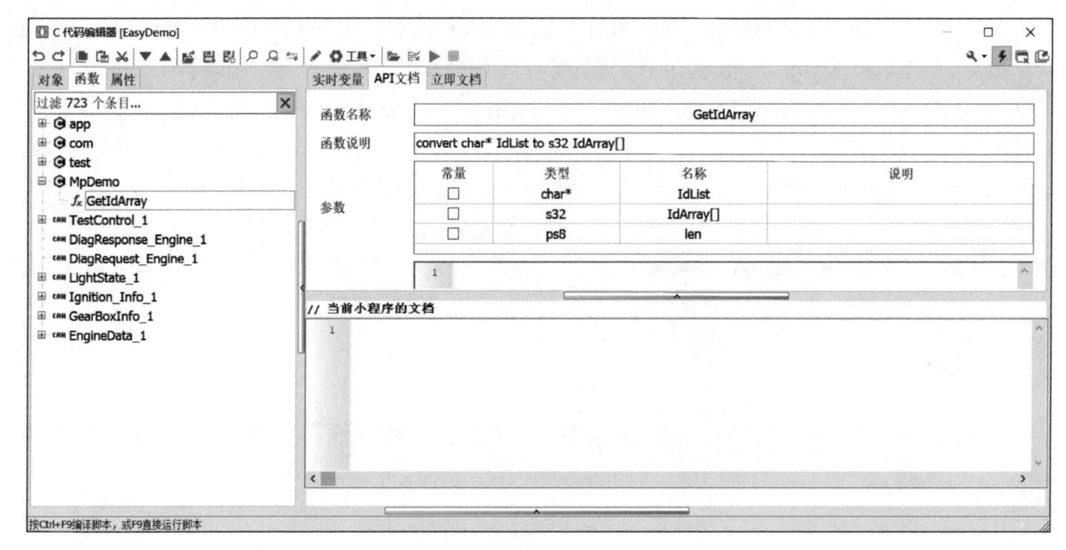

图 11.24　小程序库中的库函数

这里也可以通过调用小程序库函数 GetIdArray，实现与小程序库 MpDemo 的按键事件一样的效果。接下来，只要在函数 on_shortcut_On_KeyG 中，添加与 11.7.1 节的按键事件中相同的代码，只是需要在 GetIdArray 前面添加前缀“MpDemo.”，否则无法定位到 GetIdArray 函数，编译之前还要将依赖的小程序库选中，如图 11.25 所示。

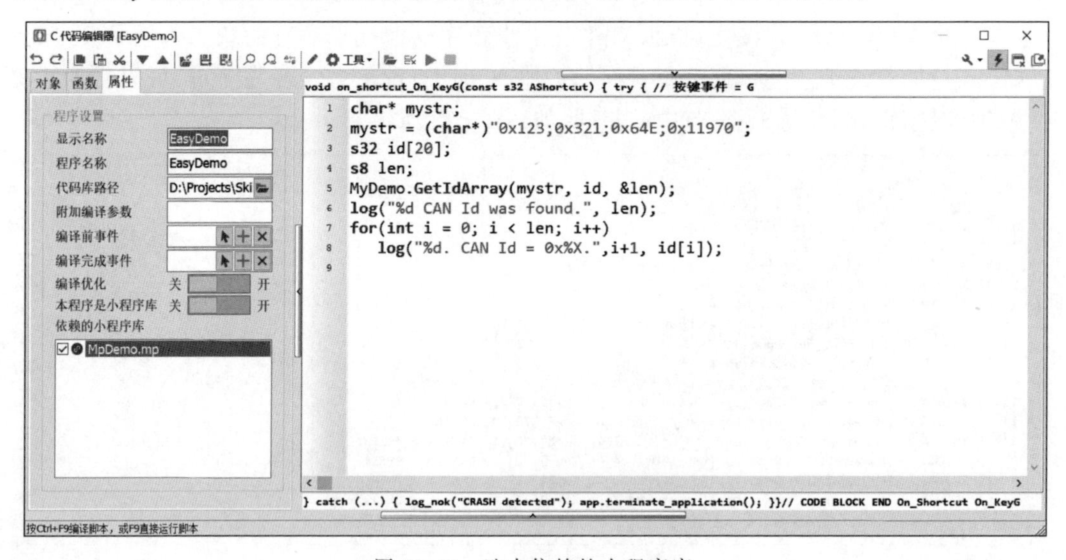

图 11.25　选中依赖的小程序库

编译并运行 EasyDemo 代码，按 F 键以后，再按 G 键，在“系统消息”窗口中可以观察到两次输出的消息完全相同，如图 11.26 所示。

11.8.4　小程序库的管理

小程序库的管理主要在“小程序库”窗口中进行，可以对小程序库做加载、卸载、运行、停止及库函数查看等，如图 11.27 所示。若希望 TSMaster 仿真工程运行时自己启动小程序，需要设定为自启动。

```
系统消息
过滤:
时间            消息
11:03:16.778   脚本正在运行...
11:03:27.667   [MpDemo.mp][MpDemo.cpp][GetIdArray][25] 0x123;0x321;0x64E;0x11970
11:03:27.667   [MpDemo.mp][MpDemo.cpp][on_shortcut_On_KeyF][70] 4 CAN Id was found.
11:03:27.667   [MpDemo.mp][MpDemo.cpp][on_shortcut_On_KeyF][72] 1. CAN Id = 0x123.
11:03:27.668   [MpDemo.mp][MpDemo.cpp][on_shortcut_On_KeyF][72] 2. CAN Id = 0x321.
11:03:27.668   [MpDemo.mp][MpDemo.cpp][on_shortcut_On_KeyF][72] 3. CAN Id = 0x64E.
11:03:27.668   [MpDemo.mp][MpDemo.cpp][on_shortcut_On_KeyF][72] 4. CAN Id = 0x11970.
11:03:33.366   [MpDemo.mp][MpDemo.cpp][GetIdArray][25] 0x123;0x321;0x64E;0x11970
11:03:33.366   [EasyDemo.mp][EasyDemo.cpp][on_shortcut_On_KeyG][258] 4 CAN Id was found.
11:03:33.366   [EasyDemo.mp][EasyDemo.cpp][on_shortcut_On_KeyG][260] 1. CAN Id = 0x123.
11:03:33.366   [EasyDemo.mp][EasyDemo.cpp][on_shortcut_On_KeyG][260] 2. CAN Id = 0x321.
11:03:33.366   [EasyDemo.mp][EasyDemo.cpp][on_shortcut_On_KeyG][260] 3. CAN Id = 0x64E.
11:03:33.366   [EasyDemo.mp][EasyDemo.cpp][on_shortcut_On_KeyG][260] 4. CAN Id = 0x11970.
```

图 11.26　小程序库 MpDemo.mp 直接输出消息与被调用输出的效果相同

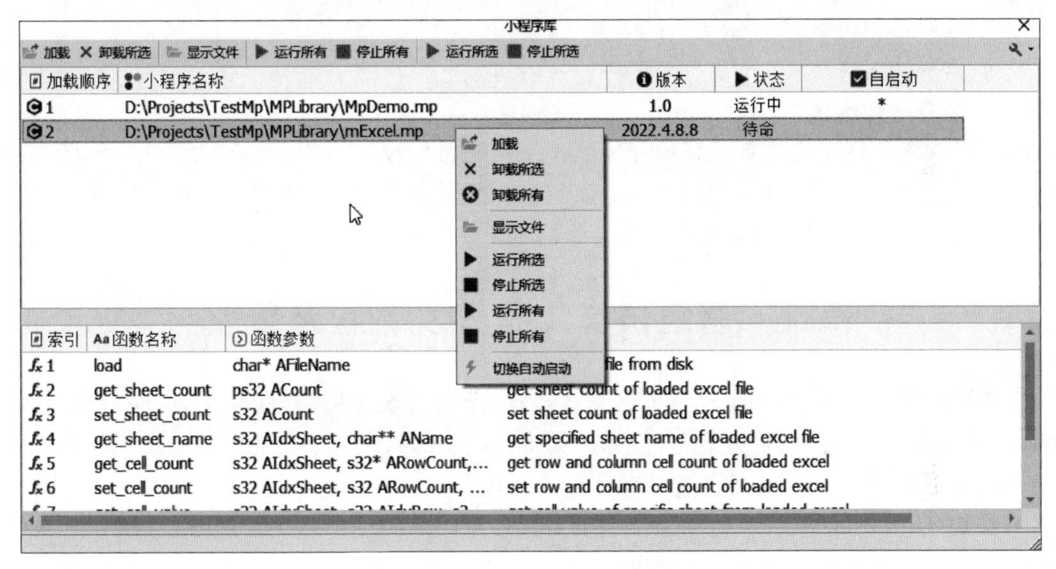

图 11.27　“小程序库”管理窗口

这里需要特别说明的是，小程序库的管理也涉及小程序的版权问题，用户可以将自己发布的小程序进行加密处理，在使用第三方小程序库时需要得到对方的授权。

读者可以在本书提供的资源压缩包中找到 11.8 节例程的工程文件(SkillDemo 工程文件路径\Chapter_11\Source\SkillDemo.T7z，MpDemo 工程文件路径\Chapter_11\Source\MpDemo.T7z)。

第 12 章 仿真工程开发入门——CAN/CAN FD

本章内容：

- 总线仿真工程开发流程及策略。
- 工程实例简介。
- 工程实例实现。
- 工程运行测试。

本章首先介绍总线仿真工程的开发流程及策略，接着较为详尽地介绍了一个仿真工程的开发过程，包括新建工程、DBC 导入、系统变量创建、面板设计、脚本实现等。通过本章的学习，读者的开发水平将基本可以满足一个常规 ECU 仿真环境的开发要求。

12.1 总线仿真工程开发流程及策略

总线仿真工程贯穿于 ECU 开发的整个过程，涉及需求分析、软件开发、软件测试、环境测试、硬件验证、生产检验、失效分析、客户支持等职能部门。对于功能复杂的 ECU，其对测试环境的要求也很复杂，往往更加依赖于仿真环境。

在 ECU 模块的开发初期，项目组成员需要针对产品的功能做全面的分析，规划总线仿真的开发计划及负责人员。一般来说，总线仿真的开发人员可以来自软件组，也可以来自测试组，取决于项目的人员分配。

12.1.1 开发流程

TSMaster 总线仿真工程的开发本身也是一种产品的开发，同样需要产品的需求分析、规划设计、代码实现、测试验证、Bug 修复及工程释放等。在 ECU 项目的开发过程中，随着 ECU 的网络相关需求的变更，TSMaster 仿真工程也需要及时更新。图 12.1 为仿真工程开发的一般流程，读者可以根据项目的实际情况做相应的调整。

本章主要探讨上述开发流程中 1～9 步的相关开发内容，其他部分将在本书的进阶篇中深入讨论。

12.1.2 仿真工程开发策略

这里需要特别说明的是，由于读者在面对不同的整车厂和不同的产品时，需要对需求做进一步分析并制定一些策略，否则可能所设计出来的仿真工程无法满足项目的需要。以下是作者根据多年的自身项目经验总结出来的一些注意点。

(1) 力争拿到整车厂的原始的 DBC 文件：可以节约大量的时间，又能确保数据库的准

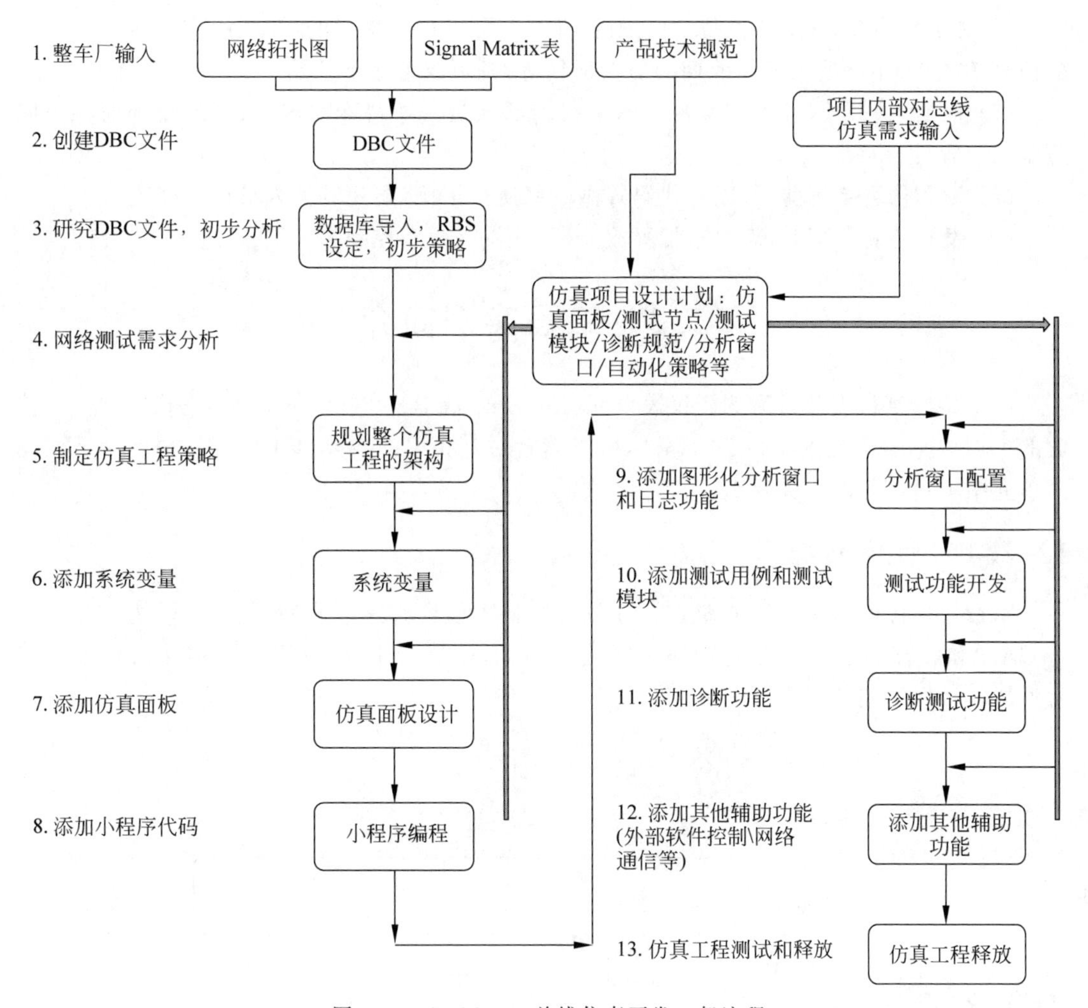

图 12.1　TSMaster 总线仿真开发一般流程

确性。

(2) 做好前期产品开发文档的分析：找出与网络相关的功能、相关的报文和相关的节点。

(3) 听取项目成员的需求：软件开发人员的需求、功能测试人员的需求、网络/诊断测试的需求、自动化测试的需求、硬件验证与环境测试的需求、现场技术支持人员的需求等。

(4) 了解关键节点的仿真和真实节点的切换计划：了解项目的样品计划、是否在开发阶段可以得到其他 ECU 的真实节点，以及整车厂是否提供测试车等信息。

(5) 对于关键的节点，要力争拿到对应的 ECU 模块样品：因为仿真在某种情况下，可能无法替代真实节点，须尽可能避免存在的风险。

(6) 简化拓扑结构，规划面板和代码设计。

① 对于关键节点，要保证其独立性，可以独立地仿真关键功能，也可以随时关闭，用真实节点代替。

② 对于次要节点(数据交换不多)或间接节点(不在同一条总线上)可将相关仿真功能放在一个面板上。

③ 对于待测节点(本项目需要开发的 ECU),可以根据项目的需要,决定是否开发相关的仿真功能,若不需要做任何前期的仿真评估等,则可以考虑不开发。

(7) 根据第(3)项,发布前需要考虑工程内部人员一些特殊要求,做好配置和兼顾不同版本的兼容性。

(8) 发布仿真工程前,可以对代码等做一些防护措施,避免其他人员任意修改。

(9) 发布仿真工程时,需要附带释放文档,并做好版本控制。

12.2 工程实例简介

本章将以某仪表项目为例。仪表单元(Instrument Panel Cluster,IPC)是汽车中一个关键的 ECU 单元,也是汽车必备的部件,所以读者对其相关的功能也比较容易理解。下面先简单介绍本章实例的相关要求。

12.2.1 网络拓扑图

本章使用的网络拓扑图如图 12.2 所示,这款车型共有三条 CAN 总线:动力 CAN、车身 CAN 和影音 CAN。它们之间通过网关(Gateway)进行串联,这也是前些年市场上比较常见的一种网络拓扑形式。

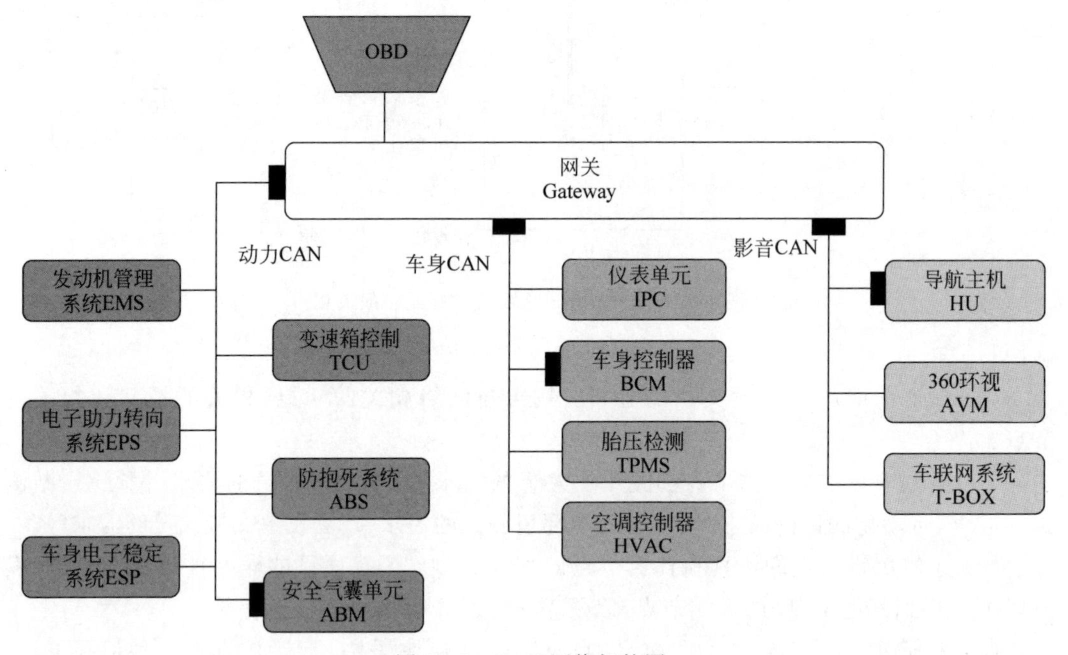

图 12.2　CAN 网络拓扑图

仪表单元为待测产品,挂在车身 CAN 上(波特率为 500kBaud),与之相连接的有网关(Gateway)、车身控制器(Body Control Module,BCM)、胎压检测系统(Tire Pressure Monitoring System, TPMS)和空调控制器(Heating, Ventilation and Air Conditioning, HVAC)等。

由于 IPC 模块挂在车身 CAN 上,为了方便讲解,本书将车身 CAN 上与其没有功能交互的模块略去，动力 CAN 过来的报文已由 Gateway 转发，也不需要在仿真中添加单独模块，简化后的拓扑图如图 12.3 所示。

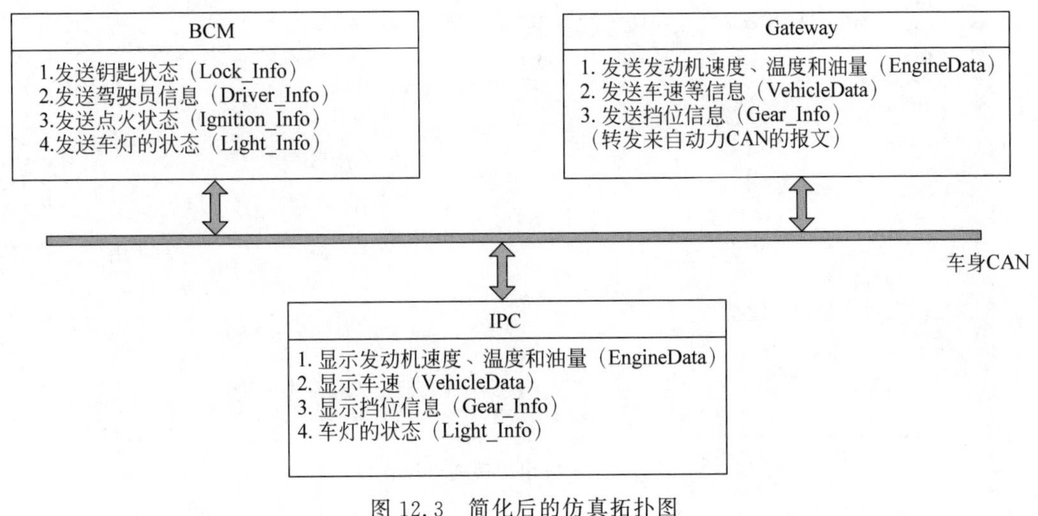

图 12.3　简化后的仿真拓扑图

12.2.2　实现功能

本实例需要实现的主要功能如下。

（1）控制面板：通过调节钥匙锁车/开锁按钮、引擎钥匙旋钮、离合器挡位切换、刹车模拟开关、危险警示灯按钮、左转右转按钮、引擎速度滑动条和车速滑动条等控件，模拟 IPC 需要的测试条件。

（2）显示面板：接收来自总线的报文，显示引擎信息、车速信息、挡位信息和车灯的状态等。

由于 TSMaster 的仿真基于上帝之眼的机制，所以本章例程的实现需要通过两个仿真工程来实现：一个是 IPC 测试环境的仿真工程（仿真节点 Gateway 和 BCM），另一个是 IPC 仿真工程。相对来说，第一个工程比较复杂一些，也是本章的重点。

12.3　工程实现——IPC 测试环境仿真工程

下面将按照前面的仿真工程开发流程及功能需求，带领读者逐一实现 IPC 测试环境仿真工程中的各个功能。

12.3.1　创建仿真工程

与 7.3 节类似，创建一个 CAN 剩余总线仿真工程，命名为 Vehicle_System_CAN，通过“硬件”→“通道选择”选项，打开通道选择器窗口，将 CAN 的通道数设置为 1，硬件通道选择“TS Virtual Device 1 CAN FD 通道 1”，设置完毕如图 12.4 所示。

12.3.2　DBC 文件介绍及导入

在 TSMaster 主界面中，通过“分析”→“数据库”→“显示 CAN 数据库”选项可以打开

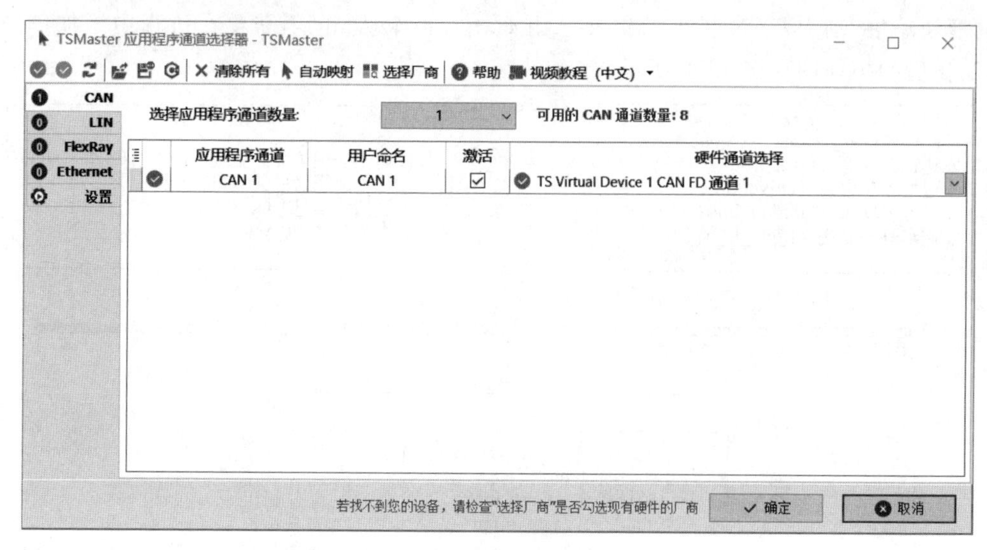

图 12.4 应用程序通道设置

"CAN 数据库"窗口，导入 VehicleSystem.dbc 文件(路径为\Chapter_12_Doc\db\)，显示效果如图 12.5 所示。该数据库有三个节点 IPC、Gateway 和 BCM。

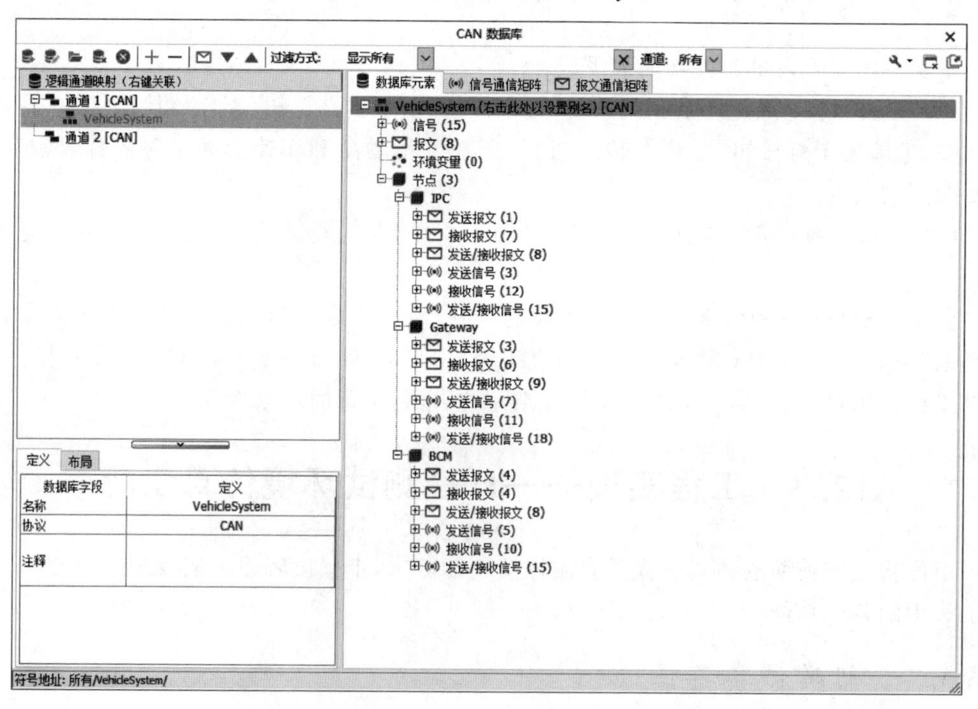

图 12.5 "CAN 数据库"窗口

12.3.3 CAN 剩余总线仿真设置

因为本仿真工程用于模拟节点 Gateway 和 BCM，此处需要激活这两个节点，禁止节点 IPC，如图 12.6 所示。同时，读者需要将"自动启动剩余总线仿真"开关激活，这样运行仿真工程时会自动运行剩余总线仿真。

图 12.6　CAN 剩余总线仿真设置

12.3.4　系统变量

6.1.3 节已经介绍如何创建系统变量，读者可以采用同样的方法。表 12.1 为本实例中需要定义的系统变量列表及属性设置，设置完毕最终的效果如图 12.7 所示。

表 12.1　系统变量列表及属性设置

类　　别	名　　称	数据类型	最小值	最大值	单位	取值表
Vehicle_Control	Brake	Int32	0	1	—	0：Inactive 1：Active
	Gear	Int32	0	3	—	0：P；1：R； 2：N；3：D
	Hazards_Enable	Int32	0	1	—	—
	Left_Turn_Enable	Int32	0	1	—	—
	Right_Turn_Enable	Int32	0	1	—	—
Vehicle_Key	Key_State	Int32	0	3	—	—
	Lock_Car	Int32	0	1	—	—
	Unlock_Car	Int32	0	1	—	—
	Car_Driver1	Int32	0	1	—	—
	Car_Driver2	Int32	0	1	—	—

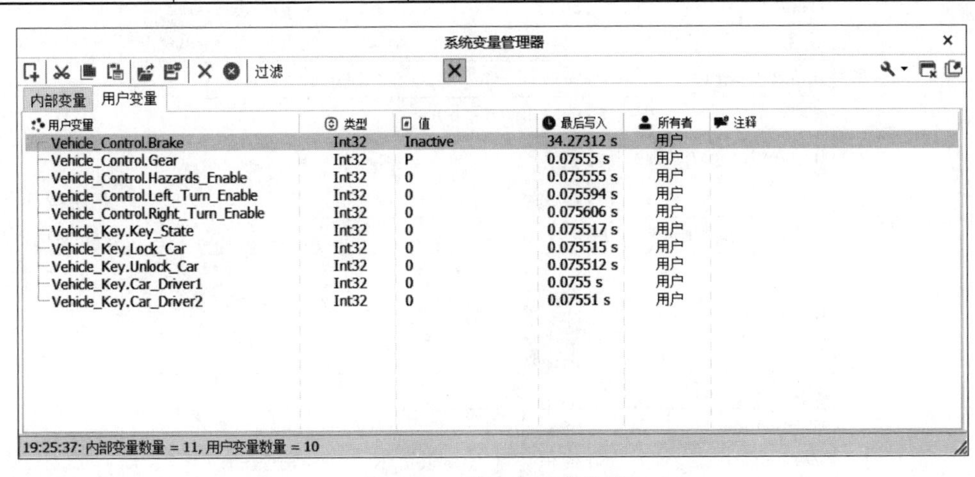

图 12.7　系统变量管理器

12.3.5 面板设计

本实例中，需要设计一个面板，用于模拟相关操作和数据的显示。面板设计中所用到的素材，读者可以在本书附送的资源压缩包中找到（路径为\Chapter_12_Doc\img\）。

在第 9 章中已经介绍了 TSMaster 面板的创建方法，此处将创建一个面板 Control 用于本实例。这里需要特别说明的是，以下列出的控件属性均为重要属性，未提及的属性将采用默认设置。

Control 面板主要用于模拟来自实际中 BCM 和 Gateway 的相关操作，相关控件的设置可以根据表 12.2 来创建和设置，面板的设计效果如图 12.8 所示。

表 12.2 Control 面板控件列表及属性设置

控件	属性	属性设置	说明
面板	Title	Control	仿真 Gateway 和 BCM 控制的面板
	Color	clWhite	
	Height	400	
	Layout	Normal	
	Width	500	
Image0	ControlName	Image0	钥匙图片（置后显示）
	Align	None	
	Height	160	
	Width	120	
	WrapMode	Stretch	
	Picture	key. bmp	
ImageButton0	ControlName	ImageButton0	上锁按钮控件（置前显示）
	ClickBehavior	bcbLoop	
	Height	36	
	Width	36	
	Image Count	2	
	Image(ImageIndex=0)	CarClosed0. bmp	
	Value(ImageIndex=0)	0	
	Image(ImageIndex=1)	CarClosed1. bmp	
	Value(ImageIndex=1)	1	
	WrapMode	Stretch	
	VarLink	系统变量：Vehicle_Key. Lock_Car	
	VarType	pstSystemVar	

续表

控　件	属　性	属性设置	说　明
ImageButton1	ControlName	ImageButton1	解锁按钮控件（置前显示）
	ClickBehavior	bcbLoop	
	Height	36	
	Width	39	
	Image Count	2	
	Image(ImageIndex=0)	CarOpen0. bmp	
	Value(ImageIndex=0)	0	
	Image(ImageIndex=1)	CarOpen1. bmp	
	Value(ImageIndex=1)	1	
	WrapMode	Stretch	
	VarLink	系统变量：Vehicle_Key. Unlock_Car	
	VarType	pstSystemVar	
ImageButton2	ControlName	ImageButton2	驾驶员 1 按钮控件（置前显示）
	ClickBehavior	bcbLoop	
	Height	26	
	Width	44	
	Image Count	2	
	Image(ImageIndex=0)	ID1_0. bmp	
	Value(ImageIndex=0)	0	
	Image(ImageIndex=1)	ID1_1. bmp	
	Value(ImageIndex=1)	1	
	WrapMode	Stretch	
	VarLink	系统变量：Vehicle_Key. Car_Driver1	
	VarType	pstSystemVar	
ImageButton3	ControlName	ImageButton3	驾驶员 2 按钮控件（置前显示）
	ClickBehavior	bcbLoop	
	Height	26	
	Width	44	
	Image Count	2	
	Image(ImageIndex=0)	ID2_0. bmp	
	Value(ImageIndex=0)	0	

续表

控　件	属　性	属性设置	说　明
ImageButton3	Image(ImageIndex=1)	ID2_1. bmp	驾驶员 2 按钮控件(置前显示)
	Value(ImageIndex=1)	1	
	WrapMode	Stretch	
	VarLink	系统变量：Vehicle_Key. Car_Driver2	
	VarType	pstSystemVar	
Text0	ControlName	Text0	Ignition 标签
	Height	24	
	Width	90	
	BkgdColor	clSilver	
	BorderActive	False	
	Text	Ignition	
	TextColor	clBlack	
	TextSettings. Font	Size=12 Family=Segoe UI Style=fsBold	
	ReadOnly	True	
	Transparent	True	
	VarLink	未关联	
	VarType	pstNone	
InputOutputBox0	ControlName	InputOutputBox0	显示 Ignition 的信息
	Height	22	
	Width	107	
	BkgdColor	clWhite	
	ColorBorder	clGray	
	ColorText	clBlack	
	TextSettings. Font	Size=12	
	ReadOnly	True	
	Value	n. a.	
	VarLink	CAN 信号：KeyState(0/VehicleSystem/BCM/Ignition_Info/KeyState)	
	VarType	pstCANSignal	
ImageButton4	ControlName	ImageButton4	Ignition 旋钮控件
	ClickBehavior	bcbLeftRight	
	Height	50	
	Width	50	
	Image Count	4	
	Image(ImageIndex=0)	IgnitionKey0. bmp	
	Value(ImageIndex=0)	0	

续表

控　　件	属　　性	属性设置	说　　明
ImageButton4	Image(ImageIndex=1)	IgnitionKey1. bmp 	Ignition 旋钮控件
	Value(ImageIndex=1)	1	
	Image(ImageIndex=2)	IgnitionKey2. bmp 	
	Value(ImageIndex=2)	2	
	Image(ImageIndex=3)	IgnitionKey3. bmp 	
	Value(ImageIndex=3)	3	
	WrapMode	Stretch	
	VarLink	系统变量：Vehicle_Key. Key_State	
	VarType	pstSystemVar	
TrackBar0	ControlName	TrackBar0	挡位切换控件
	LabelText	Gear	
	LabelVisible	False	
	Frequency	1	
	Max	3	
	Min	0	
	Height	57	
	Width	120	
	RotationAngle	90	
	VarLink	系统变量：Vehicle_Control. Gear	
	VarType	pstSystemVar	
Text1	ControlName	Text1	Gear 标签
	Height	29	
	Width	200	
	BkgdColor	clSilver	
	BorderActive	False	
	Text	Gear	
	TextColor	clBlack	
	TextSettings. Font	Size=12 Family=Segoe UI Style=fsBold	
Text2	ControlName	Text2	P 挡标签
	Height	30	
	Width	90	
	BkgdColor	clSilver	
	BorderActive	False	

续表

控　件	属　性	属性设置	说　明
Text2	Text	P	P挡标签
	TextColor	clBlack	
	TextSettings. Font	Size=12 Family=Segoe UI Style=fsBold	
Text3	ControlName	Text3	R挡标签
	Height	30	
	Width	90	
	BkgdColor	clSilver	
	BorderActive	False	
	Text	R	
	TextColor	clBlack	
	TextSettings. Font	Size=12 Family=Segoe UI Style=fsBold	
Text4	ControlName	Text4	N挡标签
	Height	30	
	Width	90	
	BkgdColor	clSilver	
	BorderActive	False	
	Text	N	
	TextColor	clBlack	
	TextSettings. Font	Size=12 Family=Segoe UI	
Text5	ControlName	Text5	D挡标签
	Height	30	
	Width	90	
	BkgdColor	clSilver	
	BorderActive	False	
	Text	D	
	TextColor	clBlack	
	TextSettings. Font	Size=12 Family=Segoe UI	
Text6	ControlName	Text6	Brake标签
	Height	30	
	Width	90	
	BkgdColor	clSilver	
	BorderActive	False	
	Text	Brake	
	TextColor	clBlack	
	TextSettings. Font	Size=12 Family=Segoe UI	

续表

控　件	属　性	属性设置	说　明
ImageButton5	ControlName	ImageButton5	刹车踏板显示控件
	ClickBehavior	bcbLeftRight	
	Height	106	
	Width	85	
	Image Count	2	
	Image(ImageIndex=0)	Break0. bmp	
	Value(ImageIndex=0)	0	
	Image(ImageIndex=1)	Break1. bmp	
	Value(ImageIndex=1)	1	
	ReadOnly	True	
	WrapMode	Stretch	
	VarLink	系统变量：Vehicle_Control. Brake	
	VarType	pstSystemVar	
PathButton0	ControlName	PathButton0	刹车踏板显示控件（置于ImageButton5正上方）
	ButtonShape	使用默认值，也可以是其他矢量图	
	ButtonType	pbtPushButton	
	ColorChecked	clRed	
	ColorStroke	clBlack	
	ColorUnchecked	clGray	
	LabelVisible	False	
	Height	100	
	Width	100	
	ValueChecked	1	
	ValueUnchecked	0	
	Opacity	0	
	VarLink	系统变量：Vehicle_Control. Brake	
	VarType	pstSystemVar	
TrackBar1	ControlName	TrackBar1	引擎速度控制控件
	LabelText	Engine Speed	
	LabelVisible	True	
	Frequency	5	
	Max	5000	
	Min	0	
	Height	24	
	Width	280	
	RotationAngle	0	
	VarLink	CAN 信号：EngSpeed（0/VehicleSystem/Gateway/EngineData/EngSpeed）	
	VarType	pstCANSignal	

续表

控　件	属　性	属性设置	说　明
Text7	ControlName	Text7	引擎速度显示标签
	Height	35	
	Width	90	
	BkgdColor	clSilver	
	BorderActive	False	
	DisplayFormat	%Value	
	Text	0 rpm	
	TextColor	clBlack	
	TextSettings. Font	Size=12 Family=Segoe UI	
	VarLink	CAN 信号：EngSpeed（0/VehicleSystem/Gateway/EngineData/EngSpeed）	
	VarType	pstCANSignal	
TrackBar2	ControlName	TrackBar2	车辆速度控制控件
	LabelText	Vehicle Speed	
	LabelVisible	True	
	Frequency	5	
	Max	200	
	Min	0	
	Height	24	
	Width	280	
	RotationAngle	0	
	VarLink	CAN 信号：VehicleSpeed（0/VehicleSystem/Gateway/VehicleData/VehicleSpeed）	
	VarType	pstCANSignal	
Text8	ControlName	Text8	车辆速度显示标签
	Height	35	
	Width	70	
	BkgdColor	clSilver	
	BorderActive	False	
	DisplayFormat	%Value	
	Text	0 km/h	
	TextColor	clBlack	
	TextSettings. Font	Size=12 Family=Segoe UI	
	VarLink	CAN 信号：VehicleSpeed（0/VehicleSystem/Gateway/VehicleData/VehicleSpeed）	
	VarType	pstCANSignal	

续表

控　　件	属　　性	属性设置	说　　明
TrackBar3	ControlName	TrackBar3	引擎温度控制控件
	LabelText	EngTemp	
	LabelVisible	True	
	Frequency	1	
	Max	150	
	Min	0	
	Height	24	
	Width	280	
	RotationAngle	0	
	VarLink	CAN 信号：EngTemp（0/VehicleSystem/Gateway/EngineData/EngTemp）	
	VarType	pstCANSignal	
Text9	ControlName	Text9	引擎温度显示标签
	Height	35	
	Width	70	
	BkgdColor	clSilver	
	BorderActive	False	
	DisplayFormat	%Value	
	Text	0 DegC	
	TextColor	clBlack	
	TextSettings. Font	Size=12　Family=Segoe UI	
	VarLink	CAN 信号：EngTemp（0/VehicleSystem/Gateway/EngineData/EngTemp）	
	VarType	pstCANSignal	
ImageButton6	ControlName	ImageButton6	Hazard 按钮控件
	ClickBehavior	bcbLoop	
	Height	70	
	Width	160	
	Image Count	2	
	Image(ImageIndex=0)	Hazards0. bmp	
	Value(ImageIndex=0)	0	
	Image(ImageIndex=1)	Hazards1. bmp	
	Value(ImageIndex=1)	1	
	WrapMode	Stretch	
	VarLink	系统变量：Vehicle_Control. Hazards_Enable	
	VarType	pstSystemVar	

续表

控　　件	属　　性	属 性 设 置	说　　明
ImageButton7	ControlName	ImageButton7	左转按钮控件
	ClickBehavior	bcbLoop	
	Height	70	
	Width	80	
	Image Count	2	
	Image(ImageIndex=0)	LeftTurnIndicator0. bmp	
	Value(ImageIndex=0)	0	
	Image(ImageIndex=1)	LeftTurnIndicator1. bmp	
	Value(ImageIndex=1)	1	
	WrapMode	Stretch	
	VarLink	系统变量：Vehicle_Control. Left_Turn_Enable	
	VarType	pstSystemVar	
ImageButton8	ControlName	ImageButton8	右转按钮控件
	ClickBehavior	bcbLoop	
	Height	70	
	Width	80	
	Image Count	2	
	Image(ImageIndex=0)	RightTurnIndicator0. bmp	
	Value(ImageIndex=0)	0	
	Image(ImageIndex=1)	RightTurnIndicator1. bmp	
	Value(ImageIndex=1)	1	
	WrapMode	Stretch	
	VarLink	系统变量：Vehicle_Control. Right_Turn_Enable	
	VarType	pstSystemVar	

这里需要强调的是，在此面板设计过程中，由于 ImageButton 控件不具备长按的属性（按下将立即锁定），达不到刹车踏板的效果，因此将控件 ImageButton5 设置为只读（仅用作显示），同时在其上一层添加一个透明的控件 PathButton0。基于这两个组合的控件（两个控件需要同时关联系统变量 Vehicle_Control. Brake），当用户按下或松开控件 PathButton0 时，将实现刹车踏板的效果。

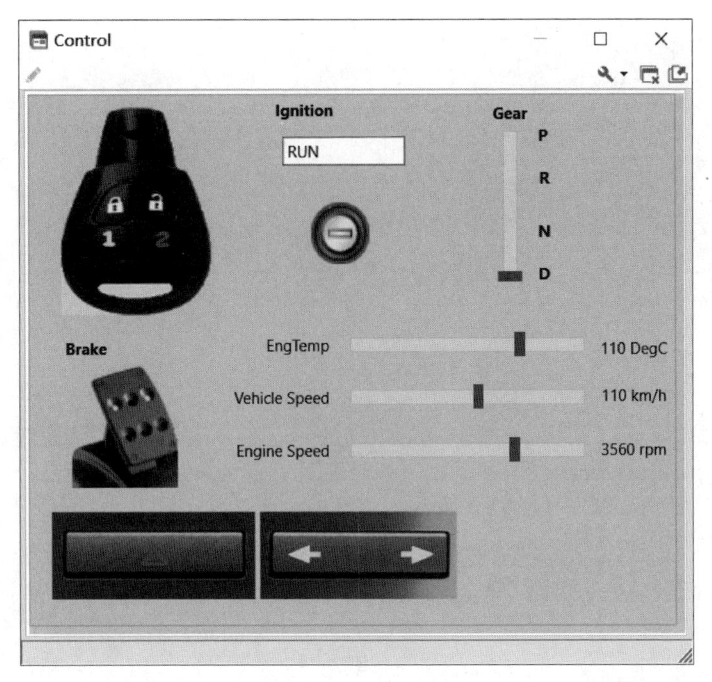

图 12.8　Control 面板

12.3.6　C 代码实现

Vehicle_System_CAN 仿真工程的 C 小程序 BCM 的文件代码如下。

```
// GEN BLOCK BEGIN Include
#define TSMP_IMPL
#include "TSMaster.h"
#include "MPLibrary.h"
#include "Database.h"
#include "TSMasterBaseInclude.h"
#include "Configuration.h"
// GEN BLOCK END Include

// CODE BLOCK BEGIN Variable TurnLightStatus
// 变量文档 "TurnLightStatus"
TMPVarInt TurnLightStatus;
// CODE BLOCK END Variable TurnLightStatus

// CODE BLOCK BEGIN Timer msTcrank
// 定时器文档 "msTcrank"
TMPTimerMS msTcrank;
// CODE BLOCK END Timer msTcrank

// CODE BLOCK BEGIN Timer msTflash
// 定时器文档 "msTflash"
TMPTimerMS msTflash;
// CODE BLOCK END Timer msTflash

// CODE BLOCK BEGIN Timer msTbrake
// 定时器文档 "msTbrake"
```

```
TMPTimerMS msTbrake;
// CODE BLOCK END Timer msTbrake

// CODE BLOCK BEGIN Timer msTlock
// 定时器文档 "msTlock"
TMPTimerMS msTlock;
// CODE BLOCK END Timer msTlock

// GEN BLOCK BEGIN Custom_Function
s32 LightOff(void);
s32 Update_LightStatus(void);
s32 EngineData_Init(void);
// GEN BLOCK END Custom_Function

// CODE BLOCK BEGIN On_Var_Change On_Vehicle_Key_Unlock_Car
// 变量变化事件 "On_Vehicle_Key_Unlock_Car" 针对变量 "Vehicle_Key.Unlock_Car" [On Written]
void on_var_change_On_Vehicle_Key_Unlock_Car(void) { __try {
  int status;
  //获取系统变量 Unlock_Car
  app.get_system_var_int32("Vehicle_Key.Unlock_Car",&status);
  if(status == 1)          //当收到开锁信号时
  {
    //使能 RBS 并启动
    com.can_rbs_enable(true);
    com.can_rbs_start();
    log("rbs was started");
    //默认使用 Driver2
    app.set_system_var_int32("Vehicle_Key.Car_Driver1", 0);
    app.set_system_var_int32("Vehicle_Key.Car_Driver2", 1);
    //恢复系统变量
    app.set_system_var_int32("Vehicle_Key.Unlock_Car", 0);
    //自动锁门,更新门的状态
    com.can_rbs_set_signal_value_by_address("0/VehicleSystem/BCM/Lock_Info/LockStatus",1);
  }

} __except (1) { log_nok("CRASH detected"); app.terminate_application(); }}
// CODE BLOCK END On_Var_Change On_Vehicle_Key_Unlock_Car

// CODE BLOCK BEGIN On_Var_Change On_Vehicle_Key_Lock_Car
// 变量变化事件 "On_Vehicle_Key_Lock_Car" 针对变量 "Vehicle_Key.Lock_Car" [On Written]
void on_var_change_On_Vehicle_Key_Lock_Car(void) { __try {
  int status;
  //获取系统变量 Lock_Car
  app.get_system_var_int32("Vehicle_Key.Lock_Car",&status);
  if(status == 1)          //当收到锁门信号时
  {
    //自动锁门,更新门锁状态
    com.can_rbs_set_signal_value_by_address("0/VehicleSystem/BCM/Lock_Info/LockStatus",1);
    //启动锁门定时器
    msTlock.start();
    //恢复系统变量
    app.set_system_var_int32("Vehicle_Key.Lock_Car", 0);
  }

} __except (1) { log_nok("CRASH detected"); app.terminate_application(); }}
// CODE BLOCK END On_Var_Change On_Vehicle_Key_Lock_Car
```

```
// CODE BLOCK BEGIN On_Var_Change On_Vehicle_Key_Car_Driver1
// 变量变化事件 "On_Vehicle_Key_Car_Driver1" 针对变量 "Vehicle_Key.Car_Driver1" [On Written]
void on_var_change_On_Vehicle_Key_Car_Driver1(void) { __ try {
  int status;
  //获取系统变量 Car_Driver1
  app.get_system_var_int32("Vehicle_Key.Car_Driver1",&status);

  //构造 Driver_Info 报文
  TCAN f0 = {0,0x1,8,0,0x331,0,{0x00, 0x00, 0x00, 0x00, 0x00, 0x00, 0x00, 0x00}};
  TDriver_Info_1 Driver_Info_1;
  Driver_Info_1.init();
  Driver_Info_1.FCAN.load_data(&f0.FData[0]);

  //如果收到来自 Driver1 的信号
  if(status == 1)
  {
    //更新 Driver 为 Driver1,并将 Car_Driver2 设置为 0
    Driver_Info_1.Driver = 0;
    app.set_system_var_int32("Vehicle_Key.Car_Driver2",0);
    //发送更新报文
    com.transmit_can_async(&Driver_Info_1.FCAN);
    log("driver was changed to driver1.");
  }

} __ except (1) { log_nok("CRASH detected"); app.terminate_application(); }}
// CODE BLOCK END On_Var_Change On_Vehicle_Key_Car_Driver1

// CODE BLOCK BEGIN On_Var_Change On_Vehicle_Key_Car_Driver2
// 变量变化事件 "On_Vehicle_Key_Car_Driver2" 针对变量 "Vehicle_Key.Car_Driver2" [On Written]
void on_var_change_On_Vehicle_Key_Car_Driver2(void) { __ try {
  int status;
  //获取系统变量 Car_Driver2
  app.get_system_var_int32("Vehicle_Key.Car_Driver2",&status);

  //构造 Driver_Info 报文
  TCAN f0 = {0,0x1,8,0,0x331,0,{0x00, 0x00, 0x00, 0x00, 0x00, 0x00, 0x00, 0x00}};
  TDriver_Info_1 Driver_Info_1;
  Driver_Info_1.init();
  Driver_Info_1.FCAN.load_data(&f0.FData[0]);

  //如果收到来自 Driver2 的信号
  if(status == 1)
  {
    //更新 Driver 为 Driver2,并将 Car_Driver1 设置为 0
    Driver_Info_1.Driver = 1;
    app.set_system_var_int32("Vehicle_Key.Car_Driver1",0);
    //发送更新报文
    com.transmit_can_async(&Driver_Info_1.FCAN);
    log("driver was changed to driver2.");
  }

} __ except (1) { log_nok("CRASH detected"); app.terminate_application(); }}
// CODE BLOCK END On_Var_Change On_Vehicle_Key_Car_Driver2

// CODE BLOCK BEGIN On_Var_Change On_Vehicle_Key_Key_State
```

```
// 变量变化事件 "On_Vehicle_Key_Key_State" 针对变量 "Vehicle_Key.Key_State" [On Written]
void on_var_change_On_Vehicle_Key_Key_State(void) { __ try {
  int val1;
  //获取系统变量 Key_State 当前的值,并赋值给对应的信号
  app.get_system_var_int32("Vehicle_Key.Key_State",&val1);
  com.can_rbs_set_signal_value_by_address("0/VehicleSystem/BCM/Ignition_Info/KeyState",val1);
  //如果 key_State 为 Off,初始化引擎数据
  if(val1 == 0)
     EngineData_Init();
  //如果 key_State 不为 Off,初始化燃油位置为 130
  if(val1 > 0)
     com.can_rbs_set_signal_value_by_address("0/VehicleSystem/Gateway/EngineData/
PetrolLevel",130);
  //如果 key_State 为 Crank,将车速设置为 0,开始 msTcrank 计时器模拟打火
  if(val1 == 3)
  {
     msTcrank.start();
  }

} __ except (1) { log_nok("CRASH detected"); app.terminate_application(); }}
// CODE BLOCK END On_Var_Change On_Vehicle_Key_Key_State

// CODE BLOCK BEGIN On_Var_Change On_Vehicle_Control_Left_Turn_Enable
// 变量变化事件 "On_Vehicle_Control_Left_Turn_Enable" 针对变量 "Vehicle_Control.Left_Turn_
//Enable" [On Written]
void on_var_change_On_Vehicle_Control_Left_Turn_Enable(void) { __ try {
  int val1;
  app.get_system_var_int32("Vehicle_Control.Left_Turn_Enable",&val1);
  if(val1 == 1)
     app.set_system_var_int32("Vehicle_Control.Right_Turn_Enable",0);
  int status = TurnLightStatus.get();
  //更新 TurnLightStatus 的个位来表示左转右转灯状态的变化
  status = status/10 * 10 + val1;
  TurnLightStatus.set(status);
  Update_LightStatus();
  log("left key event; lightstatus = %d",status);

} __ except (1) { log_nok("CRASH detected"); app.terminate_application(); }}
// CODE BLOCK END On_Var_Change On_Vehicle_Control_Left_Turn_Enable

// CODE BLOCK BEGIN On_Var_Change On_Vehicle_Control_Right_Turn_Enable
// 变量变化事件 "On_Vehicle_Control_Right_Turn_Enable" 针对变量 "Vehicle_Control.Right_
//Turn_Enable" [On Written]
void on_var_change_On_Vehicle_Control_Right_Turn_Enable(void) { __ try {
  int val1;
  app.get_system_var_int32("Vehicle_Control.Right_Turn_Enable",&val1);
  if(val1 == 1)
    app.set_system_var_int32("Vehicle_Control.Left_Turn_Enable",0);
  int status = TurnLightStatus.get();
  //更新 TurnLightStatus 的个位来表示左转右转灯状态的变化
  status = status/10 * 10 + val1 * 2;
  TurnLightStatus.set(status);
  Update_LightStatus();
  log("right key event; lightstatus = %d",status);

} __ except (1) { log_nok("CRASH detected"); app.terminate_application(); }}
```

```
// CODE BLOCK END On_Var_Change On_Vehicle_Control_Right_Turn_Enable

// CODE BLOCK BEGIN On_Var_Change On_Vehicle_Control_Hazards_Enable
// 变量变化事件 "On_Vehicle_Control_Hazards_Enable" 针对变量 "Vehicle_Control.Hazards_
//Enable" [On Written]
void on_var_change_On_Vehicle_Control_Hazards_Enable(void) { __ try {
  int val1;
  app.get_system_var_int32("Vehicle_Control.Hazards_Enable",&val1);
  int status = TurnLightStatus.get();
  //更新 TurnLightStatus 的十位来表示 Hazards 状态的变化
  status = val1 * 10 + status % 10;
  TurnLightStatus.set(status);
  Update_LightStatus();
  log("Hazards key event; lightstatus = %d",status);

} __ except (1) { log_nok("CRASH detected"); app.terminate_application(); }}
// CODE BLOCK END On_Var_Change On_Vehicle_Control_Hazards_Enable

// CODE BLOCK BEGIN On_Var_Change On_Vehicle_Control_Gear
// 变量变化事件 "On_Vehicle_Control_Gear" 针对变量 "Vehicle_Control.Gear" [On Written]
void on_var_change_On_Vehicle_Control_Gear(void) { __ try {
  int val1;
  app.get_system_var_int32("Vehicle_Control.Gear",&val1);
  com.can_rbs_set_signal_value_by_address("0/VehicleSystem/Gateway/Gear_Info/Gear",val1);

} __ except (1) { log_nok("CRASH detected"); app.terminate_application(); }}
// CODE BLOCK END On_Var_Change On_Vehicle_Control_Gear

// CODE BLOCK BEGIN On_Var_Change On_Vehicle_Control_Brake
// 变量变化事件 "On_Vehicle_Control_Brake" 针对变量 "Vehicle_Control.Brake" [On Written]
void on_var_change_On_Vehicle_Control_Brake(void) { __ try {
  int val1;
  //获取刹车踏板的状态
  app.get_system_var_int32("Vehicle_Control.Brake",&val1);
  if(val1 == 1)
  {
     com.can_rbs_set_signal_value_by_address("0/VehicleSystem/Gateway/Gear_Info/
GearLock",0);
     msTbrake.start();
  }
  else
  {
     com.can_rbs_set_signal_value_by_address("0/VehicleSystem/Gateway/Gear_Info/
GearLock",1);
     msTbrake.stop();
  }

} __ except (1) { log_nok("CRASH detected"); app.terminate_application(); }}
// CODE BLOCK END On_Var_Change On_Vehicle_Control_Brake

// CODE BLOCK BEGIN On_Timer On_Timer_msTcrank
// 定时器触发事件 "On_Timer_msTcrank" for Timer msTcrank
void on_timer_On_Timer_msTcrank(void) { __ try {
  //将引擎状态自动回到 RUN 状态,更新系统变量和信号
  com.can_rbs_set_signal_value_by_address("0/VehicleSystem/BCM/Ignition_Info/KeyState",2);
  app.set_system_var_int32("Vehicle_Key.Key_State", 2);
```

```
    //停止 msTcrank 定时器
    msTcrank.stop();

} __except (1) { log_nok("CRASH detected"); app.terminate_application(); }}
// CODE BLOCK END On_Timer On_Timer_msTcrank

// CODE BLOCK BEGIN On_Timer On_Timer_msTflash
// 定时器触发事件 "On_Timer_msTflash" for Timer msTflash
void on_timer_On_Timer_msTflash(void) { __try {
    int status = TurnLightStatus.get();
    //如果 TurnLightStatus 为 0,什么都不做
    if(status == 0) return;
    double dval;
    //获取当前的信号值,并取反赋值回去
    com.can_rbs_get_signal_value_by_address("0/VehicleSystem/BCM/Light_Info/LightStatus",&dval);
    com.can_rbs_set_signal_value_by_address("0/VehicleSystem/BCM/Light_Info/LightStatus",
!dval);
    log("flash timer is running");

} __except (1) { log_nok("CRASH detected"); app.terminate_application(); }}
// CODE BLOCK END On_Timer On_Timer_msTflash

// CODE BLOCK BEGIN On_Timer On_Timer_msTbrake
// 定时器触发事件 "On_Timer_msTbrake" for Timer msTbrake
void on_timer_On_Timer_msTbrake(void) { __try {
    //读取引擎速度和车速
    double val1, val2;
    com.can_rbs_get_signal_value_by_address("0/VehicleSystem/Gateway/EngineData/EngSpeed",&val1);
    com.can_rbs_get_signal_value_by_address("0/VehicleSystem/Gateway/VehicleData/
VehicleSpeed",&val2);

    //减少引擎速度和车速,直至为 0
    val1 = val1 - 40 > 0?val1 - 40:0;
    val2 = val2 - 1 > 0?val2 - 1:0;
    if(val1 == 0 && val1 == 0)
    {
      msTbrake.stop();                          //停止刹车定时器
    }
    //更新引擎速度和车速
    com.can_rbs_set_signal_value_by_address("0/VehicleSystem/Gateway/EngineData/EngSpeed",val1);
    com.can_rbs_set_signal_value_by_address("0/VehicleSystem/Gateway/VehicleData/
VehicleSpeed",val2);

} __except (1) { log_nok("CRASH detected"); app.terminate_application(); }}
// CODE BLOCK END On_Timer On_Timer_msTbrake

// CODE BLOCK BEGIN On_Start preStart
// 启动事件 "preStart"
void on_start_preStart(void) { __try { // 程序启动事件
    com.can_rbs_enable(false);                //禁止 RBS
    com.can_rbs_stop();                       //停止 RBS 运行

    //初始化所有系统变量值
    app.set_system_var_int32("Vehicle_Key.Car_Driver1", 0);
    app.set_system_var_int32("Vehicle_Key.Car_Driver2", 0);
    app.set_system_var_int32("Vehicle_Key.Unlock_Car", 0);
```

```
    app.set_system_var_int32("Vehicle_Key.Lock_Car", 0);
    app.set_system_var_int32("Vehicle_Key.Key_State",0);
    app.set_system_var_int32("Vehicle_Control.Gear",0);
    app.set_system_var_int32("Vehicle_Control.Hazards_Enable",0);
    app.set_system_var_int32("Vehicle_Control.Left_Turn_Enable",0);
    app.set_system_var_int32("Vehicle_Control.Right_Turn_Enable",0);
    app.set_system_var_int32("Vehicle_Control.Brake",0);
    TurnLightStatus.set(0);

} __except (1) { log_nok("CRASH detected"); app.terminate_application(); }}
// CODE BLOCK END On_Start preStart

// CODE BLOCK BEGIN Custom_Function LightOff
// 自定义函数 "LightOff"
s32 LightOff(void) { __try {// 自定义函数:
    //本函数执行关灯操作
    TurnLightStatus.set(0);
    com.can_rbs_set_signal_value_by_address("0/VehicleSystem/BCM/Light_Info/VehicleLight",0);
    com.can_rbs_set_signal_value_by_address("0/VehicleSystem/BCM/Light_Info/LightStatus",0);
    return 0;

} __except (1) { log_nok("CRASH detected"); app.terminate_application(); return(IDX_ERR_MP_
CODE_CRASH); }}
// CODE BLOCK END Custom_Function LightOff

// CODE BLOCK BEGIN On_Timer On_Timer_msTlock bXNUbG9jaw __
// 定时器触发事件 "On_Timer_msTlock" for Timer msTlock
void on_timer_On_Timer_msTlock(void) { __try {// 定时器 = msTlock
    msTflash.stop();                //停止 msTflash 定时器,停止双闪灯
    com.can_rbs_stop();             //停止 RBS 运行
    com.can_rbs_enable(false);      //禁止 RBS
    log("rbs was stopped.");
    msTlock.stop();                 //停止 msTlock 定时器

} __except (1) { log_nok("CRASH detected"); app.terminate_application(); }}
// CODE BLOCK END On_Timer On_Timer_msTlock

// CODE BLOCK BEGIN Custom_Function Update_LightStatus
// 自定义函数 "Update_LightStatus"
s32 Update_LightStatus(void) { __try { // 自定义函数:
    //本函数实现根据小程序变量 TurnLightStatus 来更新信号

    //TurnLightStatus 用一个十进制两位数表示状态,十位表示 hazards,个位表示左右转指示灯
    //0 - all off; 1 - turn left on; 2 - turn right on;
    //10 - hazards; 11 - turn left + hazards; 12 - turn right + hazards;

    int status = TurnLightStatus.get();
    msTflash.start();
    log("Flash Timer is on");
    switch(status)
    {
        case 11:
        case 1: //Left Light flash
            com.can_rbs_set_signal_value_by_address("0/VehicleSystem/BCM/Light_Info/
VehicleLight",1);
            log("left light is on");
```

```
            break;
        case 12:
        case 2: //Right Light flash
            com.can_rbs_set_signal_value_by_address("0/VehicleSystem/BCM/Light_Info/
VehicleLight",2);
            log("right light is on");
            break;
        case 10: //swicth off both light
            com.can_rbs_set_signal_value_by_address("0/VehicleSystem/BCM/Light_Info/
VehicleLight",3);
            log("Hazards light is on");
            break;
        case 0: //swicth off both light
        //default:
            msTflash.stop();
            log("Timer is off");
            com.can_rbs_set_signal_value_by_address("0/VehicleSystem/BCM/Light_Info/
VehicleLight",0);
            com.can_rbs_set_signal_value_by_address("0/VehicleSystem/BCM/Light_Info/
LightStatus",0);
    }

} __except (1) { log_nok("CRASH detected"); app.terminate_application(); return(IDX_ERR_MP_
CODE_CRASH); }}
// CODE BLOCK END Custom_Function Update_LightStatus

// CODE BLOCK BEGIN Custom_Function EngineData_Init
// 自定义函数 "EngineData_Init"
s32 EngineData_Init(void) { __try {// 自定义函数:
    //本函数初始化引擎数据及车速
    com.can_rbs_set_signal_value_by_address("0/VehicleSystem/Gateway/EngineData/EngTemp",0);
    com.can_rbs_set_signal_value_by_address("0/VehicleSystem/Gateway/EngineData/EngSpeed",0);
    com.can_rbs_set_signal_value_by_address("0/VehicleSystem/Gateway/EngineData/
PetrolLevel",0);
    com.can_rbs_set_signal_value_by_address("0/VehicleSystem/Gateway/VehicleData/
VehicleSpeed",0);

} __except (1) { log_nok("CRASH detected"); app.terminate_application(); return(IDX_ERR_MP_
CODE_CRASH); }}
// CODE BLOCK END Custom_Function EngineData_Init

// CODE BLOCK BEGIN Step_Function NQ__
// 主 step 函数,执行周期 5 ms
void step(void) { __try { // 周期 = 5 ms

} __except (1) { log_nok("CRASH detected"); app.terminate_application(); }}
// CODE BLOCK END Step_Function
```

12.4 工程实现——IPC 仿真工程

IPC 仿真工程需要设计的功能比较少,实现起来也比较容易。按上面类似的方法创建一个仿真工程,命名为 Vehicle_System_CAN_IPC,并导入相同的 DBC 文件。

12.4.1 CAN 剩余总线仿真设置

因为本仿真工程用于模拟节点 IPC,此处只需要激活节点 IPC,如图 12.9 所示。

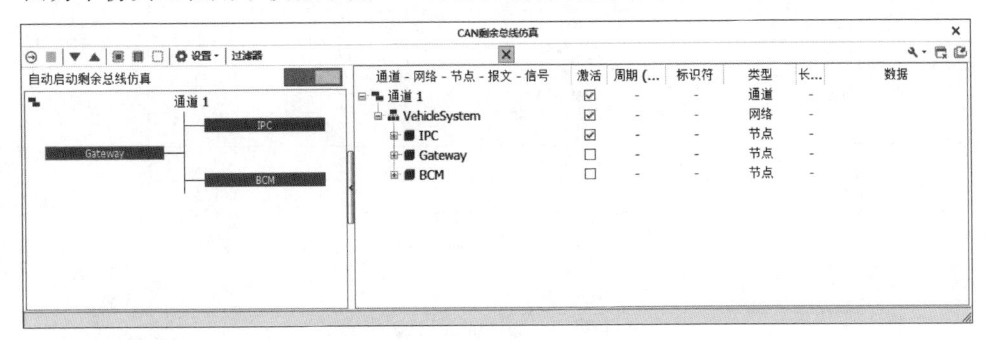

图 12.9　CAN 剩余总线仿真设置

12.4.2 系统变量

与 12.3.4 节类似,IPC 仿真工程中也需要创建几个系统变量,读者可以采用同样的方法。表 12.3 为本实例中需要定义的系统变量列表及属性设置。

表 12.3　系统变量列表及属性设置

类　　别	名　　称	数据类型	最小值	最大值	单位	取　值　表
Cluster	Gear_Status	Int32	0	3	—	0:P; 1:R; 2:N; 3:D
	Left_Turn_Indicator	Int32	0	1	—	—
	Right_Turn_Indicator	Int32	0	1	—	—
	Sys_Time	String	—	—	—	

12.4.3 面板设计

IPC 面板主要用于模拟实际的仪表盘显示功能,设计效果如图 12.10 所示,相关控件的设置可以根据表 12.4 来创建和设置。

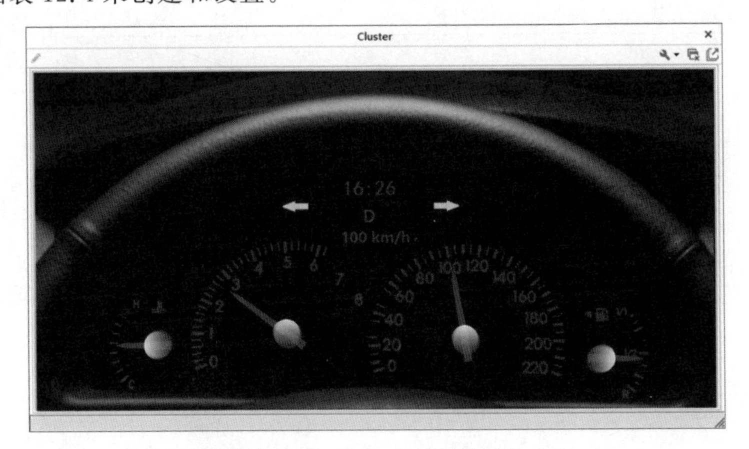

图 12.10　Cluster 面板效果

表 12.4　Cluster 面板的控件列表及属性设置

控　件	属　性	属性设置	说　明
面板	Title	Cluster	仿真 IPC 显示的面板
	Color	clWhite	
	Height	390	
	Layout	Normal	
	Width	800	
Image0	ControlName	Image0	仪表盘图片（置后显示）
	Align	None	
	Height	390	
	Width	800	
	WrapMode	Stretch	
	Picture	IPC_Background. bmp	
Gauge0	ControlName	Gauge0	引擎温度显示控件
	AngleSpan	85	
	AxisIncrement	0	
	AxisVisible	False	
	Color	clBlack	
	Height	160	
	Width	160	
	ShowBackground	False	
	ShowValueMark	False	
	RotationAngle	−92.5	
	MinVal	0	
	MaxVal	150	
	VarLink	CAN 信号：EngTemp(0/VehicleSystem/IPC/EngineData/EngTemp)	
	VarType	pstCANSignal	
Gauge1	ControlName	Gauge1	引擎速度显示控件
	AngleSpan	220	
	AxisIncrement	0	
	AxisVisible	False	
	Color	clBlack	
	Height	245	
	Width	245	
	ShowBackground	False	
	ShowValueMark	False	
	RotationAngle	0	
	MinVal	0	
	MaxVal	10000	
	VarLink	CAN 信号：EngSpeed(0/VehicleSystem/IPC/EngineData/EngSpeed)	
	VarType	pstCANSignal	

续表

控件	属性	属性设置	说明
Gauge2	ControlName	Gauge2	车速显示控件
	AngleSpan	220	
	AxisIncrement	0	
	AxisVisible	False	
	Color	clBlack	
	Height	245	
	Width	245	
	ShowBackground	False	
	ShowValueMark	False	
	RotationAngle	0	
	MinVal	0	
	MaxVal	220	
	VarLink	CAN 信号：VehicleSpeed（0/VehicleSystem/IPC/VehicleData/VehicleSpeed）	
	VarType	pstCANSignal	
Gauge3	ControlName	Gauge3	油量显示控件
	AngleSpan	120	
	AxisIncrement	0	
	AxisVisible	False	
	Color	clBlack	
	Height	137	
	Width	137	
	ShowBackground	False	
	ShowValueMark	False	
	RotationAngle	90	
	MinVal	0	
	MaxVal	255	
	VarLink	CAN 信号：PetrolLevel（0/VehicleSystem/IPC/EngineData/PetrolLevel）	
	VarType	pstCANSignal	
ImageButton0	ControlName	ImageButton0	左转指示控件
	Height	24	
	Width	46	
	Image Count	2	
	Image(ImageIndex=0)	None	
	Value(ImageIndex=0)	0	
	Image(ImageIndex=1)	LEDTurnLeft. bmp	
	Value(ImageIndex=1)	1	
	WrapMode	Stretch	
	VarLink	系统变量：Cluster. Left_Turn_Indicator	
	VarType	pstSystemVar	

续表

控　件	属　性	属性设置	说　明
ImageButton1	ControlName	ImageButton1	右转指示控件
	Height	24	
	Width	46	
	Image Count	2	
	Image(ImageIndex=0)	None	
	Value(ImageIndex=0)	0	
	Image(ImageIndex=1)	LEDTurnRight. bmp	
	Value(ImageIndex=1)	1	
	WrapMode	Stretch	
	VarLink	系统变量：Cluster. Right_Turn_Indicator	
	VarType	pstSystemVar	
Text0	ControlName	Text0	挡位指示控件
	Height	28	
	Width	50	
	DisplayFormat	%Value	
	BorderActive	False	
	TextColor	clRed	
	TextSettings. Font	Size=20 Family=Segoe UI Style=fsBold	
	Transparent	True	
	VarLink	系统变量：Cluster. Gear_Status	
	VarType	pstSystemVar	
Text1	ControlName	Text1	车速数值显示控件
	Height	28	
	Width	128	
	DisplayFormat	%Value	
	BorderActive	False	
	TextColor	clRed	
	TextSettings. Font	Size=18 Family=Segoe UI Style=fsBold	
	Transparent	True	
	VarLink	CAN 信号：VehicleSpeed(0/VehicleSystem/IPC/VehicleData/VehicleSpeed)	
	VarType	pstCANSignal	

续表

控　　件	属　　性	属 性 设 置	说　　明
Text2	ControlName	Text2	系统时间显示控件
	Height	28	
	Width	82	
	DisplayFormat	%Value	
	BorderActive	False	
	TextColor	clRed	
	TextSettings. Font	Size=24 Family=Segoe UI Style=fsBold	
	Transparent	True	
	VarLink	系统变量：Cluster. Sys_Time	
	VarType	pstSystemVar	

12.4.4 C代码实现

Vehicle_System_CAN_IPC 仿真工程 C 小程序 IPC 文件的代码如下。

```
// GEN BLOCK BEGIN Include
#define TSMP_IMPL
#include "TSMaster.h"
#include "MPLibrary.h"
#include "Database.h"
#include "TSMasterBaseInclude.h"
#include "Configuration.h"
// GEN BLOCK END Include

// CODE BLOCK BEGIN Timer SysTimer
// 定时器文档 "SysTimer"
TMPTimerMS SysTimer;
// CODE BLOCK END Timer SysTimer

// CODE BLOCK BEGIN Global_Definitions
#include <time.h>

bool sys_time_flash = true;                //用于显示时间字符串中冒号的每秒跳到
// CODE BLOCK END Global_Definitions

// CODE BLOCK BEGIN On_CAN_Rx On_CANRx_Gear_Info
// CAN 报文接收事件 "On_CANRx_Gear_Info" 针对标识符 = 0x2CB
void on_can_rx_On_CANRx_Gear_Info(const TCAN* ACAN) { __try {
  // if (ACAN->FIdxChn != CH1) return;     // if you want to filter channel
  // 获取 RBS 中的 Gear 信号值,并更新对应的系统变量
  double val1;
  com.can_rbs_get_signal_value_by_address("0/VehicleSystem/IPC/Gear_Info/Gear", &val1);
  //log("gear info is %f",val1);

  app.set_system_var_int32("Cluster.Gear_Status",val1);
```

```
} __ except (1) { log_nok("CRASH detected"); app.terminate_application(); }}
// CODE BLOCK END On_CAN_Rx On_CANRx_Gear_Info

// CODE BLOCK BEGIN On_CAN_Rx On_CANRx_Light_Info
// CAN 报文接收事件 "On_CANRx_Light_Info" 针对标识符 = 0x152
void on_can_rx_On_CANRx_Light_Info(const TCAN * ACAN) { __ try {
  // if (ACAN->FIdxChn != CH1) return;      // if you want to filter channel
  double val1,val2;
  com.can_rbs_get_signal_value_by_address("0/VehicleSystem/IPC/Light_Info/VehicleLight",
&val1);
  com.can_rbs_get_signal_value_by_address("0/VehicleSystem/IPC/Light_Info/LightStatus",
&val2);

  int light = (int)val1;
  int status = (int)val2;
  log("light = %f; %d",val1, light);
  switch(light)
  {
      case 1: //Left Light flash
        app.set_system_var_int32("Cluster.Left_Turn_Indicator",status);
        app.set_system_var_int32("Cluster.Right_Turn_Indicator",0);
        break;
      case 2: //Right Light flash
        app.set_system_var_int32("Cluster.Right_Turn_Indicator",status);
        app.set_system_var_int32("Cluster.Left_Turn_Indicator",0);
        break;
      case 3: //Hazards status
        app.set_system_var_int32("Cluster.Left_Turn_Indicator",status);
        app.set_system_var_int32("Cluster.Right_Turn_Indicator",status);
        break;
      case 0: //switch off both light
        app.set_system_var_int32("Cluster.Left_Turn_Indicator",0);
        app.set_system_var_int32("Cluster.Right_Turn_Indicator",0);
  }

} __ except (1) { log_nok("CRASH detected"); app.terminate_application(); }}
// CODE BLOCK END On_CAN_Rx On_CANRx_Light_Info

// CODE BLOCK BEGIN On_CAN_Rx On_CANRx_Lock_Info
// CAN 报文接收事件 "On_CANRx_Lock_Info" 针对标识符 = 0x318
void on_can_rx_On_CANRx_Lock_Info(const TCAN * ACAN) { __ try {
  if (ACAN->FIdxChn != CH1) return;          // if you want to filter channel
  TLock_Info_1 Lock_Info_1;
  Lock_Info_1.init();
  Lock_Info_1.FCAN = *ACAN;                  // 若是在回调函数中,请用 ACAN 数据赋值 FCAN
  // deal with signals using Lock_Info_1.XXX
  int f = Lock_Info_1.LockStatus;
  if(f == 0)
    //com.can_rbs_stop();
    com.can_rbs_activate_network_by_name(CH1,false,"VehicleSystem",false);
  else
    //com.can_rbs_start();
    com.can_rbs_activate_network_by_name(CH1,true,"VehicleSystem",false);
```

```
} __except (1) { log_nok("CRASH detected"); app.terminate_application(); }}
// CODE BLOCK END On_CAN_Rx On_CANRx_Lock_Info

// CODE BLOCK BEGIN On_Timer On_Timer_SysTimer
// 定时器触发事件 "On_Timer_SysTimer" for Timer SysTimer
void on_timer_On_Timer_SysTimer(void) { __try {
  // 定时器 SysTimer 用于处理系统时间的刷新
  char time_s[6] = "10:30";
  time_t timep;
  struct tm * ptm;
  time (&timep);
  ptm = gmtime(&timep);

  // 将 tm 结构体指针中的 tm_hour 以及 tm_min 提取出来
  // 因为中国是第 8 时区,转换时需要考虑
  time_s[0] = '0'+ (8 + ptm->tm_hour)/10;
  time_s[1] = '0'+ (8 + ptm->tm_hour) % 10;
  time_s[2] = sys_time_flash?':':' ';          // 处理冒号的每秒跳到
  time_s[3] = '0'+ ptm->tm_min/10;
  time_s[4] = '0'+ ptm->tm_min % 10;
  time_s[5] = '\0';
  log("time string is %s",time_s);
  app.set_system_var_string("Cluster.Sys_Time",&time_s[0]);

  sys_time_flash = !sys_time_flash;          // 将状态变量切换
} __except (1) { log_nok("CRASH detected"); app.terminate_application(); }}
// CODE BLOCK END On_Timer On_Timer_SysTimer

// CODE BLOCK BEGIN On_Start On_Start
// 启动事件 "On_Start"
void on_start_On_Start(void) { __try {          // 程序启动事件
  // 停止系统时间刷新的定时器 SysTimer
  SysTimer.start();
  // 禁止 RBS 网络
  com.can_rbs_activate_network_by_name(CH1,false,"VehicleSystem",false);

} __except (1) { log_nok("CRASH detected"); app.terminate_application(); }}
// CODE BLOCK END On_Start On_Start

// CODE BLOCK BEGIN Step_Function
// 主 step 函数,执行周期 5 ms
void step(void) { __try {                      // 周期 = 5 ms

} __except (1) { log_nok("CRASH detected"); app.terminate_application(); }}
// CODE BLOCK END Step_Function
```

12.5 工程运行测试

本章需要同时打开两个 TSMaster 应用程序,其中,第一个应用程序 TSMaster(蓝色风格)加载 Vehicle_System_CAN 模拟 IPC 的测试环境,第二个应用程序 TSMaster1(绿色风

格)加载 Vehicle_System_CAN_IPC 模拟 IPC。测试步骤如下。

(1) 首先运行第二个 TSMaster 工程,然后运行第一个 TSMaster 工程。两边应用的 CAN/CANFD 报文信息窗口无任何报文。

(2) 操作第一个 TSMaster 的 Control 面板(以下简称 Control 面板),单击"开锁"按钮,切换驾驶员 Id,更改 Ignition 的信息及挡位信息,在第二个 TSMaster 的 Cluster 面板(以下简称 Cluster 面板)上都会同步显示出来。

(3) 操作 Control 面板的滑动条,可以调节 EngTemp、Vehicle Speed 和 Engine Speed 的数值,在 Cluster 面板上都会同步显示出来。

(4) 长按 Control 面板的刹车,Cluster 面板的 Vehicle Speed 和 Engine Speed 也会随之下降。

(5) 单击 Control 面板的 Hazard 按钮和转向灯的按钮,在 Cluster 面板会更新转向指示灯的不同状态。

总体来说,两个 TSMaster 通过同一个虚拟 CAN 通道,实现了报文的发送和接收,若将两个面板放在一起,效果如图 12.11 所示。

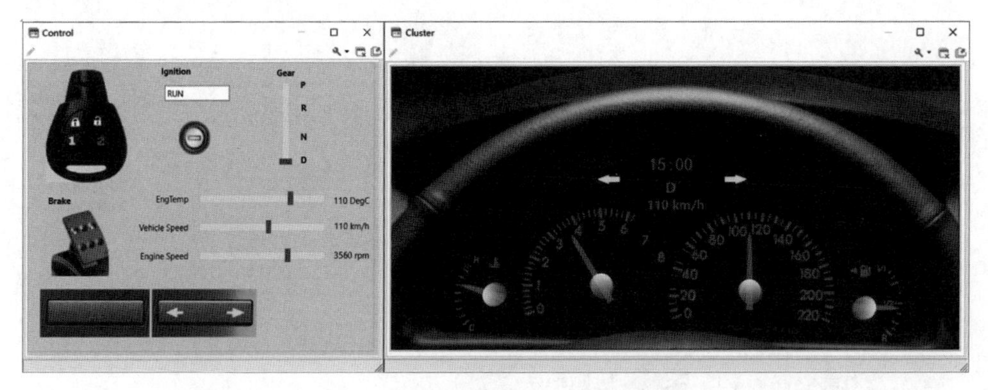

图 12.11　两个 TSMaster 面板显示效果

读者可以在本书提供的资源压缩包中找到本章例程的工程文件(Vehicle_System_CAN 工程文件路径\Chapter_12\Source\Vehicle_System_CAN. T7z;Vehicle_System_CAN_IPC 工程文件路径\Chapter_12\Source\Vehicle_System_CAN_IPC. T7z)。

第13章 仿真工程开发入门——LIN

本章内容：

- LIN 总线常见 API 函数。
- 工程实例简介。
- 工程实现。
- 工程运行测试。

第12章介绍了如何开发 CAN/CAN FD 总线的仿真工程，也是针对汽车网络中最常见的总线。除了 CAN/CAN FD 总线的仿真，LIN 总线也是最常见的汽车网络之一。本章将重点介绍如何开发 LIN 总线的仿真工程。

13.1 LIN 总线常见 API 函数

TSMaster 中提供了一些常用的操作 LIN 总线的网络、节点、信号等 API 函数，为用户开发仿真工程带来了便捷。表13.1列出了 LIN 总线常见 API 函数列表及功能描述。

表13.1 LIN 总线常见 API 函数列表及功能描述

函数名	功能描述
get_lin_signal_raw_value	从 LIN 报文的数据中获取原始信号值
get_lin_signal_value	从 LIN 报文的数据中获取物理信号值
lin_rbs_activate_all_networks	激活或禁止 LIN 总线 RBS 仿真中的所有网络
lin_rbs_activate_message_by_name	激活或禁止 LIN 总线 RBS 仿真中的指定报文(根据名称)
lin_rbs_activate_network_by_name	激活或禁止 LIN 总线 RBS 仿真中的指定网络(根据名称)
lin_rbs_activate_node_by_name	激活或禁止 LIN 总线 RBS 仿真中的指定节点(根据名称)
lin_rbs_configure	配置 LIN 总线 RBS 仿真工程的引擎
lin_rbs_get_signal_value_by_address	在 LIN 总线 RBS 仿真中，根据数据库地址获取信号实时值
lin_rbs_get_signal_value_by_element	在 LIN 总线 RBS 仿真中，根据数据库元素获取信号实时值
lin_rbs_is_running	检查 LIN 总线 RBS 仿真是否在运行
lin_rbs_set_message_cycle_by_name	在 LIN 总线 RBS 仿真中，通过报文名字设置周期报文
lin_rbs_set_signal_value_by_address	在 LIN 总线 RBS 仿真中，根据数据库地址设定信号值
lin_rbs_set_signal_value_by_element	在 LIN 总线 RBS 仿真中，根据数据库元素设定信号值
lin_rbs_start	启动 LIN 总线 RBS 引擎
lin_rbs_stop	终止 LIN 总线 RBS 引擎
set_lin_signal_raw_value	将信号原始值设置为报文数据字节
set_lin_signal_value	将信号物理值设置为报文数据字节
transmit_lin_async	异步传输 LIN 报文，不检测其传输结果
transmit_lin_sync	同步传输 LIN 报文，当前执行将等待直到帧被发送或超时
tslog_blf_write_lin	在 blf 文件中写入 LIN 报文对象

(以上函数归属于 com 函数库，调用时需要添加“com.”作为前缀)

13.2 工程实例简介

第1章已经简单介绍了LIN总线的相关知识，由于LIN总线的低成本、易实现等优点，在安全性和实时性要求不高的模块中得到了广泛应用，如车窗控制、座椅调节和雨刮控制等。

13.2.1 网络拓扑图

基于第12章的实例，一般整车网络中还存在LIN总线部分，完整的网络拓扑图如图13.1所示。

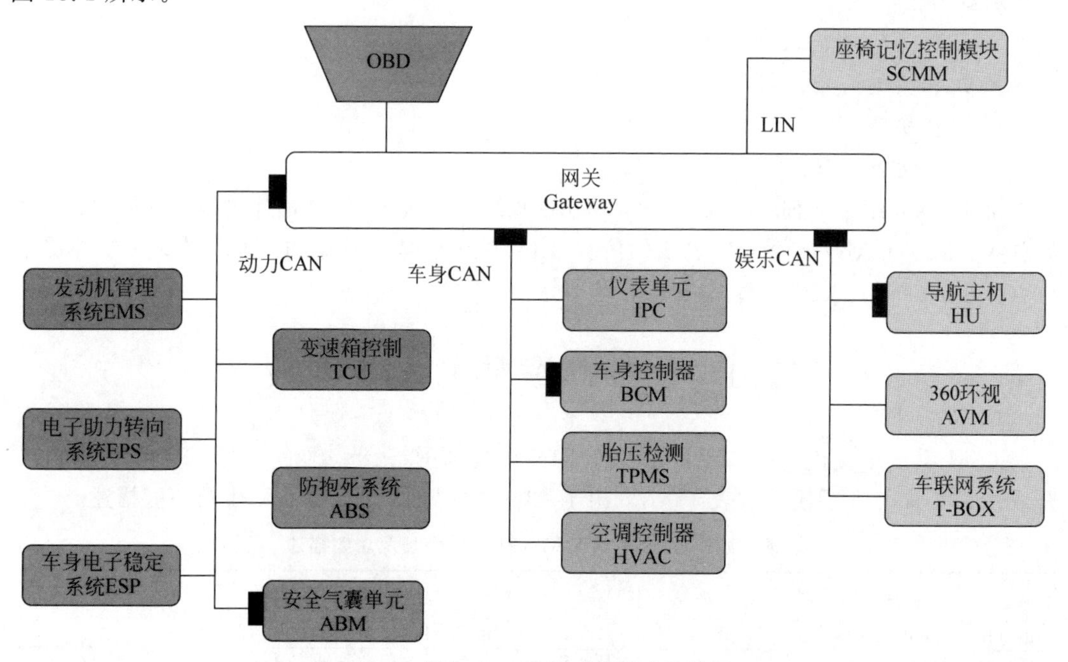

图13.1 添加LIN总线后的整车拓扑图

在网络拓扑图中，网关与座椅记忆控制模块(Seat Control Memory Module，SCMM)之间通过LIN总线通信，其中，网关作为Master节点，而座椅记忆控制模块则作为Slave节点。本实例中，LIN总线的仿真采用LIN 2.1协议，总线波特率为19.200kb/s。

因为HU发出的座椅调节报文通过Gateway直接转发，SCMM反馈过来的当前座椅位置也是Gateway发送给HU的，所以对于SCMM来说只需要关心Gateway发过来的数据。通过分析SCMM相关的功能，本实例中将把与HU座椅相关的部分功能当成Gateway的一部分来仿真，影音CAN和车身CAN不再单独需要，HU和BCM用虚线表示，这样拓扑图简化如图13.2所示。

13.2.2 实现功能

本实例将围绕座椅调节的相关功能，实现以下三个功能。

(1) 座椅位置的手动改变。通过面板Control改变LDF文件里面定义的座椅操作信号的值，模拟在HU屏幕上设置座椅的位置(对应图13.2的行为：M2→S3→S4→S1)。

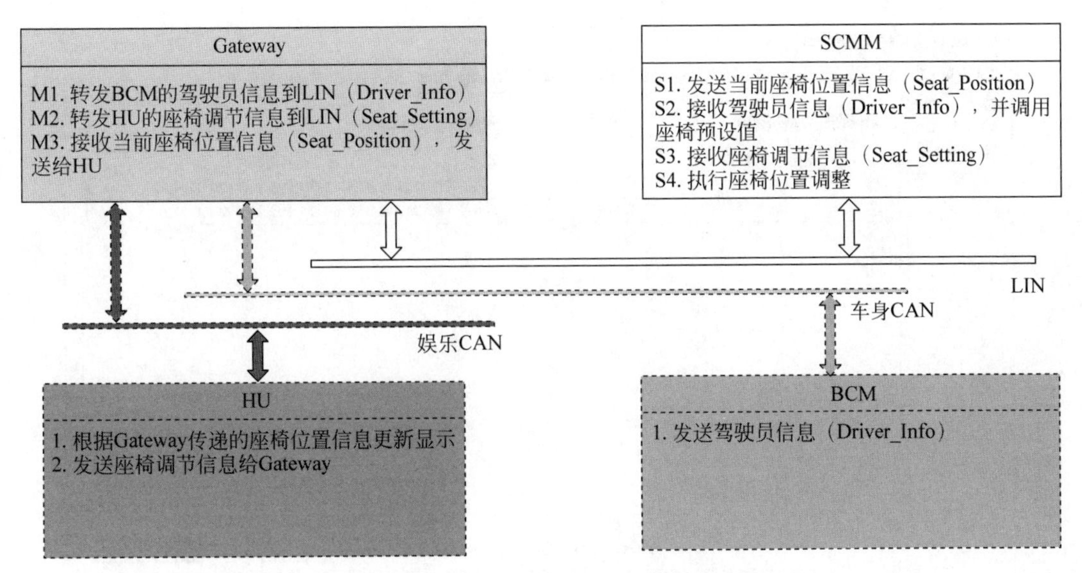

图 13.2　简化的 LIN 网络相关的拓扑图

（2）根据驾驶员信息改变座椅设置。Gateway 将通过 LIN 报文发送当前驾驶员信息，SCMM 在接收到该报文后，自动调用预存储的驾驶员座椅位置信息（对应图 13.2 的行为：M1→S3→S4→S1）。

（3）显示座椅位置。通过面板 Display 指示座椅的位置信息，模拟 HU 屏幕上座椅位置的动态变化（对应图 13.2 的行为：S1→M3）。

13.3　工程实现

与 CAN/CAN FD 仿真工程类似，新建一个文件夹 Seat_LIN，在此文件夹中创建一个仿真工程。接下来，将在此基础上通过添加 LIN 总线、面板及其 C 小程序来实现。

这里需要强调的是，TSMaster 目前不支持无硬件的 LIN 总线的完整演示功能，所以在后续的演示部分，必须要使用真实的硬件。本实例为了演示完整功能，将两个 ECU 仿真分配在两个不同的 LIN 通道，并将两个通道对接，读者可以选用带有双通道 LIN 总线的同星 TC1016 作为硬件接口。

13.3.1　添加 LIN 总线支持

用户可以在 TSMaster 主界面通过“硬件”→“通道选择”选项，将 CAN 通道数改为 0，LIN 通道数改为 2，如图 13.3 所示。

添加完毕后，在“硬件配置”窗口查看 LIN 通道的配置，用户可以修改波特率和协议版本，此处采用默认设置，如图 13.4 所示。

13.3.2　数据库 LDF 文件导入

与 CAN 总线类似，LIN 总线也需要一个数据库文件来管理相关的报文和信号。TSMaster 利用这个数据库，可以清晰地解析出 LIN 总线上的数据信息。本范例使用现成

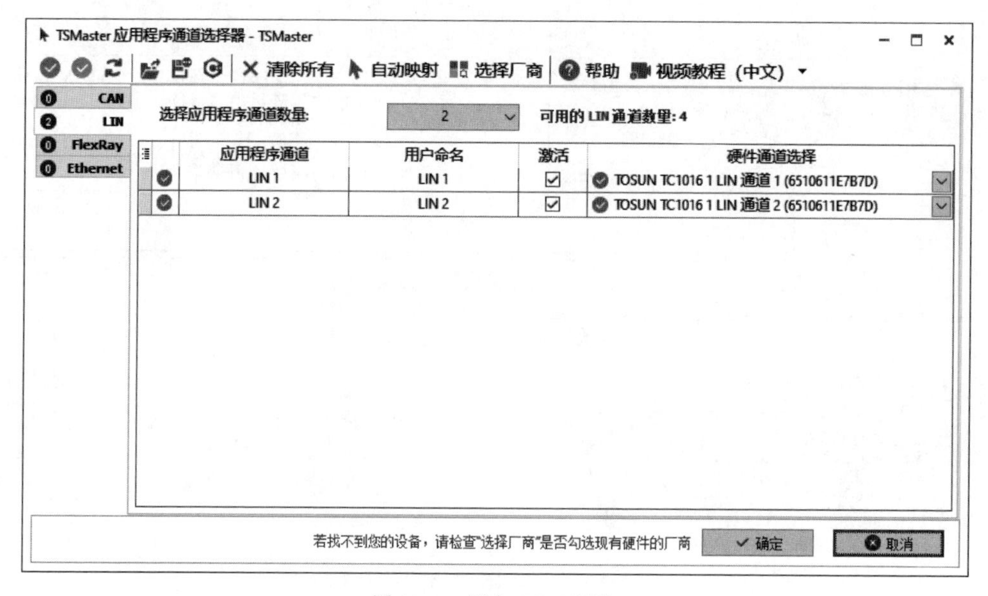

图 13.3　添加 LIN 通道

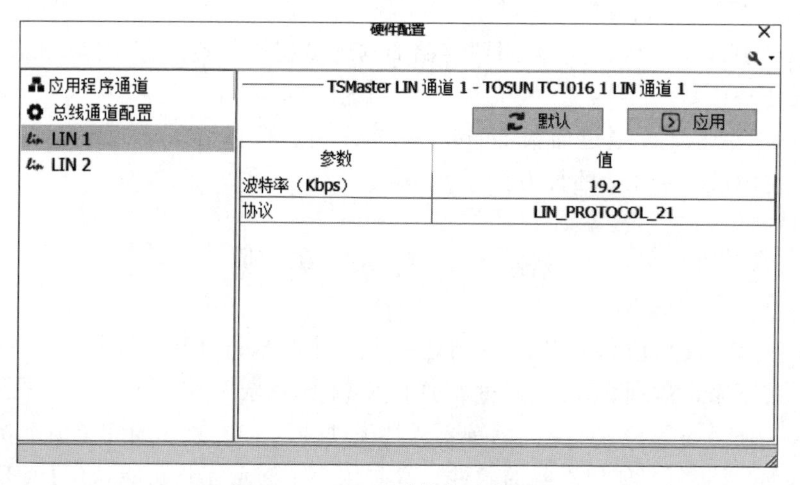

图 13.4　LIN 通道协议参数设置

的数据库 Seatdb.ldf(路径\Chapter_13_Doc\db\)，下面介绍如何将此数据库导入工程中。在 TSMaster 主界面中，通过“分析”→“数据库”→“显示 LIN 数据库”选项打开“LIN 数据库”窗口，如图 13.5 所示。

单击“加载 LIN 数据库”按钮 ，选择 Seatdb.ldf 文件，完成后效果如图 13.6 所示。

本章使用的数据库有三个报文和一个调度表 Table_0，下面简单介绍一下。建议读者右击 Seatdb，在快捷菜单中选择“编辑 LIN 数据库”选项，更好理解 LIN 数据库内容。如果本机中已经安装了 Vector LDF Explorer View，可以详细查看或编辑相关的参数设定，如图 13.7 所示。

1. 报文 Seat_Setting

本实例中报文 Seat_Setting 有 8 个信号，发送节点是 Gateway，用于表征座椅不同方向的调节开关信号。报文 Seat_Setting 的信号列表及属性如表 13.2 所示。

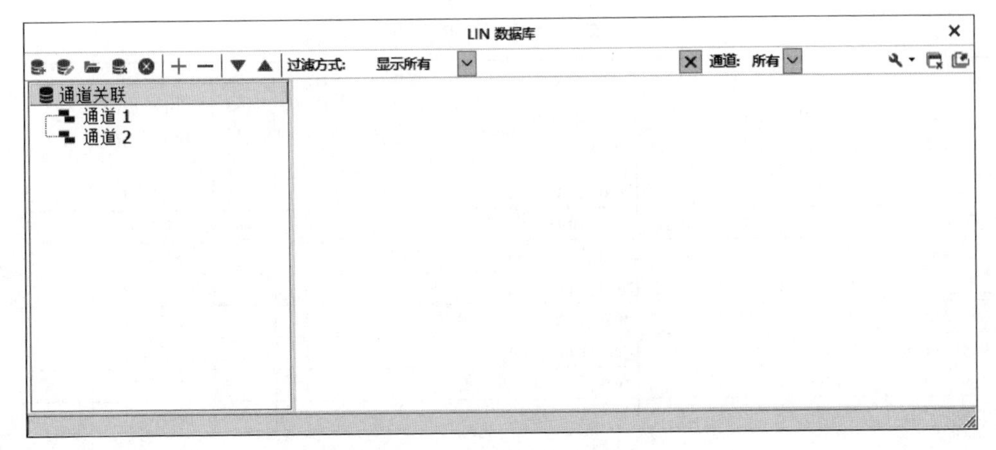

图 13.5 “LIN 数据库”窗口

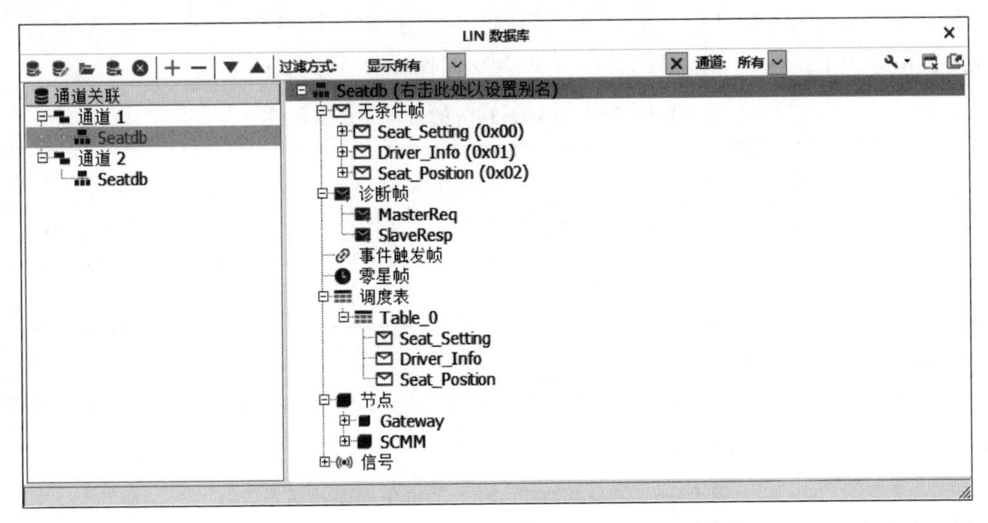

图 13.6 加载数据库以后的“LIN 数据库”窗口

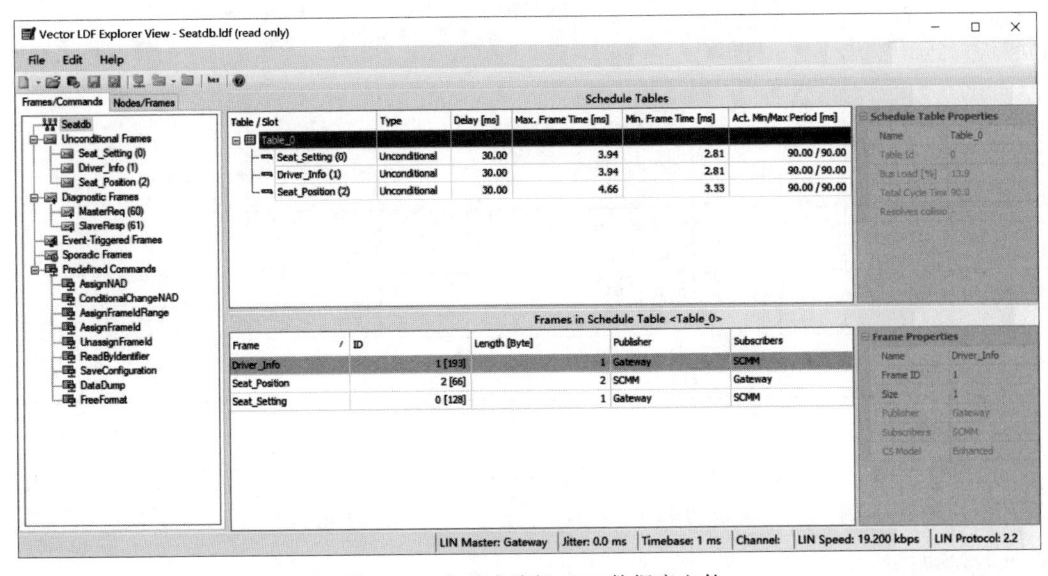

图 13.7 查看或编辑 LIN 数据库文件

表 13.2 报文 Seat_Setting 的信号列表及属性

Signal Name (信号名称)	Signal Type (信号类型)	Length /b (长度)	Initial Value (初始值)	Encoding Type (编码类型)	Min. (最小值)	Max. (最大值)	Factor (加权)	Offset (偏移)	Subscriber(s) (接收节点)	Position on Frame (报文中位置)
Seat_up	Scalar	1	0	Seat_Encoding	0	1	1	0	SCMM	0
Seat_down	Scalar	1	0	Seat_Encoding	0	1	1	0	SCMM	1
Seat_forward	Scalar	1	0	Seat_Encoding	0	1	1	0	SCMM	2
Seat_back	Scalar	1	0	Seat_Encoding	0	1	1	0	SCMM	3
Seatback_forward	Scalar	1	0	Seat_Encoding	0	1	1	0	SCMM	4
Seatback_back	Scalar	1	0	Seat_Encoding	0	1	1	0	SCMM	5
Head_up	Scalar	1	0	Seat_Encoding	0	1	1	0	SCMM	6
Head_down	Scalar	1	0	Seat_Encoding	0	1	1	0	SCMM	7

2. 报文 Driver_Info

报文 Driver_Info 的 Length 为 1B，ID 为 1，发送节点是 Gateway。该报文包含一条 Signal Name 为 DriverID 的信号，其信号列表及属性如表 13.3 所示。

表 13.3 报文 Driver_Info 的信号列表及属性

Signal Name (信号名称)	Signal Type (信号类型)	Length /b (长度)	Initial Value (初始值)	Encoding Type (编码类型)	Min. (最小值)	Max. (最大值)	Factor (加权)	Offset (偏移)	Subscriber/s (接收节点)	Position on Frame (报文中位置)
DriverID	Scalar	1	0	Driver_Info_ Encoding	0	1	1	0	Seat	0

3. 报文 Seat_Position

报文 Seat_Position 的 Length 为 2B，ID 为 2，发送节点是 SCMM。该报文包含 5 条信号，其信号列表及属性如表 13.4 所示。

表 13.4 报文 Seat_Position 的信号列表及属性

Signal Name (信号名称)	Signal Type (信号类型)	Length /b (长度)	Initial Value (初始值)	Encoding Type (编码类型)	Min. (最小值)	Max. (最大值)	Factor (加权)	Offset (偏移)	Subscriber(s) (接收节点)	Position on Frame (报文中位置)
Vertical_ Position	Scalar	4	0	Seat_Position_ Encoding	0	15	1	0	Gateway	0
Horizontal_ Position	Scalar	4	0	Seat_Position_ Encoding	0	15	1	0	Gateway	4
Head_ Position	Scalar	3	0	Seat_Position_ Encoding	0	7	1	0	Gateway	8
SeatBack_ Position	Scalar	4	0	Seat_Position_ Encoding	0	15	1	0	Gateway	11
Seat_Err	Scalar	1	0	Seat_Position_ Encoding	0	1	1	0	Gateway	15

4. 调度表

前面介绍的 Seat_Setting、Driver_Info 和 Seat_Position 三条报文存在于调度表 Table_0 中，使用专业的 LDF 编辑工具，可以查看调度表的发送周期，以及每条报文的发送延迟等设置，如图 13.8 所示。

Schedule Tables

Table / Slot	Type	Delay [ms]	Max. Frame Time [ms]	Min. Frame Time [ms]	Act. Min/Max Period [ms]
Table_0					
Seat_Setting (0)	Unconditional	30.00	3.94	2.81	90.00 / 90.00
Driver_Info (1)	Unconditional	30.00	3.94	2.81	90.00 / 90.00
Seat_Position (2)	Unconditional	30.00	4.66	3.33	90.00 / 90.00

General Slot Properties	
Delay	30.00
Assigned Frame / Command	
Frame	Seat_Setting
Min Frame Time	2.81
Max Frame Time	3.94
Min Max Period	90.00 / 90.00

图 13.8 调度表设定

13.3.3 添加系统变量

在本实例中，在 SCMM 模块中使用 4 个系统变量来表征当前的座椅位置参数，当这些参数变化时，将触发 SCMM 发生报文中信号的变化。在 Gateway 模块中，使用 DriverId 一个系统变量来表征当前驾驶员的 Id。所需创建的系统变量列表及属性如表 13.5 所示，其他属性保持默认设置。

表 13.5 系统变量列表及属性

类　别	名　称	数据类型	最小值	最大值	备　注
SCMM	SeatHori	Int32	0	7	座椅水平方向的位置
	SeatVert	Int32	0	7	座椅垂直方向的位置
	SeatBack	Int32	0	7	座椅靠背方向的位置
	SeatHead	Int32	0	7	座椅靠枕方向的位置
Gateway	DriverId	Int32	0	1	选择驾驶员 Id

系统变量创建完毕后，效果如图 13.9 所示。

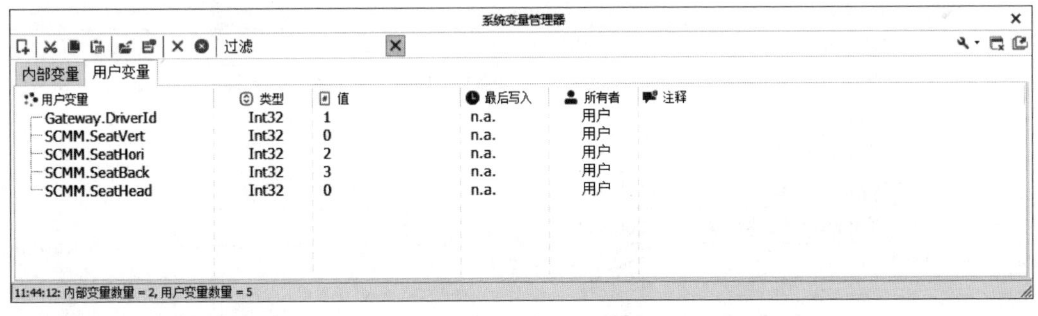

图 13.9 系统变量

13.3.4 面板设计

本实例需要添加两个面板，一个用于控制座椅位置的调节，另一个用于实现可视化的座椅位置显示。这里，本书将这两个面板分别命名为 Seat Control 和 Seat Display。创建面板所需要的相关图片材料，可以在本书附送的压缩包中找到(路径为\Chapter_13_Docl\img\)。

1. 面板：Seat Control

此面板模拟 HU 显示屏端的控制座椅位置的操作，以及 BCM 端信号 DriverId 变化和切换操作。在 Seat Control 分组框里面添加 8 个 PathButton 并关联到 13.2.2 节中介绍的 LIN 信号，控件列表及属性设置如表 13.6 所示。

表 13.6 Seat Control 面板的控件列表及属性设置

控　件	属　性	属性设置	说　明
面板	Title	Seat Control	仿真座椅控制的面板
	Color	clWhite	
	Height	450	
	Layout	Normal	
	Width	450	
GroupBox0	ControlName	GroupBox0	仿真 HU 端调节座椅的分组框
	LabelText	Seat Control	
	Height	450	
	Width	240	
PathButton0	ControlName	PathButton0	Seat_back 信号控制控件
	ButtonShape	选择路径选择器中的矢量图标←,编号 198	
	ButtonType	pbtPushButton	
	ColorChecked	clLime	
	ColorStroke	clBlack	
	ColorUnchecked	clGray	
	LabelText	Seat_back	
	LabelWidth	110	
	Height	50	
	Width	170	
	VarLink	LIN 信号：Seat_back(0/Seatdb/Gateway/Table_0/Seat_Setting/Seat_back)	
	VarType	pstLINSignal	
PathButton1	ControlName	PathButton1	Seat_forward 信号控制控件
	ButtonShape	选择路径选择器中的矢量图标→,编号 199	
	ButtonType	pbtPushButton	
	ColorChecked	clLime	
	ColorStroke	clBlack	
	ColorUnchecked	clGray	
	LabelText	Seat_forward	
	LabelWidth	110	
	Height	50	
	Width	170	
	VarLink	LIN 信号：Seat_forward(0/Seatdb/Gateway/Table_0/Seat_Setting/Seat_forward)	
	VarType	pstLINSignal	
PathButton2	ControlName	PathButton2	Seat_up 信号控制控件
	ButtonShape	选择路径选择器中的矢量图标↑,编号 200	
	ButtonType	pbtPushButton	
	ColorChecked	clLime	
	ColorStroke	clBlack	
	ColorUnchecked	clGray	
	LabelText	Seat_up	

续表

控　件	属　性	属性设置	说　明
PathButton2	LabelWidth	110	Seat_up 信号控制控件
	Height	50	
	Width	170	
	VarLink	LIN 信号：Seat_up(0/Seatdb/Gateway/Table_0/Seat_Setting/Seat_up)	
	VarType	pstLINSignal	
PathButton3	ControlName	PathButton3	Seat_down 信号控制控件
	ButtonShape	选择路径选择器中的矢量图标↓,编号 201	
	ButtonType	pbtPushButton	
	ColorChecked	clLime	
	ColorStroke	clBlack	
	ColorUnchecked	clGray	
	LabelText	Seat_down	
	LabelWidth	110	
	Height	50	
	Width	170	
	VarLink	LIN 信号：Seat_down(0/Seatdb/Gateway/Table_0/Seat_Setting/Seat_down)	
	VarType	pstLINSignal	
PathButton4	ControlName	PathButton4	Seatback_back 信号控制控件
	ButtonShape	选择路径选择器中的矢量图标←,编号 198	
	ButtonType	pbtPushButton	
	ColorChecked	clLime	
	ColorStroke	clBlack	
	ColorUnchecked	clGray	
	LabelText	Seatback_back	
	LabelWidth	110	
	Height	50	
	Width	170	
	VarLink	LIN 信号：Seatback_back(0/Seatdb/Gateway/Table_0/Seat_Setting/Seatback_back)	
	VarType	pstLINSignal	
PathButton5	ControlName	PathButton5	Seatback_forward 信号控制控件
	ButtonShape	选择路径选择器中的矢量图标→,编号 199	
	ButtonType	pbtPushButton	
	ColorChecked	clLime	
	ColorStroke	clBlack	
	ColorUnchecked	clGray	
	LabelText	Seatback_forward	
	LabelWidth	110	
	Height	50	
	Width	170	
	VarLink	LIN 信号：Seatback_forward(0/Seatdb/Gateway/Table_0/Seat_Setting/Seatback_forward)	
	VarType	pstLINSignal	

续表

控　件	属　性	属性设置	说　明
PathButton6	ControlName	PathButton6	Head_up 信号控制控件
	ButtonShape	选择路径选择器中的矢量图标↑,编号 200	
	ButtonType	pbtPushButton	
	ColorChecked	clLime	
	ColorStroke	clBlack	
	ColorUnchecked	clGray	
	LabelText	Head_up	
	LabelWidth	110	
	Height	50	
	Width	170	
	VarLink	LIN 信号：Head_up(0/Seatdb/Gateway/Table_0/Seat_Setting/Head_up)	
	VarType	pstLINSignal	
PathButton7	ControlName	PathButton7	Head_down 信号控制控件
	ButtonShape	选择路径选择器中的矢量图标↓,编号 201	
	ButtonType	pbtPushButton	
	ColorChecked	clLime	
	ColorStroke	clBlack	
	ColorUnchecked	clGray	
	LabelText	Head_down	
	LabelWidth	110	
	Height	50	
	Width	170	
	VarLink	LIN 信号：Head_down(0/Seatdb/Gateway/Table_0/Seat_Setting/Head_down)	
	VarType	pstLINSignal	
GroupBox1	ControlName	GroupBox1	仿真 BCM 端切换驾驶员的分组框
	LabelText	Driver	
	Height	450	
	Width	185	
RadioButton0	ControlName	RadioButton0	驾驶员 1 切换控件
	GroupName	Group1	
	LabelText	Driver01	
	LabelWidth	120	
	SwitchValue	0	
	Height	20	
	Width	120	
	VarLink	系统变量：Gateway. DriverId	
	VarType	pstSystemVar	

续表

控　　件	属　　性	属 性 设 置	说　　明
RadioButton1	ControlName	RadioButton1	驾驶员 2 切换控件
	GroupName	Group1	
	LabelText	Driver02	
	LabelWidth	120	
	SwitchValue	1	
	Height	20	
	Width	120	
	VarLink	系统变量：Gateway. DriverId	
	VarType	pstSystemVar	
Text0	ControlName	Text0	标签控件
	BoardActive	True	
	DisplayFormat	%Name = %Value	
	Text	HU Side	
	Height	30	
	Width	190	
	TextColor	cbBlue	
	TextSettings. Font	Size=20 Family=Microsoft YaHei UI Style=fsBold	
	VarLink	未关联	
	VarType	pstNone	
Text1	ControlName	Text1	标签控件
	BoardActive	True	
	DisplayFormat	%Name = %Value	
	Text	BCM Side	
	Height	30	
	Width	120	
	TextColor	cbBlue	
	TextSettings. Font	Size=20 Family=Microsoft YaHei UI Style=fsBold	
	VarLink	未关联	
	VarType	pstNone	

所有控件添加并设置完毕以后，Seat Control 面板的效果如图 13.10 所示。

这样，就完成了两个面板的设计。当然，本节只使用一般的控件设计，读者可以在熟练使用的基础上根据自己的想法来改变面板的形式。

2. 面板：Seat Display

此面板根据节点 Gateway 收到的报文 Seat_Position 中信息模拟 HU 显示屏端座椅位置的动态变化，同时显示与之对应的 LIN 总线上报文 Seat_Setting 中信号的状态。Seat Display 面板的控件列表及属性设置如表 13.7 所示。

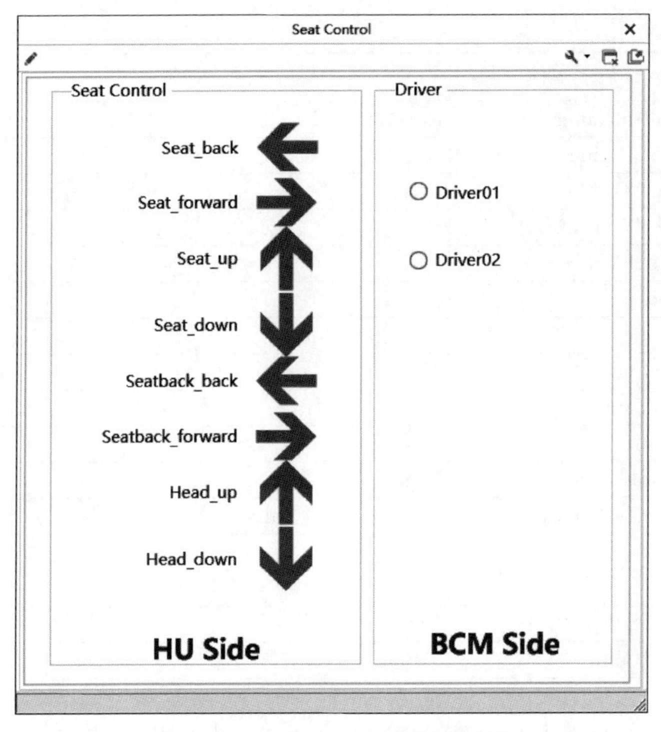

图 13.10 Seat Control 面板的效果

表 13.7 Seat Display 面板的控件列表及属性设置

控　　件	属　　性	属 性 设 置	说　　明
面板	Title	Seat Control	仿真座椅状态面板
	Color	clWhite	
	Height	450	
	Layout	Normal	
	Width	580	
GroupBox0	ControlName	GroupBox0	存放 SCMM 端收到的 Seat_Setting 报文的信号状态控件
	Height	450	
	LabelText	Signal	
	Width	240	
LED0	ControlName	LED0	显示 SCMM 端接收到的 Seat_back 信号状态控件
	ColorOff	clSilver	
	ColorOn	clLime	
	ColorStroke	clGray	
	LEDType	Circle	
	TextActive	False	
	OnValue	1	
	Height	40	
	Width	40	
	VarLink	LIN 信号：Seat_back(1/Seatdb/SCMM/Seat_Setting/Seat_back)	
	VarType	pstLINSignal	

续表

控件	属性	属性设置	说明
Text0	ControlName	Text0	标签控件
	BoardActive	True	
	DisplayFormat	%Name = %Value	
	Text	Seat Back	
	Height	30	
	Width	150	
	VarLink	未关联	
	VarType	pstNone	
LED1	ControlName	LED1	显示 SCMM 端接收到的 Seat_forward 信号状态控件
	ColorOff	clSilver	
	ColorOn	clLime	
	ColorStroke	clGray	
	LEDType	Circle	
	TextActive	False	
	OnValue	1	
	Height	40	
	Width	40	
	VarLink	LIN 信号：Seat_forward(1/Seatdb/SCMM/Seat_Setting/Seat_forward)	
	VarType	pstLINSignal	
Text1	ControlName	Text1	标签控件
	BoardActive	True	
	DisplayFormat	%Name = %Value	
	Text	Seat Forward	
	Height	30	
	Width	150	
	VarLink	未关联	
	VarType	pstNone	
LED2	ControlName	LED2	显示 SCMM 端接收到的 Seat_up 信号状态控件
	ColorOff	clSilver	
	ColorOn	clLime	
	ColorStroke	clGray	
	LEDType	Circle	
	TextActive	False	
	OnValue	1	
	Height	40	
	Width	40	
	VarLink	LIN 信号：Seat_up(1/Seatdb/SCMM/Seat_Setting/Seat_up)	
	VarType	pstLINSignal	

续表

控　件	属　性	属性设置	说　明
Text2	ControlName	Text2	标签控件
	BoardActive	True	
	DisplayFormat	%Name = %Value	
	Text	Seat Up	
	Height	30	
	Width	150	
	VarLink	未关联	
	VarType	pstNone	
LED3	ControlName	LED3	显示 SCMM 端接收到的 Seat_down 信号状态控件
	ColorOff	clSilver	
	ColorOn	clLime	
	ColorStroke	clGray	
	LEDType	Circle	
	TextActive	False	
	OnValue	1	
	Height	40	
	Width	40	
	VarLink	LIN 信号：Seat_down(1/Seatdb/SCMM/Seat_Setting/Seat_down)	
	VarType	pstLINSignal	
Text3	ControlName	Text3	标签控件
	BoardActive	True	
	DisplayFormat	%Name = %Value	
	Text	Seat Down	
	Height	30	
	Width	150	
	VarLink	未关联	
	VarType	pstNone	
LED4	ControlName	LED4	显示 SCMM 端接收到的 Seatback_back 信号状态控件
	ColorOff	clSilver	
	ColorOn	clLime	
	ColorStroke	clGray	
	LEDType	Circle	
	TextActive	False	
	OnValue	1	
	Height	40	
	Width	40	
	VarLink	LIN 信号：Seatback_back(1/Seatdb/SCMM/Seat_Setting/Seatback_back)	
	VarType	pstLINSignal	

续表

控　　件	属　　性	属性设置	说　　明
Text4	ControlName	Text4	标签控件
	BoardActive	True	
	DisplayFormat	%Name = %Value	
	Text	Seatback Back	
	Height	30	
	Width	150	
	VarLink	未关联	
	VarType	pstNone	
LED5	ControlName	LED5	显示 SCMM 端接收到的 Seatback_forward 信号状态控件
	ColorOff	clSilver	
	ColorOn	clLime	
	ColorStroke	clGray	
	LEDType	Circle	
	TextActive	False	
	OnValue	1	
	Height	40	
	Width	40	
	VarLink	LIN 信号：Seatback_forward(1/Seatdb/SCMM/Seat_Setting/Seatback_forward)	
	VarType	pstLINSignal	
Text5	ControlName	Text5	标签控件
	BoardActive	True	
	DisplayFormat	%Name = %Value	
	Text	Seatback Forward	
	Height	30	
	Width	150	
	VarLink	未关联	
	VarType	pstNone	
LED6	ControlName	LED6	显示 SCMM 端接收到的 Head_up 信号状态控件
	ColorOff	clSilver	
	ColorOn	clLime	
	ColorStroke	clGray	
	LEDType	Circle	
	TextActive	False	
	OnValue	1	
	Height	40	
	Width	40	
	VarLink	LIN 信号：Seatback_forward(1/Seatdb/SCMM/Seat_Setting/Head_up)	
	VarType	pstLINSignal	

续表

控 件	属 性	属性设置	说 明
Text6	ControlName	Text6	标签控件
	BoardActive	True	
	DisplayFormat	%Name = %Value	
	Text	Head Up	
	Height	30	
	Width	150	
	VarLink	未关联	
	VarType	pstNone	
LED7	ControlName	LED7	显示 SCMM 端接收到的 Head_down 信号状态控件
	ColorOff	clSilver	
	ColorOn	clLime	
	ColorStroke	clGray	
	LEDType	Circle	
	TextActive	False	
	OnValue	1	
	Height	40	
	Width	40	
	VarLink	LIN 信号：Head_down（1/Seatdb/SCMM/Seat_Setting/Head_down）	
	VarType	pstLINSignal	
Text7	ControlName	Text7	标签控件
	BoardActive	True	
	DisplayFormat	%Name = %Value	
	Text	Head Down	
	Height	30	
	Width	150	
	VarLink	未关联	
	VarType	pstNone	
Text8	ControlName	Text8	标签控件
	BoardActive	True	
	DisplayFormat	%Name = %Value	
	Text	SCMM Side	
	Height	30	
	Width	120	
	TextColor	clBlue	
	TextSettings. Font	Size=20 Family=Microsoft YaHei UI Style=fsBold	
	VarLink	未关联	
	VarType	pstNone	

续表

控　件	属　性	属性设置	说　明
GroupBox1	ControlName	GroupBox1	存放 SCMM 端收到的 Seat_Setting 报文的信号状态控件
	Width	450	
	LabelText	Signal	
	Height	320	
Text9	ControlName	Text8	标签控件
	BoardActive	True	
	DisplayFormat	%Name = %Value	
	Text	HU Side	
	Height	30	
	Width	120	
	TextColor	clBlue	
	TextSettings. Font	Size=20 Family=Microsoft YaHei UI Style=fsBold	
	VarLink	未关联	
	VarType	pstNone	
Text10	ControlName	Text8	显示驾驶员信息
	BoardActive	True	
	DisplayFormat	%Name = %Value	
	Text	DriverID = n. a.	
	Height	30	
	Width	200	
	VarLink	LIN 信号：DriverID(1/Seatdb/SCMM/Driver_Info/DriverID)	
	VarType	pstLINSignal	
Container0	ControlName	Container0	存放座椅水平位置的相关控件
	ColorFill	$00E0E0E0	
	ColorStroke	clBlack	
	Height	149	
	Width	145	
ImageButton0	ControlName	ImageButton0	显示座椅水平方向调节图片
	Height	128	
	Width	140	
	Image Count	8	
	Image	SeatHori0～SeatHori7	
	ImageIndex	0～7	
	Value	0～7	
	WrapMode	Fit	
	LabelVisible	False	
	ReadOnly	True	
	VarLink	LIN 信号：Horizontal_Position(0/Seatdb/Gateway/Seat_Position/Horizontal_Position)	
	VarType	pstLINSignal	

续表

控　件	属　性	属性设置	说　明
PathButton0	ControlName	PathButton0	显示座椅可调节的方向
	ButtonShape	选择路径选择器中的矢量图标↕,编号 739	
	ColorUnckecked	clRed	
	ColorStroke	clBlack	
	StrokeActive	False	
	LabelVisible	False	
	ReadOnly	True	
	RotationAngle	90	
	Height	30	
	Width	20	
	VarLink	未关联	
	VarType	pstNone	
Container1	ControlName	Container1	存放座椅垂直位置的相关控件
	ColorFill	$00E0E0E0	
	ColorStroke	clBlack	
	Height	149	
	Width	145	
ImageButton1	ControlName	ImageButton1	显示座椅垂直方向调节图片
	Height	128	
	Width	140	
	Image Count	8	
	Image	SeatVert0～SeatVert7	
	ImageIndex	0～7	
	Value	0～7	
	WrapMode	Fit	
	LabelVisible	False	
	ReadOnly	True	
	VarLink	LIN 信号：Vertical_Position(0/Seatdb/Gateway/Seat_Position/Vertical_Position)	
	VarType	pstLINSignal	
PathButton1	ControlName	PathButton1	显示座椅可调节的方向
	ButtonShape	选择路径选择器中的矢量图标↕,编号 739	
	ColorUnckecked	clRed	
	ColorStroke	clBlack	
	StrokeActive	False	
	LabelVisible	False	
	ReadOnly	True	
	RotationAngle	0	
	Height	30	
	Width	20	
	VarLink	未关联	
	VarType	pstNone	

续表

控　件	属　性	属性设置	说　明
Container2	ControlName	Container2	存放座椅靠背位置的相关控件
	ColorFill	$00E0E0E0	
	ColorStroke	clBlack	
	Height	149	
	Width	145	
ImageButton2	ControlName	ImageButton2	显示座椅靠背方向调节图片
	Height	128	
	Width	140	
	Image Count	10	
	Image	SeatBack0～SeatBack9	
	ImageIndex	0～9	
	Value	0～9	
	WrapMode	Fit	
	LabelVisible	False	
	ReadOnly	True	
	VarLink	LIN 信号：Seatback _ Position（0/Seatdb/Gateway/Seat_Position/Seatback_Position）	
	VarType	pstLINSignal	
PathButton2	ControlName	PathButton2	显示座椅可调节的方向
	ButtonShape	选择路径选择器中的矢量图标↕，编号 739	
	ColorUnckecked	clRed	
	ColorStroke	clBlack	
	StrokeActive	False	
	LabelVisible	False	
	ReadOnly	True	
	RotationAngle	45	
	Height	30	
	Width	20	
	VarLink	未关联	
	VarType	pstNone	
Container3	ControlName	Container3	存放座椅水平位置的相关控件
	ColorFill	$00E0E0E0	
	ColorStroke	clBlack	
	Height	149	
	Width	145	
ImageButton3	ControlName	ImageButton3	显示座椅靠枕方向调节图片
	Height	128	
	Width	140	
	Image Count	8	
	Image	SeatHead0～SeatHead4	
	ImageIndex	0～4	
	Value	0～4	

续表

控　　件	属　　性	属性设置	说　　明
ImageButton3	WrapMode	Fit	显示座椅靠枕方向调节图片
	LabelVisible	False	
	ReadOnly	True	
	VarLink	LIN 信号：Head_Position(0/Seatdb/Gateway/Seat_Position/Head_Position)	
	VarType	pstLINSignal	
PathButton3	ControlName	PathButton3	显示座椅可调节的方向
	ButtonShape	选择路径选择器中的矢量图标↕,编号 739	
	ColorUnckecked	clRed	
	ColorStroke	clBlack	
	StrokeActive	False	
	LabelVisible	False	
	ReadOnly	True	
	RotationAngle	0	
	Height	30	
	Width	20	
	VarLink	未关联	
	VarType	pstNone	

以上使用的图片 SeatHori0～SeatHori7、SeatVert0～SeatVert7、SeatBack0～SeatBack9、SeatHead0～SeatHead4 为多幅 PNG 图片，不方便罗列，故表 13.6 中没有附上。以上所有的相关图片资源可以在本书的资源压缩包中找到(路径:\Chapter_13_Doc\img\)。

所有的控件创建和设置完毕后，Seat Display 面板的效果如图 13.11 所示。

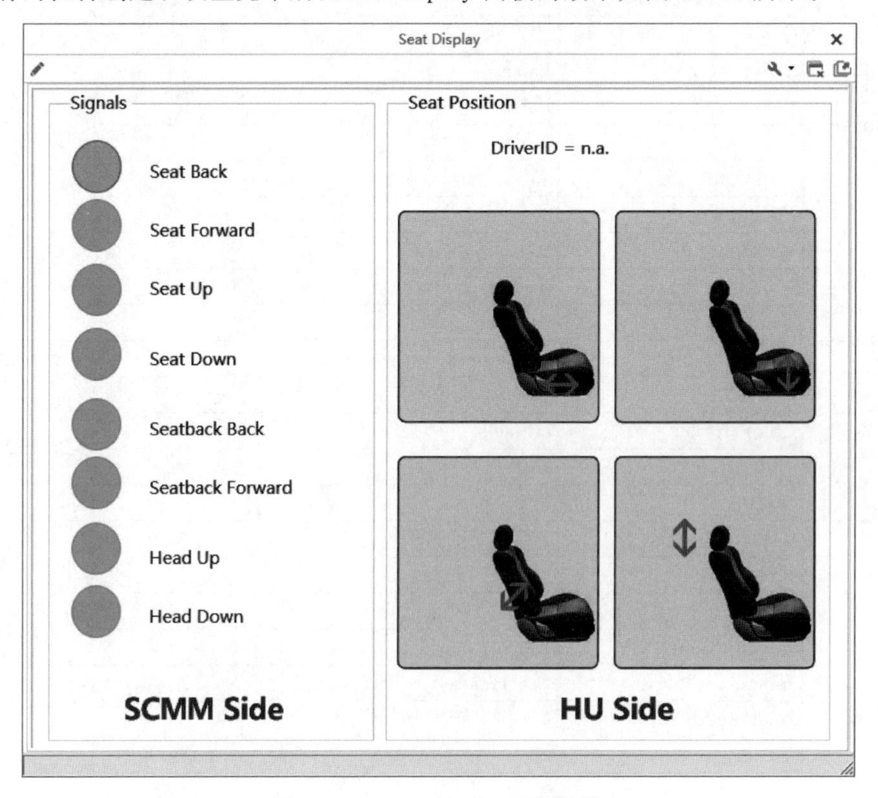

图 13.11　Seat Display 面板效果

这里需要特别说明的是，Seat Position 的 4 个示意图分别用来表征驾驶员座椅的对应调整方向（红色箭头方向）的动态变化，并非 4 个独立的座椅。

13.3.5 C代码实现

在本章范例中，为将 Gateway 和 SCMM 两个模块实现的功能独立实现，读者可以创建两个 C 小程序，分别命名为 Gateway 和 SCMM。

1. Gateway 代码

在 Gateway 小程序中添加 LIN 接收事件，来处理报文 Seat_Position 接收事件。另外，需要增加变量变化事件，来处理系统变量 Gateway. DriverId 变化触发更新报文 Driver_Info 中的信号 DriverId 的值，完整代码如下。

```
// GEN BLOCK BEGIN Include
#define TSMP_IMPL
#include "TSMaster.h"
#include "MPLibrary.h"
#include "Database.h"
#include "TSMasterBaseInclude.h"
#include "Configuration.h"
// GEN BLOCK END Include

// CODE BLOCK BEGIN Global_Definitions
u8 start_flag = 0; //用于初始化 DriverId
// CODE BLOCK END Global_Definitions

// CODE BLOCK BEGIN On_LIN_Rx OnRx_Seat_Position Mg__
// LIN 报文接收事件 "OnRx_Seat_Position" 针对标识符 = 0x2
void on_lin_rx_OnRx_Seat_Position(const TLIN* ALIN) { __try {
  // if (ALIN->FIdxChn != CH1) return;    // if you want to filter channel
  TSeat_Position_1 Seat_Position_1;
  Seat_Position_1.init();                  // 在使用此结构体前调用这段初始化代码
  Seat_Position_1.FLIN = *ALIN; // assign FLIN data structure in callback function if necessary

  // 提取报文 Seat_Position 各个信号值,并更新对应的系统变量
  u8 d;
  d = Seat_Position_1.Vertical_Position;
  app.set_system_var_int32("Gateway.SeatVert", d);

  d = Seat_Position_1.Horizontal_Position;
  app.set_system_var_int32("Gateway.SeatHori", d);

  d = Seat_Position_1.SeatBack_Position;
  app.set_system_var_int32("Gateway.SeatBack", d);

  d = Seat_Position_1.Head_Position;
  app.set_system_var_int32("Gateway.SeatHead", d);

} __except (1) { log_nok("CRASH detected"); app.terminate_application(); }}
// CODE BLOCK END On_LIN_Rx OnRx_Seat_Position

// CODE BLOCK BEGIN On_Var_Change On_Gateway_DriverId
// 变量变化事件 "On_Gateway_DriverId" 针对变量 "Gateway.DriverId" [On Written]
void on_var_change_On_Gateway_DriverId(void) { __try {
```

```
    // 提取系统变量 DriverId 的值,并以此来更新报文 Driver_Info 中的信号 DriverID
    int id;
    app.get_system_var_int32("Gateway.DriverId",&id);
    log("The driver id is %d", id);

    com.lin_rbs_set_signal_value_by_address("0/Seatdb/Gateway/Driver_Info/DriverID",id);

} __except (1) { log_nok("CRASH detected"); app.terminate_application(); }}
// CODE BLOCK END On_Var_Change On_Gateway_DriverId

// CODE BLOCK BEGIN Step_Function
// 主 step 函数,执行周期 50 ms
void step(void) { __try {        // 周期 = 50 ms
    if(start_flag == 0)          //第一轮初始化系统变量,无法触发变量变化事件
      start_flag = 1;
    else if(start_flag == 1)     //第二轮初始化系统变量,第三轮及之后无行为
    {
      app.set_system_var_int32("Gateway.DriverId", 1);
      start_flag = 2;            // 初始化结束
    }

} __except (1) { log_nok("CRASH detected"); app.terminate_application(); }}
// CODE BLOCK END Step_Function
```

2. SCMM 代码

节点 SCMM 的行为,主要通过 SCMM 小程序来仿真,主要处理两个报文的接收事件。根据接收到的报文 Driver_Info 来调用 Driver 座椅位置信息,同时将座椅的位置信息更新到报文 Seat_Position 中。根据接收到的报文 Seat_Setting 来调整 Driver 座椅位置,同时将座椅的位置信息更新到报文 Seat_Position 中。小程序 SCMM 的完整代码如下。

```
// GEN BLOCK BEGIN Include
#define TSMP_IMPL
#include "TSMaster.h"
#include "MPLibrary.h"
#include "Database.h"
#include "TSMasterBaseInclude.h"
#include "Configuration.h"
// GEN BLOCK END Include

// CODE BLOCK BEGIN Global_Definitions
// 座椅四个参数数组,对应 Driver1 和 2 的两组参数
u8 seat_hori[2] = {0,3};                         //0~7
u8 seat_vert[2] = {0,4};                         //0~7
u8 seat_back[2] = {0,4};                         //0~9
u8 seat_head[2] = {0,2};                         //0~4
u8 driver_id = 0;                                //0~1
// CODE BLOCK END Global_Definitions

// CODE BLOCK BEGIN On_LIN_Rx On_LIN_Rx1
// LIN 报文接收事件 "On_LIN_Rx1" 针对标识符 = 0x1
void on_lin_rx_On_LIN_Rx1(const TLIN* ALIN) { __try {
    // if (ALIN->FIdxChn != CH1) return;      // if you want to filter channel
    TDriver_Info_1 Driver_Info_1;
    Driver_Info_1.init();                        // 在使用此结构体前调用这段初始化代码
```

```
  Driver_Info_1.FLIN = *ALIN; // assign FLIN data structure in callback function if necessary
  // 获取报文中的 DriverID 信号
  driver_id = Driver_Info_1.DriverID;
  // 根据 DriverID,切换系统变量的值
  com.lin_rbs_set_signal_value_by_address("1/Seatdb/SCMM/Seat_Position/Vertical_Position", seat_vert[driver_id]);
  com.lin_rbs_set_signal_value_by_address("1/Seatdb/SCMM/Seat_Position/Horizontal_Position", seat_hori[driver_id]);
  com.lin_rbs_set_signal_value_by_address("1/Seatdb/SCMM/Seat_Position/Head_Position", seat_head[driver_id]);
  com.lin_rbs_set_signal_value_by_address("1/Seatdb/SCMM/Seat_Position/SeatBack_Position", seat_back[driver_id]);

} __except (1) { log_nok("CRASH detected"); app.terminate_application(); }}
// CODE BLOCK END On_LIN_Rx On_LIN_Rx1

// CODE BLOCK BEGIN On_LIN_Rx On_LIN_Rx2
// LIN 报文接收事件 "On_LIN_Rx2" 针对标识符 = 0x0
void on_lin_rx_On_LIN_Rx2(const TLIN* ALIN) { __try {
  // if (ALIN->FIdxChn != CH1) return; // if you want to filter channel
  TSeat_Setting_1 Seat_Setting_1;
  Seat_Setting_1.init();          // 在使用此结构体前调用这段初始化代码
  Seat_Setting_1.FLIN = *ALIN; // assign FLIN data structure in callback function if necessary

  u8 v;
  // 处理水平方向位置更新
  v = Seat_Setting_1.Seat_forward;
  if(v == 1 && seat_hori[driver_id]> 0) seat_hori[driver_id]--;
  v = Seat_Setting_1.Seat_back;
  if(v == 1 && seat_hori[driver_id]< 7) seat_hori[driver_id]++;

  // 处理垂直方向位置更新
  v = Seat_Setting_1.Seat_up;
  if(v == 1 && seat_vert[driver_id]< 7) seat_vert[driver_id]++;
  v = Seat_Setting_1.Seat_down;
  if(v == 1 && seat_vert[driver_id]> 0) seat_vert[driver_id]--;

  // 处理座椅靠背位置更新
  v = Seat_Setting_1.Seatback_forward;
  if(v == 1 && seat_back[driver_id]> 0) seat_back[driver_id]--;
  v = Seat_Setting_1.Seatback_back;
  if(v == 1 && seat_back[driver_id]< 7) seat_back[driver_id]++;

  // 处理座椅靠枕位置更新
  v = Seat_Setting_1.Head_up;
  if(v == 1 && seat_head[driver_id]< 7) seat_head[driver_id]++;
  v = Seat_Setting_1.Head_down;
  if(v == 1 && seat_head[driver_id]> 0) seat_head[driver_id]--;

  // 更新 RBS 报文中的信号值
  com.lin_rbs_set_signal_value_by_address("1/Seatdb/SCMM/Seat_Position/Vertical_Position", seat_vert[driver_id]);
  com.lin_rbs_set_signal_value_by_address("1/Seatdb/SCMM/Seat_Position/Horizontal_Position", seat_hori[driver_id]);
  com.lin_rbs_set_signal_value_by_address("1/Seatdb/SCMM/Seat_Position/Head_Position", seat_head[driver_id]);
```

```
    com.lin_rbs_set_signal_value_by_address("1/Seatdb/SCMM/Seat_Position/SeatBack_
Position", seat_back[driver_id]);

} __except (1) { log_nok("CRASH detected"); app.terminate_application(); }}
// CODE BLOCK END On_LIN_Rx On_LIN_Rx2

// CODE BLOCK BEGIN Step_Function
// 主 step 函数,执行周期 5 ms
void step(void) { __try { // 周期 = 5 ms

} __except (1) { log_nok("CRASH detected"); app.terminate_application(); }}
// CODE BLOCK END Step_Function
```

13.3.6 设置页面布局

为了用户使用方便，仿真工程可用页面设置按钮添加多个页面来管理仿真工程的相关窗口。下面以本实例为例，添加 Simulation、Configuration 和 Analysis 三个页面。

1. Simulation 页面

在 Simulation 页面中可以将 Seat Control 和 Seat Display 两个面板添加到该页面中。为了便于观察 LIN 总线上的活动，可以同时添加系统消息窗口和 LIN 报文信息窗口，如图 13.12 所示。

图 13.12 Simulation 页面的布局

2. Configuration 页面

在 Configuration 页面中添加 LIN 数据库窗口、LIN 剩余总线仿真窗口及系统变量管理窗口，如图 13.13 所示。这里需要特别说明的是，与 CAN 剩余总线仿真类似，本实例需要激活 LIN 剩余总线仿真，相关节点设置可以参考图 13.13。

3. Analysis 页面

在 Analysis 页面中可以添加 LIN 报文信息窗口、图形窗口和系统消息窗口，这样可以在 LIN 报文信息窗口查看 LIN 的报文和变量等信息，如图 13.14 所示。

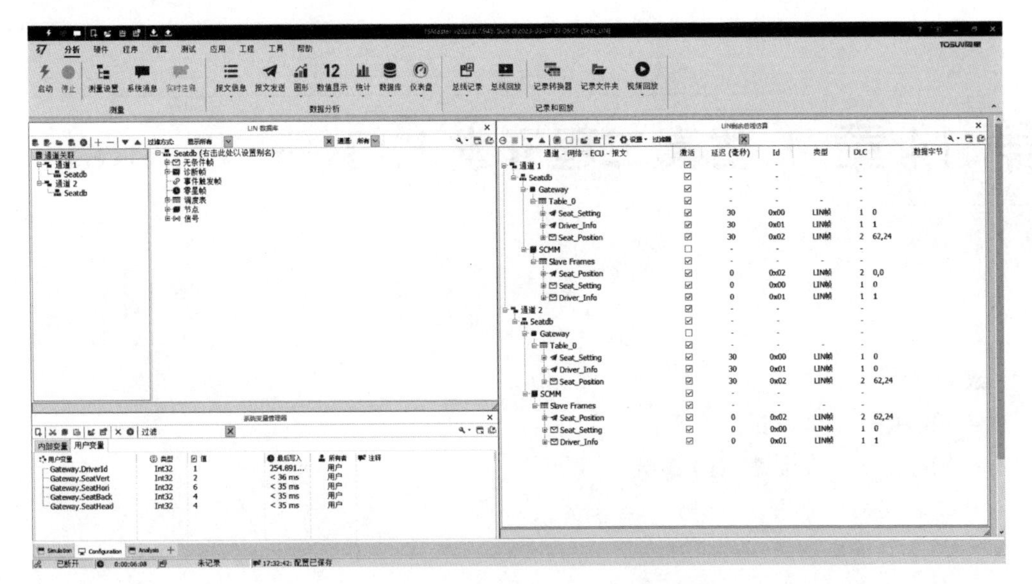

图 13.13　Configuration 页面的布局

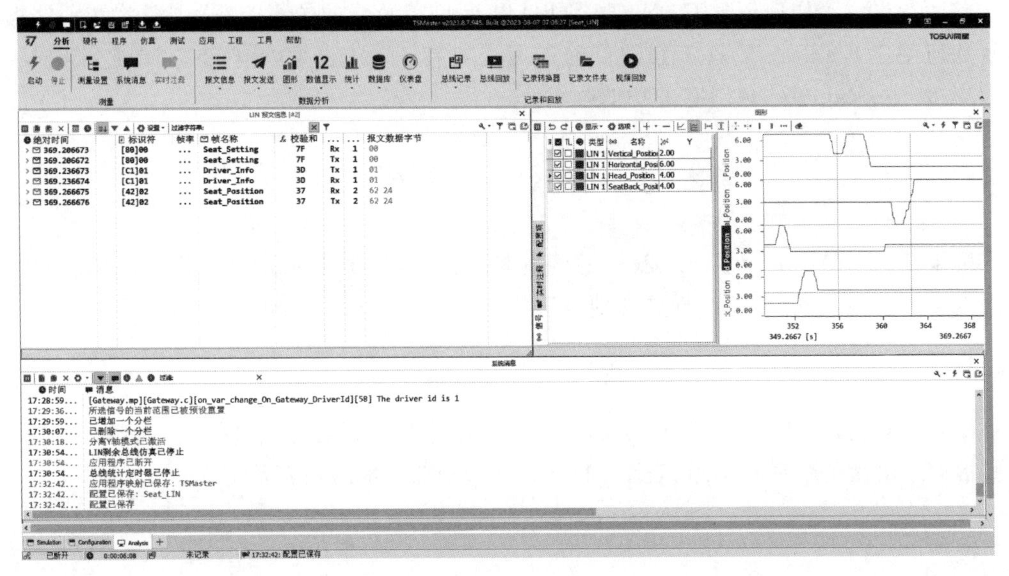

图 13.14　Analysis 页面的布局

13.4　工程运行测试

完成上述所有配置以后，读者可以在 TSMaster 中运行该仿真工程。在 Simulation 页面中操作 Seat Control 面板，切换 Driver 触发节点 SCMM 会根据当前驾驶员信息的不同，调整座椅至相对应的位置。在 Seat Control 面板中，读者可以单击不同的箭头按钮来调节座椅位置，同时在 Seat Display 窗口中显示出座椅的位置，并用 LED 指示当前调节的方向。

读者可以在本书提供的资源压缩包中找到本章例程的工程文件（路径\Chapter_13\Source\Seat_LIN. T7z）。

第 14 章 仿真工程开发入门——FlexRay

本章内容：

- FlexRay 基础知识。
- FlexRay 总线常见 API 函数。
- 工程实例简介。
- 工程实例实现。
- 工程运行测试。

前两章讲解了如何创建 CAN/CAN FD 以及 LIN 总线的仿真工程，本章将花一些篇幅讲解如何创建 FlexRay 仿真工程。目前市面上支持 FlexRay 的工具少之又少，TSMaster 能够支持 FlexRay 也体现出它的功能强大。

14.1 FlexRay 基础知识

第 1 章已经简单介绍了 FlexRay 总线的相关知识，接下来先介绍一些 FlexRay 的相关术语以及必要的知识点，以便于更好地理解接下来的工程实例的相关功能。

14.1.1 常见术语

相对于 CAN 和 LIN 总线，FlexRay 总线的机制比较复杂，为了便于读者学习，本章对一些常见术语做了收集和整理，表 14.1 为 FlexRay 常见术语列表及定义。

表 14.1 FlexRay 常用术语列表及定义

英文术语	中文翻译	定义
Application Data	应用数据	这是指应用任务产生和使用的数据。在汽车网络中，任务之间的应用数据交互经常使用术语“信号”描述
Cluster	簇	这是指通过至少一个通信通道（总线型拓扑）直接连接或星形拓扑连接的一个多节点通信系统（也可以理解为网络）
Coldstart Node	冷启动节点	这是指能够通过发送启动帧到节点簇上发起通信启动进程的一种节点
Communication Slot	通信时隙	这是指一段时间间隔，在该段时间内允许指定节点独自访问一个通信通道、发送一个数据帧，该数据帧的帧 ID 与该时隙对应。FlexRay 协议对静态通信时隙和动态通信时隙的相关规定是有区别的
Cycle Counter	周期计数器	这是表示当前通信的周期数

续表

英文术语	中文翻译	定义
Cycle Time	周期时间	这是指以最大时间节拍(Macrotick)为单位表示的当前通信周期的时间长度。周期时间在每个通信周期的开始时被重置为零
Dynamic Segment	动态段	这是指通信周期的一部分,在该部分中通过一种最小时隙机制控制媒体访问,该机制称为 FTDMA(Flexible Timer Division Multiple Access,灵活的时分多址访问)机制。在该段期间,基于优先权原则动态允许各节点访问媒体、发送数据
Dynamic Communication Slot	动态通信时隙	这是指通信周期动态段中的一段时间间隔,由一个或多个最小时隙(Minislot)组成。在动态通信时隙中允许指定节点独自访问一个通信通道、发送一个数据帧,该数据帧的帧 ID 与该时隙对应。相对于静态通信时隙,动态通信时隙的持续时间根据时隙内所发数据帧长度而变化。如果时隙内无数据帧发送,则动态通信时隙的持续时间仅为一个最小时隙
Frame	帧	帧(也可称为报文)是指通信系统用于系统内交换信息的一种数据结构。一个数据帧由一个起始段(Head Segment,也称帧头)、一个有效负载数据段(Payload Segment)和一个结束段(Trailer Segment,也称帧尾)组成。有效负载数据段用于传送应用数据
Frame Identifier	帧标识符	帧标识符(也可称为帧 ID)定义了静态段内的时隙位置和动态段内的优先级。较低的帧标识符表示较高的优先级
Macrotick	最大时间节拍	这是指源于节点簇范围的时钟同步算法的一段时间间隔。一个最大时间节拍由若干最小时间节拍(Microtick)组成。对于一个确定的最大时间节拍,其包含的最小时间节拍的实际数量由时钟同步算法进行调整。最大时间节拍是表示全局时间的最小间隔单位
Microtick	最小时间节拍	这是指直接源于 CC 振荡器(可能通过使用预计数器)的一段时间间隔。最小时间节拍不受时钟同步机制影响,因而属于节点的本地概念。不同节点的最小时间节拍的时间长度可以不同
Minislot	最小时隙	这是指通信周期动态段中的一段时间间隔,其持续时间为常量(用 Macrotick 表示)且同步 FTDMA 媒体访问机制,使用最小时隙来管理媒体仲裁
Network Topology	网络拓扑	这是指节点间连接的排列布置。FlexRay 网络拓扑主要有三种:总线型、星形和混合型
Node	节点	这是指连接在网络上的、能够发送和接收数据帧的一种逻辑实体
Null Frame	空帧	这是指有效负载数据段中无有效可用数据的一种数据帧。空帧的帧头有一个指示位,表明当前数据帧是空帧,且空帧的有效负载数据段中所有数据字节设置为零
Slot	时隙	见通信时隙
Startup Frame	启动帧	FlexRay 帧的帧头中有一个专用指示位,当该指示位有效时数据帧为启动帧。在启动进程期间,所有要集成到簇通信的节点使用启动帧的时间信息进行初始化。启动帧通常为同步帧
Startup Slot	启动时隙	这是指发送启动帧的通信时隙
Static Communication Slot	静态通信时隙	这是指通信周期静态段中的一段时间间隔,其持续时间为常量(用 Macrotick 表示)。在静态通信时隙中允许指定节点独自访问一个通信通道、发送一个数据帧,该数据帧的帧 ID 与该时隙对应。不同于动态通信时隙,每个静态通信时隙包含恒定数量的 Macrotick,而不用考虑时隙中是否有数据帧发送

续表

英文术语	中文翻译	定义
Static Segment	静态段	这是指通信周期的一部分，在该部分中通过一种静态 TDMA（Time Division Multiple Access，时分多址访问）机制访问媒体。在该段期间，媒体访问仅由时间进程决定
Sync Frame	同步帧	FlexRay 帧的起始段中有一个专用指示位，当该指示位有效时数据帧为同步帧。时钟同步算法会应用到同步帧的实际到达时间与预期到达时间之间的测量偏差
Sync Slot	同步时隙	这是指发送同步帧的通信时隙

14.1.2 动态帧与静态帧

FlexRay 网络按周期循环组织信息的传送。在传送信息时，一个通信周期内有静态段和动态段两部分。动态段和静态段又由一些时间片构成，每个时间片传输一个 FlexRay 帧。

由于一个 FlexRay 通信周期的静态和动态部分可以是空的，所以，一个通信周期可以有三种形式：纯静态的（动态部分为空）、静态动态混合（既有静态部分又有动态部分）的和纯动态的（静态部分为空）。当前通信周期由通信周期计数器的值标识，这是一个只增计数器，对通信周期进行计数。通信控制器配置数据决定了通信周期的长度，可以由应用程序设置。只有总线处于允许状态下，通信控制器才可以启动一个通信周期。一个节点的信息内容可以在不同的通信周期的特定时间片上多重发送。静态部分和动态部分信息的传送方式是不同的。

FlexRay 静态部分具有以下特性。

- 一个通信周期的静态部分可以由程序设定它的时间片数。
- 在一个通信周期内，一个节点可以由程序设定它可以使用的时间片。
- 静态部分在每一个时间片内，最多只允许有一个节点向通道上发送一个帧信息，通信周期的静态部分按 TDMA 方式访问媒体。
- 所有静态部分时间片的长度相同，可以由程序设定。
- 在一个通信周期第一个时间片之前是通信起始符。

FlexRay 动态部分具有以下特性。

- 在一个通信周期内可以没有或有几个动态时间片。
- 在一个通信周期内静态部分具有优先访问总线权。
- 在通信周期的动态部分，采用最小时间片（Mini-Slotting Scheme）和标识符优先的仲裁策略，发送的信息标识符优先级高的节点获得仲裁。
- 动态部分的信息长度在网络运行时是可变的。

14.1.3 FlexRay 冷启动机制

在通信启动被执行前，节点簇必须是醒着的，因此，唤醒程序必须在启动程序（Startup）开始之前完成。启动程序将在所有通道上同步执行。

开始一个启动进程的行为被称为冷启动（Coldstart）。通常只有为数不多的节点可以发起启动程序，它们被称为冷启动节点（Coldstart Node）。

对于每一次冷启动尝试，首先要发送一个 CAS（Collision Avoid Symbol，冲突避免特征符)。只有发送 CAS 的冷启动节点才可以在 CAS 后的第一个四周期内发送数据帧。首先是其他冷启动节点加入该节点的簇通信,随后才是所有的其他节点加入进来。

14.2 FlexRay 总线常见 API 函数

TSMaster 中提供一些常用的操作 FlexRay 总线的族、ECU、帧和信号等 API 函数,为用户开发仿真工程带来了便捷。表 14.2 列出了 FlexRay 总线常见的 API 函数列表及功能描述。

表 14.2 FlexRay 总线常见的 API 函数列表及功能描述

函数名	功能描述
get_flexray_signal_definition	从 FlexRay 数据库中获取信号的定义
get_flexray_signal_raw_value	从 FlexRay 帧的数据中获取原始信号值
get_lin_signal_signal_value	从 FlexRay 帧的数据中获取物理信号值
flexray_rbs_activate_all_cluster	设置激活或禁止所有族
flexray_rbs_activate_cluster_by_name	设置激活或禁止指定的族(根据名称)
flexray_rbs_activate_ecu_by_name	是否激活或禁止指定的 ECU(根据名称)
flexray_rbs_activate_frame_by_name	是否激活或禁止指定的帧(根据名称)
flexray_rbs_batch_set_end	停止信号批量设置操作,在此调用之后,所有缓存的信号都被更新,这确保了当一个帧中的多个信号被设置时,只有一个帧被触发
flexray_rbs_batch_set_signal	以批处理模式设置 FlexRay RBS 中的信号
flexray_rbs_batch_set_start	开始信号批量设置操作,在此调用后,所有信号设置被缓存,直到 can_rbs_batch_set_end 被调用,这确保当一个帧内的多个信号被设置时,只有一个帧被触发
flexray_rbs_configure	配置 FlexRay 总线 RBS 仿真工程的引擎
flexray_rbs_enable	临时启用或禁用 FlexRay RBS 引擎,此功能用于在 RBS 引擎启动之前或之后对其进行后期配置
flexray_rbs_get_signal_value_by_address	在 FlexRay 总线 RBS 仿真中,根据数据库地址获取信号实时值
flexray_rbs_get_signal_value_by_element	在 FlexRay 总线 RBS 仿真中,根据数据库元素获取信号实时值
flexray_rbs_is_running	检查 FlexRay 总线 RBS 仿真是否正在运行
flexray_rbs_set_crc_signal	将信号设置为 CRC 信号
flexray_rbs_set_frame_direction	将 ECU 的帧设置为 Tx 或 Rx 帧
flexray_rbs_set_normal_signal	将信号设置为正常信号
flexray_rbs_set_rc_signal_with_limit	将信号设置为滚动计数器信号
flexray_rbs_set_signal_value_by_address	在 FlexRay 总线 RBS 仿真中,根据数据库地址设定信号值
flexray_rbs_set_signal_value_by_element	在 FlexRay 总线 RBS 仿真中,根据数据库元素设定信号值
flexray_rbs_start	启动 FlexRay 总线 RBS 引擎
flexray_rbs_stop	终止 FlexRay 总线 RBS 引擎
flexray_rbs_update_frame_by_header	通过 FlexRay 标题信息触发 FlexRay RBS 引擎更新帧
set_flexray_signal_raw_value	将信号原始值设置为帧的数据字节,该函数没有返回值
set_flexray_signal_value	将 FlexRay 信号物理值设置为原始数据字节,该函数没有返回值

(以上函数归属于 com 函数库,所有调用时需要添加“com.”作为前缀)

14.3 工程实例简介

本实例将以一个典型的 FlexRay 应用为例，带领读者逐步实现 FlexRay 总线的仿真：加载一个 XML 的 FlexRay 数据库，运行 FlexRay 剩余仿真，通过面板修改更新信号值，添加报文信息窗口。这里必须强调的是，TSMaster 目前不支持无硬件的 FlexRay 总线的完整演示功能，所以在后续的演示部分，必须要使用同星的 TC1034 硬件。

14.3.1 网络拓扑图

本章使用的是一个总线型的 FlexRay 的网络拓扑图，如图 14.1 所示，其中包含 Light（车灯控制模块）、HeadUnit（车载娱乐模块）、Cluster（仪表模块）、Engine（引擎控制模块）、Gateway（路由器模块）5 个节点。其中，HeadUnit、Engine 以及 Gateway 可以作为冷启动节点。

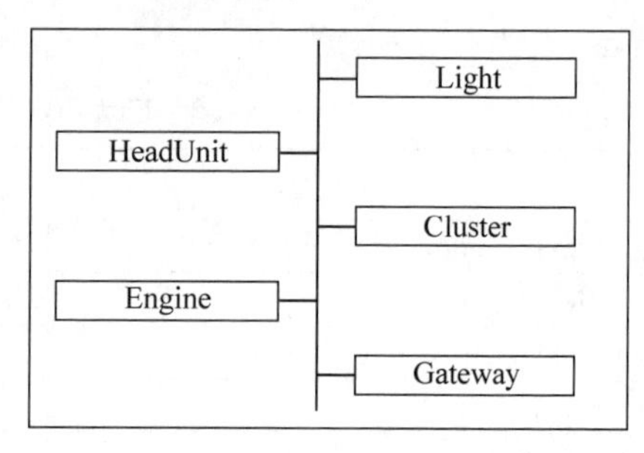

图 14.1 FlexRay 总线拓扑图

14.3.2 关于 FlexRay 的冷启动节点

在 FlexRay 总线中，需要两个独立的物理节点模拟两个冷启动节点，本章使用的同星 TC1034 硬件的两个通道可以独立模拟两个冷启动节点。所以在本章的仿真中，将会使用通道 1 仿真 Engine 和 Gateway 两个节点，使用通道 2 仿真 Light、HeadUnit 和 Cluster 三个节点。

14.4 工程实例实现

新建 FlexRay 总线仿真工程的方法与 CAN 总线仿真工程相同，这里不再赘述，不同之处将在后面 14.4.2 节的硬件设置章节做讲解。

14.4.1 导入 XML 数据库

TSMaster 可以支持 FlexRay 常见的两种数据库格式 XML 和 arxml。XML 文件是 FlexRay 数据库描述文件，arxml 为 AutoSar 的数据库格式。由于 FlexRay 的硬件设置的很多参数都来自于 FlexRay 数据库，所以首先需要导入数据库文件。本章导入的数据库文件为 FR_Demo.xml，可在本书的资源压缩包中找到（路径\Chapter_14_Doc\db\），导入以后的效果如图 14.2 所示。

在图 14.2 中，读者可以发现 HeadUnit、Engine、Gateway 三个节点显示为红色，这三个节点正是 14.3.2 节提到的冷启动节点。读者同时会发现这三个节点的发送帧中，也会有一个红色标识的帧，这些帧也是对应的唤醒帧。

14.4.2 设置硬件通道

导入 FlexRay 数据库文件以后，接下来用户可以设置硬件通道。单击“硬件”→“通道选择”选项，可以打开 TSMaster 应用程序通道选择器。用户需要将 FlexRay 的通道数量设

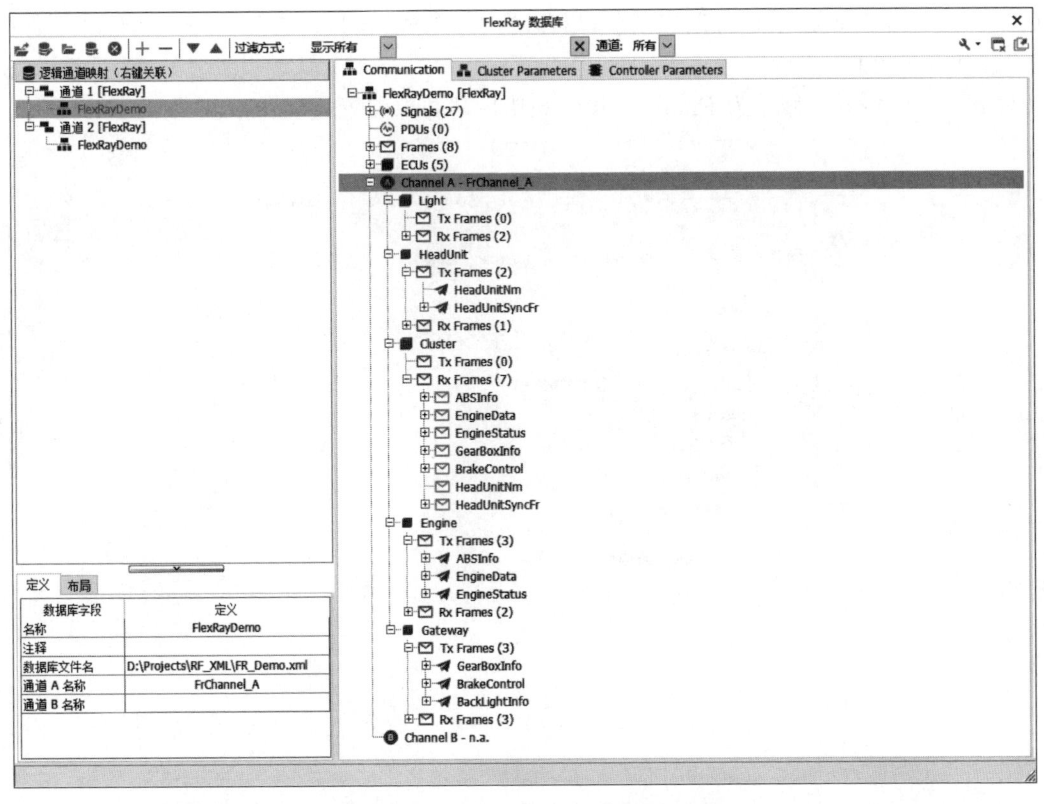

图 14.2　添加 FlexRay 总线数据库

置为 2,其他总线的通道数量设置为 0,并将 FlexRay 的两个通道分别设置为同星 TC1034 硬件的 FlexRay 通道 1 和通道 2。硬件通道设置完毕之后,效果如图 14.3 所示。

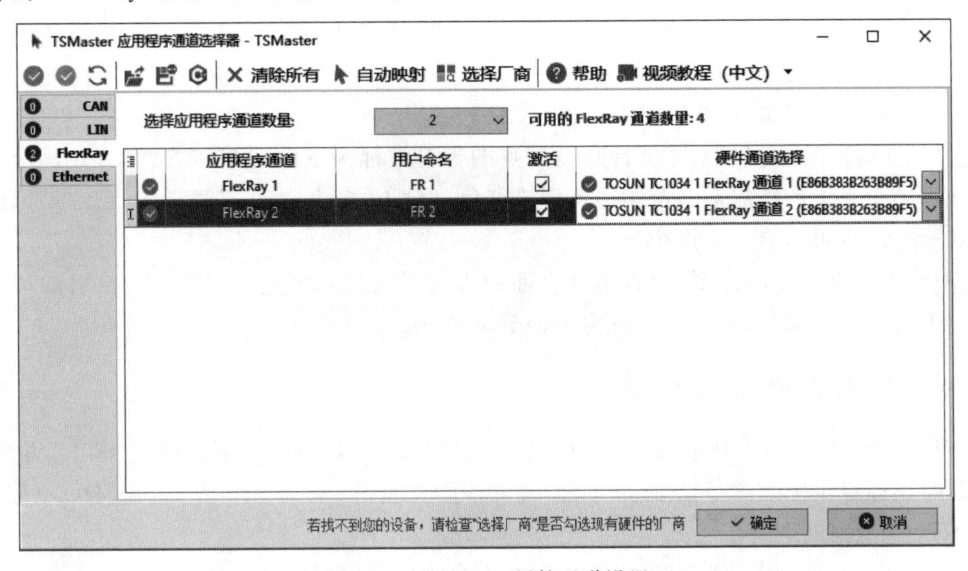

图 14.3　FlexRay 硬件通道设置

接下来配置 FlexRay 的通道 1 和通道 2,由于本实例中为了便于演示,启用两个冷启动节点,通道 1 将节点 Engine 设置为冷启动节点,通道 2 将节点 HeadUnit 设置为冷启动节点。单击“硬件”→“总线硬件”选项，可以打开“硬件配置”窗口。首先，用户需要在“硬件配置”窗口中配置 FlexRay 1 通道。在“硬件配置”页面中，除了默认的设置之外，需要激活“桥接模式”，并将控制器修改为 Engine。设置完毕后，“硬件配置”页面的效果如图 14.4 所示。

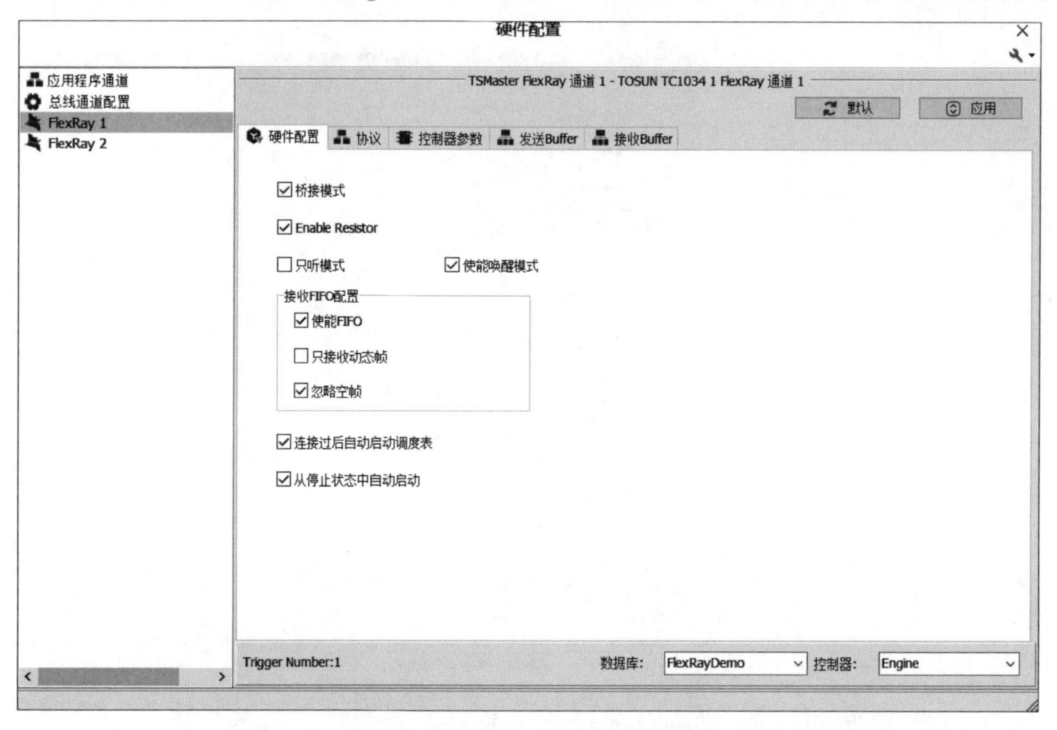

图 14.4 FlexRay 通道 1 硬件配置

对于“协议”和“控制器参数”两个选项卡，用户可以参看相关参数，这些参数主要来自数据库文件，不建议用户修改。接下来，在“发送 Buffer”选项卡中，用户需要选择该通道的冷启动唤醒帧，按照之前的计划，只需要选中 Engine 节点下的帧 EngineData。设置完毕以后，发送 Buffer 页面的效果如图 14.5 所示。

在图 14.5 中，也可以观察到冷启动节点的类型被标为 STARTUP-SYNC，并显示为红色，冷启动节点下的冷启动唤醒帧也被标成红色。对于“接收 Buffer”选项卡，用户可以保持默认的设置，也可以全部不选中。

对于 FlexRay 2 的设置，可以参考上面的方法，设置为“桥接方式”，并将冷启动节点设置为 HeadUnit，冷启动唤醒帧设置为 HeadUnitNm。

14.4.3 设置剩余总线仿真

单击“仿真”→“FlexRay 总线仿真”选项，可以打开“FlexRay 总线仿真”窗口，根据计划，需要在通道 1 中激活节点 Engine 和 Gateway，在通道 2 中激活节点 Light、HeadUnit 和 Cluster，如图 14.6 所示。

设置完毕以后，用户需要激活“自动启动剩余总线仿真”开关，以便启动仿真工程时自动运行 FlexRay 总线仿真。

至此，FlexRay 仿真的相关设置基本完成，接下来的操作基本上与 CAN 总线仿真相同。

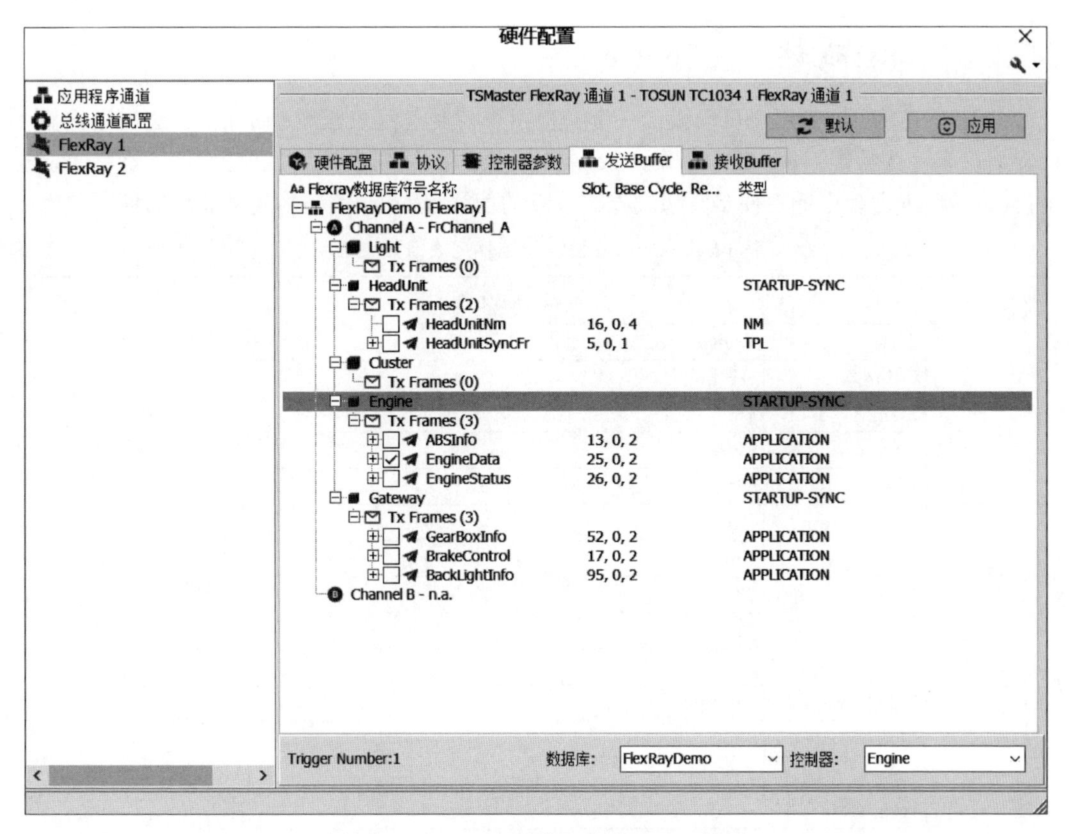

图 14.5　FlexRay 通道 1 发送 Buffer 设置

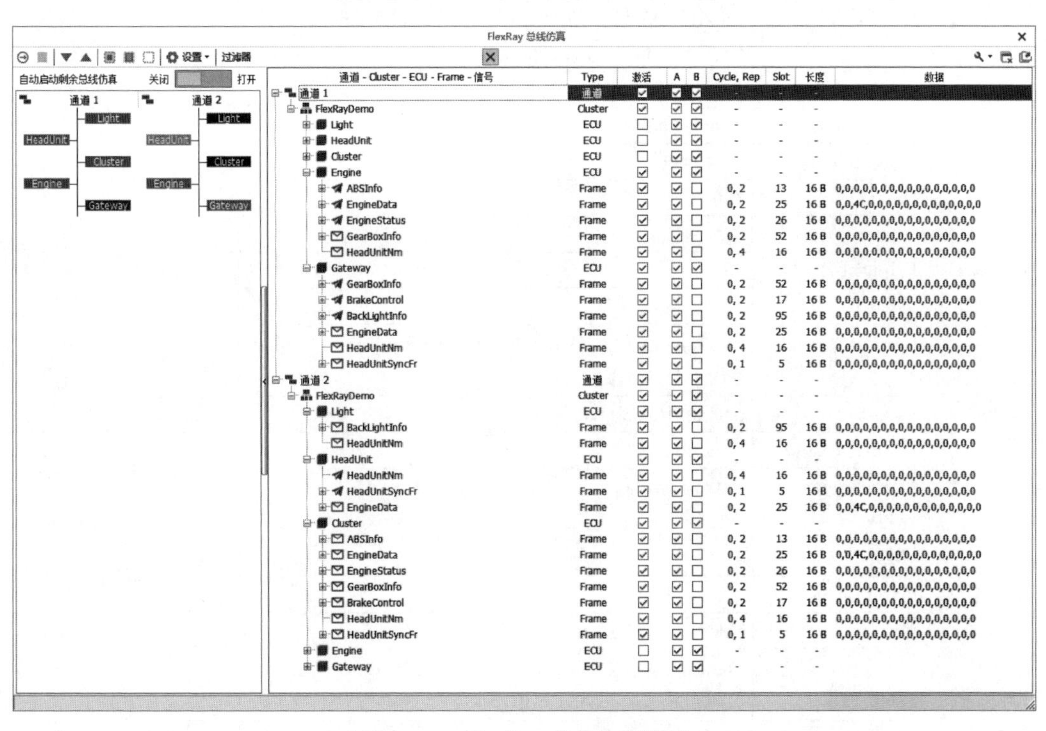

通道 - Cluster - ECU - Frame - 信号	Type	Cycle, Rep	Slot	长度	数据
通道 1	通道	-	-	-	
FlexRayDemo	Cluster	-	-	-	
Light	ECU	-	-	-	
HeadUnit	ECU	-	-	-	
Cluster	ECU	-	-	-	
Engine	ECU	-	-	-	
ABSInfo	Frame	0, 2	13	16 B	0,0,0,0,0,0,0,0,0,0,0,0,0,0,0,0
EngineData	Frame	0, 2	25	16 B	0,0,4C,0,0,0,0,0,0,0,0,0,0,0,0,0
EngineStatus	Frame	0, 2	26	16 B	0,0,0,0,0,0,0,0,0,0,0,0,0,0,0,0
GearBoxInfo	Frame	0, 2	52	16 B	0,0,0,0,0,0,0,0,0,0,0,0,0,0,0,0
HeadUnitNm	Frame	0, 4	16	16 B	0,0,0,0,0,0,0,0,0,0,0,0,0,0,0,0
Gateway	ECU	-	-	-	
GearBoxInfo	Frame	0, 2	52	16 B	0,0,0,0,0,0,0,0,0,0,0,0,0,0,0,0
BrakeControl	Frame	0, 2	17	16 B	0,0,0,0,0,0,0,0,0,0,0,0,0,0,0,0
BackLightInfo	Frame	0, 2	95	16 B	0,0,0,0,0,0,0,0,0,0,0,0,0,0,0,0
EngineData	Frame	0, 2	25	16 B	0,0,0,0,0,0,0,0,0,0,0,0,0,0,0,0
HeadUnitNm	Frame	0, 4	16	16 B	0,0,0,0,0,0,0,0,0,0,0,0,0,0,0,0
HeadUnitSyncFr	Frame	0, 1	5	16 B	0,0,0,0,0,0,0,0,0,0,0,0,0,0,0,0
通道 2	通道	-	-	-	
FlexRayDemo	Cluster	-	-	-	
Light	ECU	-	-	-	
BackLightInfo	Frame	0, 2	95	16 B	0,0,0,0,0,0,0,0,0,0,0,0,0,0,0,0
HeadUnitNm	Frame	0, 4	16	16 B	0,0,0,0,0,0,0,0,0,0,0,0,0,0,0,0
HeadUnit	ECU	-	-	-	
HeadUnitNm	Frame	0, 4	16	16 B	0,0,0,0,0,0,0,0,0,0,0,0,0,0,0,0
HeadUnitSyncFr	Frame	0, 1	5	16 B	0,0,0,0,0,0,0,0,0,0,0,0,0,0,0,0
EngineData	Frame	0, 2	25	16 B	0,0,4C,0,0,0,0,0,0,0,0,0,0,0,0,0
Cluster	ECU	-	-	-	
ABSInfo	Frame	0, 2	13	16 B	0,0,0,0,0,0,0,0,0,0,0,0,0,0,0,0
EngineData	Frame	0, 2	25	16 B	0,0,4C,0,0,0,0,0,0,0,0,0,0,0,0,0
EngineStatus	Frame	0, 2	26	16 B	0,0,0,0,0,0,0,0,0,0,0,0,0,0,0,0
GearBoxInfo	Frame	0, 2	52	16 B	0,0,0,0,0,0,0,0,0,0,0,0,0,0,0,0
BrakeControl	Frame	0, 2	17	16 B	0,0,0,0,0,0,0,0,0,0,0,0,0,0,0,0
HeadUnitNm	Frame	0, 4	16	16 B	0,0,0,0,0,0,0,0,0,0,0,0,0,0,0,0
HeadUnitSyncFr	Frame	0, 1	5	16 B	0,0,0,0,0,0,0,0,0,0,0,0,0,0,0,0
Engine	ECU	-	-	-	
Gateway	ECU	-	-	-	

图 14.6　FlexRay 总线仿真设置

14.4.4 面板设计——Control

与 CAN 总线类似,用户可以设计一个面板用于控制总线发送帧中的信号,这样用户就可以轻松仿真一些操作。表 14.3 列出了 Control 面板的控件列表及属性设置,供读者参考。这里再次强调,本面板中的控件多为仿真发送节点的信号,请务必关联到发送节点的信号。

表 14.3 Control 面板的控件列表及属性设置

控　　件	属　　性	属性设置	说　　明
面板	Title	Control	仿真控制的面板
	Color	clWhite	
	Height	480	
	Layout	Normal	
	Width	640	
GroupBox0	ControlName	GroupBox0	Engine 节点控制的分组框
	LabelText	Engine	
	Height	220	
	Width	600	
TrackBar0	ControlName	TrackBar0	EngSpeed 信号控制控件
	LabelText	EngSpeed	
	Max	3000	
	Min	0	
	Height	30	
	Width	530	
	VarLink	FlexRay 信号:EngSpeed(0/FlexRayDemo/Engine/EngineData/EngSpeed)	
	VarType	pstFlexRaySignal	
TrackBar1	ControlName	TrackBar1	CarSpeed 信号控制控件
	LabelText	CarSpeed	
	Max	200	
	Min	0	
	Height	30	
	Width	530	
	VarLink	FlexRay 信号:CarSpeed(0/FlexRayDemo/Engine/ABSInfo/CarSpeed)	
	VarType	pstFlexRaySignal	
TrackBar2	ControlName	TrackBar2	PetrolLevel 信号控制控件
	LabelText	PetrolLevel	
	Max	200	
	Min	0	
	Height	30	
	Width	530	
	VarLink	FlexRay 信号:PetrolLevel(0/FlexRayDemo/Engine/EngineData/PetrolLevel)	
	VarType	pstFlexRaySignal	

续表

控　件	属　性	属性设置	说　明
Switch0	ControlName	Switch0	OilWarningLamp（油量报警灯）信号控制控件
	LabelText	OilWarningLamp	
	LabelWidth	120	
	ValueLeft	0	
	ValueRight	1	
	Height	30	
	Width	200	
	VarLink	FlexRay 信号：OilWarningLamp（0/FlexRayDemo/Engine/EngineStatus/OilWarningLamp）	
	VarType	pstFlexRaySignal	
Switch1	ControlName	Switch1	WaterWarningLamp（水箱报警灯）信号控制控件
	LabelText	WaterWarningLamp	
	LabelWidth	120	
	ValueLeft	0	
	ValueRight	1	
	Height	30	
	Width	200	
	VarLink	FlexRay 信号：WaterWarningLamp（0/FlexRayDemo/Engine/EngineStatus/WaterWarningLamp）	
	VarType	pstFlexRaySignal	
GroupBox1	ControlName	GroupBox1	Engine 节点控制的分组框
	LabelText	Gateway	
	Height	180	
	Width	600	
ScrollBar0	ControlName	ScrollBar0	Gear（挡位）信号控制控件
	LabelText	Gear	
	Max	6	
	Min	0	
	Height	4 0	
	Width	250	
	VarLink	FlexRay 信号：Gear（0/FlexRayDemo/Gateway/GearBoxInfo/Gear）	
	VarType	pstFlexRaySignal	
Switch2	ControlName	Switch2	ESPWarningLamp（ESP 报警指示灯）信号控制控件
	LabelText	ESPWarningLamp	
	LabelWidth	120	
	ValueLeft	0	
	ValueRight	1	
	Height	30	
	Width	200	
	VarLink	FlexRay 信号：ESPWarningLamp（0/FlexRayDemo/Gateway/BrakeControl/ESPWarningLamp）	
	VarType	pstFlexRaySignal	

续表

控　件	属　性	属性设置	说　明
Switch3	ControlName	Switch3	ABSWarningLamp（ABS 报警指示灯）信号控制控件
	LabelText	ABSWarningLamp	
	LabelWidth	120	
	ValueLeft	0	
	ValueRight	1	
	Height	30	
	Width	200	
	VarLink	FlexRay 信号：ABSWarningLamp（0/FlexRayDemo/Gateway/BrakeControl/ABSWarningLamp）	
	VarType	pstFlexRaySignal	
Switch4	ControlName	Switch4	BrakeLight（刹车灯）信号控制控件
	LabelText	BrakeLight	
	LabelWidth	120	
	ValueLeft	0	
	ValueRight	1	
	Height	30	
	Width	200	
	VarLink	FlexRay 信号：BrakeLight（0/FlexRayDemo/Gateway/BackLightInfo/BrakeLight）	
	VarType	pstFlexRaySignal	
Switch5	ControlName	Switch5	BackUpLight（尾灯）信号控制控件
	LabelText	BackUpLight	
	LabelWidth	120	
	ValueLeft	0	
	ValueRight	1	
	Height	30	
	Width	200	
	VarLink	FlexRay 信号：BackUpLight（0/FlexRayDemo/Gateway/BackLightInfo/BackUpLight）	
	VarType	pstFlexRaySignal	

最终 Control 面板的显示效果如图 14.7 所示，上部分为关联 Engine 节点发送信号的相关控件，下部分为关联 Gateway 节点发送信号的相关控件。

14.4.5　面板设计——Display

接下来，用户可以设计一个面板用于显示总线接收的帧信号，这样用户就可以轻松地在面板中观察关心的信号了。表 14.4 列出了 Display 面板的控件列表及属性设置，读者可以参考来创建该面板。这里再次强调，本面板中的控件多为观察接收节点的信号，请务必关联到通道 2 接收节点的信号。

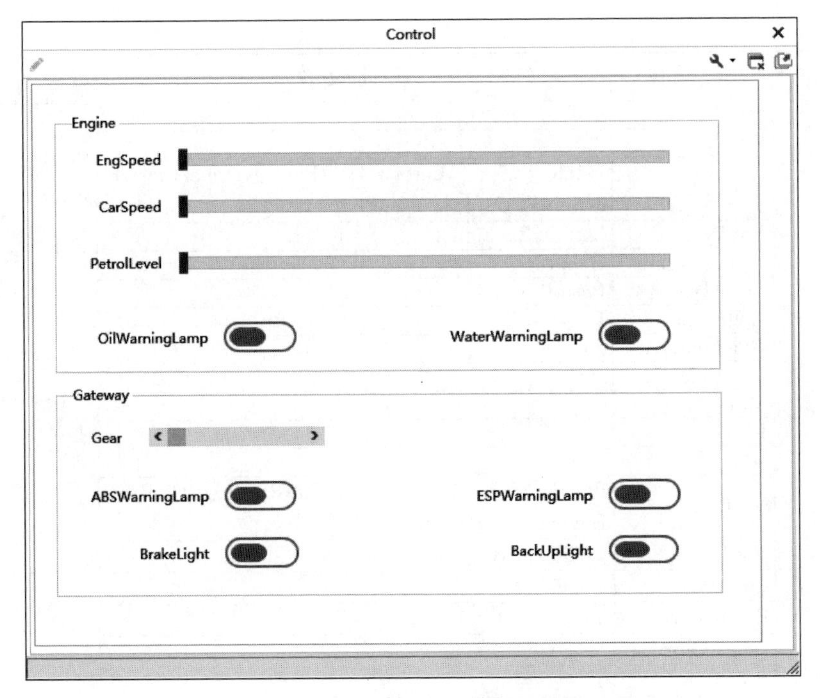

图 14.7 Control 面板的显示效果

表 14.4 Display 面板的控件列表及属性设置

控　　件	属　　性	属 性 设 置	说　　明
面板	Title	Display	仿真显示的面板
	Color	clWhite	
	Height	480	
	Layout	Normal	
	Width	640	
Gauge0	ControlName	Gauge0	EngSpeed 信号显示控件
	LabelText	EngSpeed	
	AngleSpan	300	
	AxisFontSize	10	
	MaxValue	4000	
	MinValue	0	
	Height	210	
	Width	220	
	VarLink	FlexRay 信号：EngSpeed（1/FlexRayDemo/Cluster/EngineData/EngSpeed）	
	VarType	pstFlexRaySignal	
Gauge1	ControlName	Gauge1	CarSpeed 信号显示控件
	LabelText	CarSpeed	
	AngleSpan	300	
	AxisFontSize	10	
	MaxValue	200	
	MinValue	0	

续表

控 件	属 性	属 性 设 置	说 明
Gauge1	Height	210	CarSpeed 信号显示控件
	Width	220	
	VarLink	FlexRay 信号：CarSpeed(1/FlexRayDemo/Cluster/ABSInfo/CarSpeed)	
	VarType	pstFlexRaySignal	
Gauge2	ControlName	Gauge2	PetrolLevel 信号显示控件
	LabelText	PetrolLevel	
	AngleSpan	180	
	AxisFontSize	10	
	MaxValue	100	
	MinValue	0	
	Height	200	
	Width	270	
	VarLink	FlexRay 信号：PetrolLevel(1/FlexRayDemo/CLuster/EngineData/PetrolLevel)	
	VarType	pstFlexRaySignal	
Text0	ControlName	Text0	Gear 信号显示控件
	BoardActive	True	
	DisplayFormat	%Name = %Value	
	Precision	0	
	Height	30	
	Width	200	
	VarLink	FlexRay 信号：Gear(1/FlexRayDemo/Cluster/GearBoxInfo/Gear)	
	VarType	pstFlexRaySignal	
Container0	ControlName	Container0	遮挡 Gauge2 的下部分半圆
	ColorFill	clWhite	
	ColorStroke	clWhite	
	Height	66	
	Width	240	
ImageButton0	ControlName	ImageButton0	ABSWarningLamp 信号显示控件
	ImageCount	2	
	Image (ImageIndex=0)	ABS_Off. bmp	
	Value (ImageIndex=0)	0	
	Image (ImageIndex=1)	ABS_On. bmp	
	Value (ImageIndex=1)	1	
	LabelVisible	False	
	ReadOnly	True	
	Height	50	
	Width	50	
	VarLink	FlexRay 信号：ABSWarningLamp(1/FlexRayDemo/Cluster/BrakeControl/ABSWarningLamp)	
	VarType	pstFlexRaySignal	
	WrapMode	Fit	

续表

控　　件	属　　性	属性设置	说　　明
ImageButton1	ControlName	ImageButton1	ESPWarningLamp信号显示控件
	ImageCount	2	
	Image (ImageIndex=0)	ESP_Off. bmp	
	Value (ImageIndex=0)	0	
	Image (ImageIndex=1)	ESP_On. bmp	
	Value (ImageIndex=1)	1	
	LabelVisible	False	
	ReadOnly	True	
	Height	50	
	Width	50	
	VarLink	FlexRay 信号：ESPWarningLamp(1/FlexRayDemo/Cluster/BrakeControl/ESPWarningLamp)	
	VarType	pstFlexRaySignal	
	WrapMode	Fit	
ImageButton2	ControlName	ImageButton2	OilWarningLamp信号显示控件
	ImageCount	2	
	Image (ImageIndex=0)	OilWarning_Off. bmp	
	Value (ImageIndex=0)	0	
	Image (ImageIndex=1)	OilWarning_On. bmp	
	Value (ImageIndex=1)	1	
	LabelVisible	False	
	ReadOnly	True	
	Height	50	
	Width	50	
	VarLink	FlexRay 信号：OilWarningLamp(1/FlexRayDemo/Cluster/EngineStatus/OilWarningLamp)	
	VarType	pstFlexRaySignal	
	WrapMode	Fit	

续表

控　件	属　性	属性设置	说　明
ImageButton3	ControlName	ImageButton3	WaterWarningLamp 信号显示控件
	ImageCount	2	
	Image (ImageIndex=0)	WaterWarning_Off. bmp	
	Value (ImageIndex=0)	0	
	Image (ImageIndex=1)	WaterWarning_On. bmp	
	Value (ImageIndex=1)	1	
	LabelVisible	False	
	ReadOnly	True	
	Height	50	
	Width	50	
	VarLink	FlexRay 信号：WaterWarningLamp(1/FlexRayDemo/Cluster/EngineStatus/WaterWarningLamp)	
	VarType	pstFlexRaySignal	
	WrapMode	Fit	
Container1	ControlName	Container1	作为 BackUpLight 和 BrakeLight 控件的容器
	ColorFill	clWhite	
	ColorStroke	clBlack	
	CornerType	Round	
	Height	95	
	Width	100	
LED0	ControlName	LED0	BackUpLight 信号显示控件
	ColorOff	clSilver	
	ColorOn	clWhite	
	ColorStroke	$00AAAAAA	
	CornerType	Round	
	LEDType	Rectangle	
	Height	45	
	Width	96	
	VarLink	FlexRay 信号：BackUpLight(1/FlexRayDemo/Cluster/BackLightInfo/BackUpLight)	
	VarType	pstFlexRaySignal	
LED1	ControlName	LED1	BrakeLight 信号显示控件
	ColorOff	$003A41C5	
	ColorOn	clRed	
	ColorStroke	$00AAAAAA	
	CornerType	Round	
	LEDType	Rectangle	
	Height	45	
	Width	96	
	VarLink	FlexRay 信号：BrakeLight(1/FlexRayDemo/Cluster/BackLightInfo/BrakeLight)	
	VarType	pstFlexRaySignal	

面板 Display 所有的相关图片资源可以在本书的资源压缩包中找到(路径\Chapter_14_Doc\img\)。

最终 Display 面板的显示效果如图 14.8 所示,除了右下角的尾灯仿真部分来自节点 Light,其他信号都来自 Cluster 节点接收的信号。

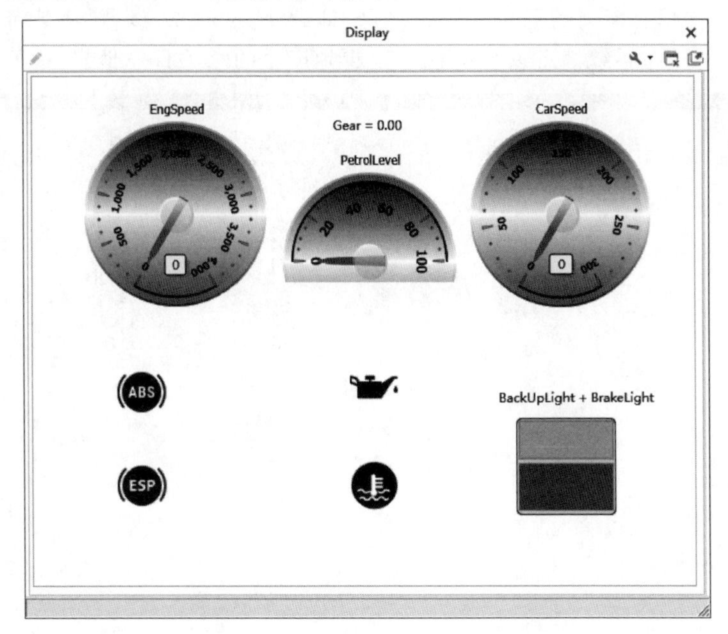

图 14.8 Display 面板的显示效果

14.4.6 C 代码实现

经过前几节的设置,FlexRay 仿真工程已经实现了大部分内容。为了实例的完整性,这里读者可以增加一段报文接收事件的处理。在 C 小程序编辑器中创建一个名称为 FR_Demo 的代码,在 FlexRay 接收事件中添加一个针对帧 BackLightInfo 的函数,并添加相关处理代码,具体如下。

```
// CODE BLOCK BEGIN On_FlexRay_Rx BackLightInfo
// FlexRay 报文接收事件 "BackLightInfo" 针对报文 = 95
void on_flexray_rx_BackLightInfo(const TFlexRay * AFlexRay) { __try {
  // if (AFlexRay->FIdxChn != CH1) return;      // if you want to filter channel
  TBackLightInfo_2 BackLightInfo_2;
  BackLightInfo_2.init();                        // 在使用此结构体前调用这段初始化代码
  // assign FFlexRay data structure in callback function if necessary
  BackLightInfo_2.FFlexRay = *AFlexRay;

  log("BrakeLight Status is %1.1f", BackLightInfo_2.BrakeLight);
  log("BackUpLight Status is %1.1f", BackLightInfo_2.BackUpLight);

} __except (1) { log_nok("CRASH detected"); app.terminate_application(); }}
// CODE BLOCK END On_FlexRay_Rx BackLightInfo
```

14.5 工程运行测试

本实例运行以后，操作 Control 面板中的控件，可以在 Display 面板中观察到相关显示随之改变，FlexRay 报文信息窗口的信息也随之刷新，如图 14.9 所示。若读者操作 BrakeLight 和 BackUpLight 开关，在系统消息窗口中也可以看到产生的相关日志信息。

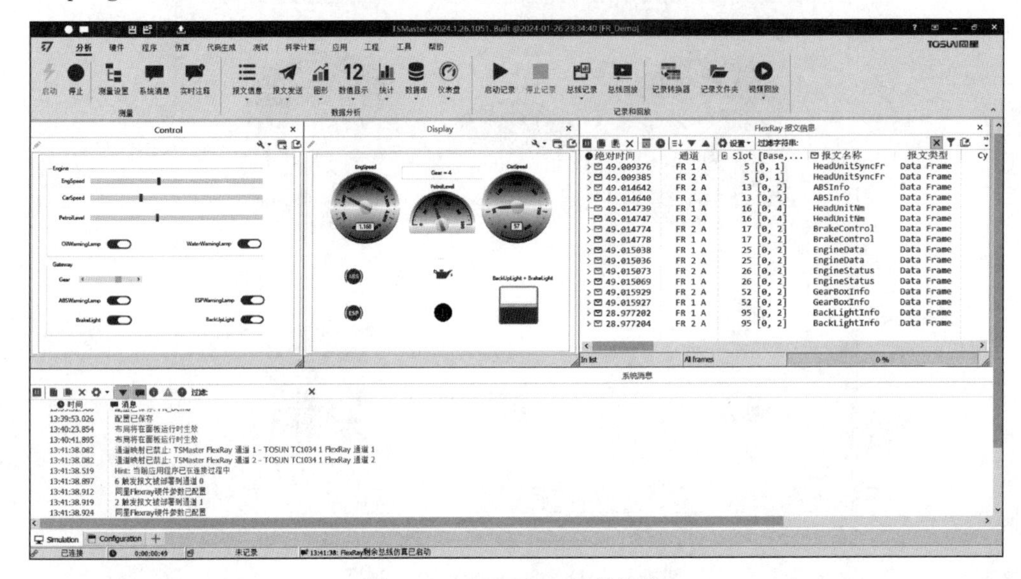

图 14.9 FR_Demo 运行效果

读者可以在本书提供的资源压缩包中找到本章例程的工程文件(路径\Chapter_14\Source\FR_Demo. T7z)。

第三部分　进阶篇

第 15 章　仿真工程开发进阶 Ⅰ——测试

本章内容：

- ECU 测试概述。
- 测试 API 函数详解。
- 工程实例简介。
- 工程实例实现。
- 工程运行测试。

前几章重点介绍了在 TSMaster 环境中如何实现仿真和分析等功能，其实 TSMaster 的测试功能也非常强大。本章先介绍基于 TSMaster 的自动化测试系统以及相关的测试技术，然后引导读者开发一个网络测试工程，并生成测试报告。

15.1　ECU 测试概述

在 ECU 的研发过程中，对于项目成员，除了需要的仿真分析功能之外，测试验证也是必不可少的功能。测试过程常见于产品研发阶段，由研发团队、测试团队或者外部第三方一致性测试机构完成，其测试需求可来源于产品特性分析，也可能来源于某一特定的 ISO 标准、国标或企业内部标准等文档。与仿真工程不同的是，测试过程通常需要管理多个被测件，控制外部的仪器设备(例如万用表、示波器等)，记录测试过程的数据和信息等以便于追溯管理。

尽管可以使用人工来完成 ECU 测试，但存在耗时长、人员水平不一、结果管理不规范等问题，为此 TSMaster 内部集成了自动化测试系统。该系统支持用户权限管理、被测件的信息和参数管理，还有测试用例分组管理、用例脚本编写和测试报告自动生成等功能。用户可以在此系统基础上定制满足自身需求的测试工程，将重复性工作交由 TSMaster 自动完成，节约测试时间，也保障了测试结果的一致性。

15.2　测试 API 函数详解

为了更好地支持测试过程，TSMaster 提供一组测试相关的 API 函数，包括错误检测、结果判定、信号检测和报告生成等函数。在调用这些 API 函数的过程中，需要在函数前添加“test.”的前缀。

15.2.1　错误检测函数

错误检测函数用于检测在一段代码的运行过程中是否出现错误或失败，是用于判定失败或检测错误的依据。表 15.1 列出了主要的错误检测函数。

表 15.1 主要的错误检测函数

函数原型	void check_error_begin()
功能	与 check_error_end 结合使用,以查找两者之间是否存在错误
函数原型	void check_error_end(ps32 AErrorCount)
功能	与 check_error_begin()联合使用,以查找两者之间是否存在错误,AErrorCount 为捕捉到的错误次数

范例	s32 vCounter;
	test.check_error_begin();
	//做一些操作
	test.check_error_end(&vCounter);
	log("error counter is %d", vCounter);

15.2.2 结果判定函数

结果判定函数用于在测试执行过程中,根据输出的结果作为逻辑判断条件给出结果判断的结论。表 15.2 列出了主要的结果判断函数。

表 15.2 主要的结果判定函数

函数原型	void set_verdict_cok(char * AMsg)
功能	设置当前测试用例的判定结果为 COK(有条件的测试通过)
范例	test.set_verdict_cok("Conditional OK");
函数原型	void set_verdict_nok(char * AMsg)
功能	设置当前测试用例的判定结果为 NOK
范例	test.set_verdict_nok("Test Failed");
函数原型	void set_verdict_ok(char * AMsg)
功能	设置当前测试用例的判定结果为 OK
范例	test.set_verdict_ok("Test Pass");

15.2.3 信号检测函数

信号检测相关的功能在测试过程中使用比较频繁,TSMaster 将这些功能也做了封装。表 15.3 列出了主要的信号检测函数。信号检测函数通常以“signal_checker_add”开头,触发了信号检测以后,需要使用 signal_checker_get_result 函数来获取测试的结果。

表 15.3 主要的信号检测函数

函数原型	signal_checker_add_check_with_time(double ASgnType, //被检测信号类型 TSignalCheckKind ACheckKind, //信号检测类别 char * ASgnName, //被检测信号名称 double ASgnMin, //允许的信号最小值 double ASgnMax, //允许的信号最大值 double ATimeStartS, //检测开始时间 double ATimeEndS, //检测终止时间 ps32 ACheckId //为本次信号检测分配的唯一 Id)

续表

<table>
<tr><td>功能</td><td>在指定时间内检测指定信号的数值是否在指定范围内</td></tr>
<tr><td>范例</td><td><pre>
s32 id;
if(0 == test.signal_checker_add_check_with_time(
  stCANSignal,
  sckAlways,
  "0/network_name/xx/msg_name/sgn_name",
  2, 3,
  10, 20,
  &id
)){
  log("signal checker for this signal id is %d", id);
}
</pre></td></tr>
<tr><td>函数原型</td><td><pre>
signal_checker_add_check_with_trigger(
double ASgnType,   //被检测信号类型
TSignalCheckKind ACheckKind,   //信号检测类别
char * ASgnName,   //被检测信号名称
double ASgnMin,   //允许的信号最小值
double ASgnMax,   //允许的信号最大值
TSignalType ATriggerType,   //触发信号的类型
Char * ATriggerName,   //触发信号名称
double ATriggerMin,   //触发信号最小值
double ATriggerMax,   //触发信号最大值
ps32 ACheckId   //为本次信号检测分配的唯一 Id
)
</pre></td></tr>
<tr><td>功能</td><td>收到触发信号以后检测指定信号的数值是否在指定范围内</td></tr>
<tr><td>范例</td><td><pre>
s32 id;
if(0 == test.signal_checker_add_check_with_trigger(
  //signal settings
  stCANSignal,
  sckAlways,
  "0/network_name/xx/msg_name/sgn_name",
  2, 3,
  //trigger settings
  stCANSignal,
  "0/network_name/xx/msg_name/trigger_sgn_name",
  1.1, 2.2,
  &id
)){
  log("signal checker for this signal id is %d", id);
}
</pre></td></tr>
<tr><td>函数原型</td><td><pre>
signal_checker_add_falling_edge_with_time(
double ASgnType,   //被检测信号类型
char * ASgnName,   //被检测信号名称
double ATimeStartS,   //检测开始时间
double ATimeEndS,   //检测终止时间
ps32 ACheckId   //为本次信号检测分配的唯一 Id
)
</pre></td></tr>
<tr><td>功能</td><td>在指定时间内添加信号下降沿检测逻辑</td></tr>
</table>

续表

<table>
<tr><td>范例</td><td><pre>s32 id;
if(0 == test.signal_checker_add_failing_edge_with_time(
  stCANSignal,
  "0/network_name/xx/msg_name/sgn_name",
  10, 20,
  &id
)){
  log("signal checker for this signal id is % d", id);
}</pre></td></tr>
<tr><td>函数原型</td><td><pre>signal_checker_add_falling_edge_with_trigger(
double ASgnType,   //被检测信号类型
char * ASgnName,   //被检测信号名称
TSignalType ATriggerType,   //触发信号的类型
Char * ATriggerName,   //触发信号名称
double ATriggerMin,   //触发信号最小值
double ATriggerMax,   //触发信号最大值
ps32 ACheckId   //为本次信号检测分配的唯一 Id
)</pre></td></tr>
<tr><td>功能</td><td>在指定触发信号激活内添加信号下降沿的检测逻辑</td></tr>
<tr><td>范例</td><td><pre>s32 id;
if(0 == test.signal_checker_add_falling_edge_with_trigger(
  //signal settings
  stCANSignal,
  "0/network_name/xx/msg_name/sgn_name",
  //trigger settings
  stCANSignal,
  "0/network_name/xx/msg_name/trigger_sgn_name",
  1.1, 2.2,
  &id
)){
  log("signal checker for this signal id is % d", id);
}</pre></td></tr>
<tr><td>函数原型</td><td><pre>signal_checker_add_follow_with_time(
double ASgnType,   //被检测信号类型
double AFollowingSgnType,   //被检测跟随信号类型
char * ASgnName,   //被检测信号名称
char * AFollowSgnName,   //被检测跟随信号名称
double AErrorRange,   //错误范围
double ATimeStartS,   //检测开始时间
double ATimeEndS,   //检测终止时间
ps32 ACheckId   //为本次信号检测分配的唯一 Id
)</pre></td></tr>
<tr><td>功能</td><td>在指定时间范围内检测信号与跟随信号的时间间隔</td></tr>
<tr><td>范例</td><td><pre>if(0 == test.signal_checker_add_follow_with_time(
  stCANSignal,
  stCANSignal,
  "0/network_name/xx/msg_name/sgn_name",
  "0/network_name/xx/msg_name/follow_sgn_name",</pre></td></tr>
</table>

续表

范例	10,
	10, 20,
	&id
	)){
	log("signal checker for this signal id is %d", id);
	}

函数原型	signal_checker_add_jump_with_time(double ASgnType, //被检测信号类型 char * ASgnName, //被检测信号名称 bool AIgnoreFrom, //是否忽略起始数值 double AFrom, //起始信号值 double ATo, //终止信号值 double ATimeStartS, //检测开始时间 double ATimeEndS, //检测终止时间 ps32 ACheckId //为本次信号检测分配的唯一 Id)
功能	在指定时间范围内检测信号是否从起始值跳变到终止值

范例	s32 id;
	if(0 == test.signal_checker_add_jump_with_time(
	stCANSignal,
	"0/network_name/xx/msg_name/sgn_name",
	false, 1, 2,
	10, 20,
	&id
	)){
	log("signal checker for this signal id is %d", id);
	}

函数原型	signal_checker_add_jump_with_trigger(double ASgnType, //被检测信号类型 char * ASgnName, //被检测信号名称 bool AIgnoreFrom, //是否忽略起始数值 double AFrom, //起始信号值 double ATo, //终止信号值 TSignalType ATriggerType, //触发信号的类型 Char * ATriggerName, //触发信号名称 double ATriggerMin, //触发信号最小值 double ATriggerMax, //触发信号最大值 ps32 ACheckId //为本次信号检测分配的唯一 Id)
功能	在指定触发信号内添加信号跳变的检测逻辑

范例	s32 id;
	if(0 == test.signal_checker_add_jump_with_trigger(
	//signal settings
	stCANSignal,
	"0/network_name/xx/msg_name/sgn_name",
	false, 2, 3,

续表

<table>
<tr><td>范例</td><td><pre>
  //trigger settings
  stCANSignal,
  "0/network_name/xx/msg_name/trigger_sgn_name",
  1.1, 2.2,
  &id
)){
  log("signal checker for this signal id is %d", id);
}
</pre></td></tr>
<tr><td>函数原型</td><td><pre>
signal_checker_add_monotony_falling_with_time(
double ASgnType,   //被检测信号类型
char * ASgnName,   //被检测信号名称
s32 ASampleIntervalMs,   //采样间隔(ms)
double ATimeStartS,   //起始检测时间
double ATimeEndS,   //终止检测时间
ps32 ACheckId   //为本次信号检测分配的唯一 Id
)
</pre></td></tr>
<tr><td>功能</td><td>在指定时间范围内添加信号单调下降行为的检测逻辑</td></tr>
<tr><td>范例</td><td><pre>
s32 id;
if(0 == test.signal_checker_add_monotony_falling_with_time(
  stCANSignal,
  "0/network_name/xx/msg_name/sgn_name",
  100
  10, 20,
  &id
)){
  log("signal checker for this signal id is %d", id);
}
</pre></td></tr>
<tr><td>函数原型</td><td><pre>
signal_checker_add_monotony_falling_with_trigger(
double ASgnType,   //被检测信号类型
char * ASgnName,   //被检测信号名称
s32 ASampleIntervalMs,   //采样间隔(ms)
TSignalType ATriggerType,   //触发信号的类型
Char * ATriggerName,   //触发信号名称
double ATriggerMin,   //触发信号最小值
double ATriggerMax,   //触发信号最大值
ps32 ACheckId   //为本次信号检测分配的唯一 Id
)
</pre></td></tr>
<tr><td>功能</td><td>在指定触发激活内添加信号单调下降行为的检测逻辑</td></tr>
<tr><td>范例</td><td><pre>
s32 id;
if(0 == test.signal_checker_add_monotony_falling_with_trigger(
  //signal settings
  stCANSignal,
  "0/network_name/xx/msg_name/sgn_name",
  100
  //trigger settings
  stCANSignal,
  "0/network_name/xx/msg_name/trigger_sgn_name",
  1.1, 2.2,
</pre></td></tr>
</table>

续表

范例	&id
	)){
	log("signal checker for this signal id is %d", id);
	}

函数原型	signal_checker_add_monotony_rising_with_time(double ASgnType, //被检测信号类型 char * ASgnName, //被检测信号名称 s32 ASampleIntervalMs, //采样间隔(ms) double ATimeStartS, //起始检测时间 double ATimeEndS, //终止检测时间 ps32 ACheckId //为本次信号检测分配的唯一 Id)
功能	在指定时间范围内添加信号单调上升行为的检测逻辑

范例	s32 id;
	if(0 == test.signal_checker_add_monotony_rising_with_time(
	stCANSignal,
	"0/network_name/xx/msg_name/sgn_name",
	100,
	10, 20,
	&id
	)){
	log("signal checker for this signal id is %d", id);
	}

函数原型	signal_checker_add_monotony_rising_with_trigger (double ASgnType, //被检测信号类型 char * ASgnName, //被检测信号名称 s32 ASampleIntervalMs, //采样间隔(ms) TSignalType ATriggerType, //触发信号的类型 Char * ATriggerName, //触发信号名称 double ATriggerMin, //触发信号最小值 double ATriggerMax, //触发信号最大值 ps32 ACheckId //为本次信号检测分配的唯一 Id)
功能	在指定触发激活内添加信号单调上升行为的检测逻辑

范例	s32 id;
	if(0 == test.signal_checker_add_monotony_rising_with_trigger(
	//signal settings
	stCANSignal,
	"0/network_name/xx/msg_name/sgn_name",
	100,
	//trigger settings
	stCANSignal,
	"0/network_name/xx/msg_name/trigger_sgn_name",
	1.1, 2.2,
	&id
	)){
	log("signal checker for this signal id is %d", id);
	}

续表

函数原型	signal_checker_add_rising_edge_with_time(double ASgnType, //被检测信号类型 char * ASgnName, //被检测信号名称 double ATimeStartS, //检测开始时间 double ATimeEndS, //检测终止时间 ps32 ACheckId //为本次信号检测分配的唯一 Id)
功能	在指定时间范围内添加信号上升沿的检测逻辑

范例	s32 id;
	if(0 == test.signal_checker_add_rising_edge_with_time(
	  stCANSignal,
	  "0/network_name/xx/msg_name/sgn_name",
	  10, 20,
	  &id
	)){
	  log("signal checker for this signal id is %d", id);
	}

函数原型	signal_checker_add_rising_edge_with_trigger(double ASgnType, //被检测信号类型 char * ASgnName, //被检测信号名称 TSignalType ATriggerType, //触发信号的类型 Char * ATriggerName, //触发信号名称 double ATriggerMin, //触发信号最小值 double ATriggerMax, //触发信号最大值 ps32 ACheckId //为本次信号检测分配的唯一 Id)
功能	在指定触发信号激活内添加信号上升沿的检测逻辑

范例	s32 id;
	if(0 == test.signal_checker_add_rising_edge_with_trigger(
	  // signal settings
	  stCANSignal,
	  "0/network_name/xx/msg_name/sgn_name",
	  // trigger settings
	  stCANSignal,
	  "0/network_name/xx/msg_name/trigger_sgn_name",
	  1.1, 2.2,
	  &id
	)){
	  log("signal checker for this signal id is %d", id);
	}

函数原型	signal_checker_add_statistics_with_time(double ASgnType, //被检测信号类型 TSignalStatisticsKind AStatisticsKind, //信号统计类别 char * ASgnName, //被检测信号名称 double ATimeStartS, //起始检测时间 double ATimeEndS, //终止检测时间 ps32 ACheckId //为本次信号检测分配的唯一 Id)

续表

功能	在指定时间范围内添加信号统计逻辑

范例	//to get signal max value within 10s to 20s
	s32 id;
	if(0 == test.signal_checker_add_statistics_with_time(
	stCANSignal,
	sskMax,
	"0/network_name/xx/msg_name/sgn_name",
	2, 3,
	10, 20,
	&id
	)){
	log("signal checker for this signal id is %d", id);
	}

函数原型	signal_checker_add_statistics_with_trigger(double ASgnType, //被检测信号类型 TSignalStatisticsKind AStatisticsKind, //信号统计类别 char * ASgnName, //被检测信号名称 TSignalType ATriggerType, //触发信号的类型 Char * ATriggerName, //触发信号名称 double ATriggerMin, //触发信号最小值 double ATriggerMax, //触发信号最大值 ps32 ACheckId //为本次信号检测分配的唯一 Id)
功能	在指定触发信号激活内添加信号统计逻辑

范例	s32 id;
	if(0 == test.signal_checker_add_statistics_with_trigger(
	stCANSignal,
	sskAverage,
	"0/network_name/xx/msg_name/sgn_name",
	stSystemVar,
	"sysvar1",
	10, 20,
	&id
	)){
	log("signal checker for this signal id is %d", id);
	}

函数原型	signal_checker_add_unchange_with_time(double ASgnType, //被检测信号类型 char * ASgnName, //被检测信号名称 double ATimeStartS, //起始检测时间 double ATimeEndS, //终止检测时间 ps32 ACheckId //为本次信号检测分配的唯一 Id)
功能	在指定时间范围内添加信号未变化的检测逻辑

续表

范例	s32 id;
	if(0 == test.signal_checker_add_unchange_with_time(
	  stCANSignal,
	  "0/network_name/xx/msg_name/sgn_name",
	  10, 20,
	  &id
	)){
	  log("signal checker for this signal id is % d", id);
	}

函数原型	signal_checker_add_unchange_with_trigger(double ASgnType, //被检测信号类型 char * ASgnName, //被检测信号名称 TSignalType ATriggerType, //触发信号的类型 Char * ATriggerName, //触发信号名称 double ATriggerMin, //触发信号最小值 double ATriggerMax, //触发信号最大值 ps32 ACheckId //为本次信号检测分配的唯一 Id)
功能	在指定触发信号激活内添加信号未变化的检测逻辑

范例	s32 id;
	if(0 == test.signal_checker_add_unchange_with_trigger(
	  // signal settings
	  stCANSignal,
	  "0/network_name/xx/msg_name/sgn_name",
	  // trigger settings
	  stCANSignal,
	  "0/network_name/xx/msg_name/trigger_sgn_name",
	  1.1, 2.2,
	  &id
	)){
	  log("signal checker for this signal id is % d", id);
	}

函数原型	signal_checker_check_statistics(s32 ACheckId, //从信号检测器添加功能返回的检查 Id pdouble AMin, //允许的最小统计范围 pdouble AMax, //允许的最大统计范围 pbool APass, //检测通过返回 true; 检测失败返回 false pdouble AResult, //相关检测结果值 char ** AResultRepr //检测结果的文本表示)
功能	在信号检测器中获取统计检查结果

范例	bool isPass;
	double r;s32 id;
	char * repr;
	//检查统计数据是否在[3,5]范围内
	if (0 == test.signal_checker_check_statistics(id, 3, 5, &isPass, &r, &repr)){
	  if (isPass){
	    test_log_ok("signal checker result OK, desc: % s", repr);
	  } else {
	    test_log_nok("signal checker result NOK, desc: % s", repr);
	  }
	}

续表

函数原型	signal_checker_enable(s32 ACheckId,　　　　　　//信号检测引擎的 Id bool AEnable　　　　　　//true 启用检测; false 禁用检测)
功能	启用或禁用信号检测器引擎中的指定检测,默认情况下启用每个检测

范例	//retrieve id by signal checker add functions
	test.signal_checker_enable(id, false);

函数原型	signal_checker_clear()
功能	清除信号检测器引擎中的所有检测项目
范例	test.signal_checker_clear(); //start to add new check items
函数原型	signal_checker_get_result(s32 ACheckId,　　　　　　//信号检测引擎的 Id pbool APass,　　　　　　//检测通过返回 true; 检测失败返回 false pdouble AResult,　　　　//相关的检测数值 char ** AResultRepr,　　//检测结果的文字描述)
功能	在信号检测器中获取检测结果

范例	// retrieve id by signal checker add functions
	bool isPass;
	double r;
	char * repr;
	if (0 == test.signal_checker_get_result(id, &isPass, &r, &repr)){
	  if (isPass){
	    test_log_ok("signal checker result OK, desc: %s", repr);
	  } else {
	    test_log_nok("signal checker result NOK, desc: %s", repr);
	  }
	}

这里需要特别说明的是,在信号检测触发到获取检测结果之前,用户需要预留足够的等待时间,否则测试结果与预期可能相差甚远。

15.2.4 日志生成函数

日志生成函数用于测试过程中,在系统消息窗口中输出日志信息。表 15.4 列出了主要的日志生成函数。

表 15.4 主要的日志生成函数

函数原型	void debug_log_info(s32 Aline,　　　　　　//调试行号 char * AStr,　　　　　//要打印的字符串 TLogLevel ALevel　　　//日志等级)
功能	系统日志中输出调试信息,包括文件名、函数名和行号
范例	test.debug_log_info(__FILE__, __FUNCTION__, __LINE__, "debug text", lvlOK);

续表

函数原型	void log_info(char * AStr,　　　　//要打印的字符串 TLogLevel ALevel　　//日志等级)
功能	系统日志中输出的测试消息

范例	//日志错误字符串
	test.log_info("error occurred", lvlError);

函数原型	void log_string(char * AStr,　　　　//要打印的字符串 char * AValue,　　　//要打印的字符串值 TLogLevel ALevel　　//日志等级)
功能	系统日志中输出测试字符串值
范例	test.log_string("Voltage", "13.5", lvlOK);
函数原型	void log_string(char * AStr,　　　　//要打印的字符串 double AValue,　　　//要打印的数值 TLogLevel ALevel　　//日志等级)
功能	系统日志中输出测试数值
范例	test.log_value("Voltage", 13.5, lvlOK);

15.2.5 报告生成函数

在常规的测试完成时，用户一般会要求生成一份测试报告，在测试报告中期望添加图片、字符串、数值等信息，这时需要使用测试报告生成函数。表 15.5 列出了主要的报告生成函数。

表 15.5 主要的报告生成函数

函数原型	void write_result_image(char * AName,char * AImageFullPath)
功能	将图像路径写入测试结果以生成报告
范例	test.write_result_image("screen_3V", "c:\\Test\\xxx.png");
函数原型	void write_result_string(char * AName,char * AValue,TLogLevel ALevel)
功能	以字符串格式写入结果值
范例	test.write_result_string("Voltage", "13.5", lvlOK);
函数原型	void write_result_value(char * AName,double AValue,TLogLevel ALevel)
功能	以双精度格式写入结果值
范例	test.write_result_value("Voltage", 13.5, lvlOK);
函数原型	void retrieve_current_result_folder(char ** AFolder)
功能	获取测试用例的当前日志目录
范例	char * path; test.retrieve_current_result_folder(&path);

15.3 工程实例简介

本实例将基于 CAN 总线，使用独立的一个仿真工程模拟被测系统（在 TSMaster1 运行），在经典测试系统中实现如下测试功能。

（1）测试用例——检测周期性报文的周期。

（2）测试用例——检测报文的长度。

（3）测试用例——检测网络中是否有未定义的报文。

（4）测试用例——调用信号检测 API 函数，添加信号值变化检测功能。

（5）测试报告生成。

15.4 工程实例实现

本工程将基于 TSMaster 经典测试系统实现整套的测试案例。接下来将结合经典测试系统的介绍，引导读者逐步实现测试系统的开发。

15.4.1 测试方法设计

测试系统的硬件通道映射方法和第 12 章相似，还是基于 TSMaster 的上帝之眼机制。为了便于没有硬件的用户直接使用，本实例使用 CAN 总线的虚拟通道。测试系统总体方案如图 15.1 所示，其中，测试系统（TSMaster）监测虚拟 CAN 通道上的报文，被测 ECU 由另一个 TSMaster 的应用（TSMaster1）来仿真。如果用户持有 TSMaster 支持的 CAN 硬件工具，也可以在通道映射窗口替换 CAN/CANFD 的虚拟通道，同时将被测 ECU 或系统换成真实的 ECU 或系统。

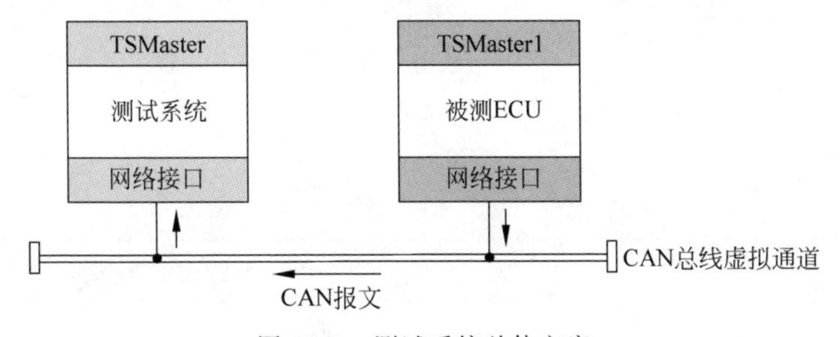

图 15.1 测试系统总体方案

15.4.2 创建测试系统工程

基于上面的测试需求和总体方案，首先创建 TSMaster 测试系统工程。测试系统仿真工程的创建与仿真工程类似，可以参考 7.2 节。在弹出的 TSMaster 功能类型选择窗口中，单击“测试解决方案”，如图 15.2 所示。然后在测试解决方案细分窗口，选择“测试系统”，如图 15.3 所示。接着选择一个新的工作目录 CAN_Test_System，并将其保存到本地目录。

在 CAN_Test_System 工程中可以看到一个测试系统的界面，如图 15.4 所示。接下来结合测试系统的界面，介绍如何设置测试系统，等到设置完毕以后，测试概览页面将显示相关的图片和标题等信息。

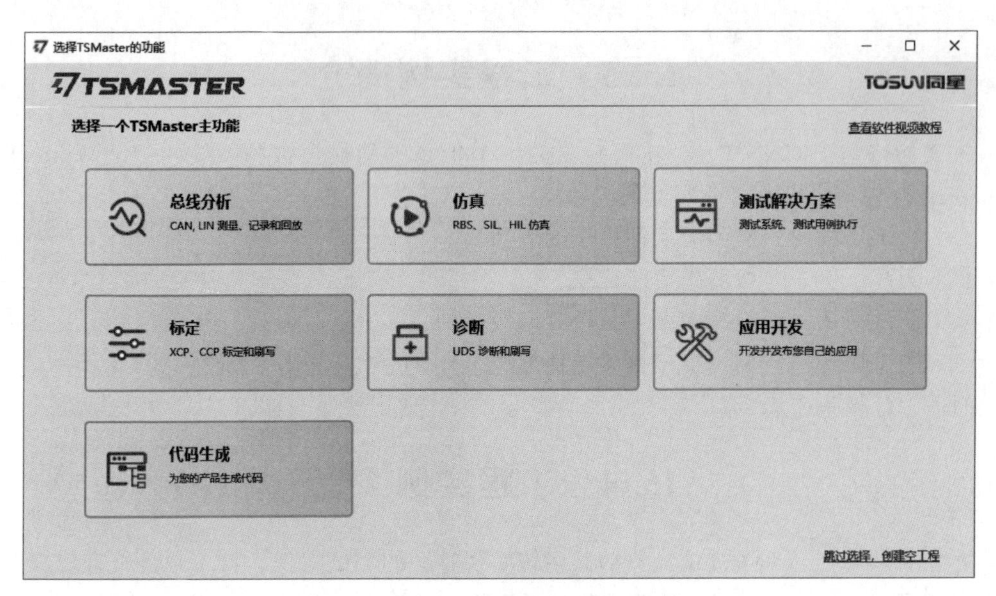

图 15.2　创建 TSMaster 工程功能选择窗口

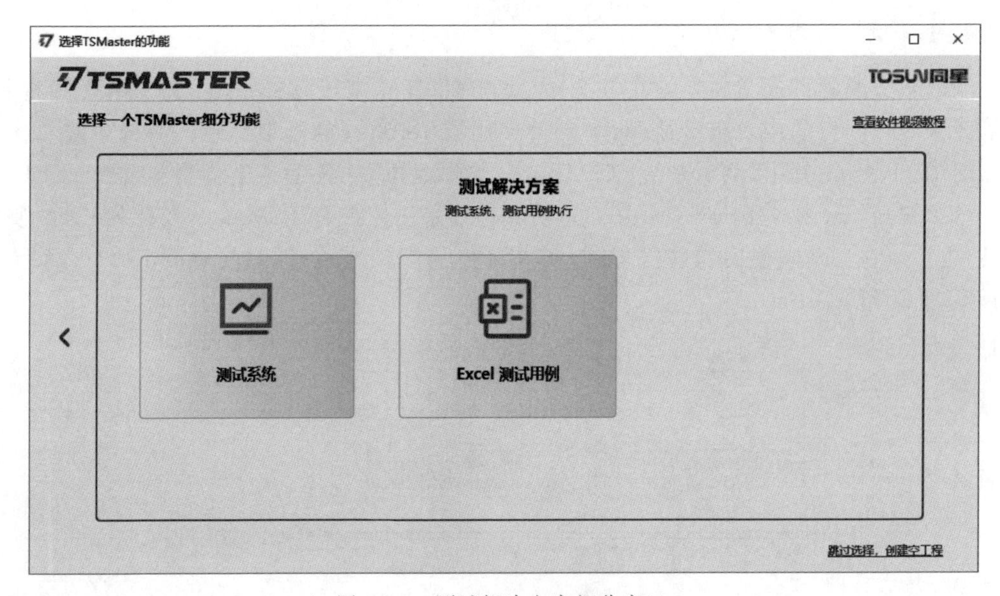

图 15.3　测试解决方案细分窗口

15.4.3　用户权限管理

新建的工程，默认是无法进行任何操作的，这是由于测试系统存在用户权限管理机制，默认状态是没有用户登录的。单击“测试系统登录”子页面，可以通过用户名和密码登录。每个新建的测试系统，默认用户名和密码均为 admin，用户账户登录以后，如图 15.5 所示。此时用户可以添加、删除(不允许删除当前已登录账户)和编辑账户信息。这里需要特别说明的是，账户信息和账户登录状态信息存储在测试系统工程本地的文件夹中，即不同的测试工程可具有不同的权限设置。

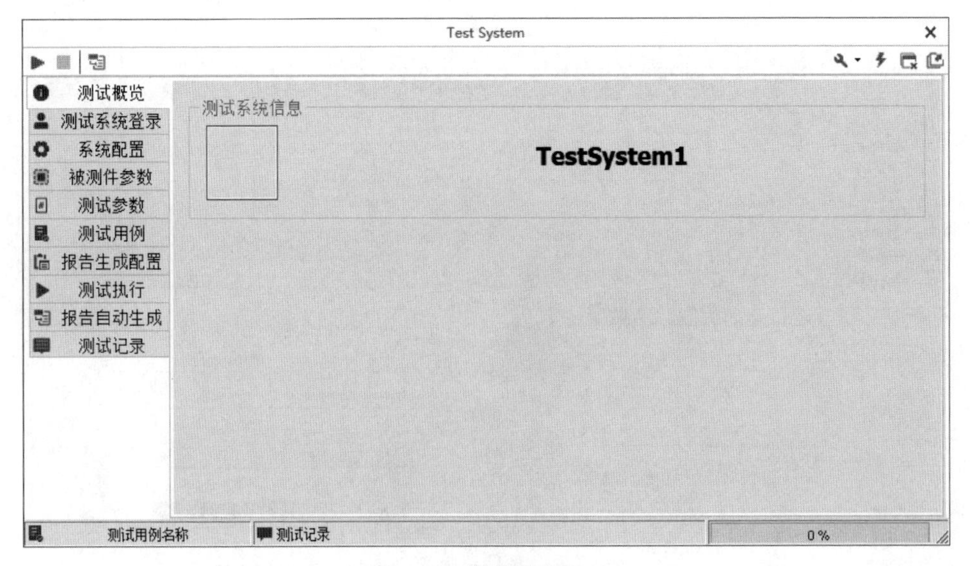

图 15.4　测试系统窗口

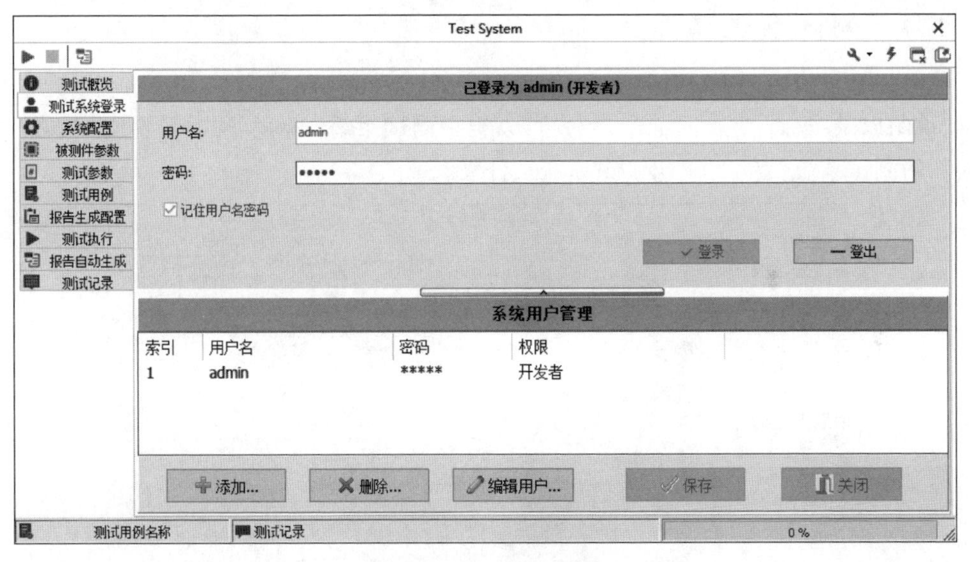

图 15.5　用户管理界面

选中某个账户，然后单击“编辑用户”按钮，可以对账户名称、密码和权限进行设置，如图 15.6 所示。

对于权限的三种类型，主要区别如下。

(1) 开发者：具备最高权限，可以对账户信息、被测件信息、测试参数、脚本等所有相关内容进行更改。

(2) 管理员：具备除了账户信息管理外的其他权限。

(3) 测试人员：仅能运行测试用例和生成报告，不具备其他的修改权限。

本实例中设置了两个用户，供读者实践时使用：admin(密码为 admin)和 dev1(密码为 tsmaster)。

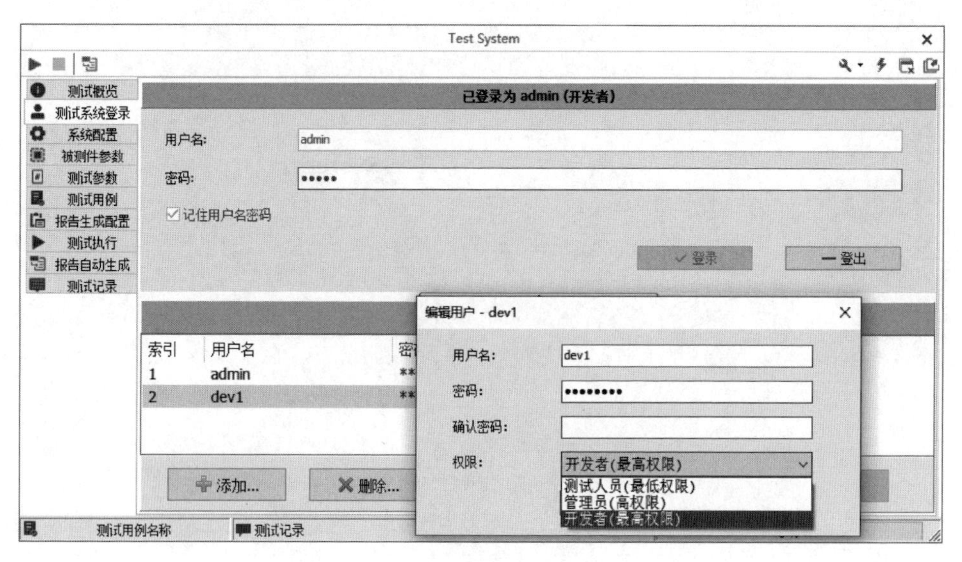

图 15.6　账号权限管理窗口

15.4.4　测试系统配置

完成账号权限的配置以后，接下来配置测试系统的信息，如图 15.7 所示，可以配置系统名称、说明以及图标。在此页面中，用户可以维护测试系统：提供导入、导出测试系统以及创建新的测试系统，也可以打开测试系统文件夹。

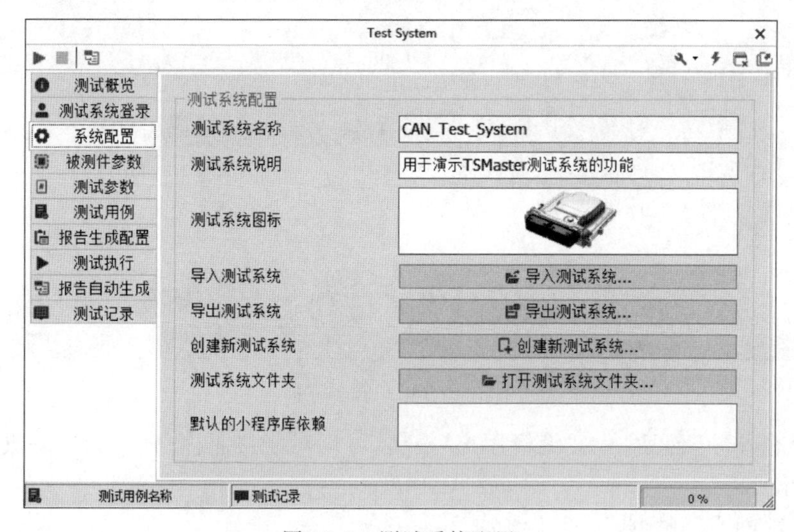

图 15.7　测试系统配置

15.4.5　被测件参数管理

完成系统配置的设定以后，接下来可以配置被测件的参数。一般来说，在测试系统中至少存在一个被测件。用户可以根据需求，新增或者删除被测件的定义，如图 15.8 所示，本实例定义了一个名称为“System_Under_Test”(该名称必须满足 C++变量名定义规则)的被测件，其零件编号为“2023ABCDx”，制造商名称为“ABC Company”，地址为“Shanghai, China”，版本号为“V2.08”。

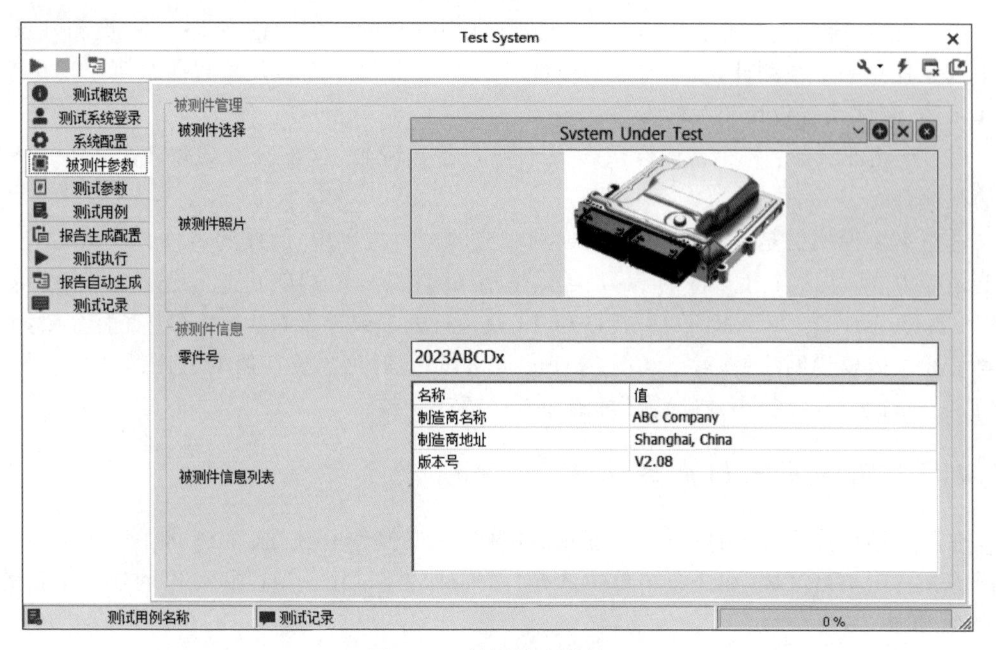

图 15.8 被测件参数管理

15.4.6 测试参数管理

测试系统实际运行过程中,其运行逻辑由代码脚本实现。但实际工程应用中,为了尽可能地复用测试系统,需要将一些测试过程的参数独立出来。这些参数在测试系统开发完毕以后,用户可以在不修改测试脚本的情况下,仅更新参数来满足不同被测件的测试要求。

测试参数页面用于定义一些需要动态修改的参数变量,如图 15.9 所示。测试参数被分为“全局参数”和“被测件参数”两种,用户可以根据自身的需求,将参数放在不同的区域。对于全局参数和被测件参数的区别,描述如下。

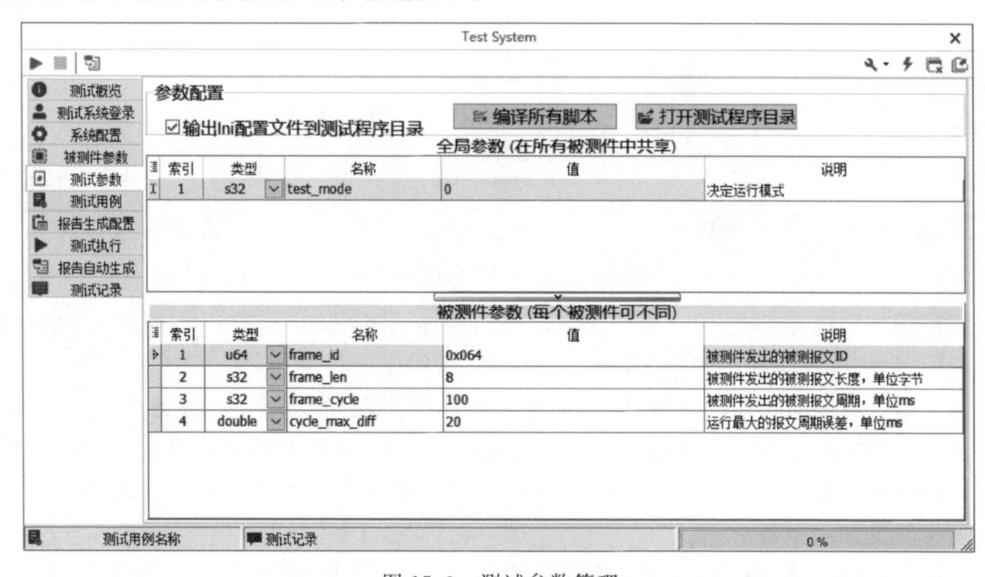

图 15.9 测试参数管理

(1) 全局参数：参数信息是在所有的被测件中共享的。即无论在上一页“被测件选择”栏中选定任意一个被测件，全局参数的值都不会发生变化。这部分参数通常可用于定义和操作系统、测试系统设计相关的参数。

(2) 被测件参数：每个被测件包含一个独有参数配置，这部分参数修改并不会影响其他的被测件。

这里需要说明的是，参数名称会生成到对应的 C++ 代码中，因此其名称必须满足 C++ 语言变量定义规则。当前支持的参数类型包括 u8、s8、u16、s16、u32、s32、u64、s64、float、double、std::string、TCAN、TCANFD 和 TLIN 等，大多数类型在 10.4 节中都有介绍，此处不再赘述。需要说明的是，对于 std::string 类型，填写时则需要在值的首尾添加单引号(例如'TestCase-01')，字符串内部转义规则和 C++ 语言一致。

15.4.7 测试用例创建方法

在测试用例页面中，用户可以管理测试用例，主要操作有新建、编辑、删除、导入、导出、编译等。右击空白区域，在快捷菜单中选择“添加新的测试用例”选项，可以创建一个新的测试用例，如图 15.10 所示。

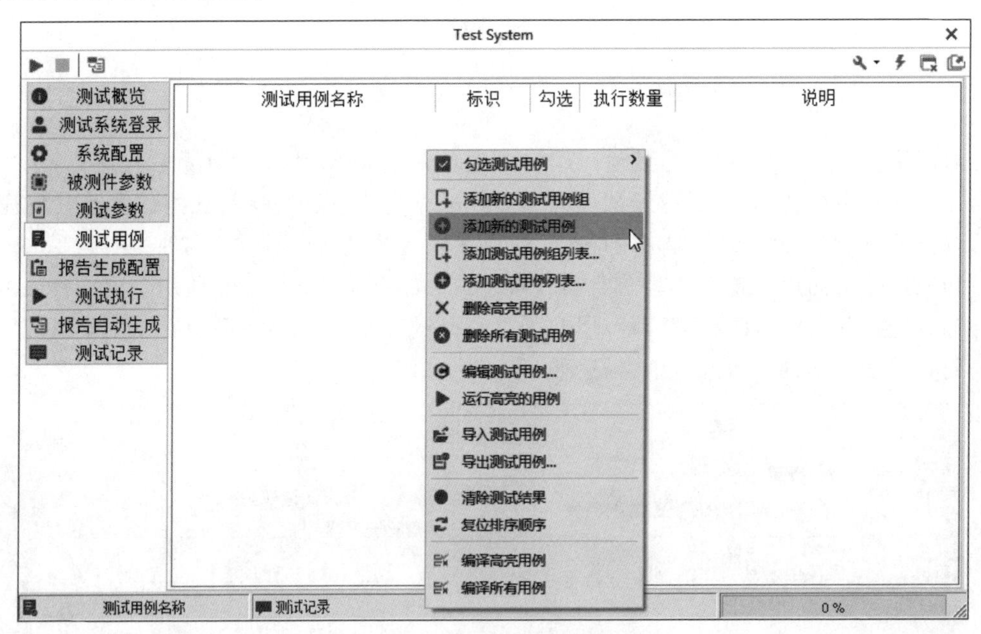

图 15.10 创建新的测试用例

测试用例创建完成之后，可以修改测试用例名称，然后双击测试用例项，可以打开测试脚本编辑器，该编辑器和小程序编辑器一致，可参考第 10 章。

对于测试用例的脚本设计，一般建议将主要测试实现代码放在 step 函数中，图 15.11 为报文的周期检测用例的设计流程。主要涉及两个函数：执行测试逻辑的 step 函数和报文接收处理函数。其中，主要逻辑运行在 step 函数中，报文接收处理函数用于缓冲运行时收到的报文信息。

这里需要特别说明的是，主要测试代码放在 step 函数中，该函数在小程序中用于周期

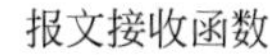

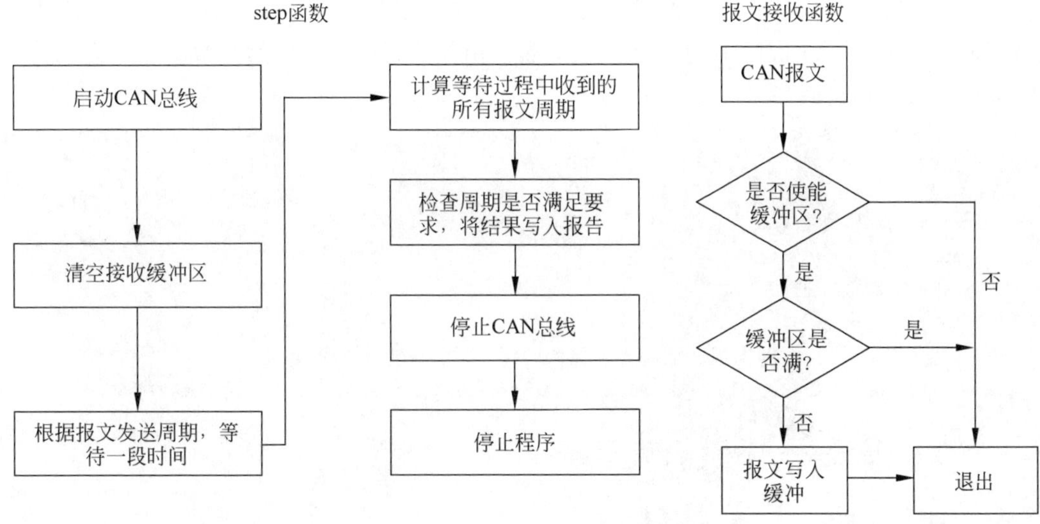

图 15.11　基于报文的周期检测用例的设计流程

处理信息。但测试脚本通常仅被执行一次，因此可以在 step 函数最后一行调用系统提供的 app.terminate_application()函数，通知 TSMaster 测试用例已经执行完毕，不需要继续运行。

(1) 全局定义。在全局定义中，这部分代码本质上存放在生成的 C 代码的开头，所以可以在该区域定义包含的头文件和一些全局变量。此处定义的变量主要用于测试过程中缓冲收到的 CAN 报文，可用于计算报文发送周期等。

```
#include <vector>
#include <algorithm>
//用于定义每一次测试抓取的报文数量
#define MAX_TEST_CYCLE 50
//用于缓冲收到的报文
TCANFD canfd_rx[MAX_TEST_CYCLE * 2];
//用于指示当前缓冲数量
int rx_idx = 0;
//用于启用缓冲区功能
bool rx_enable = false;
```

(2) 报文接收事件。新建一个报文接收事件，该事件函数接收任意 CAN FD 报文，但在脚本中需要根据测试参数过滤，只接收被测报文，将最近报文放入缓冲区中，直至缓冲区存满。

```
//if (ACANFD->FIdxChn != CH1) return;        //if you want to filter channel
if (ACANFD->FIdentifier != pDUTParameters->frame_id) return;
if (rx_enable && rx_idx < sizeof(canfd_rx) / sizeof(canfd_rx[0]))
{
    canfd_rx[rx_idx++] = *ACANFD;
}
```

(3) 测试流程执行代码。测试用例的脚本主要存放在 step 函数部分，首先执行更新参数配置的代码，然后启动 CAN 总线，接着基于已有接收缓冲区，进行结果判定。首先判断是否至少已经收到了两条报文，否则无法计算报文的发送周期。在无法计算的情况下，首先通过调用 test.set_verdict_nok 函数，将当前测试用例执行结果设置为失败。以下为 step 函数的全部代码，供读者参考。

```
//启动 CAN 总线
app.connect();
app.log_text("清空 CAN 接收缓冲区", lvlInfo);
rx_idx = 0;
//启用 CAN 接收缓冲区
rx_enable = true;
//等待一段时间,该时间由报文周期和需抓取的报文数量决定
app.wait(MAX_TEST_CYCLE * pDUTParameters->frame_cycle * 1.3,"等待直到收到所有需要报文");
//关闭 CAN 接收缓冲区,避免数据判断过程中信息不一致
rx_enable = false;
//判断测试结果
if (rx_idx < 2)
{
    test.set_verdict_nok("没有收到足够 CAN FD 报文");
    //打印测试报告所需信息
    test.write_result_string("result_msg", "没有收到足够 CAN FD 报文", lvlError);
    test.write_result_value("cycle_max", 0, lvlError);
    test.write_result_value("cycle_min", 0, lvlError);
}
else
{
    std::vector<double> cycles_ms;
    //计算所有报文的时间间隔
    for (int i = 0; i < rx_idx - 1; i++)
    {
        cycles_ms.push_back((canfd_rx[i + 1].FTimeUs - canfd_rx[i].FTimeUs) / 1000.0);
    }
    //查找时间间隔的最大值和最小值
    double cycle_max = *std::max_element(cycles_ms.begin(), cycles_ms.end());
    double cycle_min = *std::min_element(cycles_ms.begin(), cycles_ms.end());
    //用于检查报文间隔的有效性
    auto chk_val = [](const double&val){
        return std::abs(val - pDUTParameters->frame_cycle) < pDUTParameters->cycle_max_diff;
    };
    //计算周期最大值和最小值的有效性
    bool max_ok = chk_val(cycle_max), min_ok = chk_val(cycle_min);
    //打印测试报告所需信息
    std::string result_msg = "";
    if (!max_ok) result_msg += "周期最大值超标 ";
    if (!min_ok) result_msg += "周期最小值超标";
    if (min_ok && max_ok)
```

```
    {
        result_msg = "周期正常";
        //设置测试结果为正常
        test.set_verdict_ok(result_msg.c_str());
    }
    else
    {
        //设置测试结果为异常
        test.set_verdict_nok(result_msg.c_str());
    }
    test.write_result_string("result_msg", result_msg.c_str(), min_ok && max_ok ? lvlOK :
lvlError);
    test.write_result_value("cycle_max", cycle_max, max_ok ? lvlOK : lvlError);
    test.write_result_value("cycle_min", cycle_min, max_ok ? lvlOK : lvlError);
}
//将测试判据一起打印到记录文件中
test.write_result_value("frame_cycle", pDUTParameters->frame_cycle, lvlInfo);
test.write_result_value("cycle_max_diff", pDUTParameters->cycle_max_diff, lvlInfo);
//停止 CAN 总线
app.disconnect();
//停止测试用例继续运行
app.terminate_application();
```

为了每个测试用例的独立性，一般测试完毕以后，会使用 app.disconnect()和 app.terminate_application()来终止工程的运行和测试脚本的运行。

与上面的步骤相似，读者可以创建其他三个测试用例，创建完成以后，效果如图 15.12 所示。

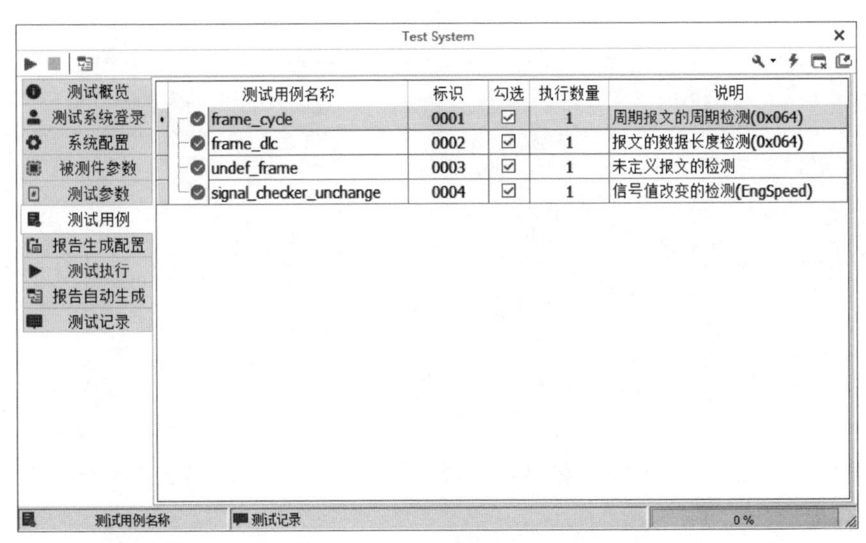

图 15.12　测试用例列表

15.4.8 被测件的仿真

为了模拟被测件，可以同时打开另一个 TSMaster 应用程序（默认名称为 TSMaster1）。因为被测件的仿真不是本章的重点，本章在经典范例 EasyDemo 的基础上，重新另存为 System_Under_Test，使用虚拟的 CAN 通道，此通道与测试系统使用相同的物理通道，本章建议使用“TS Virtual Device 1 CAN FD 通道 1”。在仿真工程 System_Under_Test 中，添加 CAN/CAN FD 发送窗口来模拟一些错误注入，如图 15.13 所示。

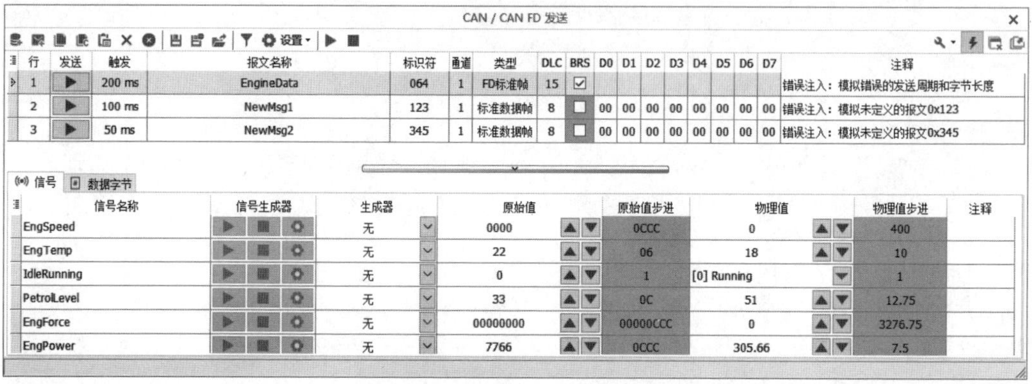

CAN / CAN FD 发送
行 发送 触发 报文名称 标识符 通道 类型 DLC BRS D0 D1 D2 D3 D4 D5 D6 D7 注释
1 200 ms EngineData 064 1 FD标准帧 15 错误注入：模拟错误的发送周期和字节长度
2 100 ms NewMsg1 123 1 标准数据帧 8 00 00 00 00 00 00 00 00 错误注入：模拟未定义的报文0x123
3 50 ms NewMsg2 345 1 标准数据帧 8 00 00 00 00 00 00 00 00 错误注入：模拟未定义的报文0x345
信号
数据字节
信号名称 信号生成器 生成器 原始值 原始值步进 物理值 物理值步进 注释
EngSpeed 无 0000 0CCC 0 400
EngTemp 无 22 06 18 10
IdleRunning 无 0 1 [0] Running 1
PetrolLevel 无 33 0C 51 12.75
EngForce 无 00000000 00000CCC 0 3276.75
EngPower 无 7766 0CCC 305.66 7.5

图 15.13 被测件的错误注入窗口

15.4.9 测试用例执行与调试

在保持 TSMaster1 程序持续运行的情况下，回到测试工程所在的 TSMaster 程序，在图 15.12 的页面中勾选所有测试用例，并单击“运行”按钮，即可启动测试。此时测试过程中的信息输出到左侧系统消息窗口，可以查看测试过程的执行情况。测试系统也会自动切换到测试执行界面，显示所有测试用例当前运行的情况，包括当前运行时间、测试结果、测试信息等，如图 15.14 所示。

Test System
测试概览
测试系统登录
系统配置
被测件参数
测试参数
测试用例
报告生成配置
测试执行
报告自动生成
测试记录
结果 测试用例名称 重复次数 经历时间 信息
通过 1 frame_cycle 1/1 00:00:07.542 周期正常
通过 2 frame_dlc 1/1 00:00:01.213 报文长度匹配
运行中 3 undef_frame 1/1 00:00:00.854
16:14:52... 测试结果写入: frame_cycle = 100
16:14:52... 测试结果写入: cycle_max_diff = 20
16:14:52... Waiting application for disconnection...
16:14:52... 应用程序已断开
16:14:52... 总线统计定时器已停止
16:14:52... Application has been disconnected
16:14:52... 测试已结束: frame_cycle
16:14:52... 启动测试中: frame_dlc
16:14:52... 当前被测件参数已关联: System_Under_Test
16:14:52... 测试已开始: frame_dlc
16:14:53... CAN 1 波特率 (Kbps) = 500
16:14:53... 总线统计定时器已开启
16:14:53... 应用程序已连接
16:14:53... 清空CAN接收缓冲区
16:14:53... 等待中 260 ms: 等待直到收到所有需要报文

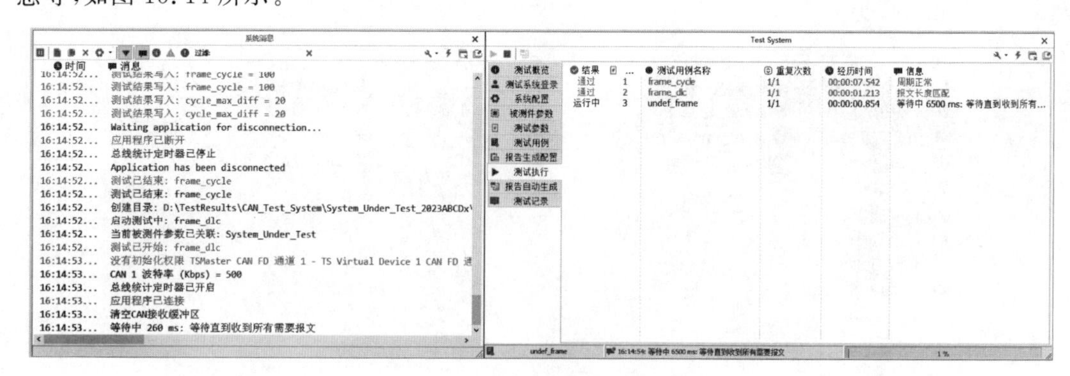

图 15.14 测试用例执行过程

所有测试用例执行完毕之后，将显示一份最终的状态，可以查看各个测试用例的最终结果，如图 15.15 所示。

除了查看系统消息窗口外，由于 C++语言和测试环境的复杂性，如果代码存在问题，可能出现程序卡死、意外退出和测试流程不正确等现象，此时难以通过消息窗口判断问题来

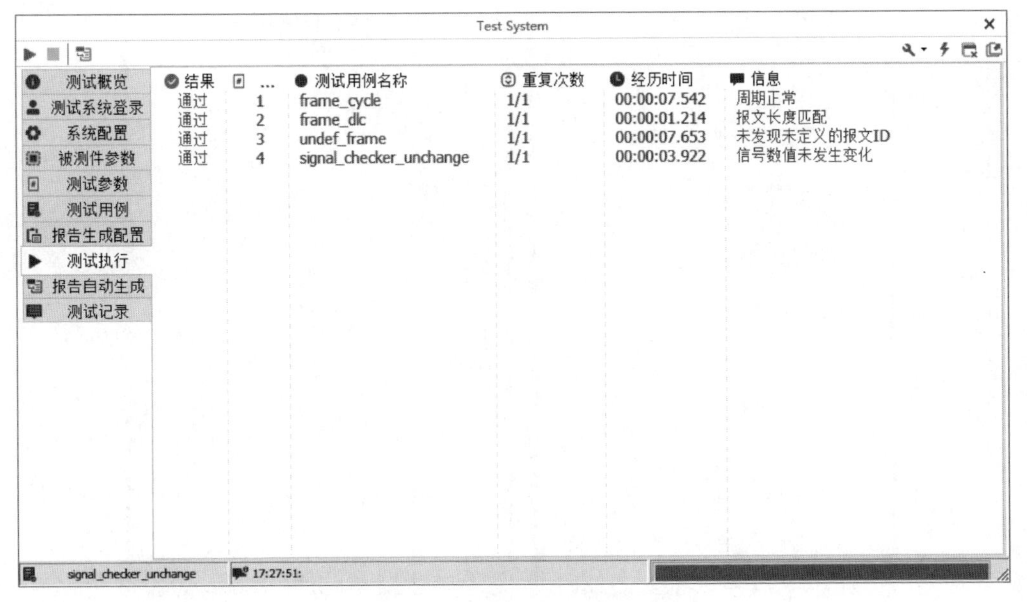

图 15.15 测试用例执行完毕

源，造成调试困难。为了解决该问题，TSMaster 支持将工程导出到 Visual Studio 环境运行调试。

15.4.10 测试报告模板与生成

测试执行完毕之后，如果用户需要生成测试报告，则可以进入“报告自动生成”页面生成。然后首次操作，报告生成并不会成功，这是由于报告生成需要测试模板配合。本节先介绍报告生成原理和步骤，便于用户自定义需要的报告模板。在生成过程中，要求用户计算机已安装 Office 或者 WPS 软件。

1. 生成报告书签

为了将测试后信息插入 Word 文档，模板文件中必须包含对应书签。书签并不需要用户手动创建，在“报告自动生成”页面下单击“生成测试报告模板”按钮，即可生成初始模板文件。这里需要特别说明的是，该过程会覆盖已有模板文件，如果已经有其他模板，请先手动保存。

系统自动生成后的模板文件，效果如图 15.16(a)所示。此时可以基于该模板直接生成报告，效果如图 15.16(b)所示。可以看出，生成的报告仅包括书签对应的信息，内容较为简陋，无法作为实际的测试报告。

2. 编制报告模板

为了实现更完整的测试报告，可以对模板进行进一步加工，将原始的书签合理地安排在封面和内容两页，其中还可以插入其他相关内容。文件编辑的原则是保持书签信息不丢失即可，其他所有操作均可使用 Word 完成。这里需要特别说明的是，一个 Word 书签仅能出现一次，不允许复制成多个书签。本实例提供了一个供读者参考的报告模板文件(文件路径\Chapter_15_Doc\ReportTemplate.docx)。读者可以将其复制到自己的报告模板文件的路径里。

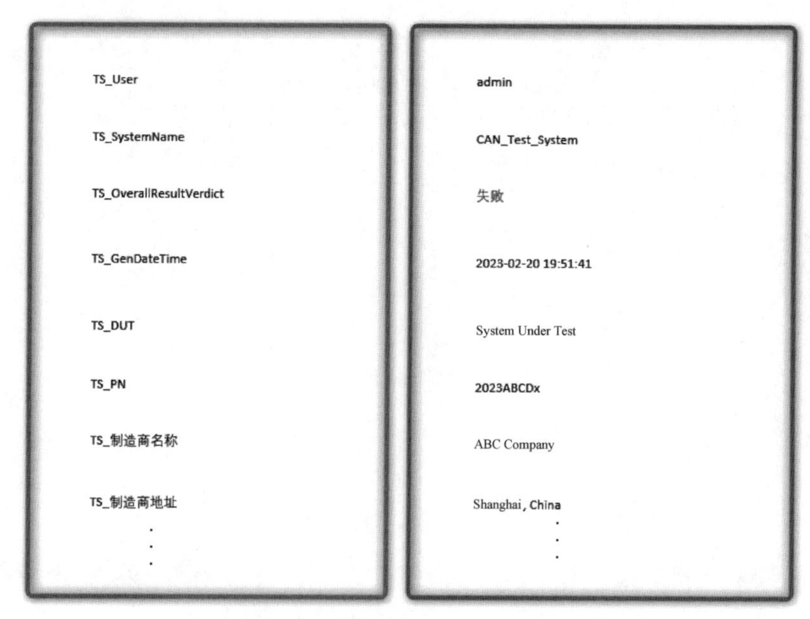

(a) 测试报告模板　　(b) 基于模板的测试报告

图 15.16　测试报告模板以及基于模板生成的报告

3. 生成测试报告

完成模板文件的编辑后，保存并关闭所有 Word 文档。在“报告自动生成”页面下单击“生成测试报告！”按钮，即可生成对应报告。

4. 报告生成配置

在本页中，主要用于配置测试过程中相关的文件路径，如图 15.17 所示，其中测试记录文件路径用于配置测试过程中每一条用例执行时的测试过程记录文件，根据测试用例脚本的行为不同，结果文件夹中包含的内容不同，一般包含测试记录、报文记录、示波器抓取波形等。在该路径下，会以被测件名称→测试用例编号→测试执行时间几层的形式创建子文件夹，并将用例的相关文件放入该文件夹。

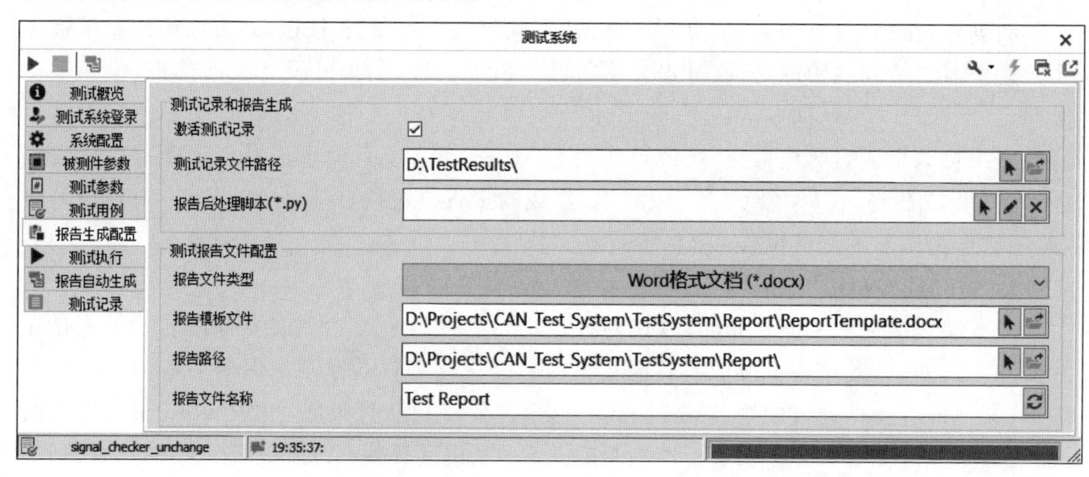

图 15.17　测试报告生成配置

15.4.11 测试日志查看

测试用例执行完毕以后，可以在测试记录页面查看，本次测试的测试记录信息，如图 15.18 所示。测试一段时间后，可能需要查看旧的测试日志，此时参考 15.4.10 节中日志文件夹路径查看每一次测试日志，或者执行清空、备份等操作。

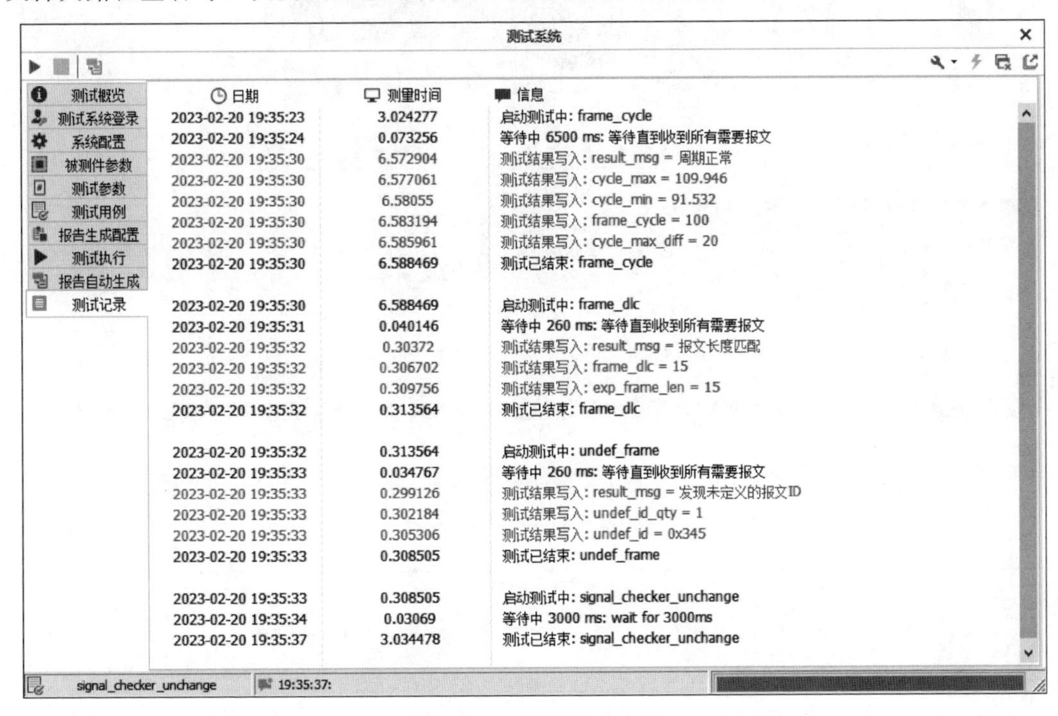

图 15.18 测试日志查看

15.5 工程运行测试

对于本实例的测试系统，读者可以使用正常模式来验证，也可以使用错误注入模式来验证。接下来，本章分别对这两种测试场景来分别验证。

15.5.1 正常模式

在 TSMaster1 应用中运行 System_Under_Test 仿真工程模拟待测系统，关闭 Control 面板的 Control.DemoEnable 开关，停止 CAN/CAN FD 发送列表中的报文发送，如图 15.19 所示。

在 TSMaster 应用中运行 CAN_Test_System 仿真工程，执行所有的测试用例，测试结果如图 15.20 所示。图 15.21 为测试报告的效果图。

15.5.2 错误注入模式

若读者想验证错误注入时的执行情况，可以在 TSMaster1 中打开 Control 面板中 Control.DemoEnable 开关，同时在 CAN/CAN FD 发送窗口中发送所有周期信号，如图 15.22

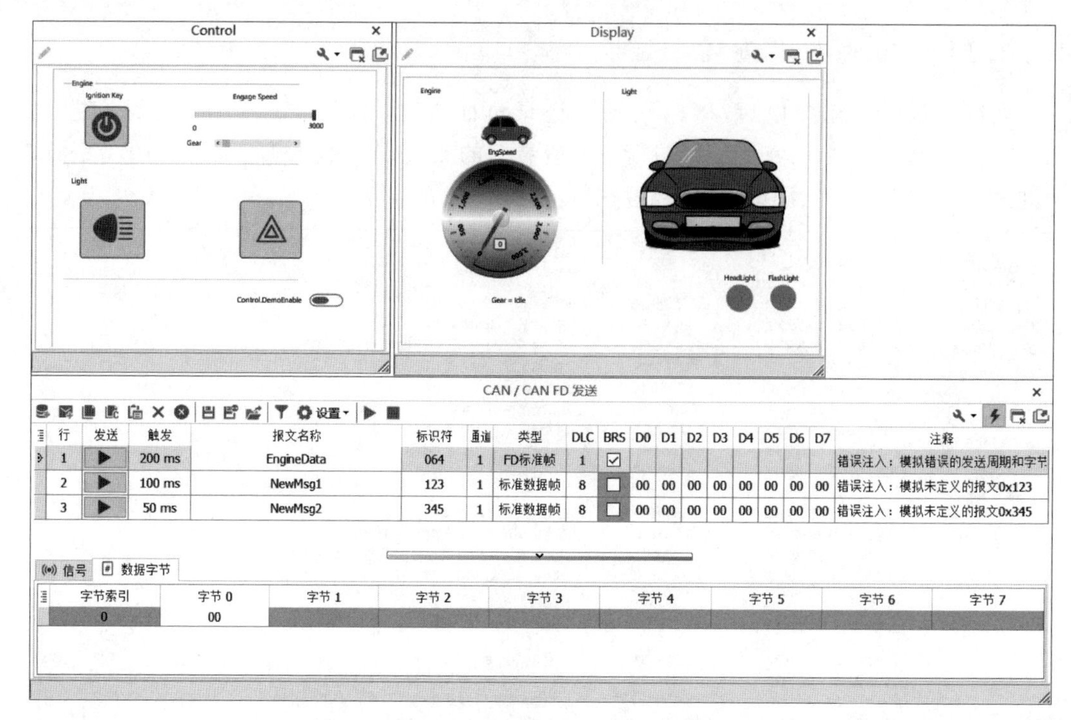

行	发送	触发	报文名称	标识符	通道	类型	DLC	BRS	D0	D1	D2	D3	D4	D5	D6	D7	注释
1	▶	200 ms	EngineData	064	1	FD标准帧	1	☑									错误注入：模拟错误的发送周期和字节
2	▶	100 ms	NewMsg1	123	1	标准数据帧	8	☐	00	00	00	00	00	00	00	00	错误注入：模拟未定义的报文0x123
3	▶	50 ms	NewMsg2	345	1	标准数据帧	8	☐	00	00	00	00	00	00	00	00	错误注入：模拟未定义的报文0x345

图 15.19　System_Under_Test 仿真工程设定

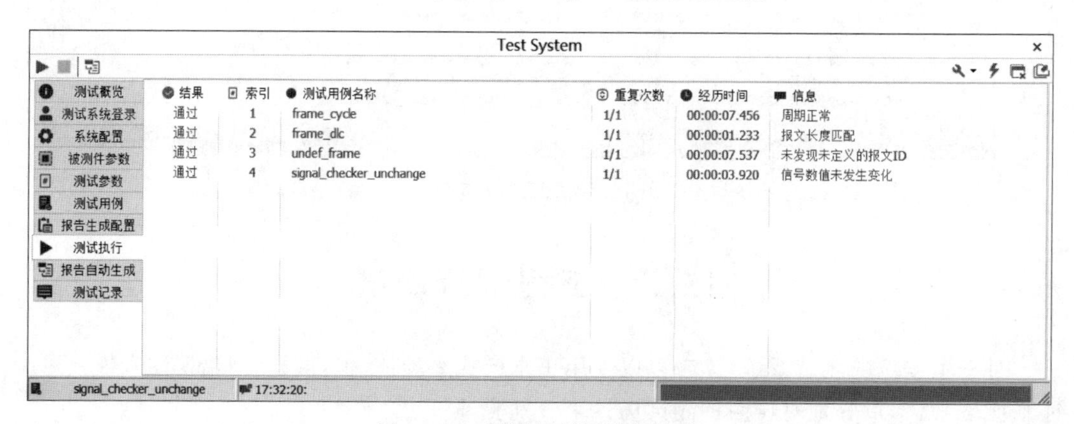

结果	索引	测试用例名称	重复次数	经历时间	信息
通过	1	frame_cycle	1/1	00:00:07.456	周期正常
通过	2	frame_dlc	1/1	00:00:01.233	报文长度匹配
通过	3	undef_frame	1/1	00:00:07.537	未发现未定义的报文ID
通过	4	signal_checker_unchange	1/1	00:00:03.920	信号数值未发生变化

图 15.20　测试用例的执行结果

所示。当前的测试环境已经发生很大的变化：报文 0x064 的周期变了，同时增加了两个未定义的报文(0x345 和 0x123)，另外，信号 EngSpeed 也是一直处于变化之中。

在 TSMaster 应用中运行 CAN_Test_System 仿真工程，执行所有的测试用例，测试结果如图 15.23 所示。读者可以发现，所有测试用例结果均为失败，与本实例的设计相一致。

读者可以在本书提供的资源压缩包中找到本章例程的工程文件(CAN_Test_System 工程文件路径\Chapter_15\Source\CAN_Test_System. T7z；被测系统 System_Under_Test 工程文件路径\Chapter_15_SimEnv\System_Under_Test. T7z)。

Test Report

Item	Description
Tester	admin
Test System Name	CAN_Test_System
Test Result	通过
Test Time	2023-10-28 17:35:36
Device Name	System_Under_Test
Part Number	2023ABCDx
Manufacturer	ABC Company
Address	Shanghai, China
Version	V2.08
Test Case	
Test Case Nr.	001
Test Case Name	Frame Cycle Test (Id = 0x064)
Frame Cycle Test Result	周期正常
Frame Cycle Max =	108.749
Frame Cycle Min =	92.37
Frame Cycle =	100
Frame cycle max diff =	20
Test Case Nr.	002
Test Case Name	Frame DLC Test (Id = 0x064)
Frame DLC Test Result	报文长度匹配
Frame DLC =	15
Frame DLC exp Frame Len =	15
Test Case Nr.	003
Test Case Name	Undefined Frame Test
Undefined Frame Test Result	未发现未定义的报文 ID
Undefined Frame Id Qty =	0
Undefined Frame Id List =	N.A.
Test Case Nr.	004
Test Case Name	Signal Unchanged Test
Signal Unchanged Test Result	信号数值未发生变化

图 15.21　测试报告效果图

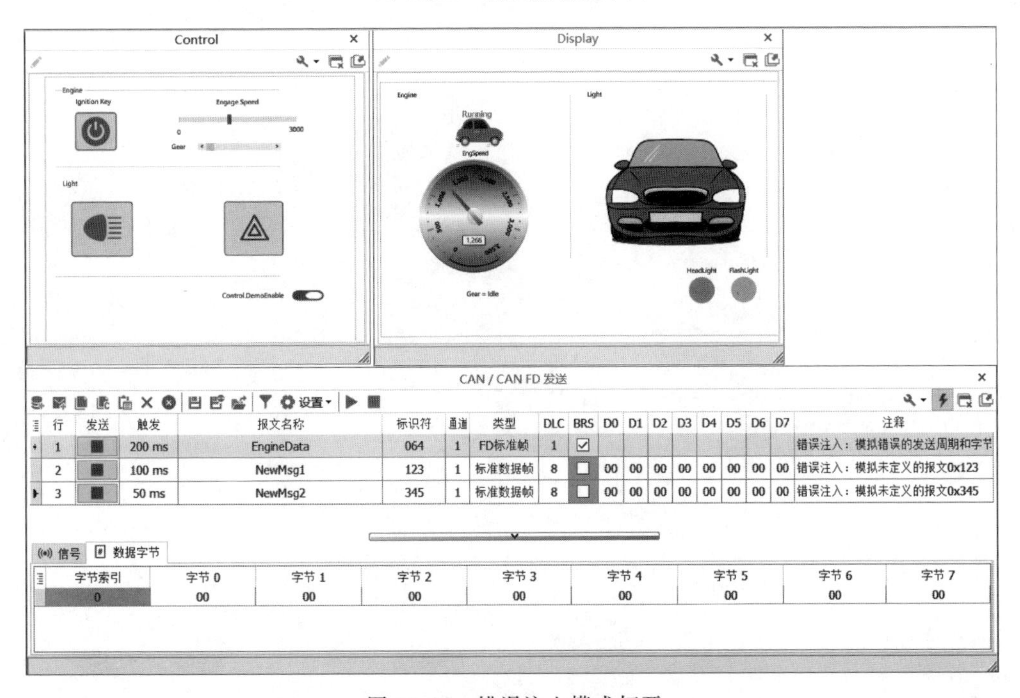

图 15.22　错误注入模式打开

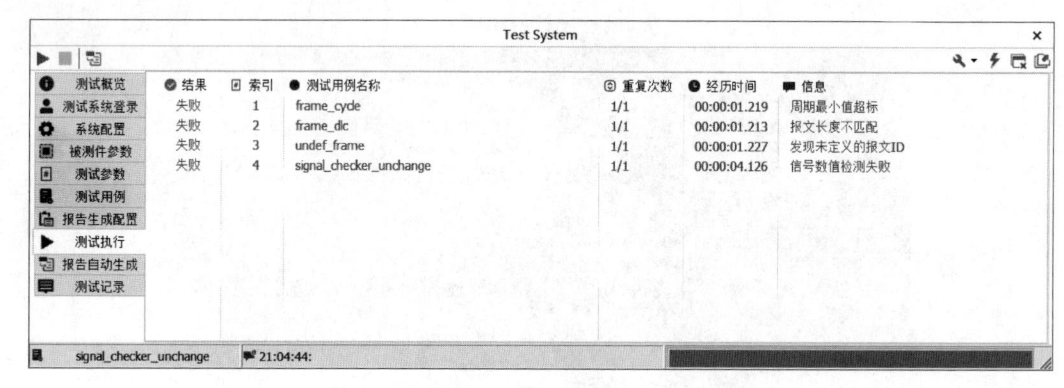

图 15.23 错误注入模式下的测试执行结果

第 16 章 仿真工程开发进阶Ⅱ——诊断

本章内容：

- 诊断技术概述。
- TSMaster 诊断功能简介。
- 工程实例简介。
- 工程实例实现。
- 工程运行测试。

汽车诊断技术是基于车载网络的一项重要应用，既可实时监控整车的状态，提高汽车的安全性，也可以帮助维修人员方便快捷地定位故障，提高维修效率。由于诊断涉及的协议和内容比较复杂，本章将重点介绍基于 TSMaster 的相关诊断测试技术。

16.1 汽车诊断技术概述

汽车诊断技术是在不拆卸车辆的情况下，通过读取车辆在运行过程中所记录的数据或故障码来查明故障原因，并确定故障部位的汽车应用技术。利用该技术，可以快速检测汽车故障（如传感器短路/开路、排放错误、异常操作等）来提高汽车安全性和维修效率。图 16.1 描述了汽车诊断技术的基本方法。

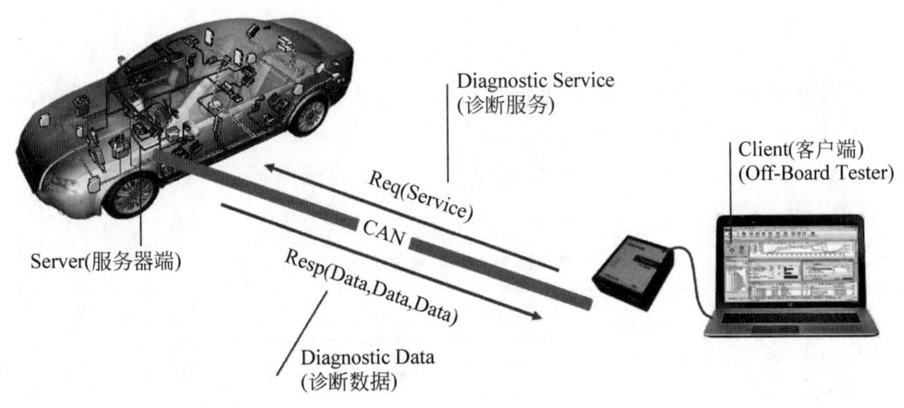

图 16.1 汽车诊断技术的基本方法

从图 16.1 可以看出，诊断采用“问-答”模式，即诊断仪向车辆指定的 ECU 发送请求数据，指定的 ECU 会做出响应，将对应的应答数据返回给诊断仪。利用已定义的诊断描述文件，可将相应的数据解析为可读的诊断信息。例如：

诊断仪请求命令：22 4A 05（油箱温度请求命令）。

车辆应答数据：62 4A 05 5A FF(返回当前油箱的温度数据)。

在诊断描述文件中，定义了车辆应答数据的第4个字节表示油箱温度的十六进制数据，所以车辆的应答数据中5A就代表油箱温度为90℃。

16.1.1 诊断术语

客户端(Client)：诊断请求的提出者(诊断仪)，发送诊断请求。

服务器端(Server)：诊断响应的提供者(ECU)，发送诊断响应。

远程客户端/服务器(Remote Client/Server)：与客户端/服务器不在同一个网段。

肯定响应(Positive Response)：服务器端正确执行客户端诊断请求时做出的响应。

否定响应(Negative Response)：服务器端无法正确执行客户端的诊断请求时做出的响应。

16.1.2 OBD诊断与增强型诊断

车载诊断系统(On-Board Diagnostic，OBD)，最初起源于加州空气资源委员会(California Air Resources Board，CARB)为1988年之后生产的加州汽车所制定的排放法规。随着这套法规逐渐标准化实施，SAE(Society of Automotive Engineers，美国汽车工程师协会)制定了OBD Ⅱ标准，所有执行OBD Ⅱ标准的汽车都需要具备标准化的车辆数据诊断OBD接口、标准化的诊断解码工具、标准化的诊断协议、标准化的故障码定义和标准化的维修服务指南。OBD系统实时监控引擎的运行状况和尾气处理系统的工作状态，一旦发现有可能引起排放超标的情况，会立刻发出警示，同时将故障信息记录到存储器，通过标准的诊断仪器和诊断接口可以读取故障码的相关信息。根据故障码的提示，维修人员能迅速准确地判断故障的性质和部位。增强型诊断是指除OBD诊断以外的诊断，主要目的是方便汽车开发、标定、下线检测、售后维修和代码升级等，如引擎模块中包含OBD诊断和增强型诊断，车身、仪表等电控单元全部采用了增强型诊断。

16.1.3 诊断协议

目前，整车厂主要针对K线和CAN线进行诊断，随着CAN线应用越来越广泛，K线慢慢淡出了人们的视野，在最新上市的车辆中已经出现少量通过车载以太网进行诊断的车辆，本节主要针对CAN线诊断进行说明。

ISO标准中对K线和CAN线诊断制定了一系列的诊断协议，K线/CAN线诊断协议如表16.1和表16.2所示。

表16.1 K线诊断协议

OSI分层	汽车制造商增强型诊断	排放相关诊断(OBD)
应用层	ISO 14230-3	ISO 15031-5
表示层	N/A	N/A
会话层	N/A	N/A
传输层	N/A	N/A
网络层	N/A	N/A
数据链路层	ISO 14230-2	ISO 14230-4
物理层	ISO 14230-1	ISO 14230-4

表 16.2 CAN 线诊断协议

OSI 分层	汽车制造商增强型诊断	排放相关诊断(OBD)
应用层	ISO 14229-1/ISO 15765-3	ISO 15031-5
表示层	N/A	N/A
会话层	N/A	N/A
传输层	N/A	N/A
网络层	ISO 15765-2	ISO 15765-4
数据链路层	ISO 15765-1	ISO 15765-4
物理层	未定义	ISO 15765-4

由表 16.1 和表 16.2 可以看出,针对 K 线和 CAN 线在排放相关诊断与增强型诊断中,ISO 对 OSI 分层模型中应用层、网络层、数据链路层和物理层都有相关的诊断规范。

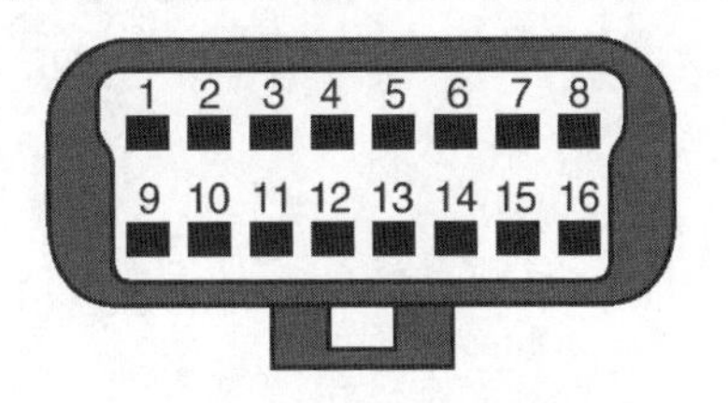

图 16.2 标准 OBD 接口

16.1.4 诊断接口

OBD 接口已成为现代汽车的标准接口,通常位于驾驶员座位前的左下方。标准 OBD 接口如图 16.2 所示,其针脚的定义如表 16.3 所示。

表 16.3 OBD 接口针脚的定义

针　　脚	定　　义
1	未定义(整车厂自定义)
2	SAE J1850 总线正
3	未定义(整车厂自定义)
4	车身地
5	信号地
6	ISO 15765-4 定义的 CAN 高
7	ISO 9141-2 和 ISO 14230-4 定义的 K 线
8	未定义(整车厂自定义)
9	未定义(整车厂自定义)
10	SAE J1850 总线负
11	未定义(整车厂自定义)
12	未定义(整车厂自定义)
13	未定义(整车厂自定义)
14	ISO 15765-4 定义的 CAN 低
15	ISO 9141-2 和 ISO 14230-4 定义的 K 线
16	常电正

对于单个 ECU 而言,一般采用诊断工具与总线(K 线、CAN、LIN、以太网等)直接相连进行诊断测试。

16.1.5 诊断周期

诊断贯穿车辆的开发到售后的整个生命周期,如图 16.3 所示。在车辆研发阶段,整车厂与各个 ECU 供应商共同定义开发诊断功能。ECU 供应商对单个 ECU 进行诊断测试,整车厂在生产过程中对整车系统进行诊断测试。车辆下线后，售后保养维修单位可以根据诊断规范定义，利用诊断仪对故障车辆进行排查。

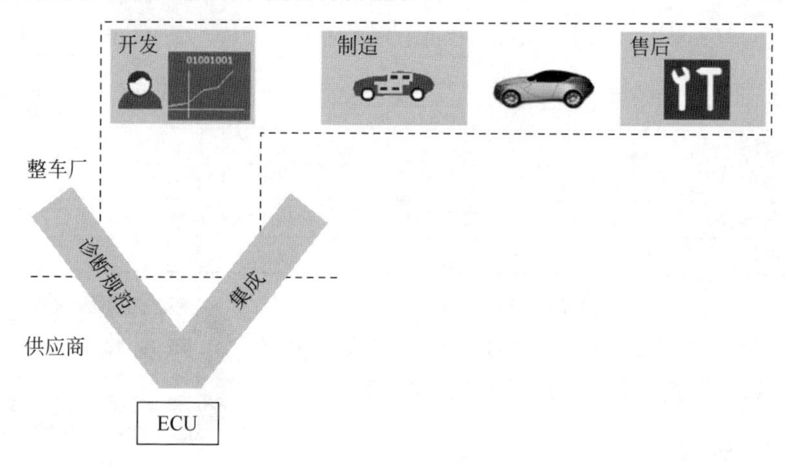

图 16.3　诊断周期

16.1.6　UDS 诊断服务

16.1.2 节中已经介绍了 OBD 诊断和增强型诊断，由于增强型诊断在整车和 ECU 的应用中发挥越来越重要的作用，本节将着重介绍增强型诊断中的 UDS 诊断协议。后续章节中关于诊断的测试方法也是基于 UDS 诊断。统一诊断服务(Unified Diagnostic Service，UDS)也就是 ISO 14229，提供了诊断服务的基本框架，是面向整车所有 ECU 单元的诊断协议。从表 16.1 和表 16.2 中可知，UDS 只定义了应用层的诊断协议和服务，因此无论是对 CAN 线、K 线或者是 Ethernet 都可以实现 UDS 诊断。整车厂和零部件供应商可以根据所用的总线和 ECU 功能，选择实现其中的所有或部分诊断服务，也可以使用整车厂自定义的诊断服务。UDS 不是法规强制要求，没有统一实现标准，其优势在于方便生产线检测设备的开发，同时更加方便了售后服务和车联网等功能的实现。目前，UDS 诊断服务的主要应用包括诊断/通信管理、数据处理、故障信息读取、在线编程及功能/元件测试等，如图 16.4 所示。

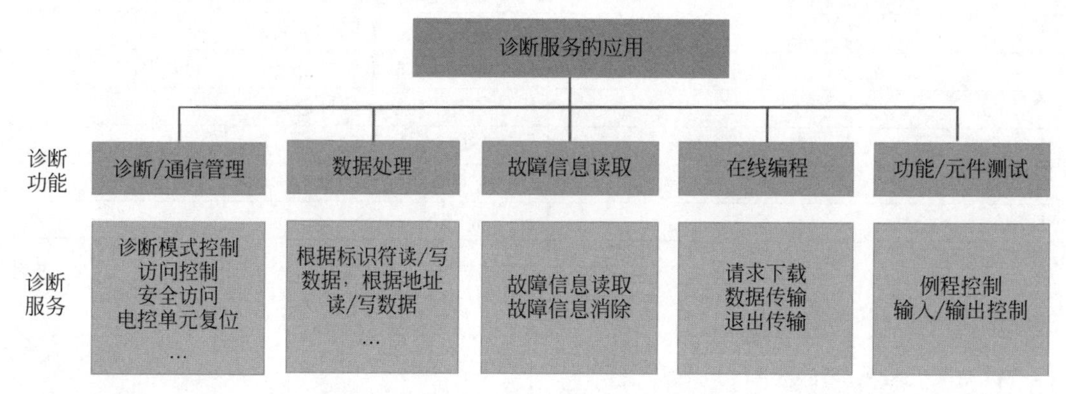

图 16.4　UDS 诊断服务的主要应用

针对 UDS 诊断功能，表 16.4 列出了 UDS 诊断服务功能及描述。

表 16.4 UDS 诊断服务功能及描述

功能单元	服务	描述
诊断和通信管理功能单元	DiagnosticSessionControl(0x10)	客户端请求控制与某个服务器的诊断会话
	ECUReset(0x11)	客户端强制服务器执行复位
	SecurityAccess(0x27)	客户端请求解锁某个受安全保护的服务器
	CommunicationControl(0x28)	客户端请求开启/关闭服务器收发报文的功能
	TesterPresent(0x3E)	客户端向服务器指示客户端仍然在线
	AccessTimingParameter(0x83)	客户端使用该服务读取/修改某个已经激活的通信的定时参数
	SecuredDataTransmission(0x84)	客户端使用该服务执行带扩展的数据链接安全保护的数据传输
	ControlDTCSetting(0x85)	客户端控制服务器设置 DTC
	ResponseOnEvent(0x86)	客户端请求服务器启动某个时间机制
	LinkControl(0x87)	客户端请求控制通信波特率
数据传输功能单元	ReadDataByIdentifier(0x22)	客户端请求读取指定标识符的数据
	ReadMemoryByAddress(0x23)	客户端请求读取指定存储器地址范围内数据的当前值
	ReadScalingDataByIdentifier(0x24)	客户端请求读取标识符的定标信息
	ReadDataByPeriodicIdentifier(0x2A)	客户端请求周期性传输服务器中的数据
	DynamicallyDefineDataIdentifier(0x2C)	客户端请求动态定义由 ReadDataByIdentifier 服务读取的标识符
	WriteDataByIdentifier(0x2E)	客户端请求写入由数据标识符指定的某个记录
	WriteMemoryByAddress(0x3D)	客户端请求将数据写入指定存储器地址范围内
已存储数据传输功能单元	ClearDiagnosticInformation(0x14)	客户端请求清除诊断错误码信息
	ReadDTCInformation(0x19)	客户端请求读取诊断错误码信息
输入输出控制功能单元	InputOutputControlByIdentifier(0x2F)	客户端请求替换电子系统的输入信号值、内部服务器功能或控制系统的输出
例程控制功能单元	RoutineControl(0x31)	远程请求启动，停止某个例程或请求例程执行结果
上传下载功能单元	RequestDownload(0x34)	初始化数据传输，ECU 接收到请求后，完成所有下载前准备工作后，发送肯定响应

表 16.4 中所有的服务，由于涉及内容较多，本书不做详细的讲解，读者可以参考 ISO 14229 相关资料文档。

16.2 TSMaster 诊断功能简介

TSMaster 诊断功能分为 4 部分：传输层(ISO TP)、基础诊断配置、诊断控制台和自动诊断流程。在 TSMaster 主界面中，通过“应用”→“诊断模块”→“添加 基础诊断”选项，将创建并打开“基础诊断”窗口，如图 16.5 所示。

TSMaster 的基础诊断模块，提供了一个针对 UDS 协议的诊断框架，用户可以根据需求配置基本参数、设置诊断命令的发送和应答请求。下面为读者逐一讲解“基础诊断”窗口的各个页面的功能。

图 16.5 “基础诊断”窗口

16.2.1 传输层(ISO TP)参数配置

传输层的参数配置是基础诊断模块的基础,因此在使用诊断控制台之前,用户需要了解如何设置传输层的参数。

1. 诊断传输层参数

在图 16.5 中的“诊断传输层”节点下,用户可以设置传输层的基本参数。表 16.5 列出了诊断传输层的参数列表及功能描述。

表 16.5 诊断传输层的参数列表及功能描述

参　数	英文描述	功能描述
总线类型	Bus Type	设置诊断通信的总线类型,目前主要支持 CAN/CANFD/LIN 等,可以在下拉列表中选择
通道	Channel	用于设置诊断模块用到的逻辑通道,可以是 Channel 1～32
请求 ID	Request ID	设置 PC 工具端的诊断请求 ID
请求 ID 类型	Request ID Type	设置 PC 工具端的诊断请求 ID 的类型:标准帧或扩展帧
应答 ID	Response ID	设置被测件的应答 ID
应答 ID 类型	Response ID Type	设置被测件的应答 ID 的类型:标准帧或扩展帧
功能 ID	Functional ID	设置被测件的功能 ID
功能 ID 类型	Functional ID Type	设置被测件的功能 ID 的类型:标准帧或扩展帧
发送填充字节	Filled Byte(T)	设置诊断数据填充字节,传输过程中,实际有效字节不足一个 CAN 报文数据段的时候,使用该定义来填充剩余数据段
接收帧间隔	ST Min(R)	设置最短接收时间间隔。TSMaster 诊断模块作为接收端,在接收连续帧报文的时候能够支持的诊断帧之间的最短时间间隔,这个参数是回复给诊断客户端的。设置为 0,表示支持以最短的时间间隔接收

续表

参数	英文描述	功能描述
用户自定义发送帧间隔	User Define ST Min(T)	激活或禁止用户定义发送连续帧的最小间隔
发送帧间隔	ST Min(T)	定义发送连续帧的最小间隔，与“用户自定义发送间隔”参数联合使用
发送块大小	BlockSize(T)	定义接收数据块的大小，TSMaster 诊断模块作为接收端，在接收连续帧报文的时候一次能够接收的数据块的大小。这个参数是回复给诊断客户端的。设置为 0，表示一次性能够接收任意大小的数据块
FC 帧后间隔	FC Delay(T)	定义流控帧(FC)和首帧(FF)、连续帧(CF)之间的时间间隔
FD 最大 DLC	FD Max DLC	当传输层设置为 CANFD 时，传输层单帧的最大传输字节数是 64B(DLC=15)，这个参数是可以调节的，调节范围：8B、12B、16B、20B、24B、32B、48B、64B
FD 可变波特率	FD RBS	设置是否开启可变波特率模式
最大长度	Max Length	定义服务层数据包的最大长度，该参数对于普通 CAN/LIN 是无意义的。多帧传输时，当 DLC=8 的时候，首帧(First Frame)采用第 0 个字节低 4 位+第 1 个字节的 8 位，共 12 字节表示一次传输的包的大小，也就是最多 4095B

2. 诊断服务层参数

诊断服务层参数主要包含 P2 时间参数、诊断仪在线以及种子密钥三部分，如图 16.6 所示。

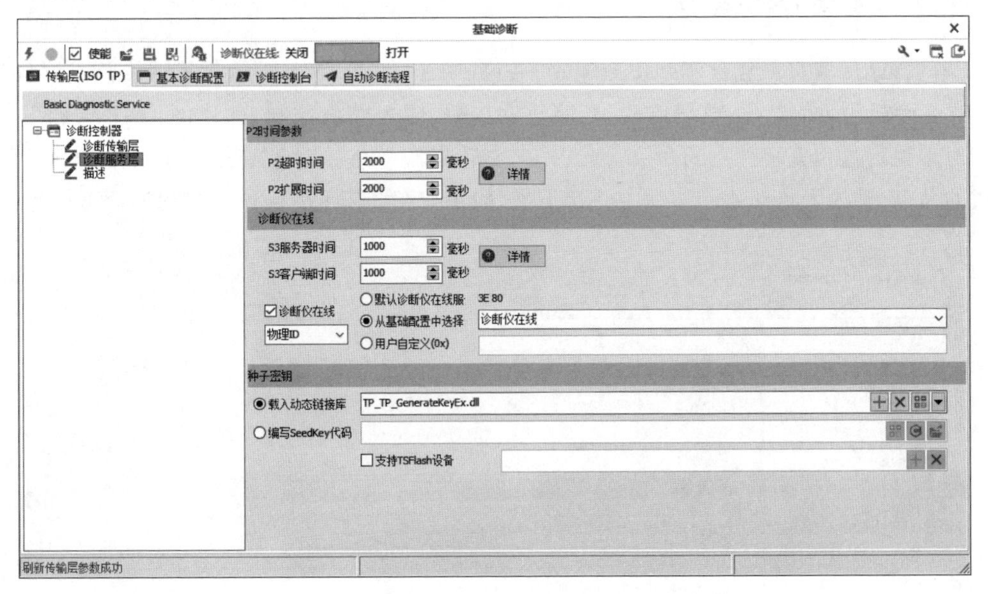

图 16.6　诊断服务层参数

表 16.6 列出了诊断服务层的参数列表及功能描述。

TSMaster 提供了 SeedKey 算法 DLL 源代码，供用户参考，路径为 C:\Program Files (x86)\TOSUN\TSMaster\bin\Data\Components\Diagnostics\GenerateKeyEx。

表 16.6 诊断服务层的参数列表及功能描述

类　别	参　数	功能描述
P2 Time	P2 超时时间 (P2 Timeout)	定义 ECU 收到诊断请求帧过后,最短回复的时间间隔。对于诊断工具端,该参数可以作为发送请求过后,等待回复的超时判断参数。比如诊断工具发送了一个诊断报文,P2 Timeout 时间段内都没有收到回复,则认为请求失败,超时退出
	P2 延迟时间 (P2 Extended)	当诊断工具发出诊断报文过后,被测 ECU 来不及在 P2 Timeout 时间段内做出应答,则回复一帧 3F XX 78 报文,告诉诊断工具端自己来不及响应,需要延长等待时间再回复。诊断工具端的超时判断参数在收到延迟等待报文后,需要切换到 P2 Extended
诊断仪在线	S3 服务器时间	定义表示该 ECU 从默认会话模式切换到其他会话模式之后,经过多久时间会自动切换回默认会话模式的超时时间
	S3 客户端时间	定义作为诊断 Tester 端,发送 Tester Present 帧的时间间隔
	诊断仪在线使能	选择配置并使能 Tester Present 命令。 • 默认诊断仪在线服务:也就是最常用的 3E 80。 • 从基础配置中选择:选择配置好的 3E 命令。 • 用户自定义(0x):用于自定的 Test Present 命令。 当使能诊断仪在线以后,TSMaster 会在诊断窗口提供一个全局的开关
种子密钥	载入动态链接库	在诊断过程中,涉及安全访问的问题,也就是所说的 Seed&Key。TSMaster 诊断模块支持通过 DLL 载入 Seed&Key 算法,该算法 DLL 跟主流工具的计算接口兼容
	编写 SeedKey 代码	创建一段用于生成密钥的 C 代码
	支持 TSFlash 设备	设置是否支持 TSFlash 设备

16.2.2 基础诊断配置

基础诊断配置页面包含基础诊断配置和组合服务,如图 16.7 所示。基础诊断配置分为 6 个组件:诊断和通信管理、数据传输、存储数据传输、输入输出控制、远程例程、上传和下载管理。对于执行过程完全独立的命令,则放入基础诊断配置中。对于必须多个命令组合才能够完成的命令,则放入自动诊断流程中。接下来,简单介绍如何配置一个基础诊断服务命令。

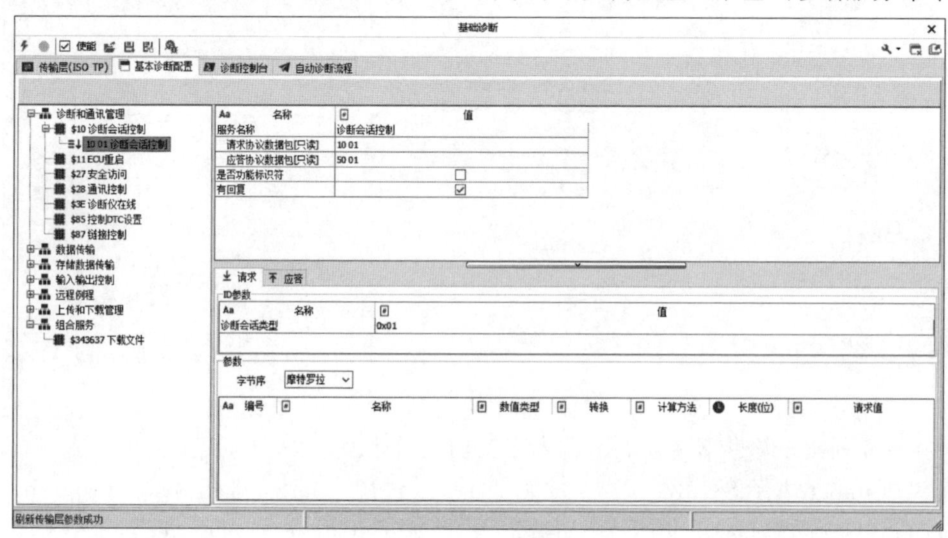

图 16.7 基础诊断配置

1. 添加服务命令

右击一个服务命令项，在快捷菜单中选择“添加新的服务”选项，如图 16.8 所示。

2. 配置基础诊断服务参数

下面以“$2E 标识符写入数据”为例，介绍基础诊断服务参数配置的步骤，如图 16.9 所示。

① 服务名称：用户可以配置一个易于理解的服务名称。

② 是否功能标识符：本诊断服务是否采用功能标识符(Functional ID)发送诊断请求。

③ 选择子服务类型：根据用户的需要，选择子服务的类型。

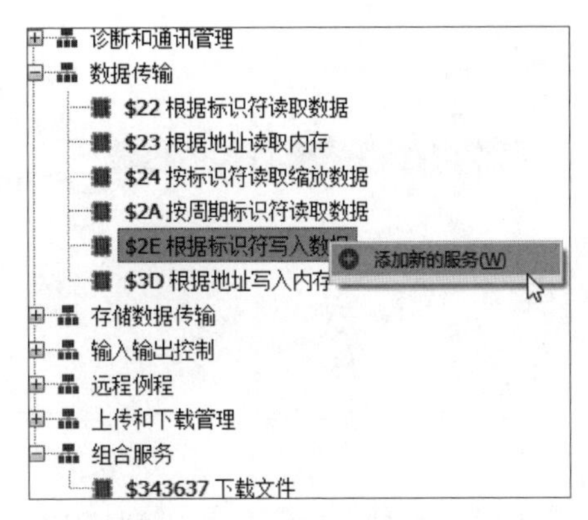

图 16.8　添加一个诊断服务命令

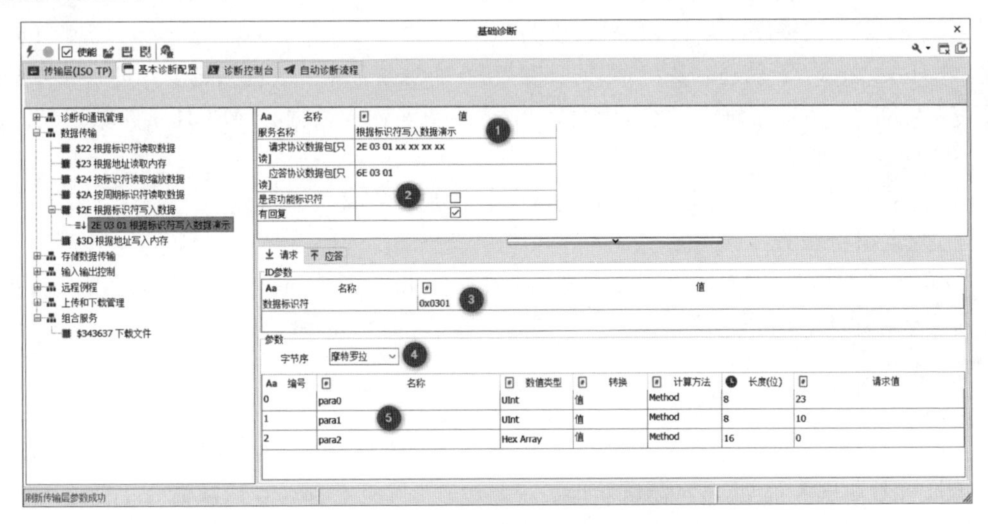

图 16.9　诊断服务的基础诊断配置

④ 参数的字节序：可选择“摩托罗拉”和“英特尔”两种字节序。

⑤ 参数列表：诊断服务除了诊断 ID 和子服务类型 ID，有时候还需要带有参数发送给被测 ECU。参数列表包含请求和应答帧的参数列表，用户可以选择增加/删除多种类型的参数。

其中，服务 ID 和子服务类型 ID，如在“$10 诊断会话控制”中的子服务类型是必需的，而参数列表是可选的。

在修改配置完毕以后，页面上方会实时显示实际诊断报文的示例报文，如图 16.9 中，诊断仪发出的服务报文是“2E 03 01 xx xx xx xx”，其中，xx 表示该参数是可变的，根据用户实际填入的数据确定。诊断仪收到的肯定响应报文是“6E 03 01”。

3. 诊断服务参数

诊断服务参数支持 7 种数据类型，包括 UInt、Int、Single、Double、Hex Array、Ascii 和 SystemVar，如图 16.10 所示。

① UInt：无符号整型，其数据长度必须不大于 32b，并且为 8b 的倍数，可以为 8b、16b、24b、32b。

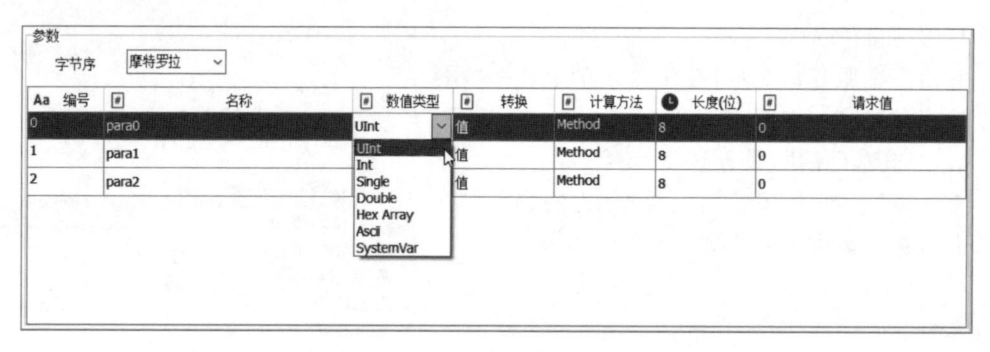

图 16.10　诊断服务参数设定

② Int：有符号整型，其数据长度必须不大于 32b，并且为 8b 的倍数，可以为 8b、16b、24b、32b。

③ Single：单精度浮点数，数据长度为固定的 32b。

④ Double：双精度浮点数，数据长度为固定的 64b。

⑤ Hex Array：十六进制数组，数据长度为 8b 的倍数。输入数据满足十六进制数据类型。

⑥ Ascii：ASCII 字符串，数据长度为 8b 的倍数。输入数据为 ASCII 字符数组，转换为十六进制后进行发送。

⑦ SystemVar：系统变量关联，在请求值栏添加已定义的系统变量。

4. 配置组合服务

组合服务目前只支持下载文件服务，目前支持 hex、s19、mot、bin 和 srec 等文件的加载，本书不对此功能展开讲解。

16.2.3　诊断控制台

诊断控制台页面作为诊断命令的调试器，允许用户选择每一条单独的服务命令，编辑发送服务报文和接收服务报文，进行测试验证。主要包含 5 个工作区域：诊断命令手动输入区、服务命令选择区、诊断命令发送/应答区、服务层信息区、诊断报文观察区，如图 16.11 所示。

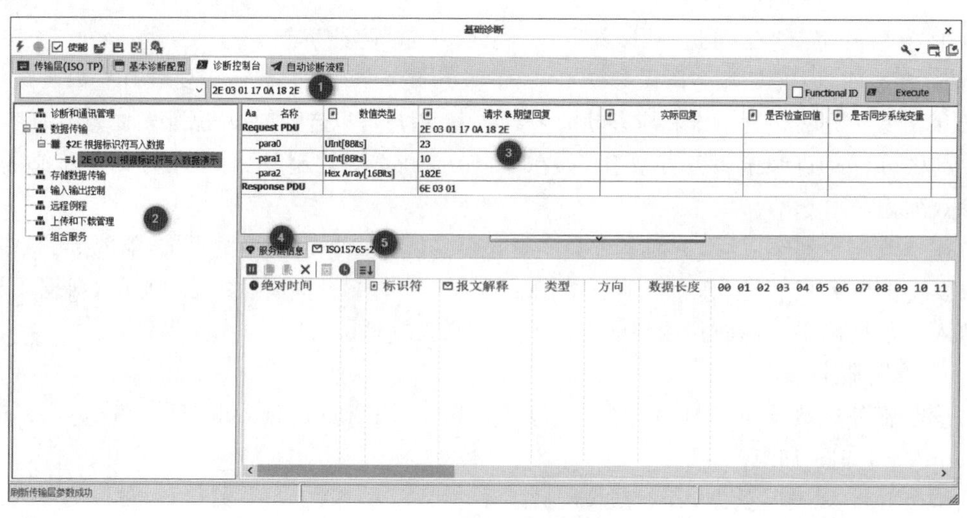

图 16.11　诊断控制台页面

（1）诊断命令手动输入区：测试过程中，如果用户想发送任意的诊断命令，则可以在手动命令输入区中输入自己想要发送的任意报文，通过执行按钮来发送出去。为了增加测试灵活性，用户可以通过选择框选择采用物理地址发送还是功能 ID 发送诊断请求报文。

（2）服务命令选择区：用户可以双击执行选中的服务，或者右击该服务，在快捷菜单中选择执行该服务。

（3）诊断命令发送/应答区：在本区域内，用户可以编辑发送数据段以及期望接收数据段，启动执行来验证被测 ECU 的诊断响应是否符合实际要求。

（4）服务层信息区：该区域显示当前在诊断模块中的操作步骤、当前诊断服务是否得到肯定响应或者无响应，以及报错提示信息等，如图 16.12 所示。

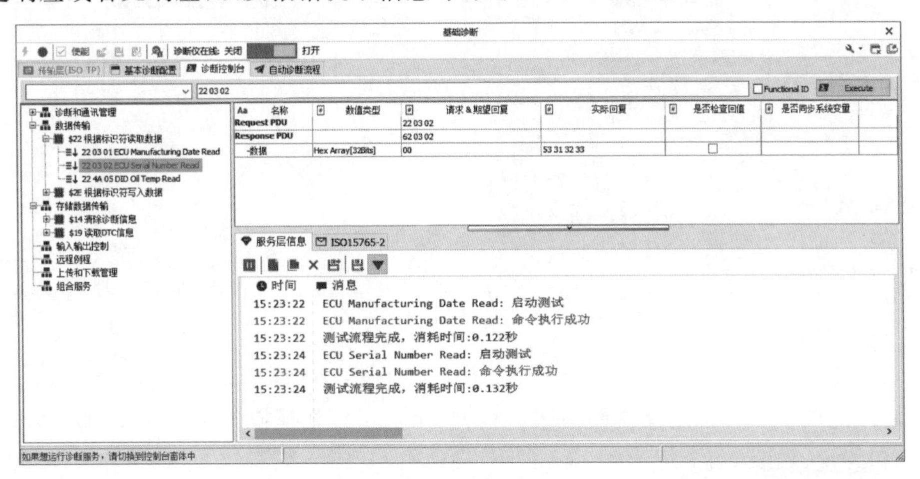

图 16.12 服务层信息区

（5）诊断报文观察区：在诊断中，用户会碰到 CAN 总线发送的原始报文，以及经过传输层传输过后的服务层报文。在 TSMaster 诊断模块中，CAN 原始报文可以在报文信息窗口中查看，而经过传输层处理过后的服务报文，则直接在诊断模块的观察区域查看，如图 16.13 所示。对于用户来说，只需要关心自己发送的服务内容即可，不需要关心这些内容具体是怎么拆分发送的。因此，执行诊断服务测试的时候，重点关注诊断报文观察区即可。

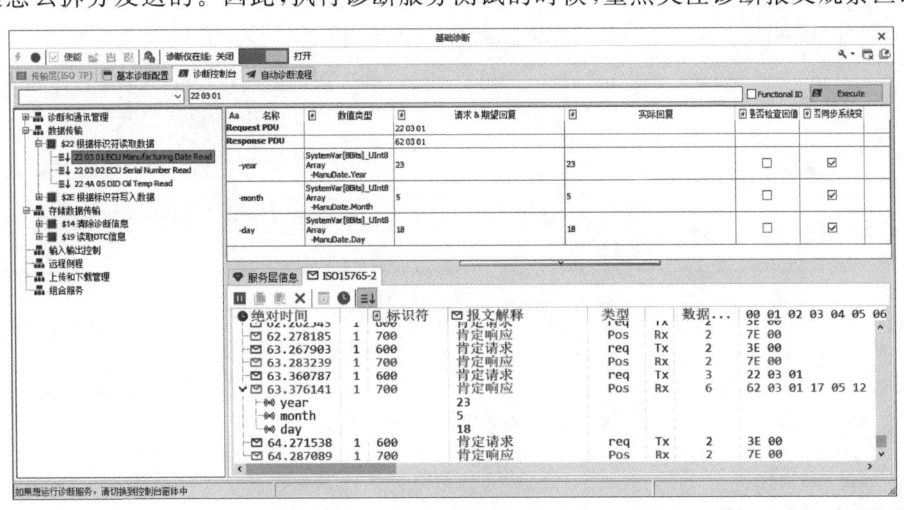

图 16.13 诊断报文观察区

16.2.4 自动诊断流程

自动诊断流程窗口主要包含诊断测试流程管理、诊断测试流程步骤配置两部分，如图 16.14 所示。

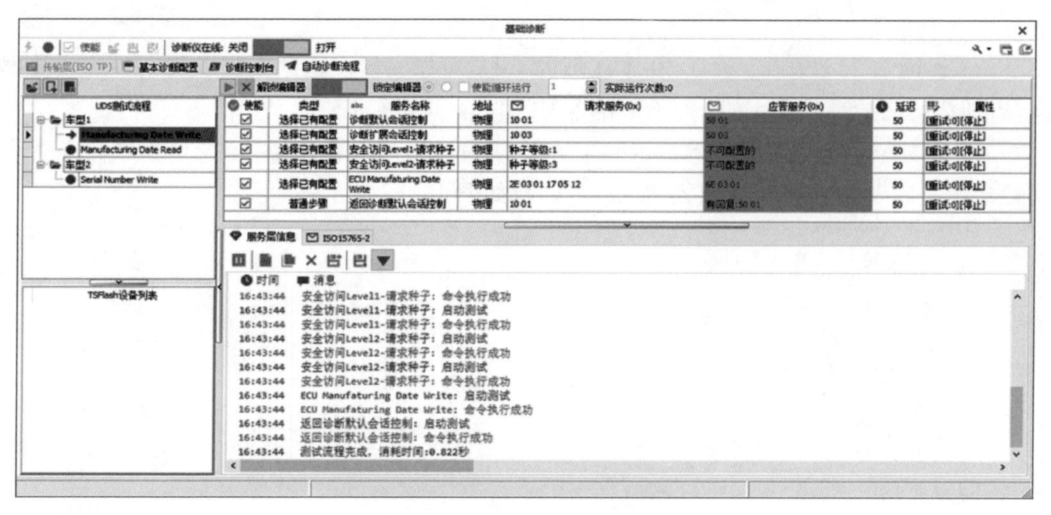

图 16.14　自动诊断流程页面

1. 工具栏

工具栏提供了一些常用操作的按钮或控件，用户可以便捷操作诊断测试流程的添加、删除、执行和终止，如表 16.7 所示。

表 16.7　自动诊断流程页面的工具栏

选　　项	功 能 描 述
	添加流程组：新增诊断测试流程组，例如，使用车型作为流程组，下面可以再增加诊断测试流程用例
	添加新的测试流程：新增一个诊断测试流程，在诊断测试流程下面可以增加详细的诊断步骤
	删除所选：删除选中的节点
	启动测试流程：启动该节点的诊断测试流程。单击该选项后，诊断测试流程按照右边的配置，从上往下自动执行诊断步骤
	中断测试流程：单击该节点后，中断正在执行的诊断测试流程步骤
解锁编辑器　锁定编辑器	解锁/锁定编辑器：可以将编辑完毕的诊断测试流程锁定，避免误操作
	激活或取消所有选项使能
使能循环运行	设定诊断测试流程是否循环执行
1	设定诊断测试流程的执行次数
实际运行次数:0	显示当前诊断测试流程执行的次数

2. 诊断测试流程管理

TSMaster 的自动化诊断流程不仅是针对某一个具体的应用，而是针对整个项目的诊断测试流程进行管理。用户可以根据完整项目的需求，配置诊断测试流程组，每个组里面可以包含多个不同的诊断测试流程，每个诊断测试流程中可以包含具体的诊断步骤。在 UDS 测试流程管理栏右击某一个诊断测试流程，将弹出诊断测试流程的快捷菜单，部分菜单项与工具栏的功能相同，如图 16.15 所示。表 16.8 列出了诊断测试流程的快捷菜单选项及功能描述。

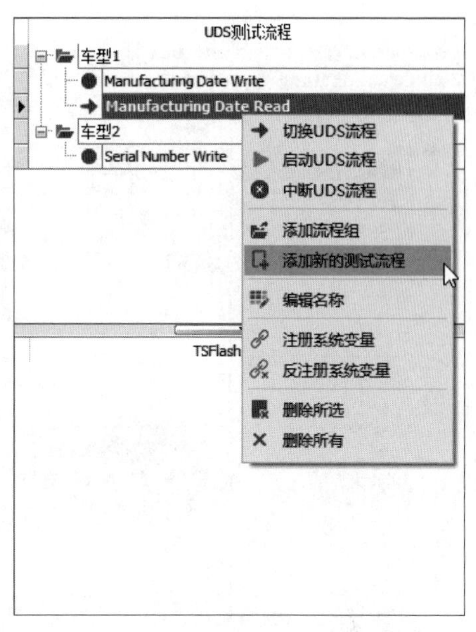

图 16.15 诊断测试流程的快捷菜单

3. 配置诊断流程

配置诊断测试流程，基本步骤如图 16.16 所示。

① 在左边的管理栏中选中一个诊断流程节点。

② 在右边的编辑区域，添加、删除、编辑诊断步骤。

表 16.8 诊断测试流程的快捷菜单选项及功能描述

选　　项	功 能 描 述
	切换 UDS 流程：切换到当前 UDS 流程节点。双击该节点，也可以达到切换到该流程节点的效果。切换到该节点过后，节点图标变成蓝色箭头
	启动 UDS 流程：启动该节点的诊断测试流程。单击该选项后，诊断模块按照右边的配置，从上往下自动执行诊断步骤
	中断 UDS 流程：单击该节点后，中断正在执行的诊断测试流程步骤
	添加流程组：新增诊断流程组。比如新增车型 1。诊断组下面可以再增加诊断流程用例，其本身不包含诊断步骤
	添加新的测试流程：新增一个诊断流程用例，在诊断流程用例下面可以增加详细的诊断步骤
	编辑名称：选中一个流程组或者诊断流程，右击选中“编辑名称”编辑该节点的名称
	注册系统变量：注册该诊断流程的开始开关和测试结果为系统变量，注册过的用例图标变为
	反注册系统变量：注销该诊断流程的相关系统变量
	删除所选：删除选中的节点
	删除所有：删除所有的节点

③ 添加步骤后，对应普通配置，可以编辑步骤名称。

④ 选择该步骤的类型。

⑤ 选择该步骤地址类型，是物理地址还是功能地址。

⑥ 配置详细的诊断请求数据包和应答数据包。

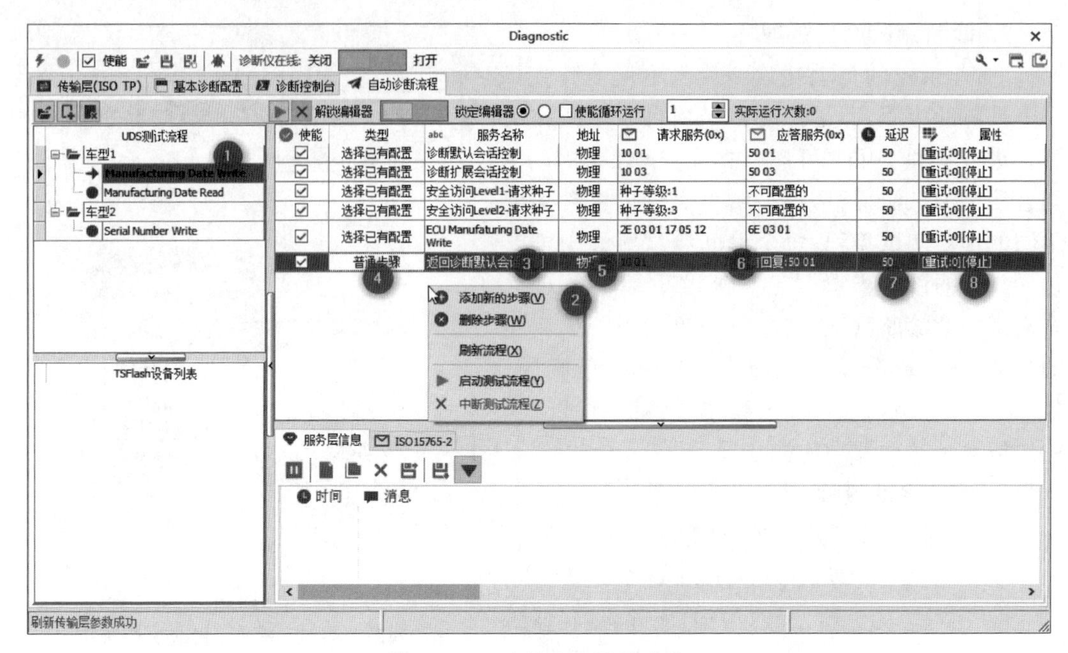

图 16.16　诊断流程设计步骤

⑦ 配置本步骤结束后等待延迟的时间。

⑧ 配置本步骤发生错误的错误处理方法。

上面几个步骤是配置诊断流程的基本步骤，实际使用的时候，根据应用场景还提供了更灵活的机制，将在后续章节中讲解。

诊断流程步骤中，为了增加诊断配置的灵活性，TSMaster 诊断模块提供了 4 种类型可供选择，分别是普通步骤、选择已有配置、种子和密钥、测试设备在线。这 4 种类型基本上涵盖了所有主流诊断流程的需求，下面详细介绍这 4 种类型的特点。

(1) 普通步骤：该配置主要用于一些简单的、请求数据和应答数据都很清晰的场合。例如，服务请求数据为“10 03”，服务应答数据为“50 03 12 34”，则可以选择普通步骤类型。普通步骤的配置是最简单的，直接在请求服务栏中输入需要发送的请求数据“10 03”，在应答服务栏中输入期望的应答报文“50 03 12 34”即可。

(2) 选择已有配置：该配置设计的目的，就是让用户选择在诊断控制台页面中已经调试好的诊断服务配置。这种方式是 TSMaster 最推荐的配置方式。用户通过诊断控制台页面中把每个诊断服务配置调试通过，然后在自动诊断流程中引用该配置即可。

(3) 种子和密钥：该配置是一个组合命令，直接用普通步骤无法配置出来。用户可以直接从已有配置中选择，也可以通过选择种子和密钥类型。建议在自动流程中直接选择“种子和密钥”类型来配置。

(4) 测试仪在线：如前文所讲，TSMaster 提供了一个测试仪在线的全局开关，用户可以直接打开和关闭该功能。同时为了支持更加灵活的测试需求，在自动化流程步骤中，也提供了“测试仪在线”配置供选择，用户可根据需要打开和关闭 Tester Present 命令的发送。

无论是诊断流程组、诊断流程还是诊断流程中的具体步骤，用户可以直接拖动来调整它们的执行顺序。

16.3 工程实例简介

本实例将主要基于基础诊断模块，通过虚拟通道与被测件相连（基于 TSMaster 的上帝之眼机制），实现如下诊断功能。

（1）配置诊断传输层参数。

（2）创建基本诊断配置。

① 诊断默认会话控制。

② 诊断扩展会话控制。

③ 安全访问控制 Level1 和 Level2。

④ 诊断仪在线。

⑤ 标识符写入数据：制造日期的写入。

⑥ 标识符写入数据：序列号的写入。

⑦ 标识符读取数据：制造日期的读取。

⑧ 标识符读取数据：序列号的读取。

⑨ 标识符读取数据：实时油温的读取。

（3）自动化诊断流程。

① 写入/读取制造日期测试流程。

② 写入/读取序列号测试流程。

③ 读取油温测试流程。

（4）使用面板实现。

① 参数显示：制造日期、序列号和油温。

② 自动诊断流程控制按钮。

这里需要特别说明的是，为了演示需要，本实例未使用连续帧和 ODX 诊断数据库，若读者已经持有 TSMaster 诊断授权，可以尝试这部分的功能。

16.4 工程实例实现

经过前面对诊断系统的介绍，读者已经熟悉大部分的功能，接下来将介绍如何在实例中实现相关的功能。

16.4.1 被测件的仿真

为了便于读者的实践，本章被测件的仿真采用一个 ECUSim 应用程序，它默认使用的是同星虚拟设备的 CAN FD 通道 1，如图 16.17 所示。ECUSim 应用程序实现的主要功能如下。

（1）设置诊断请求 ID、应答请求 ID 和功能 ID。

（2）设置/显示序列号。

（3）设置/显示制造日期。

（4）动态/静态设置油温值。

（5）使能/禁止否定响应。

（6）查看相关提示信息。

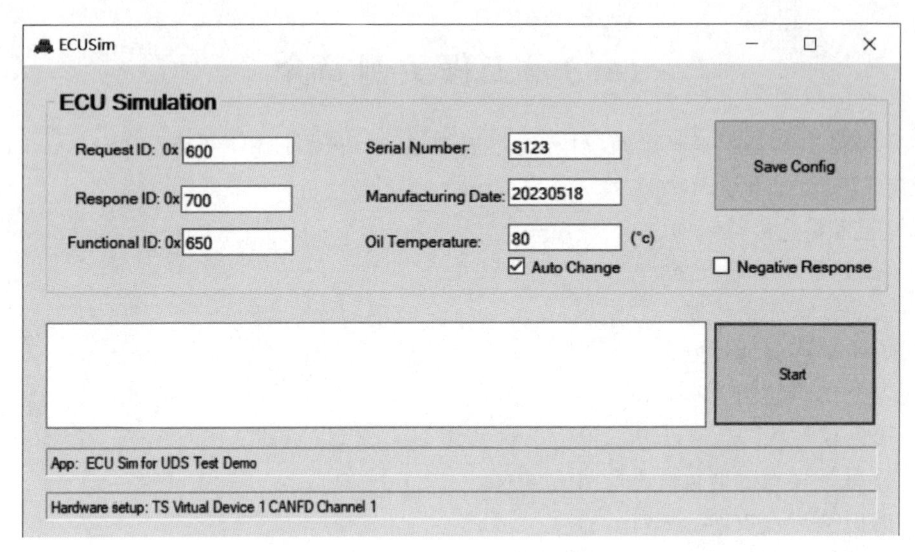

图 16.17 被测件的仿真软件 ECUSim

16.4.2 传输层配置

本实例传输层的相关配置，可以参考图 16.18，相关配置如请求 ID、应答 ID 以及功能 ID，需要与图 16.17 中 ECUSim 的设置相一致。

基础诊断

诊断仪在线: 关闭　打开

传输层(ISO TP)　基本诊断配置　诊断控制台　自动诊断流程

Basic Diagnostic Service

诊断控制器：诊断传输层　诊断服务层　描述

Name	Value	Comment
总线类型	CAN	用于诊断通讯的总线类型
通道	通道1	传输层通道
请求ID	0x600	传输层请求ID
请求ID类型	标准帧	传输层请求ID的类型
应答ID	0x700	传输层应答ID
应答ID类型	标准帧	传输层应答ID的类型
功能ID	0x650	传输层功能ID
功能ID类型	标准帧	传输层功能ID的类型
发送填充字节	0xAA	发送诊断帧填充字节
接收帧间隔	20	接收连续帧的最小帧间隔
用户自定义发送帧间隔	☐	发送连续帧最小间隔由用户设定
发送帧间隔	0	发送连续帧的最小帧间隔
发送块大小	0	传输层发送数据块的大小
FC帧后间隔	10	发送流控帧与发送第一帧连续帧之间的最大时间间隔
FD最大DLC	[8] 8 Bytes	FD帧的最大DLC值，该参数只有在FD模式下才有效
FD可变波特率	☐	是否开启可变波特率模式
最大长度	4095	服务层据包的最大长度

刷新传输层参数成功

图 16.18 传输层配置

16.4.3 创建关联的系统变量

为了关联面板上诊断请求或应答命令中的参数，用户可以创建一些系统变量，在诊断配置时将参数与其关联，图 16.19 为本实例需要增加的系统变量。

16.4.4 基本诊断配置

本实例以一些典型的基本诊断功能作为示例，在 16.4.5 节将调用这些配置实现自动诊断流程，读者可以按照以下步骤来配置。

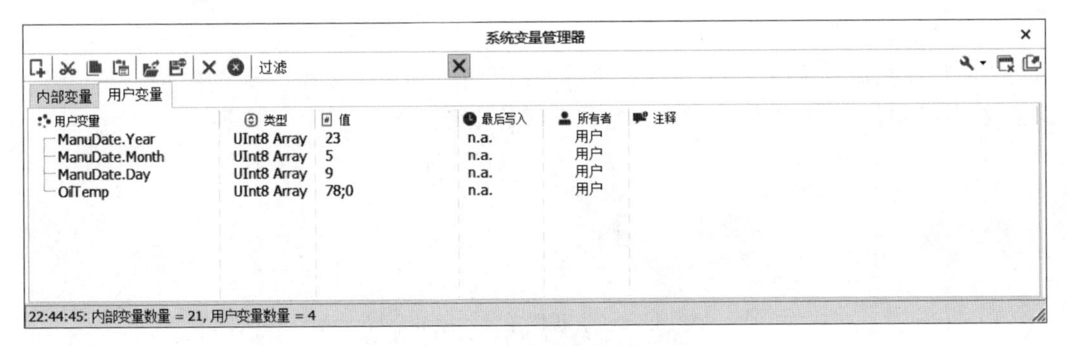

图 16.19　创建关联的系统变量

1. $10 诊断会话控制

在“$10 诊断会话控制”组件下，需要创建两个服务配置：诊断默认会话控制和诊断扩展会话控制，配置如图 16.20 所示。

名称	值
服务名称	诊断默认会话控制
请求协议数据包[只读]	10 01
应答协议数据包[只读]	50 01
是否功能标识符	☐
有回复	☑

名称	值
服务名称	诊断扩展会话控制
请求协议数据包[只读]	10 03
应答协议数据包[只读]	50 03
是否功能标识符	☐
有回复	☑

图 16.20　诊断会话控制配置

2. $27 安全访问

在“$27 安全访问”组件下，需要创建 4 个服务配置：安全访问 Level1-请求种子、安全访问 Level1-发送密钥、安全访问 Level2-请求种子和安全访问 Level2-发送密钥，配置如图 16.21 所示。

名称	值
服务名称	安全访问Level1-请求种子
请求协议数据包[只读]	27 01
应答协议数据包[只读]	67 01 xx xx xx xx
是否功能标识符	☐
有回复	☑

名称	值
服务名称	安全访问Level1-发送密钥
请求协议数据包[只读]	27 02 [根据dll生成]
应答协议数据包[只读]	67 02
是否功能标识符	☐
有回复	☑

名称	值
服务名称	安全访问Level2-请求种子
请求协议数据包[只读]	27 03
应答协议数据包[只读]	67 03 xx xx xx xx
是否功能标识符	☐
有回复	☑

名称	值
服务名称	安全访问Level2-发送密钥
请求协议数据包[只读]	27 04 [根据dll生成]
应答协议数据包[只读]	67 04
是否功能标识符	☐
有回复	☑

图 16.21　安全访问的服务配置

这里需要说明的 Level1 和 Level2 的应答参数列表中，将参数设置为 32 位的 seed，如图 16.22 所示。

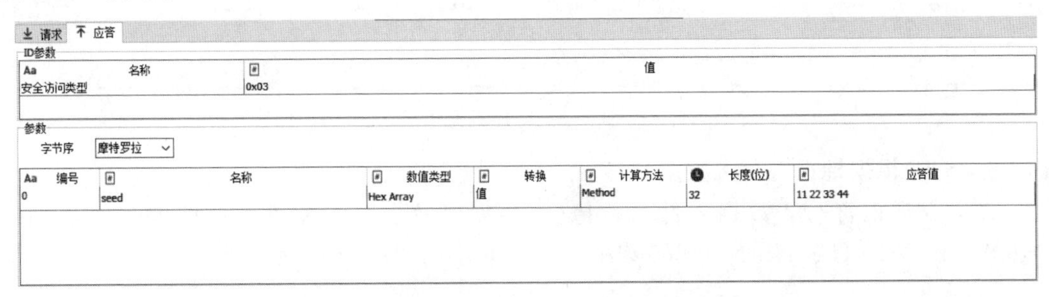

图 16.22　安全访问中参数 seed 的配置

3. $3E 诊断仪在线

诊断仪在线命令可以使 ECU 保持在非默认会话的状态，是必不可少的部分。在“$3E 诊断仪在线”组件下，需要创建一个诊断仪在线的服务配置，如图 16.23 所示。

Aa 名称	值
服务名称	诊断仪在线
请求协议数据包[只读]	3E 00
应答协议数据包[只读]	7E 00
是否功能标识符	☐
有回复	☑

图 16.23　诊断仪在线的服务配置

4. $22 根据标识符读取数据

在“$22 根据标识符读取数据”组件下，用户需要创建三个服务配置：ECU Manufacturing Date Read、ECU Serial Number Read 和 DID Oil Temp Read，配置如图 16.24～图 16.26 所示。

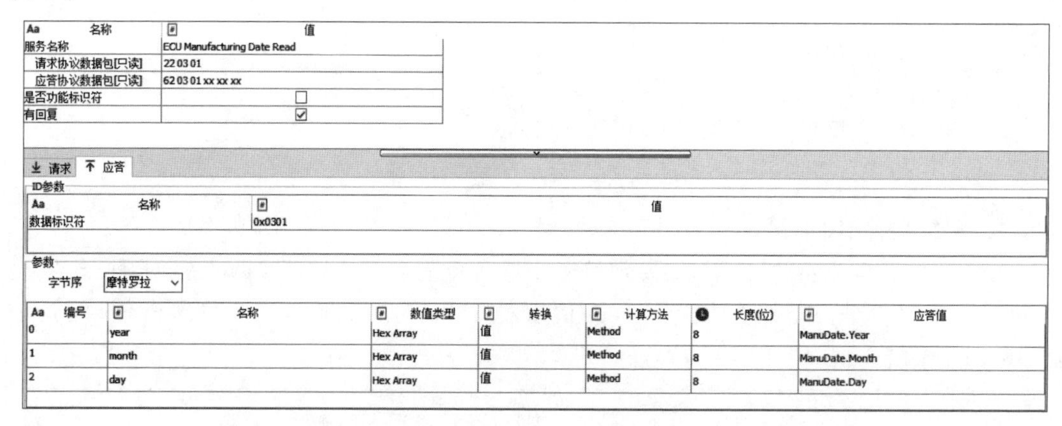

图 16.24　读取 ECU 制造日期的服务配置

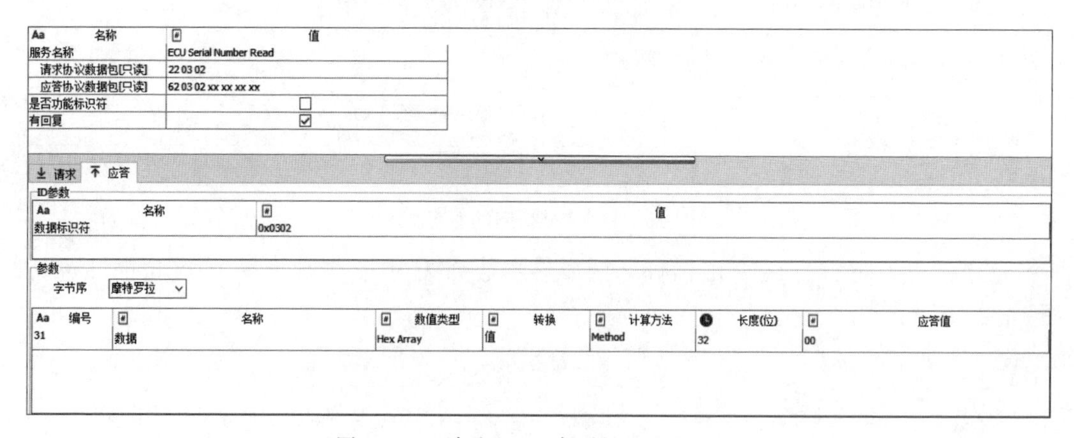

图 16.25　读取 ECU 序列号的服务配置

5. $2E 根据标识符写入数据

在根据标识符写入数据组件下，用户需要创建两个服务配置：ECU Manufacturing Date Write 和 ECU Serial Number Write，配置如图 16.27 和图 16.28 所示。

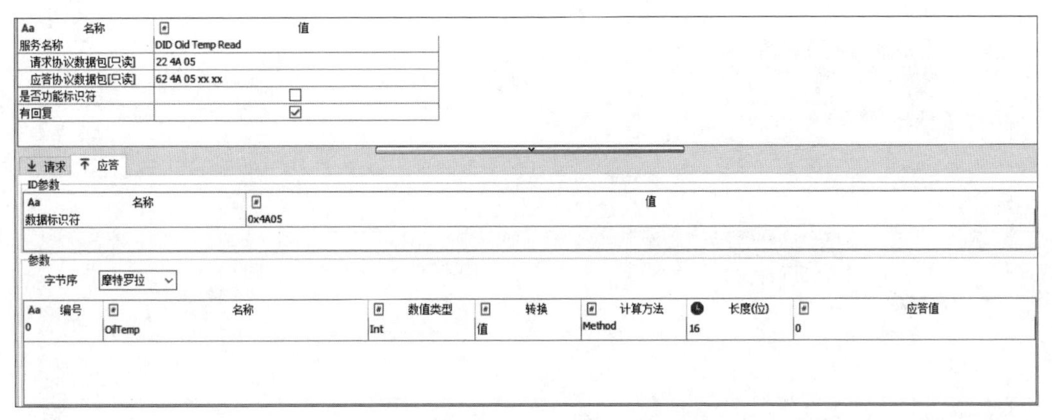

图 16.26　读取 ECU 油温的服务配置

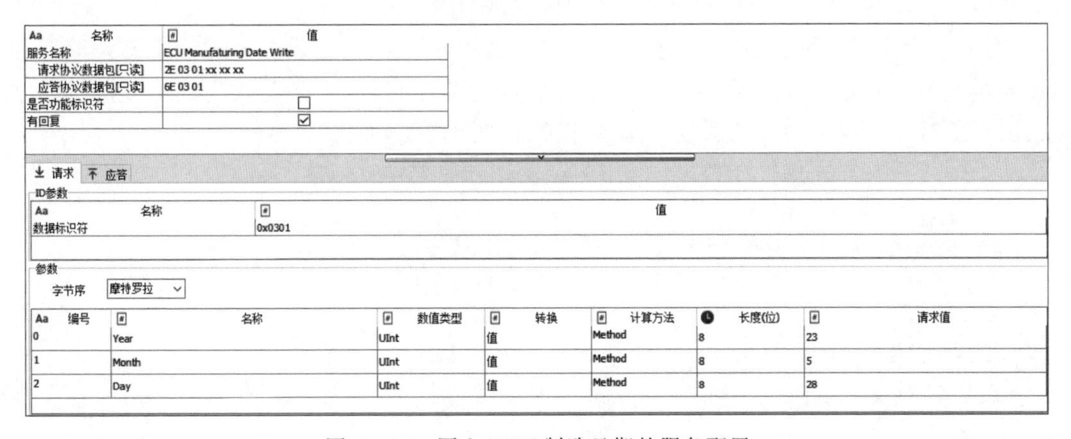

图 16.27　写入 ECU 制造日期的服务配置

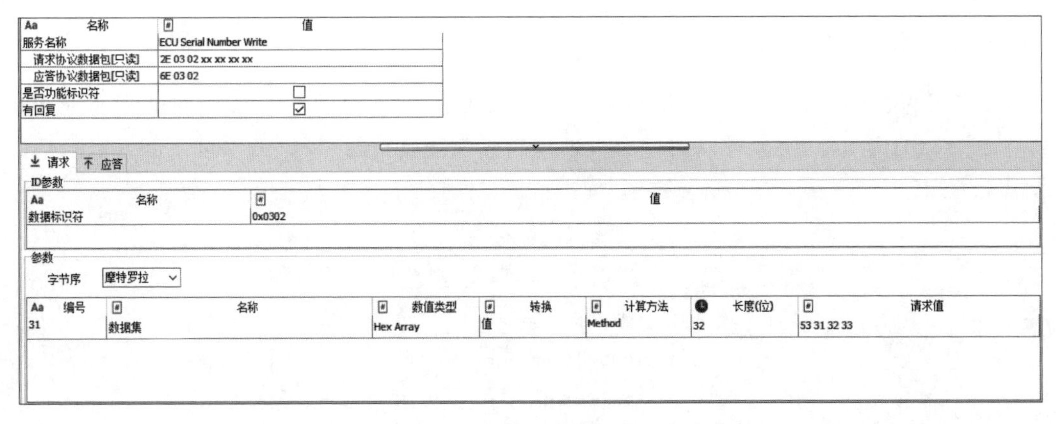

图 16.28　写入 ECU 序列号的服务配置

16.4.5　自动诊断流程实现

本实例创建两个车型，在车型 1 下建立了两个测试流程 Manufacturing Date Write 和 Manufacturing Date Read，其中包含普通步骤和选择已有配置这两种类型，如图 16.29 所示。

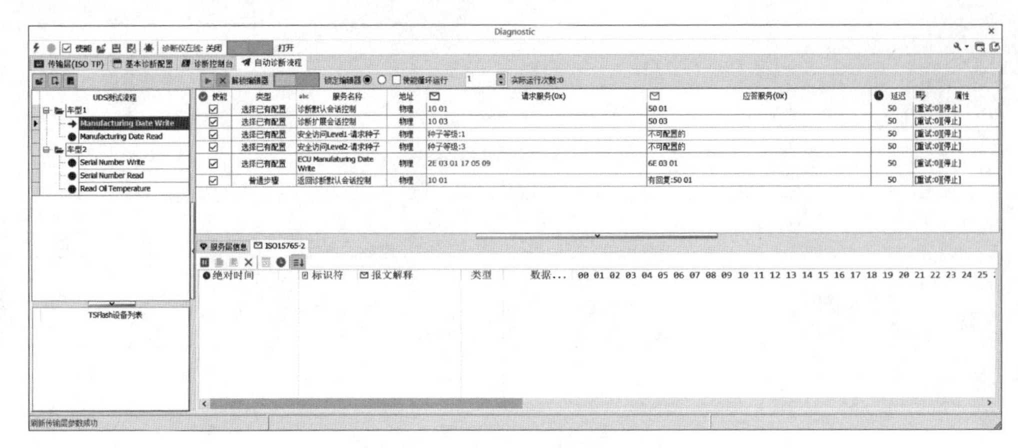

图 16.29　自动诊断流程配置

为了演示注册系统变量的功能，可以将 Manufacturing Date Write 流程注册为系统变量，系统变量窗口的内部变量页面可以发现新增的两条变量，一条关联测试流程执行的结果，另一条对应此诊断流程的触发开始的开关，如图 16.30 所示。

内部变量	类型	值	最后写入	所有者	注释
Diagnostic0.Manufacturing Date Write_Result	Int32	0	n.a.	Diagnostic	Result of diagnostic flow: 0 is IDLE, 1 is Running, 2 is Success, 3 is Failed
Diagnostic0.Manufacturing Date Write_Start	Int32	0	n.a.	Diagnostic	Start of diagnostic flow, write any value more than 0 will start the flow
Diagnostic0.ExportProject	String		n.a.	Diagnostic	Export project file
Diagnostic0.ImportProject	String		n.a.	Diagnostic	Import project file
Diagnostic0.TesterIsPresent	Int32	0	n.a.	Diagnostic	Whether start tester present command
Diagnostic0.FilledByte	Int32	0xAA	n.a.	Diagnostic	设置诊断帧的填充字节
Diagnostic0.FunctionalIDType	Int32	0	n.a.	Diagnostic	设置功能id的类型：0代表标准id，1代表扩展id
Diagnostic0.FunctionalID	Int32	0x650	n.a.	Diagnostic	设置诊断模块的功能id
Diagnostic0.ResIDType	Int32	0	n.a.	Diagnostic	设置应答ID的类型：0代表标准id，1代表扩展id
Diagnostic0.ResID	Int32	0x700	n.a.	Diagnostic	设置诊断模块的应答id
Diagnostic0.ReqIDType	Int32	0	n.a.	Diagnostic	设置请求ID的类型：0代表标准id，1代表扩展id

22:49:40: 内部变量数量 = 21, 用户变量数量 = 4

图 16.30　关联诊断流程注册的系统变量

16.4.6　设置控制面板

读者可将关联参数的 4 个系统变量和关联诊断测试流程的两个系统变量添加到面板上，如图 16.31 所示。用户可以通过面板来控制诊断测试执行、观察或手动更新参数对应的系统变量。

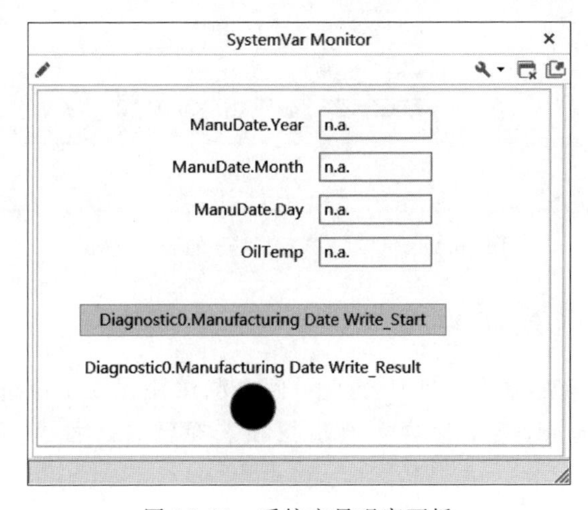

图 16.31　系统变量观察面板

16.5 工程运行测试

在 ECUSim 应用程序中，可以修改一些参数或配置，在 TSMaster 应用程序端可以执行控制台中的单独诊断配置，也可以运行自动化诊断流程。图 16.32～图 16.34 为正常状态下，执行自动化流程 Manufacturing Date Write 的效果图。

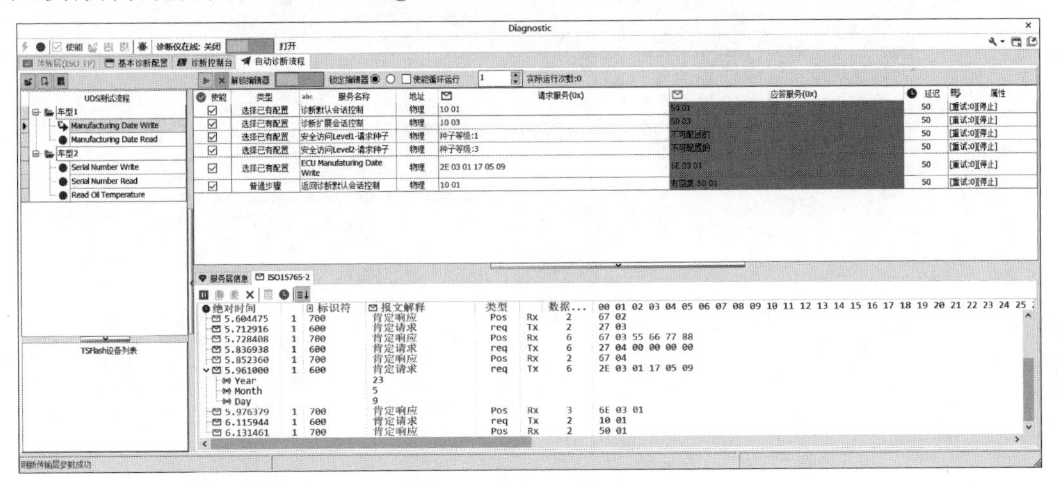

图 16.32　TSMaster 端的自动诊断流程执行效果

SystemVar Monitor

ManuDate.Year 23

ManuDate.Month 5

ManuDate.Day 9

OilTemp 78;0

Diagnostic0.Manufacturing Date Write_Start

Diagnostic0.Manufacturing Date Write_Result

图 16.33　TSMaster 端的面板显示效果

当然，读者可以在 ECUSim 应用程序的界面上修改设置或参数，来影响被测试的测试条件以及最终的测试结果，这里不再展开讨论。

读者可以在本书提供的资源压缩包中找到本章例程的工程文件(Diag_Test_System 工程文件路径\Chapter_16\Source\Diag_Test_System. T7z；ECUSim 仿真器路径\Chapter_16_SimEnv\ECUSim. zip)。

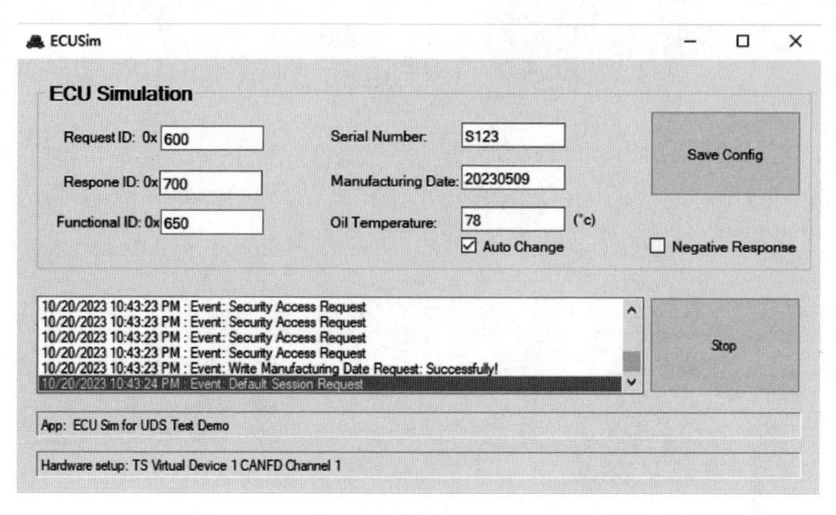

图 16.34　ECUSim 应用程序端的效果

第17章 仿真工程开发进阶Ⅲ——标定

本章内容：

- ECU标定概述。
- TSMaster标定功能简介。
- 工程实例简介。
- 工程实例实现。
- 待标定ECU仿真。
- 工程运行测试。
- 关于自动化标定技术。

汽车标定功能是一种在汽车ECU开发和调试中使用的技术，通过调整ECU的参数和校准值，以优化车辆的性能和功能。这项技术使车辆制造商和工程师能够更好地进行车辆的调试和校准工作。本章首先介绍CCP和XCP诊断协议以及TSMaster标定的主要功能，接下来以实例来讲解如何实现测量和标定。

17.1 ECU标定概述

ECU标定是指在汽车电子控制单元(ECU)中，根据车辆特定的需求和环境条件，对其内部参数进行调整和优化，以确保车辆在不同工况下能够提供最佳的性能和经济性。通常情况下，ECU标定是在汽车生产过程中进行的，以确保每辆车的发动机和车辆系统能够按照设计要求正常运行。以标定一个比例积分微分控制(Proportional Integral Derivative，PID)控制器为例，通过修改比例，积分和微分环节参数可以产生多种不同的输出结果。标定该PID控制器的目的，就是通过多次调整PID参数，同时监测控制器的输出效果，最终在稳定性、速度和动态特性方面找到一个最优的平衡点。

典型的ECU标定系统一般包括PC或诊断仪、测试环境、控制设备、采集设备、标定设备、待标定ECU等，如图17.1所示。标定过程通常包括以下几个步骤。

(1) 数据采集：在实际驾驶过程中，采集车辆运行时的各种参数，例如，车速、转速、空气温度、油耗等数据。

(2) 数据分析：对采集到的数据进行处理和分析，找出系统中可能存在的问题和优化空间。

(3) 参数调整：根据数据分析的结果，对ECU内部的参数进行调整，例如，喷油量、点火时机、氧气传感器等。

(4) 验证测试：经过参数调整后，需要进行验证测试，确保车辆在不同工况下都能够正

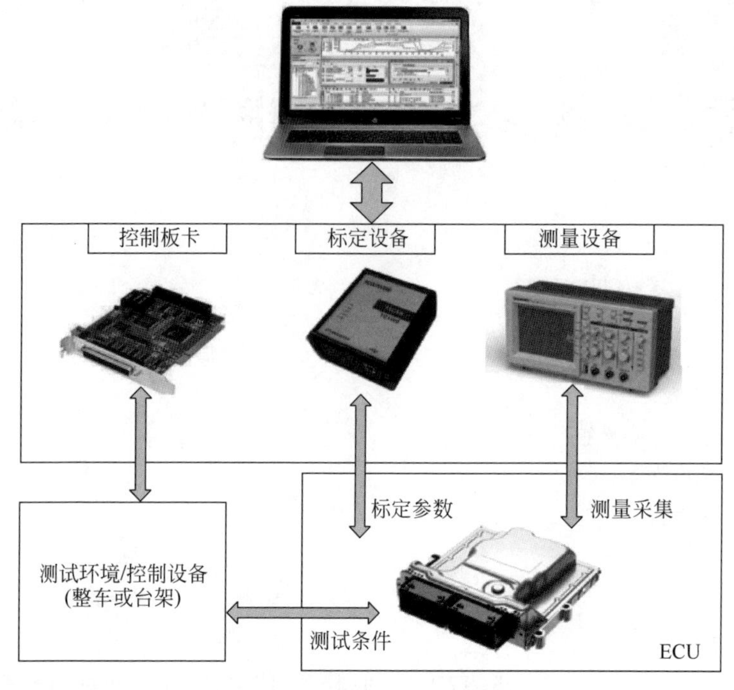

图 17.1 典型的 ECU 标定系统

常运行，并且符合设计的要求。

ECU 标定的目的是优化车辆的性能和经济性，提高驾驶舒适性和安全性。通常情况下，ECU 标定是由汽车制造商或者第三方的 ECU 供应商完成的。

17.1.1 ASAM 标准组织

在标定协议出现之前，如果想实现对 ECU 内部变量的读写，将需要频繁使用代码编译器和调试工具。如果需要修改里面的程序，需要先修改代码，再进行编译调试，生成二进制文件(如. hex 文件)，再将程序烧写进控制器中，才算完成程序的修改和验证。但对于复杂的 ECU 来说，需要频繁修改各种参数，再执行编译、调试、生成并下载二进制文件等一系列的步骤，极大地影响了工作效率的提升。

为了解决以上问题，1991 年，几家德国汽车制造商联合一些著名的汽车零部件供应商，成立了 ASAP 标准组织，ASAP 组织成立的目的是促进 ECU 研发过程中相关的测试、标定、诊断方法及工具的兼容和互换。1998 年，ASAM 小组成立，其全称为 Association for Standardization and Measurement System(自动化及测量系统标准化协会)。ASAM 标准是 ASAP 标准的扩展和衍生。

标定协议引入后，开发人员就可以使用标定工具直接修改控制器内部参数，并通过数值、曲线、Map 图表等直观地监测标定过后的执行器效果。在获取到满足条件的参数后，通过固化程序把标定过后的参数刷写到量产的产品中，就完成了一个产品参数校正调优过程，极大地提高了效率和经济性。

简单来说，标定工程师做的事情就是通过标定命令修改参数，通过测量命令观察修改过后的效果。不断地修改参数，直到观测到的结果达到满意值。

17.1.2 诊断协议介绍

在标定过程中，有两种常见的通信协议：CCP（CAN Calibration Protocol）和 XCP（Universal Measurement and Calibration Protocol）。这些协议提供了一种标准的方式，使工程师能够进行 ECU 的诊断、校准和调试。

1. CCP

CCP 是一个基于 CAN 的通信协议，主要用于 ECU 的校准和参数设定。它提供了对 ECU 的读取和写入功能，使工程师能够读取当前的参数值、设定新的参数值并进行实时的测试和调整。CCP 是一种面向地址的协议，采用了"主-从"概念进行测量、标定、仿真、轮询、刷写和数据采集。

2. XCP

与 CCP 一样，XCP 是一种面向地址的协议，它使用"主-从"概念进行测量、校准、仿真、轮询、刷写和数据采集。XCP 可用于各种总线系统，如 CAN/CAN FD、LIN、FlexRay、Ethernet 以及许多其他高性能平台。XCP 被细分为协议层和传输层，如图 17.2 所示。XCP 在 CCP 基础上做了更多的改进，提供了更高的传输速度和更强大的功能，使工程师能够在短时间内快速读取和写入大量的数据，并进行高级的诊断和调试操作。随着汽车电子技术发展，目前 XCP 已得到非常广泛的应用，完全取代了 CCP，本章将主要围绕 XCP 来讲解。目前 XCP 最新的版本为 v1.5.0，用户可以访问 https://www.asam.net/获取最新的版本信息。

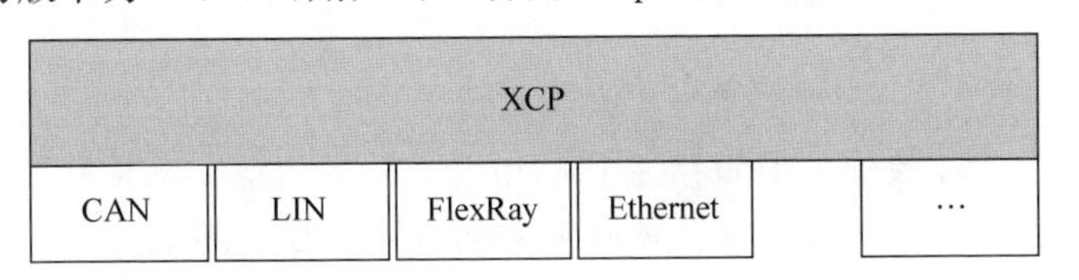

图 17.2 XCP 协议层和传输层

17.1.3 XCP 数据包类型

在所有的 XCP 通信过程中，如图 17.3 所示，只存在两种类型的数据包：命令传输对象（Command Transfer Object，CTO）和数据传输对象（Data Transfer Object，DTO）。这些信息由 ASAM MCD 2MC/ASAP2 标准定义的配置文件 A2L 文件定义。以下以 CAN 总线为例，讲解 CTO 和 DTO 报文。

CTO 用来传输一般的控制命令，包括控制命令（CMD）、命令响应（RES）、错误包（ERR）、事件包（EV）以及服务请求数据包（SERV）。

DTO 用于传输同步数据采集数据（DAQ）和同步数据激励数据（STIM）。

17.1.4 XCP 数据结构

主从设备之间每次传输的数据都采用 XCP 帧的格式，包含一个 XCP 帧头、XCP 数据包和 XCP 帧尾。XCP 帧支持的传输层可将这三个帧元素映射到相应的传输帧格式。

XCP 数据包中包含独立于所选传输机制的协议数据、携带标识、时间戳和实际数据。数据包标识符（Package Identifier，PID）是标识字段的一部分，用于标记数据包及数据包内部的数据值，如图 17.4 所示。命令传输计数器（Command Transfer Counter，CTR）表示命令发送的序

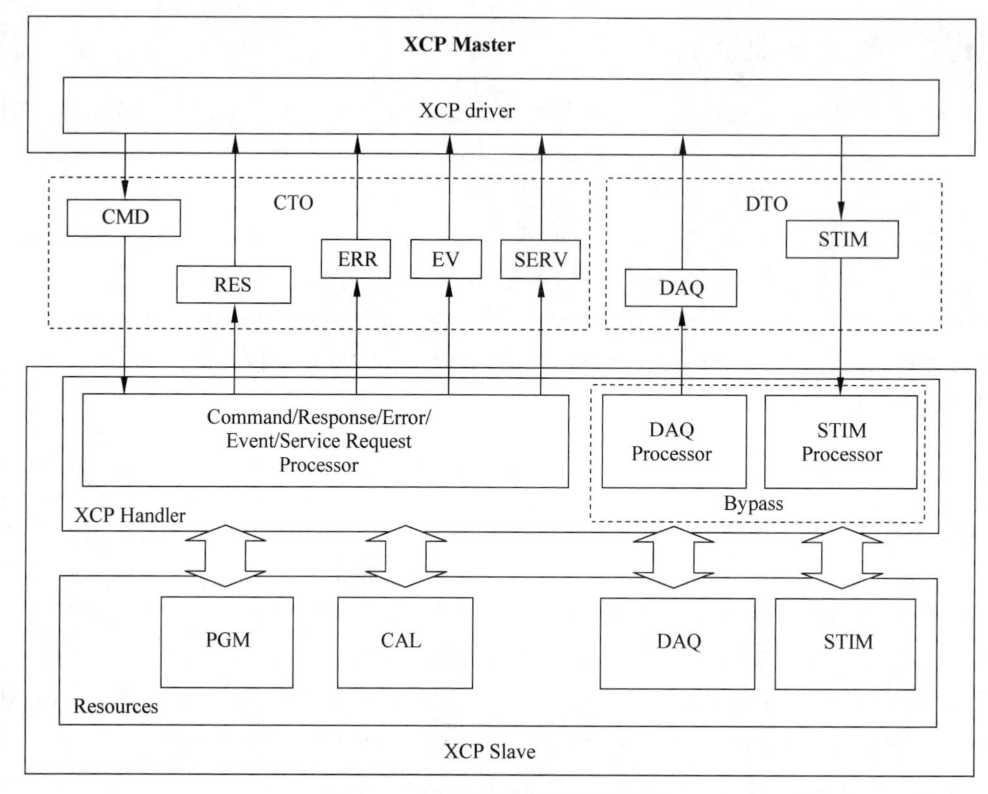

图 17.3　主从设备之间的通信流程

号。图 17.5 概述了所有可能的传输数据包 PID 由主到从和由从到主的定义。对象描述符表(Object Descriptor Table，ODT)描述了同步数据传输对象和从机中内存之间的映射关系。同步数据传输对象有 PID 标识，该标识符描述了此同步数据搬迁对象内容的 ODT。

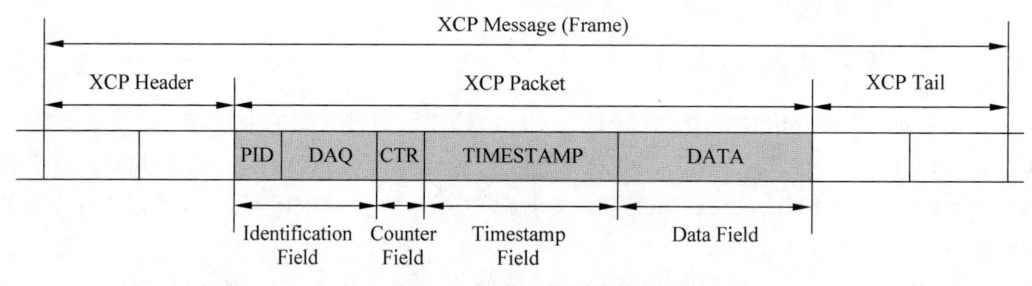

图 17.4　XCP 数据结构

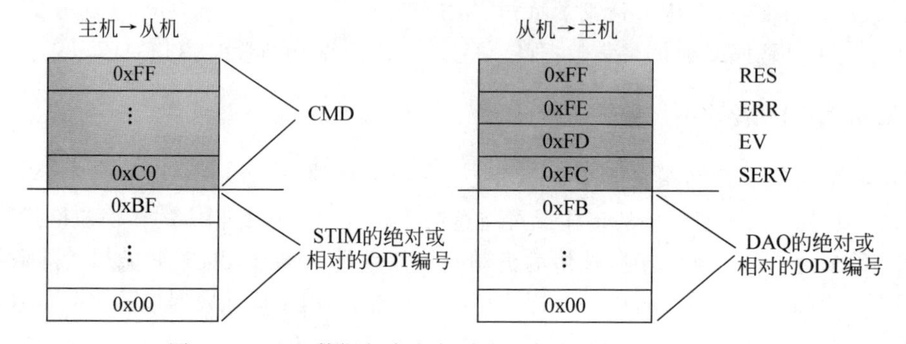

图 17.5　XCP 数据包中由主到从和由从到主的 PID 定义

对于从主到从的PID的标准命令(CMD),可以参考表17.1,对于其他命令,用户可以参看标准ASAM MCD-1部分。

表17.1 标准的XCP命令列表

命令	编码	支持要求
CONNECT	0xFF	强制
DISCONNECT	0xFE	强制
GET_STATUS	0xFD	强制
SYNCH	0xFC	强制
GET_COMM_MODE_INFO	0xFB	可选
GET_ID	0xFA	可选
SET_REQUEST	0xF9	可选
GET_SEED	0xF8	可选
UNLOCK	0xF7	可选
SET_MTA	0xF6	可选
UPLOAD	0xF5	可选
SHORT_UPLOAD	0xF4	可选
BUILD_CHECKSUM	0xF3	可选
TRANSPORT_LAYER_CMD	0xF2	可选
USER_CMD	0xF1	可选
GET_VERSION	0xC0, 0x00	可选

17.1.5 关于测量模式

目前在XCP标定中,主要使用以下三种测量模式,用户可以根据实际情况来选择。

(1) Polling模式:主机与从机之间进行"一问一答"信息交互,工作效率不高,但实现简单,占用ECU内存资源较小。Polling模式容易导致总线负载过高,当涉及参数较多时,建议选择DAQ模式。

(2) DAQ模式:从设备根据之前的配置,脱离主设备的命令控制,按一定的周期自动向主设备上传数据。若需要上传数据量很大,会占用大量ECU内存空间。是否可以使用DAQ测量取决于控制单元中XCP从设备的实现和A2L文件中的设置。DAQ模式支持静态和动态DAQ列表。

(3) Cyclic模式:控制单元独立发送参数。该测量方法选择DAQ事件以及与所需循环时间最匹配的时间间隔。

17.1.6 关于A2L文件

A2L文件被广泛应用于ECU标定系统中,它是基于ASAP2标准制定的用来描述ECU内存的数据库文件,属于ASAM组织定义的第二层接口规范。它保存了标定系统与ECU通信的配置参数和ECU内部数据单元的详细信息,例如,接口信息、变量信息、转换方法、事件设定、结构体布局、软件结构等。

在A2L文件中,为通用测量对象提供了唯一的标识符。当与ECU建立连接时,请求这些标识符,ECU将返回这些可用标识符的地址。接下来,使用通常的XCP方法可进行测量和标定。A2L文件可导入到TSMaster,用来和ECU建立CCP/XCP连接。

目前比较流行的 A2L 生成工具是德国 Vector 公司提供的如下两种工具。

(1) ASAP2 Studio 适用于 ECU 中变量较少且 A2L 文件变更不频繁的情况,需手动编辑,然后生成 A2L 文件。

(2) ASAP2 Tool Set 适用于 ECU 中变量比较多且 A2L 文件变更频繁的情况,通过批处理指令,自动识别代码中的变量信息,然后生成 A2L 文件。

17.2 TSMaster 标定功能简介

标定作为 TSMaster 软件的一个重要功能,也是一个比较复杂的功能,可以满足不同用户场景的测量和标定要求,图 17.6 为 TSMaster 标定系统的拓扑图,接下来逐步介绍 TSMaster 常用的标定功能。

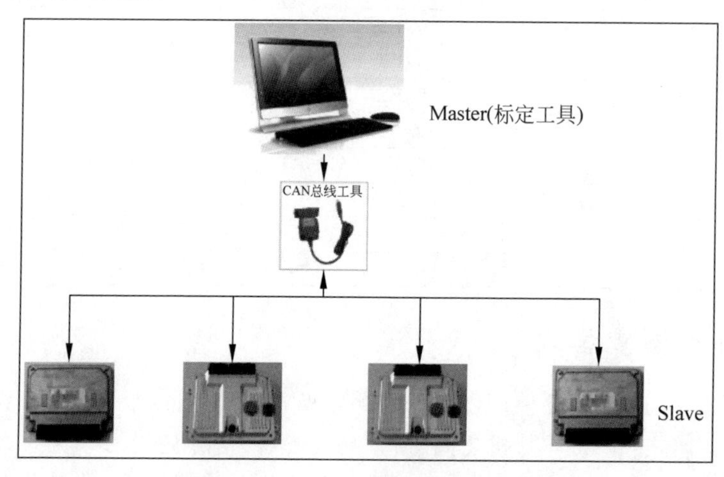

图 17.6 TSMaster 标定系统的拓扑图

17.2.1 TSMaster 主要标定功能

TSMaster 目前可以支持 CCP/XCP 两种协议,主要的标定功能如下。

(1) 支持 A2L 数据库文件的导入。

(2) 支持 DAQ/Polling 测量。

(3) 内存设置,可加载镜像文件,配置校验方法等。

(4) 支持特性参数曲线、MAP 图等。

(5) 支持 MDF/MF4 日志文件的存储和回放。

(6) 支持图形显示变量的曲线。

(7) 支持标定参数管理,导入导出文件为 par 或者 hex 格式。

(8) 内置报文信息分析、诊断、标定、系统变量等数据于一体,便于同步分析数据。

(9) 通过调用系统变量也可以实现自动化标定的功能。

(10) 支持单个文件和多个文件下载。

17.2.2 标定窗口

"标定"窗口作为标定主要功能的入口,可以对 ECU 连接、断开、数据库导入、协议设定等操作，主界面如图 17.7 所示。

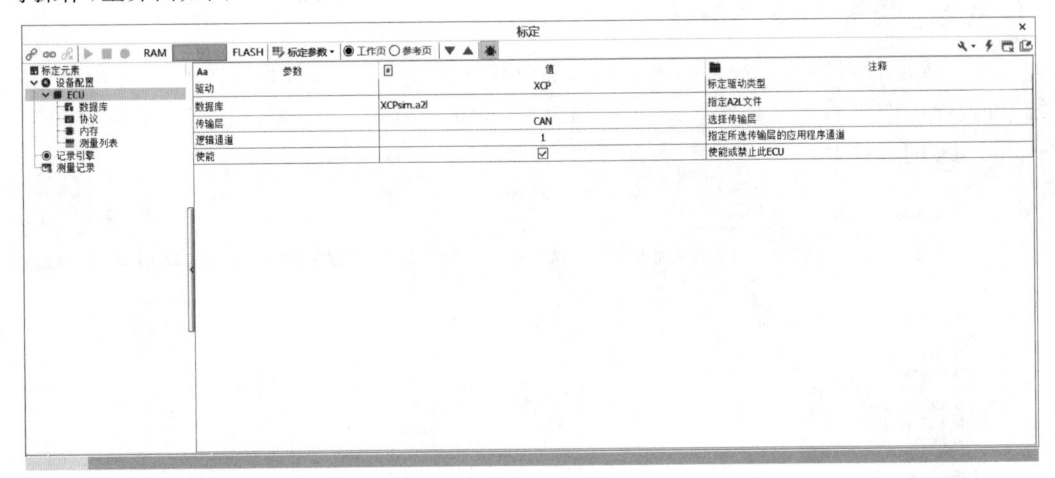

图 17.7 “标定”窗口

表 17.2 列出了“标定”窗口工具栏的选项及功能描述。

表 17.2 “标定”窗口工具栏的选项及功能描述

选　　项	功 能 描 述
(连接图标)	连接所有激活的 ECU
(离线图标)	启动离线标定
(断开图标)	断开所有连接的 ECU
▶	启动在线标定测量
■	停止在线标定测量
●	使能或禁止日志记录
RAM FLASH	标定时切换内存地址映射
(标定参数图标)	标定参数操作。 导出所有参数…：导出所有参数到 par 文件(*.par)或 dcm 文件(*.dcm)。 导出更改的参数…：导出更改的参数到 par 文件(*.par)或 dcm 文件(*.dcm)。 导出窗口中的参数…：导出窗口的参数到 par 文件(*.par)或 dcm 文件(*.dcm)。 导出二进制文件…：导出二进制文件(*.hex)。 导入二进制文件…：导入二进制文件(*.hex)。 导入参数…：通过 par 文件(*.par)、dcm 文件(*.dcm)或者二进制文件(*.hex)导入参数。 基线设置：用于将当前状态设置为基线
◉工作页○参考页	切换标定数据页，仅调试模式下可用
▼	展开所有节点，仅浏览树状结构对象时可用
▲	收起所有节点，仅浏览树状结构对象时可用
(调试图标)	开启或关闭调试模式

17.2.3 标定数据管理器

标定数据管理器主要包含标定数据的加载和分析、多标定数据的分析比对、标定参数离线修改、导出修改后的标定数据文件等,如图 17.8 所示,是对二进制文件 ECU.hex 和 ECU_cache.hex 的数据对比。

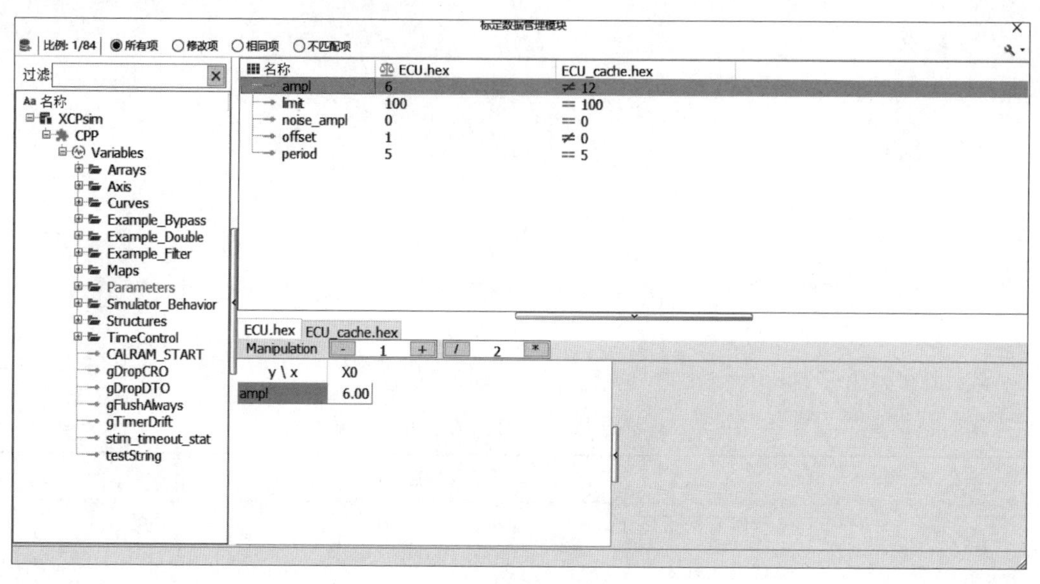

图 17.8 标定数据管理器

17.2.4 A2L 同步模块

在项目开发过程中,有时需要使用 ELF 文件中的有效地址信息更新到 A2L 文件中,TSMaster 提供了 A2L 同步模块来快速实现,如图 17.9 所示。

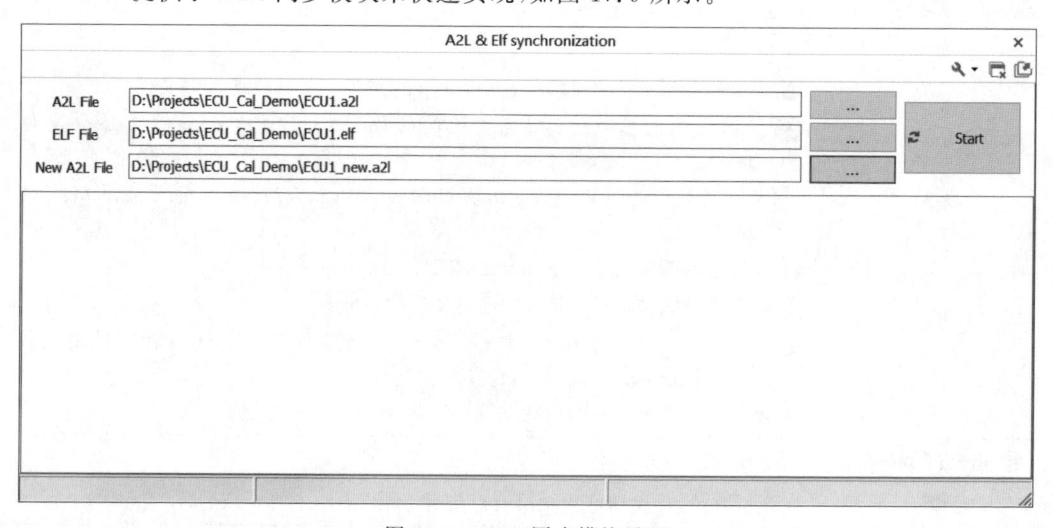

图 17.9 A2L 同步模块界面

17.2.5 关于 TSMaster 标定授权

同星标定模块是 TSMaster 软件中需要付费的模块之一，用户需要购买授权才能使用完整功能的模块，表 17.3 为无标定授权的功能限制描述。

表 17.3 TSMaster 无标定授权的功能限制

功　能	无标定授权	有标定授权
支持的硬件	TSMaster 所有支持的硬件（同星、Vector、PEAK、英特佩斯等品牌）都可以连接，但是只能监控变量，无法修改变量	仅同星的硬件
监控变量数量	每个 ECU 可以同时监控最多 8 个变量	无数量限制
下载，修改变量	不支持	支持
支持的通道	不支持	仅支持带有 TSMaster 标定授权的同星硬件通道

17.3 工程实例简介

为了演示的需要，本章使用 Vector 安装包中自带的 XCPsim 应用程序仿真待测的 ECU 作为示例。在实际应用中，用户可以将这个虚拟的 ECU 切换为用户真实的 ECU。XCPsim 应用是一个控制台程序，默认基于 Vector Virtual CAN Bus 1 Channel 1 运行，故 TSMaster 应用程序端只需连接 Vector Vitual 1 CAN FD 通道 1 即可与之进行通信。

接下来的章节将 XCPsim 作为待测的虚拟 ECU，讲解如何使用 TSMaster 实现标定的相关功能。

17.4 工程实例实现

本章工程实现主要针对标定功能的设置，并无编程部分，接下来逐步讲解 TSMaster 强大的标定功能。

17.4.1 创建一个 XCP 标定工程

与普通的仿真工程类似，先在主菜单栏选择“新建”选项，跳转到新建仿真工程的页面，如图 17.10 所示。选择“标定”的主功能选项，将跳转到标定的细分功能界面，再选择“XCP 标定”选项，如图 17.11 所示，即可创建一个 XCP 标定工程，将新建的工程文件夹命名为 ECU_Cal_Demo。

17.4.2 导入数据库

在标定的主界面，因为没有导入 A2L 数据库文件，默认停留在 ECU 页面，在数据库栏中选择需要加载的 A2L 文件，这里使用 XCPsim 仿真应用程序所在的文件夹中的 XCPsim.a2l 文件，如图 17.12 所示。

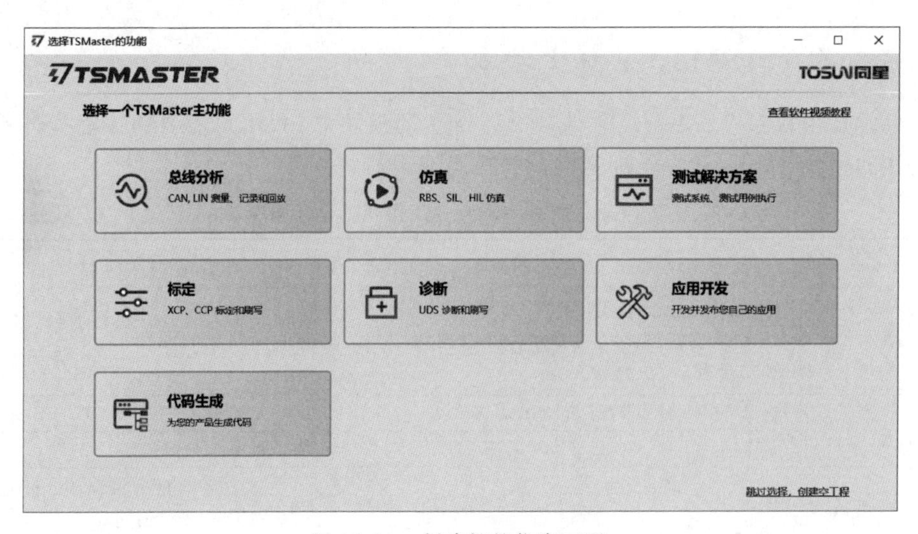

图 17.10　创建新的仿真工程

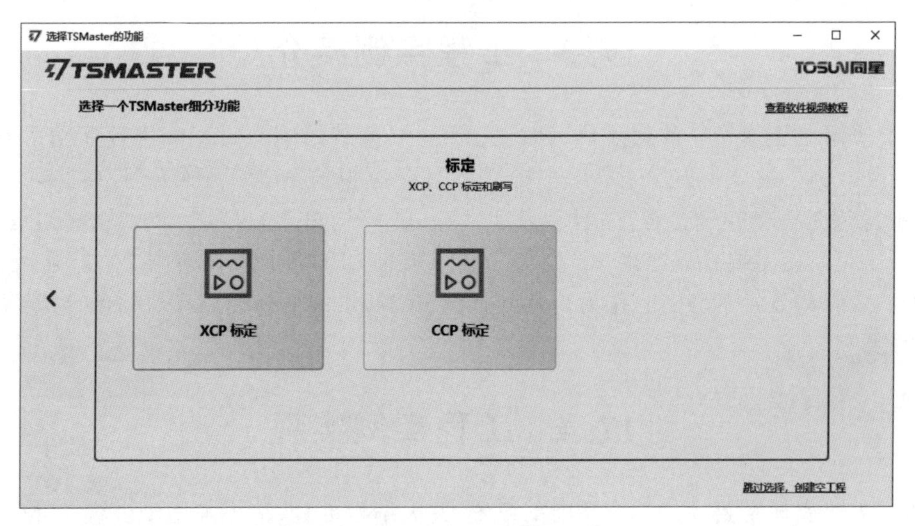

图 17.11　创建 XCP 标定工程

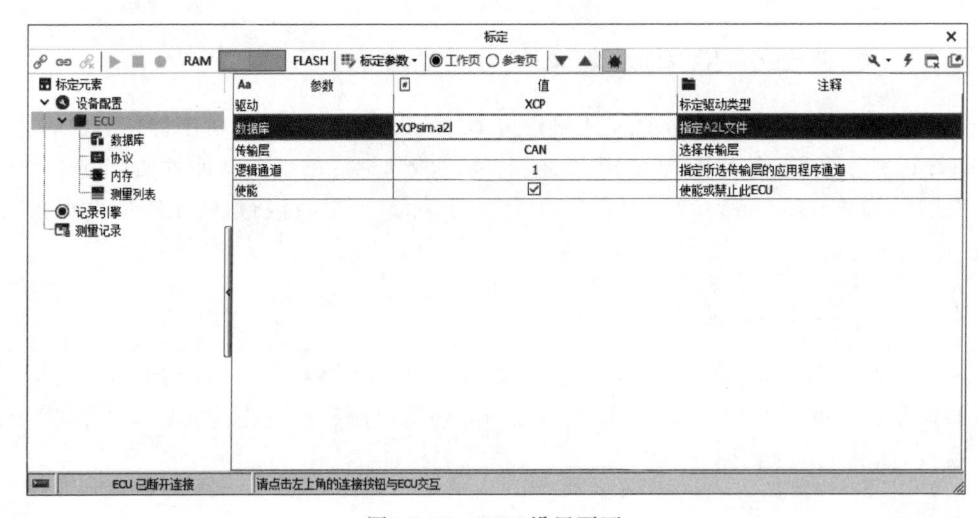

图 17.12　ECU 设置页面

17.4.3 XCP 设置

这里需要设置主从节点的标识符，使用 A2L 默认的 0x001 和 0x002。另外，主从节点的标识符类型需要设定为标准 CAN，然后加载 Seed 和 Key 算法 DLL 文件，这里选择使用 XCPsim 仿真文件夹中的 ECU_SeedNKeyXcp.dll。另外，在连接 ECU 的过程中，可能出现 ECU 节点收到第一帧 Connect 命令过后，不回复，收到第二帧连接命令才回复，所以建议将“连续重试次数”选项改为 2。其他设置保留 A2L 文件过来的设置，如图 17.13 所示。

参数	值	注释
协议超时时间（毫秒）	2000	协议层超时时间（毫秒）
Seed和Key算法DLL文件	ECU_SeedNKeyXcp.dll	Seed和Key算法的动态链接库文件
连接重试次数	2	连接重试次数，-1表示无限次重试
连接重试延时（毫秒）	0	连接重试之前应用的等待时间
连接超时时间（毫秒）	2000	连接命令的超时时间
最大重试次数	0	重试次数（0到2000）
允许重试	☑	若ECU没有应答，重新发送命令
传输层主节点标识符	0x00000001	传输层主节点标识符
传输层主节点标识符类型	Standard	传输层主节点标识符类型
传输层从节点标识符	0x00000002	传输层从节点标识符
传输层从节点标识符类型	Standard	传输层从节点标识符类型
要求最大数据长度	☐	要求最大数据长度
FD DLC	[8] 8 Bytes	FD数据帧的DLC参数
FD BRS	☑	是否开启FD帧的可变波特率属性(BRS)
填充字节	0x00	CAN/CANFD帧的填充字节
忽略0x0000地址变量	☑	忽略在A2L中定义的但是地址为0x0000的地址变量
强制指定字节序	☐	强制指定字节序
字节序	Intel	英特尔或是摩托罗拉字节序
选择标定页	No Action	选择标定页

图 17.13 XCP 设置页面

17.4.4 DAQ 设置

在协议设置的窗口中，单击“DAQ 设置”标签，可以切换到 DAQ 设置页面，如图 17.14 所示，其中的参数设定通常来自 A2L 文件中的定义，这里无须进行修改。

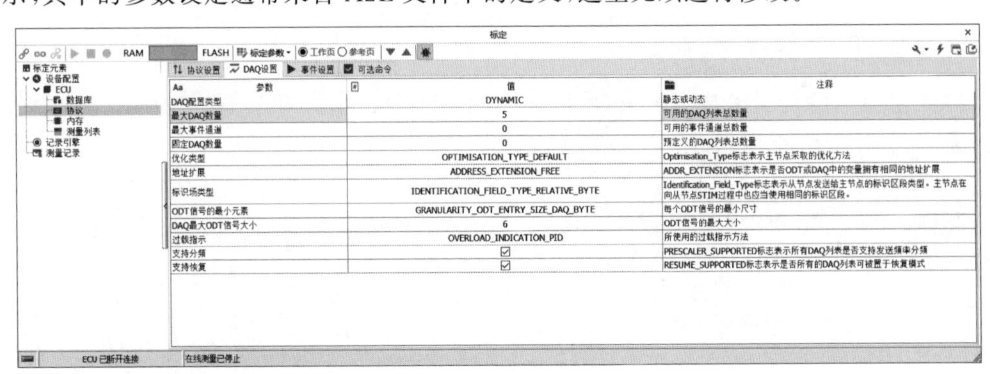

参数	值	注释
DAQ配置类型	DYNAMIC	静态或动态
最大DAQ数量	5	可用的DAQ列表总数量
最大事件通道	0	可用的事件通道总数量
固定DAQ数量	0	预定义的DAQ列表总数量
优化类型	OPTIMISATION_TYPE_DEFAULT	Optimisation_Type标志表示主节点采取的优化方法
地址扩展	ADDRESS_EXTENSION_FREE	ADDR_EXTENSION标志表示是否ODT或DAQ中的变量拥有相同的地址扩展
标识场类型	IDENTIFICATION_FIELD_TYPE_RELATIVE_BYTE	Identification_Field_Type标志表示从节点发送给主节点的标识区段类型。主节点在向从节点STIM过程中也应当使用相同的标识区段。
ODT信号的最小元素	GRANULARITY_ODT_ENTRY_SIZE_DAQ_BYTE	每个ODT信号的最小尺寸
DAQ最大ODT信号大小	6	ODT信号的最大大小
过载指示	OVERLOAD_INDICATION_PID	所使用的过载指示方法
支持分频	☑	PRESCALER_SUPPORTED标志表示所有DAQ列表是否支持发送频率分频
支持恢复	☑	RESUME_SUPPORTED标志表示是否所有的DAQ列表可被置于恢复模式

图 17.14 DAQ 设置页面

17.4.5 内存设置

内存设置中，勾选“缓存激活”选项，将自动生成内存镜像文件，对于“同步所有标定量”选项可以根据需要决定是否激活，其他选项可以保持默认设定，如图 17.15 所示。

图 17.15　内存设置页面

内存区段页面用于地址映射的设置，如图 17.16 所示，若用户创建新的条目后，会自动从 A2L 文件的关键字查找“ADDRESS_MAPPING”，找到相应的参数并做修改。

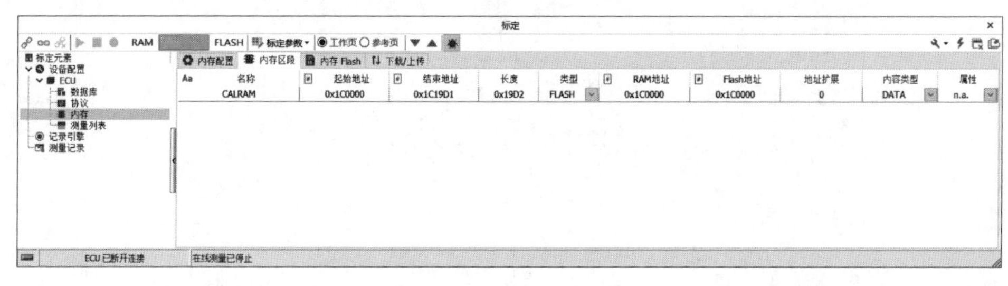

图 17.16　内存区段页面

17.4.6　添加测量列表

将数据库中的变量分支 Measure 下的 channel2、channel3 和 noise 三个观测量加入测量列表中，如图 17.17 所示。

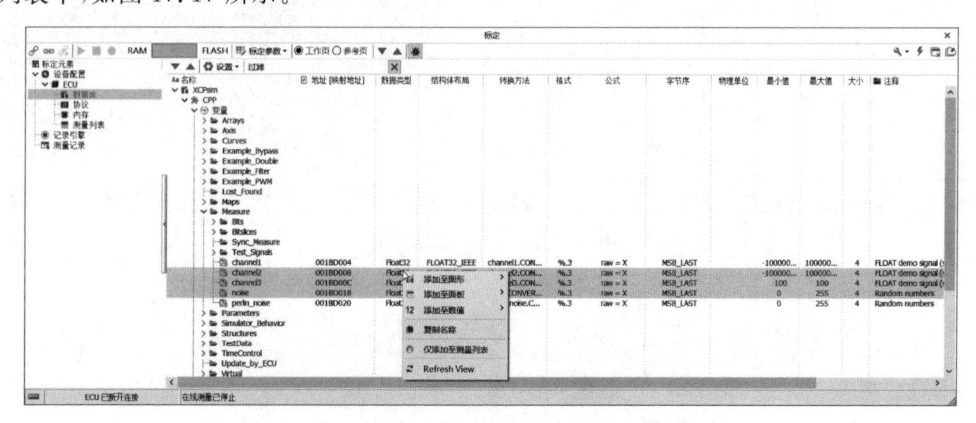

图 17.17　添加观测量到测量列表

A2L 数据库的变量有 7 种常见参数类型，这些类型的图标和参数类型描述如表 17.4 所示。

表 17.4　A2L 数据库的参数类型图标及描述

图　　标	参数类型描述
	测量值：可测量的变量值
	参数：一维的参数，可标定
	坐标轴参数：含有特征曲线和 Map 的采样点，二维或三维数组，可标定
	特征曲线参数：一维数组，可标定
	Map 参数：二维数组，可标定
	数据块参数：二维数组，可标定
Aa	字符串：ASCII 字符串参数

按照同样的办法可以将数据库中的变量分支 Parameters 中的 ampl、noise_ampl、offset 和 period 4 个标定量加入测量列表中，最终效果如图 17.18 所示。

图 17.18　测量列表

为了便于查看观察量和标定量的变化，可以将所有的测量列表中的元素全部添加到图形窗口，如图 17.19 所示。

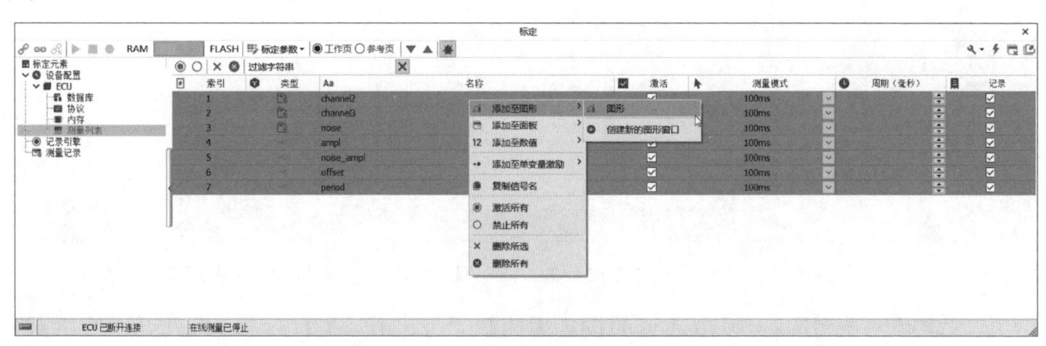

图 17.19　添加变量列表中的对象到图形窗口

17.4.7　记录引擎设置

若需要记录标定的数据，需要勾选“记录引擎激活”选项，记录的文件格式默认为 mat 格式，也可以选择 mdf 格式，如图 17.20 所示。

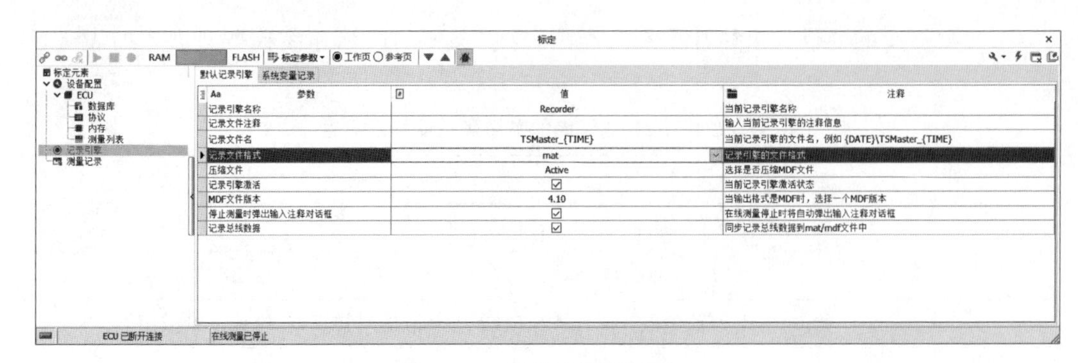

图 17.20　记录引擎设置页面

17.5　待标定 ECU 仿真

本章使用 Vector 安装包中自带的 XCPsim 作为虚拟 ECU，XCPsim 默认基于 Vector 虚拟 1 CAN FD 通道 1，故在 TSMaster 程序硬件设置中只需选择 Vector 虚拟 1 的 CAN FD 通道 1 即可与 XCPsim 进行通信，如图 17.21 所示。

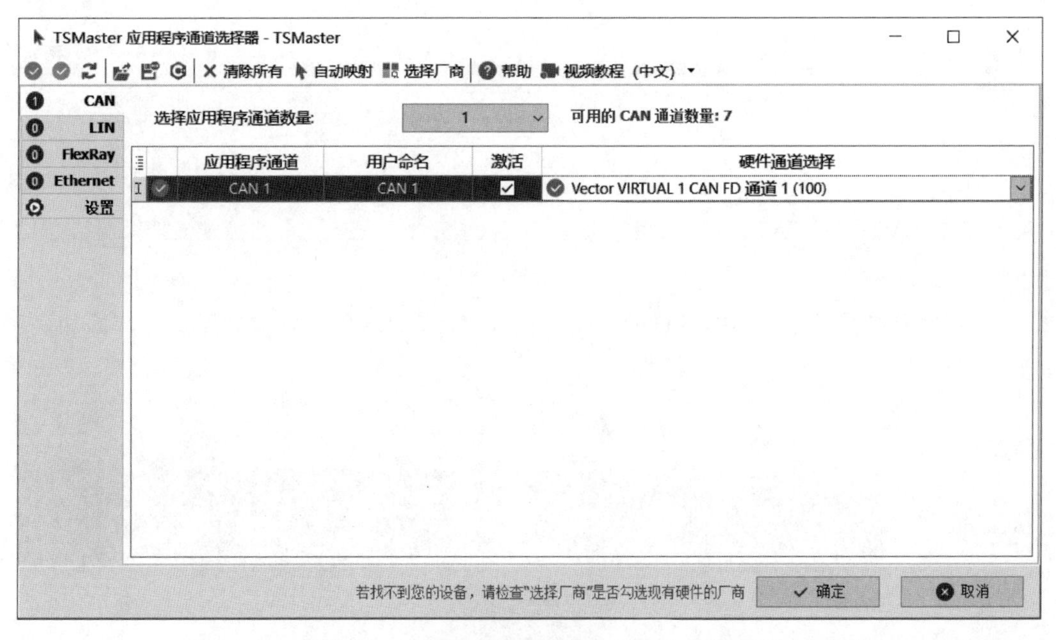

图 17.21　使用 Vector 虚拟 1 的 CAN FD 通道 1 连接 XCPsim 应用

但这里必须强调的是，以上通道的设置因为缺乏 TSMaster 标定授权，只可以使用部分功能，具体参看 17.2.5 节。若要演示全部功能，需要将带有标定授权的同星硬件作为 CAN 物理通道接入标定系统。若要实现以上功能，本书推荐以下两种方案。

（1）借助 Vector 的硬件 CAN 接口。

将 XCPsim 的 CAN 通道 1 用一个 Vector 真实硬件的 CAN/CAN FD 物理通道来替代默认的 Vector 虚拟通道 1，如图 17.22 所示，在 Vector 硬件管理器中将 VN5610A 的 CAN 物理通道 3 分配给 XCPsim 应用程序。

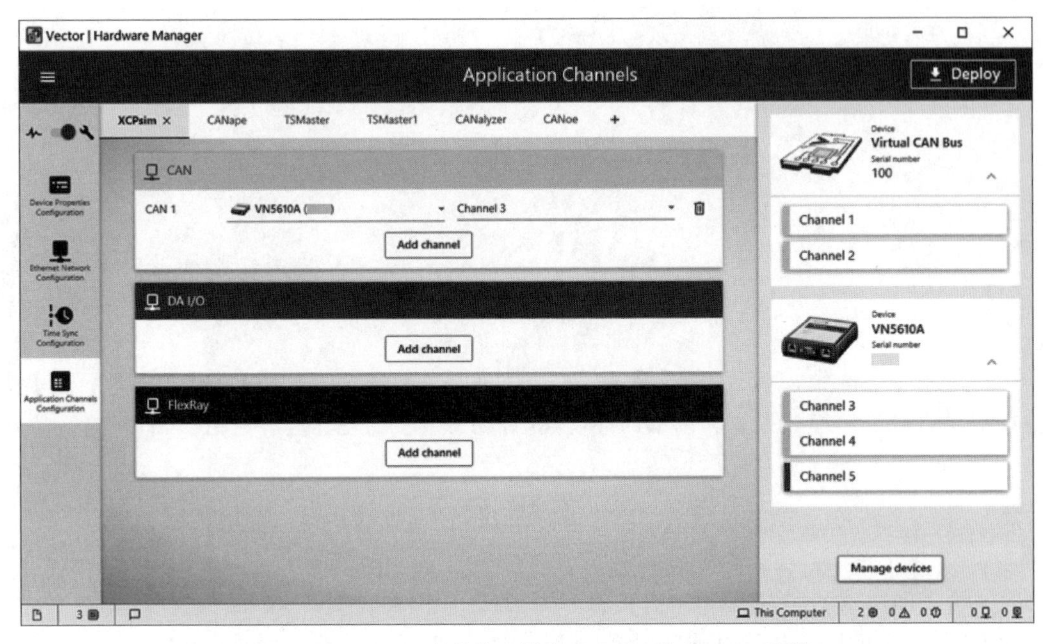

图 17.22 Vector 硬件管理器为 XCPsim 分配 CAN 通道

在 TSMaster 应用程序端，需要将带有标定授权的 CAN 通道设置为 TSMaster 应用程序 CAN 通道 1 的物理通道。标定过程中，需要将 Vector 硬件通道与同星的硬件通道对连起来。

(2) 借助另一个 TSMaster 应用(TSMaster1)实现通道桥接。

XCPsim 的通道依然是使用 Vector 虚拟的 CANFD 通道 1，但需要使用代码将同星的物理 CANFD 通道 1(带有标定授权)与其桥接到一起，如图 17.23 所示。

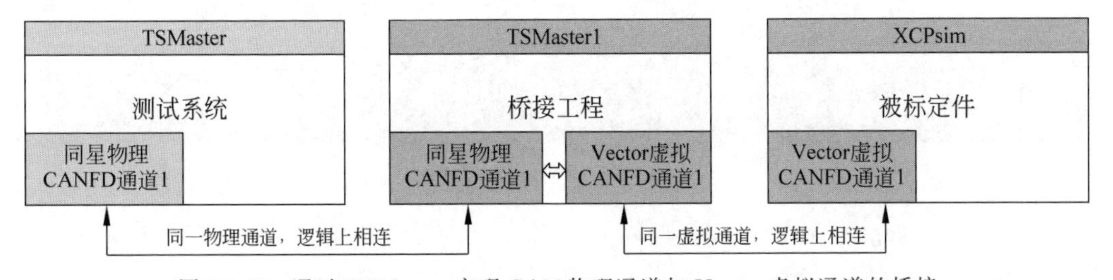

图 17.23 通过 TSMaster 实现 CAN 物理通道与 Vector 虚拟通道的桥接

在 TSMaster1 应用程序，需要创建一个 C 小程序代码，利用 CAN 报文接收事件将 CAN 通道 1 和通道 2 收到的报文互转，具体代码如下。

```
// CAN 报文接收事件 "NewOn_CAN_Rx1" 针对标识符 = 任意
void on_can_rx_NewOn_CAN_Rx1(const TCAN * ACAN) { __try {
  // if (ACAN -> FIdxChn != CH1) return; // if you want to filter channel
  if (ACAN -> FIdxChn == CH1)
  {
    PCAN f0 = (PCAN)ACAN;
    f0 -> FIdxChn = 1;
```

```
      com.transmit_can_async(f0);
    }
    else
    {
      PCAN f0 = (PCAN)ACAN;
      f0->FIdxChn = 0;
      com.transmit_can_async(f0);
    }
  } __except (1) { log_nok("CRASH detected"); app.terminate_application(); }}
```

因为图 17.23 中，真正的硬件只有一个同星的 CAN 通道，在 TSMaster 的硬件通道参数中需要将控制器模式设置为内部回环模式，否则总线会出现无应答的错误。

17.6 工程运行测试

本节的演示基于 17.5 节第一种仿真方案，首先需要运行 XCPsim 应用程序，如图 17.24 所示，显示了传输层主从节点的标识符，此时待标定的 ECU 仿真已经正常运行。

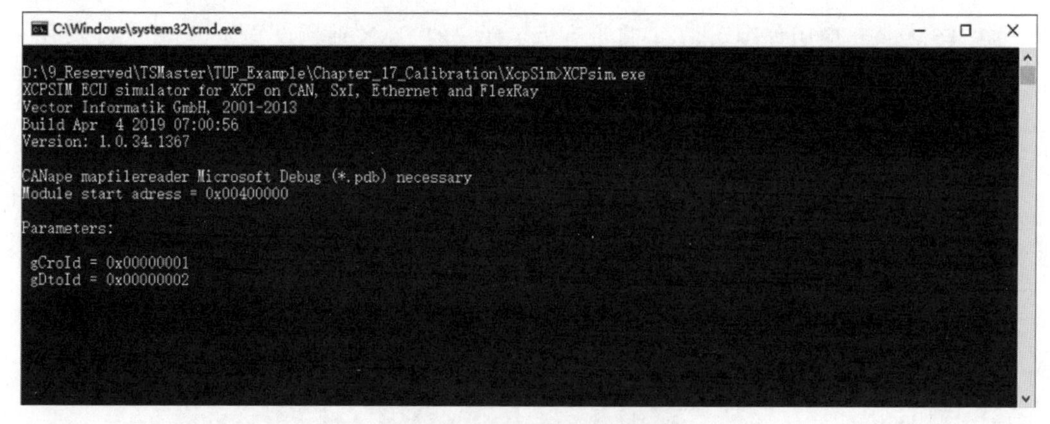

图 17.24　XCPsim 运行界面

然后在 TSMaster 应用中连接硬件，在标定主窗口中连接 ECU，启动在线标定并开启记录引擎，这时候在图形窗口中可以观察到观测量和标定量的变化曲线。

17.6.1 更新简单型标定参数

如果用户将标定参数 ampl、noise_ampl、offset 和 period 添加到信号激励窗口，这样调整这几个参数时，会瞬间改变相关观察量的曲线。

例如，将标定量 noise_ampl 由 0 改为 1，noise 的曲线将产生明显变化，由直线变成噪声曲线；将标定量 ampl 由 6 改为 10，channel2 和 channel3 的正弦波曲线的幅度立即增大；接着，将标定量 period 由 5 改为 2，channel2 和 channel3 的正弦波曲线的频率立即增大。以上过程的各个变量的变化，效果如图 17.25 所示。

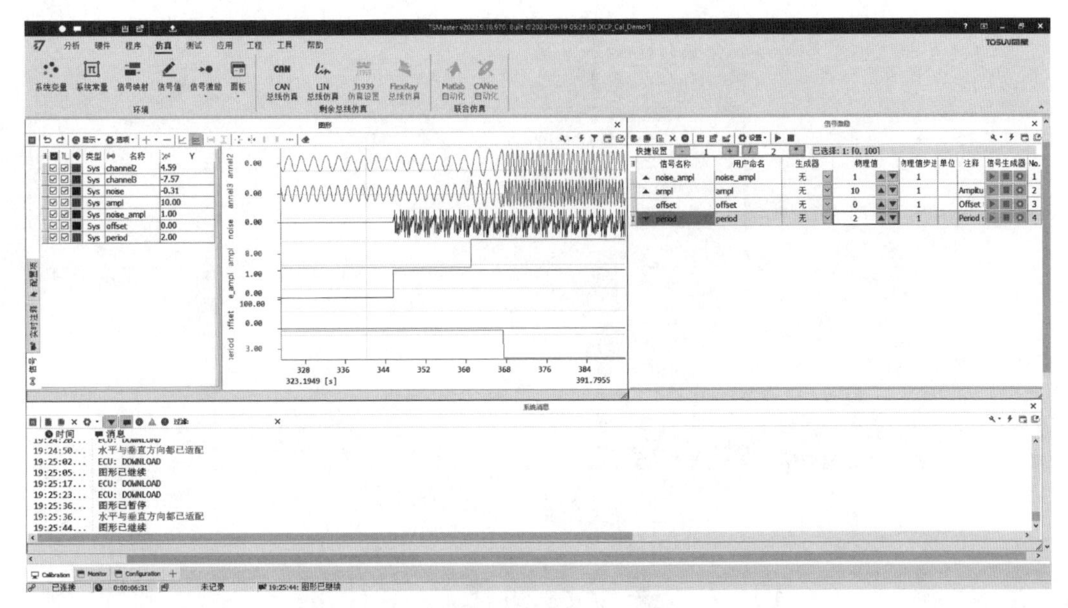

图 17.25　标定量在线修改与观测量的变化演示

17.6.2　更新曲线型和 Map 类型等标定参数

对于曲线型和 Map 型标定参数，用户需要将这些参数添加到“参数曲线”窗口，如图 17.26 所示，用户可以便捷地更新每个点的坐标，同时观察到一个可视化的效果（2D 或 3D），对于被修改过的点也会用不同的背景标识出来。用户可以通过快捷键从 ECU 读取此参数的值，也可以向 ECU 写入当前的值。

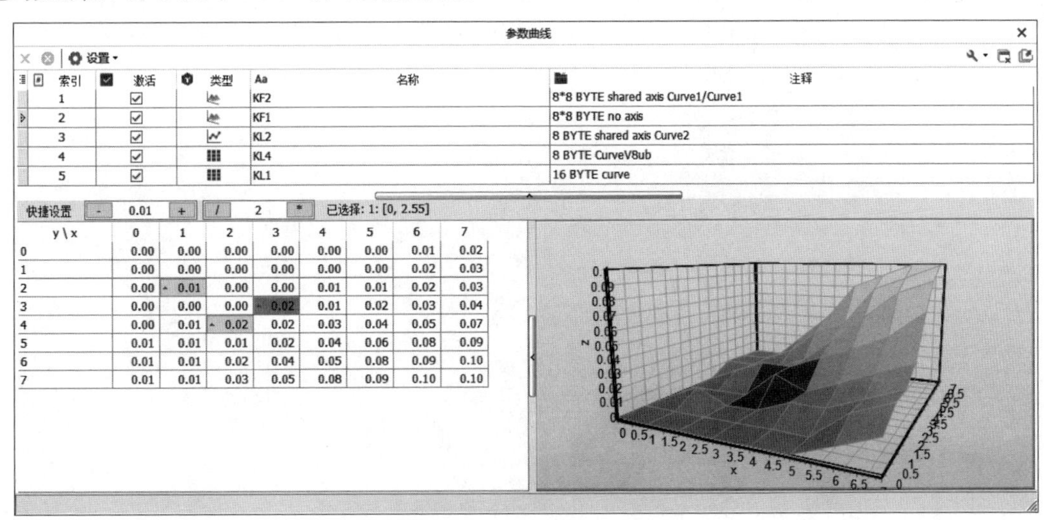

图 17.26　“参数曲线”窗口

17.6.3　查看记录文件

停止标定和记录引擎之后，可以在测量记录栏看到测量记录文件以及相关信息，如图 17.27 所示。

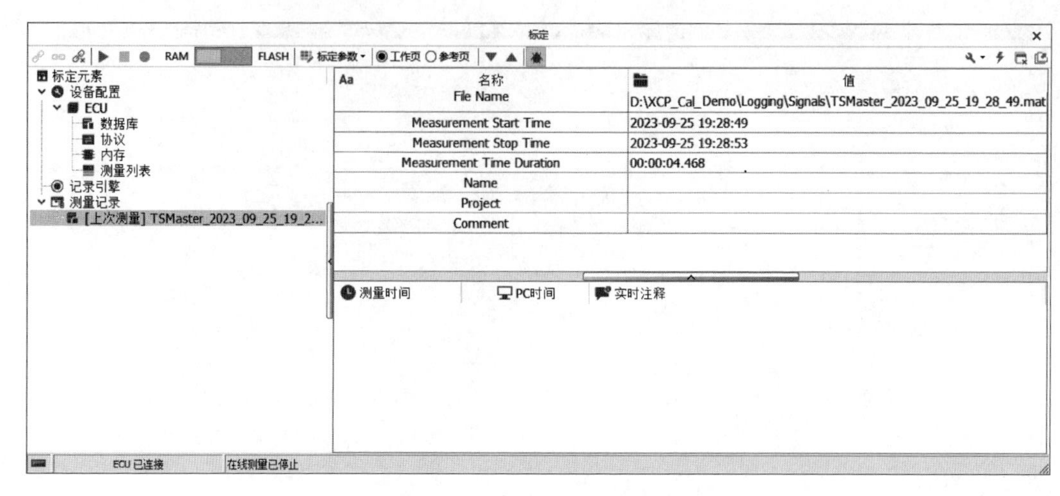

图 17.27 标定测量记录文件

17.7 关于自动化标定技术

自动化标定是一个广大读者感兴趣的话题。其实，在 TSMaster 官方自带的范例中，已经给出一个基于 Python 调用 TSMaster COM 的简单的范例，用来演示自动化标定，读者可以自行研究，读者需要熟悉 XCP 相关的命令，范例的路径为 C:\Program Files (x86)\TOSUN\TSMaster\Data\SDK\examples\COM Automation\OutOfProcess\Python\CalibrationAutomation.py。关于 Python 调用 TSMaster COM 的技术，将在第 18 章中详细讲解。

读者可以在本书提供的资源压缩包中找到本章例程的工程文件(Vehicle_System_CAN 工程文件路径\Chapter_17\Source\XCP_Cal_Demo.T7z；XCPsim 仿真器路径\Chapter_17_SimEnv\XcpSim.zip)。

第 18 章 TSMaster 高级编程——Python 调用 COM 接口技术

本章内容：

- COM 接口技术简介。
- TSMaster COM Server 简介。
- TSMaster COM Server 接口函数。
- 工程实例简介。
- 工程实例实现。
- 工程运行测试。

用户在执行测试过程中，经常需要调用第三方的工具，例如，通过 Python 脚本操作 Excel，实现自动化打开、关闭应用程序以及数据读写等操作，对于应用程序的数据处理和报表的生成都非常便利。TSMaster 也提供类似的 COM 接口，开发人员可以使用外部应用程序或脚本轻松操作 TSMaster。

本章将和读者探讨如何使用世界最流行的编程语言 Python 开发一个脚本调用 TSMaster COM Server 的接口控制 TSMaster 应用程序。该脚本程序可以控制 TSMaster 的打开和退出，以及执行测量，同时操作系统变量和 CAN 报文。通过本章的学习，读者可以在汽车 ECU 的验证过程中使用 TSMaster COM Server 技术，基于自己熟悉的开发语言环境，轻松实现测试与控制的自动化。

18.1 COM 接口技术简介

组件对象模型(Component Object Model，COM)是一种描述如何建立可动态互变组件的规范，此规范提供了为保证能够互相操作，客户端和组件应遵循的一些二进制和网络标准。通过这种标准将可以在任意两个组件之间进行通信，而不用考虑其所处的操作环境是否相同、使用的开发语言是否一致以及是否运行于同一台计算机。

COM 的主要优点如下。

(1) 用户一般希望能够定制自己的应用程序，而从组件技术本质上讲就是可被定制的，因而用户可以用更能满足他们需要的某个组件来替换原来的对应组件。

(2) 相对应用程序来说，组件是独立的部件，因此用户可以在不同的程序中使用同一个组件而不会产生任何问题，大大增强了组件的可重用性，提高了软件开发的效率。

(3) 随着网络的快速发展，分布式网络应用程序已经得到广泛应用。组件架构可以使开发这类应用程序的过程得以简化。

18.2 TSMaster COM Server 简介

从 TSMaster 问世以来，TSMaster 就开始支持 COM 接口技术，COM Server 可以轻松实现以下功能。

（1）创建和修改 TSMaster 的配置。

（2）实现测量的自动控制，例如，工程加载、开始或结束测量等。

（3）逻辑通道的设置及查询。

（4）数据库的加载及释放。

（5）设置报文的发送（同步或异步）。

（6）与外部应用软件的数据交换：读写信号、系统变量等。

（7）使用编程语言开发用户的自定义面板，实现自动化测试。

（8）远程控制 TSMaster 进行测量。

18.3 TSMaster COM Server 接口函数

TSMaster COM Server 提供了 TSApplication 类以及它的 5 个子类，可以满足应用程序的控制、通信、数据库操作、窗口控制、日志输出以及小程序的调用等，如图 18.1 所示，下面将分别介绍这些类的接口函数。

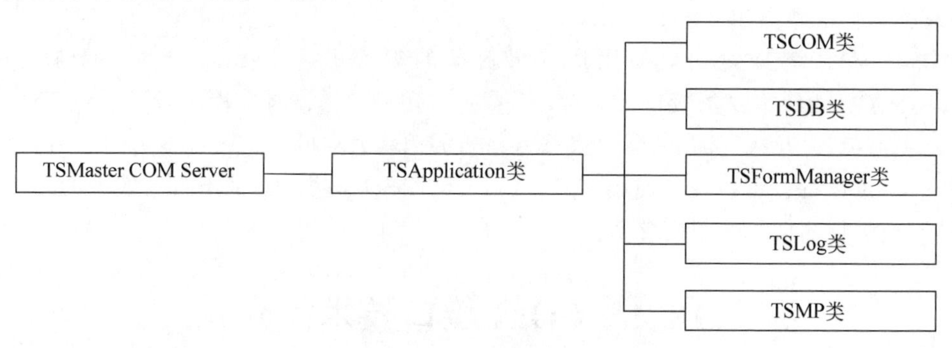

图 18.1 TSMaster COM Server 接口类

18.3.1 TSApplication 类接口函数

TSApplication 类（应用类）主要提供应用程序控制、硬件通道配置等相关的函数。表 18.1 列出了 TSApplication 类的主要接口函数列表及功能描述。

表 18.1 TSApplication 类的主要接口函数列表及功能描述

函数名	功能描述
add_application	添加应用程序
configure_baudrate_can	设置经典 CAN 总线的波特率
configure_baudrate_canfd	设置 CANFD 总线的波特率
connect	连接、启动仿真工程的运行

函　数　名	功能描述
del_application	删除指定的应用程序,与 add_application 相对应
disconnect	断开、停止仿真工程的运行
get_application_list	获取应用程序的清单
get_can_channel_count	获取应用程序的 CAN 的通道数
get_current_application	获取当前应用程序的名称
get_error_description	根据错误代码获取错误描述
get_lin_channel_count	获取应用程序的 LIN 的通道数
get_mapping	获取应用程序指定通道的映射信息,返回 0 为成功,返回其他为错误代码
get_mapping_verbose	获取应用程序绑定硬件信息,返回 0 为成功,返回其他为错误代码
get_system_var_generic	获取系统变量的值,忽略变量的类型,返回字符串
get_timestamp	获取应用程序的时间戳
get_turbo_mode	检查应用程序是否运行在极速模式下
get_vendor_detect_preferences	获取应用程序的硬件厂商的检测设置信息
log	根据日志类型,在系统消息窗口写入日志信息
make_toast	根据信息类型,显示悬浮信息
set_can_channel_count	设置应用程序的 CAN 的通道数
set_current_application	设置当前应用程序的名称
set_lin_channel_count	获取应用程序的 LIN 的通道数
set_mapping	设置应用程序指定通道的映射信息,返回 0 为成功,返回其他为错误代码
set_mapping_verbose	设置应用程序硬件信息的绑定,返回 0 为成功,返回其他为错误代码
set_system_var_generic	设置系统变量的值,忽略变量的类型,使用字符串表示
set_turbo_mode	设置极速模式
set_vendor_detect_preferences	设置应用程序的硬件厂商的检测设置
TSApplicationClass	TSMaster Application 类构造函数
TSCOM	TSMaster COM 类构造函数
TSDB	TSMaster DB 类构造函数
TSFormManager	TSMaster FormManager 类构造函数
TSLog	TSMaster Log 类构造函数
TSMP	TSMaster MP 类构造函数
wait	等待若干毫秒
wait_system_var	等待若干毫秒,系统变量是否达到期望值,忽略变量类型,使用字符串表示

18.3.2 TSFormManager 类接口函数

TSFormManager 类(窗口类)主要提供应用程序对工程的新建、加载、保存,以及主窗口的显示、隐藏等接口。表 18.2 列出了 TSFormManager 类的主要接口函数列表及功能描述。

表 18.2　TSFormManager 类的主要接口函数列表及功能描述

函　数　名	功能描述
create_project	创建一个仿真工程
hide_main_form	隐藏 TSMaster 主窗口
load_project	加载一个现有的仿真工程

续表

函数名	功能描述
save_project	保存打开的仿真工程
show_main_form	显示 TSMaster 主窗口
show_tab_by_index	根据页面的索引号切换到指定的页面
show_tab_by_name	根据页面的名称切换到指定的页面

18.3.3 TSCOM 类接口函数

TSCOM 类(通信类)主要提供了报文的发送、网络的管理、信号的读写等接口。表 18.3 列出了 TSCOM 类的主要接口函数列表及功能描述。

表 18.3 TSCOM 类的主要接口函数列表及功能描述

函数名	功能描述
add_cyclic_msg_can	添加一个周期 CAN 报文传输
add_cyclic_msg_canfd	添加一个周期 CANFD 报文传输
can_rbs_activate_all_networks	激活或禁止 RBS 仿真中的所有网络、节点及其报文
can_rbs_activate_message_by_name	激活或禁止 RBS 仿真中的指定报文(根据名称)
can_rbs_activate_network_by_name	激活或禁止 RBS 仿真中的指定网络(根据名称)
can_rbs_activate_node_by_name	激活或禁止 RBS 仿真中的指定节点(根据名称)
can_rbs_configure	配置剩余总线仿真
can_rbs_get_signal_value_by_address	在 CAN RBS 仿真中,根据数据库地址获取信号实时值
can_rbs_get_signal_value_by_element	在 CAN RBS 仿真中,根据数据库元素获取信号实时值
can_rbs_is_running	检查 CAN RBS 仿真是否在运行
can_rbs_set_signal_value_by_address	在 CAN RBS 仿真中,根据数据库地址设置信号值
can_rbs_set_signal_value_by_element	在 CAN RBS 仿真中,根据数据库元素设置信号值
can_rbs_start	启动 CAN RBS 引擎
can_rbs_stop	终止 CAN RBS 引擎
clear_bus_statistics	清除总线的统计数据
delete_cyclic_msg_can	删除指定周期 CAN 报文传输
delete_cyclic_msg_canfd	删除指定周期 CANFD 报文传输
delete_cyclic_msgs	删除所有周期 CAN、CANFD 报文传输
enable_bus_statistics	使能总线的统计数据
enable_event_can	使能 CAN 接收事件
enable_event_canfd	使能 CANFD 接收事件
enable_event_lin	使能 LIN 接收事件
get_bus_statistics	获取总线的统计信息
get_fps_can	获取指定 ID 的 CAN 报文帧率,前提是总线统计使能
get_fps_canfd	获取指定 ID 的 CANFD 报文帧率,前提是总线统计使能
get_fps_lin	获取指定 ID 的 LIN 报文帧率,前提是总线统计使能
start_logging	开始报文日志记录
stop_logging	停止报文日志记录
transmit_can_async	异步发送 CAN 报文
transmit_can_sync	同步发送 CAN 报文

续表

函　数　名	功 能 描 述
transmit_canfd_async	异步发送 CANFD 报文
transmit_canfd_sync	同步发送 CANFD 报文
transmit_lin_async	异步发送 LIN 报文
transmit_lin_sync	同步发送 LIN 报文

18.3.4 TSDB 类接口函数

TSDB 类(数据库类)主要提供了针对数据库的操作,如数据库的加载、卸载、信息获取等。表 18.4 列出了 TSDB 类的主要接口函数列表及功能描述。

表 18.4　TSDB 类的主要接口函数列表及功能描述

函　数　名	功 能 描 述
get_can_db_count	返回数据库数量
get_can_db_id	返回指定数据库的 ID
get_can_db_info	根据参数要求,读取数据库中报文、信号等相关信息
get_signal_value_can	从 CAN 报文数据中获取物理信号值
get_signal_value_canfd	从 CANFD 报文数据中获取物理信号值
load_can_db	加载 CAN 数据库文件
set_signal_value_can	用信号物理值设置 CAN 报文数据字节
set_signal_value_canfd	用信号物理值设置 CANFD 报文数据字节
unload_can_db	卸载指定的 dbc 数据库
unload_can_dbs	卸载所有的 dbc 数据库

18.3.5 TSLog 类接口函数

TSLog 类(日志类)主要提供日志的回放设置、控制等接口,表 18.5 列出了 TSLog 类的主要接口函数列表及功能描述。

表 18.5　TSLog 类的主要接口函数列表及功能描述

函　数　名	功 能 描 述
add_online_replay_config	创建一个在线回放引擎
del_online_replay_config	删除指定的在线回放引擎
del_online_replay_configs	删除所有的在线回放引擎
get_online_replay_config	获取指定的在线回放引擎
get_online_replay_count	获取在线回放引擎的数量
get_online_replay_status	获取指定在线回放引擎的状态信息
pause_online_replay	暂停指定的一个在线回放引擎
pause_online_replays	暂停所有的在线回放引擎
set_online_replay_config	配置一个在线回放引擎
start_online_replay	启动一个在线回放引擎
start_online_replays	启动所有的在线回放引擎
stop_online_replay	终止指定的在线回放引擎
stop_online_replays	终止所有的在线回放引擎

18.3.6 TSMP 类接口函数

TSMP 类(小程序库类)主要提供小程序库的加载、释放,以及小程序中自定义函数的调用等接口。表 18.6 列出了 TSMP 类的主要接口函数列表及功能描述。

表 18.6 TSMP 类的主要接口函数列表及功能描述

函数名	功能描述
dynamic_invoke	动态加载小程序中的函数
get_mp_function_list	获取指定小程序库中函数列表
get_mp_function_prototype	获取指定小程序库中函数的原型
get_mp_list	获取已加载的小程序库清单
load_mp	加载小程序库
unload_all_mps	释放所有小程序库
unload_mp	释放指定的小程序库

TSMaster COM Server 可以支持市场常见的编程语言,例如,C#、Python、Visual Basic 等。在 ECU 自动化测试过程中,越来越多的工程师选择 Python 作为脚本语言,因此,本书将以 Python 调用 TSMaster COM Server 为例来讲解。

18.4 工程实例简介

由于 TSMaster COM Server 接口很多,而且在不断增加,为了提高开发效率,建议用户尽可能将大部分的功能放在仿真工程中实现,留有接口(如系统变量等)供外部应用程序或脚本控制。本章工程实例主要演示 Python 脚本如何通过 TSMaster COM Server 来操作 TSMaster 仿真工程 EasyDemo,实现一些应用控制和数据读写等功能。主要实现以下功能。

(1) 控制 TSMaster 仿真工程:Python 可以控制 TSMaster 应用程序实现载入指定的仿真工程、开始/停止测量、退出 TSMaster 应用等操作。

(2) 操作系统变量和信号:Python 脚本可以写入或读取 TSMaster 仿真工程中的系统变量和 CAN 总线信号的值,实现与直接操作的仿真面板类似的功能。

(3) 发送报文或添加周期报文:异步发送报文,添加周期报文,更新周期报文。

18.5 工程实例实现

接下来将对本实例开发的难点做一些分解,读者可以逐步了解如何使用 Python 控制 TSMaster 的应用,以及读写仿真工程中的变量和信号等。首先,读者需要新建一个 Python 文件,命名为 PythonCOM.py。

18.5.1 操作 TSMaster 应用 API

控制 TSMaster 应用的首要任务就是打开 TSMaster,并对其初始化、控制其窗口的显示、加载仿真工程等。

(1) 打开 TSMaster：在一些自动化测试过程中，往往需要无人为干预地打开应用程序，并控制其窗口的显示等。

```
app = win32com.client.Dispatch("TSMaster.TSApplication")
formMain = app.TSFormManager()
formMain.show_main_form()
```

(2) 加载仿真工程：为了减少 Python 脚本的代码量和复杂度，建议读者直接加载现有的工程。

```
formMain.load_project(rbspath, True)
APP_NAME = "TSMasterCOM"
app.set_current_application(APP_NAME)
```

字符串 rbspath 为仿真工程的路径(例如'D:\Projects\EasyDemo')，也可以是 T7z 文件的路径(通常不建议)。APP_NAME 为应用程序设置的名称，在通道映射编辑器的应用程序列表中可以查看到对应的应用程序。

(3) 连接应用：启动仿真工程，开始测量。

```
app.connect()
```

(4) 断开应用：停止仿真工程运行。

```
app.disconnect()
```

(5) 销毁应用：TSMaster 应用将完全退出。

```
app = None
```

18.5.2 创建 TSCOM 对象

读者熟悉 app 对象的相关操作以后，接下来需要创建 com 对象，这样 Python 脚本可以调用 com 类的相关接口函数。

```
com = app.TSCOM()
```

18.5.3 运行及停止 RBS

由于 EasyDemo 范例中启动了剩余总线仿真，本实例需要通过以下函数控制 CAN 总线 RBS 的启动和停止。

```
com.can_rbs_start()
com.can_rbs_stop()
```

18.5.4 发送异步报文

TSMaster 允许用户使用同步或异步方式发送 CAN 或 CANFD 报文，为了提高发送的效率，一般选择异步发送。这里建议读者先初始化一个 CAN 或 CANFD 对象，再使用 transmit_can_async 或 transmit_canfd_async 函数去发送报文，可以参考如下代码。

```
# init a TCAN record for CAN message transmission
c = win32com.client.Record("TCAN", app)
c.FIdxChn = 0
c.FIsExtendedId = 0
c.FIsRemote = False
c.FIdentifier = 0x123
c.FDLC = 8
c.FDatas = VARIANT(pythoncom.VT_ARRAY | pythoncom.VT_I1, [1, 2, 3, 4, 5, 6, 7, 8])

#transmit this classical CAN frame asynchrnously
com.transmit_can_async(c)

#init a TCANFD record for CAN FD message transmission
cFD = win32com.client.Record("TCANFD", app)
cFD.FIdxChn = 0
cFD.FIsExtendedId = 0
cFD.FIsEDL = True
cFD.FIsBRS = True
cFD.FIsESI = False
cFD.FIdentifier = 0x345
cFD.FDLC = 15
cFD.FDatas = VARIANT(pythoncom.VT_ARRAY | pythoncom.VT_I1,[1, 2, 3, 4, 5, 6, 7, 8, 9, 10, 11,
12, 13, 14, 15, 16, 17, 18, 19, 20, 21, 22, 23, 24, 25, 26, 27, 28, 29, 30, 31, 32, 33, 34, 35,
36, 37, 38, 39, 40, 41, 42, 43, 44, 45, 46, 47, 48, 49, 50, 51, 52, 53, 54, 55, 56, 57, 58, 59,
60, 61, 62, 63, 64])

#transmit this CAN FD frame asynchrnously
com.transmit_canfd_async(cFD)
```

18.5.5 添加周期报文

在 18.5.4 节已经对 CAN 报文和 CANFD 报文做了配置，以下命令可以将它们添加成周期发送报文。

```
com.add_cyclic_msg_can(c, 100)
com.add_cyclic_msg_canfd(cFD, 100)
```

当用户想终止相关周期报文的发送时，可以使用以下函数删除所有周期函数的发送。

```
com.delete_cyclic_msgs()
```

18.5.6 读写信号值

本实例调用的 EasyDemo 工程是基于 RBS 的引擎，所以在读取信号物理值时，可以使用以下函数来操作。

```
com.can_rbs_set_signal_value_by_address(SigStr, SigVal);
Val  =  com.can_rbs_get_signal_value_by_address(SigStr);
```

SigVal 和 Val 为双精度值，用于设置或接收信号的值；字符串 SigStr 为信号在数据库中的路径，如'0/EasyCAN/Engine/EngineData/EngSpeed'。

18.5.7 读写系统变量

系统变量的读写操作是 COM Server 的重要功能，是控制仿真工程的至关重要部分。以下代码是对系统变量读写的范例。

```
Res = app.set_system_var_generic(VarStr, 2)
Res, Var = app.get_system_var_generic(VarStr)
```

Res 为调用函数的返回值，操作成功返回为 True，反之为 False；Var 为读取的变量数值；VarStr 为系统变量的字符串，如内部变量'Application. Connected'等。

18.5.8 在系统消息窗口输出日志

如果需要在 TSMaster 应用程序的系统消息窗口输出提示信息，可以使用 app. log()函数来实现，范例代码如下。

```
app.log('connecting application...', constants.LVL_HINT)
```

18.5.9 完整代码

基于前面介绍的方案，本实例的完整代码如下，供读者参考。

```
import os
import win32com.client
import pythoncom
import time
from win32com.client import VARIANT

class constants:
    APP_CAN                  = 0        # from enum TTSAppChannelType
    APP_LIN                  = 1        # from enum TTSAppChannelType
    BUS_UNKNOWN_TYPE         = 0        # from enum TTSBusToolDeviceType
    TS_TCP_DEVICE            = 1        # from enum TTSBusToolDeviceType
    TS_USB_DEVICE            = 3        # from enum TTSBusToolDeviceType
    XL_USB_DEVICE            = 2        # from enum TTSBusToolDeviceType
    cbsAllErrorFrame         = 11       # from enum TTSCANBusStatistics
    cbsAllExtData            = 5        # from enum TTSCANBusStatistics
    cbsAllExtRemote          = 9        # from enum TTSCANBusStatistics
    cbsAllStdData            = 3        # from enum TTSCANBusStatistics
    cbsAllStdRemote          = 7        # from enum TTSCANBusStatistics
    cbsBusLoad               = 0        # from enum TTSCANBusStatistics
    cbsFpsErrorFrame         = 10       # from enum TTSCANBusStatistics
    cbsFpsExtData            = 4        # from enum TTSCANBusStatistics
    cbsFpsExtRemote          = 8        # from enum TTSCANBusStatistics
    cbsFpsStdData            = 2        # from enum TTSCANBusStatistics
    cbsFpsStdRemote          = 6        # from enum TTSCANBusStatistics
    cbsPeakLoad              = 1        # from enum TTSCANBusStatistics
```

```
    lfdmACKOff           = 1         # from enum TTSCANFDControllerMode
    lfdmNormal           = 0         # from enum TTSCANFDControllerMode
    lfdmRestricted       = 2         # from enum TTSCANFDControllerMode
    lfdtCAN              = 0         # from enum TTSCANFDControllerType
    lfdtISOCAN           = 1         # from enum TTSCANFDControllerType
    lfdtNonISOCAN        = 2         # from enum TTSCANFDControllerType
    orsCompleted         = 3         # from enum TTSOnlineReplayStatus
    orsNotStarted        = 0         # from enum TTSOnlineReplayStatus
    orsPaused            = 2         # from enum TTSOnlineReplayStatus
    orsRunning           = 1         # from enum TTSOnlineReplayStatus
    orsTerminated        = 4         # from enum TTSOnlineReplayStatus
    ortAsLog             = 1         # from enum TTSOnlineReplayTimingMode
    ortDelayed           = 2         # from enum TTSOnlineReplayTimingMode
    ortImmediately       = 0         # from enum TTSOnlineReplayTimingMode
    LVL_ERROR            = 1
    LVL_WARNING          = 2
    LVL_OK               = 3
    LVL_HINT             = 4
    LVL_INFO             = 5
    LVL_VERBOSE          = 6
    LogStatus = ['Not started', 'Running', 'Paused', 'Completed', 'Terminated']

APP_NAME = "TSMaster"
USE_XL_VIRTUAL_DEVICE = False
USE_XL_VN1630_DEVICE = False
USE_XL_VN1640_DEVICE = False
USE_TS_VIRTUAL_DEVICE = True
USE_TS_CANMINI_DEVICE = False

print("Script started")

# 在进程中检查是否存在 TSMaster,若存在强行关闭
if len(os.popen('tasklist | findstr TSMaster.exe').readline())>0:
    os.system("taskkill /F /IM TSMaster.exe")

# retrieve TSMaster application management
# pythoncom.CoInitialize()           # enable multithread
app = win32com.client.Dispatch("TSMaster.TSApplication")
app.disconnect()
formMain = app.TSFormManager()

# 加载仿真工程,读者需要根据实际路径来更新
formMain.load_project(r'D:\Projects\EasyDemo',True)
# 隐藏 TSMaster 应用程序主窗体
formMain.hide_main_form()

# 设定当前的应用程序名称
app.set_current_application(APP_NAME)
print("current application is:", app.get_current_application())

# 获取应用程序列表(";"分隔开)
print("application list is:", app.get_application_list())
```

```
# 连接应用程序,开始运行仿真工程
app.log('connecting application...', constants.LVL_HINT)
app.connect()

# 获取应用程序时间戳
print("Current timestamp(s) is", app.get_timestamp() / 1000000.0)

com = app.TSCOM()
com.can_rbs_start()      # 开始 RBS
time.sleep(5)

# 读取系统变量 Control.DemoEnable 的值
Res, Var = app.get_system_var_generic(r'Control.DemoEnable')
print("System Variable Control.DemoEnable = ", Var)

# 更新系统变量 Control.DemoEnable 的值
Res = app.set_system_var_generic(r'Control.DemoEnable', "0")
time.sleep(5)
Var = app.get_system_var_generic(r'Control.DemoEnable')
print("System Variable Control.DemoEnable = ", Var)

# 读取 EngSpeed 信号值
v = com.can_rbs_get_signal_value_by_address(r'0/EasyCAN/Cluster/EngineData/EngSpeed')
print("Engine Speed = ", v)

# 更新 EngSpeed 信号值
com.can_rbs_set_signal_value_by_address(r'0/EasyCAN/Engine/EngineData/EngSpeed',1800)
print("Engine speed is changed")

# 等待 10 秒,检查 EngSpeed 信号值是否更新
time.sleep(10)
v = com.can_rbs_get_signal_value_by_address(r'0/EasyCAN/Cluster/EngineData/EngSpeed')
print("Engine Speed = ", v)

time.sleep(1)

# 为经典 CAN 报文发送初始化
c = win32com.client.Record("TCAN", app)
c.FIdxChn = 0
c.FIsExtendedId = 0
c.FIsRemote = False
c.FIdentifier = 0x123
c.FDLC = 8
c.FDatas = VARIANT(pythoncom.VT_ARRAY | pythoncom.VT_I1, [1, 2, 3, 4, 5, 6, 7, 8])

# 异步发送经典 CAN 报文
com.transmit_can_async(c)

# 等待 100ms,获取应用程序时间戳
app.wait(100)
print("Current timestamp(s) is", app.get_timestamp() / 1000000.0)

# 为 CAN FD 报文发送初始化
```

```
cFD = win32com.client.Record("TCANFD", app)
cFD.FIdxChn = 0
cFD.FIsExtendedId = 0
cFD.FIsEDL = True
cFD.FIsBRS = True
cFD.FIsESI = False
cFD.FIdentifier = 0x345
cFD.FDLC = 15
cFD.FDatas = VARIANT(pythoncom.VT_ARRAY | pythoncom.VT_I1, [1, 2, 3, 4, 5, 6, 7, 8, 9, 10, 11,
12, 13, 14, 15, 16, 17, 18, 19, 20, 21, 22, 23, 24, 25, 26, 27, 28, 29, 30, 31, 32, 33, 34, 35,
36, 37, 38, 39, 40, 41, 42, 43, 44, 45, 46, 47, 48, 49, 50, 51, 52, 53, 54, 55, 56, 57, 58, 59,
60, 61, 62, 63, 64])

# 异步发送 CANFD 报文
com.transmit_canfd_async(cFD)

# 等待 100ms,获取应用程序时间戳
app.wait(100)
print("Current timestamp(s) is", app.get_timestamp() / 1000000.0)

# 发送周期信号
com.add_cyclic_msg_can(c, 100)
com.add_cyclic_msg_canfd(cFD, 100)
app.wait(1000)

# 更新报文的 data 数据
app.log('updating message data...', constants.LVL_OK)
c.FDatas = VARIANT(pythoncom.VT_ARRAY | pythoncom.VT_I1, [8, 7, 6, 5, 4, 3, 2, 1])
cFD.FDatas = VARIANT(pythoncom.VT_ARRAY | pythoncom.VT_I1, [8, 7, 6, 5, 4, 3, 2, 1, 9, 10, 11,
12, 13, 14, 15, 16, 17, 18, 19, 20, 21, 22, 23, 24, 25, 26, 27, 28, 29, 30, 31, 32, 33, 34, 35,
36, 37, 38, 39, 40, 41, 42, 43, 44, 45, 46, 47, 48, 49, 50, 51, 52, 53, 54, 55, 56, 8, 7, 6, 5,
4, 3, 2, 1])
com.add_cyclic_msg_can(c, 100)
com.add_cyclic_msg_canfd(cFD, 100)
app.wait(1000)

# 删除所有周期报文的发送
com.delete_cyclic_msgs()
app.wait(1000)

# formMain.hide_main_form()

# 断开连接,停止运行仿真工程
app.log('closing application...', constants.LVL_INFO)
app.disconnect()

# finalize library
app = None
print("Script finalized")
# input("press any key to continue...")
```

18.6 工程运行测试

运行 Python 脚本过程中，如果 TSMaster 应用已经处于打开状态，将会被强制关闭。TSMaster 运行过程中，窗口会被隐藏，以下为 Python 的控制台端的输出信息。若用户需要观察异步发送和新加的周期报文的效果，则在脚本中注释掉隐藏主窗口的代码 formMain. hide_main_form()。

```
Script started
current application is: TSMaster
application list is: ECUSim;TSMaster;TSMaster1;TSMaster2
Current timestamp(s) is 3.403686
System Variable Control.DemoEnable = 1
System Variable Control.DemoEnable = (True, '0')
Engine Speed = 0.0
Engine speed is changed
Engine Speed = 1800.0
Current timestamp(s) is 24.60584
Current timestamp(s) is 24.714971
Script finalized
```

读者可以在本书提供的资源压缩包中找到本章例程的工程文件(Python 文件路径\Chapter_18\Source\PythonCOM. py；被控制仿真工程 EasyDemo 工程文件路径\Chapter_18_SimEnv\EasyDemo. T7z)。

第19章 TSMaster 高级编程——Python 小程序的开发

本章内容:

- Python 小程序开发环境简介。
- Python 小程序常用函数简介。
- 常见 class 定义。
- 工程实例简介。
- 工程实例实现。
- 工程运行测试。

在前面的章节中,花了大量的篇幅介绍了 C 小程序基础以及基于 C 小程序的 TSMaster 的仿真开发。C 语言虽然功能强大,但要真正掌握却非易事,对于一些不太擅长编程的工程师,挑战性极大。Python 无疑是当今世界上最流行、最易学的一门编程语言,在这个数字化的时代,在工程师中得到了普及。TSMaster 允许用户通过 Python 小程序实现 C 小程序的功能,对于普通用户的开发效率的提升起到革命性的促进作用。

19.1 Python 小程序开发环境简介

Python 小程序的开发环境,与 C 小程序的开发环境基本上是相同的,本章不再做详细描述,如图 19.1 所示。

图 19.1 Python 小程序开发环境

19.1.1 TSMaster 的 Python 开发环境检查

在 TSMaster 主界面中,通过"工具"→"系统信息"选项打开"系统信息"窗口,再选择"Python 环境设置"页面,一般用户只需使用默认的设置即可。用户单击"运行"按钮▶以后,将在"Python 命令行输出"栏产生多行日志,在日志的结尾,若出现"TSMaster package for Python successfully installed.",表明 Python 的开发环境设置正常,如图 19.2 所示。

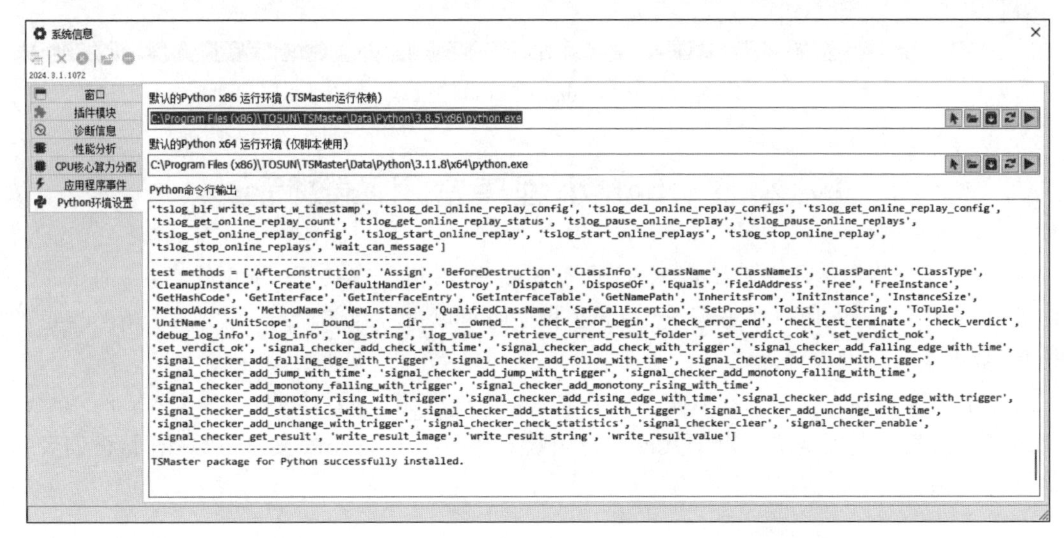

图 19.2 在"系统信息"窗口检查 Python 开发环境的设置

19.1.2 调试环境设置

Visual Studio Code(简称 VS Code)是微软推出的一个相当优秀的代码编辑器,具备开源、跨平台、模块化、插件丰富、启动时间快、界面友好、可高度定制等优秀的特质。Visual Studio Code 编辑器支持多种语言和文件格式的编写,也成为 Python 外部开发环境的首选。

若要将 VS Code 作为 Python 小程序的外部编辑器,需要按照如下步骤。

(1) 安装最新的 VS Code。

作为免费软件,用户可以在其官网中找到安装包,下载地址为 https://code.visualstudio.com/Download。

(2) 安装 Python 插件。

在 VS Code 中安装插件非常简单,只需要打开 VS Code,选择"扩展",在"商店"的搜索栏中输入"Python",选择相应的插件,单击"安装"按钮。

(3) 选择解释器为 TSMaster Python 32 位。

单击左侧 Python 的图标,可以查看系统中已经安装的 Python 解释器列表,调试 Python 脚本时,建议选择 TSMaster 安装目录中自带的 Python 解释器(当前版本的 Python 路径为 C:\Program Files (x86)\TOSUN\TSMaster\Data\Python\3.8.5\x86\python.exe),如图 19.3 所示。

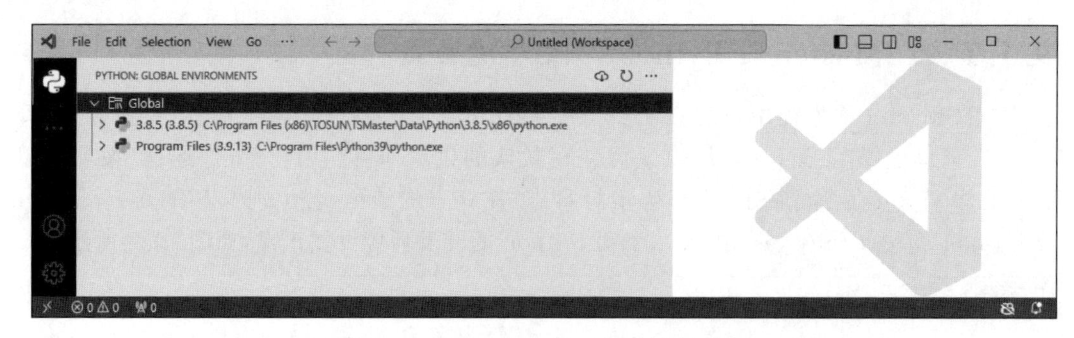

图 19.3 VS Code 中 Python 解释器选择

19.2 Python 小程序常用函数简介

Python 小程序本质上基于嵌入在 TSMaster 应用程序中的 Python 版本，当前版本为 Python 3.8.5。因此用户在编写 Python 小程序时可以参考当前 Python 3.8.5 版本支持的语法、数据类型以及编译环境。

本节主要整理出 TSMaster 提供的最常见函数做介绍，主要针对 CAN/CAN FD 总线，为本章后面的实例做铺垫。对于其他接口函数基本上与 C 程序的接口函数相同，请读者参考 TSMaster 的立即文档。

19.2.1 通用函数

TSMaster 本身提供的通用函数极少，如 log 函数，表 19.1 列出了 TSMaster 的主要通用函数列表及功能描述。

表 19.1 TSMaster 主要通用函数列表及功能描述

函数名	功能描述
log	在消息窗口显示指定的信息，信息类别可以设定
ShowMessage	显示一个带有确认按钮的消息对话框

19.2.2 app 类函数

app 类函数主要针对 TSMaster 应用程序的常用接口函数，表 19.2 列出了 TSMaster app 类主要函数列表及功能描述。

表 19.2 TSMaster app 类主要函数列表及功能描述

函数原型	功能描述
check	检查函数返回值是否正确，如果不正确，则打印错误信息。如果返回值不为 0，则结果为 OK
connect	通过与每个映射通道建立连接来连接到指定的应用程序
disconnect	通过关闭来自每个映射通道的连接，断开与指定应用程序的连接
is_connected	检查应用程序是否连接
get_system_var_generic	获取系统变量数组的数值，字符串形式返回
get_timestamp_us	获取当前测量的 PC 时间戳，单位 μs

续表

函数原型	功能描述
log_text	将日志消息写入消息窗口
print_system_var_value	在消息窗口打印系统变量值
make_toast	在屏幕上显示悬浮提示信息
set_system_var_generic	用字符串表示设置系统变量值
tsdb_load_can_db	加载指定的 CAN 数据库
tsdb_unload_can_db	卸载指定的 CAN 数据库
tsdb_unload_can_dbs	卸载所有的 CAN 数据库
wait	在执行下一个语句之前，请等待设定的时间段(以 ms 为单位)

19.2.3 com 类常见函数

com 类函数主要针对 TSMaster 应用程序中车载总线的常用接口函数，其中涵盖了 CAN/CAN FD、LIN 等总线通行以及日志处理。表 19.3 列出了 TSMaster com 类的主要函数列表及功能描述。

表 19.3 TSMaster com 类的主要函数列表及功能描述

函数名	功能描述
can_rbs_start	启动 CAN RBS 仿真引擎
can_rbs_stop	停止 CAN RBS 仿真引擎
can_rbs_enable	使能或禁止 CAN RBS 仿真引擎
can_rbs_is_running	检查 CAN RBS 仿真引擎是否在运行
can_rbs_configure	配置 CAN RBS 仿真引擎参数
can_rbs_activate_all_networks	激活 CAN RBS 仿真引擎中所有网络
can_rbs_activate_network_by_name	激活 CAN RBS 仿真引擎中指定的网络
can_rbs_activate_node_by_name	激活 CAN RBS 仿真引擎中指定的节点
can_rbs_activate_message_by_name	激活 CAN RBS 仿真引擎中指定的报文
can_rbs_set_message_cycle_by_name	设定 CAN RBS 仿真引擎中指定报文的周期
can_rbs_get_signal_value_by_element	根据数据库中指定元素获取 CAN RBS 仿真引擎中指定信号的值
can_rbs_get_signal_value_by_address	根据数据库中信号地址获取 CAN RBS 仿真引擎中指定信号的值
can_rbs_set_signal_value_by_element	根据数据库中指定元素设定 CAN RBS 仿真引擎中指定信号的值
can_rbs_set_signal_value_by_address	根据数据库中信号地址设定 CAN RBS 仿真引擎中指定信号的值

19.2.4 test 类常见函数

test 类函数主要针对 TSMaster 应用程序中测试模块的接口函数。表 19.4 列出了 TSMaster test 类的主要函数列表及功能描述。

表 19.4 TSMaster test 类的主要函数列表及功能描述

函数名	功能描述
set_verdict_ok	设置当前测试案例的 OK 判决
set_verdict_nok	设置当前测试案例的 NOK 判决
set_verdict_cok	设置当前测试案例的 COK 判决
log_info	将测试信息记录到当前测试系统

19.3 常见 class 定义

在使用 Python 开发小程序过程中，有两个类不容易避开，那就是 RawCAN 类和 CANSignal 类。本节将它们的定义拿出来，给读者做一些简单的介绍。

19.3.1 RawCAN 类

在 TSMaster 头文件中定义了 RawCAN 类，读者可以在其中查看到以下代码。RawCAN 类中定义了如何初始化一个 RawCAN 对象，以后如何设置或读取相关的属性。

```
class RawCAN():
    """
    TSMaster TRawCAN
    """
    def __init__(self, AId: int = 0, ADLC: int = 8, AIdxChn: int = 0, ATimeUs: int = 0,
ADatas: typing.List[int] = [], AFlags: int = 0):
        '''
        Create a raw CAN frame with identifier and dlc
        '''
    def init_w_std_id(self, AId: int, ADLC: int) -> None: "initialize a RawCAN object with
standard identifier and dlc"
    def init_w_ext_id(self, AId: int, ADLC: int) -> None: "initialize a RawCAN object with
extended identifier and dlc"
    def set_data(self, AIdxByte: int, AData: int) -> None: "set raw data byte by index"
    is_tx: bool = "whether are tx signal"
    is_data: bool = "whether are data"
    is_std: bool = "whether status code are correct"
    is_err: bool = "whether are error"
    is_edl: bool = "whether is EDL function"
    is_brs: bool = "whether is BRS function"
    is_esi: bool = "whether is ESI function"
    idx_chn: int = "channel index"
    dlc: int = "dlc length of data"
    id: int = "id of data"
    time_us: int = "How long does it take"
    data: typing.List[int] = "body of data"
```

19.3.2 CANSignal 类

在 TSMaster 头文件中定义了 CANSignal 类，该类中定义了如何初始化一个 CANSignal 对象，以及如何设置或读取相关的属性。

```
class CANSignal():
    """
    TSMaster TCANSignal
    """
    def __init__(self, ACANSgnType: int = 0, AIsIntel: int = 1, AStartBit: int = 0,
ALength: int = 1, AFactor: float = 1.0, AOffset: float = 0):
        '''
        Create a CAN signal
```

```
    '''
    CANSgnType: int = "CAN signal type, 0 = unsigned, 1 = signed, 2 = float, 3 = double"
    IsIntel: int = "0 = intel, 1 = motorola"
    StartBit: int = "start bit in frame data"
    Length: int = "signal size in bits"
    Factor: float = "factor for calculating phys. value"
    Offset: float = "offset for calculating phys. value"
```

19.4 工程实例简介

在本书基础篇中，多次使用了 EasyDemo 的仿真工程作为典型范例来讲解 TSMaster 的功能，但其中需要编程实现的功能采用的是 C 小程序。为了展示 TSMaster 中可以使用 Python 替代 C 语言实现相同的功能，本章接下来将讲解如何使用 Python 实现 EasyDemo 相关的仿真功能。

本实例将主要实现如下功能。

(1) 系统变量读写操作。

(2) 信号修改操作。

(3) 定时器创建、触发事件处理。

(4) 系统变量变化事件处理。

(5) CAN 报文接收事件处理。

(6) 按键事件处理。

(7) 自定义函数。

19.5 工程实例实现

由于本章实现的实例基本上与 EasyDemo 功能要求基本一样，所以面板的开发可以省略，这里主要需要实现 C 小程序到 Python 小程序的转换。读者可以将原来的 C 代码(EasyDemo)复制粘贴到文本编辑器或 C 开发环境中，接下来可以对其逐行转换为 Python 代码。

19.5.1 实现 EasyDemo 的功能

根据 EasyDemo 的 C 小程序，程序的逻辑与事件处理的方式完全相同，读者需要创建完成如下几段代码的 Python 转换。

(1) step 函数的转换。

(2) 新建一个变量 TxCount(类型 Integer)。

(3) 新建一个定时器 FlashTimer(周期 500ms)。

(4) 添加一个启动事件 On_Start。

(5) 添加一个停止事件 On_Stop。

(6) 添加一个按键事件 On_KeyT。

(7) 添加一个定时器触发事件 On_FlashTimer。

(8) 添加一个 CAN 报文接收事件 on_can_rx_TestControl(针对 TestControl 报文)。

(9) 添加 4 个变量变化事件(分别针对系统变量：Control. HeadLight，Control . HazardLight，Control. EngSpeed 和 Control. Ignition)。

这里需要特别强调的，Python 小程序的接口函数，调用默认返回的值可能是一个列表，第一个元素为整数，返回 0 为调用成功，返回非 0 值表示调用出错，第二个元素可能是用户期望的结果。例如，v = app. get_system_var_value("Control. HeadLight")调用以后，v 类型为列表，v[0]为调用的结果(成功与否)，v[1]为真正的系统变量的数值。以上代码的具体转换实现，可以查看 19. 5. 4 节的完整代码部分。

19.5.2 增加自定义函数

在 Python 小程序的自定义函数原型中，默认返回是一个整数，一般返回 0 为调用成功，返回非 0 值表示出错，若要返回其他类型似乎不可能。其实，这只是默认返回类型，用户可以在函数体中修改返回的类型。

此处举了最简单的例子：一个函数，除数为 x，被除数为 y，返回一个列表，第一个元素表示函数的调用状态，第二个元素表示商即计算结果。

```
# CODE BLOCK BEGIN Custom_Function MyFun
def MyFun(x: int, y: int) -> int:
    if y == 0:
        r = -1        # return error
        z = 0         # abnormal
    else:
        r = 0         # return ok
        z = x/y       # calculation result

    return [r, z]
# CODE BLOCK END Custom_Function MyFun
```

19.5.3 调用自定义函数

为了演示方便，本实例将直接调用函数部分插入在 On_Start 事件中，读者可以修改 a 和 b 的值来测试 MyFun 函数的功能，以下代码供读者参考。

```
# Call MyFun function
a = 12
b = 4
lst = MyFun(a, b)
if lst[0] != 0:
    app.log_text("Calculation Error", lvlError)
else:
    app.log_text("Calculation OK", lvlOK)
    log("a = %d, b = %d" % (a,b))
    log("a / b = %d" % lst[1])
```

当然也可以有两个变量来接收自定义函数的返回值，例如：

```
#Call MyFun function
a =12
b =  4
res,div = MyFun(a, b)
```

```
if res != 0:
    app.log_text("Calculation Error", lvlError)
else:
    app.log_text("Calculation OK", lvlOK)
    log("a =  %d, b =  %d" % (a,b) , 1)
    log("a / b =  %d" % div)
```

19.5.4 Python 完整代码

在本实例实现过程中,需要解析报文 TestControl 中的信号 DemoEnable 值,这时候需要使用 import 导入 Databases,因为在 Databases 文件中定义一个 TTestControl_1 类,便于信号值的提取。

以下为本章范例的完整代码,供读者参考。

```
# CODE BLOCK BEGIN Global_Definitions
from TSMaster import *
import math
import Databases as dbs
SinePos = True

# CODE BLOCK END Global_Definitions
# CODE BLOCK BEGIN Instance
Instance = MpInstance('PyEasyDemo')
# CODE BLOCK END Instance
# CODE BLOCK BEGIN Timer FlashTimer
FlashTimer = MpTimer("PyEasyDemo", "FlashTimer", 500)
# Auto generated code, for modification please goto python code editor
# CODE BLOCK END Timer FlashTimer
# CODE BLOCK BEGIN On_Var_Change On_Control_HeadLight
def on_var_change_On_Control_HeadLight() -> None:
    # 获取系统变量 Control.HeadLight 当前值
    l = app.get_system_var_value("Control.HeadLight")
    s = l[1]
    # 使用系统变量 Control.HeadLight 当前值,来更新 HeadLight 信号值
    com.can_rbs_set_signal_value_by_address("0/EasyCAN/Gateway/LightState/HeadLight",s)
    pass

# CODE BLOCK END On_Var_Change On_Control_HeadLight
# CODE BLOCK BEGIN On_Var_Change On_Control_Ignition
def on_var_change_On_Control_Ignition() -> None:
    # 获取系统变量 Control.Ignition 当前值
    l = app.get_system_var_value("Control.Ignition")
    s = l[1]
    # 根据系统变量 Control.Ignition 当前值,更新 StartKey 信号值
    com.can_rbs_set_signal_value_by_address("0/EasyCAN/Gateway/Ignition_Info/StarterKey",s)
    pass

# CODE BLOCK END On_Var_Change On_Control_Ignition
# CODE BLOCK BEGIN On_Var_Change On_Control_EngSpeed
def on_var_change_On_Control_EngSpeed() -> None:
    # 获取系统变量 Control.EngSpeed 当前值
    l = app.get_system_var_value("Control.EngSpeed")
    s = l[1]
```

```
        if(s<0):
          s = -s
        # 根据系统变量 Control.EngSpeed 当前值,更新 EngSpeed 信号值
        com.can_rbs_set_signal_value_by_address("0/EasyCAN/Engine/EngineData/EngSpeed",s)
        pass

# CODE BLOCK END On_Var_Change On_Control_EngSpeed
# CODE BLOCK BEGIN On_Var_Change On_Control_HazardLight
def on_var_change_On_Control_HazardLight() -> None:
        # 获取系统变量 Control.HazradLight 当前值
        l = app.get_system_var_value("Control.HazardLight")
        s = l[1]
        # 根据系统变量 Control.HazardLight 当前值,更新 FlashLight 信号值
        com.can_rbs_set_signal_value_by_address("0/EasyCAN/Gateway/LightState/FlashLight",s)
        pass

# CODE BLOCK END On_Var_Change On_Control_HazardLight
# CODE BLOCK BEGIN On_Timer On_FlashTimer
def on_timer_On_FlashTimer() -> None:
        # 系统变量 LightStatus 状态:0 - 全部 off; 1 - 大灯 on,闪烁灯 off;
        # 2 - 大灯 Off,闪烁灯 on; 3 - 大灯和闪烁灯都 on
        # 本例通过系统变量 LightStatus 的变化,来切换四张图片,达到以上效果的

        # 根据 HeadLight 信号值,获取大灯的状态
        l = com.can_rbs_get_signal_value_by_address("0/EasyCAN/Cluster/LightState/HeadLight")
        log("l is %s" %l)
        s1 = l[1]

        # 根据 FlashLight 信号值,获取闪烁灯的状态
        l = com.can_rbs_get_signal_value_by_address("0/EasyCAN/Cluster/LightState/FlashLight")
        log("l is %s" %l)
        s2 = l[1]

        # 根据系统变量 Light.LightStatus
        l = app.get_system_var_value("Light.LightStatus")
        log("l is %s" %l)
        s = l[1]

        # 切换闪烁灯的 On/Off,500ms 切换一次
        flash = 0
        if(s2==1):
          if(s>=2):
            flash = 0
          else:
            flash = 1

        # 更新系统变量 Light.LightStatus
        s = flash * 2 + s1
        log("light status is %d" %s)
        app.set_system_var_generic("Light.LightStatus", s)

        pass

# CODE BLOCK END On_Timer On_FlashTimer
# CODE BLOCK BEGIN On_Start On_Start
def on_start_On_Start() -> None:
```

```
    FlashTimer.Start() # 启动 FlashTimer 定时器
    # 调用自定义函数 MyFun 演示
    a = 12
    b = 0
    lst = MyFun(a, b)
    if lst[0] != 0:
        app.log_text("Calculation Error", lvlError)
    else:
        app.log_text("Calculation OK", lvlOK)
        log("a = %d, b = %d" % (a,b))
        log("a / b = %d" % lst[1])
    pass

# CODE BLOCK END On_Start On_Start
# CODE BLOCK BEGIN On_Stop On_Stop
def on_stop_On_Stop() -> None:
    FlashTimer.Stop()
    pass

# CODE BLOCK END On_Stop On_Stop
# CODE BLOCK BEGIN Variable TxCount
TxCount = MpVarInteger("PyEasyDemo.TxCount", 0, "")
# Auto generated code, for modification please goto python code editor
# CODE BLOCK END Variable TxCount
# CODE BLOCK BEGIN On_Shortcut On_KeyT
def on_shortcut_On_KeyT() -> None:
    # 以下演示一个按键事件,每次发送将更新计数器 TxCount
    v = TxCount.Value
    f0 = RawCAN(0x123, 8)
    f0.is_edl = True
    f0.data = [0x01, 0x22, 0x33, 0x44, 0x55, 0x66, 0x77, 0x88]
    com.transmit_can_async(f0)

    v = v + 1
    if(v > 255):
      v = 0

    TxCount.Value = v
    pass

# CODE BLOCK END On_Shortcut On_KeyT
# CODE BLOCK BEGIN On_CAN_Rx TestControl
def on_can_rx_TestControl(ACAN: RawCAN) -> None:
    if (ACAN.idx_chn != CH1): # if you want to filter channel
        return
    # 获取报文 TestControl 中 DemoEnable 信号值
    msg = dbs.TTestControl_1()
    msg.FRawCAN.data = ACAN.data
    v = msg.DemoEnable
    # 根据 DemoEnable 信号值,来更新系统变量 Control.DemoEnable
    app.set_system_var_int32('Control.DemoEnable',v)

# CODE BLOCK END On_CAN_Rx TestControl
# CODE BLOCK BEGIN Custom_Function MyFun
def MyFun(x: int, y: int) -> int:
```

```
    if y == 0:
        r = -1 # returm error
        z = 0 # abnormal
    else:
        r = 0 # return ok
        z = x/y

    return [r, z]

# CODE BLOCK END Custom_Function MyFun

# CODE BLOCK BEGIN Step_Function
def step() -> None:
    # 获取系统变量 Control.DemoEnable 的值
    v1 = app.get_system_var_value("Control.DemoEnable")
    # log("v1 = %s" % v1)

    # 如果系统变量 Control.DemoEnable 值为 0,直接退出 step 函数
    if(v1 == [0, 0]):
      return

    # 将系统变量 Control.Ignition 值置为 1
    app.set_system_var_generic("Control.Ignition", "1");

    # 以时间戳为参数,生成 sin 曲线
    t = app.get_timestamp_us()/1000000.0/5
    v = math.sin(t) * 3000
    # log("engine speed = %f" % v)

    # 判断 sin 波形的方向,自动取绝对值
    if(v < 0):
       v = -v
       CurPos = False     # 当前波形的方向为负
    else:
       CurPos = True      # 当前波形的方向为正

    global SinePos
    # 当波形方向跳变时,切换大灯的开关
    if(CurPos != SinePos):
        hstatus = app.get_system_var_value("Control.HeadLight")
        # 切换当前大灯的状态
        if(hstatus == [0,1]):
           app.set_system_var_generic("Control.HeadLight", "0")
        else:
           app.set_system_var_generic("Control.HeadLight", "1")

        # 如果此时 SinePos 为正,将切换 Hazard 灯的状态
        if SinePos:
           fstatus = app.get_system_var_value("Control.HazardLight")
           if(fstatus == [0,1]):
              app.set_system_var_generic("Control.HazardLight", "0")
           else:
              app.set_system_var_generic("Control.HazardLight", "1")

    # 将当前正弦波的方向赋给 SinePos
```

```
    SinePos = CurPos

    # 将正弦波的当前绝对值赋给系统变量 Control.EngSpeed
    app.set_system_var_generic("Control.EngSpeed", str(v))
    pass

# CODE BLOCK END Step_Function
```

19.6 工程运行测试

由于本实例与原始的 EasyDemo 实例实现的功能完全相同，故仿真工程的运行测试的效果也基本相同，本处不做过多描述。

读者可以在本书提供的资源压缩包中找到本章例程的工程文件(路径\Chapter_19\Source\EasyDemo_Py.T7z)。

第20章 TSMaster 高级编程——基于工具箱设计开发环境的开发

本章内容：

- 工具箱设计开发环境简介。
- 工具箱控件属性、事件简介。
- 工程实例简介。
- 工程实例实现。
- 工程运行测试。

TSMaster 工具箱功能是基于 Python 代码实现的，它的出现给了开发者更多施展 Python 编程能力的机会。由于工具箱生成的窗口支持多种控件，可以作为一个独立运行的应用程序，也可以作为一个插件安装到 TSMaster 的某个功能区的工具栏中，给 TSMaster 的应用也增加了更多的应用场景。本章首先介绍工具箱的基本功能，以及相关控件、属性和事件，然后使用一个独立运行的工具箱实例来讲解如何实现工具箱的开发。

20.1 工具箱设计开发环境简介

工具箱可以设计专业的、复杂的用户界面，可以相对独立地运行，也可以在常规的 TSMaster 环境中使用。本章接下来将逐步介绍工具箱的开发环境，因为工具箱的开发是基于 Python 的开发环境，所以用户需要确认 Python 的环境是否安装到位。

20.1.1 工具箱列表页面

在 TSMaster 主界面中，通过“应用”→“工具箱设计开发环境”选项进入同星工具箱设计开发环境，默认停留在“工具箱列表”选项卡，如图 20.1 所示。上半区域为工具箱列表区域，用户可以进行激活、禁止、安装、删除工具箱等操作，下半区域为 Python 运行的命令显示。

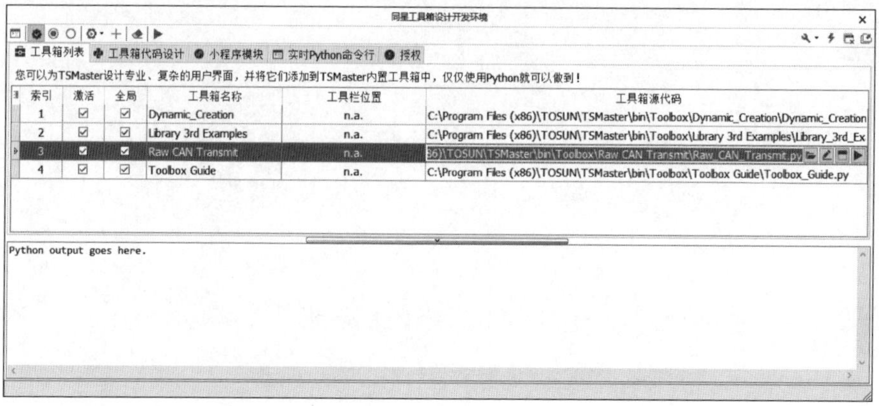

图 20.1 “工具箱列表”选项卡

表 20.1 列出了“工具箱列表”选项卡中的工具栏按钮以及源代码栏的按钮及功能描述。

表 20.1　工具箱列表工具栏及源代码栏的按钮及功能描述

按　钮	功能描述
	打开 cmd 控制台窗口，并切换到 TSMaster 的 Python 路径中
	激活工程模式或全局模式
	激活所有工具箱
	禁止所有工具箱
	设置下拉菜单。 安装工具箱…：将现有的工具箱模块加载到工程中。 导出工具模块…：将选中的工具箱模块导出到工具箱模块文件中（*.tbm 格式）。 导出加密代码的工具箱模块…：将选中的工具箱模块导出到编译的工具箱模块文件中（*.tbmc 格式）。 删除所选工具箱…：从工程中删除所选的工具箱模块
	新建工具箱
	清除命令行
	运行选中的工具箱模块
工具箱源代码栏按钮	
	打开当前的工具箱所在的文件夹
	编辑工具箱代码，跳转到工具箱代码设计页面（20.1.2 节）
	编辑工具箱窗口，跳转到工具箱窗口设计器页面（20.1.5 节）
	运行选中的工具箱模块

20.1.2　工具箱代码设计页面

单击“工具箱代码设计”标签，可以切换到当前选中的工具箱代码设计页面，如图 20.2 所示。用户可以使用该页面编辑工具箱代码，也可以使用外部工具编辑代码（如 VS Code 等）。在此页面下，相关的工具栏的选项及功能描述如表 20.2 所示。

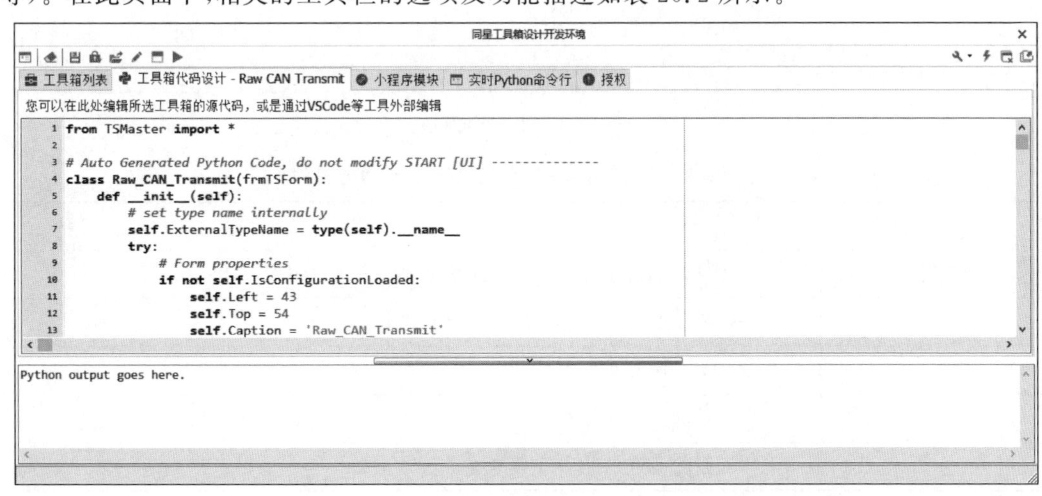

图 20.2　工具箱代码设计页面

表 20.2 工具箱代码设计工具栏的选项及功能描述

选　项	功能描述
	打开 cmd 控制台窗口，并切换到 TSMaster 的 Python 路径中
	清除命令行
	保存当前编辑的代码
	导出加密的源代码(.pye 文件)
	导入源代码(.py 文件)或者加密的源代码(.pye 文件)
	使用外部编辑器打开工具箱的源代码
	编辑工具箱窗口，跳转到工具箱窗口设计器页面(20.1.5 节)
	运行当前的工具箱

不建议更改自动生成代码的备注之间的部分，下次生成时会覆盖。

20.1.3 小程序模块页面

单击“小程序模块”标签，可以切换到当前选中的工具箱小程序配置页面，如图 20.3 所示。用户可以在此页面激活、禁止、添加和删除小程序模块，相关的工具栏的选项及功能描述如表 20.3 所示。

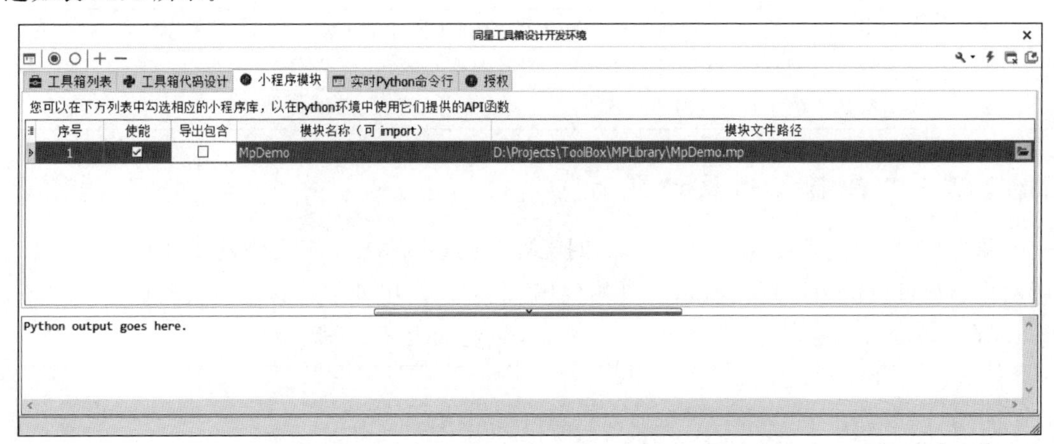

图 20.3 小程序模块

表 20.3 小程序模块工具栏的选项及功能描述

选　项	功能描述
	打开 cmd 控制台窗口，并切换到 TSMaster 的 Python 路径中
	激活所有小程序模块
	禁止所有小程序模块
+	添加小程序模块
—	删除所选的小程序模块

20.1.4 实时 Python 命令行

单击“实时 Python 命令行”标签，可以切换到“实时 Python 命令行”选项卡，如图 20.4 所示。这是一段独立的 Python 代码，可以与其他应用程序实时交互，可以用于调试和验证。在此页面下，相关工具栏的选项及功能描述如表 20.4 所示。

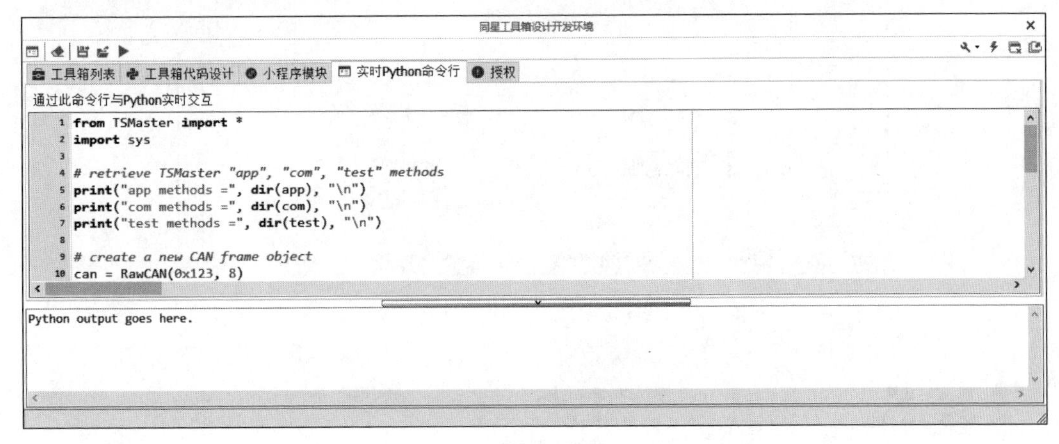

图 20.4 实时 Python 命令行

表 20.4 实时 Python 命令行工具栏的选项及功能描述

选　　项	功能描述
	打开 cmd 控制台窗口，并切换到 TSMaster 的 Python 路径中
	清除命令行
	导出 Python 命令行到. py 文件
	从. py 文件导入 Python 命令行
	运行当前的工具箱

20.1.5 工具箱窗口设计器

设计窗体是工具箱核心功能之一，可以依据窗体设计器生成对应的源代码。在工具箱列表页面单击“窗体编辑”按钮，将打开该工具箱的窗体设计器，以 TSMaster 自带的工具箱范例 Raw CAN Transmit 为例，效果如图 20.5 所示。

当窗体设计器打开时，同星工具箱组件窗体也将同步打开，用户可以在组件窗体的控件页面添加控件，在属性页面修改控件相关属性，在配置页面修改配置和查看窗体中的控件列表，如图 20.6 所示。

20.1.6 关于工具箱设计的授权

当前工具箱的功能授权免费开放，仅限个人学习和研究使用，若用于商业用途，须申请正式的商业授权。

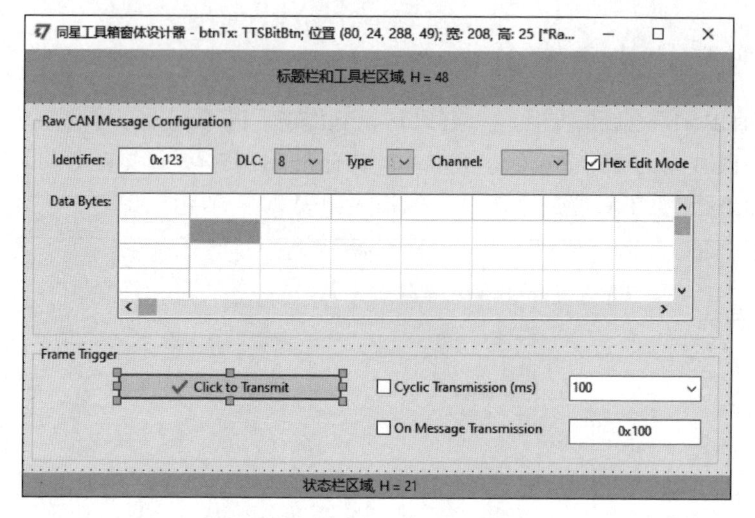

图 20.5　工具箱窗体设计器界面

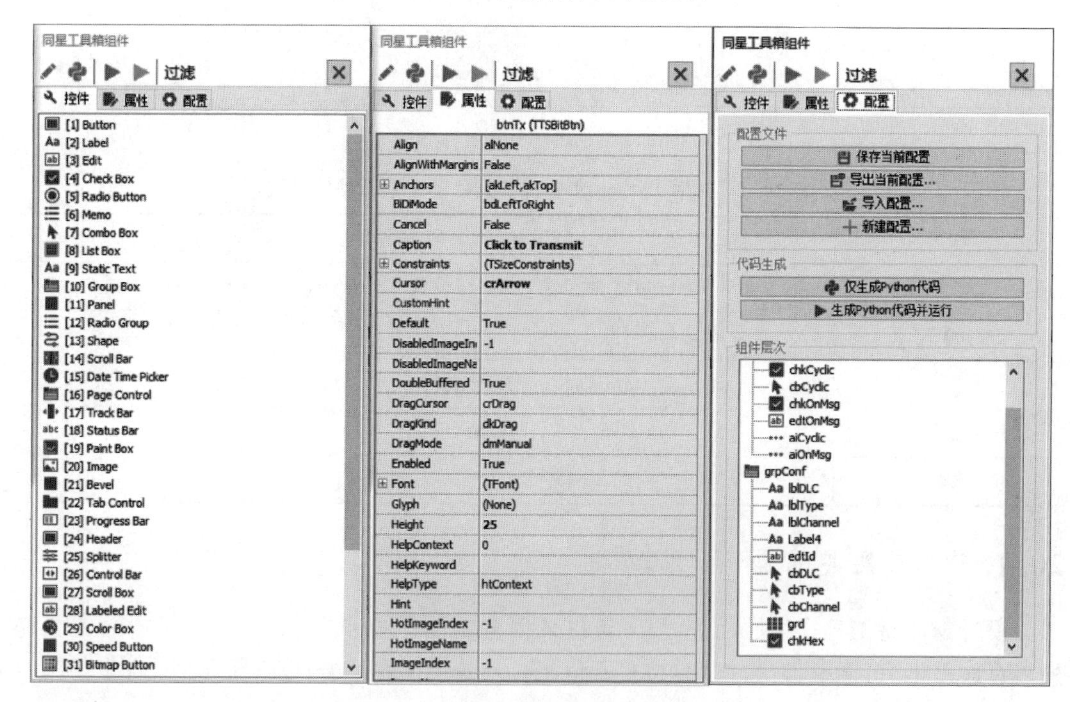

图 20.6　工具箱组件控件、属性、配置页面

20.2　工具箱控件属性、事件简介

由 20.1.5 节可以看出工具箱的设计涉及多种控件，每个控件在 Python 脚本中都被定义成一个类，接下来简单介绍一下窗体类（frmTSForm 类）和按钮类（Button 类）。除此之外，本章还将介绍一下最常见的一个类——RawCAN 类，用户在发送报文或解析报文时都需要了解 RawCAN 类的用法。

20.2.1 frmTSForm 类

工具箱主体就是一个窗体，熟悉了 frmTSForm 类以后，才能调整或修改窗体的属性，添加窗体事件，实现用户期望的效果。表 20.5 列出了 frmTSForm 类的基本属性及描述。表 20.6 列出了 frmTSForm 类的主要方法及描述。表 20.7 列出了 frmTSForm 类的回调函数及描述。

表 20.5 frmTSForm 类的基本属性及描述

属　　性	描　　述	属　　性	描　　述
Left	设置窗体初始显示的左边沿坐标	Enabled	设置窗体是否可用
Top	设置窗体初始显示的上边沿坐标	Visible	设置窗体可见性
Width	设置窗体的宽度	Color	设置窗体的背景颜色
Height	设置窗体的高度	Font	设置窗体的字体
Caption	设置窗体显示的标题		

表 20.6 frmTSForm 类的主要方法及描述

方　　法	描　　述
log	在系统消息窗口和工具箱窗体的状态栏输出黑色日志信息
log_ok	在系统消息窗口和工具箱窗体的状态栏输出绿色日志信息
log_error	在系统消息窗口和工具箱窗体的状态栏输出红色日志信息
log_hint	在系统消息窗口和工具箱窗体的状态栏输出黄色日志信息
log_warning	在系统消息窗口和工具箱窗体的状态栏输出蓝色日志信息
RegisterToolbarButton	在工具箱窗体的工具栏添加按钮
Show	显示当前工具箱窗体
Hide	隐藏当前工具箱窗体
Close	关闭当前工具箱窗体
SetFocus	聚焦当前工具箱窗体
SetBounds	设置当前工具箱窗体的位置、大小等
ClearCANFilters	清除所有 CAN 通过过滤器，禁止所有报文接收
AddCANFilterById	添加 CAN ID 到通过过滤器

表 20.7 frmTSForm 类的回调函数及描述

回 调 函 数	描　　述
OnRawCANEvent	CAN/CAN FD 报文接收事件回调函数
OnRawCANTxRequestEvent	CAN/CAN FD 报文发送请求事件回调函数
OnMeasurementStartedEvent	测量开始事件回调函数
OnMeasurementStoppedEvent	测量终止事件回调函数
OnMeasurementPreStartEvent	测量预开始事件回调函数
OnMeasurementPreStopEvent	测量预终止事件回调函数
OnShow	窗体显示事件回调函数
OnHide	窗体隐藏事件回调函数
OnResize	窗体改变事件回调函数

20.2.2 Button 类

按钮作为触发事件的主要控件，在工具箱窗体中有着广泛的应用。表 20.8 列出了 Button 类常见属性及描述。表 20.9 列出了 Button 类常见回调函数及描述。

表 20.8 Button 类常见属性及描述

属　　性	描　　述
Left	设置按钮的左边沿离父窗体距离
Top	设置按钮的上边沿离父窗体距离
Width	设置按钮的宽度
Height	设置按钮的高度
Caption	设置按钮显示标题
Enabled	设置按钮是否可用
Visible	设置按钮可见性
Color	设置按钮的背景颜色
Font	设置按钮的字体

其他属性建议通过窗体设计器设定，如按钮的图片显示等。

表 20.9 Button 类常见回调函数及描述

回调函数	描　　述
OnClick	按钮被单击时将触发此事件

20.2.3 RawCAN 类

在工具箱窗体中，通常需要处理报文的发送和接收，在此过程中需要初始化 CAN/CAN FD 报文，或者提取报文的属性或数据。表 20.10 列出了 RawCAN 类的基本属性及描述。表 20.11 列出了 RawCAN 类的常见方法函数及描述。

表 20.10 RawCAN 类基本属性及描述

属　　性	描　　述
id	设置或获取报文 id
dlc	设置或获取报文的长度 dlc
Idx_chn	设置或获取报文的发送通道
time_us	获取报文的时间戳
data	设置或获取报文的 data 数据
is_tx	获取是否发送报文
is_data	获取或设置是否是数据帧
is_std	获取或设置是否是标准帧
is_err	获取是否是错误帧
is_edl	获取或设置扩展数据长度 EDL(Extended Data Length)位状态
is_brs	获取可变速率 BRS(Bit Rate Switch)位状态
is_esi	获取错误状态位 ESI(Error State Indicator)位状态

表 20.11 RawCAN 类的常见方法函数及描述

方法	描述
RawCAN	CAN 初始化函数
init_w_std_id	使用 id 和 dlc 来初始化 CAN 标准报文
init_w_ext_id	使用 id 和 dlc 来初始化 CAN 扩展报文
set_data	根据索引设置报文的 Raw Data

20.2.4 调用 TSMaster 资源

在 TSMaster 工具箱中可以方便地调用 TSMaster 的 Python 小程序中定义的标准函数，如 19.2 节介绍的 app 函数、com 函数以及 test 函数等。例如，需要连接硬件时可以调用函数 app.connect()。由于相关调用与第 19 章类似，这里不再展开讲解。

20.3 工程实例简介

本实例将通过工具箱实现一个独立的窗体，用户可以独立运行，主要实现功能如下。

(1) 创建一个窗体，在工具栏中添加连接硬件、断开硬件、系统消息等按钮。

(2) CAN 报文发送。

(3) CANFD 报文发送：周期报文和非周期报文。

(4) 对接收的 CAN/CANFD 报文处理，解析相关信号的值并显示。

(5) 工具箱 Python 代码以独立应用程序形式运行。

(6) 在 TSMaster 应用中作为工具箱插件运行。

20.4 工程实例实现

首先，新建一个 CAN 总线仿真工程，在工具箱设计开发环境中，读者可以新建一个工具箱，命名为 TestSuite，效果如图 20.7 所示。因为本实例的工具箱是为了某个特殊应用开发的，不需要设置为全局，读者可在工具箱源代码栏看到源码的位置。

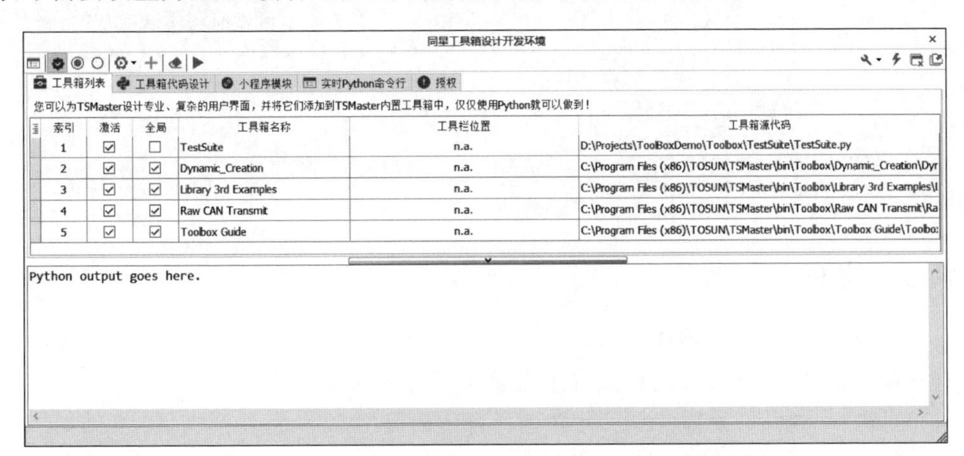

图 20.7 新建工具箱 TestSuite

20.4.1 待测 ECU 的仿真环境

为了展示 TestSuite 工具箱的功能，本章这里需要借用 EasyDemo 作为待测 ECU，将其在 TSMaster1 中运行，将其 CAN 硬件通道设置为 TS Virtual Device 1 CAN FD 通道 1。

为了演示的需要，本章将启用 DBC 文件中的 Tester 节点下的一个报文 TestControl，Id 为 0x71A，如图 20.8 所示。

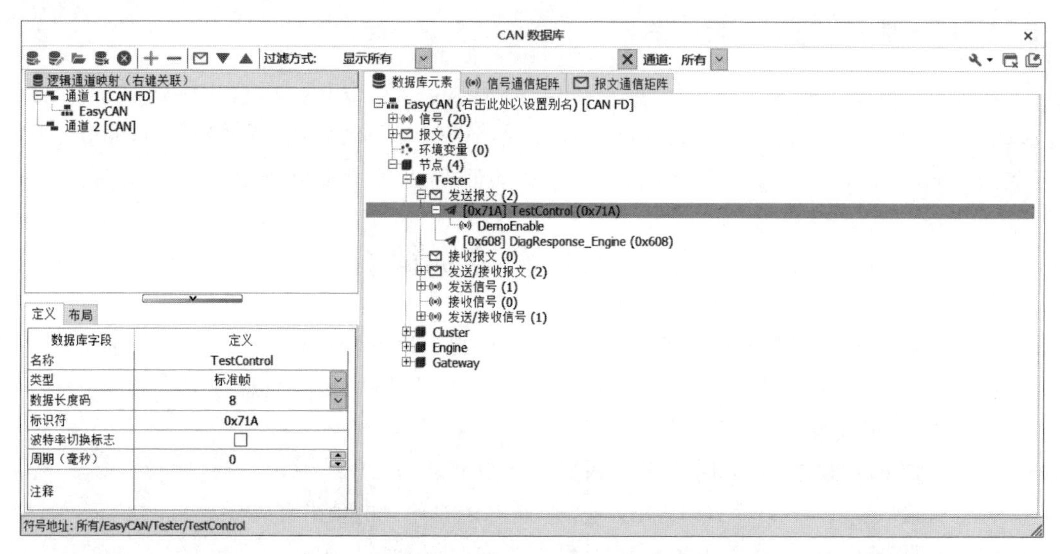

图 20.8 更新 EasyDemo 数据库

为了能够通过接收的报文 TestControl 来控制系统变量，这里需要添加一段代码来处理报文 TestControl 接收事件，根据信号 DemoEnable 的数值来更新对应的 Control.DemoEnable 系统变量，详细代码如下。

```
//CAN 报文接收事件 "TestControl" 针对标识符 = 0x71A
void on_can_rx_TestControl(const TCAN * ACAN) { __try {  //针对标识符 = 0x71A
    //if (ACAN->FIdxChn != CH1) return;               //if you want to filter channel
    TTestControl_1 TestControl_1;
    TestControl_1.init();                          //在使用此结构体前调用这段初始化代码
    TestControl_1.FCAN = *ACAN;                    //若是在回调函数中，请用 ACAN 数据赋值 FCAN
    s32 v = TestControl_1.DemoEnable;
    app.set_system_var_int32("Control.DemoEnable", v);

} __except (1) { log_nok("CRASH detected"); app.terminate_application(); }}
//CODE BLOCK END On_CAN_Rx TestControl
```

20.4.2 窗体设计

在窗体设计之前，用户需要明白，工具箱窗体设计器是帮助用户快速设计窗体的，同时可以查看窗体的效果，在设计窗体过程中主要需要遵循的步骤如下。

（1）创建一个窗体，设置大小尺寸并选择合适的风格。

（2）针对功能不同，规划好不同的区域。

（3）在不同区域摆放不同的控件。

(4) 使用同星工具箱组件,对齐和调整控件。

(5) 修改各个控件的属性。

(6) 保存当前配置,生成 Python 代码。

这里需要特别说明的是,窗体的设计信息保存在 *.TSUI 文件中,在生成 Python 代码过程,将保留一个区域专门用于存放窗体设计的转换代码。该区域的代码开头部分和结尾部分如下。

```
#Auto Generated Python Code, do not modify START [UI] ---------------
(自动生成窗体的 Python 代码)
#Auto Generated Python Code, do not modify END [UI] ------------------
```

这里特别强调的是,无特殊情况,用户无须更改这两行文字之间的部分,若是必须更新,可以回到窗体设计器更新 *.TSUI 文件,然后再重新生成 Python 代码。否则用户修改的部分,将在下次生成 Python 代码时,被自动覆盖而丢失。

读者可以根据表 20.12 来创建窗体和控件,最终窗体的效果如图 20.9 所示。

表 20.12 TestSuite 工具箱窗体的控件列表及属性设置

控件	属性	属性设置	说明
窗体	Name	frmCVLFormDesigner_1(默认)	TestSuite 工具箱窗体
	Caption	同星工具箱窗体设计器 [*TestSuite.TSUI](默认)	
	Color	clBtnFace	
	ClientHeight	500	
	ClientWidth	800	
	BoardStyle	bsSizeable	
GroupBox0	Name	GroupBox0	测试控制区域
	Caption	Test	
	Height	180	
	Width	720	
TButton0	Name	btnTestControl	发送单次 CAN 报文 TestControl 按钮
	Caption	Transmit CAN-TestControl	
	ImageIndex	22	
	ImageAlignment	aiLeft	
	ImageMargins	(0,20,0,0)	
	Font	Size = 9 Style.fsBold = True	
	Height	60	
	Width	260	
TCheckbox0	Name	chbDemoEnable	设置 CAN 报文 TestControl 中信号 DemoEnable 的值
	Caption	DemoEnable	
	State	Unchecked	
	Checked	False	
	Height	25	
	Width	140	

续表

控　　件	属　　性	属 性 设 置	说　　明
TButton1	Name	btnTransmit	发送单次 CANFD 报文 0x123 按钮
	Caption	Transmit CANFD-0x123	
	Style	bsPushButton	
	ImageIndex	22	
	ImageAlignment	aiLeft	
	ImageMargins	(0,20,0,0)	
	Font	Size = 9 Style. fsBold = True	
	Height	60	
	Width	260	
TCheckbox1	Name	chbCyclic	设置 CANFD 报文是否为周期报文
	Caption	Cyclic Message	
	State	Unchecked	
	Checked	False	
	Font	Size = 9	
	Height	25	
	Width	140	
TComboBox0	Name	cbCyclic	设置 CANFD 报文的周期
	Text	100	
	Items	20 50 100 500 1000	
	DropMode	dmManual	
	Font	Size = 9	
	Height	28	
	Width	115	
TActivityIndicator0	Name	aiCyclic	显示周期发送时的状态
	Animate	False	
	IndicatorColor	aicBlack	
	IndicatorSize	aisLarge	
	IndicatorType	aitMomentumDots	
	Height	48	
	Width	48	
TLabel0	Name	Label0	标签控件
	Caption	(ms)	
	Font	Size = 9 Style. fsBold = True	
	Height	15	
	Width	24	

续表

控　件	属　性	属 性 设 置	说　明
GroupBox1	Name	GroupBox1	状态观察区域
	Caption	Status	
	Height	180	
	Width	720	
TLabel1	Name	Label1	标签控件
	Caption	Ignition	
	Font	Size = 9	
TImage0	Name	ImgIgnitionOff	表示 Ignition Off 状态
	Picture		
	Height	96	
	Width	96	
	Visible	True	
TImage1	Name	ImgIgnitionOn	表示 Ignition On 状态(处于 ImgIgnitionOff 的正上方，当 Ignition On 状态时显示，默认是隐藏的)
	Picture		
	Height	96	
	Width	96	
	Visible	False	
TLabel2	Name	Label2	标签控件
	Caption	Gear	
	Font	Size = 9	
TEdit0	Name	edtGear	显示 Gear 状态
	Text	Idle	
	Font	Size = 9 Style. fsBold = True	
	Alignment	taCenter	
	Height	28	
	Width	100	
	ReadOnly	True	
TLabel3	Name	Label3	标签控件
	Caption	HeadLight	
	Font	Size =9	
TShape0	Name	shpHeadLight	用于显示 HeadLight 信号值的状态
	Shape	stCircle	
	Brush	Color = clSilver	
	Height	40	
	Width	40	
TLabel4	Name	Label4	标签控件
	Caption	FlashLight	
	Font	Size = 9	

续表

控　件	属　性	属性设置	说　明
TShape1	Name	shpFlashLight	用于显示 FlashLight 信号值的状态
	Shape	stCircle	
	Brush	Color = clSilver	
	Height	40	
	Width	40	
TLabel5	Name	Label5	标签控件
	Caption	Engine Speed	
	Font	Size = 9	
TNumberBox0	Name	numbEngSpeed	用于显示 EngSpeed 信号值的状态
	Value	0	
	Decimal	0	
	MaxLength	4	
	MaxValue	3500	
	MinValue	0	
	Height	30	
	Width	90	
TLabel6	Name	Label6	标签控件
	Caption	rpm	
	Font	Size = 9 Style. fsBold = True	

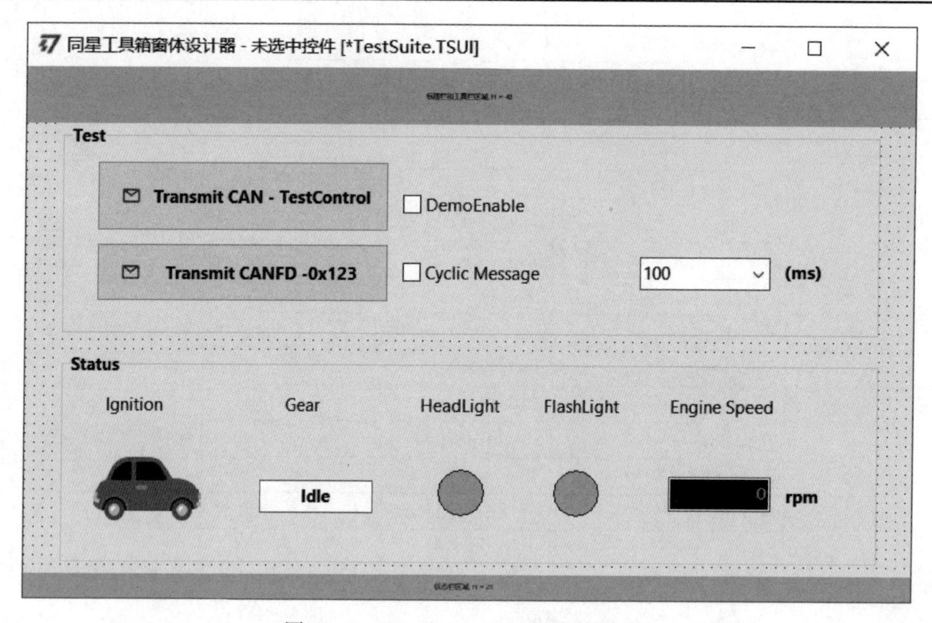

图 20.9　TestSuite 工具箱窗体效果

20.4.3　工具箱窗体初始化

对于窗体的控件布局和设置基本上都在窗体设计部分已经完成了，在窗体初始化部分，主要针对需要特殊设置的部分。若是要工具箱窗体能独立运行，需要独立的 App 来设置 App 名称、硬件通道的 mapping 等，相关代码如下。

```
#Application control
self.APP_NAME = 'TestSuite'
self.RUNNING_MODE = 1  #0 - running with TSMaster;  1 - running as TestSuite APP, without TSMaster

#CAN Channel mapping
self.ChnType = 0                           #channel type: CAN
self.HWName = "Virtual"                    #HW name
self.HWDeviceSubType = -1                  #HW SubType
self.HWType = 1                            #TS_TCP_DEVICE
self.ChnIdx = 0                            #Channel Index 0

#Only for Running as APP "Test Suite"
if(self.RUNNING_MODE):
    app.set_current_application(self.APP_NAME)
    app.set_can_channel_count(1)    #set CAN channel count to 1
    #delete mapping of application CAN channel 1
    app.del_mapping(self.APP_NAME,self.ChnType, self.ChnIdx)
    #set mapping of application CAN channel 1
    app.set_mapping(self.APP_NAME,self.ChnType, self.ChnIdx,self.HWName,self.HWType,
self.HWDeviceSubType,0,0,True)

#Measurement start stop control
self.btnConnect = self.RegisterToolbarButton('Connect', 194, False)
self.btnConnect.OnClick = self.OnConnectClick
self.btnDisconnect = self.RegisterToolbarButton('Disconnect', 195, False)
self.btnDisconnect.OnClick = self.OnDisconnectClick

#Open System Msg Window
def OnSystemMsgsClick(Sender):
    frm = app.show_window_system_messages()
    frm.Left = self.Left
    frm.Top = self.Top + self.Height

#System Message Windows button
self.btnSystemMsgs = self.RegisterToolbarButton('System Messages', 217, True)
self.btnSystemMsgs.OnClick = self.OnSystemMsgsClick
```

这里需要特别强调的是，当 RUNNING_MODE 为 1 时，Python 脚本可以独立运行，作为一个名称为 TestSuite 的 App（可以在通道映射窗口中查看到该应用程序）。当 RUNNING_MODE 为 0 时，该工具箱窗体可以做一个插件安装在 TSMaster 的应用程序环境中，硬件设置及映射关系完全依赖 TSMaster 应用程序的设置。

20.4.4 添加工具栏按钮

为了让工具箱应用能独立运行，本实例需要在工具箱的窗体工具栏中添加三个按钮：Connect、Disconnect 和 System Messages。通过这些按钮，用户可以连接硬件、断开硬件以及显示系统消息窗口。

```
#Measurement start stop control
self.btnConnect = self.RegisterToolbarButton('Connect', 194, False)
self.btnConnect.OnClick = self.OnConnectClick
self.btnDisconnect = self.RegisterToolbarButton('Disconnect', 195, False)
self.btnDisconnect.OnClick = self.OnDisconnectClick

#Open System Msg Window
def OnSystemMsgsClick(Sender):
    frm = app.show_window_system_messages()
    frm.Left = self.Left
    frm.Top = self.Top + self.Height

#System Message Windows button
self.btnSystemMsgs = self.RegisterToolbarButton('System Messages', 217, True)
self.btnSystemMsgs.OnClick = OnSystemMsgsClick


#Check app connection
self.OnConnectedCheck(app.is_connected())
# Set CAN Receive Filters
self.SetCANFilters()
```

20.4.5 添加事件回调函数

工具箱窗体需要注册相关事件，例如，测量开始事件、测量结束事件、按钮单击事件、定时器事件、控件变化事件、报文接收事件等。以下代码中，为这些事件添加了回调函数，一旦事件被触发，将自动调用对应的函数。

```
#OnMeasurement Event Handling
self.OnMeasurementStartedEvent = self.OnMeasurementStart
self.OnMeasurementStoppedEvent = self.OnMeasurementStop

#CAN msg transmit
self.btnTestControl.OnClick = self.OnTxTestControl

#CANFD msg transmit
self.btnTransmit.OnClick = self.OnTxFDMsg

#Timer for Cyclic Msg Transmit
self.FTimer = Timer(self)
self.FTimer.Enabled = False
self.FTimer.Interval = 100
self.FTimer.OnTimer = self.OnTimer

#Trig Cyclic Msg Transmit
self.chkCyclic.OnClick = self.OnCyclicChange
self.cbCyclic.OnChange = self.OnIntervalChange

#Set Callback Function for Raw CAN Receive Events
self.OnRawCANEvent = self.RawCANEvent
```

20.4.6 RawCAN 中的信号解析

对于信号的解析，一般需要基于数据库中报文和信号的定义来解析信号的值，在

TSMaster 中有多种解决方案，如基于 RBS，如使用 can_rbs_set_signal_value_by_address 函数来获取信号值。但本实例的目标之一就是让 Python 脚本可以独立运行，所以需要 Python 脚本中直接解析报文中的信号。

在第 19 章 Python 的小程序中，读者不难发现，在数据库头文件中已经通过导入的 dbc 数据库文件，自动生成报文的类。例如，针对报文 GearBoxInfo，类 TGearBoxInfo_1 的定义如下。

```
class TGearBoxInfo_1():
    def __init__(self):
        self.FRawCAN = RawCAN(0x3FC,1,0,0,[],0x306)
        self.__signal_init()
    @property
    def Gear(self):
        return com.get_can_signal_value(self.__Gear,self.FRawCAN.data)
    @Gear.setter
    def Gear(self,value):
        self.FRawCAN.data = com.set_can_signal_value(self.__Gear,self.FRawCAN.data,
value)
    @property
    def Gear_raw(self):
        return com.get_can_signal_value(self.__Gear_raw,self.FRawCAN.data)
    @Gear_raw.setter
    def Gear_raw(self,value):
        self.FRawCAN.data = com.set_can_signal_value(self.__Gear_raw,self.FRawCAN.data,
value)
    def __signal_init(self):
        self.__Gear = CANSignal(0,1,0,3,1.000000,0.000000)
        self.__Gear_raw = CANSignal(0,1,0,3,1,0)
```

本章可以直接使用这段类的定义，可以方便地实例化一个 GearBoxInfo 报文，并将接收的 ACAN 对象的 data 传递给该报文，然后再提取出信号 Gear 的值，具体实现方法，可以参看 20.5.7 节。

20.4.7 回调函数实现

基于 20.4.6 节的信号解析的办法，读者可以在 RawCAN 接收处理过程中，很容易实现信号解析。以下代码包括回调函数以及其他函数的实现，仅供读者参考。

```
#Timer Event Handling
def OnTimer(self,sender):
    if app.is_connected():
        self.TxCANFDMsg(False)
#Enable and Disable the timer
def OnCyclicChange(self,sender):
    self.FTimer.Interval = int(self.cbCyclic.Text, 0)
    self.FTimer.Enabled = self.chkCyclic.Checked
    self.aiCyclic.Animate = self.FTimer.Enabled
    if self.FTimer.Enabled:
        self.log_hint("Cyclic Timer is started")
    else:
        self.log_hint("Cyclic Timer is stopped")

#Time interval control
```

```
def OnIntervalChange(self,sender):
    try:
        self.FTimer.Interval = int(self.cbCyclic.Text, 0)
        print("Timer interval changed to", self.FTimer.Interval)
    except ValueError:
        self.log_error("Invalid timer interval")

#Manage CAN Filters
def SetCANFilters(self):
    self.ClearCANFilters()
    self.AddCANFilterById(self.ChnIdx, 0x321)
    self.AddCANFilterById(self.ChnIdx, 0x3FC)
    self.AddCANFilterById(self.ChnIdx, 0x064)
    self.AddCANFilterById(self.ChnIdx, 0x00011970)

#Measurement and app connection handling
def OnMeasurementStart(self):
    self.OnConnectedCheck(True)

def OnMeasurementStop(self):
    self.OnConnectedCheck(False)

def OnConnectClick(self, Sender):
    if 0 == app.connect():
        self.OnConnectedCheck(True)
        app.make_toast('Application Connected !', lvlOK)
def OnDisconnectClick(self, Sender):
    if 0 == app.disconnect():
        self.OnConnectedCheck(False)
        app.make_toast('Application Disconnected !', 3)
def OnConnectedCheck(self, is_connected):
    if is_connected:
        self.btnConnect.Enabled = False
        self.btnDisconnect.Enabled = True
        self.log('Measurement started')
    else:
        self.btnConnect.Enabled = True
        self.btnDisconnect.Enabled = False
        self.log('Measurement stopped')

#CAN Msg - TestControl Transmit
def OnTxTestControl(self, sender):
    self.TxTestControl(True)

def TxTestControl(self, AUserClickResp):
    if app.is_connected():
        can = RawCAN(0x71A, 8)
        can.is_data = True
        can.is_std = True
        can.is_edl = False    #not CAN FD
        can.idx_chn = self.ChnIdx
        if(self.chbDemoEnable.Checked == True):
            can.data = [0x01,0x00,0x00,0x00,0x00,0x00,0x00,0x00]
```

```
        else:
            can.data = [0x00,0x00,0x00,0x00,0x00,0x00,0x00,0x00]
        if 0 == com.transmit_can_async(can):
            if AUserClickResp:
                self.log_ok("CAN message is transmitted")
        else:
            if AUserClickResp:
                self.log_error("CAN message transmit failed")
    else:
        self.log_error("Tx failed: Application is not connected")

# CANFD msg Transmit
def OnTxFDMsg(self,sender):
    self.TxCANFDMsg(True)

def TxCANFDMsg(self,AUserClickResp):
    if app.is_connected():
        can = RawCAN(0x123, 10)
        can.is_data = True
        can.is_std = True
        can.is_edl = True  # CAN FD
        can.idx_chn = self.ChnIdx
        ls = []
        for i in range(16):
            ls.append(i + 1)
        can.data = ls
        if 0 == com.transmit_can_async(can):
            if AUserClickResp:
                self.log_ok("CAN message is transmitted")
        else:
            if AUserClickResp:
                self.log_error("CAN message transmit failed")
    else:
        self.log_error("Tx failed: Application is not connected")

# Raw CAN Receiving Event Handling
def RawCANEvent(self, ACAN):
    if(ACAN.idx_chn!= self.ChnIdx):
        return
    # self.log('Tx Msg is received ' + hex(ACAN.id))
    if ACAN.id == 0x321:  # update the light status
        self.UpdateLightStatus(ACAN)
        return
    if ACAN.id == 0x3FC:   # update the gear info
        self.UpdateGearStatus(ACAN)
        return
    if ACAN.id == 0x064:   # Update Engine Speed
        self.UpdateEngineSpeed(ACAN)
        return
    if ACAN.id == 0x11970: # Update Ignition Status
        self.UpdateIgnitionStatus(ACAN)
        return
```

```
def UpdateLightStatus(self,ACAN):
    msg = TLightState_1()
    msg.FRawCAN.data = ACAN.data
    if(msg.HeadLight == 1):
        self.shpHeadLight.Brush.Color = clLime
    else:
        self.shpHeadLight.Brush.Color = clSilver
    if(msg.FlashLight == 1):
        self.shpFlashLight.Brush.Color = clLime
    else:
        self.shpFlashLight.Brush.Color = clSilver
    return
def UpdateGearStatus(self,ACAN):
    msg = TGearBoxInfo_1()
    msg.FRawCAN.data = ACAN.data
    level = int(msg.Gear)
    if(level == 0):
        self.edtGear.Text = 'Idle'
    else:
        self.edtGear.Text = 'Gear_' + str(level)
    return
def UpdateEngineSpeed(self,ACAN):
    msg = TEngineData_1()
    msg.FRawCAN.data = ACAN.data
    speed = msg.EngSpeed
    self.numbEngSpeed.Value = speed
    return
def UpdateIgnitionStatus(self,ACAN):
    msg = TIgnition_Info_1()
    msg.FRawCAN.data = ACAN.data
    key = msg.StarterKey
    if(key == 1):
        self.ImgIgnitionOn.Visible = True
    else:
        self.ImgIgnitionOn.Visible = False
    return
```

20.5 工程运行测试

在本章前面已经提及工具箱脚本可以独立运行，也可以作为 TSMaster 的一个插件来运行。接下来，读者可以分别进行运行和验证。

20.5.1 以独立应用程序形式运行工具箱

在很多应用场景，需要以独立应用程序形式运行工具箱。若要独立运行工具箱 Python 脚本，目前主要有以下两种方式。

(1) 在工具箱列表中，右击 TestSuite，通过快捷菜单选择“以独立应用程序运行”，将调用 Python 执行 TestSuite.py 脚本，如图 20.10 所示。

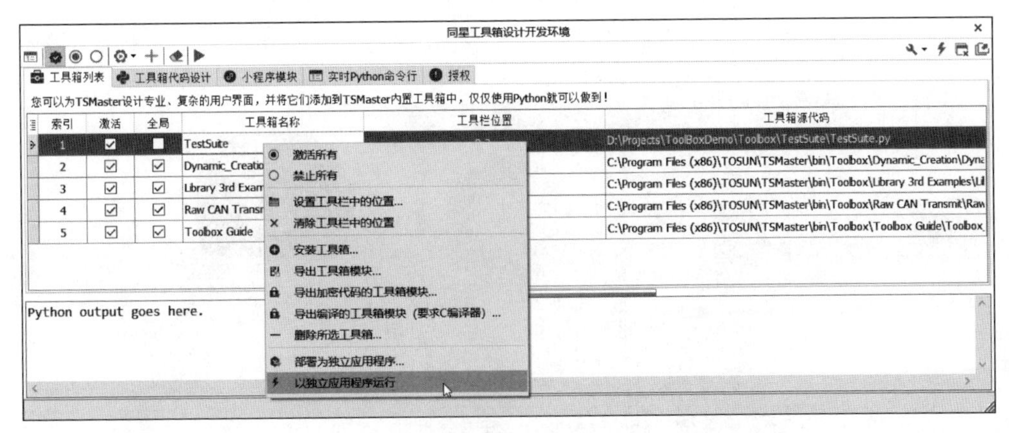

图 20.10 从工具箱开发环境中独立运行工具箱应用

(2) 通过批处理文件运行工具箱脚本。可以在 TestSuite. py 所在文件夹中新建一个批处理文件(例如 run. bat)，通过文本编辑器将以下两行命令存入该文件中。本书推荐批处理的运行方式，可以完全脱离 TSMaster 应用窗口，对不熟悉 TSMaster 环境的用户简单易用。

```
"C:/Program Files (x86)/TOSUN/TSMaster/Data/Python/3.8.5/x86/python.exe" TestSuite.py
pause
```

在批处理文件中明确了 Python 所使用的解释器为 TSMaster 自带的 3.8.5 版本，读者需要根据当前的 TSMaster 版本实际情况更新路径信息。

这里需要特别说明的是，读者需要在窗体初始化的代码部分，将 self. RUNNING_MODE 赋值为 1(请参见 20.5.3 节的代码部分)，否则工具箱无法正常运行。工具箱应用运行时，可以打开系统消息窗口查看相关信息，运行效果如图 20.11 所示。在被测 ECU 仿真界面端，运行效果如图 20.12 所示。

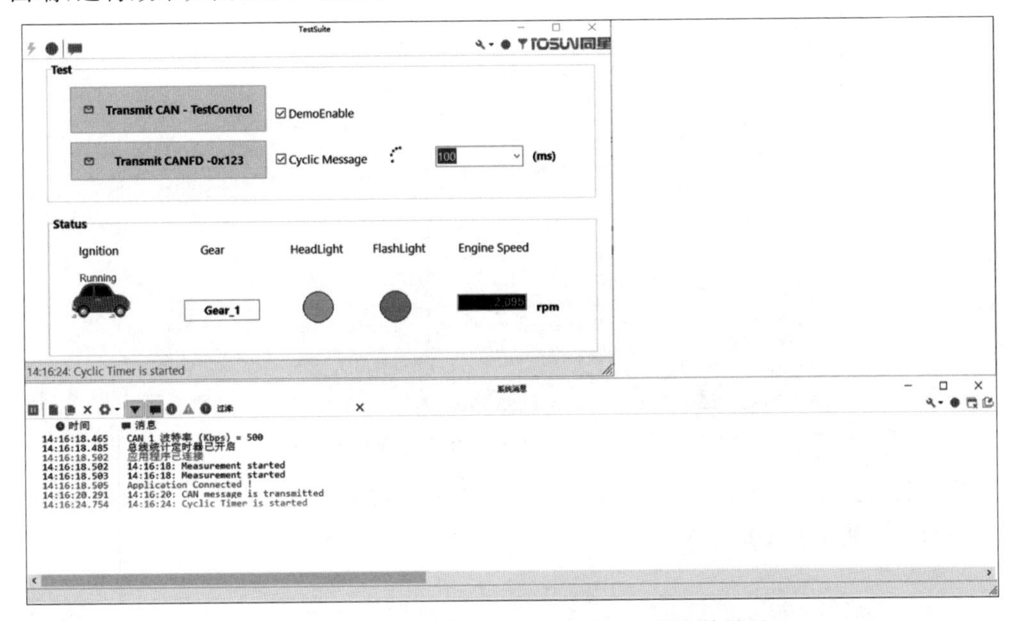

图 20.11 Python 脚本独立运行的工具箱窗体效果

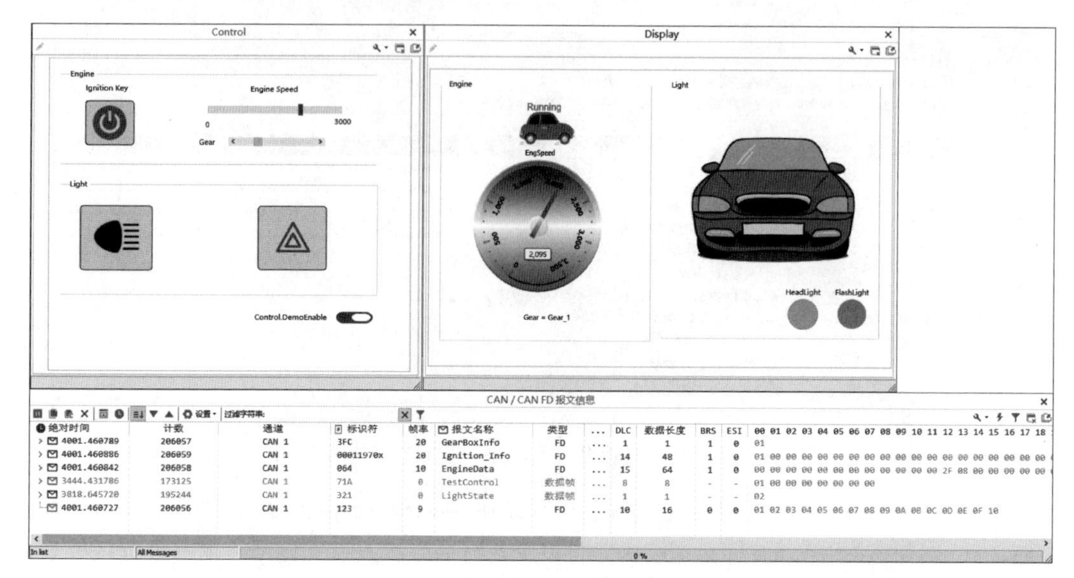

图 20.12　待测 ECU 端的效果图

20.5.2　设置工具栏位置并运行

在工具箱设计开发环境中，每次单击运行所选工具箱都会在应用功能区的 TSMaster 工具箱按钮下拉菜单中产生一个 TestSuite 插件。为了管理方便，建议用户在某个功能区中，将开发的工具箱插入到工具栏，例如，本实例的工具箱可以设置到“测试/测试工具”位置，选择一个合适的图标，效果如图 20.13 所示。

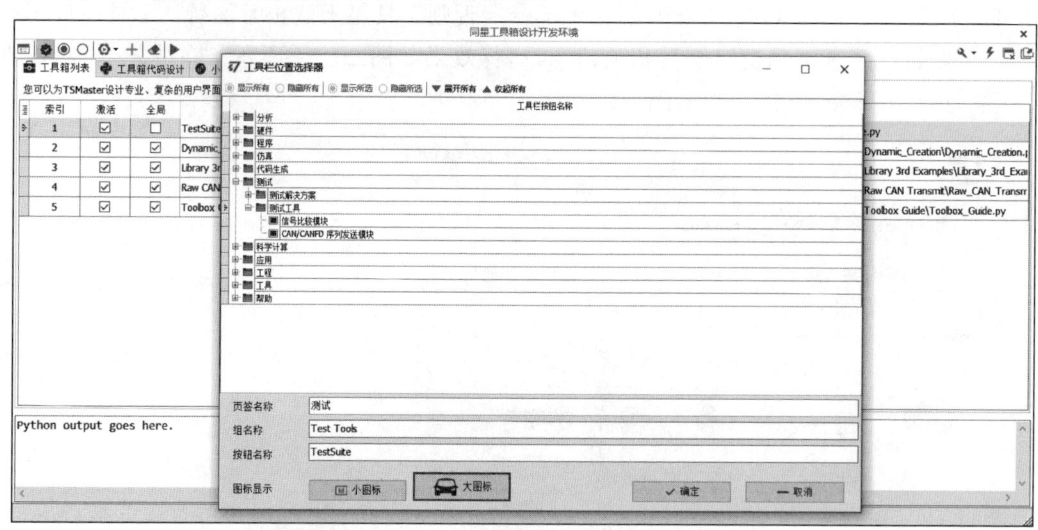

图 20.13　设置工具箱插件在工具栏中的位置

单击工具栏中的 TestSuite 按钮，接着进行硬件连接、发送报文等操作，发现效果与 20.6.1 节完全一样，效果如图 20.14 所示。

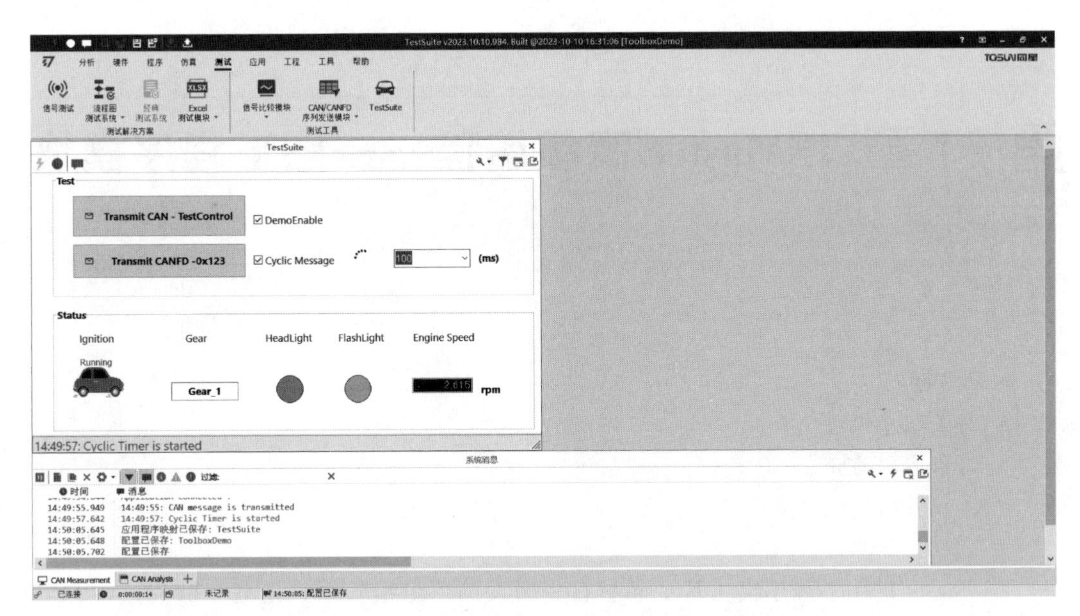

图 20.14 TSMaster 测试工具栏运行工具箱效果

读者可以在本书提供的资源压缩包中找到本章例程的工程文件(独立运行的 Python 脚本文件路径\Chapter_20\Source\TestSuite.zip；完整工具箱工程文件路径\Chapter_20\Source\ToolBoxDemo.T7z；待测的仿真环境工程文件路径\Chapter_20_SimEnv\EasyDemo.T7z)。

第21章 TSMaster 高级编程——图形程序模块

本章内容：

- 图像程序模块简介。
- 工程实例简介。
- 工程实例实现。
- 工程运行测试。

TSMaster 的图形程序模块基于同星自主研发的图形编程语言构建，在一些应用场景中，用户可以在不编写代码的情况下，仅用图形化编程就能实现测量、仿真、执行复杂逻辑、测试、标定和诊断等功能。本章将系统介绍图形编程模块，并使用它实现自动化测试流程的开发和执行。

21.1 图形程序模块介绍

图形程序模块的引入，是对 TSMaster 软件功能的重要拓展，主要目的如下。

(1) 编程更加便捷，编程难度降低，极大提高编程的效率。

(2) 图形编程采用流程图的形式，程序逻辑清晰。

(3) 程序维护简单，方便重复使用。

(4) 可以调用普通小程序，操作系统变量，读写信号以及执行表达式。

(5) 调试更加方便，可以设置断点，观察变量的变化。

(6) 图形编程自动嵌入 C 小程序，可以扩展实现复杂的逻辑。

(7) 更加方便应用于测试、诊断、标定等应用场景。

图形程序的入口有两个：在 TSMaster 主界面中，通过“程序”→“图形程序”选项进入，也可以通过“测试”→“流程图测试系统”选项进入，图形程序的主窗口如图 21.1 所示。

在图形程序的主窗口，可以划分为以下几个区域。

① 标题栏：显示图形程序窗口的标题，用户可以根据需要修改。

② 工具栏：图形程序窗口操作的主要入口，详见 21.1.3 节。

③ 工作区：使用流程图形式设计程序的逻辑，是图形编程主要区域。

④ 模块栏：切换到模块列表页面，详见 21.1.4 节。

⑤ 模块列表区域：对模块进行新建、切换、删除、复制等操作。

⑥ 静态代码库：显示静态代码模块列表。

⑦ 属性栏：针对当前选中的对象进行属性编辑，详见 21.1.5 节。

⑧ 变量栏：变量的新建、删除、设定等操作，详见 21.3.1 节。

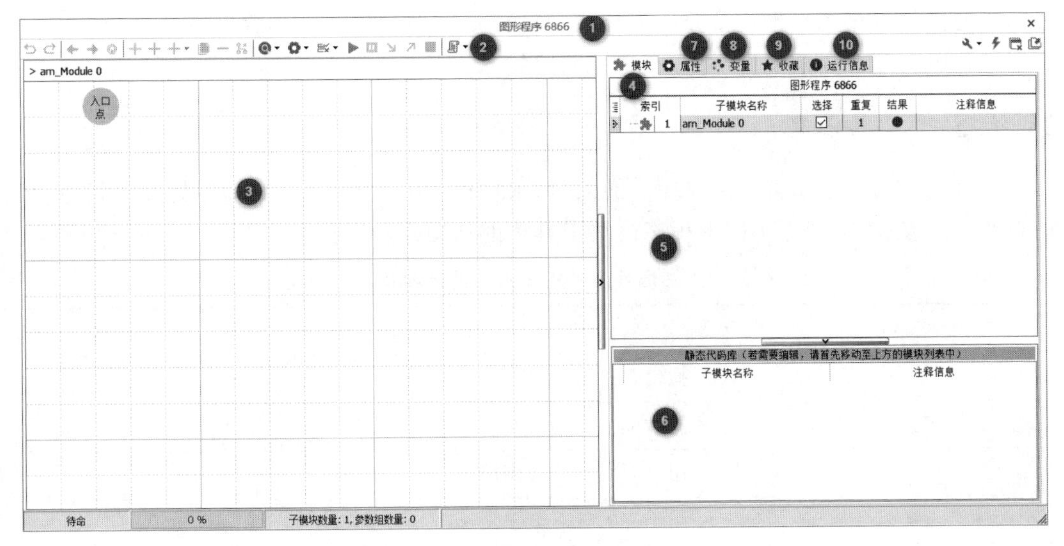

图 21.1　图形程序的主窗口

⑨ 收藏栏：用于管理收藏列表中的执行单元或执行单元组。

⑩ 运行信息：显示模块运行过程中的相关信息。

21.1.1　图形程序接口

图形程序之所以具有强大的功能和亮点，是因为可以覆盖普通小程序的可实现的功能。图 21.2 给出了图形程序的主要接口，可以最大限度地满足测试、诊断和标定等工作的要求。

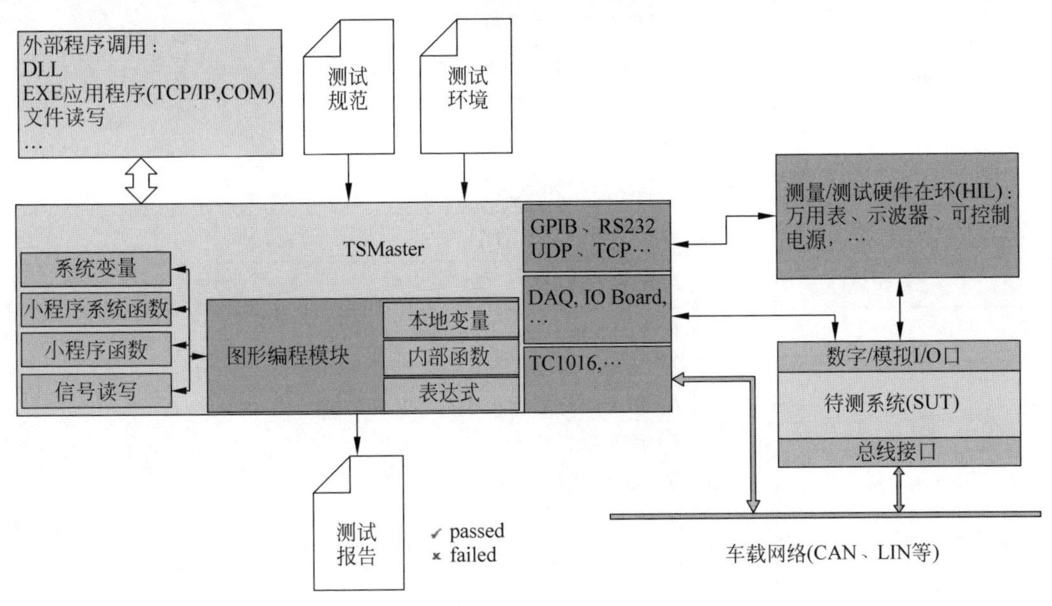

图 21.2　TSMaster 图形编程模块接口

21.1.2　图形程序界面

在图形编程界面中主要分为图形区域和功能设置区域，用户可以使用工具栏实现大部分功能的操作。接下来本章将介绍工具栏、模块栏、属性栏以及图形程序设置窗口，在项目实现过程中将逐个介绍变量栏以及运行信息栏。

21.1.3 工具栏

工具栏是图形程序窗口主要操作的入口，根据选中的对象不同，工具栏的按钮状态随之动态变化。表 21.1 列出了图形程序模块工具栏的选项及功能描述。

表 21.1 图形程序模块工具栏的选项及功能描述

选 项	功 能 描 述
	撤销上一次的操作
	重做上一次的操作
	用于返回上一级模块
	用于进入下一级子模块
	回到顶层
+	添加一个向下的动作，程序可向下执行
+	添加一个向右的动作，程序可向右执行
+	添加工具菜单。 + 添加向下执行单元组。 插入向下跳转。 插入来自跳转。 粘贴向下执行单元。 + 添加向右执行单元组。 插入向右跳转。 粘贴向右执行单元
	复制执行单元
—	删除一个选定的动作
	删除一个选定的分支
	视图调节菜单。 适配。 增大执行单元尺寸。 缩小执行单元尺寸。 增大字体。 减少字体
	设置下拉菜单。 导入子模块配置。 导出子模块配置。 编辑锁定。 设置：图形编程设置窗口，详见 21.1.6 节

续表

选　项	功能描述
(编译工具图标)	编译工具菜单。 编译当前。 编译所有。 运行所有勾选子模块。 运行所有子模块。 编辑后台 C 代码。 清除执行状态。 清除所有断点
(运行图标)	运行当前的图形程序
(暂停图标)	暂停运行当前的图形程序的执行
(步入图标)	单步步入执行当前图形程序中的执行单元(进入子模块)
(步过图标)	单步步过执行当前图形程序中的执行单元(步过子模块)
(停止图标)	停止运行当前的图形化程序的执行
(报告工具图标)	报告工具菜单。 打开记录文件夹：将打开测试日志保存的文件夹。 打印：将打印图形区域的程序流程图。 生成模板报告：根据 TSMaster 的模板生成测试报告

21.1.4　模块栏

图形程序窗口默认名称一般为“图形程序 xxxx”，这里在模块的标题栏可以将名称改为“Graphic Test Automation”，如图 21.3 所示。

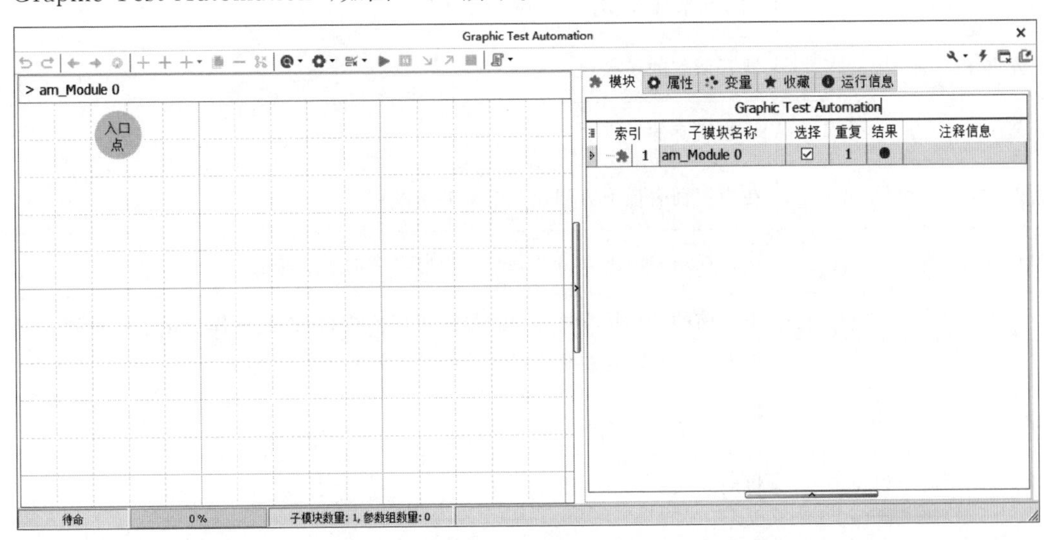

图 21.3　图形编程模块

在模块栏中存在一个自带的默认的子模块“am_Module 0”，右击可以查看快捷菜单，如图 21.4 所示，关于快捷菜单的选项及功能描述，详见表 21.2。

图 21.4 模块栏及快捷菜单

表 21.2 模块栏快捷菜单选项及功能描述

选　项	功能描述
运行当前	运行当前选中的子模块
运行所有勾选子模块	运行所有勾选的子模块
清除运行结果	清除所有子模块的执行结果，恢复到初始状态
勾选子模块	用于操作子模块的勾选和取消的操作
展开所有	展开所有的子模块
收起所有	收起所有的子模块
添加子模块	在模块列表最下方创建一个空的子模块
再制子模块	在模块列表最下方将复制一个当前选中的子模块
移动到代码库中	将当前的子模块程序移动到静态代码库中（静态代码库位于子模块列表的下面区域），需要的时候可以从静态代码库中恢复出来
删除所选子模块	将删除列表中所选中的子模块
删除所有子模块	将删除列表中所有的子模块
恢复已删除的程序…	恢复删除的子程序模块

21.1.5 属性栏

属性栏可以随着当前的选中对象不同，展现出不同的功能，若在当前选中的是默认的am_Module 0，此时可以在属性栏修改显示名称、程序名称和注释信息等，如图21.5所示。若当前选中对象为执行单元，用户可以有不同的操作供选择，在后面章节将做介绍。

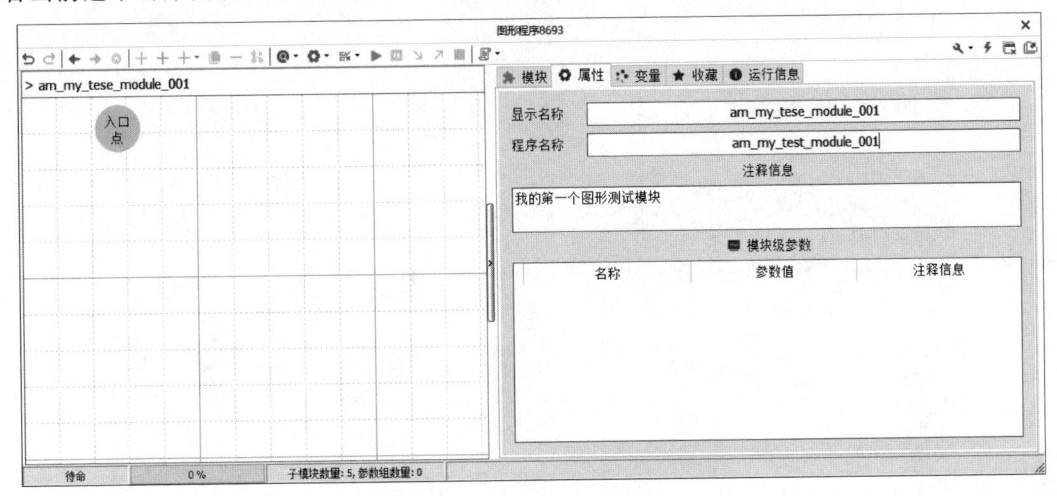

图21.5 模块属性的设定

21.1.6 图形程序设置窗口

单击工具栏的⚙▾下拉菜单选择⚙选项，将打开"图形程序设置"窗口，如图21.6所示。对于各个选项的功能描述如下。

(1) API非0返回值视为失败：若此项为勾选状态，调用API函数时，返回值为非0时会被判别为失败。

(2) 使能记录：若此项为勾选状态，图形程序会自动记录执行日志。

(3) 记录相关窗口截屏：若此项为勾选状态，图形程序运行状态会被分段截屏保存。

(4) 使用默认的记录文件夹：若此项为勾选状态，记录文件的文件夹路径为\Logging\AutomationResults\。

(5) 为顺序运行的多个子模块建立目录：若此项为勾选状态，则按时间顺序建立每一轮的目录(目录中分不同子模块建立子目录)；若此项为非勾选状态，则按子模块名称建立目录(目录中分不同执行时间建立子目录)。

(6) 运行完毕后自动生成报告：若此项为勾选状态，图形程序运行结束将自动生成各个子模块的报告。

(7) 报告包含详细步骤：若此项为勾选状态，报告中将包含每一步的详细信息。

(8) 报告信息配置：设置Manufacturer、Tester、DUT和Test Bench等信息。

(9) 记录文件夹路径：当第(4)项处于非勾选状态时，此栏可以设置自定义的路径。

(10) 记录文件夹后处理脚本：用于扩展使用Python脚本处理记录数据。

(11) 实时显示鼠标下方的对象属性：若此项为勾选状态，鼠标下方的对象属性/运行信息会动态显示。

(12) 根据属性自动命名执行单元：若此项为勾选状态，属性栏中的执行单元的显示名称会根据相关属性自动命名。

(13) 启动跟踪运行中的执行单元：若此项为勾选状态，当前的执行单元在流程图中被选中跟踪。

(14) 回放执行单元间隔(ms)：设定回放记录文件时的每个执行单元的时间间隔。

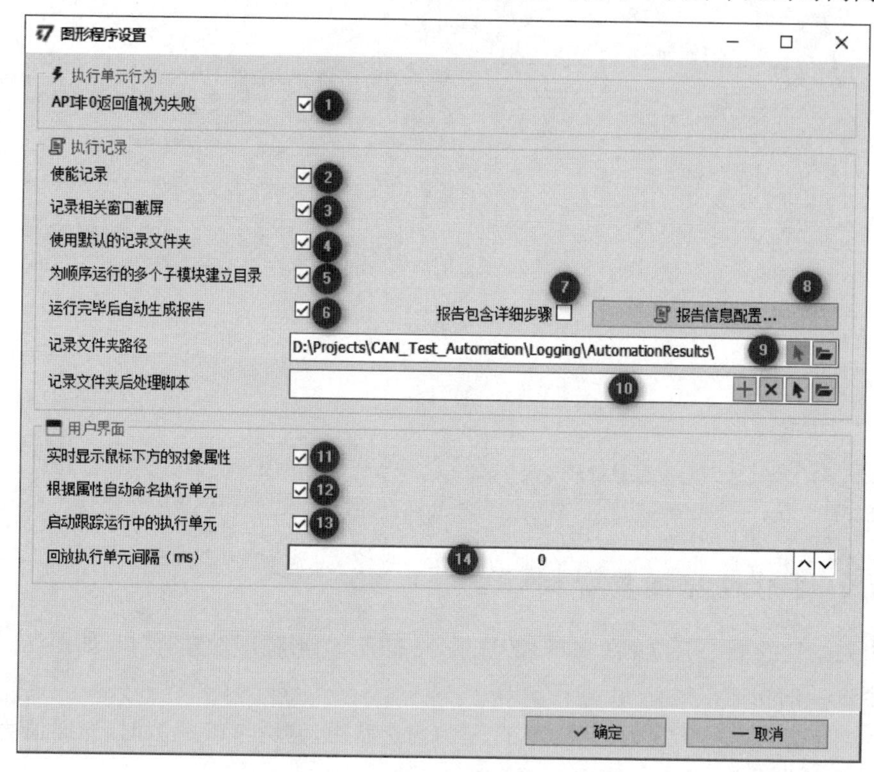

图 21.6 “图形程序设置”窗口

21.2 工程实例简介

本实例需要实现的功能与第 15 章的要求完全相同，将使用 TSMaster1 运行另一个仿真工程 System_Under_Test 作为一个被测系统，在图形程序模块中实现如下测试功能。

(1) 测试用例——检测周期性报文的周期。

(2) 测试用例——检测报文的长度。

(3) 测试用例——检测网络中是否有未定义的报文。

(4) 测试用例——调用信号检测 API 添加信号值变化检测。

(5) 测试报告生成。

首先，本章继续使用一个测试用例——检测周期性报文的周期为范例，重点讲解。此处继续使用第 15 章中出现过的流程图，读者应该不会陌生，如图 21.7 所示。本章将基于此流程，来创建图形程序的各个执行单元。

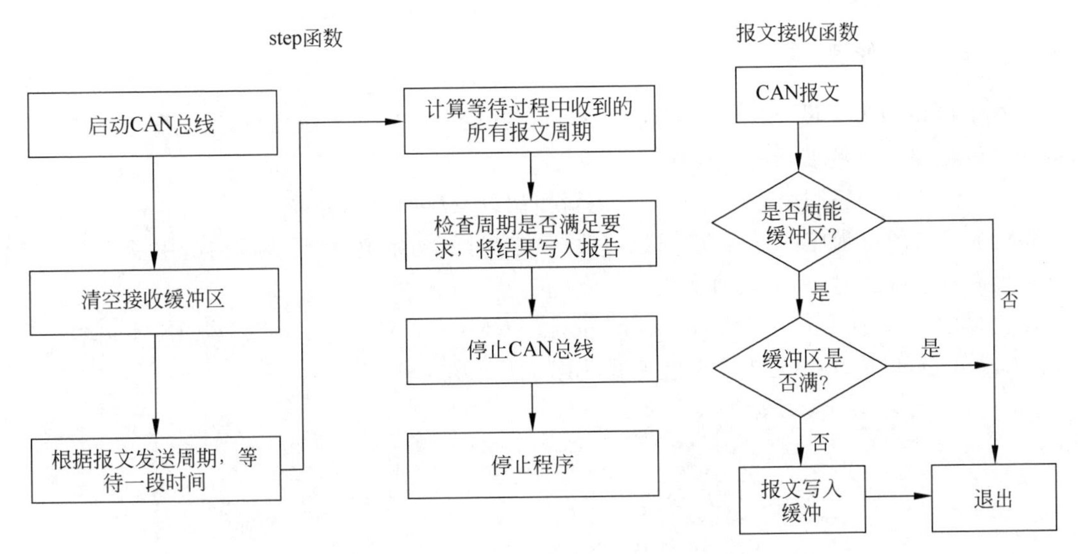

图 21.7　检测周期函数的周期的流程图

21.3　工程实例实现

既然本章与第 15 章的实现功能相同，读者可以将第 15 章的工程 CAN_Test_System 复制过来，将仿真工程更名为 CAN_Test_Automation。在 TSMaster 主界面中，通过"测试"→"流程图测试系统"→"添加 图形程序"选项，将创建一个图形程序窗口，默认名称为"图形程序 xxxx"，在模块的标题栏将名称改为"Graphic Test Automation"，如图 21.8 所示。模块默认自带一个子模块"am_Module 0"，这里需要在属性栏中将显示名称和程序名称改为"am_frame_cycle"。接下来围绕 am_frame_cycle 子模块展开，实现周期报文 0x064 的周期检查测试用例。

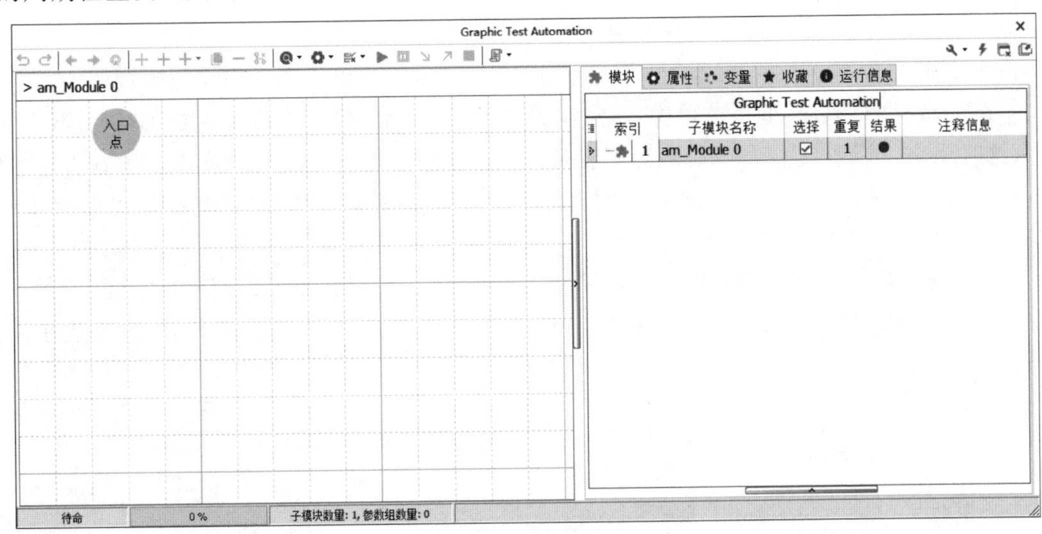

图 21.8　图形编程模块

21.3.1 添加变量

在子模块中为了设计程序多方面考虑，可以在变量栏定义一些变量，这些变量本质上是内部系统变量。这些变量的主要作用如下。

(1) 供图形程序调用，数据的传递、逻辑控制以及返回值计算等。

(2) 提高图形程序的复用性，通过修改一些变量的初始值，满足不同的应用场景。

(3) 便于调试时，查看数值变化。

变量的类型有 Integer、Double、String、CANMsg、CANFDMsg 以及 LINMsg 等。在 am_frame_cycle 模块中定义了 6 个变量，如图 21.9 所示。

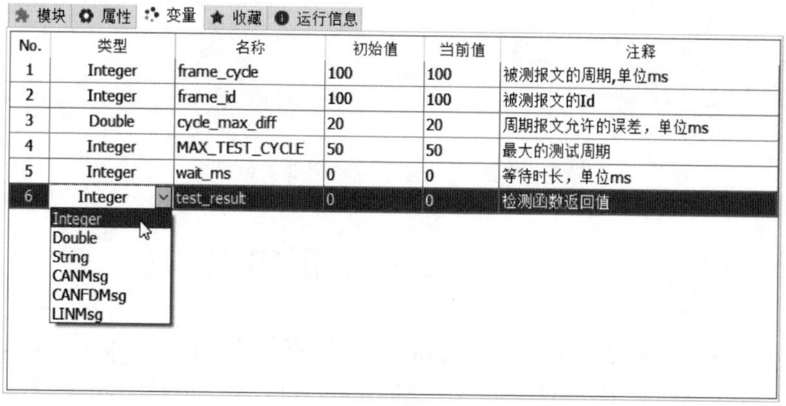

模块 属性 变量 收藏 运行信息

No.	类型	名称	初始值	当前值	注释
1	Integer	frame_cycle	100	100	被测报文的周期,单位ms
2	Integer	frame_id	100	100	被测报文的Id
3	Double	cycle_max_diff	20	20	周期报文允许的误差，单位ms
4	Integer	MAX_TEST_CYCLE	50	50	最大的测试周期
5	Integer	wait_ms	0	0	等待时长，单位ms
6	Integer	test_result	0	0	检测函数返回值

Integer
Double
String
CANMsg
CANFDMsg
LINMsg

图 21.9 创建子模块变量

21.3.2 创建内部函数

对于本章要实现的测试用例，读者需要识别出哪些功能适合直接使用图形程序实现、哪些可以调用小程序系统函数、哪些适合使用本地封装函数。读者可以回想在第 15 章中测试系统的实现过程，不难发现其中有些逻辑可以封装为内部函数，如测试初始化、检测判别、周期报文接收处理等。这些内部函数可以使用 C 程序实现，可以供图形程序便捷调用。

在工具栏的“编译”下拉菜单中选择“编辑后台 C 代码”选项，将打开后台的 C 代码小程序，这时用户可以看到一个 C 代码的开发环境，如图 21.10 所示。读者可以发现在 21.3.1 节中创建的变量都出现在 C 代码的变量栏中。如果读者更新 C 代码中的变量，也会同步更新到图形程序界面的变量列表中。

接下来，用户需要完成以下几个步骤，来设置后台 C 代码并添加内部函数。

(1) 全局定义。全局定义部分主要定义了后台 C 代码的头文件及全局常量、变量等，代码如下。

```
// ======== Global definitions START ========
#include <vector>
#include <algorithm>
//用于定义每一次测试抓取的报文数量
#define MAX_TEST_CYCLE 50
//用于缓冲收到的报文
```

```
TCANFD canfd_rx[MAX_TEST_CYCLE * 2];
//用于指示当前缓冲数量
int rx_idx = 0;
//用于启用缓冲区功能
bool rx_enable = false;
// ========= Global definitions END =========
```

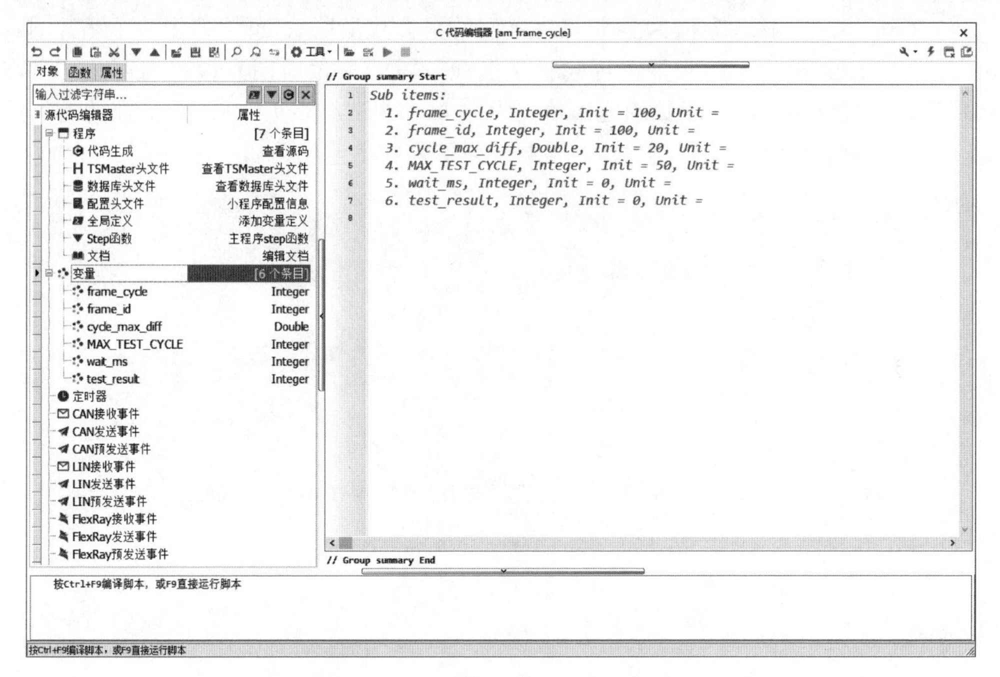

图 21.10　后台 C 代码的编辑环境

(2) 创建一个参数初始化函数：在自定义函数中创建一个自定义函数 initialize_para，此函数调用以后将激活 CANFD 报文接收程序，完整代码如下。

```
//自定义函数 "initialize_para"
s32 initialize_para(void) { __try { //自定义函数
    app.log_text("清空 CAN 接收缓冲区", lvlInfo);
    rx_idx = 0;
    //启用 CAN 接收缓冲区
    rx_enable = true;
    return 0;
} __except (1) { log_nok("CRASH detected"); app.terminate_application(); return(IDX_ERR_MP_
CODE_CRASH); }}
```

(3) 创建一个 CANFD 接收函数：检测过程需要接收足够多的报文，使用一个 CANFD 接收函数 on_canfd_rx_NewOn_CAN_FD_Rx1 来收集接收到所有报文 Id 为 0x064 的报文，完整代码如下。

```
//CAN 报文接收事件 "NewOn_CAN_FD_Rx1" 针对标识符 = 任意 (FD)
void on_canfd_rx_NewOn_CAN_FD_Rx1(const TCANFD * ACANFD) { __try {  //针对标识符 = 任意 (FD)
    //if (ACANFD -> FIdxChn != CH1) return;  //if you want to filter channel
    s32 id = frame_id.get();
```

```
        if(ACANFD->FIdentifier!= id) return;
        if(rx_enable && rx_idx < sizeof(canfd_rx)/sizeof(canfd_rx[0]))
        {
          canfd_rx[rx_idx++] = *ACANFD;
        }
    } __except (1) { log_nok("CRASH detected"); app.terminate_application(); }}
```

(4) 创建一个检测结果函数：当收集完足够的报文数量以后，可以使用一个函数 check_result 来处理已收集的报文，提取出周期报文在此阶段的最大周期和最小周期。这里需要强调的是，如果测试通过，此函数的返回值应为 0；如果测试结果为失败，此函数的返回值应为非 0 值(本实例中使用一个负整数)。检测结果函数的完整代码如下。

```
// 自定义函数 "check_result"
s32 check_result(void) { __try {     // 自定义函数:
  // 关闭 CAN 接收缓冲区,避免数据判断过程中信息不一致
  rx_enable = false;
  // 判断测试结果
  int ret = 0;                        //0 - ok; other - return error
  if(rx_idx < 2)
  {
    test.set_verdict_nok("没有收到足够多的 CANFD 报文");
    // 打印测试报告所需信息
    test.write_result_string("result_msg", "没有收到足够多的 CANFD 报文", lvlError);
    test.write_result_value("cycle_max", 0, lvlError);
    test.write_result_value("cycle_min", 0, lvlError);
    ret = -1;
  }
  else
  {
    std::vector<double> cycles_ms;
    // 计算所有报文的时间间隔
    for(int i = 0; i < rx_idx-1; i++)
    {
        cycles_ms.push_back((canfd_rx[i+1].FTimeUs - canfd_rx[i].FTimeUs)/1000.0);
    }
    // 查找时间间隔的最大值和最小值
    double cycle_max = *std::max_element(cycles_ms.begin(),cycles_ms.end());
    double cycle_min = *std::min_element(cycles_ms.begin(),cycles_ms.end());
    //用于检查报文间隔的有效性
    auto chk_val = [](const double& val){
            return std::abs(val - frame_cycle.get()) < cycle_max_diff.get();
    };
    // 计算周期最大值和最小值的有效性
    bool max_ok = chk_val(cycle_max), min_ok = chk_val(cycle_min);
    // 打印测试报告所需信息
    std::string result_msg = "";
    if(!max_ok) result_msg += "周期最大值超标";
    if(!min_ok) result_msg += "周期最小值超标";
    if(min_ok&&max_ok){
        result_msg = "周期正常";
        // 设置测试结果为正常
        test.set_verdict_ok(result_msg.c_str());
    }
    else
```

```
    {
        // 设置测试结果为异常
        test.set_verdict_nok(result_msg.c_str());
    }
   test.write_result_string("result_msg", result_msg.c_str(), min_ok&&max_ok?lvlOK:
lvlError);
    test.write_result_value("cycle_max", cycle_max, max_ok?lvlOK:lvlError);
    test.write_result_value("cycle_min", cycle_min, min_ok?lvlOK:lvlError);
    ret = max_ok&min_ok?0:-2;
  }
  // 将测试判据一起打印到记录文件中
  test.write_result_value("frame_cycle", frame_cycle.get(), lvlInfo);
  test.write_result_value("cycle_max_diff", cycle_max_diff.get(), lvlInfo);

return ret;
} __except (1) { log_nok("CRASH detected"); app.terminate_application(); return(IDX_ERR_MP_
CODE_CRASH); }}
```

21.3.3 创建图形程序的流程图

对于图形程序，用户需要具备流程图的思维基础，在本章的测试用例实现过程中，可以按以下步骤。

1. 创建一个图形程序草图

根据图 21.7 中的逻辑关系，先在图形区域创建一个图形程序草图，如图 21.11 所示，目前各个执行单元均为空操作，在实现的过程中，再对各个执行单元做调整、删减、添加和设置。

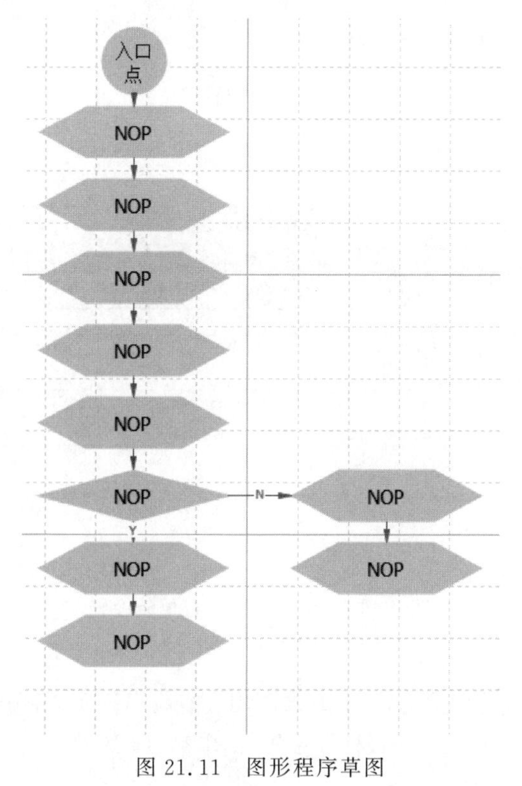

图 21.11 图形程序草图

2. 连接 CAN 总线

选中入口点下面的第 1 个执行单元，此处需要选择 API 函数调用：小程序系统函数，调用 TSMaster 的 app 的系统函数 connect，属性设置如图 21.12 所示。当子模块执行到此单元时，TSMaster 程序会连接 CAN 总线。

模块 属性 变量 收藏 运行信息
显示名称 connect
忽略结果 □API调用结果不会影响当前子模块
注释信息
▶ 执行单元执行设置
选择类型 API函数调用
小程序系统函数
y = app.connect

No.	函数返回值与参数	参数值
-	y (赋值给) ->	

图 21.12　连接 CAN 总线的执行单元设置

3. 输出测试开始信息

第 2 个执行单元，主要目的是在系统消息窗口中输出一行提示信息"Start Test"，此处需要选择 API 函数调用：小程序系统函数，可以在下拉框中选择 app. log_text 函数输出日志，具体设置如图 21.13 所示。

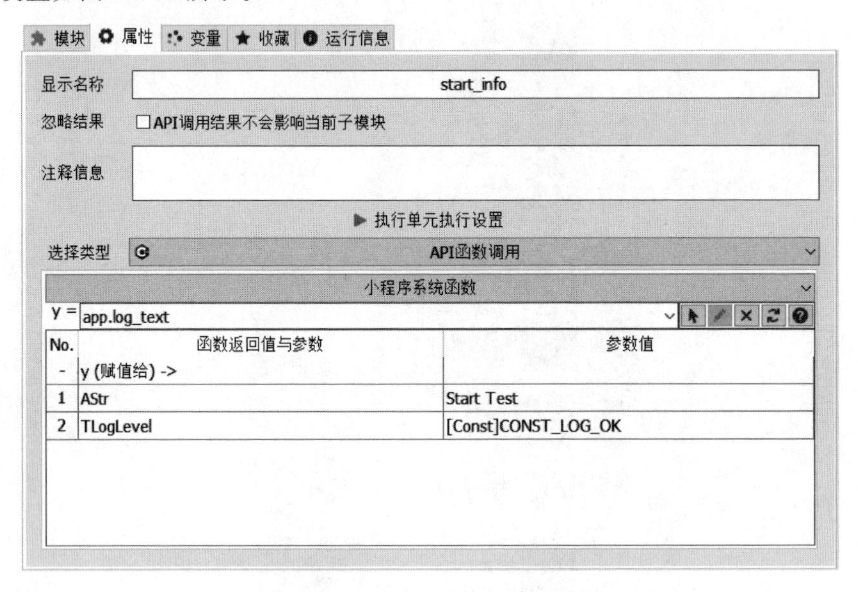

图 21.13　测试开始执行单元设置

4. 初始化参数

第 3 个执行单元，选择类型为 API 函数调用：本地小程序内部函数，这样可以调用后台 C 代码中的内部函数 initialize_para，具体设置如图 21.14 所示。

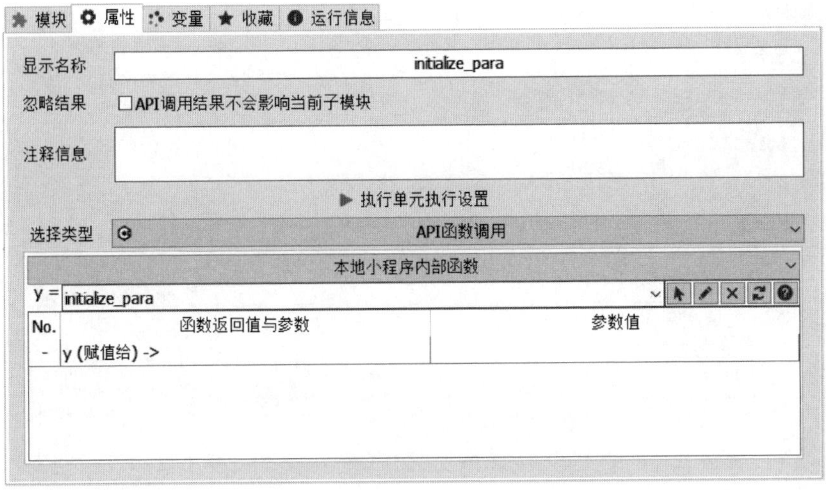

图 21.14　初始化参数执行单元设置

5. 计算等待时长

第 4 个执行单元，采用表达式类型，通过将变量 frame_cycle 和 MAX_TEST_CYCLE 作为参数来计算等待时长，最后赋给 wait_ms，具体设置如图 21.15 所示。

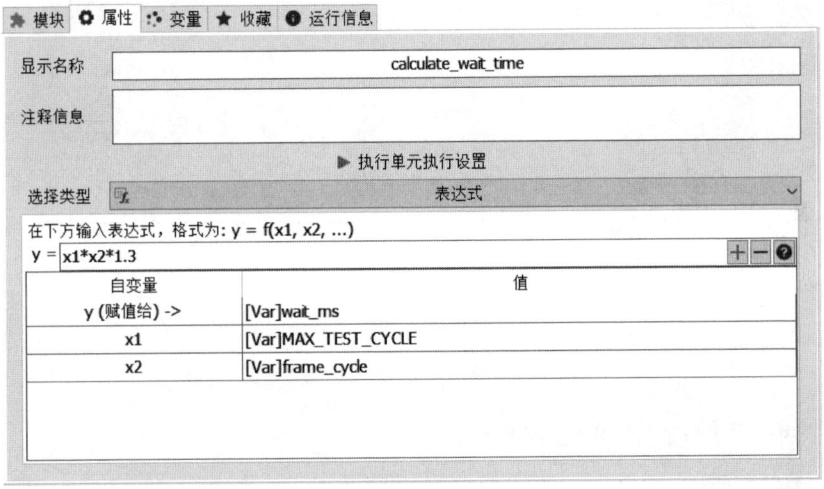

图 21.15　计算等待时长执行单元设置

6. 等待报文接收

第 5 个执行单元，采用小程序系统函数 app. wait，等待时长参数为 wait_ms，具体设置如图 21.16 所示。在此等待过程中，后台 C 代码会接收指定的 CANFD 报文数据。

7. 检测测试结果跳转

第 6 个执行单元比较特殊，使用了分支判断设置，根据本地小程序内部函数 check_result 返回值决定程序的跳转方向，具体设置如图 21.17 所示。

8. 测试判定结果通过的设定

根据第 6 个检测结果为通过，程序将向下执行，下面的执行单元可以设定为测试通过，使用小程序系统函数 test. set_verdict_ok，输出信息“Test Pass”，具体设置如图 21.18 所示。

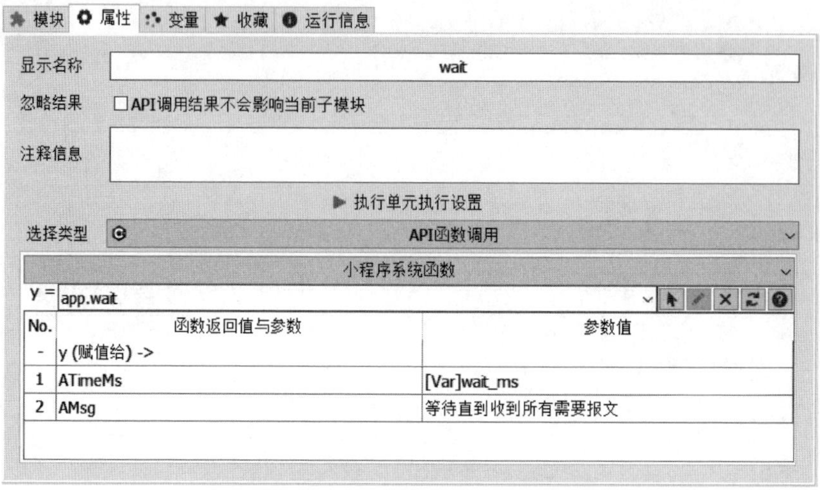

模块 属性 变量 收藏 运行信息

显示名称 wait

忽略结果 ☐API调用结果不会影响当前子模块

注释信息

▶ 执行单元执行设置

选择类型 API函数调用

小程序系统函数

y = app.wait

No.	函数返回值与参数	参数值
-	y (赋值给) ->	
1	ATimeMs	[Var]wait_ms
2	AMsg	等待直到收到所有需要报文

图 21.16 等待报文执行单元设置

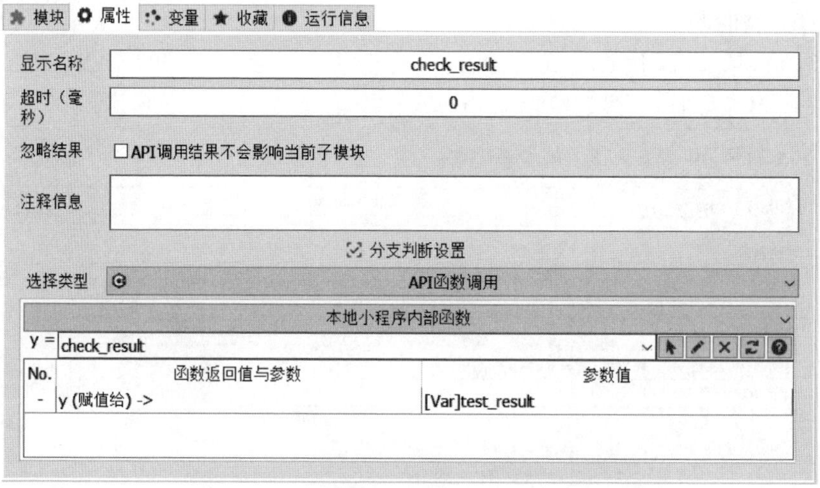

模块 属性 变量 收藏 运行信息

显示名称 check_result

超时（毫秒） 0

忽略结果 ☐API调用结果不会影响当前子模块

注释信息

分支判断设置

选择类型 API函数调用

本地小程序内部函数

y = check_result

No.	函数返回值与参数	参数值
-	y (赋值给) ->	[Var]test_result

图 21.17 检测测试结果跳转的执行单元设置

图 21.18 测试判定结果通过的执行单元设置

9. 测试判定结果失败的设定

根据第 6 个检测结果为失败，程序将向右执行，右面的执行单元可以设定为测试通过，使用小程序系统函数 test. set_verdict_nok，输出信息"Test Failed"，具体设置如图 21.19 所示。

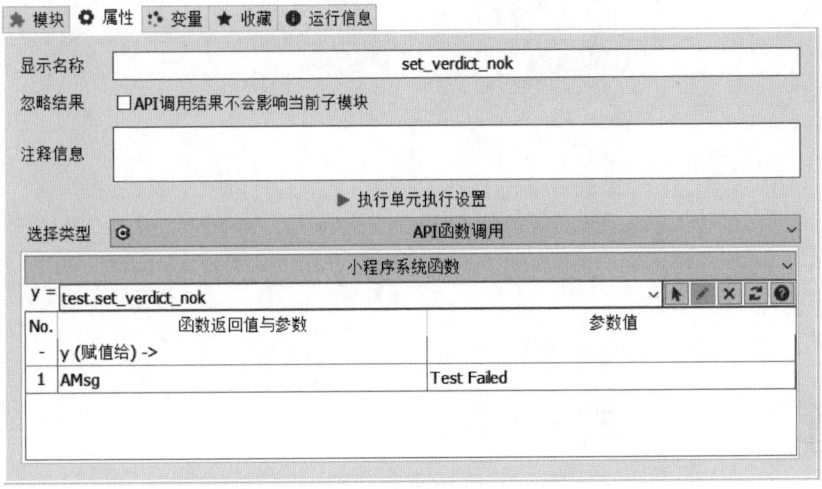

图 21.19　测试判定结果失败的执行单元设置

10. 断开 CAN 总线连接

测试结果判定设定结束以后，用户需要断开 CAN 总线，结束测试程序，这里需要调用小程序系统函数 app. disconnect，具体设置如图 21.20 所示。

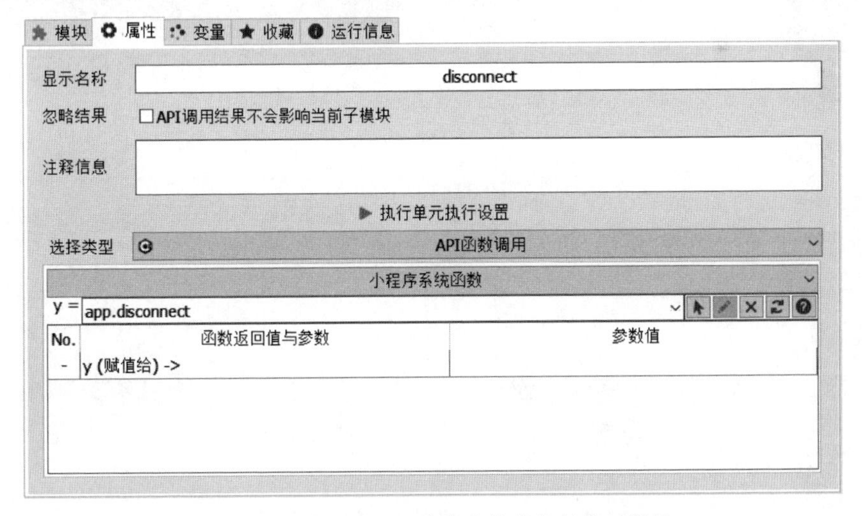

图 21.20　断开 CAN 总线连接的执行单元设置

经过以上 10 个步骤设置，测试用例 am_frame_cycle 最终的图形程序流程图效果如图 21.21 所示。

按照同样的方法，可以将第 15 章中的其他三个测试用例逐个转换成图形程序的测试用例，最终效果如图 21.22 所示。

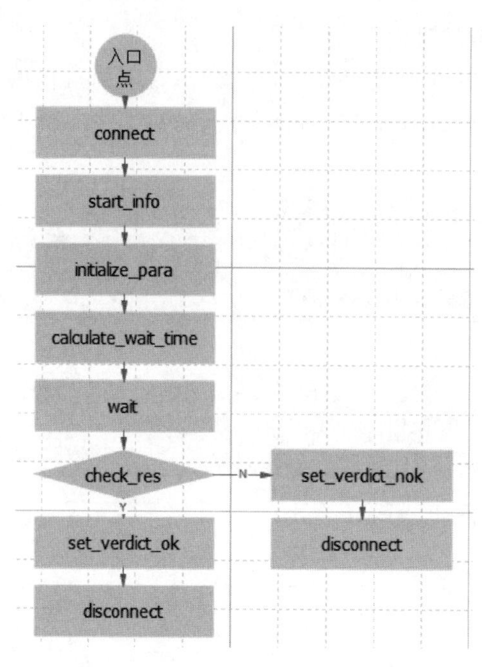

图 21.21　测试用例最终的流程图

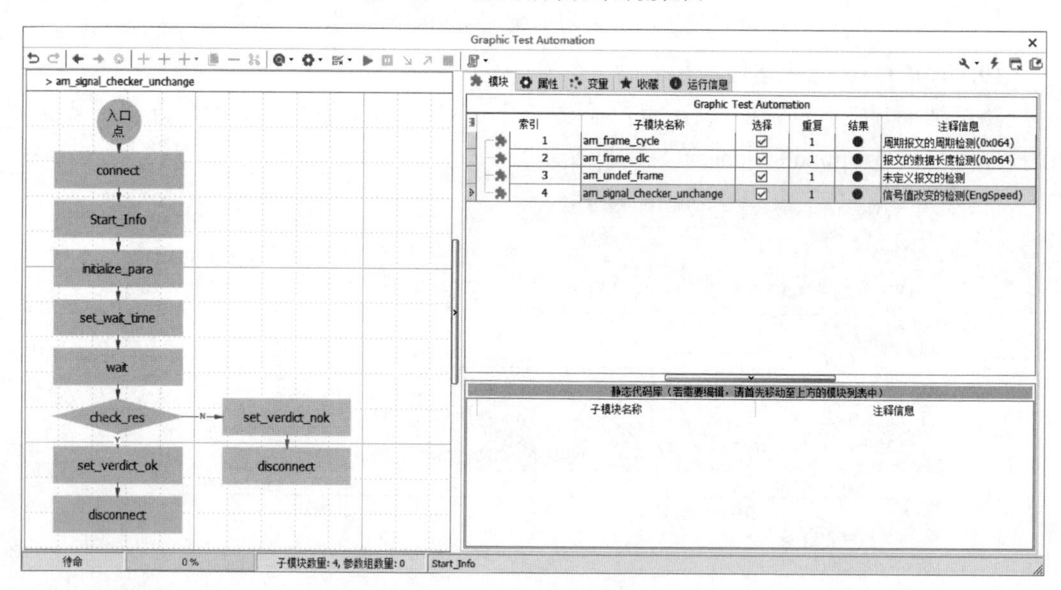

图 21.22　所有子模块创建完毕效果

21.4　工程运行测试

被测件测试条件设置：在 TSMaster1 中加载被测件仿真工程 System_Under_Test，运行仿真工程，关闭 Control 面板上的 Control. Enable 开关，同时停止 CAN 报文发送窗口的所有报文的发送。这时候在 CAN_Test_Automation 仿真工程的 Graphic Test Automation 图形程序界面中，执行所有测试用例，测试过程中，会动态显示当前程序运行到的执行单元，如图 21.23 所示。

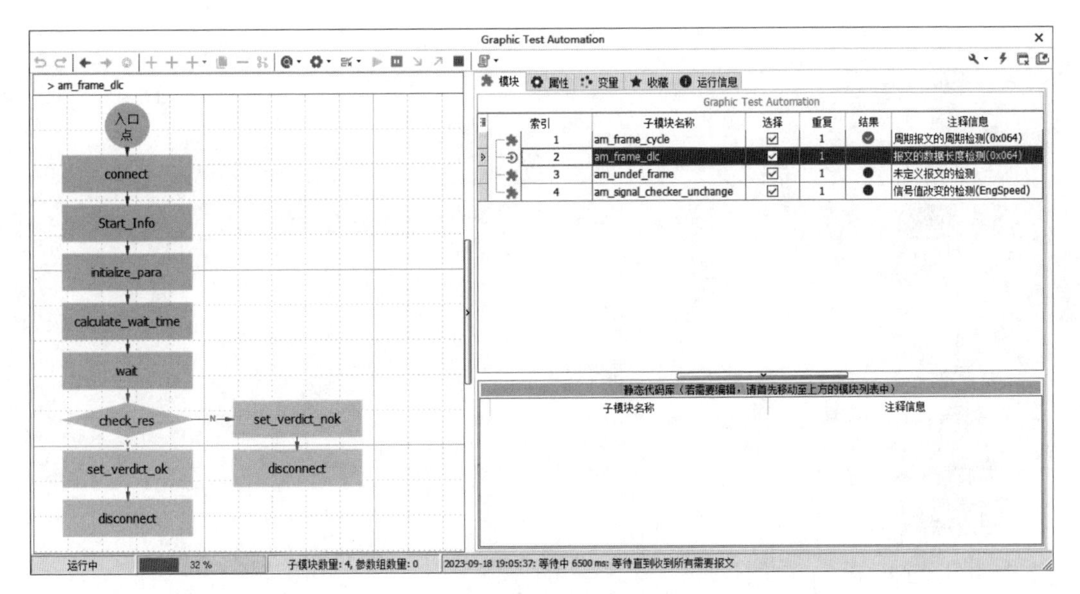

图 21.23　图形程序执行过程

所有子模块执行完毕以后，可以得到与第 15 章一样的测试结果，如图 21.24 所示。如果执行过程出现错误，可以使用断点来调试定位出问题的执行单元，这时候在系统消息窗口中也会有相关的提示信息。

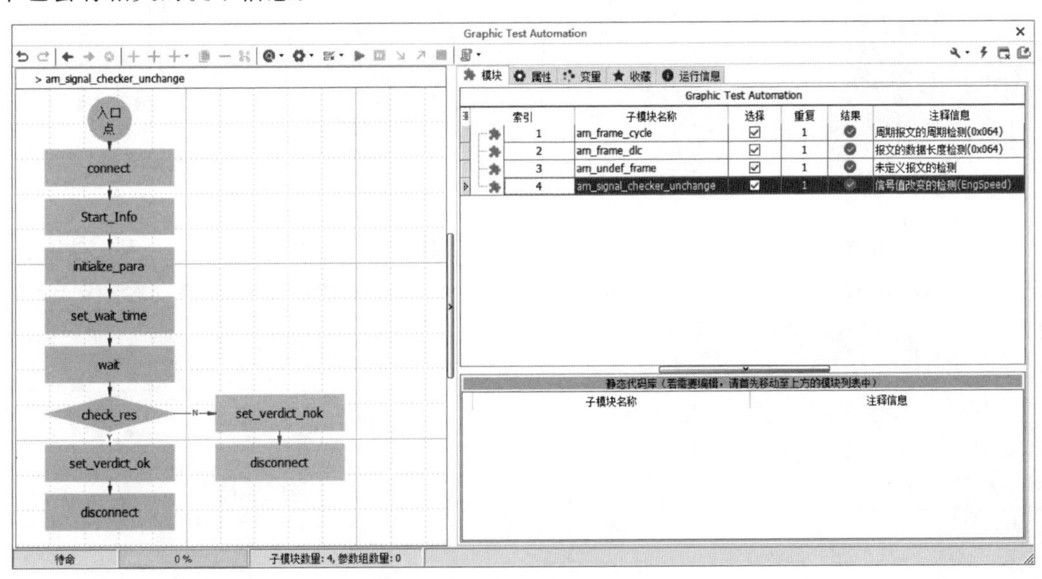

图 21.24　图形程序执行完毕效果

查看运行结果的时候，若是把鼠标停留在不同的执行单元上时，运行信息栏会显示该运行单元执行的相关信息，如起始时间、结束时间、执行时间、执行结果、返回值以及记录信息等，如图 21.25 所示。运行信息栏还提供记录文件的回放功能，可以用于记录文件（Steps .ini）的回放，便于离线分析。

在工具栏的报告工具菜单下，选择“生成模板报告”选项可以生成一份完整的报告，报告表头的效果如图 21.26 所示，左边为报告大纲供读者参考。

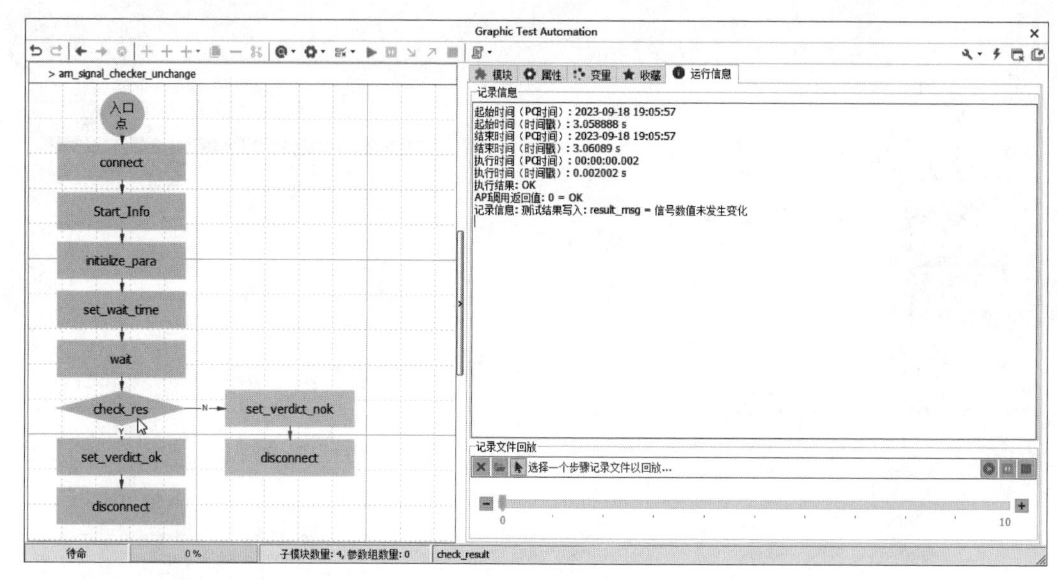

图 21.25 执行单元的运行信息查看

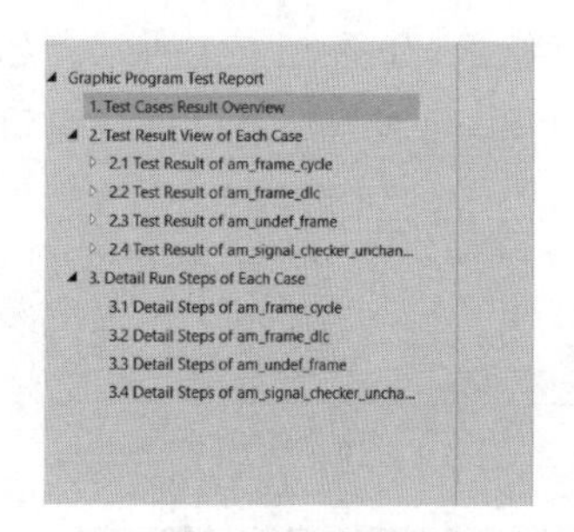

Graphic Program Test Report

1. Test Cases Result Overview

Applicant / Manufacturer	ABC Company	
Device Under Test	System_Under_Test	
Test Bench	Test_Automation_Bench	
Tester	admin	
Document Version / Date	2023-09-19 16:52:41	
Document Number	2023_09_19_16_52_26.docx	
Pass/Total Tests	4/4	
Performed Tests	Test	Result
	am_frame_cycle	Passed
	am_frame_dlc	Passed
	am_undef_frame	Passed
	am_signal_checker_unchange	Passed

图 21.26 图形程序生成的模板报告

读者可以在本书提供的资源压缩包中找到本章例程的工程文件(图形化工程文件路径\Chapter_21\Source\CAN_Test_Automation. T7z；待测仿真环境工程文件路径\Chapter_21_SimEnv\System_Under_Test. T7z)。

参 考 文 献

[1] Road vehicles—Controller area network (CAN)—Part 1：Data link layer and physical signalling：ISO 11898-1：2015 [S/OL]. [2015-12]. https://www.iso.org/standard/63648.html.

[2] Road vehicles—Local Interconnect Network (LIN)—Part 1：General information and use case definition：ISO 17987-1：2016 [S/OL].[2016-08]. https://www.iso.org/standard/61222.html.

[3] Road vehicles—Unified diagnostic services (UDS)—Part 1：Specification and requirements：ISO 14229-1：2020 [S/OL].[2020-02]. https://www.iso.org/standard/72439.html.

[4] Road vehicles—Unified diagnostic services (UDS)—Part 3：Unified diagnostic services on CAN implementation(UDSonCAN)：ISO 14229-3：2022 [S/OL]. [2022-03]. https://www.iso.org/standard/72323.html.

[5] Road vehicles—Communication on FlexRay—Part 1：General information and use case definition：ISO 10681-1：2010 [S/OL]. [2010-06]. https://www.iso.org/standard/46046.html.

[6] Road vehicles—Communication on FlexRay—Part 2：Communication layer services：ISO 10681-2：2010 [S/OL]. [2010-06]. https://www.iso.org/standard/46047.html.

[7] CAN XL specifications and test plans—Part 1：Data link layer and physical coding sub-layer requirements：CiA 610-1：2023 [S/OL]. [2023-03]. https://www.can-cia.org/can-knowledge/can/can-xl/.

[8] Universal Measurement and Calibration Protocol-Protocol Layer Specification：ASAM. ASAM MCD-1(XCP),Version 1.5.0：2017 [S/OL]. [2017-11]. https://www.asam.net/standards/detail/mcd-1-xcp/.

[9] 杨金升,张可晨,等. CANoe开发从入门到精通[M]. 1版. 北京：清华大学出版社,2019.

[10] [美]埃里克・马瑟斯,Python编程从入门到实践[M]. 袁国忠,译. 3版. 北京：人民邮电出版社,2023.

[11] 谭浩强. C程序设计[M]. 5版. 北京：清华大学出版社,2017.

附录A 英文缩写与全称对照表

英文缩写与全称对照表如表 A.1 所示。

表 A.1 英文缩写与全称对照表

缩写	全称	中文注解
A2L	File Extension for an ASAM 2MC Language File	ASAM MCD-2 测量诊断数据库文件
ABM	Air Bag Module	安全气囊单元
ABS	Anti-lock Brake System	制动防抱死系统
API	Application Programming Interface	应用程序编程接口
ASAM	Association for Standardization and Measurement System	自动化及测量系统标准化协会
ASAM MCD	ASAM Measurement, Calibration and Diagnostics	ASAM 测量、标定和诊断标准
ASAP	the working group for the standardization of application systems	应用系统标准化工作小组
ASC	ASCII format	美国信息交换标准代码
AUTOSAR	AUTomotive Open System ARchitecture	汽车开放系统架构
AVM	Around View Monitor	360 环视模块
BCM	Body Control Module	车身控制模块
BLF	Binary Logging Format	总线报文二进制 Log 格式
bps	bit per second	位/秒,波特率单位
BRS	Bit Rate Switch	位速率开关
CAN	Controller Area Network	控制器局域网络
CAN FD	CAN with a flexible data rate	CAN FD 协议
CAN XL	Controller Area Network-eXtra Large	CAN XL 协议
CANoe	CAN open environment	CAN 开放式开发环境
CARB	California Air Resources Board	加州空气资源委员会
CAS	Collision Avoid Symbol	冲突避免特征符
CCP	CAN Calibration Protocol	CAN 标定协议
CF	Consecutive Frame	连续帧
CMD	CoMmanD	命令
COM	Component Object Model	组件对象模型
CRC	Cyclic Redundancy Check	循环冗余校验
CTO	Command Transfer Object	命令传输对象
DAQ	Data AcQuisition, Data AcQuisition Packet	采集数据
DB	Database	数据库
DBC	Database CAN	CAN 总线数据库

续表

缩　写	全　称	中文注解
DBF	Database File	BusMaster 数据库格式
DI	Digital Input	数字输入
DLC	Data Length Code	数据长度代码
DLL	Dynamic Link Library	动态链接库
DO	Digital Output	数字输出
DoIP	Diagnostics Over Internet Protocol	基于互联网的诊断协议
DTC	Diagnostic Trouble Code	诊断故障码
DTO	Data Transfer Object	数据传输对象
ECU	Electronic Control Unit	电子控制单元
ELF	Executable and Linkable Format	可执行可连接格式
EMS	Engine Management System	引擎管理系统
EOL	End Of Line	下线测试
EPS	Electrical Power Steering	电子助力转向系统
ESI	Error State Indicator	错误状态标识位
ESP	Electronic Stable Program	车身稳定控制系统
FC	Flow Control Frame	流控帧
FF	First Frame	首帧
FTDMA	Flexible Time Division Multiple Access	灵活的时分多址方式
GM	General Motor	美国通用汽车公司简写
GWM	Gateway Module	网关模块
HIL	Hardware-In-the-Loop	硬件在环
HU	Head Unit	导航主机
HVAC	Heating，Ventilation and Air Conditioning	空调控制系统
ID	Identifier	标识符
IHU	Infotainment Head Unit	娱乐系统主机
IPC	Instrument Panel Cluster	仪表盘
ISO	International Organization for Standardization	国际标准化组织
KWP2000	Keyword Protocol 2000	关键字协议
LDF	LIN Description File	LIN 数据库文件
LIN	Local Interconnect Network	一种低成本的串行通信网络
mat	MatLab file	TSMaster 标定使用的 MATLAB 文件格式
MCD	Measurement，Calibration，Diagnosis System	测量标定诊断系统
MDF	Measurement Data Format	CANoe 测量信号格式一种 log 文件
MOST	Media Oriented Systems Transport	多媒体传输的总线协议
mp	Micro Program	小程序文件
mpc	Micro Program Code	小程序源码文件
OBD	On-Board Diagnostics	车载诊断系统
ODT	Object Descriptor Table	对象描述符表
ODX	Open Diagnostic Data Exchange	一种用来存储诊断相关信息的复杂的数据格式
OEM	Original Equipment Manufacturer	原始设备制造商
OSI/RM	Open System Interconnection/Reference Model	开放系统互连参考模型

续表

缩　写	全　称	中文注解
PDU	Protocol Data Unit	协议数据单元
PDUR	Protocol Data Unit Router	协议数据单元
PID	Packet Identifier	数据包标识符
PID	Proportional Integral Derivative	比例积分微分控制
RAM	Random Access Memory	随机存取存储器
RBS	Rest Bus Simulation	剩余总线仿真
RES	command RESponse packet	命令响应
rpm	Revolutions Per Minute	转每分,转速单位
SAE	Society of Automotive Engineers	美国汽车工程师协会
SCMM	Seat Control Memory Module	座椅记忆控制模块
SDK	Software Development Kit	软件开发工具包
SecOC	Secure Onboard Communication	安全板载通信
SERV	SERVice request packet	服务请求数据包
SIL	Software-In-Loop	软件在环
SSD	Solid State Disk	固态硬盘
STIM	Data STIMulation packet	同步数据激励数据
SUT	System Under Test	被测系统
SVN	Subversion	版本管理工具
T7z	TSMaster 7-Zip format	TSMaster 工程文件,压缩格式
TBD	To Be Determined	待定
TCP	Transmission Control Protocol	传输控制协议
TCU	Transmission Control Unit	变速箱控制
TDMA	Time Division Multiple Access	时分多址方式
TPMS	Tire Pressure Monitoring System	胎压检测系统
TS	Tosun	同星智能公司简写
UART	Universal Asynchronous Receiver/Transmitter	通用异步收发传输器
UDS	Unified Diagnostic Services	统一诊断服务
UI	User Interface	人机界面
UTP	Unshielded Twisted Pair	非屏蔽双绞线
VW	Volkswagen	德国大众汽车简写
XCP	Universal Calibration Protocol	通用标定协议
XML	eXtensible Markup Language	可扩展标记语言

后　记

1978 那年，我刚开始记事。那是一个雨后的夏日中午，空气中弥漫着清新的泥土气息，阳光透过云层，斑驳地洒在院子里。我独自在玩耍，享受着无忧无虑的童年时光。

这时，一个化缘的老和尚突然出现在我家农村的院子里。他面容慈祥，身着僧袍，手持佛珠，给人一种庄严而神秘的感觉。父亲热情地招待老和尚进屋，还恳求他给我看手相。他轻轻地握住我的手，仔细地观察着我的手纹，他的眼神中透露出一种深邃的光芒。老和尚留下一句话："这个孩子以后定会靠笔杆子吃饭。"

这话让父亲感到有些惊讶，但同时也流露出一种欣慰的表情。当时家人都很开心，也包括当时在场的舅舅。而我，只是呆呆地看着老和尚，不明白他所说的含义。那个年代的一个祖祖辈辈农民家庭，是多么希望出来一个真正有文化的人，未来有一份体面的工作。

多少年过去了，我依稀记得当时的情景，虽然我读书很努力，但终究未走上文学创作的道路，而是选择了理工科，成为了一名工程师。2016 年，我突然萌生一个要写一本科技图书的念头，并立即告知了我读研阶段的老师——上海交通大学刘功申教授，很快得到了他的鼓励和支持。在我内心深处，也算是给当年老和尚的预言做一个了结吧。

在 2019 年 5 月，我怀着复杂的心情出版了我的第一本图书《CANoe 开发从入门到精通》，非常感激清华大学出版社给我一次尝试的机会，特别感谢黄芝和薛阳两位编辑老师一直以来给予的支持和帮助。在过去五年中，此书也得到汽车行业内众多读者的一致好评(京东自营和当当自营一直维持在 97%以上)，至今已经第 13 次重印。在汽车行业中，有不少朋友发来信息告诉我，在他们办公室里人手一本，让我非常感动。

我为《CANoe 开发从入门到精通》设立了专门的读者 QQ 技术交流群(主 QQ 群 602571482)，一直人气很旺，后来扩充到两个 2000 人的群。群中有很多在校学生、初入职场的年轻人、资深的行业开发者以及测试专业人员，大家讨论工作遇到的困难和问题，分享专业问题的解决方案。

2020 年，有人向我推荐了一款国产工业软件 TSMaster，我仔细研究了一个阶段，发现此工具确实不同于市面上的其他网络仿真工具。接下来的两三年，TSMaster 的功能也不断增加，软件的性能也不断优化和提升，在我所在的公司以及我了解的好多家汽车零部件供应商和整车厂也得到普及。

2022 年，我所在公司(B 家)正在为客户开发一款基于高通 8155 的智能座舱产品，项目周期非常短，只有一年时间。该项目使用是非主流的 FlexRay 总线，市面可选的总线工具非常少，Vector 几家的价格太高无法在项目中推广，而且由于芯片短缺，交货周期非常长。当务之急是需要为项目组找到一款高性价比，又不影响项目进度的 FlexRay 工具。虽然当时我自己团队通过单片机开发一个简易的 FlexRay 工具，但无法满足项目组所需功能的要求。我只好硬着头皮，向同星智能科技有限公司总裁莫莽先生求救，希望他们能为我们项目开一款 FlexRay 的工具。莫总对此非常重视，愿意调集自己的软硬件团队投入此工具的开发，计划半年内在 TSMaster 中实现对 FlexRay 的支持。虽然在疫情中面临重重困难，双方共同努力下，半年后终于将工具应用于项目的仿真、自动化测试等，最终我们的座舱项目也还是按时量产，得到客户的高度认可。因为我们团队也在 FlexRay 工具开发过程中，提供了需求以及产品验证服务，同星也是对我们公司给出了非常优惠的价格（联合开发价格，接近于市场价的一半）。合作期间，他也向我多次表示，希望我能牵头为 TSMaster 写一本类似于《CANoe 开发从入门到精通》的书。我无法拒绝他的请求，因为我确实想为中国优秀的工业软件出一把力。

经过三年的努力，我的第二本新书《TSMaster 开发从入门到精通》也将如期与大家见面。这本书作为《CANoe 开发从入门到精通》的姊妹篇，希望它能够引领读者们深入了解和体会 TSMaster 的魅力。在此期间，上海同星智能科技有限公司的刘矗博士参与很多重要章节的编写，谢乐寅博士、徐金鹏博士以及龚龙峰先生在范例设计和技术支持方面给予了大力支持，在此衷心感谢同星公司的技术团队。成书过程中，书稿还得到了上海交通大学刘功申教授的审阅，刘教授提出了许多宝贵的建议。

在这本书的创作过程中，我还得到了行业内朋友、同事的专业方面帮助和支持，特别感谢高忠斌、刘勇、张可晨等同事在技术交流上给予的毫无保留的支持。再次感谢清华大学出版社的编辑团队，是他们的专业与耐心，使得这本书得以顺利出版。

欢迎广大读者通过邮件(jasonyangsz@163.com)、QQ 技术交流群(208575532)或哔哩哔哩平台(JasonYangsz)与我联系，进一步交流，共同进步。

此外，我要特别感谢我的家人，在我遇到困难时给予我的理解、鼓励和支持。

最后，我要向所有的读者致以最诚挚的感谢。是你们的关注和支持，让我有动力持续进步，不断超越自己。希望这本书能够成为你们学习 TSMaster 的良师益友，也希望我们能够在技术交流的路上共同成长。

再次感谢所有人的支持与陪伴，让我们在未来的日子里，不再迷茫，继续保持对知识的热爱与追求。

谨以此书献给正在崛起的中国汽车工业！

杨金升

2024 年 3 月于苏州